基于“双高计划”（2019-2021）职业教育社会贡献度研究

JIYU “SHUANGGAOJIHUA” (2019-2021)
ZHIYE JIAOYU SHEHUI GONGXIANDU YANJIU

中国教育会计学会 编著

中国财经出版传媒集团
中国财政经济出版社
·北京·

图书在版编目（CIP）数据

基于“双高计划”（2019－2021）职业教育社会贡献度研究／中国教育会计学会编著．--北京：中国财政经济出版社，2023.12（2023.12重印）

ISBN 978－7－5223－2618－4

Ⅰ.①基…　Ⅱ.①中…　Ⅲ.①高等职业教育－发展－研究－中国　Ⅳ.①G718.5

中国国家版本馆CIP数据核字（2023）第239312号

责任编辑：高文欣　　　　责任印制：史大鹏
封面设计：卜建辰　　　　责任校对：张　帆

基于“双高计划”（2019～2021）职业教育社会贡献度研究
JIYU “SHUANGGAO JIHUA”（2019～2021）ZHIYE
JIAOYU SHEHUI GONGXIANDU YANJIU

中国财政经济出版社 出版

URL：http：//www.cfeph.cn
E－mail：cfeph@cfeph.cn

社址：北京市海淀区阜成路甲28号　邮政编码：100142
营销中心电话：010－88191522
天猫网店：中国财政经济出版社旗舰店
网址：https：//zgczjjcbs.tmall.com
北京时捷印刷有限公司印刷　各地新华书店经销
成品尺寸：185mm×260mm　16开　40印张　745 000字
2023年12月第1版　2023年12月北京第2次印刷
定价：198.00元
ISBN 978－7－5223－2618－4
（图书出现印装问题，本社负责调换，电话：010－88190548）
本社质量投诉电话：010－88190744
打击盗版举报热线：010－88191661　QQ：2242791300

基于“双高计划”(2019～2021)职业教育社会贡献度研究

主　审　武德昆　茹家团

编　著　杨欣斌　林春树　陈冬妮　田书源

序

2019 年，国家启动实施了中国特色高水平高职学校和专业建设计划（简称“双高计划”），遴选 197 所高职院校参与为期五年的第一轮（共三轮）建设，涵盖了除新闻传播外的 18 个专业大类，旨在集中力量建设一批引领改革、支撑发展、中国特色、世界水平的高职学校和专业（群），带动职业教育持续深化改革，强化内涵建设，实现高质量发展。“花钱必问效、无效必问责”。借助“双高计划”第一期中期绩效评价资料，中国教育会计学会高等职业院校分会会同职业教育专门委员会，基于 2019－2021 年“双高计划”建设，见微知著，多维度透析了职业教育社会贡献度。通览这一研究成果，意义重大，亮点多多。

逻辑起点：立足“双高计划”，透析“职业教育社会贡献度”之基。“职业教育社会贡献度”是职业院校承担社会责任的实力及其实现程度，包含其贡献社会的能力和贡献的力度。社会贡献度的大小决定着社会价值显示度的高低，也是获得社会认可、赞誉、支持的关键。关注社会贡献度，有助于职业院校明确自身所承担的社会责任，审视自身承担和实现这种责任的能力，更加清醒主动自觉地为社会服务，从而提升自身的社会价值。2022 年，教育部开展国家“双高计划”中期绩效评价，重点考核双高项目建设单位在“引领、支撑、推动”上所做的贡献。本书以此为契机，立足“双高计划”首批建设单位的中期绩效评价，围绕“引领、支撑、推动”三个维度，以评价看成绩、以成绩看效果、以效果看贡献，用数据和案例呈现职业教育社会贡献度。研究表明，只有立足区域经济社会发展，拓展服务面向，增强服务功能，积极回馈社会，探究社会贡献度，就一定能够提升职业院校的社会贡献度；而做出了贡献，就一定有相应的社会认可和发展提升，就会直接带来职业院校吸引力和影响力的提升。

体例构架：探究“总分印证”，洞察“引领、支撑、推动”之本。本书涵盖一个总报告和十八个分报告。总报告主要致力于从建设成果导向剖析与回应“双高计划”把职业教育改革发展的“龙头”舞得怎么样。聚焦“引领、支撑、推动”三个维度，系统回应“双高计划”建设单位贯彻习近平总书记对职业教育“大有可为”的殷切期待变成“大有作为”的具体行动落实情况。分报告涉及除新闻传播外的十八个专业大类，分别反映专业大类概况、资金投入情况、贡献度分析、典型案例等。报告以详实的数据、典型的案例，较为全面地反映了国家“双高计划”建设以来各专业大类在“引领、支撑、推动”三个维度取得的建设实效和贡献度。“总分结合，互为印证”的体例构架为探究职业教育社会贡献度“怎么看、怎么办、怎么干、怎么比、怎么学、怎么赶”提供“新范式”。

投入观测：精准“数据画像”，弄通“撬动效应彰显”之要。聚焦“点上聚力，线上贯通，面上拓展，一体推进”的财政绩效管理新格局，探索国家“双高计划”中央财政投入之乘数效应。在点上聚力方面，中央财政每年投入“双高计划”20亿元左右，一年的投入相当于示范校、骨干校一轮建设周期的总投入，投入力度之大前所未有。在线上贯通方面，2019—2021年，中央财政预算62.84亿元，拉动地方财政、行业企业支持、举办方投入资金352.49亿元，撬动达5.61倍，拉动效果前所未有。在面上拓展方面，通过国家“双高计划”建设，带动全国31个省份出台118项政策支持职业教育高质量发展，支持力度之大前所未有。在一体推进方面，国家“双高计划”带动了24个省份启动省级“双高计划”，形成了国家、省级两个层面联动、高位推进“双高计划”建设良好局面。

应用价值：突出“特色典型”，达到“以案为鉴、激发动力、推动发展”之效。本书基于国家“双高计划”中期绩效评价采集的绩效数据进行整理、研究与分析，共监测绩效目标点74046个，筛选出典型案例132个，院校经验做法以及地方政府支持政策等900余项，梳理了第一期“双高计划”建设单位分布、专业分布、资金投入与使用等各类数据画像，为主管部门科学决策和政策制定提供可靠支撑，为高等职业院校专业发展、团队建设、校企合作、学校治理、国际交流等提供参考；同时也期待职业院校互学互鉴、同频共振、共同提高，推动职业教育治理体系和治理能力现代化水平提升以及职业教育高质量发展。

最后，希望大家共同校准高职发展的“精度”、提升人才培养的“高度”、挖掘产教融合的“深度”、优化双师队伍的“梯度”、提高服务领域的“效度”、完善学校治理的“制度”、加快信息化建设的“速度”、增强教随产出的“程度”，真正成为深化现代职业教育体系建设改革和政策的参与者、制度和标准的制订者，为中国职业教育的发展探索特色发展道路，为世界职业教育的发展提供中国方案。

中国教育会计学会会长

2022年12月

目　录

总报告

分报告

“双高计划”建设项目贡献度研究（2019～2021年度）

总报告

中国教育会计学会高等职业院校分会
中国教育会计学会职业教育专门委员会

1. “双高计划”项目概况

中国特色高水平高职学校和专业建设计划（简称“双高计划”）是建设一批引领改革、支撑发展、中国特色、世界水平的高等职业学校和专业（群）的重大决策工程，亦是落实《国家职业教育改革实施方案》，推进中国教育现代化的重要举措，是职业教育“下好一盘大棋”的重要支柱，肩负着建设我国高职院校发展“样板”、舞好职业教育改革发展“龙头”、构建职业教育融入经济社会发展“生态”以及树立中国特色职业教育服务“品牌”的重要使命。“双高计划”旨在响应产业升级和经济结构调整要求，深化产教融合，融入区域发展，打造技术技能人才培养高地和技术技能创新服务平台，推动形成有效支撑职业教育高质量发展的政策、制度和标准，为职业教育改革发展和培养千万计的高素质技术技能人才发挥示范引领作用。

“双高计划”每五年一个支持周期，实行“总量控制、动态管理，年度评价、期满考核，有进有出、优胜劣汰”的管理机制。2019 年启动第一轮建设，确定“双高计划”建设单位共计 197 所。其中，“高水平高职学校”建设单位 56 所（A 档 10 所、B 档 20 所、C 档 26 所），“高水平专业群”建设单位 141 所（A 档 26 所、B 档 59 所、C 档 56 所）。2022 年 4 月，教育部、财政部印发《关于开展中国特色高水平高职学校和专业建设计划中期绩效评价工作的通知》（以下简称“中期绩效评价”），对首轮立项的 197 所高职院校开展中期绩效评价，这是落实全面推行绩效预算管理、加强绩效管理的具体措施，对确保“双高计划”建设目标如期实现、推进职业教育高质量发展具有重要的指导性和方向性意义。

经过三年建设，197 家建设单位不断强根基、扬优势，围绕十大核心任务，基本实现了“建设时间过半、经费使用过半、任务完成过半、目标超额达成”的中期建设目标，取得阶段性成效。

1.1 “双高计划”建设单位概况

“双高计划”坚持质量为先、改革导向、扶优扶强，第一批立项建设 197 所院校，主动对接新经济、新业态、新技术、新职业，推进专业升级和数字化改造，基本实现了“建设时间过半、经费使用过半、任务完成过半、目标超额达成”的中期建设目标，并不断创新培养模式，引领职业教育改革发展，主动服务国家战略和区域经济社会发展，贡献了各建设单位的发展智慧。

1.1.1 区域分布概况

总体上看，197 所“双高计划”建设单位覆盖除港澳台及青海、西藏之外的 29 个省（直辖市、自治区），其区域分布具体情况如表 1 所示。

表 1 “双高计划”建设单位区域分布统计

序号	省区	高水平高职学校数（个）			高水平专业群建设单位数（个）			总数（个）	百分比（%）
		A 档	B 档	C 档	A 档	B 档	C 档		
1	江苏	2	3	2	1	7	5	20	10.15
2	浙江	2	3	1	1	4	4	15	7.61
3	山东	1	2	1	1	7	3	15	7.61
4	广东	1	4	0	0	3	6	14	7.11
5	湖南	0	1	1	3	2	4	11	5.58
6	重庆	0	2	0	1	3	4	10	5.08
7	河北	0	1	0	0	2	6	9	4.57
8	陕西	1	1	2	0	2	2	8	4.07
9	四川	0	0	1	2	3	2	8	4.07
10	湖北	0	0	1	2	2	3	8	4.07
11	北京	1	1	1	2	1	1	7	3.55
12	天津	1	1	1	2	1	1	7	3.55
13	辽宁	0	1	0	1	0	4	6	3.04
14	黑龙江	0	0	1	2	2	1	6	3.04
15	江西	0	0	1	1	3	1	6	3.04
16	河南	1	0	0	0	5	0	6	3.04
17	山西	0	0	1	2	2	0	5	2.54
18	安徽	0	0	1	2	1	1	5	2.54
19	福建	0	0	1	1	3	0	5	2.54
20	吉林	0	0	1	1	0	2	4	2.03
21	广西	0	0	1	0	2	1	4	2.03
22	内蒙古	0	0	1	0	1	1	3	1.52
23	贵州	0	0	1	0	1	1	3	1.52
24	云南	0	0	1	0	0	2	3	1.52

续表

序号	省区	高水平高职学校数（个）			高水平专业群建设单位数（个）			总数（个）	百分比（%）
		A档	B档	C档	A档	B档	C档		
25	甘肃	0	0	1	1	1	0	3	1.52
26	宁夏	0	0	1	0	1	0	2	1.02
27	新疆	0	0	1	0	0	1	2	1.02
28	海南	0	0	1	0	0	0	1	0.51
29	上海	0	0	1	0	0	0	1	0.51
合计		10	20	26	26	59	56	197	100

从省域分布上看，“双高计划”建设单位数量的省域间分布差异较大，较多的省级行政区为江苏（20所）、浙江（15所）、山东（15所）、广东（14所）、湖南（11所）、重庆（10所），其余省级行政区的数量均少于10所，青海、西藏立项建设单位的数量为0。从三大地带上看，立项建设单位位于东部地区90所、中部地区61所、西部地区46所，呈现由东部地区向中部内陆、西部边远地区阶梯递减的分布规律，且江苏、浙江、山东、广东4省“双高计划”建设单位数量为64所，约为全国总数的1/3（见图1）。

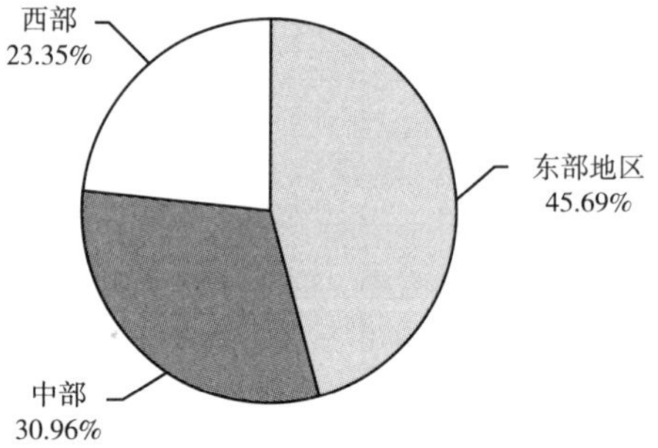

图1 “双高计划”建设单位东部、中部、西部地区分布情况

1.1.2 建设单位类型特征概况

（1）立项建设单位性质特征。

从高校举办单位类型来看，省属高校占据了一定优势。197所院校中省属高校84所、市属高校62所、行业办学51所（见图2）。

从类型来看，理工类高职院校占据了一定优势。理工类共有105所入选，其次是综合类（50所）、财经类（17所）、农林类（15所）、医药类（5所）、艺术类

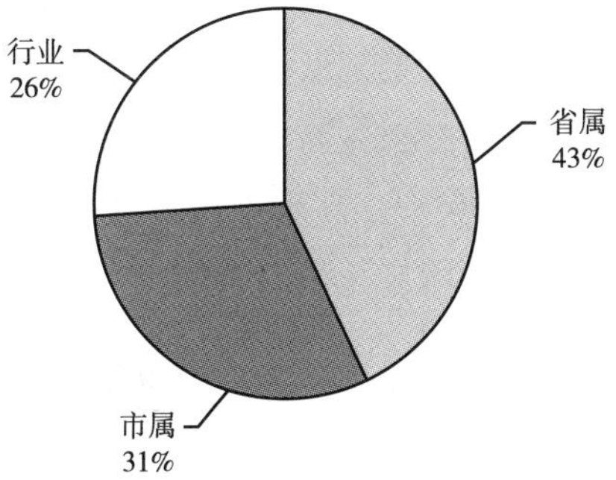

图 2 “双高计划”院校建设单位分布情况

(4 所)、政法类（1 所）院校（见图 3）。

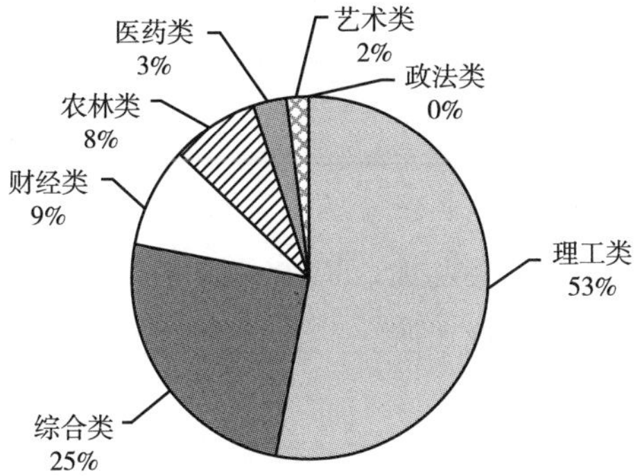

图 3 “双高计划”建设单位类型分布情况

（2）立项建设单位层次特征。

横向分析，在 197 个“双高计划”建设单位中，有 145 所为国家示范（骨干）高职院校，占比达 73.60%；其余 52 所为普通高职院校，占比为 26.40%。其中，56 个“高水平高职学校”建设单位全部为国家示范（骨干）高职院校。“高水平专业群”建设单位中国家示范（骨干）高职院校 89 所，占比为 63.12%；普通高职院校 52 所，占比为 36.88%。

1.1.3 中期关键绩效目标实现情况分析

中期绩效评价验收聚焦“1 个加强、4 个打造、5 个提升”的十大任务内涵建设的绩效目标点（详见表 2），突出建设成效的评价，形成阶段性诊断性评价结果。通过 3 年建设，形成一批高水平标志性成果。在党建设方面，建成国家级党建标杆院系 18 个、全国党建样板支部 213 个，打造一批国家级课程思政示范课程、教学名师，组建省级与国家级教学团队 120 多个。在标准制订方面，项目建设院校共参与 1420 个职业教育国家教学标准和 385 个行业标准建设。在技术技能创新服务方面，建成省级及以上协同创新中心145个，技艺技能传承创新平台99个。在师资队伍建设方面，累计引进高层次人才6846人，形成国家级教师教学创新团队221个，全国黄大年式教学团队32个。在产教融合方面，累计培育省级以上产教融合型企业576个，校企共建生产性实训基地200个，高水平产教融合示范基地104个。在提升国际水平方面，与74个国家建立了项目合作。

表2　绩效目标点与指标完成情况分析

	高水平学校建设单位	高水平专业群建设单位	合计
绩效目标点	28266	45780	74046
校均绩点数	505	325	376
完成率	94.59%	94.81%	94.72%

1.1.4　中期绩效评价结果分析

2023年1月，经综合评议、审核公示，“双高计划”中期绩效评价结果公布。197所建设单位中，160所院校获得优，37所院校获得良。其中“高水平高职学校”建设单位评价等级为优51所、良5所，“高水平专业群”评价等级为优109所、良32所（见图4）。

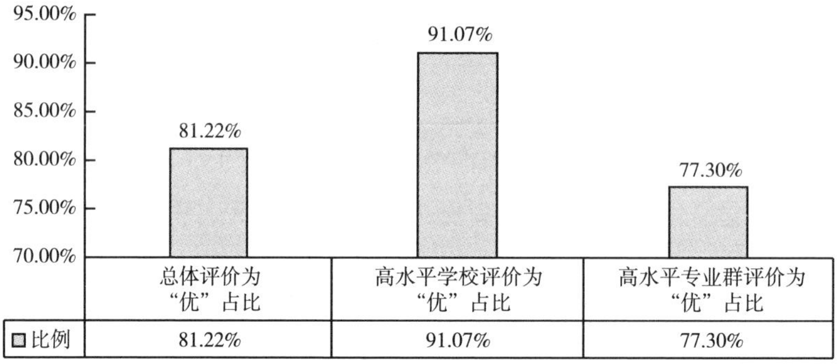

图4　“双高计划”中期评价结果情况

1.2　“双高计划”建设单位专业群概况

197所“双高计划”建设单位中，每个“高水平高职学校”建设单位支持建设2个专业群，合计112个专业群；每个“高水平专业群”建设单位支持建设1个专业群，合计141个专业群。197所双高院校共计建设253个专业群，涉及18个专业大类。

1.2.1 专业群数量分布情况

从专业群名称和布点频次来看，“双高计划”建设的253个专业群中涉及136个不同的专业群名称。其中，机电一体化技术专业群布点频次最多（10个），12个专业群布点频次大于等于5，37个专业群布点频次在2（含2）到5之间，87个专业群布点频次为1。布点频次大于2的专业群情况如图5所示。

1.2.2 专业群所属专业大类情况

从专业布局看，申报的253个专业群覆盖了18个高职专业大类，布点最多的五个专业大类分别是装备制造大类、交通运输大类、电子信息大类、财经商贸大类、农林牧渔大类。具体情况如表3所示。

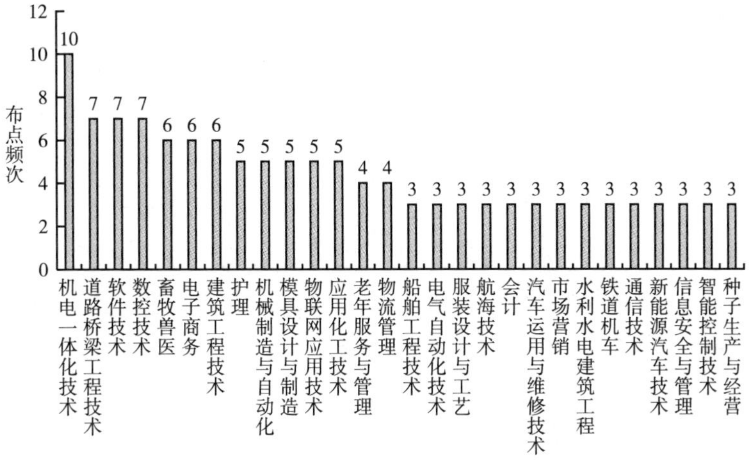

图5 “双高计划”布点频次大于2的专业群统计

表3　　专业群所述大类情况统计

序号	专业群名称	专业群所属单位类型数量（个）						总数（个）
		高水平高职学校			高水平专业群建设单位			
		A档	B档	C档	A档	B档	C档	
1	农林牧渔	2	2	3	3	6	3	19
2	财经商贸	1	2	7	1	4	6	21
3	电子信息	4	8	2	6	5	3	28
4	公安与司法						1	1
5	公共管理与服务		2	1	1	1		5
6	交通运输		2	8	1	10	9	30

续表

序号	专业群名称	专业群所属单位类型数量（个）						总数（个）
		高水平高职学校			高水平专业群建设单位			
		A 档	B 档	C 档	A 档	B 档	C 档	
7	教育与体育	1				1	1	3
8	旅游			1		2	2	5
9	能源动力与材料		1	4	1	2	2	10
10	轻工纺织	1	3	1	1	3	1	10
11	生物与化工	1	3		1	4	2	11
12	食品药品与粮食		1	1		2	1	5
13	水利	1	1			2		4
14	土木建筑		1	1	4	3	4	13
15	文化艺术		2	2	1	2	1	8
16	医药卫生	1	2	1			7	11
17	装备制造	7	9	17	5	12	9	59
18	资源环境与安全	1	1	3	1		4	10
合计		20	40	52	26	59	56	253

在 18 个专业大类中，立项建设专业群较多的是装备制造（立项建设专业群 52 个，占比 23.32%）、交通运输（立项建设专业群 30 个，占比 11.86%）、电子信息（立项建设专业群 28 个，占比 11.07%）和财经商贸（立项建设专业群 21 个，占比 8.30%）专业大类。各专业大类立项建设专业群数量占比如图 6 所示。

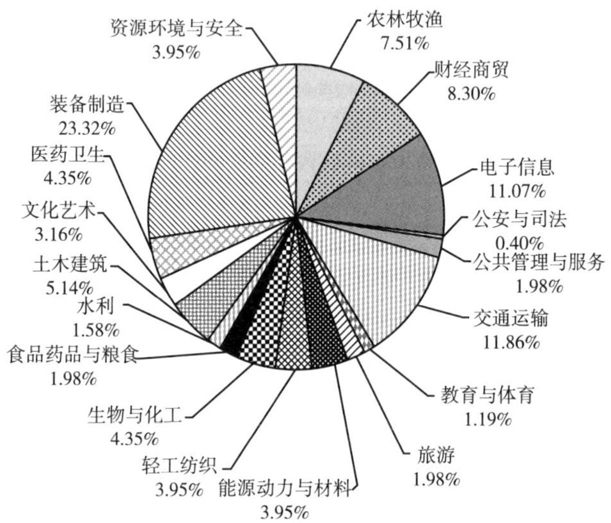

图 6　各专业大类立项建设专业群数量占比情况

1.2.3 专业群所属大类地域分布情况

总体来看，253 个专业群位于东部地区 122 个，中部地区 72 个，西部地区 59 个。各地区立项建设专业群数量占比情况如图 7 所示。

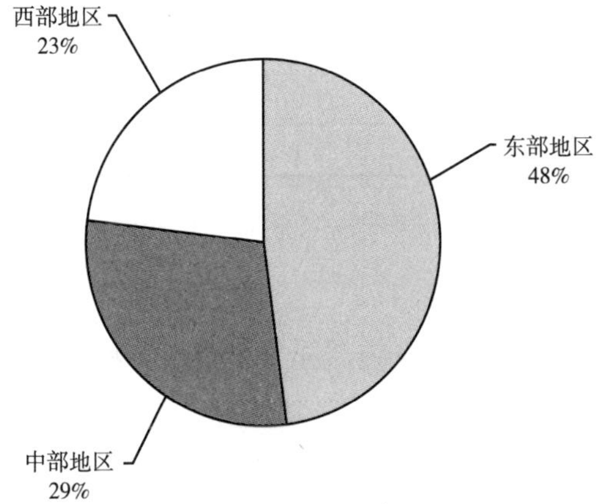

图 7 253 个高水平专业群地区分布情况

从专业大类来看，18 个专业大类整体呈东多西少分布趋势，尤其是轻工纺织、文化艺术、财经商贸类专业群更为明显。各专业群地域位置情况如表 4 所示。

表 4 各大类专业群区域分布情况统计

序号	专业群名称	专业群所在地区数量（个）			总数（个）
		东部地区	中部地区	西部地区	
1	农林牧渔	8	5	6	19
2	财经商贸	12	8	1	21
3	电子信息	16	5	7	28
4	公安与司法	1			1
5	公共管理与服务	2	2	1	5
6	交通运输	12	12	6	30
7	教育与体育	1	1	1	3
8	旅游	2	2	1	5
9	能源动力与材料	2	3	5	10
10	轻工纺织	9		1	10
11	生物与化工	5	1	5	11
12	食品药品与粮食	3	2		5
13	水利	1	2	1	4

续表

序号	专业群名称	专业群所在地区数量（个）			总数（个）
		东部地区	中部地区	西部地区	
14	土木建筑	6	3	4	13
15	文化艺术	7	1		8
16	医药卫生	5	4	2	11
17	装备制造	26	18	15	59
18	资源环境与安全	4	3	3	10
合计		122	72	59	253

1.2.4 专业分布情况

根据“双高计划”遴选管理办法，每个专业群一般包含 3～5 个专业。253 个“双高”建设专业群共包含 1147 个专业，这些专业大多是学校特色优势专业、国家重点专业，也将是学校未来重金打造、重点建设的专业。其共涉及 330 个不同的专业名称。专业名称出现频次大于 10 的如图 8 所示。

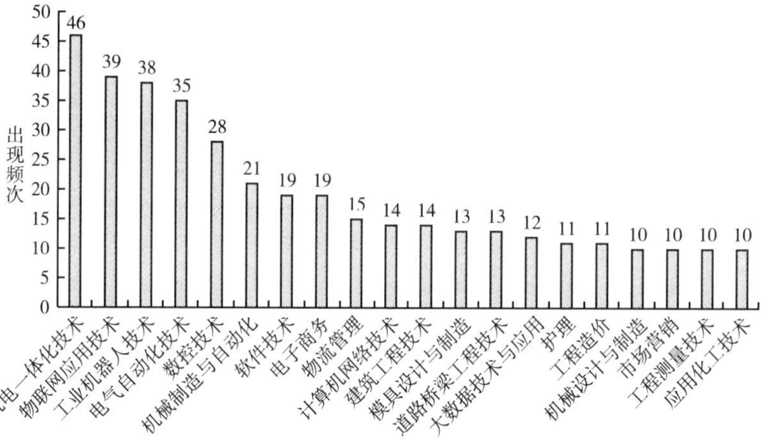

图 8 “双高计划”建设项目中专业名称出现频次统计（大于 10）

从图 8 可以看出，出现较多的专业是机电一体化技术、物联网应用技术、工业机器人技术、电气自动化技术、数控技术等专业，主要集中在装备制造、电子信息、财经商贸、土木建筑专业大类。

1.2.5 专业群对标产业类型分布情况

从产业布局看，75 个专业群面向战略性新兴产业，71 个专业群面向现代服务业，63 个专业群面向先进制造业，23 个专业群面向现代农业，21 个专业群面向其他产业（见图9）。

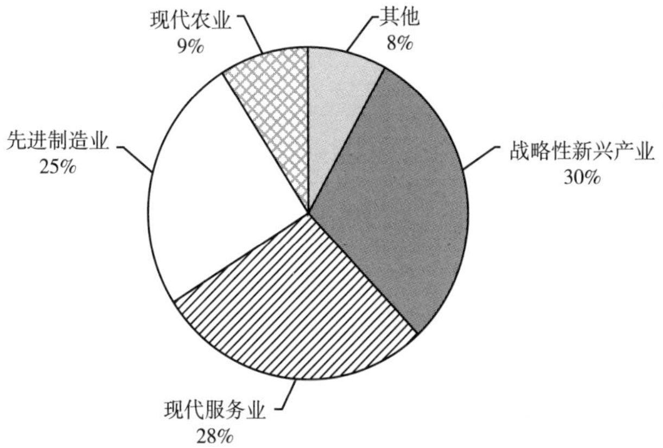

图9　专业面向产业布局情况

2. “双高计划”项目资金概况

“双高计划”中央财政的投入，带动了地方、行业企业与院校的投入，成效显著。“双高计划”项目申报预算总数为7629713万元、《任务书》备案数为7117664万元，截至2021年年底，62.7%的经费已经到位。2019～2021年，中期预算总额4153278万元，中期资金到位4432595万元，到位率达106.73%。

2.1 “双高计划”建设单位项目资金情况

2.1.1 建设单位资金预算与支出总体情况

197所“双高计划”建设单位2019～2023年度总预算为711.7664亿元。2019～2021年度总预算415.3278亿元，资金支出为415.2062亿元（见表5）。

表5　“双高计划”项目资金预算与支出情况

建设期总预算（万元）	2019－2021年度中期绩效评价数据（万元）		
	预算总额	资金到位	资金支出
7117663.65	4153277.91	4432595.02	4152061.62

2019～2021年，中央财政预算62.8438亿元，拉动其他预算资金相当于中央专项资金的6.61倍，撬动效应彰显。2019～2021年度预算总额及构成如表6所示。

表 6　“双高计划”建设项目 2019～2021 年度预算总额及构成

总预算（万元）	其中				
	中央财政（万元）	地方财政（万元）	举办方（万元）	行业企业（万元）	学校自筹（万元）
4153277.91	628437.80	1377571.32	55279.00	449938.12	1642051.67

2.1.2　建设单位资金预算与支出结构分析

以不同地区预算平均值为例，东部地区为 3.92 亿元，中部地区为 3.46 亿元，西部地区为 3.21 亿元，从东部、中部、西部呈阶梯递减趋势。各地区项目建设资金情况如表 7 所示

表 7　不同地区“双高计划”建设项目资金情况分析

区域	学校数量	2019～2023 总预算（万元）		2019～2021 资金到位（万元）		2019～2021 资金支出（万元）	
		金额	平均值	金额	平均值	金额	平均值
东部	90	3530010.00	39222.33	2195765.78	24397.40	2047008.25	22744.53616
中部	61	2112880.00	34637.38	1326282.85	21742.34	1243079.10	20378.34594
西部	46	1474773.65	32060.30	910546.39	19794.49	861974.26	18738.57096
总计	197	7117663.65	36130.27	4432595.02	22500.48	4152061.62	21076.45493

2.2　“双高计划”建设单位专业群项目资金概况

从 2019～2021 年度专业群资金支出平均值数据分析，253 个专业群支出平均值为 7650.57 万元。18 个专业大类中，水利大类平均支出最高，为 15438 万元；其次是装备制造大类，为 11362.01 万元；公安与司法平均支出最低，为 1771.31 万元（见图 10）。

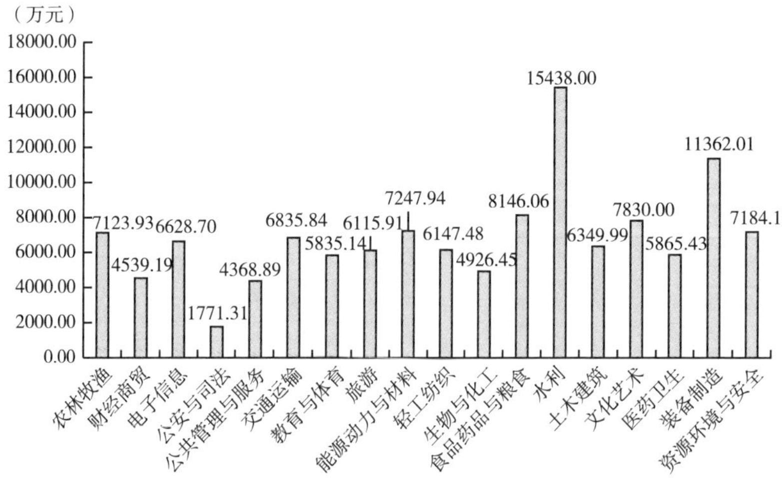

图 10　各专业大类 2019～2021 年度资金支出平均值统计

3. “双高计划”项目社会贡献度研究

“双高计划”致力于把职业教育改革发展的“龙头”舞起来，引领带动职业教育培养千万计的高素质技术技能人才，成为支撑地方经济转型升级和服务国家战略的重要力量。据悉，教育部公示2022年职业教育国家级教学成果奖拟授奖成果名单中，392项第一完成单位为高职院校，其中，特等奖1项、一等奖46项、二等奖345项。272项第一完成单位为“双高计划”建设单位，占高职院校总获奖数量比为69.39%，其中，一等奖35项，二等奖237项。由此可见，国家级教学成果奖作为国家在教学研究和实践领域中颁授的最高奖项，“双高计划”建设单位的获奖数量与质量充分反映了“龙头”舞起来的作用和成效。

3.1 引领改革

3.1.1 价值引领

（1）工作格局：党建引领职业教育高质量发展。

加强党的全面领导，充分发挥党组织在职业院校的领导核心和政治核心作用，牢牢把握意识形态工作的领导权，以高质量党的建设把握好“双高计划”建设方向。随着新时代高校党建“双创”工作的开展，在高等职业院校中，教育部先后分三批遴选产生了全国党建工作示范高校4个（均为“双高计划”建设单位）、全国党建工作标杆院系26个（“双高计划”建设单位18个）、全国党建工作样板支部575个（“双高计划”建设单位213个）。教育部遴选了全国高校“双带头人”教师党支部书记工作室10个，其中，“双高计划”建设单位获批7个。在全国高职院校中，以上荣誉获批数量较多的院校明细如表8所示。

表8　党组织建设评选高职院校入选情况统计

序号	学校名称	全国党建工作示范高校	全国党建工作标杆院系	全国党建工作样板支部	“双带头人”教师党支部书记工作室	总计	双高计划
1	黄河水利职业技术学院		1	3	1	5	高水平学校A档
2	河北工业职业技术大学（河北工业职业技术学院）	1		4		5	高水平学校B档

续表

序号	学校名称	全国党建工作示范高校	全国党建工作标杆院系	全国党建工作样板支部	“双带头人”教师党支部书记工作室	总计	双高计划
3	北京电子科技职业学院		1	2	1	4	高水平学校A档
4	河北交通职业技术学院		1	3		4	
5	湖南铁道职业技术学院		1	3		4	高水平学校C档
6	广东轻工职业技术学院		1	3		4	高水平学校B档
7	重庆工业职业技术学院		1	3		4	高水平学校B档
8	重庆电子工程职业学院		1	2	1	4	高水平学校B档
9	西安航空职业技术学院			4		4	高水平学校C档
10	南京工业职业技术大学			3	1	4	

（2）协同推进：以“大思政”育人格局推进“三全”育人。

“双高计划”建设单位以党的政治建设为统领，强化课程思政价值引领、思想政治队伍建设等关键环节，充分利用专业特色和资源优势，注重中国共产党人精神谱系的传承和弘扬，全面推进课程思政进人才培养方案、课程标准、教材内容和课堂教学，建设了课程思政教学资源平台，构建了课程思政教学内容体系，形成了一批课程思政教学名师、教学团队、示范课程、特色案例等，推动高职院校思想政治工作创新发展，努力构建全员、全过程、全方位育人工作体系，专业课程、课程思政与思政课程同向同行、协同育人的大思政育人格局逐步形成。

近年来，教育部先后启动建设、认定了一大批的思政教育项目和成果，包括课程思政示范项目、高校思想政治工作有关培育建设项目、全国高校思想政治理论课教学展示、高校思想政治工作创新发展中心等，“双高计划”建设单位成果丰硕。

例如，2021 年，教育部立项职业教育类课程思政示范课程、教学名师和团队 200 个，其中“双高计划”建设单位立项 114 个，占比 57%。

2022 年，教育部思想政治工作司公布高职学校高校思想政治工作创新发展中心建设名单共计 6 所，其中 5 所为“双高计划”单位，占比 83.33%。

表 9　部分思政工作建设成果评选高职院校入选情况统计（TOP10）

序号	学校名称	课程思政示范课程、教学名师和团队	课程思政教学研究示范中心	高校思想政治工作创新发展中心	合计	双高计划
1	陕西工业职业技术学院	2	1	1	4	高水平学校A档
2	北京工业职业技术学院	3			3	高水平学校B档
3	河北工业职业技术大学（河北工业职业技术学院）	3			3	高水平学校B档
4	金华职业技术学院	3			3	高水平学校A档
5	北京电子科技职业学院	2		1	3	高水平学校A档
6	黄河水利职业技术学院	2	1		3	高水平学校A档
7	南京工业职业技术大学	2		1	3	
8	天津职业大学	2	1		3	高水平学校A档
9	长沙民政职业技术学院	2	1		3	高水平学校B档
10	山东商业职业技术学院	1	1	1	3	高水平学校B档

3.1.2　模式引领

——拓展通道：构建人才培养“立交桥”

“双高计划”建设项目开展以来，各院校从专业设置、课程衔接、师资培训、产教融合、技能竞赛等方面持续发力，加强中高职与应用型本科协同发展，形成职业教育高质量发展合力。98 所“双高计划”建设单位探索了中职与高职（3 + 2）五年贯通、165 所“双高计划”建设单位探索了中职与职业本科或应用本科（3 + 4）七年贯通、“双高计划”建设单位探索了高职专科与职业本科或应用本科（3 + 2）五年贯通培养路径；部分学校积极推进高职学校与本科院校开展四年制联合培养；部分学校与本科院校、研究院共建研究生联合培养基地，联合培养硕士。近年来，打通了技术技能人才成长路径，逐步形成了从中职、高职到本科，再到研究生的人才成长“直通车”，形成了“中 - 高 - 本 - 研”一体化贯通培养范式。

——协同育人：打造高质量发展“新样板”

产教协同育人方式多元发展。“双高计划”建设单位紧密围绕支柱产业发展需求组建高水平专业群，行业优势突出、专业特色鲜明。各专业群深化产教协同育人，将专业群建在产业链上，积极推行以现代学徒制、企业订单班、“1+X”试点专业等形式为主的校企双元育人模式。在197所建设单位中，共计有136个现代学徒制试点单位，覆盖率达70%。共计获批学徒制专业有1612个、“1+X”证书试点专业2653个。在人才培养成效上，2019～2021年，高等职业院校技能大赛国家级奖励获奖选手共计9104人，其中，“双高计划”建设单位累计获奖3894人，占比42.77%。

产教协同育人平台成果丰硕。本着“双主体”育人的思路，“双高计划”建设单位校企共建协同育人平台，建成了一批职教集团、产业学院、生产性实训基地、产教融合示范基地、协同创新中心，形成了模式可引领、经验可推广的建设成效。三年来，在197所“双高计划”建设单位中，有145个省级以上协同创新中心，291个技能大师工作室；教育部立项两批共299家示范性职业教育集团，“双高计划”建设单位立项125个，占比41.8%；全国共建成生产性实训基地200个，“双高计划”建设单位立项110个，占比55%；132所院校获批高水平产教融合示范基地，总体覆盖率达67.01%。学校与企业共建产业学院、混合所有制二级学院共计726个；在国家级产教融合校企合作典型案例中，197所建设单位共计入选155个，覆盖率达78.68%。

——“三教”改革：探索人才培养“新范式”

“三教”改革的成效决定了人才培养质量，也决定了“双高计划”建设的成功与否。为了抓住“三教”改革这一“牛鼻子”，“双高计划”建设单位从教师队伍建设改革、教材体系建设改革和教学方法创新改革方面探索实践，成果丰硕，成效显著。

教师是教育高质量发展的第一资源。“双高计划”项目开展以来，各学校先后探索了“双师型”教师队伍的入口问题、职教师资队伍的素质提升问题，制定了种种措施和引培新机制，为新时代职教师资队伍的建设规划了“路线图”。近年来，教育部立项建设360个职业教育教师教学创新团队，“双高计划”建设单位获批221个，占比61.39%。高等职业教育创新发展行动中“双师型”教师培养培训基地共计440个，“双高计划”建设单位获批209个，占比47.5%。

“三教”改革的载体在于教材。针对职业院校的教材建设普遍存在内容过时、更新缓慢、与企业生产实际脱节、信息化程度不高等问题，“双高计划”建设单位提出了解决方案。在教材的内容建设上，深化校企合作，融入新技术、新工艺、新流程、新规范，校企共同编制反映企业生产实际的一体化教材，落实定期修订教材制度，健全专业教学资源库等。在教材的类型建设上，“双高计划”中提出“倡导使用新型活页式、工作手册式教材并配套开发信息化资源”，突出职业特色，强调个性化、差异化，强化教材的实操性。在教材的信息化建设上，“双高计划”中提出遴选认定一大批职业教育在线精品课程，建立动态化、立体化的教材和教学资源体系等措施，助推信息化教学改革。据统计，入选高职专科首批“十四五”职业教育国家规划教材 2326 部，“双高计划”建设单位共计 999 部，占比 42.95%。2021 年全国高等职业教育优秀教材奖 238 项，“双高计划”建设单位 133 项，占比 55.88%。

“三教”改革的核心在于教法。“双高计划”明确了“以学生为中心”的改革理念，以现代化的技术手段全面推动以课堂教学模式改革为核心的教法改革。一是教法的信息化改革，充分利用大数据、移动互联网等新一代信息技术改造课堂教学过程，广泛开发慕课、微课、虚拟课堂等教随产出共享的智慧学习平台，建设能够满足多样化、个性化需求的信息化教学环境，加快解决教学手段落后、教学方法陈旧等问题。二是教法的创新改革，以推进“课堂革命”为突破口，创新教学方式方法，全面推行面向企业真实生产环境的项目制、情景式教学模式，调动学生学习积极性，提高人才培养质量。据统计，2021 年教育部公布的 215 个职教示范性虚拟仿真实训基地培育项目中，“双高计划”建设单位立项 123 个，占比 57.21%；教育部公布的 99 部 2020 年国家精品在线开放课程中，“双高计划”建设单位 63 部，占比 63.64%；2022 年教育部公布的 1160 部职业教育国家在线精品课程中，“双高计划”建设单位 598 部，占比 51.55%。

3.2 支撑发展

“以服务求发展”是高职教育助推国家重大战略的必由之路。支撑国家战略、融入区域发展、服务产业升级，是“双高计划”重要的政策信号。“双高计划”建设单位响应产业升级和经济结构调整要求，面向高端产业和产业高端，打造技术技能人才培养高地，服务中国产业走向全球产业中高端；深化产教融合、校企合作，推动高职学校和行业企业形成命运共同体，成为支撑地方经济转型升级和服务国家战略的重要力量。

3.2.1 服务国家战略

——服务“乡村振兴”战略

“双高计划”建设单位紧扣乡村振兴战略，通过开设乡村振兴相关专业、成立乡村振兴学院打造乡村振兴技术示范点、组建乡村科技服务团队等举措，培训新型职业农民，帮助乡村进行合理规划，优化乡村的产业结构，助力建设生态宜居的美丽乡村，打造共同富裕新引擎。179 所学校对口帮扶新疆、西藏等西部地区的职业学校，加强东中西部职教合作交流，促进资源共享和精准扶贫。比如湖南省 11 所双高院校深度对接乡村振兴“百千万”工程和“强农行动”，促进教育兴乡、人才兴乡、产业兴乡、文化兴乡的有机融合。近两年，双高院校联合企业参与乡村产业建设项目600多个，引进乡村新兴产业，整合职业院校和优质企业资源，采取校企“双主体育人、双导师授课、双方分享生产成果”的模式培养专业人才，建设生产性实训基地，发展市场营销、农村电商、休闲农业、特色民宿等新兴产业，广大群众感慨发家致富之路越走越宽广。杨凌职业技术学院选育优质高产小麦新品种服务国家粮食安全。学院小麦育种专家赵瑜先后培育5个小麦品种，累计推广面积达9000多万亩，实现农民增收60亿元；学校先后集成推广“猪—果—沼”三位一体的生态农业技术、苹果绿色生态栽培技术、地膜玉米轻简化栽培技术等，创新建立农技推广“4321”（建设四支队伍、构建三个平台、寻找两个途径、抓好主导产业）“金桥模式”，该校成立陕西职业教育乡村振兴研究院，面向“三农”，积极开展理论研究，探索职业教育服务乡村振兴战略新路径，创新职业教育产教融合新模式成为陕西乡村振兴智库。

——服务“军民融合”战略

“双高计划”建设项目开展以来，各院校以培养技术技能人才支撑为核心，以退役军人就业创业服务为重点，以军民两用技术技能创新服务为制高点，打通军民领域创新链与人才链、信息链与技术链要素通道，实现军民、产教双向深度融合，促进提高经济建设和国防建设融合发展水平。例如，河南工业职业技术学院与军工职教集团成员企业合作建立了空间信息、智能制造、智能控制三个协同创新中心，通过多方共建、协同攻关、合作育人，推进高分遥感与北斗导航应用，服务军工转型升级，先后为30多家军工企业完成智能控制技术服务60项，取得科研成果38项，为军工企业创造经济效益934万元，培训军工企业职工13200人/日，为军民融合领域输送急需人才1120名，改造项目获省专项资金累计640万元，完成科研项目27项，获得国家专利40项，为12家军工企业提供技术咨询与技术改造30项，累计创造效益1520万元，助力军民融合发展。再如长沙航空职业技术学院先后取得民航CCAR－147、CCAR－145、CCAR－66R3和无人机AOPA等资质，搭建了“军、政、行、企、校”五方联动的协同育人战略合作平台，与中科院、空军研究院等20余家科研院所和企业联合开展技术攻关，立项“激光器工程化与清洗应用中的关键技术”等为代表的省部级以上科研项目100多项，成果应用转化35项。兰州资源环境职业技术大学（兰州资源环境职业技术学院）实践了“三方联动”的军士生培养机制，“军、地、校”“三方联动”完成招生工作，联合制定《定向培养军士招生工作办法》，共同制定年级人才培养方案，按照“1234”模式开展人才培养，确保了定向培养目标的实现；完善并实施了“军事化”管理保障体系，按团、营、连、排、班进行层级管理；实施“部队一日生活制度”、“3356”教学质量监控体系，建立了基于部队反馈的培养质量改进制度，确保人才培养质量。

——服务“一带一路”倡议

“双高计划”建设单位积极响应“一带一路”倡议，坚持“走出去”与“引进来”融合发展，着力打造具有鲜明特色的国际化办学品牌，树立高质量发展新标杆。一是与国外优质大学合作，通过留学生和交换生培养、交流访学等，提供国外学习交流的机会；二是引进国外优质教学资源，邀请海外合作院校教师来校授课，联合开发国际化课程和专业标准，交流先进教育经验；三是建设鲁班工坊、海外学堂等海外办学场所，推广国际化专业教学标准，把优秀职业教育成果输出国门，助力“一带一路”沿线国家技术技能人才培养，推进技术技能人才本土化，形成职业教育的“中国品牌”。例如，北京工业职业技术学院践行国家“一带一路”倡议，围绕学校办学特色，依托教育部首批职业教育“走出去”试点单位，打造中国－赞比亚职业技术学院、中赞孔子课堂、“中文＋职业技能”教育实践与研究基地三大国际化平台，树立中国职业教育“走出去”新典范。陕西国防工业职业技术学院与泰国坦亚武里皇家理工大学共建“经世学堂”、中泰“秦岭工坊”，输出机电一体化技术专业人才培养方案、课程标准和课程资源，选派教师入泰开展人才培养、员工培训等，形成职业教育“中国方案”。陕西铁路工程职业技术学院搭建“盟、院、坊、圈”国际交流与合作平台，强化人员互访交流、国际铁路培训、中外合作办学。盟：发起成立高铁建设国际人才教育职教联盟，加入“一带一路”铁路国际人才教育联盟、世界职业技术教育发展联盟（首批成员单位），定期开展国际合作交流，洽谈国（境）外技术培训，形成了资源互补、信息互通机制。院：适应高铁“走出去”企业国际化人才需求，与俄罗斯萨马拉国立交通大学共建国际交通学院。开发“中文＋高铁技能”等留学陕铁项目，实施留学中国技能人才培养。坊：联合中铁一局等“走出去”企业和境外学校，建设海外“鲁班工坊”，聚力资源定制、联合培养、技术培训和标准输出，培养海外高铁技术技能人才。圈：坚持“请进来”与“走出去”并重，选派师生赴国外研修、交流，接收国（境）外高校师生到校学习、交流，建立稳固的国际交流与合作朋友圈。

3.2.2 服务区域经济社会发展

——强化成果转化，协同破解“卡脖子”技术难题

“双高计划”建设单位紧密对接“专精特新”中小企业，挖掘企业需求侧信息，推进技术服务与成果转化供给侧结构性改革，服务强化科研培育与精准支持，通过与科研院所等合作，协同破解企业“卡脖子”技术难题，为企业提供“打包式”技术服务。三年来，“双高计划”建设单位建设省级及以上协同创新中心145个、技艺技能传承创新平台99个。专利申请授权和高质量学术论文发表是衡量高职院校自主创新水平和科研实力的重要标尺。例如，陕西工业职业技术学院的“折叠显示器用柔性玻璃转化项目”在山东实施成果转化，成为国内首条0.07毫米厚度超薄柔性玻璃生产线，填补了国内超薄柔性玻璃生产技术的空白，预计总投资2亿元，年产30万片。据统计，2019－2021年，据各院校中期绩效评价材料和知网数据库统计，197所“双高计划”建设单位发明专利授权5475项；产出的中文期刊论文126442篇，其中，核心期刊论文数量25008篇，占比19.8%；CSCD期刊论文数量5326篇，占比4.2%；CSSCI期刊论文数量1884篇，占比0.15%。从数据统计结果看，核心论文和发明专利授权主要集中在广东、浙江和江苏等地，其他省差距明显。

——聚焦技术技能创新服务平台，服务与支撑发展能力持续提升

产教融合的技术技能创新服务平台，产业需求是“原动力”，行业企业需要是“立足点”，人才培养是“基本点”。科技攻关协同创新平台与产业发展需求相适配，用中国方案解决职业教育科技创新能力不足的“陈年难题”。建设品牌智库平台，推动产业创新驱动发展；建设创新创业平台，响应国家“大众创业、万众创新”号召；建设应用技术服务平台，支撑区域重点行业和支柱产业。例如，北京工业职业技术学院组建“北京市电气安全研究所”，共建“计算智能与智能系统”“城市空间信息工程”北京市重点实验室，与施耐德电气共建中法能效管理应用研究中心，与中国职业技术学会合作共建BIM技术研究院，积极承担重大科研项目，赋能中小企业转型升级；获省部级科技进步奖15项，获授权专利112项，开展技术创新服务项目113项，技术服务及成果转化额保持在年均1000万元以上，逐渐成为区域内不可替代的产品研发中心和技术应用中心。日照职业技术学院服务城市，推动技能型城市不断发展，投入4025万元，与政府部门、行业协会、科研院所和企业深度合作，共建11个协同创新中心；服务先进钢铁制造产业，为山钢和日钢输送了高技能人才700余人；服务汽车整车及零部件产业，与日照威奕、中兴汽车、五征、威亚等建立校企合作关系，3000余名毕业生活跃在日照市汽车产业各个领域；服务全域旅游产业，与五莲山风景区、莒国古城等30多家旅游企业建立合作关系，为日照市旅游从业提高人才支撑和智库支持。承担13项国家“星火项目”，57项省部级项目，横向技术服务项目1000余项。开发“日照市民学习系统”，78门校内课程和700门优质微课资源面向市民开放。五年来共开展社会人员技能培训14万人次，服务社区公益性学习130万人次，技术服务和社会服务到款额超过1.3亿元。

——与政府共建技术技能创新服务平台，加快科技成果转化新模式

高质量发展是根本，应用与需求是价值追求，产教融合是关键之关键。打造技术技能创新服务平台使新时代职业教育找到了其高质量发展的着力点和突破口。在以技术进步为动力的产业不断升级中，产业正在由产业链中低端向中高端艰难迈进，技术技能创新服务平台建设刻不容缓。瞄准“当地离不开”的目标，技术技能创新服务平台担负起高等职业教育主动服务国家战略、融入区域发展、促进产业升级的历史使命，在多元协同发展体系、管理与服务发展机制、分类发展模式上全面创新。例如，杭州职业技术学院高度重视科技成果转化工作，以科技成果拍卖为抓手，充分发挥技术技能平台的协同创新优势，不断深化与中小微企业的全方位、多层次合作，服务区域经济高质量发展。“双高计划”建设以来，连续三年组织专场科技成果拍卖会，累计成交科技成果 76 项，总成交金额 4000 余万元，吸引了省内外 200 余家企业参与竞拍。在“浙江拍”大背景下，打造了“杭职拍”品牌，引起社会广泛关注。截至目前，学校累计服务中小微企业近千家，承接各类企事业单位委托的横向科研项目 400 余项，科技经费到款总额 9800 余万元，其中承接 50 万元以上重大横向科研项目超 100 项，涉及智能制造、新材料、信息技术等领域，技术成果转化和技术服务产生的经济效益近 5 亿元。

——“点单式”社会服务，助力产业升级新模式

“双高计划”建设单位重视与产业发展精准匹配，通过服务区域主导产业、战略性新兴产业、高精尖产业等，全面融入地方经济社会发展，为产业升级发展提供“一站式”人才供给。一是积极服务技能型社会建设，助推全民技能提升，为社会持续输出高素质技术技能人才；二是整合优质资源，发挥“双师型”教师培训基地作用，开展国培、省培、市培和社会化培训项目，引领提升职业院校教师教学团队水平；三是对接行业企业发展需求，开展各层次技术技能培训与学历提升教育，开展定制式、个性化培训课程和资源，构建终身教育服务体系；四是走进社区开展“点单式”公益化社会培训，通过打造社区教育特色品牌，形成“多方位、立体化”服务技能型社会建设样板。例如，陕西工业职业技术学院设立协同创新中心 4 个、研发中心 10 个，完成科技攻关、研究项目 74 项，面向区域中小微企业征集服务地方专项科研项目 105 项，累计为企业创造经济效益 2.56 亿元。陕西国防工业职业技术学院立足区域高端装备制造业，基于各类工种技能考核和关键技术技能提升，开发培训菜单，企业员工根据企业或个人需要自由选课，重点突出，针对性强，成效显著。

3.3 推动形成一批支撑职业教育高质量发展的政策、制度和标准

3.3.1 推动形成职业院校办学能力提升的内部治理制度体系

创设良好办学生态。遵循政府主导、行业指导、校企合作办学理念，多个“双

高计划”建设单位先后成立了“政、行、企、校”合作办学的职教联盟，构建目标共定、资源共建、人才共育、成果共享、责任共担的合作机制。依托职教集团（联盟），发挥理事会等校企合作联合体作用，创设良好的外部环境，凝聚改革建设合力，构建多元融合、协同发展的良好生态。系统推进内部质量保证体系诊改工作和第三方评价工作，形成持续性、周期性诊断改进和自我完善长效机制。

完善内部治理体系。以《中华人民共和国职业教育法》等为依据，深挖人才培养、“三教”改革、科学研究、国际交流、继续教育、产教融合、财务管理等方面的改革经验，将其转化为提升管理效能的制度成果。有效推进制度创新，强化制度落地与过程控制，建立事前有标准、事中有监督、事后有考核的闭合制度体系，完善了用制度管权、靠制度管人、按制度办事的规范、健全的制度体系，形成与高水平办学和可持续发展相契合的办学治校长效机制。

夯实二级治理根基。一是部分学校探索矩阵项目管理，以专业群为横向，涉及的二级学院为纵向，建设项目为点阵，构建任务矩阵，形成专业群间协同机制，提升专业群的效率和创新活力；二是部分学校针对专业群建立跨院协调机制，成立“双高计划”建设领导小组，定期组织召开会议，协调推进项目建设进度；三是部分学校按照“岗位集群相近、技术领域相通、服务领域相同、教学资源共享”的原则，以产业链建专业群，以专业群建二级院，探索实践以群建院、以群强院机制，优化内部治理结构，管理重心下移，确立以二级学院为主体的管理模式，保障专业群健康可持续发展。

3.3.2　推动形成职业教育高质量发展的专业教学标准体系

标准化建设工作不仅是深化职业教育教学改革的必需，也是完善现代职业教育体系建设的重要组成部分。“双高计划”建设单位对接职业教育的不同阶段，创新融合新理念、新技术、新工艺、新规范，产教融合、校企共研，联合开发中职、高职、职业本科三个层次专业教学标准、课程标准、实践教学条件建设标准、顶岗实习标准，制定“中—高—本”贯通人才培养标准。中期绩效评价数据显示，197 家“双高计划”建设单位主持和参与 1420 个职业教育国家教学标准，保障专业群建设迈向高质量。“双高计划”建设单位紧扣最新产业需求，以产业链和人才链融通的标准链建设为主线，精准对接不同类别行业企业需求进行国家技术标准、职业技能等级证书标准、行业技术标准、行业培训标准等标准建设。根据中期绩效评价数据显示，“双高计划”共建设单位共牵头和参与制定了行业企业标准 385 项，增强高职院校培养的技术技能人才与企业用工需求的匹配度，实现教育与产业协同发展。

“双高计划”建设项目贡献度研究（2019～2021年度）

分报告

农林牧渔专业大类分报告

中国教育会计学会
中国教育会计学会高等职业院校分会

1. 专业大类概况

农林牧渔大类立项建设专业群共计 19 个，涉及 17 所高等职业院校，其中“双高学校”5 所，“双高专业群”学校 12 所。表 1 为建设单位专业群及主要专业情况。从专业群类别看，囊括茶树栽培、作物生产技术、林业技术、园林技术、园艺技术、畜牧兽医、水产养殖、农业装备应用、现代农业、休闲农业和种子生产与经营 11 个不同类别专业群，其中畜牧兽医专业群 6 个，位居大类第一；从档次等级看，覆盖高水平学校和高水平专业群 A 档、B 档和 C 档，其中 A 档 4 所，B 档 8 所，C 档 5 所；从省域位置看，横跨全国东部、中部和西部区域，其中东部 7 所、中部 5 所、西部 5 所，分布较均衡。

表 1　　　　农林牧渔专业大类立项建设单位及专业具体情况

学校名称	档次	专业群名称	专业群包含专业	涉及院系数量
江苏农林职业技术学院	高水平学校建设单位（A 档）	园林技术	园林技术、林业技术、园林工程技术、物联网应用技术	2
江苏农林职业技术学院	高水平学校建设单位（A 档）	现代农业技术	现代农业技术、园艺技术、作物生产技术、农业装备应用技术	2
江苏农牧科技职业学院	高水平学校建设单位（B 档）	畜牧兽医	畜牧兽医、饲料与动物营养、动物防疫与检疫、宠物养护与驯导	2
日照职业技术学院	高水平学校建设单位（B 档）	水产养殖技术	水产养殖技术、食品加工技术、食品生物技术、食品营养与检测、环境工程技术	1
宁夏职业技术学院	高水平学校建设单位（C 档）	畜牧兽医	畜牧兽医、园艺技术、中药制药技术、食品生物技术、物流管理	2
新疆农业职业技术学院	高水平学校建设单位（C 档）	种子生产与经营	种子生产与经营、园艺技术、农产品加工与质量检测	2
新疆农业职业技术学院	高水平学校建设单位（C 档）	畜牧兽医	畜牧兽医、动物医学、动物防疫与检疫	1
北京农业职业学院	高水平专业群建设单位（A 档）	园艺技术	园林技术、园艺技术、环境艺术设计、设施农业与装备	2
辽宁农业职业技术学院	高水平专业群建设单位（A 档）	园艺技术	园艺技术、园林技术、作物生产技术、农业生物技术、植物保护与检疫技术	2

续表

学校名称	档次	专业群名称	专业群包含专业	涉及院系数量
黑龙江农业经济职业学院	高水平专业群建设单位（A档）	作物生产技术	作物生产技术、食品加工技术、电子商务、农业经济管理	4
黑龙江农业工程职业学院	高水平专业群建设单位（B档）	农业装备应用技术	农业装备应用技术、设施农业与装备、机械制造与自动化、物联网应用技术、物流管理	4
江西环境工程职业学院	高水平专业群建设单位（B档）	林业技术	林业技术、家具设计与制造、旅游管理（森林旅游、风景园林设计、移动互联应用技术	5
山东畜牧兽医职业学院	高水平专业群建设单位（B档）	畜牧兽医	畜牧兽医、饲料与动物营养、动物医学、动物防疫与检疫、畜牧工程技术	1
河南农业职业学院	高水平专业群建设单位（B档）	种子生产与经营	种子生产与经营、园艺技术、园林技术、植物保护与检疫技术、市场营销	3
广西职业技术学院	高水平专业群建设单位（B档）	茶树栽培与茶叶加工	茶树栽培与茶叶加工、茶艺与茶叶营销、广告设计与制作、电子商务	3
铜仁职业技术学院	高水平专业群建设单位（B档）	畜牧兽医	畜牧兽医、动物医学、设施农业与装备、农产品加工与质量检测、电子商务	2
湖南生物机电职业技术学院	高水平专业群建设单位（C档）	种子生产与经营	种子生产与经营、园艺技术、园林技术、休闲农业	1
重庆三峡职业学院	高水平专业群建设单位（C档）	畜牧兽医	畜牧兽医、动物医学、动物药学、动物防疫与检疫、水产养殖技术	1
成都农业科技职业学院	高水平专业群建设单位（C档）	休闲农业	园艺技术、休闲农业、园林工程技术、旅游管理、农产品加工与质量检测	3

2. 资金投入情况

从五年总量看，农林牧渔大类（除新疆农业职业技术学院未提供专业群预算数据外）专业群项目预算总额为221925万元，2019~2021年项目支出总额为134416.56万元，五年总体执行率为60.57%。除日照职业技术学院水产养殖技术专业群和成都农业科技职业学院休闲农业专业群资金执行率低于50%以外，其他专业群资金执行率均在50%~80%之间（见表2）。

表2　　农林牧渔专业大类类各专业群资金执行情况

学校名称	档次	专业群名称	总预算（万元）	2019~2021年支出（万元）	执行率
江苏农林职业技术学院	高水平学校建设单位（A档）	园林技术	16929	8741.47	51.64%
江苏农林职业技术学院	高水平学校建设单位（A档）	现代农业技术	16340	8451.88	51.73%
江苏农牧科技职业学院	高水平学校建设单位（B档）	畜牧兽医	27500	15830.84	57.57%
日照职业技术学院	高水平学校建设单位（B档）	水产养殖技术	10000	4006.22	40.06%
宁夏职业技术学院	高水平学校建设单位（C档）	畜牧兽医	2000	1039.64	51.98%
新疆农业职业技术学院	高水平学校建设单位（C档）	种子生产与经营	1660	879.00	52.95%
新疆农业职业技术学院	高水平学校建设单位（C档）	畜牧兽医	未提供数据	938.16	—
北京农业职业学院	高水平专业群建设单位（A档）	园艺技术	8200	4924.20	60.05%
辽宁农业职业技术学院	高水平专业群建设单位（A档）	园艺技术	16000	10026.59	62.67%
黑龙江农业经济职业学院	高水平专业群建设单位（A档）	作物生产技术	12000	6742.14	56.18%
黑龙江农业工程职业学院	高水平专业群建设单位（B档）	农业装备应用技术	9700	5368.03	55.34%
江西环境工程职业学院	高水平专业群建设单位（B档）	林业技术	13200	8991.52	68.12%
山东畜牧兽医职业学院	高水平专业群建设单位（B档）	畜牧兽医	24000	15707.87	65.45%

续表

学校名称	档次	专业群名称	总预算（万元）	2019～2021年支出（万元）	执行率
河南农业职业学院	高水平专业群建设单位（B档）	种子生产与经营	12400	8943.00	72.12%
广西职业技术学院	高水平专业群建设单位（B档）	茶树栽培与茶叶加工	10250	7382.86	72.03%
铜仁职业技术学院	高水平专业群建设单位（B档）	畜牧兽医	17400	13520.79	77.71%
湖南生物机电职业技术学院	高水平专业群建设单位（C档）	种子生产与经营	7000	4475.17	63.93%
重庆三峡职业学院	高水平专业群建设单位（C档）	畜牧兽医	8450	5598.75	66.26%
成都农业科技职业学院	高水平专业群建设单位（C档）	休闲农业	8896	3786.59	42.57%
平均值			12329.17	7467.59	
总计			221925	134416.56	60.57%

从九大建设任务三年资金支出情况看，19个建设专业群有明显任务倾斜导向，重点聚焦实践教学基地打造，支出占比达49.49%，占比最高。可持续发展保障机制支出占比最少，不足1%，相比实践教学基地建设，支出进度差比高达98.87%（见表3）。

表3　　农林牧渔专业大类各建设任务支出占比情况

建设任务	2019～2021年支出（万元）	资金支出占比
人才培养模式创新	11026.84	8.15%
课程教学资源建设	12036.12	8.89%
教材与教法改革	9971.02	7.37%
教师教学创新团队	8413.78	6.22%
实践教学基地	66980.70	49.49%
技术技能平台	16855.01	12.45%
社会服务	5042.92	3.73%
国际交流与合作	2040.17	1.51%
可持续发展保障机制	755.53	0.56%
其他	2232.63	1.65%
合计	135354.72	100.00%

结合图1，剔除疫情因素影响，19个建设专业群明显存在建设投入不均衡、区域发展不平衡现象。一是国际交流与合作、可持续发展保障机制等建设任务严重滞后，部分专业群明显存在某年度或三个年度无实际支出；二是西部地区预算资金投入明显滞后于东、中部地区。以占比支出最高、数量最多的畜牧兽医专业群为例，预算投入最低的西部建设单位相比预算投入最高的东部建设单位，投入差比高达92.72%。又如种子生产与经营专业群，预算投入最低的西部建设单位相比预算投入最高的中部建设单位，投入差比达86.61%。

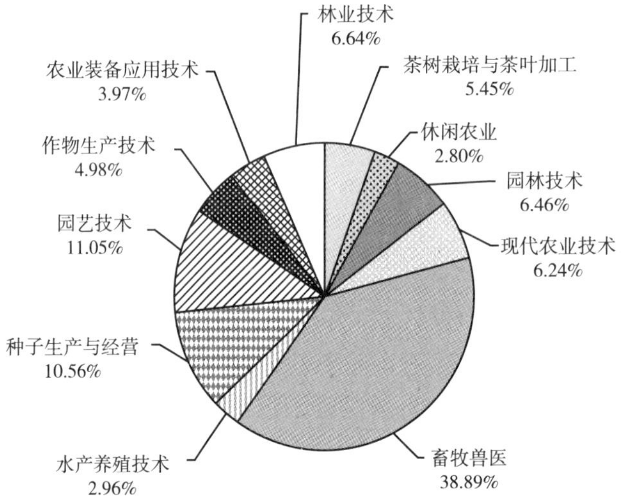

图1　农林牧渔各类高水平专业群2019～2021年资金支出占比

3. 贡献度分析

农林牧渔大类专业群建设单位全面贯彻党的教育方针，坚持立德树人，健全全面发展的教育思想和人才培养体系，深化产教融合，打造了农林牧渔专业大类人才培养高地和技术服务高地，引领职业教育改革发展和人才培养，支撑国家战略和区域经济社会发展，形成一批有效支撑职业教育高质量发展的政策、制度和标准。

3.1　引领改革

“双高计划”引领职业教育改革发展和人才培养的贡献度，主要体现在价值引领、模式引领、制度引领和标准引领四个维度上。

3.1.1 价值引领

坚持党对职业教育工作的全面领导，将党建工作与学校事业发展同部署、同落实、同考评，构建以立德树人、全面发展为导向的人才培养体系和双师队伍协同发展的育人环境。

（1）坚持党建引领，以立德树人为根本，提高育人质量。

江西环境工程职业学院牵头全国“红色资源整合与爱国主义教育”项目，并打造“水处理技术”等世赛集训基地。黑龙江农业工程职业学院创新了“一主线五融入”课程思政模式，以黑龙江大粮仓的农业发展历史为主线，将五色教育等思政元素融入课程教学。江苏农林职业技术学院实施党建领航工程，坚持“扎根农村大地办高职”的办学方向，打造“三全育人”体系。黑龙江农业经济职业学院以党建为引领，创新了专业群“工学研服创”一体化人才培养模式，把握青少年“拔节孕穗”价值观形成和确立的关键期，着力推进“三全育人”综合改革。成都农林科技职业学院在党建引领下，创建“为“三农”服务，为兴农育人”“技能宝贵，劳动光荣”等特色校园文化。

（2）坚持全面发展，以复合型人才培养为目标，提升育人绩效。

辽宁农业职业技术学院将社会主义核心价值观贯穿人才培养全程，形成了“课程 + 双创 + 思政 + 素质教育”相融互促、“1 + N”多元协同育人特色。河南农业职业学院制订“三元六复合”人才培养模式，分方向打造人才培养方案与教学标准。广西职业技术学院创办首批示范性民族文化传承创新职业教育基地，文化育人相关成果获广西职业教育教学成果特等奖。湖南生物机电职业技术学院创立的“乡村振兴本土人才培养模式”获省级教学成果特等奖。

（3）坚持协同发展，以德师育师为核心，提优育人环境。

江苏农林职业技术学院创新“四依托四结合”双师培养模式，打造了国家级教师教学创新团队等一批教学科研团队，入选全国职业院校教师发展指数100强。重庆三峡职业学院获得农业农村部乡村振兴“名课名师”项目。湖南生物机电职业技术学院建成国家级协同创新中心、国家级产教融合实训基地和国家级双师型教师培训基地，中国教育电视台以“产教融合 铸强农之魂”为题向全国进行展播。山东畜牧兽医职业学院把师德师风作为团队及成员考核的第一标准，强化师德师风考核结果在推优评先、表彰奖励等方面应用，实行师德师风一票否决制，并建立“三德”教育机制。

3.1.2 模式引领

利用自身特色优势精准对接政府、行企需求，形成合作互补模式，通过人才培养、校企合作、现代学徒制、“三教”改革、1+X证书制度等创新举措厚植专业群高质量发展，助推职业教育动力变革、效率变革、质量变革。

（1）人才培养模式创新，构创职业与产业适配新高度

接合当地政产“地气”，不断探索人才培养创新“朝气”，赋能学生与企业、职业教育与产业发展适配新高度。部分专业群人才培养模式如表4所示。

表4　农林牧渔大类部分专业群人才培养模式

学校与专业群	内容
江苏农林职业技术学院园林技术专业群	形成“岗课训赛”融通工匠型人才培养模式，获省级教学成果特等奖，被《中国教育报》等报道
江苏农林职业技术学院现代农业技术专业群	创新“定制村干”人才培养模式，形成“政校村联通、农科教融通、职前后贯通”乡村农科人才定制培养的江苏模式
江苏农牧科技职业学院畜牧兽医专业群	创新实践“工学研融合、双元一体化”人才培养模式，全面推进现代学徒制
日照职业技术学院水产养殖技术专业群	创新形成“四同步、三导师、三进阶”人才培养模式
宁夏职业技术学院畜牧兽医专业群	创新“双主体、三递进、四结合、五融入”人才培养模式
北京农业职业学院园艺技术专业群	重构“通识、专业群平台、专业核心、综合实践和拓展”框架模块化课程体系，创新形成“四时驱动、双融双升”人才培养模式
辽宁农业职业技术学院园艺技术专业群	形成“三横四纵，德技融通”特色人才培养模式
黑龙江农业经济职业学院作物生产技术专业群	创新专业群“工学研服创”一体化人才培养模式
黑龙江农业工程职业学院农业装备应用技术专业群	创新“五元共育、四段培养、三级递进”的现代学徒制人才培养模式
江西环境工程职业学院林业技术专业群	重构林业技术专业群“两融通，双自主”专业群课程体系，创新“1+N”人才培养模式
山东畜牧兽医职业学院畜牧兽医专业群	推进“学习环境与企业生产环境融通、教学内容与职业岗位需求融通、教学过程与生产实践过程融通”，创新“双主体、三融通”人才培养模式
河南农业职业学院种子生产与经营专业群	制订“三元六复合”人才培养模式、分方向人才培养方案与教学标准
广西职业技术学院茶树栽培与茶叶加工专业群	开展“跨界融通，育训结合”人才培养模式改革，形成“产业链、专业链、培养链、服务链”“跨界协同，四链融通”的茶产业链人才教育供给的“广西方案”

续表

学校与专业群	内容
铜仁职业技术学院畜牧兽医专业群	创新了“六双融通、互培共育”人才培养模式
成都农业科技职业学院休闲农业专业群	构建休闲农业专业群“四位一体、农商文旅融合”人才培养模式，形成“基础 + 平台 + 模块 + 拓展”的专业群课程体系

（2）校企合作机制创新，构筑产教融合新高地。

践行“校企命运共同体”理念，探索校企合作新模式过程中形成了较为突出的优秀成果和经验做法，推动产教融合焕新升级，以“产教联盟”“产教共同体”等形式构筑起产教融合新高地。例如，重庆三峡职业学院畜牧兽医专业群牵头成立“中国生猪产业职业教育产学研联盟”；成都农业科技职业学院休闲农业专业群搭建全国性休闲农业产教融合平台；广西职业技术学院茶树栽培与茶叶加工通过校企共建六堡茶产业学院等产教融合共同体；湖南生物机电职业技术学院种子生产与经营专业群通过校企联合成功申报省级产教融合型企业 2 个，共建园林工程实训中心、特色植物组合栽培中心等农业新技术实训中心 8 个；江西环境工程职业学院林业技术专业群探索“一校多企，对接产业链”校企联合育人模式，共建校企产教融合育人平台；黑龙江农业工程职业学院农业装备应用技术专业群锚定现代农业装备技术领域，成立资产管理咨询全资公司，建立“遴选—引入—实施—评价—反馈”的全闭环合作机制。

（3）现代学徒制路径创新，构建双主体育人新模式。

契合校地特点，不断探索现代学徒制培养新路径，创新具有中国特色的双主体育人新模式，形成一批可复制可推广共育服务地方建设的典型案例。例如，新疆农业职业技术学院种子生产与经营专业群根据现代畜牧业集约化生产特点创新“四阶段二层次”中国特色学徒制模式；山东畜牧兽医职业学院畜牧兽医专业群组建由 1 个大师傅和“N”个岗位师傅组成的“1 + N”企业师傅团队，构建“校企一体、能力递进、多岗学训”现代学徒制人才培养模式；重庆三峡职业学院建立教育部现代学徒制畜牧兽医试点专业；河南农业职业学院牵头成立全国种业现代学徒制联盟；成都农业科技职业学院开设非遗学徒班；河南农业职业学院牵头成立全国种业现代学徒制联盟，招收学徒制学生 158 人。

（4）“三教”改革系统创新，构绘职业教育新蓝图。

在“三教”改革的闭环系统中，以课程建设为统领，统筹规划，整体创新，建设了一批国家级资源库，开发了一批国家规划教材和国家在线精品课程，培养了一批国家级教师团队。例如，日照职业技术学院水产养殖技术专业群融合课程思政，开展基于“多师同教新课堂”模块化教学创新实践，探索“课内协同”“组间协同”“科教协同”“一二课堂协同”课程思政实施路径；新疆农业职业技术学院畜牧兽医专业群吸纳行企校专家和产业导师共同组成教材开发团队，开发企业雇主主导的学徒情境学习的新型“学徒岗位手册”活页式教材；江西环境工程职业学院林业技术专业群制定“新手—胜任—骨干—专家—领军人物”培养链路，明确团队教师发展标准和自我发展规划，精准参与系列化培训活动，全面提升专业建设、教学改革能力和信息化技术应用能力，并搭建多种发展提升平台，以新老教师师徒结对、访问学者、教学能力大赛等为载体，全面提升实践能力和可持续发展能力。

（5）“1＋X”证书制度创新，构设复合人才新明天。

将“1＋X”证书制度融入人才培养模式和课程体系，将专业教学标准与职业技能等级标准精准对接，实现课证融通，助推学生从“就业导向”迈向“产业需求导向”，极大缓解结构性就业矛盾。例如，湖南生物机电职业技术学院参与北大荒农垦集团有限公司、山东寿光蔬菜产业集团有限公司牵头组织的家庭农场粮食生产经营“1＋X”证书标准、课程、教材开发，2021届毕业生最终就业率97.64%，本省就业率达77%；黑龙江农业经济职业学院强化技能培养，全面开展“1＋X”证书融通改革，专业覆盖率97.8%，2021年证书考试通过人数和通过率达全省第一；河南农业职业学院种子生产与经营专业群通过构建“技能流动实习周”考取“1＋X”职业技能证书，开展各类职业技能培训2万人次以上，学生就业率大幅度提升。

3.1.3 制度引领

着眼于职业教育机制的构建与完善，开展了内部治理、产教融合等相关制度研究，力求通过健全科学的制度体系实现更高层次办学质量（见表5）。

表5　制度引领的具体实施措施

类别	学校与专业群	成效
内部治理	重庆三峡职业学院畜牧兽医专业群	校企共同制定畜牧兽医双基地“人员互聘、职务互兼”双师队伍建设实施办法（试行）
	黑龙江农业经济职业学院作物生产技术专业群	出台《专业群建设项目实施管理办法》《专业群产教融合管理办法》《专业群建设项目绩效目标管理办法》《专业群建设项目多元投入共享机制》《专业群建设项目专项资金管理办法》等制度
	江西环境工程职业学院林业技术专业群	出台《专业群模块化课程开发和资源建设规范》《专业群实训基地建设运营管理制度》《专业群实践教学项目案例库建设规范》《林业技术专业群建设项目资金管理办法》，使群内各专业“碎片化”资源充分整合，实现群内资源优势互补和效益最大化

续表

类别	学校与专业群	成效
产教融合	铜仁职业技术学院畜牧兽医专业群	制定《铜仁职业技术学院专业群“五业”联动融通实施指导意见》等制度及管理办法
	黑龙江农业工程职业学院农业装备应用技术专业群	实施“124N”战略，引领职业教育高水平校企命运“共同体”建设
	辽宁农业职业技术学院园艺技术专业群	探索“混合所有制”现代产业学院模式，率先提出“融文化，不融属性。融资源使用权，不融资源所有权。融管理运营机制，不融非办学风险”的“三融三不融”混合所有制新模式
	山东畜牧兽医职业学院	建立“理事会决策、一体化育人”双主体实体化运行机制，实施一体化招生，一体化培养

3.1.4 标准引领

参与国家级教育专业标准37个、国际化专业标准11个（含向东盟国家输出教学标准6个）、实训条件建设标准5个、全国职业院校技能大赛规程11个，课程标准72个，制定项目技能标准182个，起到了一定的引领作用。部分学校参与标准制定情况如表6所示。

表6　农林牧渔大类部分专业群参与标准制定情况

学校与专业群	内容
江苏农林职业技术学院园林技术专业群	牵头制定园林类专业教学标准7个、国赛赛项规程7项和园林技术专业实训条件建设标准；研制绿化工、盆景工等国家职业技能标准3个
江苏农林职业技术学院园林技术专业群	参与建设国家级园林技术专业实训条件建设标准制定课程标准18门，制定项目技能标准182个，制定国家级专业教学标准3个、实训条件建设标准1个、全国职业院校技能大赛规程11个
江苏农牧科技职业学院畜牧兽医专业群	主持教育部第二批4个专业标准和职业学校畜牧兽医专业实训教学条件建设标准制订，制订《高等农业职业教育本科学校设置标准》和2个高职本科专业设置标准
日照职业技术学院水产养殖技术专业群	牵头山东省海洋与渔业专业建设指导委员会，牵头全国海水养殖（中职）专业简介和专业标准，参与5个专业简介和专业标准制定工作
宁夏职业技术学院畜牧兽医专业群	参与自治区人社厅职业技能培训学校“农产品食品检验员”“菌类园艺工”等17个工种国家职业技能标准的制定，参与自治区商务厅牵头开展的《羊肉冷链物流操作规程》和《供港蔬菜冷链物流操作规程》2项优势特色农产品冷链物流地方标准的编制工作
北京农业职业学院园艺技术专业群	参与教育部园艺技术、设施园艺职业本科2个专业，植物保护与检疫、植物保护（中职）2个专业，设施农业与装备、农机设备应用与维修（中职）2个专业的专业标准的制（修）订工作

续表

学校与专业群	内容
辽宁农业职业技术学院园艺技术专业群	研制高职园艺技术专业和职教本科设施园艺专业国家标准，参与高职园林技术专业教学标准制定，主持“植物保护”等5个职业技能等级标准立项和《水培莴苣生产技术规程》等3项辽宁省地方标准制定
黑龙江农业经济职业学院作物生产技术专业群	主持研制农村经营管理、农业经济管理、绿色食品生产与检验等高职专业国家教学标准3项；主持在研职业教育新版专业中职家庭农场生产经营、农产品贮藏与加工，高职专科现代农业经济管理、绿色食品生产技术，高职本科现代农业经营与管理国家专业教学标准7项。作为核心成员参与完成北大荒集团牵头的农业经济组织经营管理、家庭农场粮食生产经营“1+X”职业技能等级标准3项
黑龙江农业工程职业学院农业装备应用技术专业群	主导和参与研制“1+X”职业技能等级标准3项，主持国家专业教学标准7项
江西环境工程职业学院林业技术专业群	主持智慧林业技术本科专业以及木业智能装备应用技术高职专业标准制（修）订；作为副组长单位参与林业技术高职专业标准制订；参与园林（本科）、林业信息技术应用、森林资源保护与管理、经济林栽培与利用、森林和草原资源保护、草业技术、森林生态旅游等15个专业教学标准修（制）订
山东畜牧兽医职业学院畜牧兽医专业群	组织研制全国畜牧业类专业目录，牵头（参与）5个国家专业教学标准研制。
河南农业职业学院种子生产与经营专业群	参与制订2个国家职业教育本科层次专业标准，开展专业教学标准认证，完成种子生产与经营、园艺技术、园林技术3个专业教学标准制订
广西职业技术学院茶树栽培与茶叶加工专业群	参与制定农林牧渔专业新标准，聚焦茶产业技术创新关键技术制定茶叶地方标准1项、团体标准7项
重庆三峡职业学院畜牧兽医专业群	制（修）订农业职业经理人国家标准，制（修）订教育部教学、实训标准4个（畜牧兽医大类）
成都农业科技职业学院休闲农业专业群	参与《休闲农业经营与管理》等3个国家专业教学标准研制，参与农业经理人国家职业技能标准制定（职业编码：5－05－01－02），与协会共同开发“花艺设计师”行业职业标准

3.2 支撑发展

瞄准产业需求，坚持扎根地方，多元打造产教融合平台和技术创新平台，协同培养技术创新服务团队，积极服务国家发展战略和区域经济高质量发展。

3.2.1 服务国家战略

以城市底色、学校亮色、专业特色，服务国家“一带一路”倡议以及乡村振兴、创新驱动发展等重大战略。

（1）响应国家“一带一路”倡议，输出职业教育“中国方案”。

响应国家“一带一路”倡议，依托对外合作培训平台，输出专业教学标准、课程标准、优质教学资源，开展海外办学、留学生培养、外籍员工培训等，助力农林渔牧类职业教育“走出去”（见表7）。

表7　　农林牧渔大类专业群服务“一带一路”倡议重要举措

学校名称	成效
广西职业技术学院	建立海外丝路茶学院，举办“丝路茶文化大师讲堂”系列讲座4场，举办国际茶叶研讨会5场，开展涉外茶文化茶科技培训7场，建成茶文化双语课程8门，形成茶文化国际交流合作的广职样板
山东畜牧兽医职业学院	与坦桑尼亚畜牧培训中心签署共建中非现代农业技术交流示范与培训联合中心（山东牧院海外分校）协议，成立的中坦畜禽养殖人才培养培训项目入选2021年度教育部“一带一路”教育合作项目
铜仁职业技术学院	成立老挝分校，近三年为老挝和其他境外人员开展技术技能培训308人次，助推国际化办学跨越式发展
河南农业职业学院，	发挥专业群在“一带一路”建设中重要作用，搭建国际交流平台，向泰国输出涉农专业标准1个、课程标准5门，为境外培训种业从业人员100多名，累计培养缅甸留学生32人
成都农业科技职业学院	结合老挝等国职教需求，输出农业相关4门课程，实现“中国标准、老挝适用”的专业标准
湖南生物机电职业技术学院	开发服务“一带一路”沿线国家杂交水稻专业教学标准1个、课程教学标准2个和双语培训课程2门；服务“一带一路”倡议和中国种业“走出去”战略实施，先后在菲律宾、利比里亚、孟加拉国3个国家，推广优质高产水稻品种，累计增加稻谷25.5万公斤
黑龙江农业经济职业学院	成为东北三省一区“一带一路”职业教育联盟发起理事单位
江西环境工程职业学院	与泰国、加蓬联合办学，推进鲁班工坊建设，获批中国—东盟高职院校特色合作项目
重庆三峡职业学院	率先在重庆市招收缅甸全日制留学生，与“走出去”企业共建海外生猪产业学院；“中斯国际乡村振兴学院项目”被立项为重庆市国际化特色项目

（2）全面实施乡村振兴战略，建设助力乡村振兴的社会服务体系。

深入推进乡村振兴战略，通过开设乡村振兴相关专业、成立乡村振兴学院、建造乡村振兴实训基地、打造乡村振兴技术示范点等举措，积极开展新型职业农民培训和乡村振兴人才培养，在全面乡村振兴事业中取得突出成效（见表8）。

表 8　　农林牧渔大类专业群服务“乡村振兴”战略重要举措

学校与专业群	成效
江苏农牧科技职业学院畜牧兽医专业群	深入开展“科技强农工程”“助企兴农工程”，培育 126 名新型农业经营主体带头人，开展继续教育培训 2269 人次，服务家庭养殖场、助力中小微企业转型升级，服务区域经济发展
重庆三峡职业学院畜牧兽医专业群	依托现代农业技术推广中心、“三峡动科 120”等平台，开展畜牧养殖、疫病防治技术服务。组建“动物疫病防治”等 3 个科技服务团队，建立了覆盖库区 2 个区县 12 个乡镇的动物防疫示范点，形成“技能大师工作室 + 学生团队”“科技特派员 + 学生团队”“顾问专家 + 专业教师 + 学生团队”师生联动社会服务模式
黑龙江农业工程职业学院农业装备应用技术专业群	为农业强省和乡村振兴战略编纂新形态教材和建设实训基地，为黑土地保护性耕作设立的实验室、研究院、工作站、开发专用机具，为乡村、山区提供的技能培训，打造乡村产业振兴“213 推广体系”
江苏农林职业技术学院园林技术专业群	建成乡村振兴学院，形成“育训服”三位一体乡村振兴人才教育培训模式和“三助一扶”工作机制，打造了助力乡村振兴“213 推广体系”，成为“当地离不开”的科技服务乡村振兴样板
湖南生物机电职业技术学院种子生产与经营专业群	以培养乡村振兴本土人才为切入点，探索形成“跨界协同、一生一案”培养模式。对接“一县一特、一乡一业、一村一品”特色产业项目开设特色模块课程，开展乡村振兴人才本土化培训 8315 人次
成都农业科技职业学院休闲农业专业群	整合川派盆景、四川兰花、植物编艺、川派花艺等乡村非遗传统技艺大师资源，累计培养乡村非遗工匠 182 人
河南农业职业学院种子生产与经营专业群	通过朝天椒产业技术创新、全链条提升，助力河南省乡村振兴
北京农业职业学院园艺技术专业群	作为北京高校“引智帮扶”联盟理事长单位，统筹 25 所高校资源，实现联盟结对 34 个低收入村全部脱低
江西环境工程职业学院林业技术专业群	与赣州市章贡区共建“乡村振兴学院”。指导“三区”群众达 5010 人日，带动龙溪村等 38 个乡镇近 3000 余人致富

（3）服务创新驱动发展战略，以平台助力区域企业创新发展。

打造产教融合型实训基地、国家协同创新中心、技术创新中心、工坊等平台，依托技术创新平台服务创新驱动发展战略（见表 9）。

表 9　　农林牧渔大类专业群服务创新驱动发展战略重要举措

学校与专业群	成效
江苏农林职业技术学院园林技术专业群	牵头创建了江苏省草坪产业技术创新战略联盟，长三角地区草坪产业国家创新联盟；聚力打造“一棵小草”科技创新名片，引领我国草坪产业技术创新方向
铜仁职业技术学院畜牧兽医专业群	建设了大师、名师引领的人才支撑体系，获国家级畜禽健康养殖协同创新中心、民族中兽药制造协同创新中心、国家民委中兽药重点开发实验室

续表

学校与专业群	成效
日照职业技术学院水产养殖技术专业群	开发的“虾青素模式”技术平台的核心技术已在爱尔发、辰亚等15家企业转化应用
山东畜牧兽医职业学院畜牧兽医专业群	打造山东省畜禽标准化养殖场生物安全防控技术协同创新中心、兽药制药技术技能传承创新平台等省级以上技术技能创新服务平台13个
辽宁农业职业技术学院园艺技术专业群	建设辽宁省设施软枣猕猴桃专业技术创新中心
黑龙江农业经济职业学院作物生产技术专业群	完成了中俄农业高新技术示范园区升级改造、现代农业技术服务协同创新中心、绿色食品分析检测中心和食用菌协同创新中心升级改造；新建了俄速通跨境数字贸易综合服务基地、京东智慧物流运营实训基地、商务大数据运营实训基地、合作社智慧运营服务基地、农村云财务共享服务基地

3.2.2 服务区域经济社会发展

对接行业头部企业，面向区域中小微企业和乡村产业，广泛开展技术创新、项目攻关和员工培训，形成了一批值得借鉴的经验做法（见表10）。

表10　　农林牧渔大类专业群服务区域经济社会发展重要举措

学校名称	成效
铜仁职业技术学院	建成“一网络一基地三团队21个平台”社会服务体系，技术咨询和诊断覆盖乡镇5个区县、15个产业村（园），开展技术技能培训24774人次
黑龙江农业工程职业学院	开发改良了智慧化玉米茎穗兼收机等智能农具，依托新一代智能控制技术，研制改装新型装备50台套；推广农机标准化作业模式辐射面积6320万亩，代耕面积8.7万亩
江西环境工程职业学院	向林业基层单位职工、社会人员开展林业专项能力培训27项共计19091人日。“江西林业基层人才继续教育培训”获2020年江西省“终身学习品牌项目”，“开放型”人才培养模式得到全国林草行业领域、职教同行和兄弟院校的充分认可
成都农业科技职业学院	成立了园艺和种苗研究所，聚焦四川特色农业产业需求，助力产业振兴，已在峨眉符溪镇、夹江县、德阳市等地推广25000余亩，平均亩产5000公斤，社会产值近4亿元
河南农业职业学院	建成现代农业产业园服务中心和粮食高产创建“百千万”工程技术指导中心，推广花生一体化收割技术1项，推广花生品种2个；开展技术培训，2019~2021年培训学员21000人/日；精准扶贫与科技服务致富660户；“三下乡”服务14次
新疆农业职业技术学院	以技术技能创新服务平台为支撑，深入粮棉油、特色林果、设施农业、特色种植产业腹地，推广3个瓜菜品种，技术培训5526人/次

3.3　推动形成一批支撑职业教育高质量发展的政策、制度和标准

始终秉持“以服务求发展，积极筹措社会资源”理念，向外借力，不断增强自我造血功能，积极探索自身特色“双高”之路。在内挖潜力、向外延展的过程中，形成了一批支撑职业教育高质量发展的政策、制度和标准，覆盖省域治理、行业企业、校地合作、学校建设、专业教学、师资团队、实践基地、职业技能等方面，极大促进政行企校协同发展。

3.3.1　依托国家政策，助推职教政策迭代更新

乘职业教育利好政策东风，立足教育强国新发展阶段，不断参与省区市重大政策迭代更新，吹响职教强省强市号角。例如，成都农业科技职业学院参与起草市委市府《关于印发〈进一步支持市属高校高质量发展的实施方案〉的通知》（成委厅〔2021〕17号），为教育部、四川人民政府出台《关于推进成都公园城市示范区职业教育融合创新发展的意见》（川府发〔2021〕6号）提供决策依据；日照职业技术学院抢抓省市共建政策红利，在产教融合、三教改革、内部治理等方面率先探索，省教育厅列出7项支持政策、市政府明确9项具体措施，合力打造新时代职业院校样板和标杆。

3.3.2　赋能地方发展，助推制度实践新范式

政校合作、结对共建、协同发力已成职教赋能地方经济发展的主流，在蹚出高质量发展新路上，形成具有鲜活实践样本的制度新范式。例如，江苏农林职业技术学院在全国率先与苏州太仓市、扬州市等地方政府合作，首创了“定制村干”人才培养模式，该模式培育工程写入2021年江苏省委一号文件，为《关于加快推进乡村人才振兴的意见》文件制定提供了实践样本。

3.3.3　适应职教发展，助推专业教学标准制定

主持研制或牵头制定了畜牧兽医、农村经营管理、农业经济管理、现代农业经济管理、绿色食品生产与检验等高等职业教育，智慧林业技术、园艺技术、设施园艺、园林等职业本科，植物保护、农机设备应用与维修、家庭农场生产经营、农产品贮藏与加工等中等职业教育三大教育体系的专业教学标准，并牵头制定了畜牧兽医、园林技术等专业实训教学条件建设标准，极大推动适应产业转型升级的人才培养标准体系建设，充分发挥规范引领作用。例如，江苏农牧科技职业学院牵头制定了《高等职业学校动物防疫与检疫教学标准》《宠物养护与驯导专业国家教学标准》和《高等职业学校畜牧兽医专业实训教学条件建设标准》；黑龙江农业工程职业学

院制定《作业机械使用与维护》课程标准及教材，输出泰国职业学校，得以推广应用；湖南生物机电职业技术学院与隆平高科联合制定服务“一带一路”沿线国家杂交水稻专业教学标准（中英文版）和杂交水稻国际化课程标准，开发了服务“一带一路”沿线国家课程标准，助推中国种业“走出去”战略实施。

3.3.4 紧贴行业需求，助推国家职业技能等级标准开发

服务区域重点产业和技术技能人才培养，在行业标准、职业技能标准方面贡献智慧和力量。例如，江苏农林职业技术学院牵头制定了国赛赛项规程 7 项和园林技术专业实训条件建设标准，研制绿化工、盆景工等国家职业技能标准 3 个；宁夏职业技术学院参与自治区人社厅职业技能培训学校“农产品食品检验员”“菌类园艺工”等 17 个工种国家职业技能标准制定，参与自治区商务厅牵头开展的《羊肉冷链物流操作规程》和《供港蔬菜冷链物流操作规程》2 项优势特色农产品冷链物流地方标准编制工作；辽宁农业职业技术学院主持“植物保护”等 5 个职业技能等级标准立项和《水培莴苣生产技术规程》等 3 项辽宁省地方标准制定；成都农业科技职业学院参与农业经理人国家职业技能标准制定（职业编码：5 - 05 - 01 - 02），与协会共同开发“花艺设计师”行业职业标准。

4. 典型案例

4.1 引领改革

案例 1：创新“定制村干”人才培养模式，培养“一懂两爱”“三农”工作队伍

【学校】江苏农林职业技术学院

一、项目背景

2021 年江苏省委一号文明确提出：持续实施“定制村干”培育工程，全面推进乡村振兴。江苏农林职业技术学院作为省委组织部、省教育厅确定的全省唯一的“定制村干”培育高校，以立德树人为根本，以强农兴农为己任，创新实施了“定制村干”培育工程，为乡村振兴储才蓄能。

二、主要做法

（一）建立了“政府买单、共同招生、定向就业”联动机制

校政双方从全省 13 个县（市）高考生中进行招生，单独开设现代农业技术专业“定制村干”班，通过沟通协商，确定了“政府买单、共同招生、定向就业”的

招生与就业联动机制。学生与当地政府签订“定向培养与就业协议”。协议中明确：对成绩合格的学生进行学费补助（每生每年8000元），学生毕业后由当地政府统一调配至本县相关村（社区）工作；工资待遇参照所在村（社区）党组织书记90%发放工资，最低服务年限3年（含见习期），现已累计招生924人。

（二）创新了“目标共定、方案共制、教学共担”协同育人模式

校政村三方共同协商，以培养新农村基层党政后备干部和合作农场负责人为目标，共同制定了“三主体四阶段”人才培养模式，重构模块化课程体系，以“三聘请三结合”方式共同承担教学任务，开展协同育人。学生累计获得技能大赛国赛一等奖5项，二等奖3项，省赛一等奖10项。

三、实施成效

现有315名“定制村干”已学成回乡，分布到全省184个涉农村（居）组织。现有28人进入村（居）“两委”班子，2人被选为村委会副主任，25人成为农民致富带头人，一批如潘鋆皓、骆欣欣一样的优秀“定制村干”已成为乡村业务骨干。

“定制村干”培养被列入农业部十大创新案例、省农委全省推广亮点做法、国内动态清样第1287期刊登，并在省内外10多家高职院推广应用，《农民日报》等省级以上媒体以“课堂设在村口，成果用在田头”“江苏农林职院定制培养‘村官’”等为题进行宣传报道172篇次。

案例2：打造“思政、专业、劳动”三类精品教材，示范带动农科专业教材建设

【学校】江苏农林职业技术学院

一、项目背景

习近平总书记强调，“用心打造培根铸魂、启智增慧的精品教材”。教材改革是“三教”改革突破口，通过校行企合作，打造“思政、专业、劳动”三类精品教材，示范带动全国农科专业教材建设。

二、主要做法

（一）开发思政类通识课程教材，落实立德树人

围绕“懂农业、爱农村、爱农民”人才培养目标，建成诸如《思想政治理论课实践教程》《农业职业院校“红绿”融合教学案例》等思政类教材，培养和激发学生服务“新农业、新农村、新农民、新生态”的理想情怀，同时在《植物与植物生理》等专业基础类教材中融入“知农爱农从农”的情怀教育，引导学生将个人理想融入服务“三农”事业，使知识传授、能力素质培养和社会主义核心价值观相引领统一。

（二）开发新形态专业课程教材，服务理实一体教学

一是开发活页式教材，服务模块化教学。针对模块化教学内容，对接职业岗位需求，开发了《植物组织培养》等13部活页式教材，实现教学做一体化。二是开发立体化教材，服务信息化教学。依托数字化资源，开发出《果树生产技术》等13部立体化教材，形成纸电结合的多维立体可视化的现代教学生态模式。三是开发特色教材，服务区域产业发展。与江苏农垦集团有限公司等企业合作，开发《水稻机插秧高效育苗技术》等7部特色教材，有力服务现代农业区域产业发展需求。

（三）开发劳动生产实践类课程教材，强化实践育人

紧扣《大中小学劳动教育指导纲要（试行）》，针对涉农专业职业院校学生在校劳动实践和未来工作岗位的现实需求，编写并出版了《耕作劳动——新时代劳动教育概论》《园艺技术专业生产实训》等6部实践类教材。教材的编写，围绕劳动精神、工匠精神、劳动安全及技能培养等方面进行设计，突出了“教、学、做合一”的职业教育理念，强化了马克思主义劳动观、劳动安全及劳动法规教育，寓教于乐，德技并修。

三、实施成效

项目建设期内，获全国优秀教材一等奖1项；建成国家规划教材3部、江苏省重点规划教材4部、农业农村部规划教材11部；举办全国农科专业教材研讨会3次；出版立体化教材13部、活页式教材13部、特色教材7部；主编教材被150余所院校采用，居同类院校之首，同时《植物保护实训》等5部教材被农业出版社作为优秀教材在微信公众号中进行全国推广，获同类学校强烈关注。

案例3：校企共建产业学院　破解现代畜牧业人才供需矛盾

【学校】江苏农牧科技职业学院

本专业群依托中国现代畜牧业职教集团，校企共建产业学院，创新“双向交互、四阶递进”现代学徒制人才培养模式，使人才培养与产业需求精准匹配，破解了现代畜牧业人才结构与产业发展脱节的结构性矛盾。

一、主要做法

（一）加强顶层设计：校企共建共管产业学院

与新希望集团、光明农牧公司共建产业学院，高起点顶层设计，搭建合作组织架构。校企以“理事会+产业学院”模式开展产业学院运行，建立合理的利益分配和成本分担机制，实施招生招工一体化，制定“双师型”专业教师和“双能型”产业导师双向流动机制及校企互聘共用的双导师管理机制，打造“双师双能”型导师团队，实现产业学院共建共管，打造产教融合育人共同体，提升协作育人水平。

图 1　产业学院签约授牌

图 2　产业教授、企业导师授课

（二）优化培养模式：创新实践现代学徒制人才培养模式

以产业学院为平台，校企共办现代学制班，共建“双主体办学、双资源共享、双导师育人、双身份学习、双文化融合、双主体评价”运行机制，按“学生→学徒→准员工→员工”育人路径，创新“双向交互、四阶递进”现代学徒制人才培养模式，实现从校园到职场“无缝对接”。

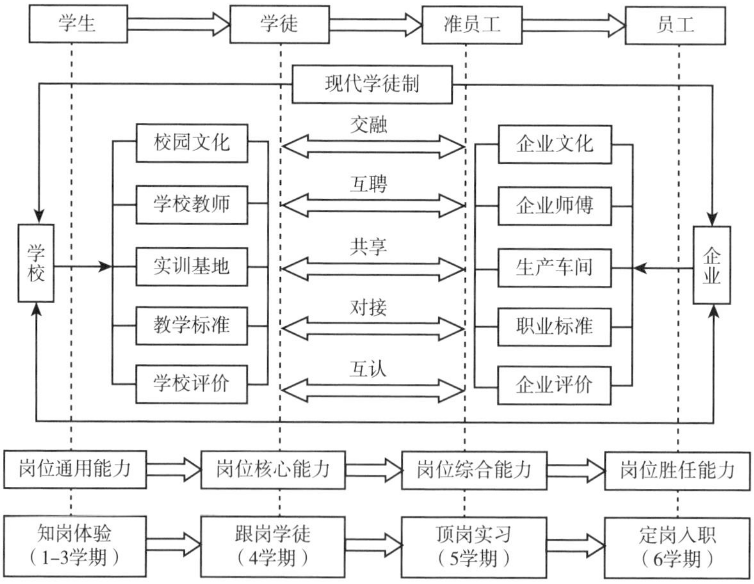

图 3　“双向交互、四阶递进”人才培养模式

图 4　现代学徒制班组班签约

（三）重构课程体系：人才培养精准对接需求结构

紧扣岗位能力设计教学内容，将畜牧文化、新技术等纳入课程，重构了符合学徒培养的“校企融通、课岗对接”课程体系，使课程标准与岗位标准有机对接，实现了人才培养供需精准对接。

二、实践成效

（一）提高了人才培养质量和专业吸引力

建成 2 个产业学院，组建 17 个学徒班，人才培养质量全面提高，学生在全国性各类竞赛中获奖 63 项，学徒生就业率 100%，用人单位满意达度 96.73%。现代畜牧业人才培养出口畅、进口旺，提高了专业吸引力。

（二）提升了专业内涵和社会影响力

以产业学院为平台的现代学徒制实践，形成了可借鉴的方案、标准、制度，产出了《基于现代学徒制的职业教育人才培养研究》等现代学徒制相关著作 3 部，省教学成果特等奖、二等奖各一项，国家教材一等奖、二等奖各一项。开发了高等职业学校动物防疫与检疫教学标准、畜牧兽医专业实训教学条件建设标准和宠物养护与驯导专业国家教学标准，开展“1+X”证书制度试点 2 个。牵头组建的中国现代畜牧业职教集团获评优秀职教集团，我校获评全国职教集团优质校称号，央视网等多家媒体报道，提高了社会影响力，成为新时代高职教育教创新发展的典范。

图 5　学生在专业技能大赛中获奖

案例4：跨界融合、资源共享，创新模式，优化人才供给

【学校】黑龙江农业经济职业学院

作物生产与经营管理专业群依托产业学院，基于“德技并修、知农爱农”人才培养目标定位，对接现代粮食产业链的核心职业岗位要求，校企合作，创新构建并实施“工学研服创一体、教学式生产与生产式教学融合”专业群人才培养模式，群内各专业据此分别构建内涵相通、各有侧重、殊途同归的人才培养模式与人才培养方案。

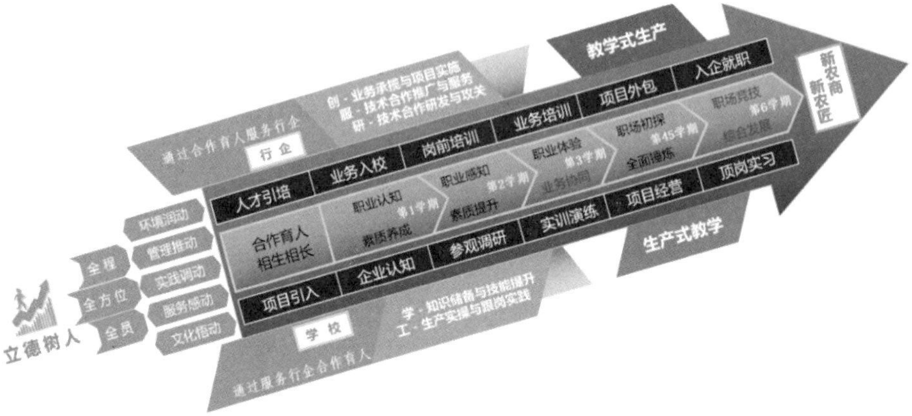

图1　作物生产与经营管理专业群人才培养模式

依托校内校外教学资源，“把企业（业务）搬进课堂”“把课堂搬进企业”，实现全学程项目贯穿、任务引领。提供足够的来自行业企业一线与校内生产性实训基地的共营业务、外包项目、服务项目、研发项目、攻关项目与创业项目，学生课内课外兼顾，开展工作式、研发式、创业式及服务式学习。

对接“精准化、智能化、信息化”农业产业高端，将工作任务与教学任务融合、工作过程与教学过程融合、职业技能等级证书与教学内容融合、生产经营实际与虚拟仿真技术融合，校企联合开发专业教学标准和课程体系。对接粮食“种加销”全产业链，遵循作物生长发育规律，依据绿色生态农产品加工与检测标准，按照农产品电子商务与企业运营业务流程，实施模块化教学。

遵循高素质复合型人才成长规律设计教学时段，第一学期为“职业认知学段”，第二学期为“职业感知学段”，第三学期为“职业体验阶段”，第四、第五学期为“职场初探工段”，第六学期为“职场竞技工段”，层阶递进、梯次融合，提升学生的职业能力与职业精神。

图 2 作物生产与经营管理专业群课程体系

近 3 年专业群平均就业率 96.88%、留省就业率 87.3%、用人单位满意度 99%，大部分毕业生留在家乡、建设家乡，成为带领乡亲致富的“永久牌”人才。获教育部“互联网 +”大赛银奖 1 项、挑战杯国赛银奖 1 项；获省“互联网 +”大赛金奖 2 项、挑战杯金奖 2 项。毕业生耿世龙被共青团中央评为全国农村青年致富带头人。

4.2 支撑发展

案例 5：产教深度融合，政校行企组成命运共同体，“双高”助力句容天王美丽乡村建设

【**学校**】江苏农林职业技术学院

江苏农林职业技术学院“双高”园林技术专业群建设，依据园林技术专业特色，充分发挥专业群科技资源优势，产教深度融合，把人才培养和服务区域产业发展有机融合，与当地天王镇人民政府签订了全面合作框架协议，制定了政校行企四方联动机制，由学校选派专业骨干教师担任镇政府副镇长，协调当地农业、林业、旅游行业资源，对接家庭农场、园林企业等共同组成命运共同体，从引领高效林业产业升级、美丽乡村规划、农业特色旅游三个层面全面助力句容天王的美丽乡村建设。

一、校企共建“彩叶苗木研究所”，引领产业升级

句容市天王镇唐陵村位于句容市茅山旅游风景区，是典型的丘陵岗坡地，发展

苗木产业具有得天独厚的优势，有二十多年苗木发展历史，现有2个苗木专业合作社，1个花木交易市场，2个园林上市公司，注册苗木公司100多家，成为与武进花木市场齐名的大树苗木市场，素有江南“绿色银行”美誉。但是与之相对应的是，目前当地苗木产业发展的整体水平并不高。一是产业链还没有走向高端。苗木经营主要停留在生产、运输和销售等低端环节，研发、加工、旅游等环节没有充分发展，产业附加值不够大，产业的延伸效应还不够明显。二是科技运用水平还需要提高。大多数苗木经营户主要依靠传统的设施、技术来繁殖、培育苗木，科技含量较低，新技术没有很好运用，苗木生产还缺乏质量标准和技术规范。从产品来看，小型苗圃多、大中型苗圃少，综合型苗圃多、专业型苗圃少；普通货多、名贵品种少，附加值不高。

围绕唐陵村的特色苗木产业，针对唐陵苗木产业目前存在“大而不强，品种单一、种植模式单一、种植技术相对落后，可持续性及发展后劲不足”等问题；挂职天王镇副镇长的宗树斌组织协调了学校、镇政府及当地龙头企业等资源，依托学院彩叶苗木新品种培育及高效栽培方面的技术优势，成立了由巫建新老师为带头人的“彩叶苗木技术研发创新团队”，与天王镇政府和唐陵花木交易市场有限公司签订了三方合作协议，共建唐陵“彩叶苗木研究所”。天王镇人民政府负责办公场所、示范基地及专业市场建设的规划审批；江苏农林职业技术学院主要负责彩叶苗木新品种的引进，观察选育研究及技术推广培训；唐陵花木交易市场有限公司负责苗木市场建设与开发、示范基地的日常管理与维护等。

创新团队经过深入的实地考察和广泛的市场调研，并与国内彩叶苗木行业重点龙头企业——河南名品彩叶苗木股份有限公司进行战略合作，确立了引种目前最新的、市场前景最好的彩叶苗新品种，在唐陵木易园核心区建设示范种植基地，进行彩叶苗木的高效种植示范。

图1　彩叶苗木种质资源调研

图2　校企战略合作会谈

在示范基地建设过程中，创新团队结合《园林植物栽培》等园林专业课程的实践教学，由专业课老师带领园林技术专业36名同学一起，通过定点放线、整地、挖穴、栽植等劳动实践，将理论知识和实践相结合，栽植了彩叶苗木新品种10种200株。并对新引进的彩叶苗木品种都进行了建档登记，组织专业老师，带领学生一起做适应性驯化栽培试验，开展物候期的观测记录和观赏性综合评价等方面的研究，选出最适合在当地推广的彩叶苗木新品种，进而丰富天王镇及周边苗木品种的多样性和彩叶化，助力产业转型升级，保障苗木产业持续健康发展。

图3　课程实践教学现场

图4　新品种苗木栽植

图5　新品种挂牌、建档、定植

图6　立项“省级技术创新战略联盟”

2020年度，创新团队稳步推进科技研发、技术推广、人才培养等各方面的工作，以创新团队为核心，学校和唐陵花木交易市场有限公司合作为主体，联合南京林业大学、中科院植物所等4所科研院所和15家专业苗木公司，申报“江苏省省级彩叶苗木产业技术创新战略联盟”获得了江苏省科技厅的立项建设支持。唐陵花木交易市场有限公司成功申报成为句容首家国家级重点农业龙头企业。

二、联合开展美丽乡村规划，培育“省级特色田园乡村”

天王镇戴庄村是“亚夫精神”的发源地，是新时代推广“生态、有机农业——戴庄经验”的主战场。在全省甚至全国学习戴庄经验的背景下，戴庄村的整体规划及特色田园乡村建设变得尤为重要。作为戴庄经验推广的一员，宗树斌充分利用镇政府和学校双重身份，联合镇政府、学校乡村振兴设计研究院、戴庄村委会、镇建管所等多个部门，成立了联合规划设计团队，由学校设计院的骨干教师薛俊菲、马涛等担任核心成员联合开展戴庄村的整体规划设计。

联合规划团队把规划设计任务开发成规划设计项目，与园林规划专业的项目式教学相结合，由核心成员老师带领专业学生进行规划设计实践。规划团队从“乡村振兴、美丽中国呼唤美丽乡村建设”“红色文化、亚夫精神指引戴庄乡村发展”“生态文明、绿色发展提升戴庄农业景观层级”三个角度深入分析规划背景。提出了“1＋N”的整体设计理念，即整体规划要注重抓好高标准农田建设与发展现代农业建设美丽乡村、精准扶贫脱贫、盘活土地资源等有机结合，拓展高标准农田建设的内涵。确立了“戴庄白沙美丽乡村的门户区”“亚夫精神孕育转播的引领区”“农业景观生态更新的示范区”整体规划定位。对戴庄白沙村各主要节点进行了详细的规划设计，形成了整体规划设计方案。

规划方案将“戴庄模式”“生态有机理念”“红色基因”等文化要素融入了规划设计中，切实丰富了戴庄经验的内涵景观，在“省级特色田园乡村建设筹备会”上得到了与会领导、专家的一致好评。为戴庄村打造成产业特色鲜明、乡土文化浓郁、田园风光优美的省级特色田园乡村打下了坚实基础。

图 7　联合规划团队现场规划研讨

图 8　规划团队方案汇报

三、专业对接帮扶指导，共同打造“芝樱小镇”乡村旅游点

“芝樱小镇”是天王镇重点打造的网红乡村旅游点，一期 300 亩“全球第一大芝樱花海”（现已扩容至约 400 亩）于 2018 年 3 月 28 日正式运营，二期 150 亩长三角最大山地粉黛花谷于 2019 年中秋节正式开园。两期花海均以震撼的视觉效果、山湖花谷相融合的景致，开园两年来吸引了超过 60 万的观光客流，中央电视台连续两年对项目进行了报道，报道时长最长达 1 分 6 秒，使芝樱小镇跃然成为全国性的网红花海，极大地促进了句容、天王旅游业的发展。

进入 2020 年，由于疫情的影响给旅游业带来巨大冲击，“芝樱小镇”旅游点的游客也是断崖式的下跌。同时由于种植技术及景观维护技术的缺乏，景点出现了“景观退化”“维护成本居高不下”“旅游资源单一、产品严重不足”等多个困难并存的局面，发展遇到了巨大的瓶颈。

作为“花卉栽培”专业课程教学的骨干教师，长期从事花卉种植实践教学和技术推广，宗树斌了解到这一情况，主动请缨，与“芝樱小镇”旅游管理公司对接帮扶。宗树斌带领了学院实践教学基地的技术骨干、病虫害防治和景观规划专业教师一起组成技术帮扶团队。针对芝樱种植出现的景观退化、病虫害严重的问题，技术团队现场指导进行土壤改良、地形整理、补植及病虫害防治工作，并赠送了土壤改良资材和病虫害防治药物等。为解决维护成本高、旅游产品不足的问题，技术团队决定进行芝樱繁殖技术的优化和新型种植模式的研发。结合学生毕业实践，带领学生一起进行“芝樱草毯化种植繁育技术”研究实验，以及开展“芝樱组培微型化种植”实验等，创新芝樱繁育栽培的模式，及丰富芝樱观赏类型，切实提升“芝樱小镇”芝樱种植的科技含量和发展潜能。

图 9　种植技术现场指导

图 10　赠送土壤改良资材

为进一步提升“芝樱小镇”旅游点的运行管理水平，宗树斌还邀请了学校乡村旅游专业的吉根宝教授到天王镇进行了“乡村旅游规划及运行管理”的帮扶指导。吉老师重点从乡村旅游规划的“组织规划、政策引导、基础配套、业态培育”等方面进行了深入细致的指导，提升了“芝樱小镇”旅游点的运行管理水平。经过技术团队的不懈努力和专家的悉心指导，2020 年国庆中秋期间，“芝樱小镇”依然以最美的姿态呈现在大家面前，在异常艰难的旅游环境条件下，依然“霸屏央视”，成为人们心中的最美“网红打卡地”。

“江苏农林职业技术学院与句容市以前是分不开的好邻居，现在是拆不散的好亲戚。”句容市委组织部方春喜在看到学院与天王镇政府深入合作共建命运共同体时说道。产教融合、校企合作是培养高素质劳动者和技术技能人才的内在要求，也是办好职业教育的关键所在。开放性是职业教育的本质特征，职业教育不能关门办学、闭门造车；职业教育与区域经济有着密切联系，不同地区由于各自的产业特点和区域环境差异，学校在适应区域经济社会发展过程中形成了不同的产教融合模式。职业教育是跨界教育，需要全社会共同出力，需要协调不同部门之间的利益，破除相互之间的隔阂，形成合力。通过组建政校行企命运共同体，将学校课堂教学、企业生产、学校技术研发和社会服务融为一体，形成“政府主导、行业指导、企业参与、学校推进”的环环相扣的协同育人机制，形成深层意义的“我中有你，你中有我”的校企利益共同关系体，是产教融合实现的重要保障，能够将职业教育相关利益主体融入产教融合的盘子当中，让政府、行业、企业各自发挥作用，形成点、线、面的机制，分别解决制度、标准和动力的问题，实现人才链、产业链与专业链对接与相互促进，使产教融合从以前自发式的发展变成有组织的系统化推进过程，进入质量提升的阶段，有效增强职业教育和社会产业发展的融合。

图11　景观维护提升现场指导

图12　旅游规划政策研究帮扶指导

案例6：发挥专业优势，科技点亮乡村振兴之路

【学校】辽宁农业职业技术学院

职业院校专业教师是科技兴农、乡村振兴的主力军。为充分发挥教师的行业、专业优势，园艺技术专业群成立辽峰葡萄社会服务团队，采用“基地示范、集中培训、实地指导、网上教学”等灵活多样的服务方式，将新品种、新技术、新理念输送给乡村，有效推动了农民增收，为助推乡村振兴、农民致富做出积极贡献。

一、树样板、立典型，搞好项目示范

为让农民看得见、听得懂、学得会，采取校内建立辽峰葡萄示范点和校外树立高效典型结合的方式，教师先在校内示范点进行科学研究，然后将取得的“辽峰葡萄避雨栽培关键技术研究”等成果，推广到果农和对接合作社指导生产，带动他们建立优质高效生产典型，例如，王景屯村以景玺为核心的辽峰葡萄优质高效生产典型、高台村以北票市双益农业综合开发有限公司为核心的温室葡萄优质高效生产典

型。随着“学生”们的口口相传，到学院“取经”的果农们越来越多，团队教师自2019年以来，已接待前来参观学习人员达2000余人次。通过树样板立典型，为广大果农指明了方向，增添了信心，带来了实惠。

图1　锦州义县德润农康辽峰葡萄示范基地

图2　到学院葡萄基地“取经”的农户

二、办培训、入基地，面对面传授致富技能

为切实帮助果农们转换思想，提高生产技能，团队成员积极开设葡萄栽培培训班，2020年针对王景屯村果农开设了辽峰葡萄无核化生产技术培训班、2021年针对鲅鱼圈区馒首山村果农开设了阳光玫瑰葡萄栽培技术培训班。此外，团队教师经常深入基地，面对面指导，自2019年至今，共组织开展培训10余次，培训各级各类人才2000余人。

图3　义县德润农康合作社社员培训

图4　团队教师对农民进行实地指导

三、建资源、学理论，线上学习便民惠民

针对教师不能随时下基地指导的实际情况，团队成员制作了大量实用的葡萄栽培教学资源，如视频、动画、图片等上传到网上，果农们可以随时随地反复观看资源，学习葡萄栽培关键技术。自2019年以来，共300余人加入网络在线学习中，果农们更新了理念，拓宽了视野，为更好地生产奠定了基础。

图 5　制作的网络资源

四、取得成效

几年来，团队成员通过开展培训转换农民生产理念、增加知识储备，通过现场指导查找生产中存在的技术难题、提升农民生产实践能力，通过引进新品种、新技术建立高效示范基地，在为农村培养致富带头人的同时，让农民真正看到了科技带来的变化，也让他们实实在在地得到了实惠，达到以点带面，进一步激发农民干事创业的内在动力，达到了促进乡村振兴发展的目的。发挥专业教师优势，将科研成果成功转化后再推广到果农中，模式新颖、运行简便，在高职院校社会服务工作中具有较好的推广价值。

案例 7：实施“百村千社万户”公益助农行动，助力龙江乡村振兴

【学校】黑龙江农业经济职业学院

黑龙江省作为农业大省，承载着保障国家粮食安全、实现乡村振兴的重要使命。专业群坚持创新发展理念，胸怀龙江战略粮仓，情系丹江农业，主动融入乡村振兴主战场，出台《社会服务管理办法》等制度，建立教师“下企业、下基地、下农村”长效机制，推动“百村千社万户”公益助农行动走深走实。

近年来，学院 12 名省级科技特派员、26 名市级科技特派员及专业团队对接到乡镇和行政村，在行政村设立农业科技特派员工作站，建立农业科技特派员联结村、社、户机制，围绕行政村两委干部、合作社和家庭农场骨干成员、科技示范户开展农民培育、实用技术研发、农业技术推广、农民创新创业、美丽乡村规划设计、乡村治理等方面有针对性的服务，打通科技服务“最后一公里”，精准培养乡村振兴新农匠、新农商。

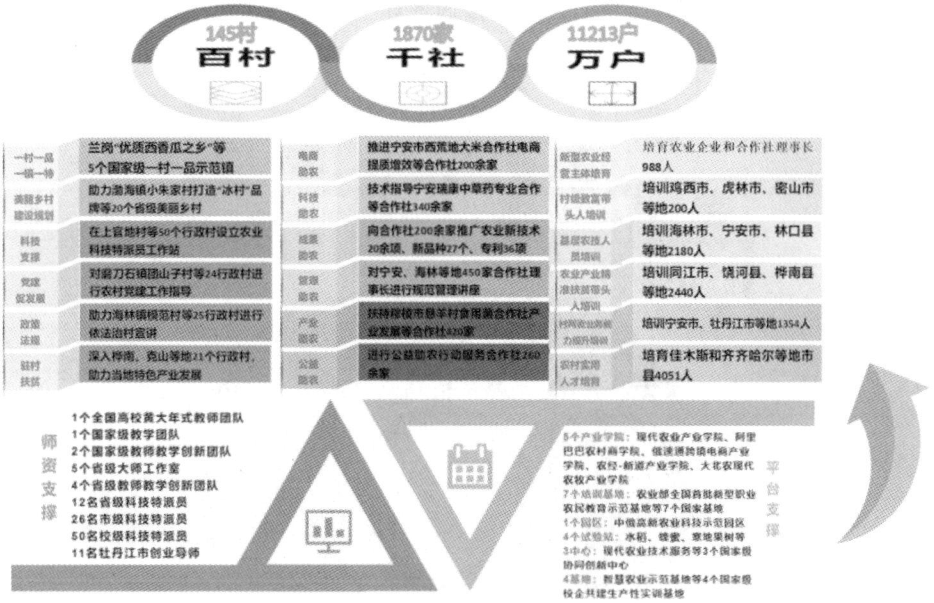

图 1 “百村千社万户”公益助农整体架构

图 2 专业群团队成员赴渤海镇响水村开展公益助农行动

创新“3 环联动 4 维结合 5 扶兴农”服务模式。实施校村共建，以村、社、户为载体，形成由行政村带动合作社和家庭农场，由合作社和家庭农场带动农户，通过研发、示范、推广进行科技推动，政府、院校、农企、农民多元互动，通过培训、指导、跟踪进行服务带动。近三年，新增对接 33 个行政村开展乡村干部培训，强化行政村的治理能力和治理水平，培育指导 440 家农民合作社进入规范发展新阶段，持续跟踪服务 1 万余个科技示范户，提升了科技水平和收入水平。为农民持续增收、产业健康发展提供源源不断的“科技血液”，为区域乡村振兴提供了强有力的科技支撑，助力了牡丹江农村居民人均可支配收入连续19年领跑全省。

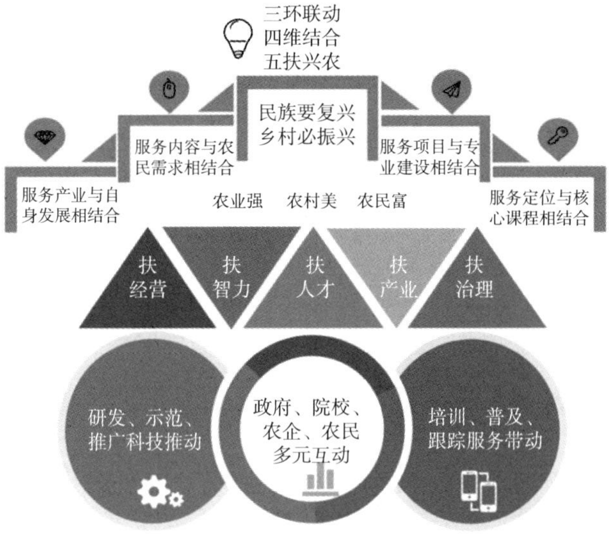

图3 “3环联动4维结合5扶兴农”服务模式

4.3 推动形成一批支撑职业教育高质量发展的政策、制度和标准

案例8：建设“四库、百课、十平台”，打造数字资源推广新范式

【学校】黑龙江农业经济职业学院

一、顺应智能化、数字化发展，打造了“四库、百课、十平台”

顺应现代粮食产业生产智能化、运营网络化、管理数字化发展趋势，推进“互联网+职业教育”发展，专业群与阿里巴巴、新道科技、络捷斯特、中教畅享等企业合作，面向在校学生、教师、新型农业经营主体、新型职业农民、农村创业者，打造了“四库、百课、十平台”共享型优质教学资源，为农业创新发展和乡村振兴提供了智力支撑。

二、多方共建，交叉整合，提升资源建设质量

2019年以来，校企行联手、跨专业融合建成资源库4个，包括现代农业经济管理国家级专业教学资源库、食品智能加工技术与电子商务2个省级专业教学资源库、作物生产与经营管理校级专业教学资源库；建成线上课程102门，涵盖绿色种植类7门、食品加工类9门、电子商务类11门、新型农业经营主体运营管理类27门、农民培训类21门、企业培训类27门；开发VBSE跨专业综合实践、虚拟合作社运营等11个虚拟仿真实训平台；主编“十三五”国家规划数字化教材2部。获评国家级精品在线开放课程 1 门、省级精品在线开放课程 15 门，国家级课程思政示范课程 2 门、省级课程思政示范课程 3 门。

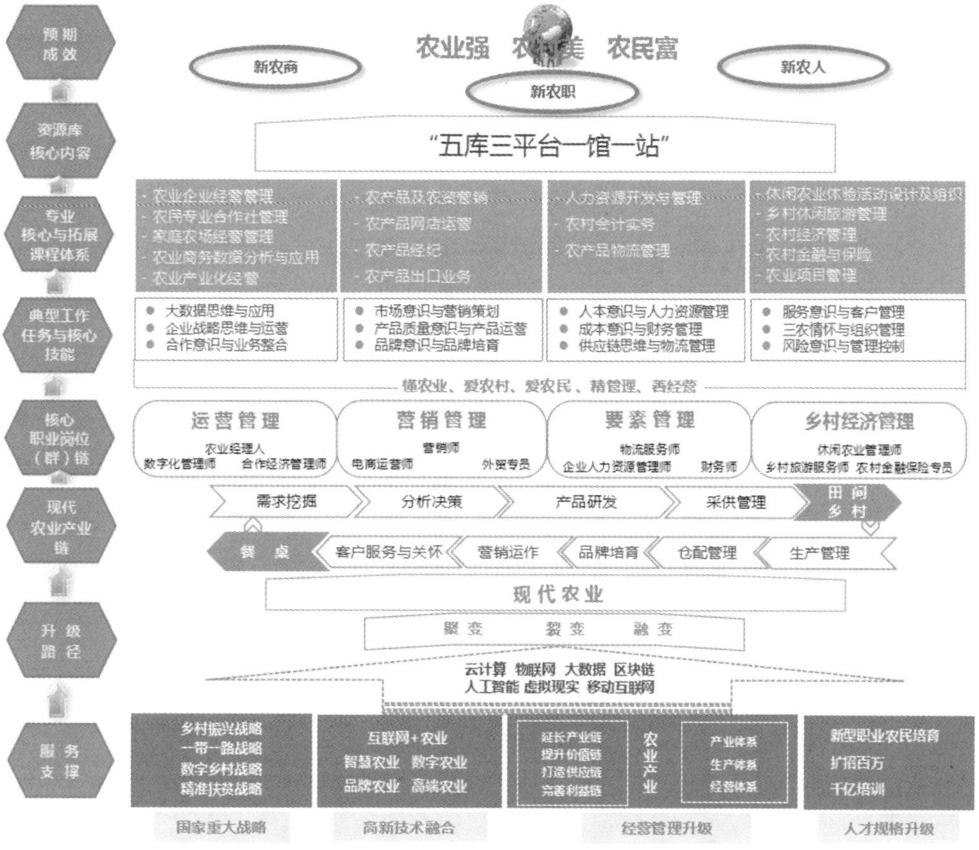

图 1　现代农业经济管理专业教学资源库整体设计

三、开放共享，创新推广，助力线上教学和农民培训

牵头搭建“农业经济管理专业发展联盟”“涉农专业资源库库库合作联盟”两个联盟，创新校校合作和库库合作机制。截至 2021 年底，资源库使用人数超过 16.5 万。现代农业经济管理国家专业教学资源库被收入国家职业教育智慧教育平台，使用人数达到 14 万。其中，高职学生 117717 人，中职学生 5110 人，退役军人 1782 人，农民工及新型职业农民等 8460 人，企业用户与社会学习者所在单位 697 个。2020 年资源库在 203 个国家级专业教学资源库中排名第 43 位。

“双高计划”建设项目贡献度研究
（2019～2021年度）

分报告

资源环境与安全专业大类分报告

中国教育会计学会
中国教育会计学会高等职业院校分会

1. 专业大类概况

资源环境与安全专业大类立项建设专业群共计10个，涉及10所高等职业院校。其中，“高水平学校”建设单位5所（A档1所、B档1所、C档3所），“高水平专业”群建设单位5所（A档1所、C档4所）。10所高校位于东部5所、中部2所、西部3所。表1为建设单位专业群及主要专业情况。

表1　资源环境与安全专业大类立项建设单位及专业具体情况

学校名称	档次	专业群名称	专业群包含专业	涉及院系数量
黄河水利职业技术学院	高水平学校建设单位（A档）	测绘地理信息技术	测绘地理信息技术、工程测量技术、摄影测量与遥感技术、测绘工程技术、地籍测绘与土地管理	1
北京工业职业技术学院	高水平学校建设单位（B档）	工程测量技术	工程测量技术、无人机应用技术、建筑工程技术、工程造价	1
兰州资源环境职业技术大学（兰州资源环境职业技术学院）	高水平学校建设单位（C档）	应用气象技术	大气探测技术、应用气象技术、大气科学技术、工业过程自动化技术、计算机应用技术	3
福建船政交通职业学院	高水平学校建设单位（C档）	安全技术与管理	安全技术与管理、环境工程技术、建设工程监理	2
昆明冶金高等专科学校	高水平学校建设单位（C档）	测绘工程技术	测绘工程技术、测绘地理信息技术、建筑工程技术、建筑材料工程技术、物联网应用技术	4
江西应用技术职业学院	高水平专业群建设单位（A档）	国土资源调查与管理	国土资源调查与管理、水文与工程地质、工程测量技术、工业分析技术、计算机应用技术	4
天津渤海职业技术学院	高水平专业群建设单位（C档）	环境工程技术	环境工程技术、安全技术与管理、机电一体化、精细化工技术、药品生产技术	2
河北石油职业技术大学（承德石油高等专科学校）	高水平专业群建设单位（C档）	石油工程技术	石油工程技术、油气储运技术、机械制造与自动化、电气自动化技术	4

续表

学校名称	档次	专业群名称	专业群包含专业	涉及院系数量
广东工贸职业技术学院	高水平专业群建设单位（C档）	测绘地理信息技术	工程测量技术、测绘地理信息技术、地籍测绘与土地管理	1
陕西能源职业技术学院	高水平专业群建设单位（C档）	煤矿开采技术	机电一体化技术、煤矿开采技术、应用化工技术、煤田地质与勘查技术	1

2. 资金投入情况

资源环境与安全专业大类“双高计划”建设项目2019~2023年总预算96941万元，2019~2021年总支出71841.75万元，资金执行率为74.11%，整体预算执行率良好。其中，兰州资源环境职业技术大学（兰州资源环境职业技术学院）应用气象技术专业群资金执行率最高，为99.22%，在其他九个专业群中，2个专业群资金执行率低于50%，5个专业群资金执行率在50%~80%之间，2个专业群资金执行率在80%~90%之间。具体情况如表2所示。

表2　资源环境与安全专业大类类各专业群资金执行情况

学校名称	档次	专业群名称	总预算（万元）	2019~2021年支出（万元）	执行率
黄河水利职业技术学院	高水平学校建设单位（A档）	测绘地理信息技术	20000	10495.10	52.48%
北京工业职业技术学院	高水平学校建设单位（B档）	工程测量技术	9080	5450.23	60.02%
兰州资源环境职业技术大学（兰州资源环境职业技术学院）	高水平学校建设单位（C档）	应用气象技术	8661	8593.63	99.22%
福建船政交通职业学院	高水平学校建设单位（C档）	安全技术与管理	9550	7941.69	83.16%
昆明冶金高等专科学校	高水平学校建设单位（C档）	测绘工程技术	5860	3899.89	66.55%
江西应用技术职业学院	高水平专业群建设单位（A档）	国土资源调查与管理	12300	8821.86	71.72%

续表

学校名称	档次	专业群名称	总预算（万元）	2019～2021 年支出（万元）	执行率
天津渤海职业技术学院	高水平专业群建设单位（C 档）	环境工程技术	3990	1990	49.87%
河北石油职业技术大学（承德石油高等专科学校）	高水平专业群建设单位（C 档）	石油工程技术	12000	10394.34	86.62%
广东工贸职业技术学院	高水平专业群建设单位（C 档）	测绘地理信息技术	14000	6300.71	45.01%
陕西能源职业技术学院	高水平专业群建设单位（C 档）	煤矿开采技术	13500	7954.30	58.92%
平均值			10771.22	7184.18	
总计			96941	71841.75	74.11%

从九大建设任务来看，各项目支出占总支出比率的差异较大，占比较高的是实践教学基地，为 58.57%；较低的是教材与教法改革、国际交流与合作、可持续发展保障机制，占比分别为 2.35%、2.16%、1.11%。各专业群未有其他建设任务。具体情况如表 3 和图 1 所示。

表 3　资源环境与安全专业大类各项目支出情况

项目	2019～2023 年总预算（万元）	2019～2021 年总支出（万元）	预算执行率	占比
人才培养模式创新	6010	3267.54	54.37%	4.55%
课程教学资源建设	10207	5233.44	51.27%	7.28%
教材与教法改革	3530	1690.45	47.89%	2.35%
教师教学创新团队	10837	5360.30	49.46%	7.46%
实践教学基地	53969	42079.57	77.97%	58.57%
技术技能平台	13886	8889.45	64.02%	12.37%
社会服务	4360	2975.19	68.24%	4.14%
国际交流与合作	5041	1551.49	30.78%	2.16%
可持续发展保障机制	1101	794.33	72.15%	1.11%
其他	0	0.00		0
合计	96941	71841.75	74.11%	100.00%

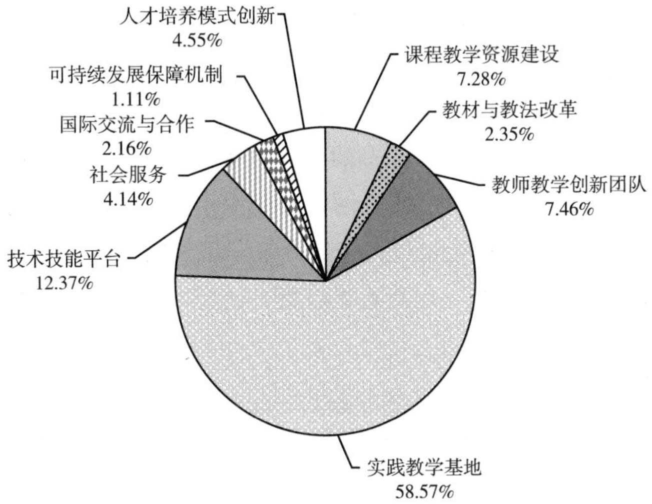

图1　资源环境与安全专业大类各建设任务资金支出占比情况

3. 贡献度分析

3.1　引领改革

贯彻全面发展的教育思想，落实立德树人根本任务，创新人才培养模式，探索学校治理、专业建设相关制度和标准体系，以“价值引领、模式引领、制度引领、标准引领”助力职业教育高质量发展。

3.1.1　价值引领

以党建为引领，以课程思政为抓手，健全全面发展的人才培养体系，“三全育人”综合改革成效显著。例如，黄河水利职业技术学院测绘地理信息技术专业群按照“一体化设计、结构化课程、分阶段实施”的建设理念，在专业群课程思政教学体系、内容体系、实施路径、教学模式和评价模式等方面进行了改革、探索与实践，形成“一课一特色”百花齐放的课程思政建设局面。北京工业职业技术学院工程测量技术专业群在全部专业课程中开展课程思政教学改革，“以工匠精神培育为契合点，专业教育与思政教育相融合”的专业群特色思政教育体系成为思政教育的典范。天津渤海职业技术学院环境工程技术专业群建设以生态文明通识课为主体，公共基础课、专业课生态文明理念渗入为辅助的生态文明教育体系，《美丽中国视域下高职化工类专业生态文明教学体系的构建与实践》获得第六届中国石油和化工职业教育教学成果奖，为完善服务天津市绿色化工、可持续发展经济战略所需高技能专业人才素养需求，传承生态文明精神。陕西能源职业技术学院煤矿开采技术专业群建设服务智能采煤、清洁低碳专业体系，以太阳石精神、乌金精神和企业文化为引领，以“校内课堂＋校外课堂”为载体，面向“普招生、单招生、非学历提升在校生”等多元化生源，施行思政课程与课程思政协同育人。河北石油职业技术大学（承德石油高等专科学校）石油工程技术专业群创新践行“一核心两阶段三应用”学生创新能力培养模式，将创新创业教育贯穿于人才培养全过程，按照分级分策原则构建“金字塔式、逐级递进”创新课程体系，实现学生“创新意识启蒙—创新方法学习—创新能力提升”。

3.1.2 模式引领

在高水平专业群建设过程中，创新实践了人才培养、产教融合、“三教”改革、“1＋X”证书制度等模式和路径，全面促进专业群高质量建设，全面提升人才培养质量。

（1）创新人才培养模式。

立足专业和行业特色，紧密对接产业链和技术链，以高素质复合型技术技能人才培养和高质量社会服务为目标，创新人才培养模式。部分专业群的人才培养模式如表4所示。

表4　资源环境与安全大类部分专业群人才培养模式

学校与专业群	内容
黄河水利职业技术学院测绘地理信息技术专业群	构建了“两轮顶岗、三双保障、四线培养、五个结合”的“2345”工学结合人才培养模式和课程思政育人体系
北京工业职业技术学院工程测量技术专业群	实施“四线贯穿、书证融通、工学交替”人才培养模式
昆明冶金高等专科学校测绘工程技术专业群	“三元五双一融通”现代学徒培养模式（三院：校、企、企；五双：双导师、双平台、双管理、双阵地、双保险；一融通：“岗课赛证”融通）
江西应用技术职业学院国土资源调查与管理专业群	形成“一突出二主体三对接四强化五引擎”产教融合人才培养模式
河北石油职业技术大学（承德石油高等专科学校）石油工程技术专业群	实施“校企双元育人、三环紧扣、四阶递进”的工学结合人才培养模式
广东工贸职业技术学院测绘地理信息技术专业群	共建校企命运共同体，创新“岗课对接、课赛研创”人才培养模式
陕西能源职业技术学院煤矿开采技术专业群	创新“德技并修、分层分类”人才培养模式

（2）创新产教融合模式。

部分专业群与行业头部企业、区域支柱产业等建立紧密合作关系，校企共同搭建产教融合平台，共同开展人才培养、技术创新和社会培训。例如，北京工业职业技术学院工程测量技术专业群与行业龙头企业合作，先后成立4个工程师学院，逐步形成服务北京城市智慧建设的智能建造产业学院群。江西应用技术职业学院国土资源调查与管理专业群建成以国土资源产业学院为龙头，华测检测产业学院、砺剑天眼产业学院、讯方产业学院为支撑的“1+3”产业学院，全面实施“12345”产教融合现代学徒制人才培养模式案例成功入选教育部产教融合典型案例。广东工贸职业技术学院测绘地理信息技术专业群搭建了省级智慧城市时空大数据与云计算产教融合创新中心，面向粤港澳大湾区智慧城市群建设及基础设施互联互通的技术难点进行攻关，助力区域经济转型升级。兰州资源环境职业技术大学（兰州资源环境职业技术学院）应用气象技术专业群建成全国气象服务生产性实训基地，天气雷达实训室与甘肃省气象局组网，实现气象数据与全国气象数据共享；牵头组建由12家职业院校、9家龙头骨干企业组成全国性安全职业教育联盟，推动安全类专业实现资源共享，发挥群体优势、组合效应和规模效应，打造安全领域职业教育品牌。

（3）深入开展“三教”改革

聚焦“三教”改革，建设一批优质教学资源，开发一批活页式、工作手册式教材，培育一批高水平“双师型”教师教学创新团队，形成了一批优秀的经验做法。部分专业群“三教”改革相关举措如表5所示。

表5　资源环境与安全大类部分专业群“三教”改革相关举措

学校与专业群	相关措施
黄河水利职业技术学院测绘地理信息技术专业群	从“广、新、深、高”四个方面深化教材改革，校企合作开发了一批符合职业岗位需求、满足多样化学习需求、线上与线下教学相适应的模块化标准教材、立体教材、活页式教材和工作手册式教材
北京工业职业技术学院工程测量技术专业群	创新了“九学段、工学交替、学做结合”的教学组织形式，实现理论—实践—理论—实践的学做交替循环模式，适应了企业生产的节奏，保证了学习提升与岗位成才有效衔接
福建船政交通职业学院安全技术与管理专业群	创新形成“一种精神、二条主线、三个关键点、四个途径（1-2-3-4）”特有的团队建设机制，通过行指委、全国交通安全职教联盟等途径广泛推广，荣获第二批国家级教师教学创新团队
江西应用技术职业学院国土资源调查与管理专业群	以锻造“国土工匠”之师为目标，全面实施“七位一体”教师能力提升工程，获批国家级ICT行业企业“双师型”教师培养培训基地、省级“双师型”名师工作室、技能大师工作室、省级教师教学创新团队
广东工贸职业技术学院测绘地理信息技术专业群	利用“互联网+”技术，依托优慕课、职教云等数字化在线教学平台，在专业群26门精品资源课程开展“项目化教学”“线上线下混合式教学”等教学方法改革，促进教师教学水平的全面提升，教学比赛获得省级以上奖励10项

（4）积极落实“1+X”证书制度。

对接“1+X”证书制度，结合岗位标准、技能大赛标准等，构建“岗课赛证”融通课程体系，建设“1+X”产教融合型实训基地，多措并举推进“1+X”证书制度实施，助力培养“一专多能”人才。例如，黄河水利职业技术学院测绘地理信息技术专业群与广州南方测绘科技股份有限公司等合作共建“1+X”产教融合实践基地，合作开发“1+X”职业技能等级标准4项，与南方测绘合作开展“测绘地理信息数据获取与处理”和“测绘地理信息智能应用”，与大疆创新合作开展“无人机操作应用”，与福建金创利合作开展“不动产数据采集与建库”“1+X”证书试点，实现了“1+X”证书考核认证全覆盖。天津渤海职业技术学院环境工程技术专业群对照环境工程技术领域职业技能等级证书的知识、技能体系，融入全国职业院校技能大赛相关赛项内容，构建“模块化、递进式”课程体系，创新“岗课赛证”融合育人新模式，获批5项职业技能等级证书制度试点，被化学工业技能鉴定指导中心评为“1+X”污水处理职业技能等级证书优秀单位。

3.1.3 制度引领

资源环境与安全大类专业群针对学校内部治理、专业建设等出台了多项政策制度，部分政策制度如表6所示。

表6　制度引领的具体实施措施

学校与专业群	成效
福建船政交通职业学院安全技术与管理专业群	为省交通厅开展《福建省交通运输安全应急“十四五”规划》《交通运输行业安全生产隐患排查及风险管控双重预防机制》等项目研究，并已转化为安全生产政策推广应用
广东工贸职业技术学院测绘地理信息技术专业群	专业群构建了过程评价、岗位技能评价、成果评价和社会评价的“四位一体”分类评价体系，出台了《“双高计划”建设绩效考核与激励办法》《“双高计划”专项资金管理办法》等一系列管理办法，建立产教合作企业准入退出机制
陕西能源职业技术学院煤矿开采技术专业群	制订《专业群创新团队建设计划》《专业群教学、科研团队管理办法》《专业群分类分层培养管理办法》《专业群现代学徒制（新型学徒制）班管理办法》等系列管理制度
河北石油职业技术大学（承德石油高等专科学校）石油工程技术专业群	制订《专业群双师队伍建设管理办法》《兼职教师双担三参工作职责》等制度，“引聘育训”多措并举，打造高水平结构化教学团队

3.1.4 标准引领

围绕专业教学标准、职业技能等级证书标准、行业标准等，资源环境与安全类高水平专业群贡献了智慧和力量。参与标准制定情况如表 7 所示。

表 7　资源环境与安全大类部分专业群参与标准制定情况

类别	学校与专业群	内容
专业教学相关标准	黄河水利职业技术学院测绘地理信息技术专业群	主持参与修（制）订完成教育部中高本职业教育专业目录修订 17 个、专业简介 15 个、教学标准 9 个、高等职业学校专业实训条件建设标准 1 个
	北京工业职业技术学院工程测量技术专业群	主持完成高职专科工程测量技术专业和高职本科导航工程技术专业等 4 项国家教学标准的研制，参与 2 项
	兰州资源环境职业技术大学（兰州资源环境职业技术学院）应用气象技术专业群	完成 3 个专业岗位实习标准、《农业气象观测与试验》等 10 门实践课程标准的修（制）订，主持完成气象类 6 个专业目录、3 个专业简介和专业标准的修（制）订
	福建船政交通职业学院安全技术与管理专业群	参与编制了路桥工程技术专业实训装备标准
	江西应用技术职业学院国土资源调查与管理专业群	参与中职 2 个、高职 10 个和职业本科 2 个教育部专业教学标准修（制）订工作，其中主持 3 项
	河北石油职业技术大学（承德石油高等专科学校）石油工程技术专业群	主持石油工程技术职业本科和高职 2 个层次的国家专业教学标准制定。参与资源环境与安全、装备制造、电子信息 3 个专业大类，涵盖中职、高职专科以及本科 3 个层次的 25 个专业国家教学标准的制定
	广东工贸职业技术学院测绘地理信息技术专业群	参与教育部高职《测绘地理信息技术专业简介和教学标准》等 8 个专业标准的审定、中职《地图绘制与地理信息系统专业简介和专业教学标准》的研制
	陕西能源职业技术学院煤矿开采技术专业群	参与完成原煤炭类中职采矿技术等 5 个专业，高职煤矿开采技术、选煤技术、煤炭清洁利用技术等 8 个专业的修订，智能采矿技术、煤炭清洁利用工程等 2 个职教本科专业标准修订工作
职业技能等级证书标准	黄河水利职业技术学院测绘地理信息技术专业群	主持修订国家职业技能标准 2 个、职业技能等级证书标准 4 个
	福建船政交通职业学院安全技术与管理专业群	参与“建筑信息模型（BIM）”“水环境监测与治理技术”2 项“1 + X”证书制度标准编制
	北京工业职业技术学院工程测量技术专业群	参与制定工程测量员、无人机测绘操作员国家职业标准各 1 项，参与制定“1 + X”标准 10 项

续表

类别	学校与专业群	内容
行业标准	黄河水利职业技术学院测绘地理信息技术专业群	主持修订全国水利高职院校技能竞赛规程及标准1个，国家标准1个、团体标准4个
	江西应用技术职业学院国土资源调查与管理专业群	参与编制了国家职业技能标准（地质调查员）、《不动产数据采集与建库“1+X”等级标准》制定，并公开出版；参与了《北斗卫星综合监测系统工程技术标准》《钨精矿化学分析方法》等11项行业标准制定，成为测绘行业和化工行业技术标准，规范了企业运营
	广东工贸职业技术学院测绘地理信息技术专业群	参与中国和平利用军工技术协会团体标准的研制工作，参与《基于倾斜航空摄影的实景三维模型构建技术规范》和《基于实景三维模型的数字测图技术规范》2个团体标准的研制，填补新型基础测绘标准体系中实景三维建模和测图技术标准的空白
国际标准	兰州资源环境职业技术大学（兰州资源环境职业技术学院）应用气象技术专业群	依托塔中职业技术培训中心开发了应用气象专业国际通用技能型人才培养标准、气象行业技能型人才职业资格标准，制定了3个国际交流与合作相关实施方案，输出国际双语课程2门
	北京工业职业技术学院工程测量技术专业群	主持赞比亚国家教学标准获得批准，参与开发的“1+X”矿山开采数字技术应用职业技能证书塔吉克斯坦考评中心挂牌
	江西应用技术职业学院国土资源调查与管理专业群	开发安全技术与管理等4个专业的国际化专业教学标准，收录于高等教育出版社《引领与示范》一书
	河北石油职业技术大学（承德石油高等专科学校）石油工程技术专业群	向德国输出机械制造技术专业教学标准1个、课程标准6个，输出“鲁班工坊”人才培养方案、5门专业核心课程标准等优质资源至土库曼斯坦

3.2 支撑发展

资源环境与安全专业群主动对接乡村振兴、“一带一路”倡议等，大力开展技术创新、社会培训，助力区域经济高质量发展。

3.2.1 服务国家战略

资源环境与安全大类高水平专业群持续深化改革，强化内涵建设，服务国家战略发展，发挥高职教育的力量。

（1）立足自身优势，助力“乡村振兴”。

立足专业特色，对接区域城乡发展重要问题，发挥办学优势，通过技术支持、人才支持等措施扶贫扶智，助力乡村振兴发展。例如，江西应用技术职业学院国土资源调查与管理专业群校企合作开展桃江和平江流域 1∶50000 生态地质调查，进行生态地质脆弱性分区评价，为当地果业、林业规划提供科学建议，解决了盘古山镇下曾村长坝组 500 人的饮用水难题，提升当地居民幸福指数，精准扶贫改善民生。天津渤海职业技术学院环境工程技术专业群服务美丽乡村战略，开发社区环保宣教培训资源及方案，开展河北区乐桥里等多个社区的环保宣讲活动，完成配套乡村生态建设宣传培训资源及方案，建设汉沽区大田村等多个生态建设服务站，进行知识科普讲座和技术服务。社区居民的培训服务参与度达到 90% 以上，农民对培训服务满意度达到 90% 以上。

（2）响应“一带一路”倡议，开展国际交流合作。

积极响应国家“一带一路”倡议，开展海外办学平台建设、师生海外交流、留学生培养等，输出人才培养方案、专业教学标准、课程标准。为“走出去”企业和国外学校培养企业员工、师资团队，形成职业教育“中国方案”（见表 8）。

表 8　资源环境与安全大类部分专业群服务“一带一路”倡议重要举措

学校名称	相关措施
兰州资源环境职业技术大学（兰州资源环境职业技术学院）应用气象技术专业群	开发了应用气象专业国际通用技能型人才培养标准、气象行业技能型人才职业资格标准，制定了 3 个国际交流与合作相关实施方案，输出国际双语课程 2 门。建立师生国际双向交流机制，组织师生海外交流 20 人次，参加国际学术交流会议 200 人次
福建船政交通职业学院安全技术与管理专业群	实施“肯尼亚教育部大中专升级改造项目”等国际合作项目 3 项，输出系列土木安全相关的实训教学条件、教学标准等 6 项。 为“走出去”的中资企业开展“安全标准化管理”等培训 140 人，选派 2 名教师，赴加纳开展职业教育师资培训
昆明冶金高等专科学校测绘工程技术专业群	中白合作办学项目完成教育部备案，已开设交流班 2 个。中肯建工学院及鲁班工坊获中非教育合作与人文交流优秀单位，国际化办学综合管理平台完成建设，开发双语课程资源 5 门
江西应用技术职业学院国土资源调查与管理专业群	与俄罗斯等国家开展职业教育交流与培训 16 人。共建伊朗东阿塞拜疆实训基地和培训基地，完成境外培训 540 人/日。 引进《地理和地理信息系统》课程标准和教材。输出国土资源调查与管理、工程测量技术专业教学标准和《测绘基础》课程标准。 协同江西省地质局 902 地质大队等企业走出去，开展蒙古国地质找矿、巴基斯坦喀喇昆仑公路地形图测量等技术服务项目，为职业教育合作构筑“应职院”样式
天津渤海职业技术学院环境工程技术专业群	开展师生海外交流活动 23 人次，招收泰国等留学生 73 人；留学生获得泰国宝石王杯等大赛奖项 2 项，开发和组织留学生赛项 2 个。获批中外人文交流人才培养基地，4 人次获得泰国卓越贡献奖。 完成《安全技术与管理》《机电一体化技术》和《药品生产技术》国际化专业标准的编制工作；机电一体化技术国际化专业课程标准获泰国职教委员会认证，被纳入泰国国民教育体系

续表

学校名称	相关措施
河北石油职业技术大学（承德石油高等专科学校）石油工程技术专业群	与德国合办机械制造与自动化和应用电子技术2个专业，在校生规模稳定保持在300人/年以上；选派12名骨干教师交流培训国际先进教学方法和理念；服务走出去企业，培训员工1024人/天。 输出机械制造技术专业教学标准1个、课程标准6个；开发国际课程包3门，输出优秀建设成果至土库曼斯坦、沙特阿拉伯等“一带一路”沿线国家，专业群国际影响力不断提升。 中德合作项目被省教育厅评为示范性中外合作办学项目。开展中瑞－GF智能制造创新实践基地、法国施耐德电气绿色低碳产教融合2个国际化合作项目
广东工贸职业技术学院测绘地理信息技术专业群	依托首届测量技术国际技能竞赛，8所国外大学相关专业学生参赛并签署合作意向书。赛后根据国外院校需求，推出10门专业群课程标准。 与教育部和有色金属工业人才中心合作，对外企员工培训191人次；与广州飞图信息科技有限公司等单位开展合作参与海外技术服务项目2项，为中国企业海外技术服务提质增效

3.2.2 服务区域经济社会发展

（1）搭建平台，大力开展技术创新。

立足学校办学优势和特色，精准对接行业企业需求，校企合作打造协同创新中心、工程研究中心等平台，协同开展技术创新和项目攻关，解决企业“卡脖子”技术难题，服务区域经济结构调整和产业转型升级（见表9）。

表9　　资源环境与安全大类专业群开展技术创新重要举措

学校名称	相关举措
江西应用技术职业学院国土资源调查与管理专业群	服务国家生态文明建设，践行山水林田湖草沙生命共同体，校企合作实施赣州市会昌县矿山生态修复项目（2.45亿），开工修复点位55个，累计完成点位45个，累计产出水田306.21亩、旱地193.03亩，林草地及其他用地524.21亩，探索形成区域矿山生态修复范本
兰州资源环境职业技术大学（兰州资源环境职业技术学院）应用气象技术专业群	建成技术协同创新中心2个，开发新技术应用相关教材4部、积累实际生产案例200余个、开展技术研发项目4项、研发先进技术2项、获批专利或软件著作权20项，4项研发成果获省级奖励，获得2项省级科技进步奖
福建船政交通职业学院安全技术与管理专业群	建成交通安全评估与控制省级应用技术工程中心和“交通土建智能与绿色建造”协同创新中心。为省交通厅开展《福建省交通运输安全应急“十四五”规划》《交通运输行业安全生产隐患排查及风险管控双重预防机制》等多项关键技术研究。在全省公路系统开展“交通基础设施BIM＋GIS管养平台”项目研究，搭建了福建省在役桥梁健康数据库

续表

学校名称	相关举措
江西应用技术职业学院国土资源调查与管理专业群	建成资源环境承载力评价、土地质量地球化学分析、智慧国土工程技术等4个技术技能创新中心，生态地球化学、地学数值计算与模拟等4个科技创新平台及4个技能大师工作室，推动技术研发创新，获授权专利、软著38项，完成国家自然科学基金项目1项、江西省地勘基金项目2项，获批江西省自然科学基金重点项目1项，科技成果转化到款额122.4万元
河北石油职业技术大学（承德石油高等专科学校）石油工程技术专业群	搭建"引领—培育—孵化"技术技能平台，建成河北省仪器仪表技术创新中心、油田化学剂工程技术研究中心，培养11名科技特派员，授权发明专利12项，实用新型专利83项，承担纵向科研课题34项，到校经费780.7万元，成果转化率达到58.9%，其中"一种托盘盛装辐照物料的自动翻面装置"专利技术转让费达561万元

（2）组建团队，广泛开展社会培训。

组建高水平教师团队，开发优质课程资源，面向企业员工、职业院校师资、退役军人等开展培训。部分专业群开展社会培训重要举措如表10所示。

表10　　　　资源环境与安全大类专业群开展社会培训重要举措

学校名称	相关举措
黄河水利职业技术学院测绘地理信息技术专业群	培养全国高职院校培养教师293人，在线为4.39万名测绘行业从业人员开展高端装备技术应用等培训、为全国41.09万名测绘科技工作者开展"测绘大讲堂"等培训、为19.74万人开展"科学赋能 助力乡村振兴""智慧农业为乡村振兴注人新动力"等科普活动
兰州资源环境职业技术大学（兰州资源环境职业技术学院）应用气象技术专业群	建成甘肃省军民协同创新中心，累计为部队培养气象军士生1367人，培养军民两用人才123人。开展气象行业职工技术培训2.2万人/天、技能鉴定1100人次，培训到款额640万元。开展气象科普教育1.5万人/次，获批兰州市科普基地和第一批全国科普教育基地
福建船政交通职业学院安全技术与管理专业群	开展职业技能培训鉴定14期619人/日，"1+X"培训鉴定787人/次、累计25005人/日，国培师资培训2期1384人/日；开展测绘科普教育活动2次，为中小微企业开展定制培训5项
江西应用技术职业学院国土资源调查与管理专业群	社会培训、科普教育等取得全国领先成效，年均培训达10344人/日，培训到款额426.99万元，年均科普教育11756人/次。有力支撑学校获评"全国高职院校服务贡献50强"
河北石油职业技术大学（承德石油高等专科学校）石油工程技术专业群	开展社会培训14262人/天，社会劳动力接受学历教育人数达到1665人，培训经费金额54.5万元。签署横向技术服务课题76项，到校经费1399.7万元。获批国家"双师型"教师培养培训基地，为对口帮扶院校开展培训800余人/次
广东工贸职业技术学院测绘地理信息技术专业群	建成AOPA民用无人机驾驶员职业教育培训中心，2021年累计考证100余人。获批国家"双师型"教师培养培训基地，累计培训教师400余人/次。近3年，专业群分别对学生、教师和社会人员开展各类技术培训与鉴定3617人/次

3.3 推动形成一批支撑职业教育高质量发展的政策、制度和标准

坚持内挖潜力、外引助力，形成了一批支撑职业教育高质量发展的政策、制度和标准，覆盖行业企业、校企合作、学校建设、专业教学、师资团队、实践基地、职业技能等方面，极大促进政行企校协同发展。

3.3.1 推动形成专业群可持续发展的制度体系

在学校内部治理层面形成了一批支撑高水平专业群可持续发展的制度。例如，广东工贸职业技术学院针对高水平专业群建设，构建了过程评价、岗位技能评价、成果评价和社会评价的“四位一体”分类评价体系，出台了《“双高计划”建设绩效考核与激励办法》《“双高计划”专项资金管理办法》等一系列管理办法。同时为提升产教融合自身造血能力，建立产教合作企业准入退出机制，确保合作企业和合作项目质量，形成专业群实习实践教学的高质量开展和可持续发展。陕西能源职业技术学院针对师资队伍建设和学徒制培养，制定了《专业群创新团队建设计划》《专业群教学、科研团队管理办法》《专业群分类分层培养管理办法》《专业群现代学徒制（新型学徒制）班管理办法》等系列管理制度。

3.3.2 推动形成职业教育高质量发展的标准体系

聚焦专业建设、课程开发、实训条件建设、职业技能等级证书等，主持和参与开发了一批助推职业教育高质量发展的标准体系。参与制定了地图绘制与地理信息系统等中职专业教学标准，工程测量技术、石油工程技术、测绘地理信息技术等高职专业教学标准，导航工程技术、石油工程技术等应用型本科专业教学标准；参与制定了《农业气象观测与试验》等课程标准；参与制定了路桥工程技术等专业实训条件建设标准；参与开发了工程测量员、地质调查员、无人机测绘操作员等国家职业标准，参与制定了不动产数据采集与建库等“1＋X”等级标准20余项；参与制定了《北斗卫星综合监测系统工程技术标准》《钨精矿化学分析方法》《基于倾斜航空摄影的实景三维模型构建技术规范》《基于实景三维模型的数字测图技术规范》等行业标准。

3.3.3 推动形成职业教育“走出去”的中国方案

服务国家“一带一路”倡议，在合作办学、交流访学、留学生培养、技术服务等方面形成了一批制度和标准。例如，兰州资源环境职业技术大学（兰州资源环境职业技术学院）应用气象技术专业群开发了应用气象专业国际通用技能型人才培养标准、气象行业技能型人才职业资格标准，制定了3个国际交流与合作相关实施方案，输出国际双语课程2门。北京工业职业技术学院工程测量技术专业群主持赞比

亚国家教学标准获得批准，参与开发的“1+X”矿山开采数字技术应用职业技能证书塔吉克斯坦考评中心挂牌。江西应用技术职业学院国土资源调查与管理专业群开发了安全技术与管理等4个专业的国际化专业教学标准。河北石油职业技术大学（承德石油高等专科学校）石油工程技术专业群向德国输出机械制造技术专业教学标准1个、课程标准6个，输出“鲁班工坊”人才培养方案、5门专业核心课程标准等优质资源至土库曼斯坦。

4. 典型案例

4.1 引领改革

案例1：推进现代学徒制改革，实施双主体育人

【学校】北京工业职业技术学院

一、实施背景

2014年国务院制定了《国务院关于加快现代职业教育》，随后教育部印发了《关于开展现代学徒制试点工作的意见》。北京工业职业技术学院工程测量技术专业，探索现代学徒制人才培养模式改革，2017年申报并通过了教育部第二批现代学徒制试点。

二、主要做法

（一）工学交替，实现学习提升与岗位成才有效衔接

创新了“九学段、工学交替、学做结合”的教学组织形式。实现“理论—实践—理论—实践”的学做交替循环模式，适应了企业生产的节奏，保证了学习提升与岗位成才有效衔接。创新“九学段、工学交替”教学组织形式，保证学岗有效衔接，学生学徒灵活、系统转换，能够满足企业生产，合作企业满意度达100%。

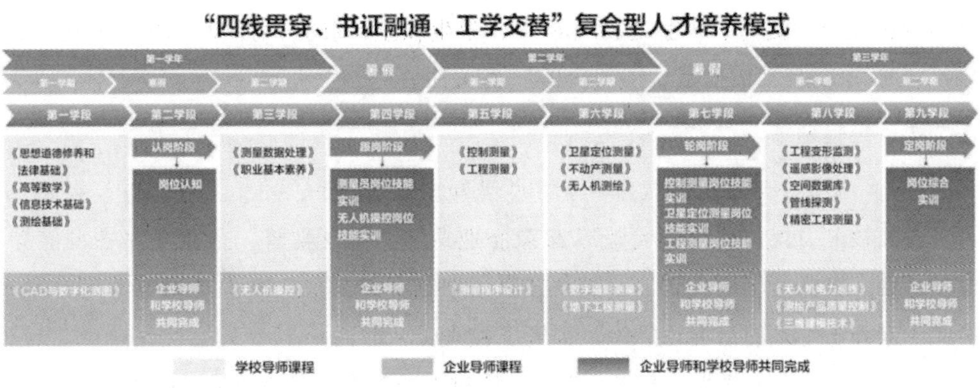

图1 “九学段、工学交替”教学组织形式示意图

（二）互聘共用，打造专兼结合双导师团队

创新互聘共用的人才交流机制，提升人才队伍活力，打造能为企业解决技术难题的骨干教师队伍和大师名匠领衔的兼职教学团队，保障双导师指导学生贯穿人才培养全过程。工程测量技术专业从三个合作单位中选出的掌握工程测量技术专业岗位要求和发展方向的技术骨干22名建立了企业导师库。企业导师负责指导学生进行职业生涯规划，引导学生实现职业岗位能力目标和素质目标。

（三）多元评价，形成人才培养各项制度和标准

明确了岗位标准，制定了工程测量技术专业现代学徒制专业教学标准，制定了现代学徒制质量评价标准和监控体系。双主体育人机制，建立完善的岗位学徒考核评价体系和岗位学徒薪酬制度。根据学徒制实施需要，开展了部分企业课程和学校课程的学分置换。

三、成果成效

（一）突出双主体，协同育人机制逐步完善

突出企业的育人主体地位。明确校企双方职责、分工，完善了联合招生分段培养、多方评价的联合育人机制，企业在人才培养中的重要作用得到充分发挥。专业综合实力得到显著提升，入选北京市特色高水平重点专业和国家双高计划重点专业群。

（二）明确双身份，人才培养更加符合岗位需求

明确了学生、员工的双身份，明确了企业和学员的雇佣关系，在整个学习过程中，学员会更重视企业发展、企业文化、岗位职责、团队协作，提高了主人公意识和与职业发展的联系，更加贴近岗位需求。

（三）赛证双引领，辐射带动国内同类院校教学改革

通过双主体育人、双导师培养，以技能大赛和职业技能等级证书制度引领人才培养模式改革，提高了学生的实践能力，学生在全国技能大赛中获得一等奖3项。成果为30所院校提供借鉴，得到媒体广泛关注。

四、经验总结

（一）缔结企业联盟，提升学生适应性和就业竞争力

与国核电力规划设计研究院等多家企业成立了专业联盟。企业发挥各自优势，确立了无人机操控等6类岗位，提供文物保护等实践岗位，极大丰富了学生的实践经验，提高了学生的市场竞争力，扩宽了就业面。

（二）创新组织形式，保证实现学习提升与岗位成才有效衔接

创新“九学段、工学交替”教学组织形式，理论学习和学徒上岗交替，学生有

4个学段在企业完成岗位学习，适应了企业生产的节奏，保证学岗有效衔接。实行企业和学校“职业提升双导师”，思想管理“双班主任”制度，实现全程技能提高与思政教育同向同行。

五、推广应用

北京工业职业技术学院工程测量技术专业现代学徒制实施中形成了一系列促进校企命运共同体建设的制度和机制，突出企业的育人主体地位，企业在人才培养中的重要作用得到充分发挥。可供全国开设相关专业的近200所职业院校借鉴。

校企双方共建了产学研用一体化的协同创新基地，联合开展面向行业的技术开发、应用推广等产学研用活动，师生共同完成智慧湘西十八同村三维建模等技术服务项目10项，引领了企业的技术革新。通过双主体育人、双导师培养，以技能大赛和职业技能等级证书制度引领人才培养模式改革，提高了学生的实践能力，学生在全国技能大赛中获得一等奖3项。成果为30所院校提供借鉴，得到媒体广泛关注。

案例2：数字技术赋能智能建造专业群转型升级

【学校】北京工业职业技术学院

一、实施背景

北京“四个中心”城市战略定位，优化提升首都核心功能，要求传统的城市建设产业向绿色化、信息化、智慧化转型升级，亟需互联网+GIS、BIM、无人机、绿色建筑等数字技术融入城市建设，集成BIM、云计算、大数据、物联网、区块链、AR/VR等新技术，形成智慧建设产业体系，走内涵集约式高质量发展新路。

二、主要内容

（一）跨领域组建智能建造专业群，实现专业对接产业培养定位转型升级

智能建造专业群包含建筑工程技术、工程造价、工程测量和无人机应用技术4个专业，服务于城市建设产业链中的不同产业或环节。

（二）跨行业率先成立智能建造产业学院群，实现产教融合运行模式转型升级

学校与行业龙头企业合作，先后成立4个工程师学院，逐步形成服务北京城市智慧建设的智能建造产业学院群。

（三）跨技术搭建国内一流智能建造协同创新平台，实现社会服务品质转型升级

以BIM技术研究院为核心，结合2个国家级基地和北京市城市空间信息工程重点实验室，组建智能建造协同创新平台，提供多层次社会服务，形成教学、培训、应用、研究、创新“五维度”服务体系。

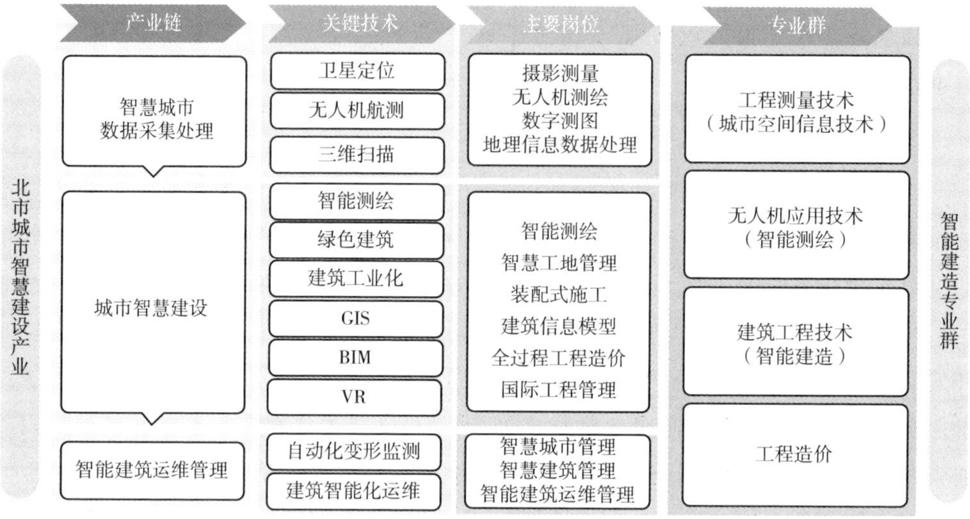

图 1　专业与产业映射图

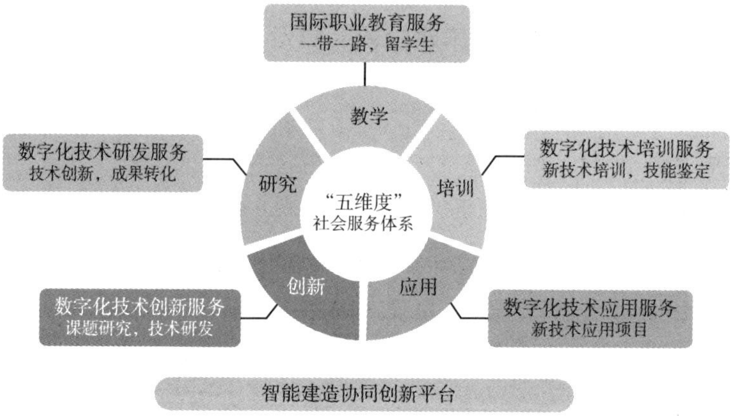

图 2　“五维度”社会服务体系

三、过程与方法

（一）重构“一平台、双融合、多通道”的智能贯通课程体系

直面数字技术变革及建筑业转型升级的现实需求，以培养复合型国际化高素质技术技能人才为目标，构建智能贯通结构化的“一平台、双融合、多通道”专业群课程体系。

（二）建立“软硬高”技能互促的实践能力训练体系

携手中建一局、广联达、大疆无人机、测绘设计研究院等行业龙头企业，建设“软技能、硬技能、高技术”实践能力训练体系。

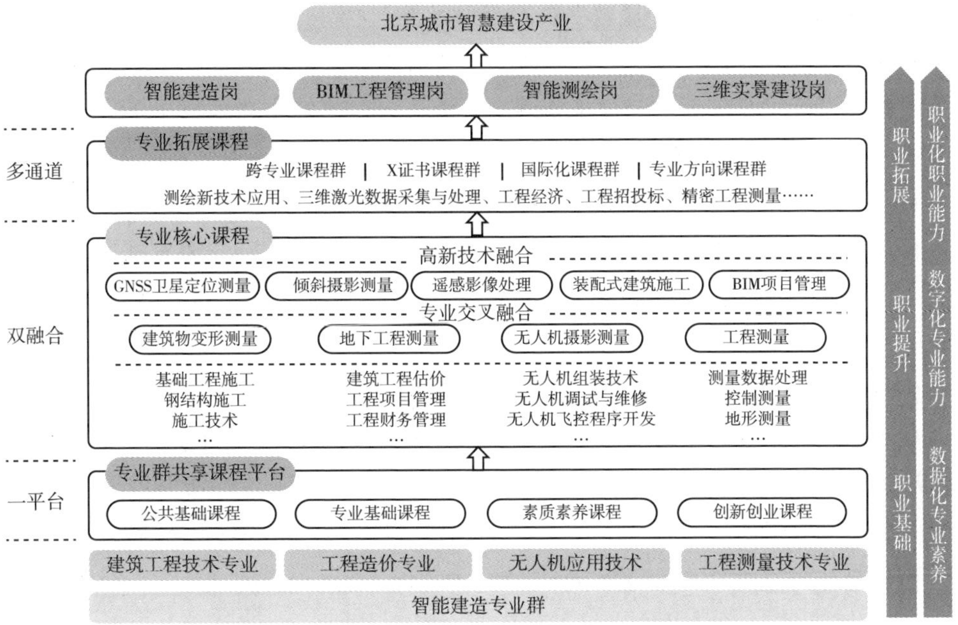

图 3 “一平台、双融合、多通道”专业群课程体系

（三）依托智能建造协同创新平台开展多层次社会服务

（1）服务行业需求，开展数字技术培训服务。

依托智能建造协同创新平台，向企业提供产业高端技术培训、职业数字化技能拓展和提升培训、岗位技能培训等服务。

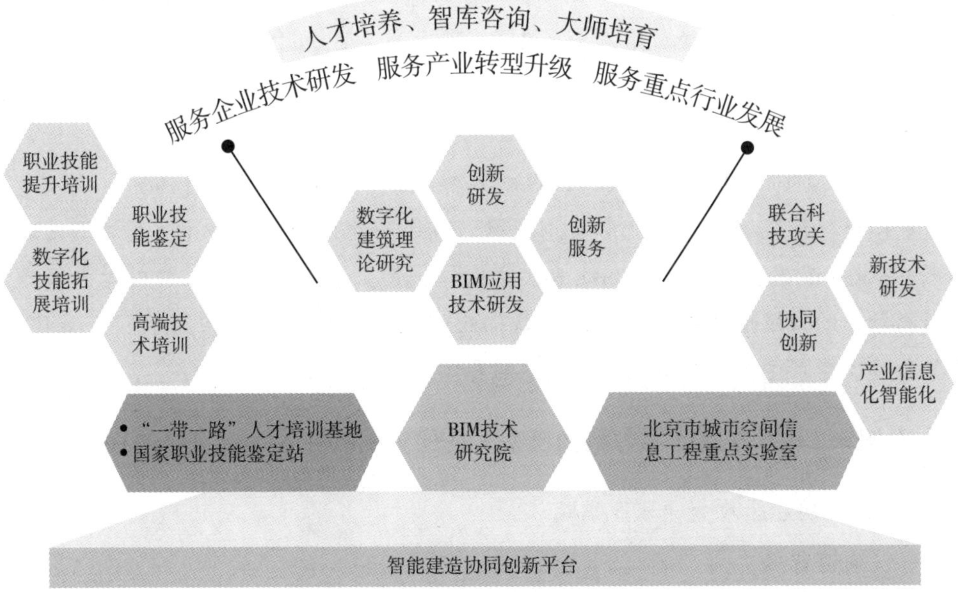

图 4 智能建造协同创新平台结构

（2）服务区域发展，开展数字技术应用服务。

以无人机技术、BIM技术、三维激光扫描技术、模板支撑架变形远程监测等技术为支撑，开展了雄安新区土地规划测绘、潭柘寺古建筑物三维数据采集与建模等数字技术应用服务项目38项。

（3）服务产业转型，开展数字技术研发服务。

围绕北京城市副中心建设、冬奥会、冬残奥会筹办，承担“无人机+BIM技术辅助北京市政工程施工提质增效的关键技术研究”等研发项目，获得科技成果55项。

（4）服务企业创新，开展数字技术创新服务。

中国职业技术教育学会BIM技术研究院承担“法海寺大殿抗震加固技术研究”“首都新机场航站楼大跨度梁模架变形监测”等国家重大项目，研究成果获得北京市科学技术二等奖。

四、成效与推广

（一）专业群转型升级全国一流，示范引领国内外1000余所院校

智能建造综合实训基地获批北京市教育信息化融合应用示范基地，接待菲律宾高访团、赞比亚大使等国外友人到访27次，以清华大学为首的本科院校183所、中高职院校719所、北京城建等企业120余家前来参观学习，获得市教委领导、兄弟院校的高度认可。

（二）产教融合模式成典范，多家知名媒体跟踪报道

中国职业教育官网报道我校BIM技术研究院“推进职教数字化转型，服务企业技术创新”样板。中国教育电视台CETV1播出的《职教中国》节目，邀请我校刘兰明教授作为嘉宾，推广我校产业学院群产教育人典范。《中国青年报》报道我校技能大赛助力学生成长成才。

（三）服务国家重大战略项目，形成京津冀高职院校社会服务样板

承担首都新机场梁模架变形监测项目，成果获北京市科学技术2等奖，《北京晨报》《北京晚报》以及中青在线等多家媒体报道。服务湘西十八洞村无人机倾斜摄影测量，助力精准扶贫，湘西新闻联播跟踪报道。承接雄安昝岗水厂三维建模、冬奥会延庆赛区生态恢复监测等多个区域重大项目。

案例3：开发专业群能力结构模型，构建“4+6+N”模块化课程体系

【学校】福建船政交通职业学院

一、建设背景

安全技术与管理专业群对接职业标准和工作过程，开发专业群能力结构模型，

在此基础上构建“4 +6 + N”模块化课程体系。

二、主要做法

（一）基于能力本位，构建“4 +6 + N”模块化课程体系

围绕职业岗位群职责，构建公共基础、专业基础能力、专业核心能力和专业拓展能力“四层次递进式”课程体系。在专业能力课程中，细分思政教育、安全法规、安全评价、安全技术、安全管理、安全信息化“六个维度”的模块课程。将从业资格及“1 + X”证书等“N 个职业资格标准”有机融入课程，构建基于职业工作过程的“4 +6 + N”模块化课程体系。

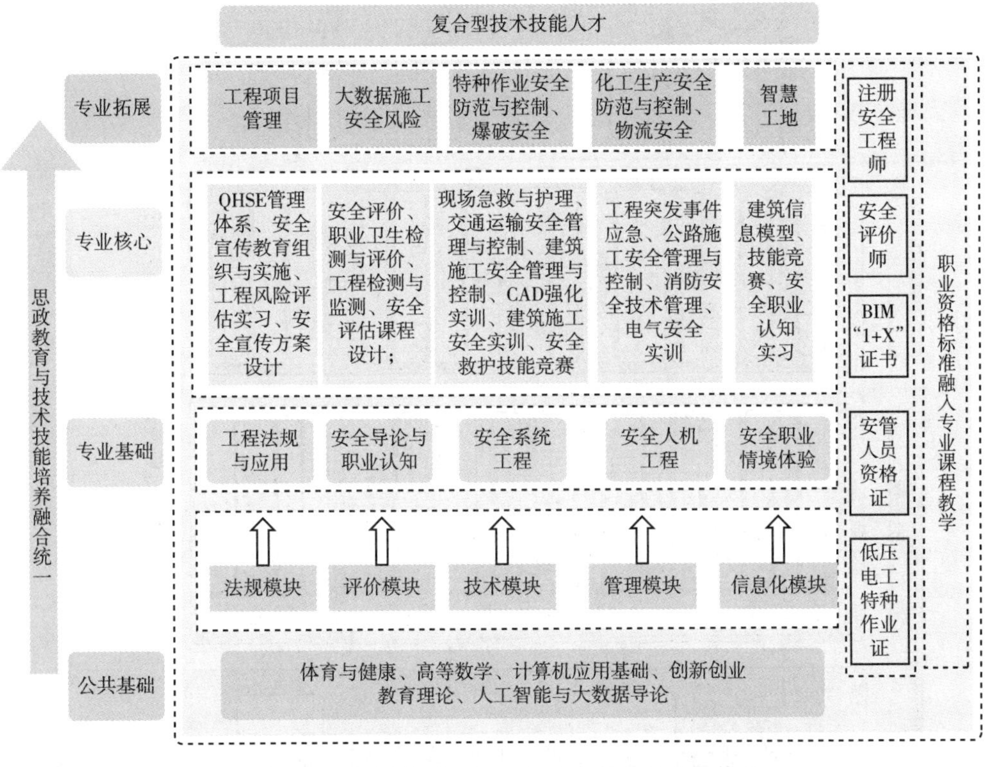

图 1　基于职业过程的“4 +6 + N”模块化课程体系

（二）立足岗位需求，打造服务职业能力模块化课程体系

充分调研行业岗位需求，提炼专业核心能力及行业能力，融入职业技能等级证书标准和考核内容，打造底层共享、中层分立、高层互通的立体式的模块化课程体系。

（三）“国—省—校”三级在线开放课程，保障课程体系建设

专业群共完成 8 门校级和 17 门省级精品在线开放课程建设，同时完成 1 门国家级精品资源共享课的升级。这些精品在线开放课程涉及专业群平台课程、模块化课程及专业群方向课程，保障了模块化课程体系的构建与稳固发展。

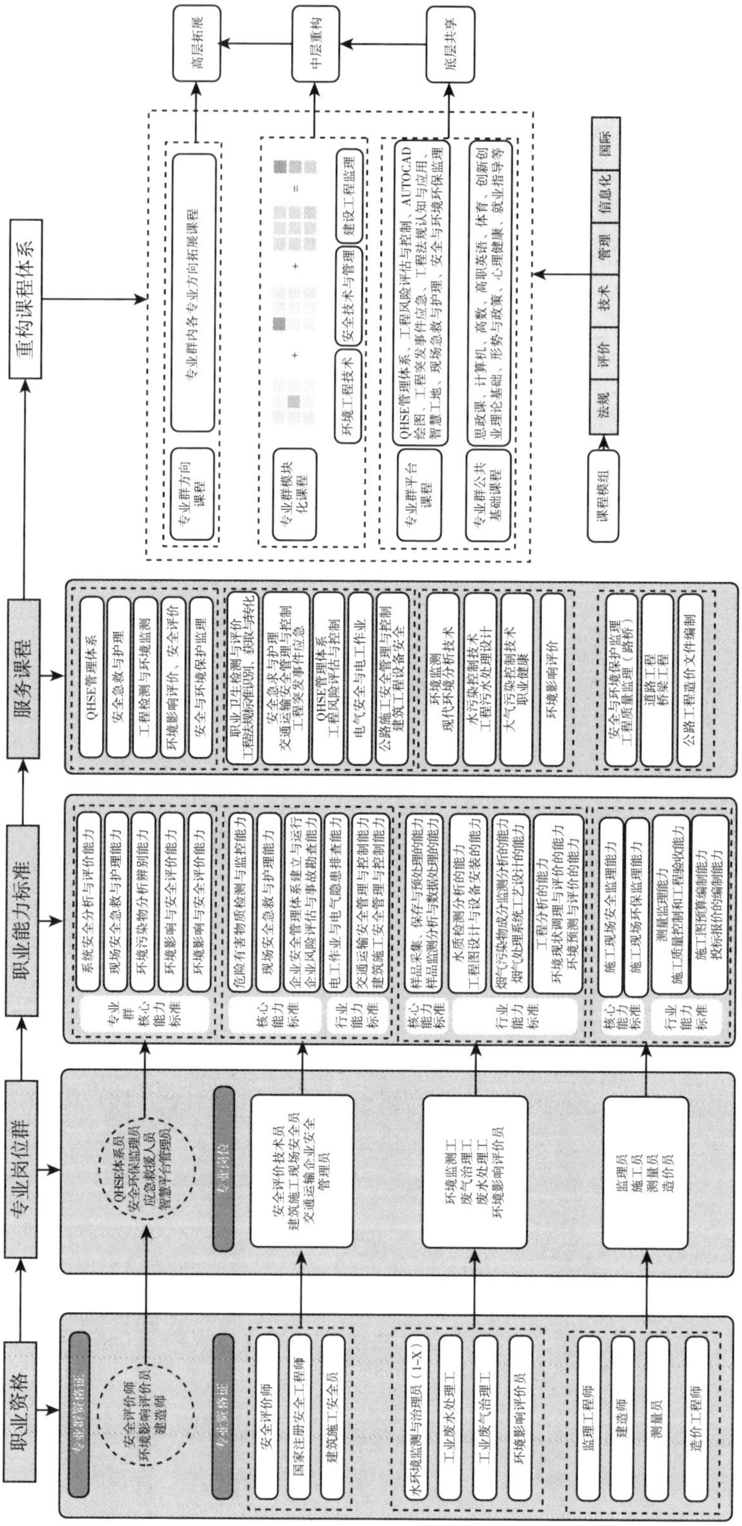

图2 专业岗位群能力与课程对接模型

三、成果与成效

（一）课证融通，覆盖职业岗位核心能力

专业课程均建成一整套支撑职业能力培养的资源，把企业岗位核心和行业能力要求融入课程教学内容中。对课程进行模块化解构、合理重构，打造核心能力、复合能力及个性化发展能力的课程模块，确立了全新的专业群人才培养能力模型。

表 1　“职业岗位—技能证书—课程—模块”对接情况

<table>
<tr><th>职业岗位</th><th>岗位核心能力</th><th>职业技能证书</th><th>对应课程</th><th>课程模块</th></tr>
<tr><td rowspan="13">环境监测工
废水处理工</td><td rowspan="13">1. 样品采集、保存与预处理的能力；
2. 样品监测分析与数据处理的能力；
3. 水质检测分析的能力；
4. 工程图设计与设备安装的能力</td><td rowspan="13">1 + X 水环境监测与治理</td><td rowspan="3">环境监测
（省级精品已验收）</td><td>样品采集、保存与预处理</td></tr>
<tr><td>样品监测分析</td></tr>
<tr><td>数据处理</td></tr>
<tr><td rowspan="4">水污染控制技术
（省级精品已验收）</td><td>水处理工程图识读</td></tr>
<tr><td>水处理工艺流程设计</td></tr>
<tr><td>污水处理系统自动控制</td></tr>
<tr><td>水处理安全生产与应急处置</td></tr>
<tr><td rowspan="2">环境化学分析基础
（省级精品已验收）</td><td>定量分析基础</td></tr>
<tr><td>酸碱平衡和酸碱滴定</td></tr>
<tr><td rowspan="4">水处理设施设计与运行
（校级精品已验收）</td><td>水处理设备与管线安装</td></tr>
<tr><td>水处理设施运行管理</td></tr>
<tr><td>水处理设施故障处理</td></tr>
<tr><td>水处理设施维护保养</td></tr>
</table>

（二）标准引领、动态发展，课程体系适应行业需求

及时搜集最新法律法规标准，同时积极参与地方性安全环保标准的制定，及时融入课程，引领课程设置的动态发展。

通过将行业企业标准与课程分层次、多方位的融入，使课程内容与行业标准保持了充分对接，同时提升行业企业整体管理水平。

（三）国家级教学团队服务课程体系建设，有力支撑模块化教学

安全技术与管理教学创新团队于 2021 年获得国家级教师教学创新团队立项，在建设过程中，已根据“六个维度”课程特色，通过应用“行动导向”、项目式、情景式、工作过程导向等教学方法，实施分工协作的模块化教学，深度服务于“4 层 + 6 维”的模块化课程体系建设，有力地支撑了模块化课程的教学。

案例 4：产教融合搭平台　校企共育现代国土工匠

【学校】江西应用技术职业学院

面对国土资源行业的转型升级，江西应用技术职业学院组建了国土资源调查与

管理专业群，探索形成了“三三四”（三个平台为支撑，三项措施为保障，四项内涵为一体）校企协同现代国土工匠培养体系，培养高素质技术技能人才，支撑国土资源领域高质量发展。

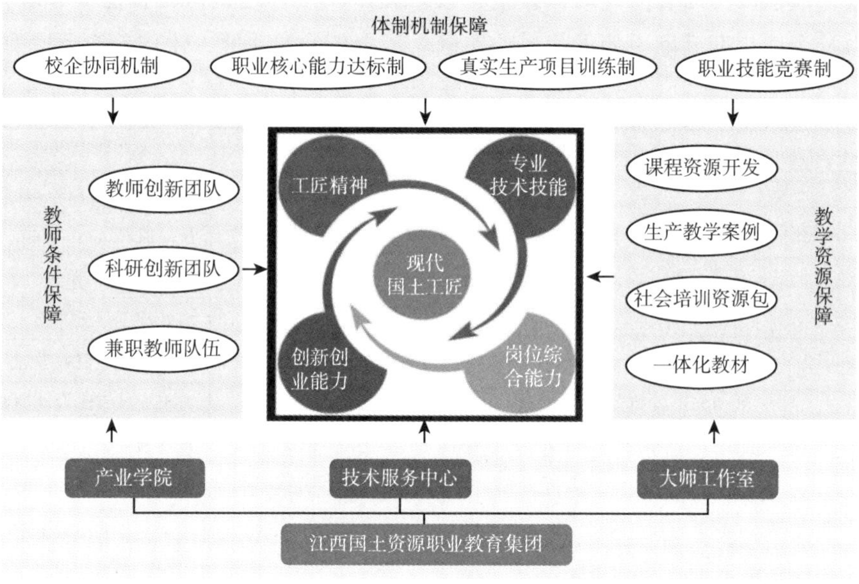

图1　“三三四”校企协同现代国土工匠培养体系

三平台支撑：以江西国土资源职业教育集团为依托，产教融合搭建国土资源等4个产业学院、立达科技开发有限公司等2个技术服务中心和“勘察大师”（产业导师）等4个工作室为三平台，支撑现代国土工匠培养。

三项措施保障：校企合作打造国土资源调查与管理等3个省级教师教学创新团队，对接国土资源调查评价等岗位群，校企合作开发高质量教学资源，创新实施职业核心能力达标制、真实生产项目训练制等体制机制，形成了教师团队、教学资源和体制机制三项保障。

图2　师生野外开展锂矿调查项目

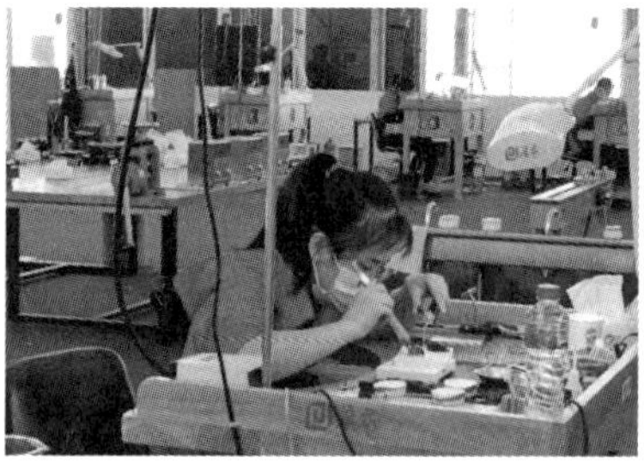

图3　学生参加中国技能大赛

四项内涵为一体：以德育引领，塑造现代国土工匠精神，以技能引领，培养现代国土工匠专业技术技能，以项目引领，培养学生岗位综合能力，以导师引领，培养学生创新创业能力，丰富现代国土工匠内涵。

图4　到合作企业根植国土文化　传承地质“三光荣”精神

通过案例实施，江西省国土资源职业教育集团获批全国示范性职业教育集团培育单位，学校两次入选“全国高等职业院校服务贡献50强”，立达科技开发总公司被教育部认定为生产性实训基地，学生获全国职业院校技能大赛团体一等奖1项，获中国“互联网+”大学生创新创业大赛金奖和银奖各1项。该案例入选教育部2021年产教融合校企合作典型案例。

4.2　支撑发展

案例5：打造“海陆空”科技服务矩阵　服务黄河流域高质量发展

【学校】 黄河水利职业技术学院

2019年来，测绘地理信息技术专业群围绕国家“十四五”中“新一代信息技术产业、高端装备制造产业”等战略新兴产业，通过“梯次型科技创新团队”打造，提升产教融合职业适应性，服务于“黄河流域生态保护和高质量发展”等国家战略。

一、搭建专家智库平台，服务国家重大战略

引进院士及高端人才，打造科技创新团队，服务国家战略。2020年11月18日，测绘地理信息技术专业群聘请中国工程院王家耀院士为黄河水利职业技术学院首席科学家，与王家耀院士所在的河南大学、河南省时空大数据产业技术研究院签署了合作协议，在黄河流域生态保护与高质量发展、新型智慧城市建设、时空大数据与人工智能以及国家军民融合重大工程领域开展全面合作。此外，在数字孪生、虚拟现实与增强现实、水利勘察测绘等领域，引进了国家“万人计划”领军人才赵章红团队、河南省“工程勘察设计大师”刘豪杰团队，打造了“院士＋领军人才＋行业大师”的梯次型科技创新团队，获批立项全国高校黄大年式教师团队，主持子课题申报《黄河流域生态保护规模化产业化高分应用模式与发展战略研究》高分重大专项，服务黄河流域生态保护与高质量发展国家战略。

（一）南海测绘

2021年3月24日，测绘工程学院与天津中水北方勘测设计研究有限责任公司合作，选派5名师生，联合开展《南海某岛珊瑚礁修复选址调查》项目，在相关海域进行水下地形测量和海洋地质调查，为珊瑚礁生态系统修复提供选址建议和相关基础资料。

图1　布设陆上测量基站

图2　水深测量设备安装

（二）南水北调工程测绘

2020年4月8日，测绘工程学院与河南省水利勘测设计研究有限公司合作，选派30名师生，协调无人机3台、图形集群工作站100台，开展《南水北调水利工程实景三维建模》项目，主要对南水北调郑州段至安阳段共460平方公里范围，开展无人机外业数据采集和实景三维建模，合同金额300余万元。

图3　无人机外业数据采集

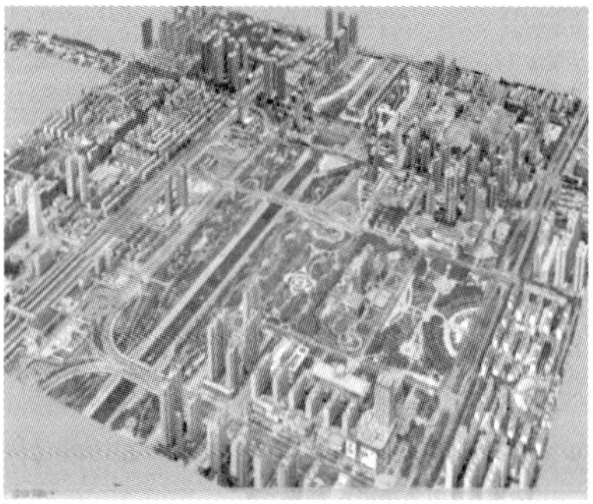

图4　南水北调实景三维建模

（三）2020 珠峰高程测量

2020 年 5 月 27 日，2020 珠峰高程测量登山队成功登顶，此次珠峰高程测量登山队中来自国测一大队的 8 名专业测绘队员中有 3 名队员毕业于黄河水利职业技术学院测绘工程学院，分别是 2008 届马强、2016 届李艺和 2017 届张卫东。

图 5　珠峰测量营地

图 6　珠峰测量现场

（四）高铁测量

2020 年 9 月 6 日，测绘工程学院与武汉锐进铁路发展有限公司合作，选派 30 名师生，开展《高速铁路轨道精测精调》项目，主要对京哈高铁、郑万高铁、郑阜高铁、武广高铁等线路进行轨道精测精调和 CPⅢ控制网测量等工作，为我国高速铁路安全运行提供了技术保障。

图 7　京哈高铁轨道测量现场

图 8　郑阜高铁轨道精测精调现场

二、搭建协同创新平台，服务产业转型升级

校企协同创新自主可控，助力测绘地理信息技术转型升级。立足河南省国家大数据综合试验区建设，依托河南省时空大数据技术创新中心，与南京速度时空信息科技股份有限公司等单位合作，联合研制了自主知识产权的星曜时空大数据平台软件，获江苏省测绘地理信息科技进步一等奖。

图 9　测绘地理信息科技进步奖公示

附件：

2021 年度江苏省测绘地理信息科技进步奖获奖名单

一等奖项目

序号	项目名称	主要完成单位	主要完成人
1	智慧洪泽时空信息云平台试点建设与应用	江苏省基础地理信息中心 淮安市自然资源信息中心 江苏省测绘研究所 淮安市自然资源和规划局洪泽分局	邵　轩 高　扬 李福洪 刘　波 宋法奇 石鲁瑛 潘九宝 吴勤书 蒋天慧 张　良 王海君
7	智慧城市时空大数据平台关键技术及应用	速度时空信息科技股份有限公司 河南省时空大数据产业技术研究院 黄河水利职业技术学院 江苏速度遥感大数据研究院有限公司 徐州市自然资源和规划局铜山分局	李　俊 郭建忠 徐云和 徐忠建 张　丹 吉　玮 王小勇 蒋文明 曹　松 李雪梅 赵　耀

图 10　测绘地理信息科技进步奖公示名单

与国家重大技术装备几何量计量站、郑州辰维科技股份有限公司等合作，制定《数字摄影三坐标测量系统的验收检测和复检检测》国家标准，并获中国标准创新贡献二等奖。

图 11　国家标准

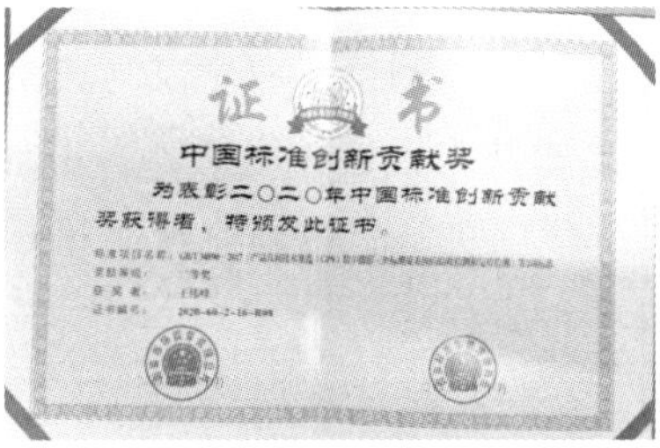

图 12　中国标准创新贡献二等奖

精准“测绘+”方向，提升测绘服务行业能力，助力产业工程技术转型升级。专业群组建了开封市黄河凌汛灾害监测与防治重点实验室、开封市低空遥感大气监测工程技术中心和开封市多维多源智慧旅游大数据工程技术中心，精准“测绘地理信息+”方向，提升测绘服务行业能力，助力产业工程技术转型升级。近两年完成纵向科研项目 39 项，横向科研经费 1426 余万元，获专利 29 项。

图 13　开封市饮用水源地黑池水下测绘

图 14　河南省遥感影像变化图斑提取项目

2020年8月31日，测绘工程学院与天津中水北方勘测设计研究有限责任公司合作，选派40余名师生，开展《太湖流域统一高程系统测量技术研发》项目，主要对太湖流域重点水利工程统一高程系统测量，共计约4000公里，合同金额260余万元。

图15 太湖流域统一高程系统测量现场

图16 太湖流域统一高程项目

2020年4月26日，测绘工程学院与水利部河湖保护中心合作，先后奔赴全国10多个省，共300人/天，开展《河湖问题调查认证及检查、暗访无人机实地航拍航测》项目，主要对全国重点水域河湖问题进行现场无人机调查取证工作，改进了传统现场取证手段，大大提升了取证效率。

图17 宜昌市夷陵区无人机外飞取证现场

图18 天水市无人机外飞取证现场

三、成立应急测绘工作组，提升专业科技服务能力

依托“1院3中心”科研创新平台，组建应急测绘工作组，提升专业科技服务能力。依托“1院3中心”科研创新平台，根据尉氏县应急测绘需要，组建应急测绘工作组，一组遥感卫星应急测绘保障小组负责协调调用高分一号遥感卫星数据，完成尉氏县受灾区域卫星影像图；二组无人机应急测绘保障小组，携带大疆无人机奔赴尉氏县开展受灾区域无人机测绘，完成受灾区域应急测绘任务，得到了尉氏县自然资源局高度认可，展现我校全体师生的专业能力和社会责任担当。

图 19　尉氏县受灾区域无人机航拍现场

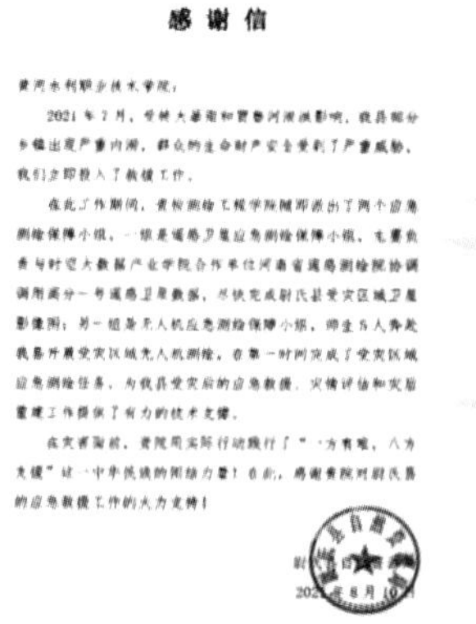

感谢信

黄河水利职业技术学院：

2021年7月，受特大暴雨和贾鲁河洪涝影响，我县部分乡镇出现严重内涝，群众的生命财产安全受到了严重威胁，我们立即投入了救援工作。

在此工作期间，贵校测绘工程学院随即派出了两个应急测绘保障小组，一组是遥感卫星应急测绘保障小组，主要负责与时空大数据产业学院合作单位河南省遥感测绘院协调调用高分一号遥感卫星数据，尽快完成尉氏县受灾区域卫星影像图；另一组是无人机应急测绘保障小组，师生5人奔赴我县开展受灾区域无人机测绘，在第一时间完成了受灾区域应急测绘任务，为我县受灾后的应急救援、灾情评估和灾后重建工作提供了有力的技术支撑。

在灾害面前，贵院用实际行动践行了“一方有难，八方支援”这一中华民族的团结力量！在此，感谢贵院对尉氏县的应急救援工作的大力支持！

2021年8月10日

图 20　感谢信

四、搭建科教融合平台，服务学生科技创新

组建学生科技服务团队，孵化创业实体，提升科技育人效果。围绕“无人机测绘技术”“地理信息技术”和“北斗导航技术”等专业技术，组建“翼空绘地”“集思智图”和“杨帆北斗”3个大学生创客空间，吸引学生投身到创新创业项目中，孵化在校学生在孵企业2家，学生申报创新创业类竞赛项目400余项，获专利4项，河南省“互联网+”等创新创业大赛一等奖3项，二等、三等奖14项。

图 21　河南省互联网+大赛现场

图 22　河南省互联网+大赛一等奖

案例 6：创新实践“岗课赛证”四位一体综合育人，助力无人机产业发展

【学校】广东工贸职业技术学院

摘要：广东工贸职业技术学院测绘地理信息技术专业群持续落实“职教 20 条”，深化响应“三教”改革开展针对体现职业教育类型特征的“岗课赛证”融通综合育人模式的探索与实践，以无人机测绘技术专业为依托，与无人机技术相关高端企业合作，共同开发课程，研发人才培养方案，合作申报举办“无人机应用技能

与创新”等赛项，引入“1 + X”无人机摄影测量职业技能等级证书，开展“岗课赛证”四位一体技能人才培养，助力无人机产业发展。

一、问题分析

国务院制定的《中国制造2025》规划要求推进无人机产业化快速发展，粤港澳大湾区上升为国家战略，涌现出大疆等多家全球占重要地位的无人机企业。随着信息时代的到来，行业交叉融合趋势明显，无人机与专业技术的深度融合才能更进一步满足无人机行业应用的需要，传统的人才培养模式已经难以满足新时代人才培养的需求。2021年全国职业教育大会指出，推动“岗课赛证”综合育人，提高教育质量，为职业教育人才培养方式指明了方向，专业群围绕立德树人根本任务，推进“三教”改革，深化产教融合、校企合作，扎实推动“岗课赛证”综合育人，切实提升了人才培养质量。

二、做法与过程

测绘地理信息技术专业群围绕“岗”“课”“赛”“证”，以无人机测绘技术专业为依托，与无人机产业高端企业深度合作，研究制定人才培养方案，及时将新技术、新工艺、新规范纳入教学标准和教学内容，强化学生实习实训。将职业资格证书考试课程与专业课程教学相衔接，做到课程与考证相结合，课程与职业资格证书融合，同时以赛促教，以赛促学，提升学生的动手能力与以后到工作岗位的实战能力。校企共同从岗位对接、课程开发、无人机赛项、技能证书，全方位共同培养复合性技术人才。

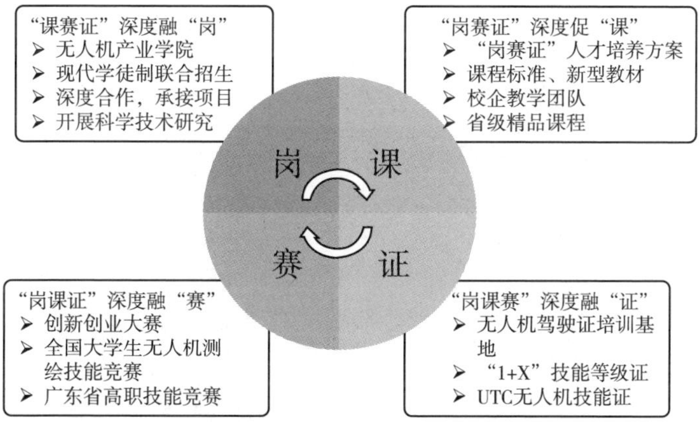

图1 “岗课赛证”四位一体综合育人

（一）以“课赛证”融“岗”

直接与行业高端企业深度合作，以“课赛证”深度对接行业岗位，为企业培养具备岗位能力；共同实时项目，共同收益；深入省级现代学徒制，为企业直接培养高技能人才；与企业深度合作，联合科技项目。

（二）以“岗赛证”定“课”

深入无人机产业，联合制订人才培养方案。与企业导师合作，搭建“无人机教学”团队，参与教学能力比赛，申报省级、国家级精品在线开放课程；开发新型信息化教材、“活页式”教材。

（三）“岗课证”融“赛”

与企业合作申办技能省赛；参加无人机产业相关技能竞赛、大学生创新创业大赛；申办“全国大学生无人机测绘技能竞赛”，以赛促学，以赛促教。

（四）“课赛岗”融“证”

对接无人机行业证书，申办“无人机驾驶证”培训基地。对接无人机产业“1+X”职业技能等级证书，让学生能毕业后持证上岗，对接就业。

三、成效

（一）“以赛促教，以赛促学”出成果

成立“无人机测绘技术”教学团队，开设“无人机测绘技术”专业，编制《无人机测绘技术基础》“十三五”规划教材，获批省级精品在线开放课程。

主办省无人机应用创新赛项，申办行业“无人机测绘技能竞赛”。3 年获得无人机行业赛 2 项一等奖；6 项省无人机应用创新赛项一等奖。

图 2　部分无人机创新赛、行业赛证书

（二）“赛证融通”见成效

获批“无人机驾驶证”培训基地，引入多项“1+X”证书和 UTC 行业证书。

成立“无人机产业学院”、完成现代学徒制联合招生 108 人、承担完成企业实际工程项目 57 项，师生参与 1520 人/次。

4.3　推动形成一批支撑职业教育高质量发展的政策、制度和标准

案例 7：组建全国性“交通安全职教联盟，创新“校校企”协作机制

【学校】福建船政交通职业学院

安全技术与管理专业群集聚职业院校、行业企业的资源力量，发挥国内唯一安全类双高专业群优势，牵头组建全国唯一交通行业安全特色职业教育联盟，构建校企团队协作机制，推动安全类教师团队和专业建设的内涵发展、特色发展和创新驱动发展。

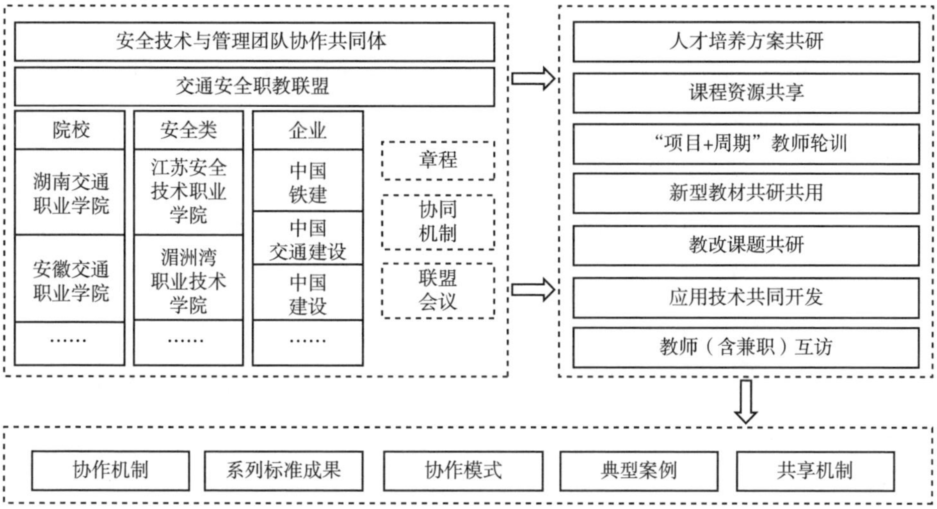

图 1　“校校企”团队协作共同体建设

一、联合开展技术研发服务

2021 年 6 月 11 日，专业群应中交二航局福州公司邀请，派出专业教师全程参与福州公司宁德片区防台、水下救援综合应急演练方案的策划、编制及实施指导工作，助力企业解决应急演练难题。

2021 年 10 月，与福建数博讯信息科技有限公司、中铁十七局集团第六工程公司就中国铁建股份有限公司 2022 年度科技研究开发计划“数字工地公共服务平台关键技术研究及应用”课题开展联合申报联合研发，助力交通行业安全智慧化发展。

二、促进联盟内“岗课赛”证融通和资源共享

（一）“岗课赛”证融通，联合开发职业技能赛项

与湄洲湾职业技术学院、福州五维安全技术有限公司等联盟成员单位联合开发“矿井灾害应急救援技术”赛项，并承办 2022 年福建省职业院校技能大赛该项赛事。

图 2 “矿井灾害应急救援技术”省级技能竞赛现场

（二）开展教学资源共建共享，提升专业发展水平

牵头在联盟内开展课程资源共享开放，目前完成《安全急救与护理》《职业卫生》《消防安全技术管理》《环境监测》《水污染控制技术》5 门省级精品在线开放课程共享。并已制订计划，逐步共享两个省级资源库和其他省级精品在线开放课程。

三、联合开展教学改革研究

安全技术与管理团队与湖南交通职业技术学院联合申报国家级职业教育教师教学创新团队课题，获教育部立项，是公共管理与服务专业领域唯一的主课题立项项目。

四、联合开展专业安全培训和公益活动

2020 年，学院联合福州五维安全技术有限公司（省级产教融合型企业）为国家能源集团福建公司开展优秀班组长综合能力竞赛咨询和培训服务；与福建省船舶工程技术学校合作开展低压电工作业、熔化焊接与热切割作业取证培训工作。

联合福建数博讯信息科技有限公司、福建省船舶工程技术学校为福建省交通建设工程试验检测有限公司、古田县交通投资有限公司等开展线上线下定制化培训 2794 人/次。连续 2 年，与福建省消防救援总队、福州五维安全技术有限公司联合开展全民消防安全宣传教育活动。

图 3 “119”消防宣传月主题日活动

“双高计划”建设项目贡献度研究（2019～2021年度）

分报告

能源动力与材料专业大类分报告

中国教育会计学会
中国教育会计学会高等职业院校分会

1. 专业大类概况

能源动力与材料专业大类立项建设专业群共计10个，立项建设单位中B档学校1个、C档学校4个、A档专业群1个、B档专业群2个、C档专业群2个，具体情况如表1所示。能源动力与材料专业大类10个“双高计划”建设单位中，3所学校位于东部地区，2所学校位于中部地区，5所学校位于西部地区。通过三年的建设，学校办学质量、专业群建设水平和社会影响力明显提升，职教特色更加鲜明，服务国家战略和区域经济发展的能力大幅度提升，逐步发展成为能源动力与材料专业大类高素质技术技能人才培养高地。

表1　能源动力与材料专业大类立项建设单位及专业具体情况

学校名称	档次	专业群名称	专业群包含专业
河北工业职业技术大学（河北工业职业技术学院）	高水平学校建设单位（B档）	黑色冶金技术	钢铁智能冶金技术（黑色冶金技术）、智能轧钢技术（轧钢工程技术）金属材料检测技术（金属材料质量检测）、环境工程技术
内蒙古机电职业技术学院	高水平学校建设单位（C档）	电力系统自动化技术	电力系统自动化技术、风力发电工程技术、供用电技术、电气自动化技术、电厂热能动力装置
昆明冶金高等专科学校	高水平学校建设单位（C档）	有色冶金技术	有色冶金技术、金属与非金属矿开采技术、金属压力加工、环境工程技术、电气自动化技术
兰州资源环境职业技术大学（兰州资源环境职业技术学院）	高水平学校建设单位（C档）	金属精密成型技术	金属精密成型技术、有色金属智能冶金技术（有色冶金技术）、机电设备技术（机电设备维修与管理）、宝玉石鉴定与加工、安全技术与管理
天津轻工职业技术学院	高水平学校建设单位（C档）	光伏发电技术与应用	光伏发电技术与应用、风力发电工程技术、机电一体化技术
山西工程职业学院	高水平专业群建设单位（A档）	黑色冶金	黑色冶金、轧钢工程技术、机电一体化技术、大数据技术与应用、物联网应用技术
重庆电力高等专科学校	高水平专业群建设单位（B档）	发电厂及电力系统	发电厂及电力系统、供用电技术、高压输配电线路施工运行与维护、电力系统继电保护与自动化技术、电厂热能动力装置

续表

学校名称	档次	专业群名称	专业群包含专业
酒泉职业技术学院	高水平专业群建设单位（B档）	风力发电工程技术	风力发电工程技术、太阳能光热技术与应用、机械制造与自动化、电力系统继电保护与自动化技术、光伏发电技术与应用
武汉电力职业技术学院	高水平专业群建设单位（C档）	发电厂及电力系统	发电厂及电力系统、供用电技术、火电厂集控运行、风电系统运行与维护、水电站机电设备与自动化
徐州工业职业技术学院	高水平专业群建设单位（C档）	高分子材料工程技术	高分子材料工程技术、机械制造与自动化、橡胶工程技术、应用化工技术

2. 资金投入情况

从五年总量看，能源动力与材料大类专业群项目预算总额为107201万元，2019～2021年项目支出总额为72479.40万元，五年总体执行率为67.61%。各专业群资金执行率大部分在50%～70%之间，只有1所学校资金执行率出现明显异常，达到165.02%（见表2）。

表2　　能源动力与材料专业大类各专业群预算与支出整体情况

学校名称	档次	专业群名称	总预算（万元）	2019～2021年支出（万元）	预算支出完成率
河北工业职业技术大学（河北工业职业技术学院）	高水平学校建设单位（B档）	黑色冶金技术	13000	6825.94	52.51%
内蒙古机电职业技术学院	高水平学校建设单位（C档）	电力系统自动化技术	6018	3060.41	50.85%
昆明冶金高等专科学校	高水平学校建设单位（C档）	有色冶金技术	6250	4311.07	68.98%
兰州资源环境职业技术大学（兰州资源环境职业技术学院）	高水平学校建设单位（C档）	金属精密成型技术	5282	8716.39	165.02%
天津轻工职业技术学院	高水平学校建设单位（C档）	光伏发电技术与应用	4140	2503.17	60.46%

续表

学校名称	档次	专业群名称	总预算（万元）	2019～2021年支出（万元）	预算支出完成率
山西工程职业学院	高水平专业群建设单位（A档）	黑色冶金专业	8500	4250.53	50.01%
重庆电力高等专科学校	高水平专业群建设单位（B档）	发电厂及电力系统	9345	5814.81	62.22%
酒泉职业技术学院	高水平专业群建设单位（B档）	风力发电工程技术	20938	14246.21	68.04%
武汉电力职业技术学院	高水平专业群建设单位（C档）	发电厂及电力系统	25023	17478.95	69.85%
徐州工业职业技术学院	高水平专业群建设单位（C档）	高分子材料工程技术	8705	5271.91	60.56%
平均值			107201	7247.94	67.61%

从九大建设任务三年资金支出情况看，实践教学基地资金支出占比最高，为64.73%，排大类第一位。教材与教法改革、国际交流与合作、可持续发展保障机制资金支出占比较低，分别是1.43%、0.63%、0.38%（见表3）。

表3　能源动力与材料专业大类各项建设任务支出整体情况

建设任务	资金支出（万元）	占比
人才培养模式创新	1660.57	2.29%
课程教学资源建设	6599.13	9.10%
教材与教法改革	1038.44	1.43%
教师教学创新团队	4764.61	6.57%
实践教学基地	46914.85	64.73%
技术技能平台	5769.84	7.96%
社会服务	5001.36	6.90%
国际交流与合作	456.44	0.63%
可持续发展保障机制	274.15	0.38%
其他	0.00	0
合计	72479.40	100.00%

3. 贡献度分析

建设单位全面贯彻党的教育方针，坚持立德树人，健全全面发展的教育思想和人才培养体系，深化产教融合，打造了能源动力与材料大类人才培养高地和技术服务高地，引领职业教育改革发展和人才培养，支撑国家战略和区域经济社会发展，形成一批有效支撑职业教育高质量发展的政策、制度和标准。

3.1 引领改革

“双高计划”引领职业教育改革发展和人才培养的贡献度，主要体现在价值引领、模式引领、制度引领和标准引领四个维度上。

3.1.1 价值引领

坚持党对职业教育工作的全面领导，将党建工作与学校事业发展同部署、同落实、同考评，构建以立德树人、全面发展为导向的人才培养体系和“双师”队伍协同发展的育人环境（见表4）。

表4 能源动力与材料大类价值引领具体内容

引领类别	学校	内容
价值引领	河北工业职业技术大学（河北工业职业技术学院）	构建标准化党建工作质量保证体系，以高水平党建推动高水平专业群建设，黑色冶金技术专业群2个支部入选“全国党建工作样板支部培育创建单位”。 通过构建“四维一体”思想政治教育体系，形成“三全、三进、四结合”全方位思政育人新模式，2门专业核心课入选国家级课程思政示范项目。 以立德树人为根本的“三全育人与一站式社区建设协同推进的一体化育人体系”示范引领全国高水平专业群党建和高校思政工作
	山西工程职业学院	获评全国党建工作样板支部1个、山西省三八红旗集体1个
	武汉电力职业技术学院	围绕思政、行为、责任、职业、心理、人文和创新构建“七位一体”“三课堂、三考核”的素质教育体系，常态化实施素质教育与劳动实践教育项目
	酒泉职业技术学院	通过开展劳模、大国工匠进校园等活动，营造了师德师风良好氛围，培育和传承工匠精神
	徐州工业职业技术学院	制定《加快“三全育人”综合改革，构建学校思想政治工作体系实施方案》，建成四维评价体系，打造“质量、创新、融合”特色文化育人体系，入选教育部优秀案例、江苏省十强文化建设优秀案例，引领职业教育改革发展和人才培养
	重庆电力高等专科学校	厚德育人，成立课程思政研究中心，推动课程思政全覆盖，获评重庆市课程思政示范课程3门

续表

引领类别	学校	内容
价值引领	兰州资源环境职业技术大学（兰州资源环境职业技术学院）	以构建课程思政建设五级管理体系、教学体系、教师能力提升制度体系、全过程考核评价体系为抓手，完善课程思政工作机制，被认定为教育部首批课程思政教学研究示范中心、省级课程思政示范校，并获评教育部课程思政示范课1门
	徐州工业职业技术学院	以国家级课程思政示范项目为引领，将育德与育智相融合，协同培养的高素质技术技能人才，连续三年成功获评江苏省“信仰公开课”省级示范课
	内蒙古机电职业技术学院	形成多维拓展的思政全场景一体化育人模式

3.1.2 模式引领

（1）深化办学模式改革和人才培养模式创新。

在办学模式改革方面，有7个专业群针对混合所有制办学模式开展了探索并取得了初步成效，共计成立职教集团（联盟）4个，产业学院6个，产教融合实训基地5个。其中，兰州资源环境职业技术大学（兰州资源环境职业技术学院）职教集团入选全国示范性职业教育集团培育单位，河北工业职业技术大学（河北工业职业技术学院）与行业龙头企业联合建成1个国家级、4个省级产教融合实训基地。在人才培养模式创新方面，7个专业群在人才培养模式上开展了创新并形成了相关成果（见表5）。

表5　模式引领具体举措和成效

类别	学校	内容
办学模式改革	河北工业职业技术大学（河北工业职业技术学院）	学校围绕混改办学改革在顶层设计和底层实践进行了深入探索，形成了党委统一领导下、以理事会决策领导、院行政依法依规办学、监事会监督监管为基本特征的法人治理结构
	天津轻工职业技术学院	与山西晋南钢铁集团有限公司共建晋南产业学院，制定产业学院章程，探索全领域新型现代学徒制人才培养模式，建立校企人员双向聘用、双向职称晋升、兼职兼酬制度，实现多元办学
	酒泉职业技术学院	成立混合所有制校内并网光伏电站1个
	重庆电力高等专科学校	坚持党委领导下的校长负责制，完成管理体制移交后的组织机构调整，建成具有混合所有制特征的产业学院1个
	兰州资源环境职业技术大学（兰州资源环境职业技术学院）	深化现代学徒制培养，与18家企业建立稳定合作关系，采用“235”学徒制模式培养学生1066人，学徒制培养比例61%

续表

类别	学校	内容
办学模式改革	天津轻工职业技术学院	学院建成具有混合所有制特征的模具产业学院和新能源产业学院，京津冀模具现代职业教育集团获批国家级示范性职业教育集团，在多元主体优势资源整合中“试水破冰”
	徐州工业职业技术学院	与行业龙头企业共建产业学院，共创并运行了“产业链、教育链、人才链、创新链”四链融合培养体系；共建“1+1+N”、混合所有制产业学院建设新模式，打造“混编双大师”学徒培养新机制
人才培养模式	天津轻工职业技术学院	校企共同打造“一核双线、三层对接、四位一体”的人才培养模式
	武汉电力职业技术学院	完善“一双四全”的专业群人才培养模式，构建“两面向、三层次”的专业群课程体系，为复合型技术技能人才培养搭建了平台
	徐州工业职业技术学院	开展“一文三制”人才培养模式改革，持续推进课程思政建设，以文化人，试点学分制、导师制、现代学徒制，持续提升人才培养质量
	河北工业职业技术大学（河北工业职业技术学院）	黑色冶金技术专业群创新“思政贯穿、分类培养、双主体育人”的专本一体化人才培养模式
	昆明冶金高等专科学校	构建了“国防后备营+技能文化”“一站式”社区建设的人才培养模式
	重庆电力高等专科学校	对接电力产业高端，创新校企协同育人的“一机制、两主线、三融合”的专业群人才培养模式
	酒泉职业技术学院	创新探索实施了“校企共育、螺旋进阶”现代学徒制人才培养模式

（2）有效推动“三教”改革持续发力。

在教师改革方面，4 个专业群形成了教学创新团队培养模式和措施，成效显著；在教材改革方面，10 个专业群共计开发了新型一体化、活页式工作手册式教材 111 部，入选国家规划教材 17 部，荣获国家教材建设奖 3 项；在教法改革方面，各类教学能力比赛获得国家级奖励 11 项，省级奖励 11 项（见表 6）。

表 6　模式引领“三教”改革具体举措和成效

类别	学校	内容
教师改革	兰州资源环境职业技术大学（兰州资源环境职业技术学院）	形成了“专业名师+思政能手+校外劳模”的课程思政教学团队建设模式，建成国家级课程思政示范课 1 门，培育国家级课程思政教学团队 1 个
	河北工业职业技术大学（河北工业职业技术学院）	实施了“技能大师+双师工作站”的教师教学创新团队建设，提供多方面社会培训，开展多层次技术服务，新增环境工程技术等省级技术技能大师工作室 5 个，新增国家级职业教育教师教学创新团队 1 个、省级团队 1 个

续表

类别	学校	内容
教师改革	徐州工业职业技术学院	推行思想、知识、技能“三基并重”的团队建设计划，获批国家级职业教育教师创新团队1项，教育部课程思政示范项目教学团队1个
	武汉电力职业技术学院	建立“流动岗＋固定岗”的师资管理制度，形成“双能”教师源于企业又反哺企业的良性循环，教师团队获全国职业院校技能大赛教学能力比赛一等奖、二等奖、三等奖各1个
教材改革	昆明冶金高等专科学校	设立教材数字研发中心，搭建教材建设国际化交流平台，为教材开发提供了技术保障，其8部教材入选职业教育“走出去”工业汉语（职业汉语）教材选题的三语教材
	徐州工业职业技术学院	推行岗、课、赛、证“四元并轨”的教材建设计划，获首届国家教材建设奖2项，“十三五”国家规划教材4部，省级规划教材12部
教法改革	徐州工业职业技术学院	推行育德与育智相融合、理论与实践相结合、线上与线下相配合、内容与形式相契合、学分制与学徒制相组合“五合并举”的教学改革计划，获得省级及以上教学成果奖4项
	天津轻工职业技术学院	探索“一核心双主线四维度”等新型教学模式，通过教学能力竞赛在天津市进行推广获得市级二等奖2项、三等奖1项
	河北工业职业技术大学（河北工业职业技术学院）	创新了“混合教学＋实景实训”模块化教学模式，立项省级教改项目10项，获省级教学教学成果奖5项
	重庆电力高等专科学校	实施“课堂革命”，推动教师分工协作的模块化教学模式改革，将企业真实工作内容、案例融入教学

（3）扎实推进“1＋X”证书制度实施。

从整体来看，10个专业群共计开展“1＋X”证书制度试点17项，参与开发“1＋X”证书标准13个，开发“1＋X”教材和题库12项，所有专业群均在不同程度上实施了“1＋X”证书制度工作，取得了突出成效，也形成了一些经验做法。天津轻工职业技术学院以“1＋X证书→现代学徒制→工程创新实践”为路径校企共育开展“三层次、多规格”系统化人才培养，与企业共同开发“1＋X”证书标准3个。兰州资源环境职业技术大学（兰州资源环境职业技术学院）有色金属工业人才中心授权建设了“1＋X”证书塔吉克斯坦考核评价中心，将在海外开展“贵金属首饰制作与检验”等3个职业技能等级证书的培训认证。总的来说，10所学校全部开展了“1＋X”证书试点，人才培养质量得到了提升。

3.1.3 制度引领

10个专业群针对专业建设、师资团队、质量监控、内部治理等方面，出台制度

34 项。从制度内容来看，除天津轻工职业技术学院参与编写《天津市公办职业学校混合所有制办学实施办法（试行）》外，其他形成的制度基本围绕学校自身治理和发展上，没有在更高层面形成引领发展、可借鉴、可推广的成功案例（见表 7）。

表 7　　形成的相关制度和举措

学校名称	举措和形成的制度内容
河北工业职业技术大学（河北工业职业技术学院）	建立专业群项目管理与保障制度 22 个
昆明冶金高等专科学校	制定了《有色冶金技术专业群“双高计划”项目运行管理办法》《有色冶金技术专业群“双高计划”项目资金管理实施细则》《专业群内部质量保证机制建设与运行方案》《专业群动态调整机制建设与运行方案》《产教融合长效机制建设与运行方案》
天津轻工职业技术学院	进行混合所有制办学探索，参与编写《天津市公办职业学校混合所有制办学实施办法（试行）》
酒泉职业技术学院	形成内部管理制度汇编 4 册，制定、修订职称评聘办法等制度 12 项

3.1.4　标准引领

10 个专业群制定了专业教学标准、“1 + X”证书制度标准等 52 项，形成了一系列国家层面成果（见表 8）。

表 8　　能源动力与材料专业大类参与标准制定情况

学校名称	举措和形成的制度内容
内蒙古职业技术学院	承接教育部新一轮高职专科供热通风与空调工程技术专业、给排水工程技术简介及专业教学标准的编制； 承接了中职供热通风与空调施工运行专业、市政管网智能检测与维护专业的专业简介及专业教学标准编制
河北工业职业技术大学（河北工业职业技术学院）	牵头制定钢铁智能冶金技术、生态环境工程技术 2 个职教本科，智能轧钢技术高职专业国家专业教学标准； 参与制定环境监测与环境工程等国家专业教学标准 6 个，审核有色金属专业教学标准 15 项
兰州资源环境职业技术大学（兰州资源环境职业技术学院）	开发 3 个“1 + X”证书考核标准
天津轻工职业技术学院	完成光伏工程技术、新能源装备技术 2 个天津市国际化专业标准开发； 为埃及鲁班工坊定制开发的国际化专业标准、课程标准、培训大纲； 参与 4 个国家职业教育专业教学标准的修订及光伏电站运维、智能网联电梯维护等多个“1 + X”证书职业技能等级标准起草工作。 申报立项《基于工业 CT 技术的新能源电池检测标准》

续表

学校名称	举措和形成的制度内容
山西工程职业学院	主持制定《钢铁智能冶金技术专业（高职）》等国家教学标准2项，参与制定《钢铁智能冶金技术专业（本科）》等国家教学标准4项
重庆电力高等专科学校	主持（参与）编制国家职业教育教学标准13项，专业简介本科4项、高职5项、中职6项，参与制定电力行业标准3项；牵头起草坦桑尼亚国家电气工程技术员、电气工程师行业岗位职业标准及人才培养方案
徐州工业职业技术学院	牵头教育部新材料类专业目录修订，主持高分子材料智能制造技术、高分子材料工程技术、橡胶智能制造技术、材料工程技术、橡胶工艺等7项国家专业教学标准制定

3.2　支撑发展

"双高计划"支撑国家战略和区域经济社会发展的贡献度，主要体现在完善社会培训体系、推动技术创新应用、服务国家重大战略等方面。

3.2.1　服务国家战略

10个专业群在服务人才强国、乡村振兴、军民融合、"一带一路"、可持续发展等战略上，形成了一批优秀经验做法，取得了丰硕成果。

（1）服务人才强国战略。

河北工业职业技术大学（河北工业职业技术学院）每年为河钢集团、首钢集团等全国50多家大中型钢铁冶金企业输送1000余名钢铁、环保优秀人才，为制造业高质量发展输送大批"现场工程师"。天津轻工职业技术学院从优化类型特色、融入产业高端、协同育人三个维度，做到专业（群）建设与类型教育、育人过程与岗课赛证、教学标准与数字化生产规程、高职与职业本科四个对应，增强了专业（群）建设与产业发展的适应性，成为国内示范，推进教育教学和人才培养创新。兰州资源环境职业技术大学（兰州资源环境职业技术学院）挖掘产业服务深度，对标新材料、新能源领域，主导增设储能材料技术国家新专业，培养高水平技术技能人才200余人，提升了专业群服务国家战略性新兴产业的能力。

（2）服务乡村振兴战略。

武汉电力职业技术学院和酒泉职业技术学院为农民工和新型农民开发了培训项目，提供了技术技能培训。重庆电力高等专科学校服务乡镇供电所，弥补基层人才断层。

（3）服务可持续发展战略。

武汉电力职业技术学院和兰州资源环境职业技术大学（兰州资源环境职业技术

学院）积极落实国家“双碳”目标。武汉电力职业技术学院和国网湖北综合能源服务有限公司联合打造了湖北省首个“近零碳”综合能源实训基地。兰州资源环境职业技术大学（兰州资源环境职业技术学院）增设储能材料技术专业，为智能电网、可再生能源高占比能源系统、“互联网 +”智慧能源等国家战略储能关键支撑技术培养人才，为构建“清洁低碳、安全高效”的现代能源产业体系、推进我国能源行业供给侧结构性改革、推动能源生产和利用方式变革贡献智慧。

（4）服务军民融合发展战略。

天津轻工职业技术学院与国内知名高校合作，参与国防科技领域基金项目、国家重点研发计划项目 5 项。兰州资源环境职业技术大学（兰州资源环境职业技术学院）根据国家需要培养士官人才，专业群年培养士官生近 100 名，入伍合格率 100%。

（5）服务“一带一路”倡议。

天津轻工职业技术学院和内蒙古机电职业技术学院均成立了非洲职业教育研究中心，向非洲国家输出人才培养方案、专业标准、课程标准等，培养当地师资，成为支持建立中非命运共同体，研究非洲职业教育的桥头堡。徐州工业职业技术学院为企业培养海外技术技能人才 580 余人/次，与老挝琅勃拉邦省教育与体育厅合作开发汽修、电气专业“1 + 3”联合培养项目。兰州资源环境职业技术大学（兰州资源环境职业技术学院）建立河钢塞尔维亚教师工作站、海外实训基地，在塔吉克斯坦注册成立塔中职业技术培训中心，挂设有色金属工业人才中心授权的“1 + X”证书塔吉克斯坦考核评价中心，将在海外开展“贵金属首饰制作与检验”等 3 个职业技能等级证书的培训认证。

3.2.2 服务区域经济社会发展

（1）推进技术创新应用，服务产业转型升级。

能源动力与材料专业大类专业群针对区域重点产业、新兴产业、中小微企业，组建技术创新服务团队，高效开展技术创新、项目攻关、成果转化，7 所学校形成了一批可复制、可借鉴的经验做法和高层次成果，具体情况如表 9 所示。

表 9　能源动力与材料专业大类技术创新应用的主要措施和成果

学校名称	主要措施和成果
河北工业职业技术大学（河北工业职业技术学院）	成立技术创新中心 3 个，为河钢集团、西山焦化等企业解决重大技术问题 50 余项，为钢铁冶金行业企业提供钢铁产能压减政策咨询、钢铁绿色化发展咨询等咨询服务 19 类
徐州工业职业技术学院	与徐工集团、徐轮橡胶有限公司开展定向培养、科技创新服务，连续 3 年荣获江苏省科技进步奖和江苏省技术转移工作促进奖，每年为企业解决技术难题 200 余项

续表

学校名称	主要措施和成果
昆明冶金高等专科学校	开展贵金属资源再生领域研究开发和产业化建设研究，获发明专利3件，成果转化为企业新增销售额7121.8万元，新增利润475.36万元
山西工程职业学院	完成应用技术攻关8项，培育创新创业项目7项。完成技术研发项目16项、专利技术转让7项
重庆电力高等专科学校	面向战略新兴产业增设新能源、垃圾发电、分布式智能电网等课程，组建电力技术研发与推广等4个技术团队助力企业技术创新，为重庆各区县电力迁改等项目设计等服务，完成电力技术服务96项，到款额1453万元
内蒙古机电职业技术学院	为内蒙古TCL光电科技有限公司等企业进行《自动化附件包装机》等技术改造、技术服务10余项
兰州资源环境职业技术大学（兰州资源环境职业技术学院）	建成国内首套铝电解智慧工厂关键技术中试平台，解决了电极、电解槽、电解工艺、事故研究，产生直接和间接经济效益达1000万元以上

（2）完善社会培训体系，提升社会服务能力。

10个专业群在企业员工技能提升、在校学生技能鉴定、职业院校教学能力提升等方面均开展了培训工作，开发培训菜单和培训资源包，培训体系完善，工作开展扎实，培训人员数量大、范围广、成效高。部分专业群在项目开展过程中，形成了独具特色的社会培训体系和模式。例如，徐州工业职业技术学院建设专业群社会服务网站，完善培训资源包，建立科技成果网上展厅，推动“互联网+”社会服务模式，为徐工集团培育员工313人，社会培训40400人/次。武汉电力职业技术学院构建了电力企业全职业生涯周期技能培训体系，完成“呆性直流运维检修技术培训课件开发”等行业高端技术培训项目，助力湖北省电力高技能人才占比。武汉电力职业技术学院打造深受企业认可的“点金系列”“应知应会”等培训品牌，依托综合能源实训中心开办综合能源服务培训，提升员工队伍整体技能水平。

3.3 推动形成一批支撑职业教育高质量发展的政策、制度和标准

10个专业群研制各类制度、政策34项，开发专业教学标准、课程标准、“1+X”证书制度标准等52项。

在政策、制度制定方面，各学校均针对本校内部治理、专业建设开展了探索，未见有可复制、可借鉴、可推广优秀案例。

在标准开发方面，1所学校输出了职业教育“中国方案”，1所学校针对应用型本科人才开展了深入探索，4所院校形成了一批支撑职业教育高质量发展的国

家级标准。天津轻工职业技术学院开发完善国际化专业教学标准、课程标准，鲁班工坊建设标准化模式，为职业院校开展国外“鲁班工坊”提供了借鉴。河北工业职业技术大学（河北工业职业技术学院）牵头制定高职本科标准1个，参与制定职业本科标准9个、高职专科标准6个，在应用型本科人才培养方面贡献了智慧。山西工程职业学院创建“装备标准筑基、资源标准聚力、教学标准强基、实践标准提能、服务标准保障、质量标准固本”“六维一体”钢铁智能冶金技术专业教学标准体系，参与制定国家标准《钢丝热镀铝合金镀层中铝含量的测定》，主持国家专业教学标准2项。重庆电力高等专科学校主持4个专业简介的修（制）订，参与11个中、高、本专业标准简介的修（制）订，主持制定国家级“发电厂及电力系统”等6项专业教学标准文件。徐州工业职业技术学院牵头教育部新材料类专业目录修订，主持高分子材料智能制造技术、高分子材料工程技术、橡胶智能制造技术、材料工程技术、橡胶工艺等7项国家专业教学标准制定。武汉电力职业技术学院统筹学历教育与电力企业培训资源，组织专业教师和企业人员参与编写发电厂及电力系统等国家专业教学标准7项，开发继电保护检修等职业技能等级证书标准5个。

4. 典型案例

4.1 引领改革

案例1：开启“岗课赛证创”融合育人新篇章

【学校】武汉电力职业技术学院

一、实施背景

本案例基于对“1+X”证书标准的研究和武汉电力职业技术学院开展实践经验的探索，围绕岗位、课程、大赛、资格证书、创新创业五要素，从工作目标、推进实施、主要成果等方面阐述，为该项工作的持续开展和推广提供借鉴作用。

二、主要做法

对接岗位标准规范，修订课程标准，调整课程体系结构，实现岗课融通；对标X证书建设模块化课程，实现课证融通；将创新能力培养融入课程教学，实现课创融通；将X证书标准融入学生竞赛项目，实现赛证本质融通。

在课程设置方面，围绕X证书要求，根据职业技能等级标准优化课程结构设置，设置教学对策和目标。

图 1　“岗课赛证创”培养模式

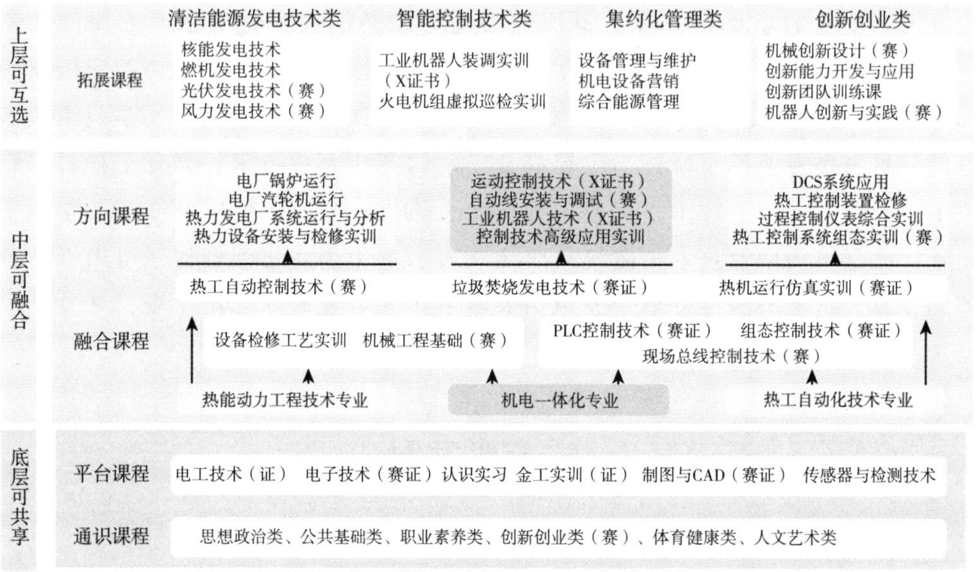

图 2　专业群课程体系示意图

三、成果成效

（一）提质培优，构建 X 技能与就业有机接轨

开展企业推广普及，缓解了“慢就业”“不就业”难题，实现 2020 届、2021 届取证学生 100% 就业。

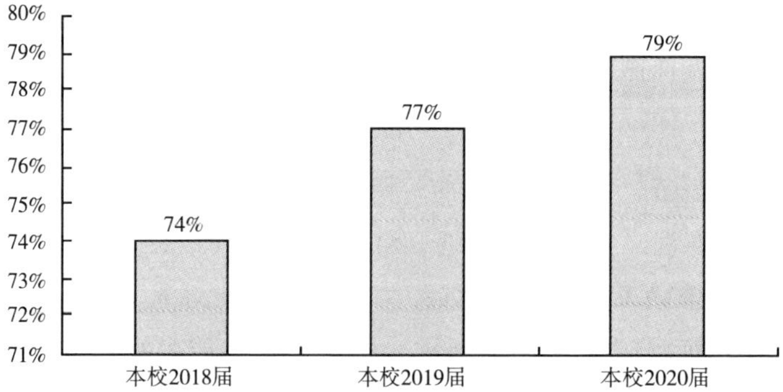

图 3　毕业生就业现状满意度

首批取得垃圾焚烧发电运行与维护 X 证书的毕业生受到包括深圳能源集团、浙江能源集团、光大环保集团、盈峰环境等众多知名企业的青睐。

（二）校企联合，推进教学相长“三教”改革

1. 校企深度融合，推进“三教”改革。

达成职业技能等级标准与课程内容、教学内容、考试内容精准对接，推进“三教”改革。

教师改革，开展企业轮训制度，实现实施部门“双师”型教师占比为 100%。

图 4　培训现场及证书

教材改革，参加培训教材开发和师资培养方案制订等工作，参与编写的培训教材成功入选“十三五”职业教育国家规划教材。

图 5　“X”证书系列培训教材

教法改革，开展火电 VR、MR 仿真教学和课程思政等多类型教学模式。

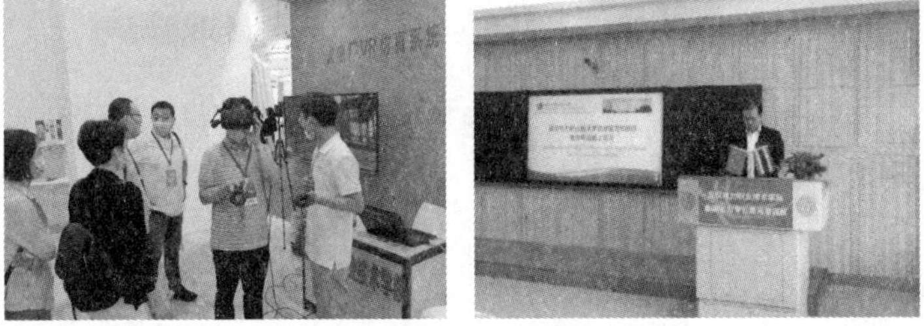

图 6　多类型教育教学模式

2. 畅通“岗课赛证创”实施，助力师生共同成长。

通过搭建“岗课赛证创”平台，使教师专业技能水平和人才培养水平不断更新和创新。鼓励教师参加技能大赛，到企业挂职锻炼。

图 7　全国职业院校技能大赛教学比赛一等、二等奖

以职业技能竞赛的能力和素养整合教学内容，开展证书对接的培训课程，实现学生“课程教学—技能竞赛—技能考证”的相通培养。

图 8　赛场即考场

（三）X 证书制度的实践，开启赛证融通的快车道

2019 年至今，在学生职业技能竞赛中，我校获全国职业院校技能大赛荣誉 1 项、省级职业院校技能大赛荣誉 32 项。

X 证书作为职教改革的重要载体，通过推动“双高建设”，实现岗位、课程、竞赛、创业就业与职业技能等级证书的深度融合，任重而道远。

案例 2：“三元五双一融通”现代学徒培养模式探索

【学校】昆明冶金高等专科学校

一、建设背景

为探索构建现代学徒制人才培养路径，实现企业与高职院校的双元育人、学训结合、岗位成才，提升人才质量和核心竞争力，现代通信技术专业依托测绘工程技术专业群，立足于云南省信息产业条件和经济发展实际，深入剖析人才培养的内核，实行校企多方协同合作办学。2018 年先后被教育部和云南省教育厅批准为全国第三批和云南省第二批现代学徒制试点专业。在现代学徒制试点探索实践中，校企共同提出“三元、五双、一融通”的理念，培养无线通信领域精英学徒。

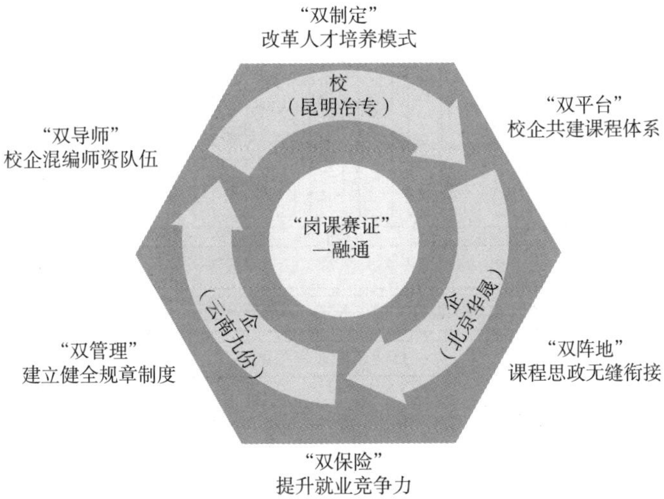

图 1 “三元五双一融通”现代学徒培养模式示意图

二、主要做法

（一）三元主体：“校—企—企”协同育人

探索以西南地区为代表的无线通信网络建设与维护行业人才培养途径，形成特色鲜明、分工明确的校（昆明冶专）—企（北京华晟）—企（云南九份）三元主体协同育人长效机制，打造“学校教师 + 企业导师 + 企业师傅”的三导师型教学团队，构建在专业建设、资源开发、人才培养、考评体系以及师资提升等方面统一理念、统一行动、统一把关的命运共同体。

（二）“五双”保障：双导师、双平台、双管理、双阵地、双保险

1. “双导师”——校企混编师资队伍。

专业课程、实训分为学校课程和企业课程，并由双方分别承担教学和指导；所有考核通过的学徒，均由一校一企“双负责人”对其进行安全管理和学业管理；学生（徒）的考核评价，也是由校企双方共同完成。校企“双导师”发挥各自优势，相互弥补，相互协同对学生进行教育教学管理，使学生对理论和实践、知识和技能的结合更为紧密。

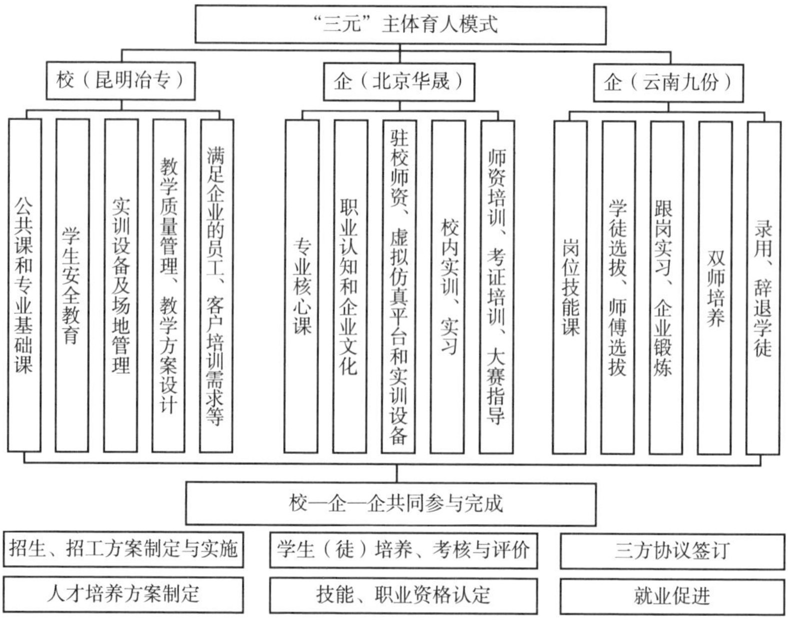

图 2　现代学徒制“三元”主体架构

2. “双平台”——校企共建课程体系。

“双平台”是指产业平台和教学平台。以“企业需求—岗位能力—专业课程”为递进链条，结合学生的通识素养、单项基本技术、专业核心能力、创新创业水平四项岗位必备能力，嵌入现代通信技术职业资格标准和行业技术规范，校企共建产教融合“双平台”课程体系。

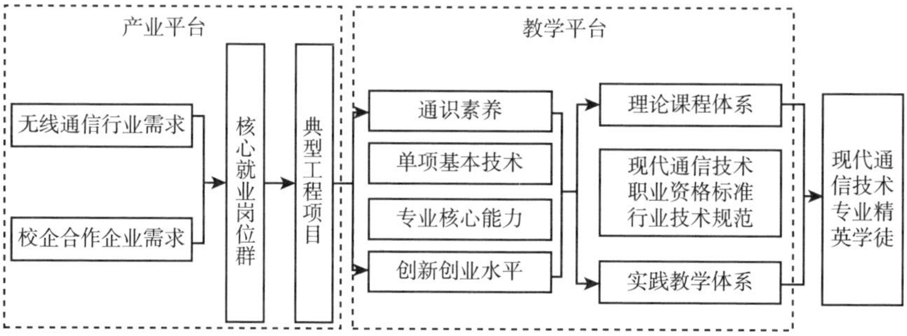

图 3　产教融合“双平台”课程体系建设思路

3. “双管理”——建立健全规章制度

建立健全成本分摊、教学实施、运行保障、考核评价等多种机制，逐步制定并实施了学生实习实训管理与考核制度、“双导师”教师管理办法、校内（外）实训基地管理与运行条例等相关管理制度和执行标准。通过不断完善规章制度，达到规范校企行为，切实保证现代学徒制的实施效果，实现互惠共赢。

4. “双阵地”——课程思政无缝衔接

把爱国主义和家国情怀、创新精神、工匠精神、系统论和工程思维元素以及社会主义核心价值观等内容融入日常的教育教学，实践课程思政“双阵地”的无缝衔接，即课堂育人阵地和工厂育人阵地。

5. “双保险”——提升就业竞争力

立足于人岗不匹配、就业层次不高等问题对症下药，通过“三元”主体机制和企业畅通沟通渠道，采取学生自主择业和企业岗位推荐“双保险”策略，提升学生就业竞争力。

图4　2017级优秀毕业生接受电视台专访

（三）一融通：“岗课赛证”融通

对接岗位需求，明确人才培养方向，制订适宜的课程体系和人才培养方案，同时将无线通信网络运行与维护职业技能资格考试内容相衔接，把相关考核的知识、技能和素质要求贯穿于日常教学，使课程与岗位、职业水平认证和技能等级证书知识相互融通；在学生（徒）培养过程中，鼓励并组织学生积极参与各类、各级别职业技能大赛，实现课赛结合。

三、取得成效

（一）形成了校企多边合作共赢机制

逐步形成了校企多边合作共赢机制。对学校而言，创新了教学模式，提高了人才培养的质量，扩大了办学规模和专业知名度；对学生而言，专业学习更有针对性，高质量就业得到保障；对企业而言，解决了招工难和岗位适应性差的问题，也可以获得稳定的人才输送渠道。

（二）推进了国际化办学进程

以国内外ICT产业和“一带一路”建设人才发展需求为导向，促进产教融合和国际化人才培养，联合北京华晟在泰国坦亚武里皇家理工大学建立了“经世学堂海外教学基地”，实现海外教学和优质课程输出，为“一带一路”沿线国家培养应用型技能型的无线通信类国际化人才。

图 5 “经世学堂海外教学基地”落成揭幕

（三）提升了师生专业水平

学生 2019 年参加全国职业技能大赛中“4G 全网建设”赛项获国家级三等奖；2020 年获大学生 5G 技术与应用大赛获省级一等奖；2021 年获“蓝桥杯”软件和信息技术大赛获省级一等奖。目前就业率保持 98% 以上，毕业生月薪资远超于高职专业毕业生平均水平。教师发表学术论文、实用新型专利、软件著作等学术成果 10 余项，参与各类课题 7 项，开发教材 3 部，形成研究报告 2 份，教学大赛屡获佳绩。

获奖证书

云南省代表队

在 2019 年全国职业院校技能大赛高职组“经世 IUV 杯”4G 全网建设技术赛项比赛中荣获团体三等奖。

学校名称：昆明冶金高等专科学校

选手姓名：周瑞、胡男

指导教师：宋浩、陈云川

ChinaSkills

全国职业院校技能大赛组织委员会

二〇一九年五月

编号：201912963

图 6 2019 年获国赛三等奖

四、案例经验

“三元五双一融通”现代学徒培养模式不仅为现代通信技术专业的产教融合、“三教”改革以及人才培养水平提升提供了理论依据，通过实践还表明此模式具有切实的实践指导意义，带动测绘工程技术专业群4个专业、辐射2个相关专业的现代学徒制培养项目获省级立项。

案例3：“五维”资源支撑，实施“335”教学模式

【学校】内蒙古机电职业技术学院

根据电力专业课程操作性强的特点，为解决实训中“三高三难”问题，充分开发各类教学资源，搭建“润、学、练、操、联”五维教学资源，设计线上线下混合式学习方案，创新实施“335”教学模式。

一、依据专业特色，搭建“润学练操联”五维资源

整合各类多媒体、虚拟仿真资源，通过共享平台搭建五维教学资源，全过程实现思政教育“润”、课程平台“学”、虚拟仿真“练”、数字孪生“操”、云端指导“联”，助力电力类复合型技术技能人才培养。

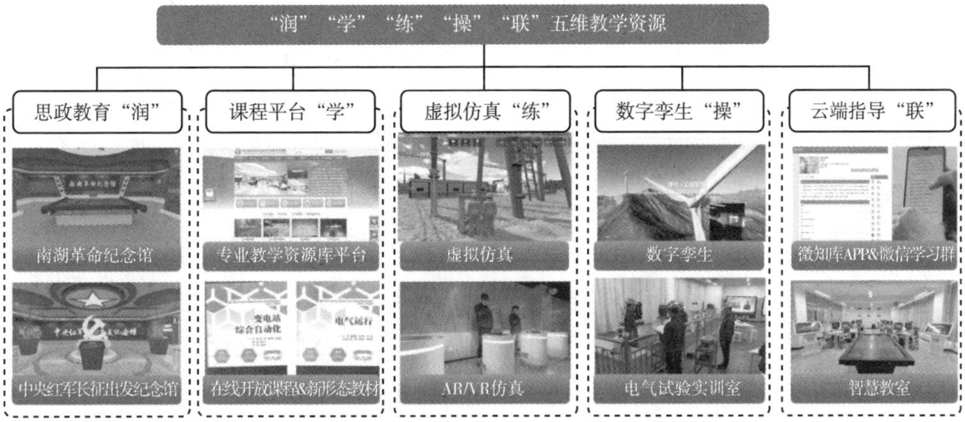

图1　搭建“润、学、练、操、联”五维教学资源

二、聚焦学生主体，创新“335”教学模式

“三贯穿，三阶段，五环节”教学模式的内涵即将劳动教育、思政教育、安全教育贯穿教学全过程，教学过程分为课前启化、课中内化、课后深化三阶段。构建虚拟现实双境互补的教学环境，将课堂分为五个环节，通过“以虚创境—情境导入；借虚传道—知识讲解；用虚铸匠—仿真训练；虚实结合—实操训练；智慧评价—自评互评”组织教学。以学生为中心，把教师讲解与学生活动有机结合，使工匠精神内化于心，外化于行，不断提升学生专业技能和职业素养。

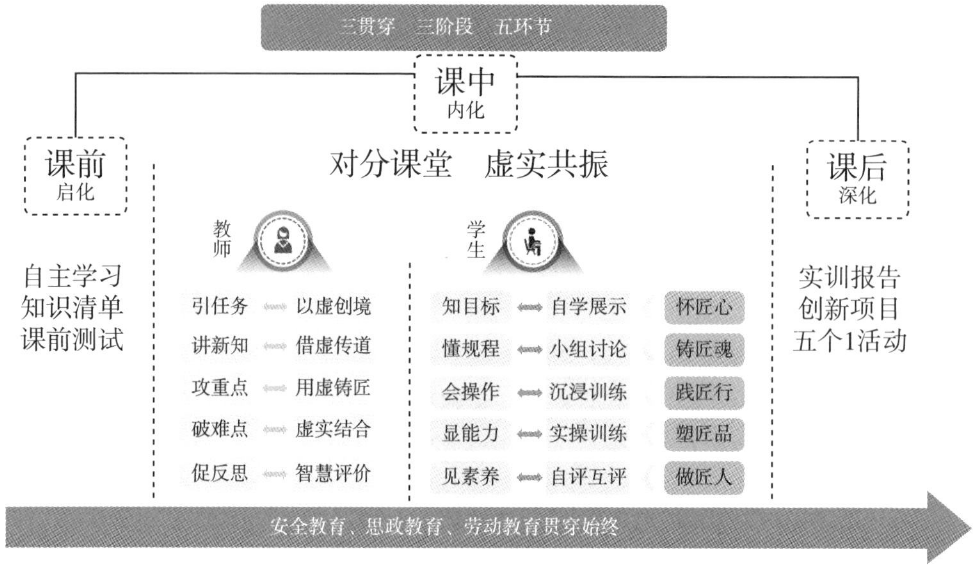

图 2 “三贯穿，三阶段，五环节”教学模式

三、五维资源建设锻造双师型教学团队

校企合作开发虚拟仿真资源，教师团队参与虚拟仿真资源脚本制作 200 余个，开发出版新形态一体化教材 10 余部，不断提升教师信息化教学能力和实践教学能力。参与制订国家高等职业学校专业教学标准 3 个，申报自治区级课题 5 项，发表省部级以上论文 20 余篇，自治区级以上技能大赛裁判 3 人，自治区技术能手称号 1 人，省级教学成果一等奖 1 项，院级教学成果奖 2 项，立项研究各类课题 13 项，完成技术服务 5 项。

四、五维资源支持线上线下混合式教学

立足学生认知基础，搭建教学应用场景，将教学载体打造为可感知学生行为的“学习触点”，创新实施“三阶段，三贯穿，五环节”教学模式，经过实践，学生课程考核优秀率较往年提升 20%，学生对教学模式的满意度达 95% 以上，教师在自治区教师教学能力比赛中荣获自治区级奖励 10 人/次，学生参加各类创新创业比赛，获国家级奖 10 人/次，自治区级奖 80 余人/次，学生积极性、活跃度、参与度显著提升。

4.2 支撑发展

案例 4：职教为本 根植冶金 助力钢铁产业转型升级

【学校】河北工业职业技术大学（河北工业职业技术学院）

一、背景情况

钢铁工业是国民经济的重要基础产业，是国之基石。中国钢铁产量占世界的 1/2

强，河北省钢铁产量全国第一，钢铁产业是河北省重要的支柱和优势产业。随着《关于推进实施钢铁行业超低排放的意见》《河北省钢铁企业国际产能合作实施方案》等政策的出台，河北钢铁产业迎来绿色生产、智能生产的历史机遇，同时对省内钢铁冶金企业职工的素养和专业技能提出了更多的要求。

学校是“中国特色高水平高职学校”建设单位。建校60余年来，始终坚持立足装备制造，突出冶金特色，服务区域，面向全国，接轨国际的办学定位。在服务河北“产业迈向中高端水平”，实施工业强省战略中，学校积极服务钢铁产业转型升级绿色发展，与河钢集团等行业龙头企业共同探索深度产教融合、校企合作，形成了“双主体、四融入、四共同”的人才培养模式。

经过2年多的建设取得了一批标志性的成果。

表1 标志性成果

1.1.1 人才培养模式创新	1. “思政贯穿、分类培养、双主体育人”人才培养模式	双主体育人模式2套
	2. 课程思政示范课程建设项目	13门，1门国家级
	3. 劳动教育、工匠精神培育精品活动	全覆盖
	4. 四年制职业教育本科专业试点	2个：钢铁智能冶金技术和材料成型及控制工程
	5. 现代学徒制培养专业数	①黑色冶金技术专业；②轧钢工程技术专业；③环境工程技术专业；④应用化学工程专业
	6. 任务式培养专业数	4个
	7. 学生参加职业院校技能大赛	获奖28项，2021年度全国职业院校技能大赛水处理一等奖，国赛奖项4项
	8. 学生参加互联网+、挑战杯等	①互联网+，获得国赛银奖等3项，省级以上10项；②挑战杯，获得国赛金奖、银奖等3项；③全国TRIZ杯获得特等奖1项，国赛12项
	9. 1+X证书制度试点专业	2个：污水处理职业技能等级证书考核、冶金机电设备点检职业技能等级证书考核
	10. 模块化的专业群课程体系	黑色冶金技术专业群课程体系1套
1.1.2 课程教学资源建设	1. 课程标准	①黑色冶金技术专业课程标准26门；②轧钢工程技术专业课程标准20门；③金属材料质量检测专业课程标准22门；④环境工程技术专业课程标准10门
	2. 专业（群）教学资源库	①环境监测与治理技术专业教学资源库（国家级）；②黑色冶金技术专业教学资源库（国家级）；③智能轧钢技术专业教学资源库（省级）；④黑色冶金技术专业群教学资源库（省级）

续表

1.1.2 课程教学资源建设	3. 校企合作开发课程	25 门
	4. 校内在线课程（SPOC）	①钢铁智能冶金技术专业 SPOC25 门；②智能轧钢技术专业 SPOC12 门；③金属材料质量检测专业 SPOC11 门；④环境保护专业 SPOC18 门
1.1.3 教材与教法改革	1. “混合教学＋实景实训”的模块化教学模式	1 套
	2. 精品教材	16 部
	3. 新型活页式、工作手册式教材	17 套
1.1.4 教师教学创新团队	1. 职业教育教师教学创新团队	①环境工程技术国家级职业教育教师教学创新团队；②钢铁冶金技术省级职业教育教师教学创新团队
	2. 教师参加教学能力比赛赛项数	省级以上 5 项，国奖 2 项，2021 年全国职业院校教师教学能力比赛国赛一等奖
	3. 技术技能大师工作室	5 个
	4. “双师型”教师培养培训基地	1 个，能源材料类专业双师型教师培养培训基地
	5. 企业双师工作站	6 个
1.1.5 实践教学基地	1. 产教融合实训基地	①绿色钢铁智慧工厂产教融合实训基地；②河北工院云环境检测平台
	2. 高水平实训基地	①新材料制备应用技术研培中心
	3. 虚拟仿真实训中心	3 个，①钢铁生产虚拟仿真实训中心；②环境工程技术专业虚拟仿真实训中心；③绿色钢铁智能生产示范性虚拟仿真实训基地
	4. 职业技能大赛承办基地	①生态环境保护工程技术中心（国赛基地）
1.1.6 技术技能平台	1. 产业研究院	1 个
	2. 技术中心（含重点实验室）	①河北省金属材料深过冷制备技术与科学重点实验室（省级）；②河北省材料细晶制备技术创新中心（省级）；③河北省钢铁焦化企业污染治理技术创新中心（省级）；④河北省金属材料深过冷制备工程研究中心（省级）；⑤河北省冶金工艺优化及新材料制备应用技术研发中心（厅级）
	3. 专家智库	3 个
1.1.7 社会培训服务	1. 咨询服务	17 项
	2. 社会培训服务	7 项
1.1.8 国际交流与合作	1. 高水平外籍教师	5 人
	2. 具有国际教育背景教师	7 人
	3. 骨干教师赴海外交流学习、实践锻炼	8 人

续表

1.1.8 国际交流与合作	4. 建立海外实习基地	①河钢集团塞尔维亚实习基地；②钢诺新材料海外实习基地
	5. 国际教学标准	①黑色冶金技术专业教学标准；②轧钢工程技术专业教学标准

二、具体做法

（一）创新人才培养培训模式，助力钢铁企业绿色发展

1. 校企协同育人，创新人才培养模式

依据钢铁产业发展需求，在人才培养中深化产教融合，校企合作，校企双方共同研制人才培养方案；共同制定相适应的实践基地建设方案；共同进行合作技术开发，实现成果就地转化；创建“双主体、四融入、四共同”的职业教育人才培养模式，提升人才质量，助力钢铁企业转型升级绿色发展。

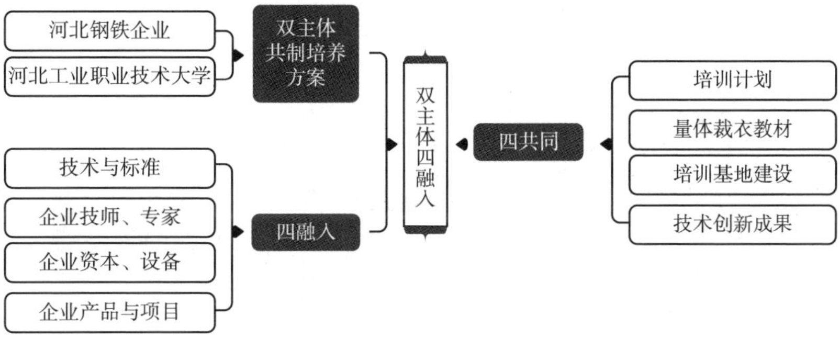

图1　产教深度融合 创新人才培养模式

2. 产教融合，形成“量体裁衣”培训模式

根据河钢集团、济源钢铁集团等40余家企业实际需求构建模块化课程体系，将“铁的纪律、钢的意志、火的热情”贯穿人才培养全过程，培育钢铁工匠精神。采用学徒制、订单班、冠名班等多种形式，展开“量体裁衣”式的职工培训。

（二）校企人员互聘，打造能工巧匠和名师领衔的教学团队

学校与钢铁企业紧密合作，实行校企技术人员互聘互派。学校聘请钢铁行业名匠作为学院兼职教师，参与人才培养方案制定、课堂教学改革、实践教学等工作。同时，企业邀请教师参与企业培训、技术研发等，提升教师实践教学人才培养能力。实现校企师资驾驭学校、企业“两个讲台”。200余名教师活跃在行业龙头企业的生产、研发岗位上，180余名企业技术人员成为学校业务骨干，17个校企融合的校企命运共同体师资团队已初步形成。

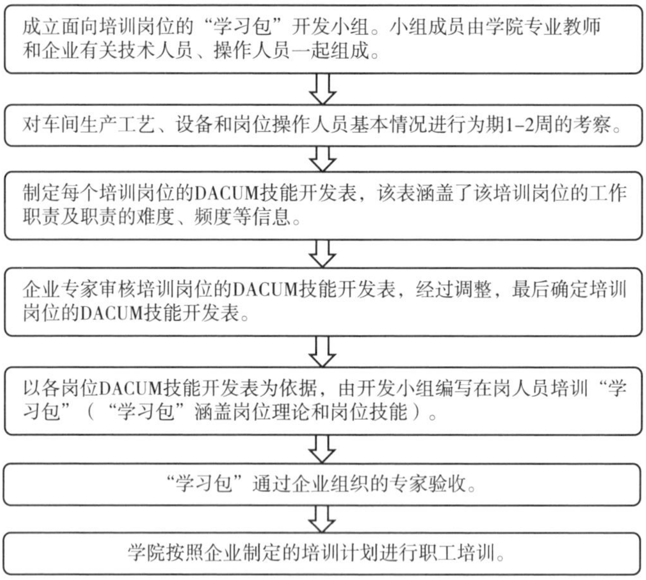

图 2　职工培训学习包开发过程

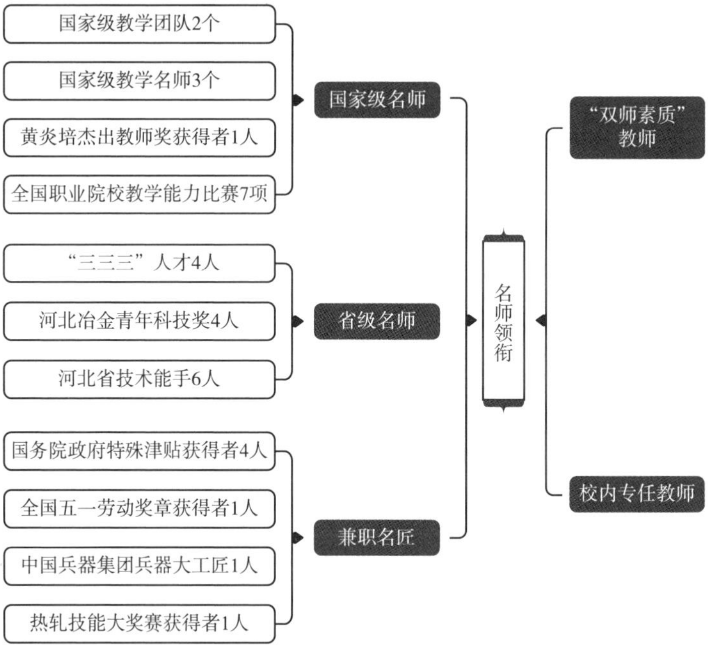

图 3　工巧匠和名师领衔教学团队

（三）对接钢铁产业智能化，构建信息化教育资源平台

1. 建成信息化管理服务平台

学校牵头成立的河北钢铁焦化职业教育集团，搭建了“一门户 + 四平台”的综

合管理与服务平台，支持集团内 120 余家成员单位通过数字资源共享平台进行网上教学和学习活动。

2. 打造国家省级校级三级教学资源库体系

利用信息化平台，带动集团成员共建黑色冶金技术等 3 个国家级专业教学资源库，环境监测等 53 门省级在线开放课程和 40 套新形态一体化教材，优质资源的共建共享更好地服务了产业人才的提升需求。

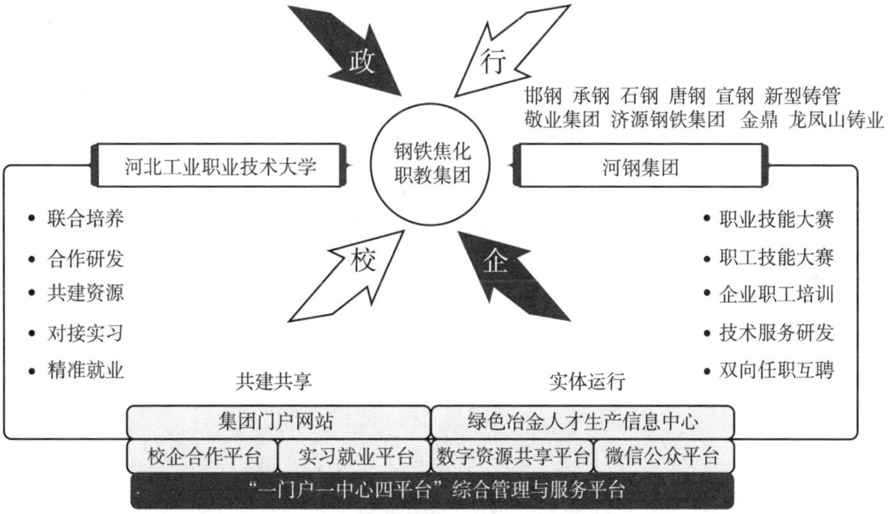

图 4 共享信息化教育资源平台

（四）产教协同技术创新，提升社会服务能力

1. 共建国家级实训基地

对接“钢铁生产全流程”，与河钢集团、首钢集团、河钢集团钢研总院等企业联合建设“一条线、四中心”的高水平产教融合实训基地，建成 1 个国家级、4 个省级产教融合实训基地，1 个国家职业教育示范性虚拟仿真实训基地（绿色钢铁智能生产示范性虚拟仿真实训基地）、2 个省级虚拟仿真实训中心，成为集区域钢铁产业实习实训、职业技能鉴定、技术研发等功能于一体的综合性教育教学中心。

2. 共建省级科技创新中心

校企深度合作，共建河北省金属材料深过冷制备技术与科学重点实验室（省内高职唯一）、河北省材料细晶制备技术创新中心（科技厅）、河北省金属材料深过冷制备工程研究中心（发改委）等省级技术研发中心 3 个，形成集科学基础研究、技术研发和成果转化为一体的研发基地。

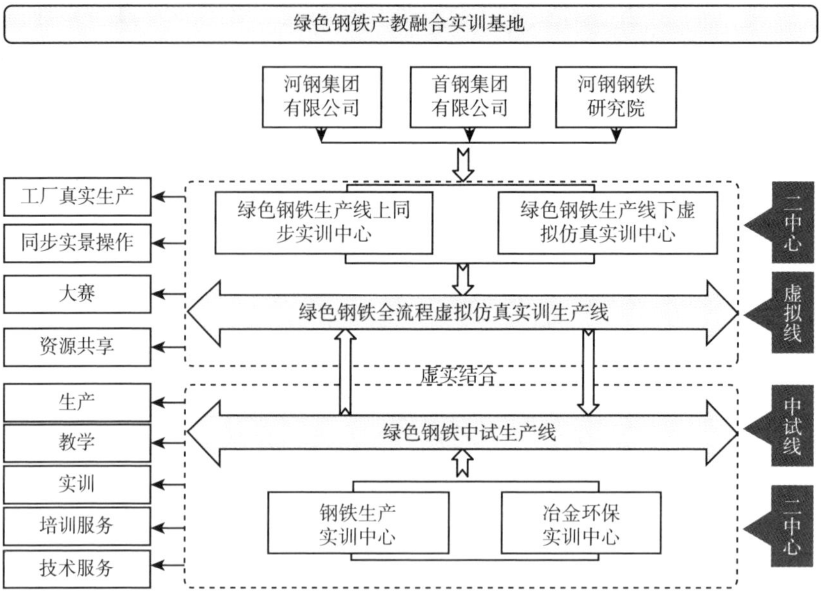

图5 “一条线、四中心”的高水平产教融合实训基地

三、成果成效

（一）成为全国冶金类专业群建设“标杆”

学校黑色冶金技术专业群通过构建绿色钢铁人才培养新模式，打造技术技能人才培养新高地等创新建设举措，专业群影响力不断提升。2019年入选“中国特色高水平高职学校和专业建设计划”立项建设专业群，成为全国冶金类专业群建设的“标杆”，引领着全国高职院校同类专业群高质量发展。

（二）成为“河北钢铁产业绿色发展智囊团”

依托绿色钢铁智能生产示范性虚拟仿真实训基地，学校连续5年承办河钢集团职工大赛，并成为“全国钢铁行业职工大赛”河钢集团代表队集训基地。依托省级科技创新中心，校企合作共同研发“高炉渣喷吹试验及测试服务”“钢厂连铸二冷配水控制模型研究”等科研项目60余项。学校冶金类博士团队和教授团队等20余人，服务于京津冀钢铁和焦化产业产能压减、环保核查、产业升级等，成为“河北钢铁产业绿色发展智囊团”。

（三）成为区域经济发展的助推器

坚持冶金特色，牵头成立全国钢铁行业职业教育联盟，打造产教融合平台，建成技能培训中心和创新创业促进中心，重点服务河北省区域经济支柱行业。

近年来承担课题60余项，授权专利120余件，实现科研成果转化40余项，转化产值1.219亿元。先后与河钢集团、新兴铸管联合开展“高炉探尺微机控制系

图 6　全国钢铁行业职业教育联盟成立揭牌仪式

统”“高炉大型炉墙模块技术的应用”等技术攻关项目，获河北省科技进步奖 2 项，获河北冶金科学技术奖 15 项。

同时，学校主动服务河北钢铁国际产能合作项目，建成了 2 个海外实习培训基地，为河钢集团塞尔维亚、马来西亚等产能输出项目培养了一批本土技术技能人才，助力河北钢铁企业国际竞争力提升。

图 7　塞尔维亚实习

（四）成为全国钢铁企业“工段长摇篮”

近三年，学生获得“各类国家级大赛”奖励 50 余项。毕业生成为河钢集团、首钢集团等世界 500 强企业的招聘首选，就业对口率 94.8%，起薪 7000 元以上，用人单位满意度达 98.03%。涌现出新一代“轧钢工匠”全国五一劳动奖章获得者荣彦明等“名片”学生。近三年，学校为国内钢铁龙头企业输送毕业生 2000 余人，职工培训 3000 余人，享有冶金企业“工段长摇篮”的美誉。

图 8　济源钢铁技术骨干培训班

（五）成为全国冶金技能人才培养高地

构建全方位人才培养体系，加强创新创业能力、职业技能及“1+X”证书的培育。近三年，学生获得“第五届全国互联网+大学生创新创业大赛”银奖、“第十二届”全国挑战杯金奖和银奖等 34 项，其中，国家级奖项 20 余项；获得职业技能大赛奖项 18 项；“1+X”冶金机电设备点检职业技能等级证书过级率 70%。

图 9　冶金培训技能鉴定证书

案例5：强化专业群内涵建设，服务国家“双碳”战略

【学校】 天津轻工职业技术学院

光伏工程技术专业群面向京津冀新能源产业需求开展专业建设，实现专业与优势产业精准对接、专业课程体系合理构建、专业资源优质提升、专业建设各要素协调发展。2021年3月，学院牵头组建成立了京津冀新能源现代职业教育集团，积极与行业国际领先企业共建实训中心，与清华大学高端装备研究院、浙江大学滨海产业基地签订校企合作协议，共同成立研发团队，立足“双高”新能源专业群建设，瞄准产业布局及发展应用技术人才需求，聚焦高素质技术技能人才培养和技术创新服务。

一、精准对接风电产业人才需求，打造真实风机控制实训中心

学院联合西门子、瑞能电气等行业龙头企业，利用企业捐赠的2MW风力发电机组真实设备研发实训教学系统，打造虚实一体风电机组控制实训室。围绕风电机组运行原理、控制策略等知识，借助虚实互补、软硬结合的方法，完整还原真实风电机组运行过程，实现学生实训环境与风场工作环境的无缝对接，培育优势风电人才，同时在专业群中开展现代学徒制，实施校企共育，实现双向赋能，近三年已有近300名高技能毕业生在京津冀风电、电力装备、光伏企业就业，助推区域产业发展。

二、联合行业领先企业，共建智慧能源系统，共育优秀产业人才

构建融合绿色发电、可靠变电、高效用电、能量实时控制的智慧能源系统，使学生在实际新能源并网项目中学习光伏应用、电站运维、能源监控等专业知识，切实提升学生新能源发电系统安调技能，使培养的人才更好服务区域能源转型升级。同时建成集光伏、风力、储热、氢燃料电池、节能照明、能源监控技术为一体的多能源互补智能建筑综合平台，为本校年轻教师提供较完备新能源技术研究平台，成功孕育多项市局级科研项目，校企联合研发的“碳中和新能源科研展示模块”在第五届世界智能大会展出，获得与会领导专家好评。

三、与清华大学、浙江大学开展共研项目，落地新能源技术服务

与清华大学高端装备研究院、浙江大学滨海产业基地签订校企合作协议，共同成立氢储能、微电网系统研发团队，共研氢能燃料电池动力车，完成400kW光伏发电系统设计技术服务项目，通过技术革新发力风电控制、智慧微网、氢储能等多元技术维度，落实到专业建设中，孕育“双碳”人才培养的新格局，探索“双碳”技术在职教领域的创新途径和方法，打造服务区域产业升级的技术技能人才梯队。

京津冀新能源现代职业教育集团成立揭牌仪式

基于2MW真实风力发电设备建设风电机组控制实训室

智慧能源系统控制室

4.3 推动形成一批支撑职业教育高质量发展的政策、制度和标准

案例6：制定国家标准　引领专业方向——主持全国供用电技术专业实训条件建设标准制订

【学校】重庆电力高等专科学校

一、实施背景

随着电力供应领域产业优化升级的发展，供用电技术数字化、网络化、智能化已成为新的发展趋势，迫切要求供配电技术、电力营销与服务等岗位技能对接新产业、新业态、新模式的需要。重庆电力高等专科学校作为中国特色高水平专业群建设单位，建设发电厂及电力系统高水平专业群，努力优化实训条件，创新人才培养模式，社会声誉卓著，主持研发国家专业实训条件建设标准，着力推进高等职业教育供用电技术专业实训条件的规范发展。

图1　供用电技术专业实训条件建设标准项目启动会

二、主要做法

1. 明确标准制订的流程

首先进行深入调研，对结果进行统计分析，确定专业核心岗位，规范专业核心课程体系，然后得出专业所需的实训条件和实训设备，最终形成专业标准。

2. 调研对象及内容的确定

以全国各地电气设计公司、供电公司、电力建设工程公司、典型用电客户企业、供配电设备生产企业、教仪生产企业等行业企业及开设供用电技术专业的学校为调研对象，分别制定企业版调查问卷和院校版调查问卷，共调研行业企业40家，高职

院校20所，被调研企业和院校分布在东北、华北、华东、华中、华南、西南、西北等七个片区。通过调研，一是明确各类企业供配电设备配置、使用情况，并分析供用电专业学生岗位能力要求；二是清楚各院校实训条件和实训项目开设情况、校企合作及学生顶岗实习状况。

3. 课程体系及实训条件的确定

根据企业对高职供用电技术专业毕业生专业技能的要求，设定实训课程，确定实训室的种类，设计实训项目，明确各实训室建设的要求等。

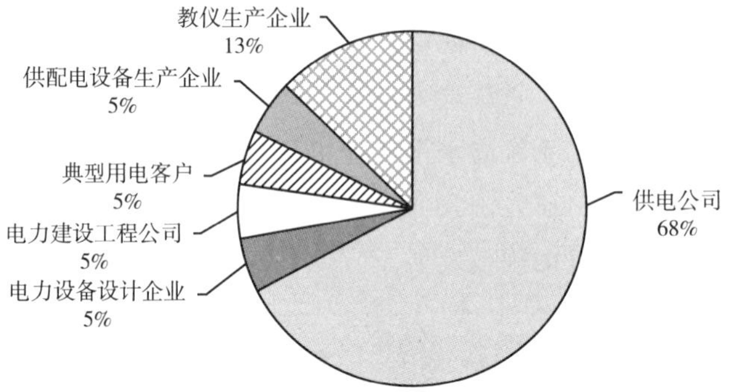

图2　调研企业图性质所占例分布图

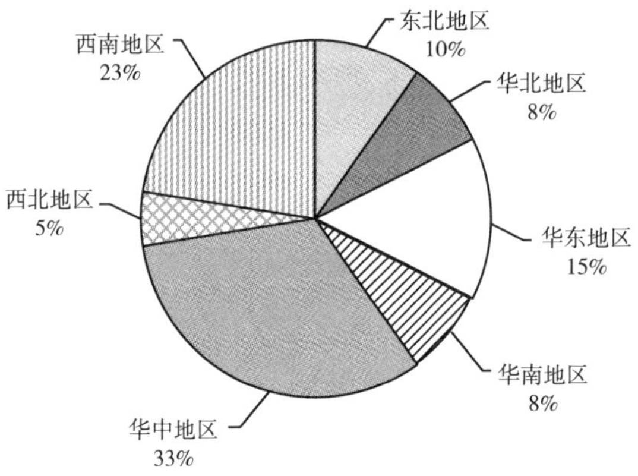

图3　调研企业和学校的全国分布

三、成果成效

1. 按照实训教学内容，明确实训教学场所要求

按照实训教学内容的要求，明确每一实训教学场所的面积与主要功能、电源布局、采光、照明、通风、防火、安全与卫生、网络环境等。

2. 按照国家标准或行业标准，明确实训教学设备的质量

实训场所的各种仪器设备的安装使用都应符合有关国家或行业标准。例如，接

地应符合 GB 16895. 3 – 2017 的要求；需要接入电源的仪器设备，应满足电网规定接入要求；具有执行机构的各类仪器设备，应具备急停功能，紧急状况可切断电源、气源、压力，并令设备动作停止等。

3. 明确实训教学管理与实施的基本要求

每个实训场所要有健全的管理制度、配备足够的专（兼）管理人员、严格执行“安全第一，预防为主”原则，采用足够的安全和应急处置措施。

中国职业技术教育学会

关于参与高等职业学校供用电技术专业实训教学条件建设标准（第五批）研制的证明

受教育部职业教育与成人教育司委托，中国职业技术教育学会职业教育现代装备专业委员会于 2019 年 8 月启动高等职业学校供用电技术专业实训教学条件建设标准的研制工作。2021 年 6 月，经教育部职成司批准并正式颁布（教职成厅函〔2021〕12 号）。

参与起草单位：中国电力企业联合会教育培训处、重庆电力高等专科学校、广西电力职业技术学院、南京铁道职业技术学院、广东水利电力职业技术学院、武汉电力职业技术学院、保定电力职业技术学院、辽宁生态工程职业学院、郑州电力高等专科学校、安徽电气工程职业技术学院、西安铁路职业技术学院、西安电力高等专科学校、重庆理工大学电气与电子工程学院、国网焦作供电公司营销部、国网重庆市电力公司技能培训中心技术技能培训部。

起草组成员：徐纯毅、彭登春、杨启军、吴畏、宋奇吼、王秋红、吴靓、郑雪、武文平、武银龙、皮薇薇、王锌桐、丁万霞、毕潇映、冉穗海、陈新尚、赵东晖、孟凡利、罗时武。

特此证明。

中国职业技术教育学会秘书处

2021 年 12 月 24 日

中华人民共和国教育部

Ministry of Education of the People's Republic of China

职业院校专业实训教学条件建设标准（职业学校专业仪器设备装备规范）

- 高等职业学校电子信息工程技术专业实训教学条件建设标准 2021-06-30
- 高等职业学校工程测量技术专业实训教学条件建设标准 2021-06-30
- 高等职业学校环境工程技术专业实训教学条件建设标准 2021-06-30
- 中等职业学校环境治理技术专业实训教学条件建设标准 2021-06-30
- 高等职业学校无人机应用技术专业实训教学条件建设标准 2021-06-30
- 高等职业学校电梯工程技术专业实训教学条件建设标准 2021-06-30
- 高等职业学校铁道供电技术专业实训教学条件建设标准 2021-06-30
- 高等职业学校铁道交通运营管理专业实训教学条件建设标准 2021-06-30
- 高等职业学校食品智能加工技术专业实训教学条件建设标准 2021-06-30
- 高等职业学校大数据与会计专业实训教学条件建设标准 2021-06-30
- 中等职业学校会计事务专业实训教学条件建设标准 2021-06-30
- 高等职业学校电子商务专业实训教学条件建设标准 2021-06-30
- 高等职业学校市场营销专业实训教学条件建设标准 2021-06-30
- 中等职业学校市场营销专业实训教学条件建设标准 2021-06-30
- 高等职业学校信息安全技术应用专业实训教学条件建设标准 2021-06-30
- 高等职业学校现代通信技术专业实训教学条件建设标准 2021-06-30
- 高等职业学校供用电技术专业实训教学条件建设标准 2021-06-30
- 高等职业学校制冷与空调技术专业实训教学条件建设标准 2021-06-30
- 高等职业学校市政工程技术专业实训教学条件建设标准 2021-06-30
- 高等职业学校空中乘务专业实训教学条件建设标准 2021-06-30

图 4　专业标准制定研制证明及标准发布

“双高计划”建设项目贡献度研究（2019～2021年度）

分报告

土木建筑专业大类分报告

中国教育会计学会
中国教育会计学会高等职业院校分会

1. 专业大类概况

土木建筑专业大类立项建设专业群共计13个，涉及13所高等职业院校，其中“双高学校”2所，“双高专业群”学校11所。立项建设专业群为工程造价、供热通风与空调工程技术、建筑钢结构工程技术、建筑工程技术、建筑室内设计、建筑装饰工程技术、市政工程技术、园林工程技术等8个专业群。

具体情况如表1所示。

表1　　土木建筑专业大类立项建设单位及专业具体情况

学校名称	档次	专业群名称	专业群包含专业	涉及院系数量
日照职业技术学院	高水平学校建设单位（B档）	建筑工程技术	建筑工程技术、建设工程管理、工程造价、工程测量技术、道路桥梁工程技术	1
南宁职业技术学院	高水平学校建设单位（C档）	建筑室内设计	建筑室内设计、建筑工程技术、建设工程管理、建筑装饰工程技术	1
黑龙江建筑职业技术学院	高水平专业群建设单位（A档）	市政工程技术	市政工程技术、道路桥梁工程技术、供热通风与空调工程技术、给排水工程技术	1
江苏建筑职业技术学院	高水平专业群建设单位（A档）	建筑装饰工程技术	建筑装饰工程技术、建筑工程技术、建筑设计、环境艺术设计、建筑动画与模型制作	2
浙江建设职业技术学院	高水平专业群建设单位（A档）	工程造价	工程造价、建筑经济管理、建设项目信息化管理、建设工程监理、房地产经营与管理	2
黄冈职业技术学院	高水平专业群建设单位（A档）	建筑钢结构工程技术	建筑钢结构工程技术、建筑工程技术、工程造价、建筑装饰工程技术、道路桥梁工程技术	1
苏州农业职业技术学院	高水平专业群建设单位（B档）	园林工程技术	园林工程技术、园林技术、风景园林设计	1
威海职业学院	高水平专业群建设单位（B档）	建筑工程技术	建筑工程技术、建筑电气工程技术、建筑装饰工程技术、工程造价、物联网应用技术	2
四川建筑职业技术学院	高水平专业群建设单位（B档）	建筑工程技术	建筑工程技术、道路桥梁工程技术、铁道工程技术、建筑装饰工程技术、建筑设备工程技术	5

续表

学校名称	档次	专业群名称	专业群包含专业	涉及院系数量
石家庄职业技术学院	高水平专业群建设单位（C档）	建筑工程技术	建筑工程技术、建筑电气工程技术、工程造价、建筑设计、供热通风与空调工程技术	2
内蒙古建筑职业技术学院	高水平专业群建设单位（C档）	供热通风与空调工程技术	供热通风与空调工程技术、给排水工程技术、建筑电气工程技术、建筑智能化工程技术、建筑设备工程技术	2
南通职业大学	高水平专业群建设单位（C档）	建筑工程技术	建筑工程技术、建设工程管理、室内艺术设计、物联网应用技术、工程造价	3
广西建设职业技术学院	高水平专业群建设单位（C档）	建筑工程技术	建筑工程技术、工程测量技术、建设工程监理、土木工程检测技术	2

2. 资金投入情况

土木建筑专业大类专业群项目预算总额为151260万元，2019～2021年支出为82549.9万元，总体执行率为54.57%。其中5个专业群执行率低于50%，1个专业群执行率高于70%以上，其余均在50%～70%之间。具体情况如表2所示。

表2　土木建筑专业大类类各专业群资金执行情况

学校名称	档次	专业群名称	总预算（万元）	2019～2021年支出（万元）	执行率
日照职业技术学院	高水平学校建设单位（B档）	建筑工程技术	10000	4331.01	43.31%
南宁职业技术学院	高水平学校建设单位（C档）	建筑室内设计	6100	3701.20	60.68%
黑龙江建筑职业技术学院	高水平专业群建设单位（A档）	市政工程技术	12000	6903.19	57.53%
江苏建筑职业技术学院	高水平专业群建设单位（A档）	建筑装饰工程技术	14516	8411.99	57.95%

续表

学校名称	档次	专业群名称	总预算（万元）	2019～2021年支出（万元）	执行率
浙江建设职业技术学院	高水平专业群建设单位（A档）	工程造价	16800	7291.96	43.40%
黄冈职业技术学院	高水平专业群建设单位（A档）	建筑钢结构工程技术	10100	4584.47	45.39%
苏州农业职业技术学院	高水平专业群建设单位（B档）	园林工程技术	13000	8483.46	65.26%
威海职业学院	高水平专业群建设单位（B档）	建筑工程技术	17500	12745.13	72.83%
四川建筑职业技术学院	高水平专业群建设单位（B档）	建筑工程技术	18275	8572.92	46.91%
石家庄职业技术学院	高水平专业群建设单位（C档）	建筑工程技术	9480	5720.50	60.34%
内蒙古建筑职业技术学院	高水平专业群建设单位（C档）	供热通风与空调工程技术	4789	2203.97	46.02%
南通职业大学	高水平专业群建设单位（C档）	建筑工程技术	8700	4399.84	50.57%
广西建设职业技术学院	高水平专业群建设单位（C档）	建筑工程技术	10000	5200.26	52.00%
总计			151260	82549.90	54.57%

建设任务中，从总体来看，资金执行率最低的是国家交流与合作，占比为26.58%。从2019～2021年资金支出来看，支出占比最高的是实践教学基地，占比为50.30%；最低的是可持续发展保障机制，占比为0.63%。具体情况如表3所示。

表3　土木建筑专业大类各建设任务支出占比情况

建设任务	2019～2023年预算（万元）	2019～2021年支出（万元）	资金执行率	资金支出占比
人才培养模式创新	4675	2625.62	56.16%	3.18%
课程教学资源建设	16263	9635.01	59.24%	11.67%
教材与教法改革	7515	4425.21	58.88%	5.36%
教师教学创新团队	10453	4981.15	47.65%	6.03%
实践教学基地	68862	41524.93	60.30%	50.30%

续表

建设任务	2019～2023 年预算（万元）	2019～2021 年支出（万元）	资金执行率	资金支出占比
技术技能平台	26034	12598.50	48.39%	15.26%
社会服务	5740	2762.73	48.13%	3.35%
国际交流与合作	8272	2199.10	26.58%	2.66%
可持续发展保障机制	1076	522.79	48.59%	0.63%
其他	2370	1274.86	53.79%	1.54%
合计	151260	82549.90	54.57%	100%

3. 贡献度分析

土木建筑大类专业群建设单位全面贯彻党的教育方针，坚持立德树人，健全全面发展的教育思想和人才培养体系，深化产教融合，引领职业教育改革发展和人才培养，支撑国家战略和区域经济社会发展，形成一批有效支撑职业教育高质量发展的政策、制度和标准。

3.1 引领改革

“双高计划”引领职业教育改革发展和人才培养的贡献度，主要体现在价值引领、模式引领、制度引领和标准引领四个维度上。

3.1.1 价值引领

价值引领主要体现在以立德树人为根本，树立全面发展的教育思想，构建全面发展的人才培养体系，助力实现学生全面发展方面。

（1）健全全面发展的教育思想，落实立德树人根本任务。

深化党建和专业群建设融合共生，推进“党建+”工作格局，积极全面实施“三全育人”。例如，黑龙江建筑职业技术学院市政工程技术专业群实施“育德、育新、育名、育实、育研”五位一体的教师队伍建设机制，构建“1133”师德师风建设体系，为高水平师资队伍建设保驾护航。江苏建筑职业技术学院建筑装饰工程技术专业群搭建“333”素质拓展网络，形成“五融合”思想引领与技能培养体系，推动思想政治教育与技术技能培养的融合统一。浙江建设职业技术学院构建“五育融通”育人体系，全面培育“五育好学生”，打造浙里优学“五张金名片”。内蒙古建筑职业技术学院供热通风与空调工程技术专业群构建起党委统一领导、思政课堂主渠道、部门分工负责、全体教职员工协同参与的全员、全过程、全方位育人新格局，实现育人目标可达、育人过程可控、育人质量可测、育人模式可学，成为自治区高校“三全育人”培育样板。广西建设职业技术学院建筑工程技术专业群探索建立了“理论武装链—学科教学链—社会实践链—工匠文化链—管理服务链”五链一体的思想政治工作新型体系。三年来，土木建筑大类专业群打造了全国党建工作样板支部2个、全国党建工作标杆院系2个、五星级党支部2个、全国课程思政示范项目2项。

（2）健全全面发展的人才培养体系，促进学生全面发展。

全面落实“德智体美劳”五育并举，积极推进“岗课赛证”融通培养，打造高等职业教育人才培养高地，培养土木建筑领域高素质复合型、创新型技术技能人才。例如，日照职业技术学院建筑工程技术专业群分类分层开发了面向智慧建造、绿色建造等领域的模块化人才培养方案和职教本科专业方案，组建BIM创新试点班级，实施“十个一”学生成才工程，培养高端技能人才。南宁职业技术学院建筑室内设计专业群实施“岗课赛证”四位一体育人模式，与企业共建“全屋定制英才班”，始终聚焦技能立身，始终坚持供给侧发力，主动应变，不断强化实践教学，积极适应市场不断增强学生的适应性和竞争力。黑龙江建筑职业技术学院市政工程技术专业群形成“学员制＋学徒制”人才培养机制，培养“懂技术、能施工、会管理”的复合型技术技能人才。黄冈职业技术学院建筑钢结构工程技术专业群以社会主义核心价值观为主线，将红色革命文化、优秀传统文化、现代企业文化、区域名人文化融入其中，推进“一主线四融合”育人，让思政课程和课程思政落地生根。三年来，学生获得省级以上技能大赛奖励112项、授权专利67项。

3.1.2 模式引领

模式主要体现在通过深化产教融合、校企双主体育人，实施“三教”改革、“1＋X”证书制度，推进动力变革、效率变革，进而促发人才培养的质量变革方面。

（1）深化产教融合，创新人才培养模式。

土木建筑专业大类在“双高计划”建设过程中，各专业群探索出了各具特色的人才培养模式和协同育人治理结构，出现了“产教同频、书证融通、三阶赋能”人才培养模式，“学校＋核心企业＋众多中小企业”的“1＋1＋N”多元协同育人治理结构等优秀经验做法。部分专业群的人才培养模式和课程体系如表4所示。

表 4　　土木建筑大类部分专业群人才培养模式和课程体系

类别	学校与专业群	内容
人才培养模式	日照职业技术学院建筑工程技术专业群	创新“产教同频、书证融通、三阶赋能”人才培养模式，实施“分类培养、分层教学”的人才培养运行机制
	黑龙江建筑职业技术学院市政工程技术专业群	创新融课、训、证一体的“MEST”人才培养模式，形成“学员制 + 学徒制”人才培养机制
	江苏建筑职业技术学院建筑装饰工程技术专业群	构建校企深度合作“进化融”人才培养模式
	黄冈职业技术学院建筑钢结构工程技术专业群	深化“双环境工学交替、三阶段能力递进”人才培养模式改革，实施校企“双主体”育人
	威海职业学院建筑工程技术专业群	形成“四方联动、岗学融通、分段递进”的复合型人才培养模式
	四川建筑职业技术学院建筑工程技术专业群	形成基于供需关系的“ACEM”人才培养模式
	石家庄职业技术学院建筑工程技术专业群	构建符合“雄安质量”的“三位一体”人才培养模式
	内蒙古建筑职业技术学院供热通风与空调工程技术专业群	遵循 OBE 理念，开发了“三阶段递进式”人才培养模式
	南通职业大学建筑工程技术专业群	实践“三协同、三契入、六融合”双主体协同育人模式，合作开展“双本位、多循环、交替递进”现代学徒制人才培养
课程体系	日照职业技术学院建筑工程技术专业群	开发“BIM + 装配式 + X”融合的专业群模块化课程体系，实施书证融通
	南宁职业技术学院建筑室内设计专业群	按照“底层通用、中层共享、高阶分立、模块互选”的原则，校企合作构建“平台 + 模块”课程体系建设
	黑龙江建筑职业技术学院市政工程技术专业群	构建“2 + 4 + X”成果导向一体化专业群课程体系
	浙江建设职业技术学院工程造价专业群	以共享理念构建“公共基础互通共享、专业模块特色分立、拓展学习自主选择”群模块化课程体系
	黄冈职业技术学院建筑钢结构工程技术专业群	构建“基础 + 平台 + 模块 + 方向”专业群课程体系，实现“底层可共享、中层可融通、上层可互选”
	四川建筑职业技术学院建筑工程技术专业群	构建“能力导向、任务驱动”课证融通模块化课程体系
	南通职业大学建筑工程技术专业群	构建“能力本位、实践导向、‘1 + X’融合、岗位群课程统整”五段式模块化课程体系
	广西建设职业技术学院建筑工程技术专业群	构建“思政模块、基础模块、能力模块”的分级分层、灵活多样的模块化课程体系

（2）聚焦“三教”改革，提高教师教学能力。

聚焦“三教”改革，提高教师教学能力，培养高素质创新型、复合型技术技能人才，为建筑产业工业化、信息化、智能化和绿色化转型升级提供了有力的人才支撑。

南宁职业技术学院建筑室内设计专业群开展教师分工协作的模块化教学模式改革，推动“职场化”特色的教法改革，应用翻转课堂、混合式教学等新型教学模式开展教学实践。江苏建筑职业技术学院建筑装饰工程技术专业群开展“AI赋能”智慧化教学改革，校企合作开发新形态立体化、手册式、电子教材，助力智能化课堂革命。浙江建设职业技术学院工程造价专业群将教学评做四者结合一起，打造了“五活五化”智慧魅力课堂。威海职业学院建筑工程技术专业群开展生产性实训、实训性生产，打造“课岗融合＋实境实战”教学模式范式。石家庄职业技术学院建筑工程技术专业群创新探索“云教材＋云班课”模式，结合学生特点开发活页式教材，将信息化和智能化新技术、新工艺和新材料融入教材建设。日照职业技术学院建筑工程技术专业群构建了“教赛融合、双创融入、实训生产融通”的实践教学体系，建设与专业群课程体系相配套的实践教学项目体系。广西建设职业技术学院建筑工程技术专业群开发“广西建设职业技术学院建筑数智化魔方教学平台”，不断完善建筑工程技术专业群“岗课赛证”融通课程体系的教学资源，深入推动“三教”改革。黑龙江建筑职业技术学院市政工程技术专业群建立“双带头人”制度，实施“育德、育新、育名、育实、育研”五位一体的教师队伍建设机制，为高水平师资队伍建设保驾护航。内蒙古建筑职业技术学院供热通风与空调工程技术专业群制定了“1459”教师发展标准，教师制定了个人发展规划，教师结构得以优化，教学、科研能力显著提升。

（3）落实“1＋X”制度，培养一专多能人才。

土木建筑专业大类专业群共计开展“1＋X”证书制度试点25项，参与“1＋X”证书制度标准制定11项，开发“1＋X”书证融通教材11部。日照职业技术学院建筑工程技术专业群开发“建筑工程识图”等“1＋X”证书标准，建设与“1＋X”证书标准配套教学资源，创新“产教同频、书证融通、三阶赋能”人才培养模式。黑龙江建筑职业技术学院市政工程技术专业群构建“2＋4＋X”成果导向一体化专业群课程体系，与廊坊中科等企业合作成立“1＋X”职业技能协同创新中心。浙江建设职业技术学院工程造价专业群将学历证书和职业技能等级证书融通，参与开发4本“1＋X”职业技能等级证书标准。威海职业学院建筑工程技术专业群实施“课岗赛证”融通，建成建筑信息模型（BIM）、建筑工程识图、装配式构件制作与安装、物联网智能家居系统集成和应用、工程造价数字化应用、室内设计等多功能、开放式、共享型职业技能等级证书考培实训基地，开展建筑信息模型技术员、物联网工程技术人员等6项国家新职业技能等级证书实操培训与技能鉴定。内蒙古建筑职业技术学院供热通风与空调工程技术专业群承担国家首批“1+X”证书试点子项目，建成建筑设备类BIM技术应用中心（含4个实训室）。

3.1.3 制度引领

探索出了一系列产教融合（校企合作）、混合所有制办学、学校内部治理、专业群可持续发展等方面的制度体系，如表5所示。

表5 土木建筑大类部分专业群制度体系

学校与专业群	内容
日照职业技术学院建筑工程技术专业群	构建行业、产业、企业、职业、专业、学业“六业联动”专业群建设协同发展机制，保障建设任务高效落实到位
南宁职业技术学院建筑室内设计专业群	制定“政行企校”实施制度，完成专业动态调整机制，实现人才培养供给侧和产业需求侧结构要素全方位融合
黑龙江建筑职业技术学院市政工程技术专业群	制定《市政工程技术专业群学术委员会议事制度》，实施院、系、专业群质量监控三级运行模式；实施《奖励性绩效津贴实施办法》，实现以岗位动态管理和奖励机制，确保专业群持续改进内生动力；制定《教师师德失范行为处理办法》等文件，强化师德师风考核督导，着力铸魂培根
江苏建筑职业技术学院建筑装饰工程技术专业群	建立保障专业群建设顺利实施工作制度、专项资金监管制度、专项绩效考核制度、反馈制度各套
南通职业大学建筑工程技术专业群	健全“五纵五横”内部质量保证体系
广西建设职业技术学院建筑工程技术专业群	制定《建筑工程技术专业群“双高”建设项目管理办法》和《建筑工程技术专业群“双高”建设专项资金管理办法》，完善教学质量诊断与改进管理办法，建立动态调整机制

3.1.4 标准引领

土木建筑大类各专业群在标准引领方面的部分优秀做法如表6所示。

表6 土木建筑大类部分专业群参与标准制定情况

学校与专业群	内容
日照职业技术学院建筑工程技术专业群	与企业合作开发国家级建筑工程施工工艺实施与管理、工程造价数字化应用、建筑工程识图等3个职业技能等级标准
南宁职业技术学院建筑室内设计专业群	牵头制定《室内艺术设计专业实训教学条件建设标准》和《室内艺术设计》高等职业学校专业教学标准，牵头制定高职本科《室内艺术设计》《环境艺术设计》专业《简介》和《标准》，修（制）《“1+X”室内设计职业技能等级标准》。 面向东盟老挝万象省职业技术学院等“一带一路”沿线国家输出了建筑室内设计专业人才培养方案和教学标准1套，《计算机辅助设计3DMAX》《BIM建模基础》等国际化核心课程标准6门

续表

学校与专业群	内容
黑龙江建筑职业技术学院市政工程技术专业群	参与全国市政工程类专业目录修订，牵头市政类《专业简介》《专业教学标准》编写，主持编写市政工程、城市智慧管理职教本科专业《专业简介》
江苏建筑职业技术学院建筑装饰工程技术专业群	参与修订建筑装饰工程技术、建筑设计、建筑动画技术等3个专业的国家级专业教学标准
浙江建设职业技术学院工程造价专业群	主持完成专指委牵头的13个专业教学标准研制工作，主编了浙江省《装配式建筑结构构件编码标准》，参编了浙江省住建厅组织的《浙江省市政设施养护维修预算定额》《浙江省造价指标编制规范》等工作；牵头审定了《浙江省建筑业“十四五”规划》《浙江省钢结构行业“十四五”规划》。《建筑企业财务管理》课程标准被运用于埃塞俄比亚的斯亚贝巴大学，教师参编《小水电国际标准技术导则》国际标准，在输出中国职教标准上迈出了一步
黄冈职业技术学院建筑钢结构工程技术专业群	主持完善湖北省职业院校建筑工程技术专业中高职衔接教学标准，参与职业教育土木建筑大类建筑工程技术等7个专业《专业简介》和《专业教学标准》修（制）订
苏州农业职业技术学院园林工程技术专业群	主持编写了中国风景园林学会团体标准《园林绿化工实操技能考核评价规范》，填补国内空白
威海职业学院建筑工程技术专业群	开发建筑工程技术专业标准1个，《装配式建筑施工》等课程标准4个。参与国家“1+X”建筑工程识图职业技能等级证书标准制定，参与制定《计算机维修工》《在线学习服务师》等国家职业技能标准
四川建筑职业技术学院建筑工程技术专业群	牵头完成教育部“中职、高职专科、高职本科”三个层次的土木水利类专业目录修订，组织研制教育部土木建筑大类专业简介和专业教学标准、建筑工程技术专业实训教学条件建设标准
石家庄职业技术学院建筑工程技术专业群	编写《低层预制混凝土模块化结构体系》行业标准1套
内蒙古建筑职业技术学院供热通风与空调工程技术专业群	参与高职专科供热通风与空调工程技术专业、给排水工程技术简介及专业教学标准的编制，承接了职业本科建筑环境与能源工程专业简介的编制，承接了中职供热通风与空调施工运行专业、市政管网智能检测与维护专业的专业简介及专业教学标准编制
广西建设职业技术学院建筑工程技术专业群	参加教育部“智能建造”专业教学标准的制定，编制完成《地下工程混凝土结构耐久性设计规程》等7项广西壮族自治区工程建设地方标准，参与制定建筑信息模型（BIM）装配式建筑构件制作与安装等“1+X”职业技能等级证书的考核标准、培训大纲，编制并出版配套的培训教材

3.2 支撑发展

“双高计划”支撑国家战略和区域经济社会发展的贡献度，主要体现在完善社会培训体系、推动技术创新应用、服务国家重大战略等方面。

3.2.1 推进技术创新和社会培训，服务产业转型升级

土木建筑大类各专业群通过建设技术创新服务平台、组建技术创新服务团队，广泛开展技术创新、成果转化和员工培训等工作，助力区域经济高质量发展。例如，南宁职业技术学院建筑室内设计专业群建设高新建筑技术设计产业研究院、民族建筑文化传承与创新研究所，成立2个科技创新团队，开展了科技服务65项、社会服务项目64个、科技成果87项，服务中小微企业44家、科技协同创新项目15项，授权专利54项，累计技术服务到款达407万元。黄冈职业技术学院建筑钢结构工程技术专业群校企合作成立黄冈建筑技术创新服务中心，建成5个科技创新团队，服务区域33家中小微企业的技术研发和产品升级，开展横向课题研究14项，获授权专利25项，完成企业工法8项，实现服务收入345.56万元。广西建设职业技术学院建筑工程技术专业群以需求为导向，校企联合开展QC成果及工法申报，为施工企业量身打造“工建宝”项目施工管理系统，帮助企业提效率、降成本、控进度、稳质量，增强核心竞争力。黑龙江建筑职业技术学院市政工程技术专业群承担市政工程二级建造师、岗位员、监理工程师培训任务5期5000余人，省农村厕所革命培训117人，哈尔滨市物业供暖集团供热培训200人，建工集团有限公司、省建筑安装集团有限公司等员工培训200人，BIM培训300余人。威海职业学院建筑工程技术专业群以“产权股份化、运作企业化”形式共同成立具有独立法人资质的混合所有制办学机构，投资100万元共建威海万斯达广安装配式建筑有限公司，填补了威海在装配式建筑研发、设计、生产领域的空白。

3.2.2 服务国家重大战略，助力区域经济发展

（1）服务“一带一路”倡议方面

日照职业技术学院建筑工程技术专业群成立“智慧建造国际建设职业教育联盟”，向“一带一路”沿线国家输出人才培养方案和教学标准。南宁职业技术学院建筑室内设计专业群引进英国国家学历学位评估认证中心专业资历框架及专业标准1套；与老挝万象巴巴萨职业学院建设了跨国专业指导委员会1个，向老挝万象巴巴萨技术学院输出建筑室内设计专业人才培养方案和教学标准1套，输出《BIM建模基础》等6门国际化核心课程标准。南通职业大学建筑工程技术专业群创新“汉语+技能+就业”留学生教学模式，实施“纳米比亚总统振兴计划”留学生项目，培养高素质技术技能留学生68名，其中38.2%学生已成为纳米比亚中资企业业务骨干。

（2）服务乡村振兴战略方面。

南宁职业技术学院建筑室内设计专业群完成南宁市上林县绿浪村改造项目、广西华辉装饰工程公司龙光玖誉城项目等64项，开展广西百色隆林各族自治县三冲村、广西百色西林县央龙屯旅游扶贫规划项目等6项，社会服务累计产生经济效益高达2437万元。威海职业学院建筑工程技术专业群成立乡村振兴学院，7名教师被威海市委农办聘为“乡村振兴规划师”，开展涉农培训3186人/日，完成20个乡镇62个村的美丽乡村规划建设，合力打造国家、省级示范项目，《发挥职教自身优势精准助力乡村振兴》入选高等职业院校精准扶贫案例。石家庄职业技术学院建筑工程技术专业群专业群组建技术服务团队，针对农村生态环保、建筑节能、居家养老等项目，对下岗农民工免费开展建筑类八大员和各技能工种培训1500余人/次，为乡村振兴提供有力的人才保障；积极参与乡村建设行动，依托合作企业参加美丽乡村和农村公路改造项目10余项，助推农村人居环境水平提升。浙江建设职业技术学院工程造价专业群连续14年安排6名农村指导员，持续接力结对帮扶丽水市青田县贵岙乡、小舟山乡、祯埠镇，助力共同富裕示范区建设，荣获浙江省最美绿道荣誉称号。

3.3 推动形成一批支撑职业教育高质量发展的政策、制度和标准

3.3.1 形成一批高质量的制度和标准

土木建筑大类专业群构建职业教育国家标准9个，制定修订国家专业教学标准25个，行业企业标准31个（其中全国行业标准5个），输出海外标准19个，开发课程标准219个，国际职业证书标准8个。

在标准制定方面，土木建筑专业大类在行业标准和标准输出上做法突出，成效显著。例如，南宁职业技术学院建筑室内设计专业群面向东盟老挝万象省职业技术学院等“一带一路”沿线国家输出了建筑室内设计专业人才培养方案和教学标准1套，《计算机辅助设计3DMAX》《BIM建模基础》等国际化核心课程标准6门。浙江建设职业技术学院工程造价专业群主编了浙江省《装配式建筑结构构件编码标准》《浙江省市政设施养护维修预算定额》《浙江省造价指标编制规范》等工作；牵头审定了《浙江省建筑业“十四五”规划》《浙江省钢结构行业“十四五”规划》，教师参编《小水电国际标准技术导则》国际标准，《建筑企业财务管理》课程标准被运用于埃塞俄比亚的斯亚贝巴大学，在输出中国职教标准上迈出了一步。广西建设职业技术学院建筑工程技术专业群编制完成《地下工程混凝土结构耐久性设计规程》等7项广西壮族自治区工程建设地方标准。苏州农业职业技术学院园林工程技术专业群主持编写了中国风景园林学会团体标准《园林绿化工实操技能考核评价规

范》，填补国内空白。

3.3.2 形成一批富有成效的创新实践成果

“双高计划”建设项目开展以来，土木建筑专业大类在党建、人才培养、课程资源、师资团队、产教融合、技术技能平台等方面取得了一系列标志性成果，助推职业教育高质量发展。

专业群共计荣获全国党建工作样板支部、全国党建工作标杆院系、五星级党支部6个，建设国家教学资源库6个，获批国家规划教材37部，打造国家级教师教学创新团队7个，建成国家职业教育示范性虚拟仿真实训基地8个，成立职教联盟（集团）4个，建设产业学院12个、产业研究院1个，开展“1+X”证书试点25个，省级教学成果一等奖以上奖22项，省级以上技能大赛获奖112项，教师教学能力大赛23项。

4. 典型案例

4.1 引领改革

案例1：服务产业转型升级，构建“产教同频、书证融通、能力三阶”建筑工程技术专业群人才培养体系

【学校】日照职业技术学院

随着建筑业转型升级和新一代信息技术的出现，建筑产业对建造人才的需求不断加大，培养更多的高素质技术技能人才成为专业群重点工作之一。建筑工程技术专业群在总结以前实践建筑工程技术高水平专业群人才培养基础上，构建了“产教同频、书证融通、能力三进”的建筑工程技术专业群人才培养体系。

一、深化“产教融合、校企合作”，打造“一集团两联盟三产业学院”协同育人体制

专业群围绕智能、工业、绿色建造等产业高端岗位群进行组建，深化“产教融合、校企合作”，牵头成立“日照市建设职业教育集团”“山东省建筑信息模型（BIM）技术创新教育联盟”“日照市现代建设人才城校企联盟”和“政行校企研”协同育人指导委员会，与山东锦华建设集团有限公司共建“锦华建筑装配化学院”，与广联达科技股份有限公司共建“数字建筑产业化学院”，与日照天泰建筑安装工程有限公司共建“日职天泰建工学院”，打造了“集团联盟产业学院”协同育人体制，形成了校企命运共同体，解决了校企合作缺乏长效机制、专业办学与产业发展脱节的问题。

二、适应人才新需求，研制新一代现代信息技术支撑下的建筑工程技术专业群人才培养目标

专业群为适应建筑业转型升级对人才的需求，将大数据、智能化、物联网、移动互联网、云计算等新一代现代信息技术融入专业教学。政行校企研联合确定专业群人才培养目标：面向建筑建造行业，培养政治立场坚定、德技并修、德智体美劳全面发展，扎实掌握土木工程识图、土木工程材料、力学基础、建筑结构等基础理论知识，熟练掌握智慧建造、工业化建造、绿色建造等技术，具备精细化、绿色化和智慧化施工生产和管理等职业能力，了解装配化、信息化、标准化、绿色化、设备施工一体化等建筑业前沿信息和发展动态，掌握 BIM、人工智能、物联网、区块链等新一代信息技术支撑下的智能建造技术，能够胜任工程施工、工程管理、质量控制、安全控制、工程测量、先进机械管理等岗位工作，具有爱岗敬业、精益求精职业素质和创新精神的复合型技术技能人才。

三、对接新职业、新岗位、新技术，开发“BIM＋装配式＋X”融合的专业群模块化课程体系

专业群对接新职业、新岗位、新技术，助力建筑行业数字化发展，课程重组相融，以 BIM 技术应用为主线，螺旋递进设置课程。

图1　专业群“BIM＋装配式＋X”课程体系

以装配式建筑施工为典型工作任务，适应智能建造与建筑工业化协同发展需要的技术技能人才的培养需求；将职业技能等级证书“X”考核内容融入专业群，形成由公共课程模块、基础通用课程模块、专业平台课程模块、岗位导向课程模块、职业技能等级考核模块、职业技能培训模块、班墨文化教育模块、创新创业模块等组成的“一基础两平台十岗位导向”的专业群模块化课程体系。

四、强化专业技能，开发“教赛融合、训生融通、双创融入”的实践教学体系

以校省国家三级职业技能竞赛内容为导向，分解专业群技能，形成实训项目，教学中以技能训练带动知识点的学习，形成教赛融合；将实训项目与生产项目融通，采用真实生产项目进行实训教学，实现教学过程与生产过程的对接；将创新创业能力培养融入人才培养全过程，实训项目融入创新创业要素，实现双创融入。把职业道德、工程意识和精湛技能的养成贯穿人才培养全程，重点培养学生基本技能、综合技能、生产技能和创新实践能力，提升了学生技术技能水平。

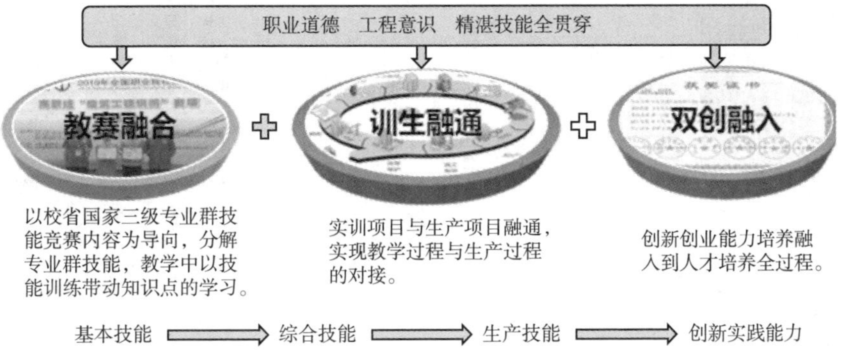

图 2　建筑工程技术专业群实践教学体系

五、实施成功教育，打造“德育为先、思政同步、班墨融入”的文化育人体系

专业群围绕立德树人根本任务，凝练形成“实施成功教育，成就师生幸福”的教育理念，将社会主义核心价值观教育融入人才培养全过程，培养“德智体美劳”全面发展的社会主义建设者和接班人。

深化课程思政教学改革，开发课程思政标准，编制课程思政教学案例，建设课程思政示范课程，使所有课程都成为思想政治教育主渠道，课程思政实现专业、教师、课堂全覆盖。

打造了“爱岗敬业、精益求精、开拓创新、追求至美”的专业群现代鲁班职业精神，并将这一精神融入人才培养方案，融入教育教学和日常生活。举办鲁班文化节和墨子文化论坛，将鲁班工匠精神和墨子的创新精神融入职业精神教育中，构筑系统的文化育人体系，实现“三全育人”，提升了学生职业素养。

六、优化人才培养过程，创新“双元育人、双证融通、三阶赋能”的工学结合人才培养模式

专业群在人才培养目标、人才培养过程等七个方面实现了“双元育人”，在学历证书与职业岗位资格证书、职业技能等级证书方面实现了“双证融通”，在技术技能方面实现了由职业通用能力到职业基础能力，再到职业岗位技术能力的“三进阶”，创新形成了“双元育人、双证融通、三阶赋能”工学结合人才培养模式，引领了职业教育教学改革。

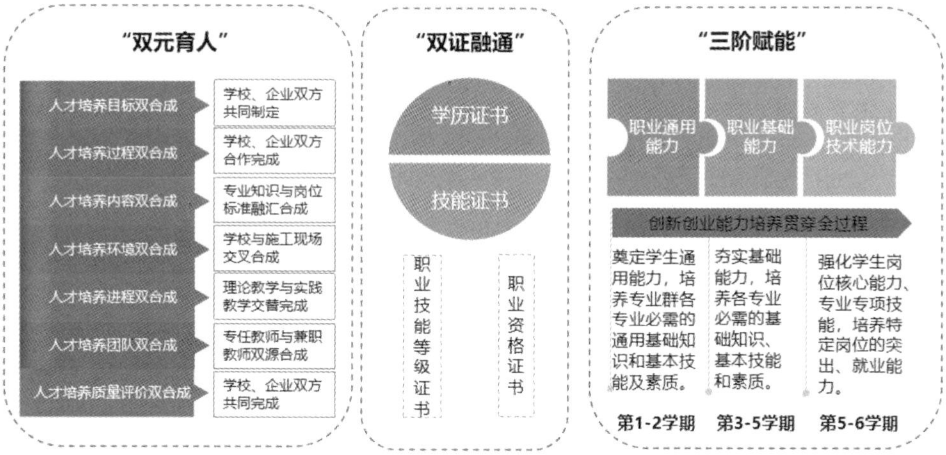

图3　专业群“双元育人、双证融通、三阶赋能”工学结合人才培养模式

案例2：基于“双身份、三阶段、多岗位”的“MEST”人才培养模式

【学校】黑龙江建筑职业技术学院

一、实施背景

市政工程技术专业群坚持“产教融合、校企合作、协同育人”理念，成立市政工程职业教育集团，构建实现实体化运作、全方位融合，全面实施专业群校企共建命运共同体，创新基于“双身份、三阶段、多岗位”的融课、训、证一体化“MEST”的人才培养模式引领教育教学改革，实现人才培养供给侧和产业需求侧结构要素全方位融合，能够更好地为地方建设服务。

二、主要做法

1. 建立校企共同体，实施双主体育人机制。依托黑龙江建设职业教育集团，实现双主体育人模式，学生进入学校就具有“学员”和“学徒”的“双身份”。制订新的市政工程技术专业群人才培养的教学文件、管理制度及相关标准，建立了课堂、

实训车间和实习企业三位一体的教学平台，实施“三阶段、多岗位”教学运行模式，真正实现专业对接行业产业、学业课程对接职业岗位、教学过程对接生产过程、专业技能对接职业技能。

2. 构建“MEST”课、训、证一体化人才培养模式。以“混合制 + 交换制”的校企合作人才共育机制为抓手，构建“MEST”课、训、证一体化的人才培养模式。

3. “育训”并举，靶向“1 + 3 + X”证书制度。坚持“育训结合、长短结合、内外结合”的原则，专业群靶向“1 + 3 + X”证书制度。

4. 基于“共享、并行、互选”的原则，构建成果导向一体化课程体系。对接职业岗位标准，整合专业群核心课程，建设工作过程导向“全建设周期”课程，构建专业群“共享、并行、互选”成果导向一体化课程体系。由专业认识实习、基本技能训练、综合技能实训、职业综合训练、顶岗实习组成递进式实践教学体系。

5. 打造以建设工程设计、施工、管理全建设周期课程，实施模块化教学。校企合作，共同开发以建设工程设计、施工、管理“全建设周期”课程，实现教学过程与生产过程对接、课程内容与职业标准对接、教学情景与职场环境对接。成立市政工程技术专业群模块化课程建设团队，实施基于工作过程模块化课程改革与教学，实现团队协作教学能力提升。

三、成果成效

（一）实施人才培养新模式，专业人才培养质量明显提升

通过校企共建，实施基于“双身份、多岗位、分阶段”的融课、训、证一体化“MEST”人才培养模式，有效地解决人才培养与行业企业实际需求严重脱节问题，使学生切实掌握了行业企业相关岗位工作所需的专业知识，形成了相关岗位的职业能力。近几年专业群就业率均保持在95%以上，企业满意度均保持在90%以上。

（二）实施校企深度合作，专业竞争力显著提高

2019 年，市政工程技术专业专业群立项为中国特色高水平专业群建设单位（A类）。2019 年，市政工程技术专业通过 IEET 国际工程认证。2019 年，市政道桥实训基地为教育部认定国家级生产性实训基地。市政工程技术专业在 2020 年和 2021 年发布的金苹果高职专业类竞争力排行榜和高职专业竞争力排行榜中连续两年获得全国第一。

案例3：产教孪生 共生共长：建筑装饰专业群生态系统构建

【学校】 江苏建筑职业技术学院

建筑装饰专业群紧密对接建筑新型装配化、信息化技术发展需求，基于产业领

域孪生匹配专业，理顺专业产业映射关系、优化组群逻辑，创新拓展人才贯通培养体系，孪生构建课程体系、研发教学标准、建设专业课程、开发教学资源、组建教师团队，形成了“产教孪生、共生共长”建筑装饰专业群生态系统。

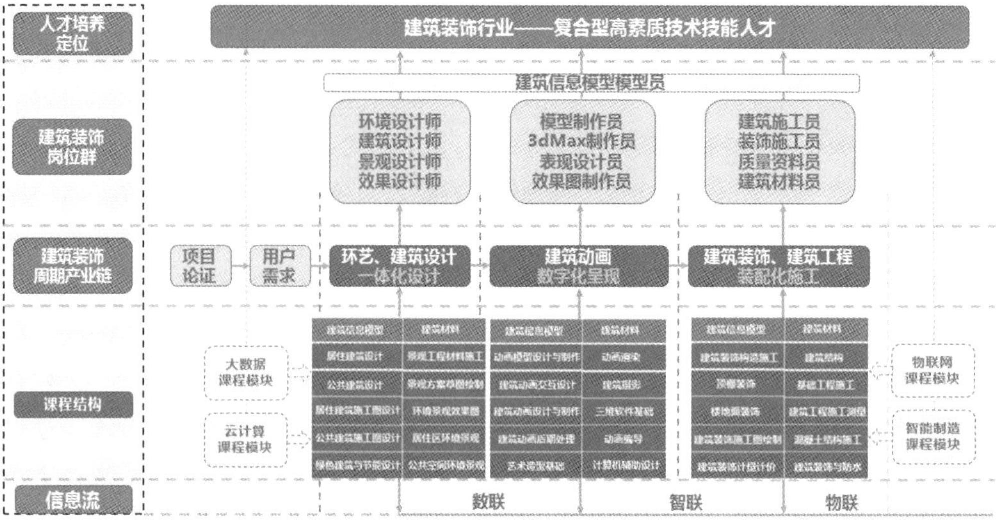

图1　建筑装饰专业群对接产业链架构

一、构建“有效冗余、跨界融合”模块化课程子系统

搭建了建筑装饰专业群基于工作过程的网状模块化课程体系；形成以不同课程组合满足不同岗位需求的灵活机制；群内提供多个复合型人才课程模块供学生自选，拓展学生个性化发展空间和职业域。

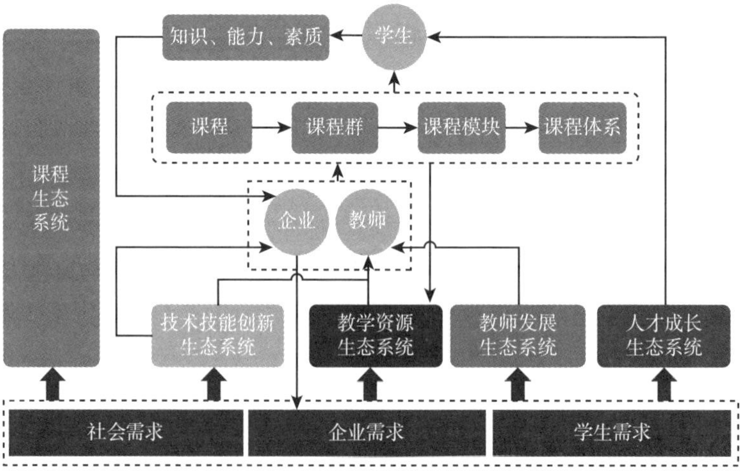

图2　模块化课程生态系统

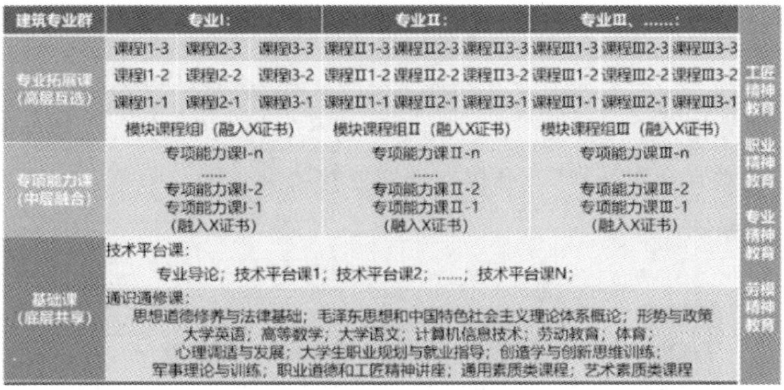

图 3　网状模块化课程体系

二、配套"虚实融合、泛在共享"立体化教学资源子系统

坚持以学习者为中心，开发教学标准、课程标准和实训标准，依托专业群内 2 个国家级教学资源库、18 门省级以上在线课程、8 本国家规划教材，搭建专业建设、课程中心、素材中心、培训中心等资源框架，形成了专业群教学资源生态系统。

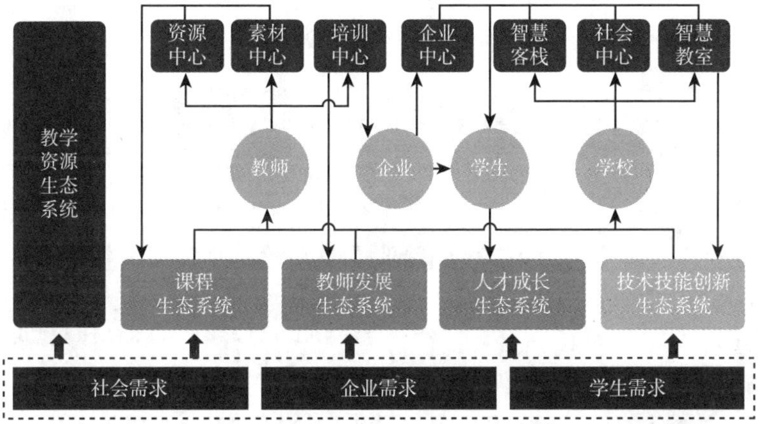

图 4　教学资源生态系统

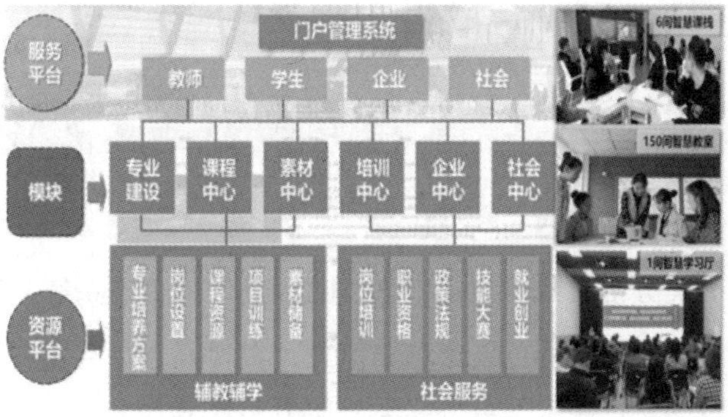

图 5　教学资源建设框架体系

三、搭建“二维多梯、产教一体”体系化教师发展子系统

实施“双师”工程，提升专业教师“双师”能力和兼职教师教学能力；选聘9名江苏省产业教授，参与开发国家“1+X”证书2个，国家技能大赛标准1项，依托“中非职业教育合作计划”，开展非洲职业院校管骨干教师培训，打造了体系化教师发展生态系统。

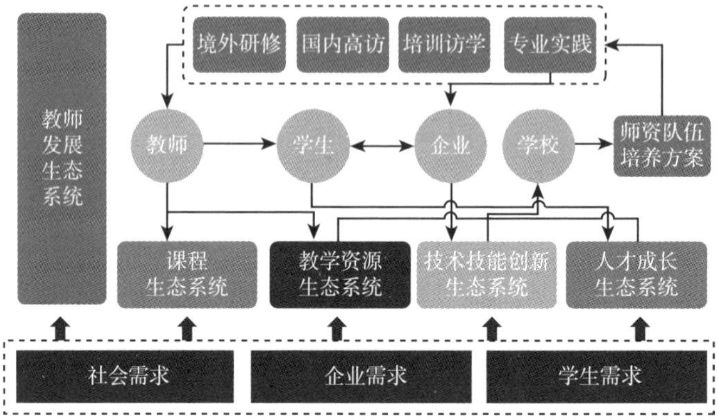

图6　教师发展生态系统

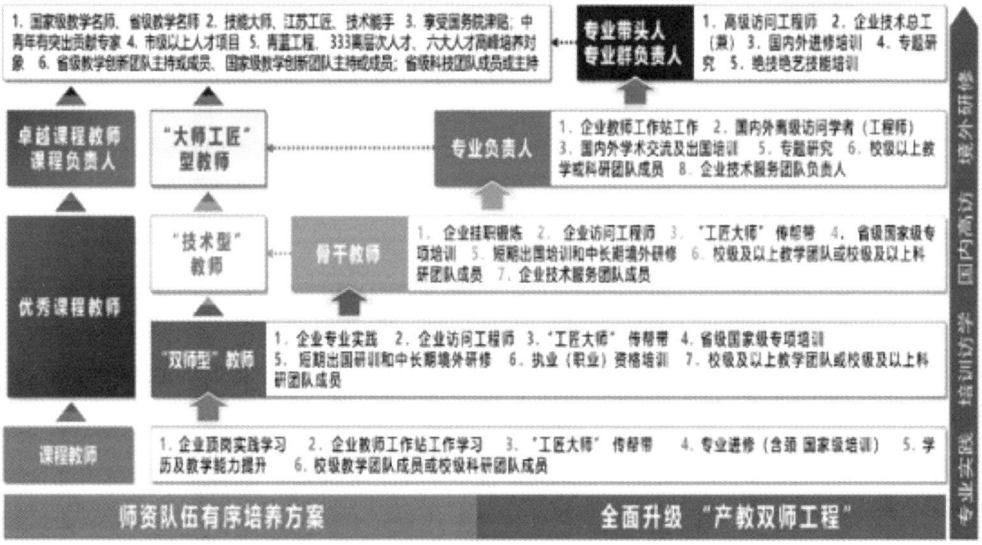

图7　“二维X梯度”教师培养体系

四、创新“分类分层、纵向贯通”多层化人才培养生态系统

深化学分制改革，创新特色人才培养模式，实现人才培养由单一岗位技能型向多种岗位复合型转变，技能水平与持续学习能力实现双提升，毕业生学历进修比例达20%以上；持续挖掘国家教学成果奖《以科技创新平台为依托，协同培养多层次

技术技能人才探索与实践》内涵，依托省级协同创新中心，围绕“双碳”、绿色建筑、智能建造，与中国矿业大学共建博士后培养基地，深化贯通培养的层次，1名教师进站开展博士后研究。

五、营造“集聚集成、分层递进”对外服务创新子系统

搭建了服务建筑中小微企业的生态型、集成式技术技能创新平台，实现技术产出23项，提供创新成果孵化19项，建成建筑数字化协同创意中心，完成师生创意产品52套；设立新型建筑产业技术研究院，服务建筑产业工人50820人/天，研发成果对行业企业贡献总额超3170万元，为服务建筑装饰产业转型升级提供强有力支撑。

4.2 支撑发展

案例4：打造规划师团队，创新“艺术+”乡村振兴齐鲁样板服务新模式

【学校】威海职业学院

一、背景与问题

职教如何融入乡村振兴国家战略开展社会服务工作、如何在社会服务过程中实现专业的完善和升级，是办好中国特色职业教育的重要命题。

二、思路与举措

建筑工程技术专业群以艺术为手段，以文化为抓手服务乡村振兴发展，最终形成了“一融入，二助力，三提升，四推动”的发展思路，全方位助推乡村振兴发展。

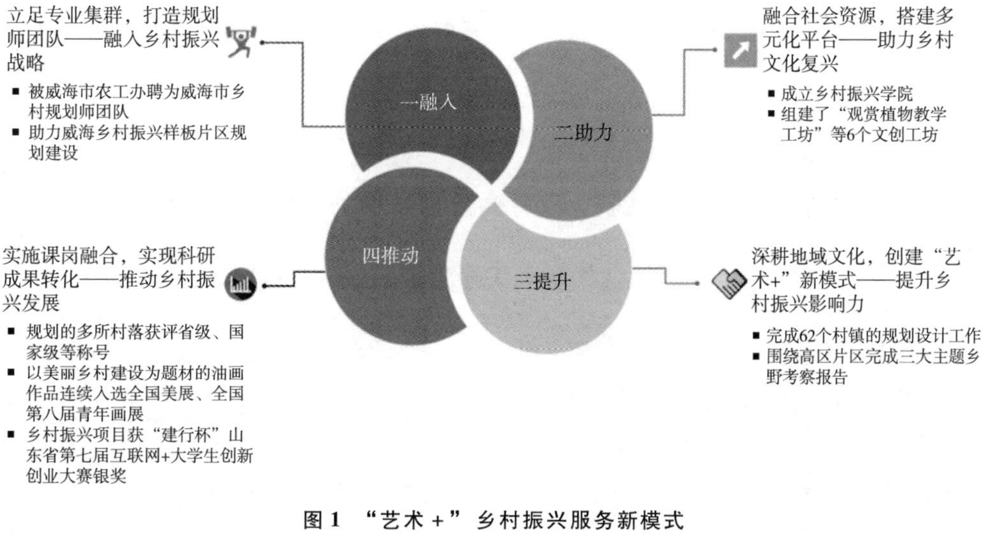

图1 “艺术+”乡村振兴服务新模式

（一）实施“项目化＋师徒制”，打造专业规划师团队

依托建筑工程技术专业群，组建规划师团队和规划设计及木作卓越工匠班，学校教师和企业规划师担任学生导师，以培养专业规划师为目标，带领学生驻地调研访谈、规划设计，锻炼学生专业能力、组织能力及商务谈判能力。

（二）推行“驻村制＋立地式”，挖掘乡村本土化元素

学校组建设计师团队带领学生进驻农村，通过走访村民、实地考察、现场访谈等不同方式，遵循顺势而为，就地取材的在地性原则，挖掘地域特色文化、独特自然资源。在威海荣成市留村，团队驻村 1 个月，基于本土特点开展河道景观改造、民宿景观设计以及绿化小品景观设计。

（三）坚持“艺术化＋本土化”，全面推进乡土文化复兴

以“文化”为突破口，遵循“可体验、可观赏”的理念，围绕“住、赏、尝、闻、唱”的体验原理去设计，激活项目文化价值。针对胶东海草房文化，设计了海草房文化主题民宿、胶东渔家宴；结合元代古墓遗址设计了“元代戏曲节”“留村根雕馆”等特色文化项目。推出了“互联网＋映象留村”品牌以及“寻根之旅”“海草房文化之旅”等主题 IP，为品牌塑造添上了浓墨重彩的一笔。

三、成效与经验

形成了品牌，辐射带动了地方经济。荣成市宁津街道留村被列入第五批中国传统村落名录，获 CCTV7 年度十佳魅力新农村、山东省美丽乡村示范村称号；3 个项目村被评为 2020 年山东省首批景区化村庄，2 个项目村获 2021 年全国乡村治理示范村镇称号。

培训农村高素质实用人才，满足乡村振兴多样化人才需求。培养了学生，输出潜在的大国工匠。项目团队 10 人被聘为威海市乡村规划师；6 人被培育为齐鲁工匠后备人才；6 人分别获得了山东省“互联网＋”大学生创新创业大赛铜奖（第五届）和银奖（第七届）。

4.3 推动形成一批支撑职业教育高质量发展的政策、制度和标准

案例 5：助力职业教育高质量发展，展四川建院力量

【学校】四川建筑职业技术学院

学院秉承“建德明志，筑能笃行”的校训，确立“培育鲁班传人，服务城乡建设”的办学理念，不断加强建筑行业领域教育理念发展，深化教学资源建设和职业教育改革，相继主持制定了职业教育土木水利类专业目录修（制）订；主持编制职业学校建筑工程专业实训教学条件建设标准（中职—高职专科—职业本科），助力

建筑业高质量发展及职业教育高质量发展。

一、牵头编制国家职业教育目录，推动职业教育中高本一体化专业发展

我院牵头职业教育土木水利类专业目录修（制）订工作，联合行业专业、教育专家等共同修订完成土木建筑大类中职专业 18 个，水利大类中职专业 10 个；土木建筑大类高职专科专业 34 个，水利大类高职专科专业 16 个；土木建筑大类高职本科专业 18 个，水利大类高职本科专业 8 个的职业教育一体化土木水利类专业目录。2021 年 3 月 12 日经教育部审定正式发布。

学院牵头完成职业教育专业简介及专业标准 35 部，为推动中高本一体化专业建设贡献四川建院力量。

二、牵头中高本建筑工程技术专业专业实训条件建设标准，推动实践教学上新台阶

我院牵头完成了建筑施工专业（中—高—本）的实验实训教学条件建设标准研制，新标准对接技术规范，遵循新专业标准、对接新职业场景，确保高标准、高质量完成。为提升全国建筑工程技术专业实训教学条件建设贡献四川建院智慧。

三、牵头行业技术标准编制，推动四川建筑业高质量发展

我院牵头完成《四川省住房和城乡建设领域技术工人职业标准》，从职业道德、职业技能等级、职业要求等方面进行修订，填补住房和城乡建设领域技术工人职业标准空白，加快推进住房城乡建设领域技能人才队伍素质提升，为四川建筑业高质量发展提供技术支撑。

我院召开《四川省住房和城乡建设领域技术工人职业标准》内部评审会

文章来源：科技处　作者：胡驰　发布日期：2022-04-02　点击数：318 次

2022年3月31日—4月1日，我院在行政楼B403组织召开《四川省住房和城乡建设领域技术工人职业标准》编制工作内部评审会。内部评审会专家组由胡兴福院长、各分册负责人、执笔人、科技处负责同志组成。

评审会上，与会专家认真听取了《设备安装工程施工技术工人分册》《景观园林工程施工与运行维护技术工人分册》《房地产经营与物业管理技术工人分册》各负责人的汇报。分别对各《分册》的职业道德、职业技能等级、职业要求和职业技能构成、职业技能培训考核、工作职责和征求意见稿外审专家意见的回复情况进行深入交流、逐一审查。专家们提出了宝贵的修改意见，并对下一步具体工作提出可行性建议。

编制《四川省住房和城乡建设领域技术工人职业标准》，填补住房和城乡建设领域技术工人职业标准的空白，将加快推进住房城乡建设领域技能人才队伍素质提升，为四川建筑业高质量发展提供技术支撑。

组织编制《四川省住房和城乡建设领域从业人员职业标准》《四川省住房和城乡建设领域基层管理人员职业标准》，将助力四川建筑业高质量发展，填补住房和城乡建设领域职业标准的缺失，将加快我省住房和城乡建设领域施工现场专业人员队伍建设，提升职业能力评价、教育与培训，提高工程质量和管理水平，为建筑从业职业发展贡献了四川建院力量。

四、教师团队建设案例推广，推动职业院校双师型教师发展

联合川渝知名企业及高校建立校企命运共同体：与迅达（中国）电梯有限公司、中七建工集团华贸有限公司等签订合作协议；与重庆建筑工程职业学院等单位共同组建川渝建设职业教育联盟，打造川渝专业群产学研联盟，服务川渝地区城乡建设。依托校企合作，学院制定《四川建筑职业技术学院校企合作师资培养办法》《四川建筑职业技术学院“双师型”教师资格认定办法》等制度；共建国家级创新团队、“双师型”名师工作室、装配式教研团队等，联合企业专家、兄弟院校开展职业教育教学研究。

我院教师团队建设案例成功入选教育部“职教教师队伍建设经验做法和创新团队建设典型案例”，成为四川省高职院校国家级教师教学创新团队唯一入选案例，为职业院校“双师型”教师发展贡献四川建院力量。

我院国家级教师教学创新团队案例入选教育部创新团队建设典型案例

文章来源：党委教师工作部（人事处）、发展规划处　作者：李雁蓉　发布日期：2022-04-14　点击数：322 次

近日，教育部教师工作司公布了“职教教师队伍建设经验做法和创新团队建设典型案例”，我院案例《标准引领，聚焦“三教”，提升创新团队适应性》成功入选，成为四川省高职院校国家级教师教学创新团队唯一入选案例。

教育部教师工作司为深入贯彻习近平总书记对职业教育的重要指示精神和全国职业教育大会精神，落实《中共中央办公厅 国务院办公厅关于推动现代职业教育高质量发展的意见》，不断加强职业教育教师队伍建设，近期公布了部分质量高、有特色的省、市职教教师队伍建设经验做法和创新团队建设典型案例名单，并将分批在《中国教育报》、《中国远程教育》等进行系列报道。本次公布了13个省市职教教师队伍建设经验做法和30个全国职业教育教师教学创新团队建设典型案例。

“双高计划”建设项目贡献度研究
（2019～2021年度）

分报告

水利专业大类分报告

中国教育会计学会
中国教育会计学会高等职业院校分会

1. 专业大类概况

水利专业大类立项建设专业群共计4个，涉及4所高等职业院校。其中，“双高学校”2所，“双高专业群”学校2所。立项建设专业群为水利水电建筑工程、水利工程2个专业群。立项建设单位及主要专业情况如表1所示。

表1　　水利专业大类立项建设单位及专业具体情况

学校名称	档次	专业群名称	专业群包含专业	涉及院系数量
黄河水利职业技术学院	高水平学校建设单位（A档）	水利水电建筑工程	水利水电建筑工程、水利工程、水利水电工程技术、安全技术与管理、港口航道与治河工程	1
杨凌职业技术学院	高水平学校建设单位（B档）	水利工程	水利工程、水利水电建筑工程、水环境监测与治理、建设工程监理	1
安徽水利水电职业技术学院	高水平专业群建设单位（B档）	水利水电建筑工程	水利水电建筑工程、水利水电工程管理、建筑工程技术、市政工程技术、给排水工程技术	4
广东水利电力职业技术学院	高水平专业群建设单位（B档）	水利水电建筑工程	水利水电建筑工程、水利工程、给排水工程技术、港口航道与治河工程、水政水资源管理	2
浙江艺术职业学院	高水平专业群建设单位（C档）	戏曲表演	戏曲表演、戏剧影视表演、表演艺术、舞台艺术设计与制作	3

2. 资金投入情况

水利大类共计立项4个高水平专业群，项目预算总额为61752万元，2019~2021年总计支出为31113.38万元，总体执行率为50.38%，除广东水利电力职业技术学院水利水电建筑工程专业群（资金执行率为31.97%）外，其他专业群资金执行率均在50%以上。

整体来看，水利大类各专业群2019~2021年平均支出为15438万元，明显高于其他大类专业群（文化艺术大类为4663.24万元，土木建筑大类为6503.84万元等），资金投入高，建设力度大，具体情况如表2所示。

表 2　　　　　　　　水利专业大类类各专业群资金执行情况

学校名称	档次	专业群名称	总预算（万元）	2019～2021 年支出（万元）	执行率
黄河水利职业技术学院	高水平学校建设单位（A 档）	水利水电建筑工程	11990.15	22000	54.50%
杨凌职业技术学院	高水平学校建设单位（B 档）	水利工程	6560.00	11000	59.64%
安徽水利水电职业技术学院	高水平专业群建设单位（B 档）	水利水电建筑工程	8726.31	16752	52.09%
广东水利电力职业技术学院	高水平专业群建设单位（B 档）	水利水电建筑工程	3836.91	12000	31.97%
平均值			7778.35	15438	
总计			31113.38	61752	50.38%

从九大建设任务来看，资金支出占比最高的是实践教学基地，占比为 59.64%；较低的是教材与教法改革、国际交流与合作、可持续发展保障机制，占比分别为 3.23%、1.73%、0.34%。各项建设任务具体情况如表 3 所示。

表 3　　　　　　　　水利专业大类各建设任务支出占比情况

建设任务	2019～2021 年支出（万元）	资金支出占比
人才培养模式创新	1230.08	3.95%
课程教学资源建设	2925.17	9.40%
教材与教法改革	1006.36	3.23%
教师教学创新团队	3405.11	10.94%
实践教学基地	16915.87	54.37%
技术技能平台	4318.90	13.88%
社会服务	656.90	2.11%
国际交流与合作	538.12	1.73%
可持续发展保障机制	106.24	0.34%
其他	10.62	0.03%
合计	31113.38	100.00%

3. 贡献度分析

3.1　引领改革

“双高计划”引领职业教育改革发展和人才培养的贡献度，主要体现在价值引领、模式引领、制度引领和标准引领四个维度上。

3.1.1 价值引领

水利大类专业办学贯彻全面发展的教育思想，落实立德树人根本任务，健全全面发展的人才培养体系，打造了水利类技术技能人才培养高地。

黄河水利职业技术学院水利水电建筑工程专业群把“扬黄河文化、精治水匠艺”融入人才培养，把“水利报国”精神融入学生血脉，践行习近平总书记“十六字”治水思路，构建“黄河铸魂”劳动思政育人体系，形成大爱大德技能强国的水利人才摇篮。主持开展全国职业教育水利大类专业课程思政集体备课，全国30多所水利职业院校的3000余名教师参加。获批全国高校“双带头人”教师支部书记工作室、全国党建样板支部、国家级课程思政示范课。涌现出三门峡明珠集团董事长贺树明、万家寨水利枢纽总工王航、“水文巧匠”田双印、“高原工匠”谢会贵、“重器青年”安怀念等2万余名高素质水利技能人才，守护华夏江河岁岁安澜。

杨凌职业技术学院水利工程专业群在订单班培养过程中，坚持德育引领，资助倾斜，“双班”管理，创新培养路径。构建了“传统文化与民族文化融合、专业培养与德育教育融合、课程教学与思政教育融合、行为养成与心理健康融合”。凸显技能，德才兼培，协同育人，保障人才质量。

3.1.2 模式引领

模式主要体现在通过深化产教融合、校企双主体育人，实施“三教”改革、1+X证书制度，推进动力变革、效率变革，进而促发人才培养的质量变革方面。

（1）深化产教融合，创新人才培养模式。

水利专业大类在“双高计划”建设过程中，各专业群探索出了各具特色的办学模式和人才培养模式，部分成果如下：

表4　水利大类部分专业群人才培养模式

类别	学校与专业群	内容
人才培养模式	黄河水利职业技术学院水利水电建筑工程专业群	创新“双主体、模块化、导向式、五贯通”书证融通人才培养模式，构建“黄河铸魂”劳动和思政育人体系
	杨凌职业技术学院水利工程专业群	创新形成了专业群“同基础、共平台、短学时、微专业”复合型人才培养模式和课程体系
	安徽水利水电职业技术学院水利水电建筑工程专业群	形成“岗证融合、能力导向、双元建设”的“一平台五方向”人才培养新模式
	广东水利电力职业技术学院水利水电建筑工程专业群	形成了“双驱动双主体双平台”人才培养模式

续表

类别	学校与专业群	内容
其他模式	黄河水利职业技术学院水利水电建筑工程专业群	创建“学·跟·轮·顶”现代学徒制人才培养新模式
	杨凌职业技术学院水利工程专业群	深化产教融合，创新“256”教师教学创新团队建设模式。形成“五对接、六融合、多方向、组合式”的政行企校协同育人模式
	安徽水利水电职业技术学院水利水电建筑工程专业群	“校企对接，交替循环”创新现代学徒制人才培养模式

（2）聚焦“三教”改革，提高教师教学能力。

水利大类专业群聚焦“三教”改革，打造高效课堂，形成了一些核心产出和值得借鉴的经验做法。

黄河水利职业技术学院水利水电建筑工程专业群推广“四个融合”教法，促进黄河文化入心入脑入魂，提供泛在、特色的学习服务，开展国家、省级职教课题12项，建设国家和行业“十三五”规划教材18部，获省级优秀教材奖2项，开发工作手册式、差异化新形态教材23部。

杨凌职业技术学院水利工程专业群教学过程以学生为主体，教师为主导，采用任务驱动及研讨式开展，设计“明、学、研、练、总”五步法教、学过程，过程遵循认知规律，实现做中教、做中学，激发学习兴趣，增强学习效果。

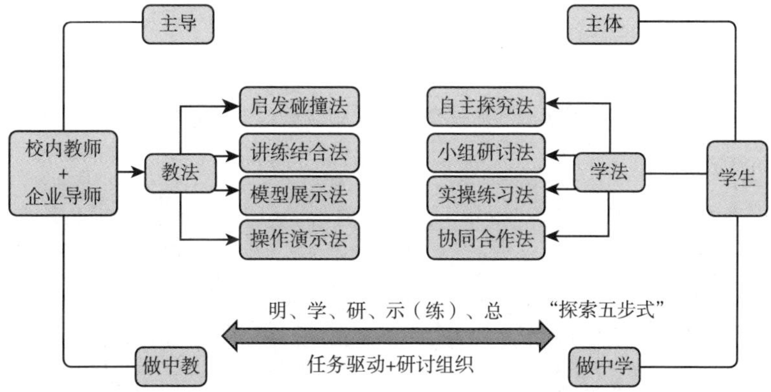

图1　杨凌职业技术学院水利工程专业群五步教学法

安徽水利水电职业技术学院水利水电建筑工程专业群引用PDCA循环原理与任务驱动教学法的四个环节：任务设计、构建，任务实施、完成，任务检查、评价，任务总结、调整。构建“PDCA＋任务驱动法”教学方法，促进学生分析问题解决问题能力，健全“过程盘点、多方评价”的教学评价机制，提升教学效果。

3.1.3 制度引领

水利大类围绕“双高计划”专业群建设、专业群可持续发展方面探索出了一系列制度体系，部分内容如表5所示。

表5 水利大类部分专业群制度体系

学校与专业群	内容
黄河水利职业技术学院水利水电建筑工程专业群	参与水利部“水利人才培养基地制度体系及评价标准建设”2个制度建设，规范培训基地建设
杨凌职业技术学院水利工程专业群	创新区校、校校、产教融合机制，不断优化“四方”合作发展理事会运行模式，创新理事会运行机制和管理制度。 创新“理事会＋中水学院＋海外水利学院”运行机制，探索“海外水利学院”高质量发展机制和模式
安徽水利水电职业技术学院水利水电建筑工程专业群	开展“8字形质量改进螺旋”，编制基于专业群的教学质量诊断与改进方案，建立内部质量保证体系、质量文化教育机制
广东水利电力职业技术学院水利水电建筑工程专业群	建立“行企校”多方共建式产教融合管理机制，制定《专业群绩效考核办法》等内部管理制度、机制及“双高计划”建设激励制度共15项

3.1.4 标准引领

水利大类在专业教学标准、课程标准、技能等级标准、行业标准等方面贡献了智慧和力量。各学校参与标准制定情况如表6所示。

表6 水利大类部分专业群参与标准制定情况

学校与专业群	内容
黄河水利职业技术学院水利水电建筑工程专业群	主持参与修制订国家职业教育专业目录34个、专业简介31个和教学标准17个，研制“中—高—本”专业标准6个，通过国际标准认证专业2个
杨凌职业技术学院水利工程专业群	主持完成水利工程等3个国家专业教学标准和农业水利工程本科专业的专业简介修（制）订工作，参与国家职业教育水利大类专业目录（2021）修（制）订工作
安徽水利水电职业技术学院水利水电建筑工程专业群	制定了1个专业群建设标准、5个专业建设标准
广东水利电力职业技术学院水利水电建筑工程专业群	联合3家龙头企业开发水利行业X证书标准，牵头5项国家教学专业标准及简介研制

3.2 支撑发展

3.2.1 推进技术创新和社会培训，服务产业转型升级

（1）技术创新。

黄河水利职业技术学院水利水电建筑工程专业群建设王复明院士领衔的坝道工程医院分院（全国水利高职唯一），建设黄河实验室和省级研究中心 4 个（河南省高职最多）、市级 8 个、校级 10 个，形成四级科研平台矩阵。主持国家基金项目 2 项，获全国农业节水科技奖 1 项、河南省科技进步奖 1 项，授权专利 44 项，转化经济效益 4.54 亿元，服务水利行业转型升级和河南创新发展。针对黄河工程安全，推进建筑材料检验、岩土工程检验、量测等技术服务，先后承接了开封市赵口灌区续建配套与节水改造项目工程、三义寨灌区续建配套与节水改造项目工程、开封市“一渠六河”连通综合治理工程、兰考县农业开发项目等 200 余项水利工程项目的质量检测业务，服务河南区域涉及开封、商丘、平顶山、南阳、兰考、通许、杞县、尉氏等 10 余个县市。截至 2020 年底，完成了 280 次检测任务，服务中小微企业 5 个，年技术服务收入 100 余万元。广东水利电力职业技术学院水利水电建筑工程专业群专业群已实现培育行业高端成果 7 项，海外技术服务 3 项，专利授权 47 项（含国家发明专利 9 项），引领中小企业技术服务合作 25 项，技术技能创新服务平台成果孵化已见成效。广东水利电力职业技术学院水利水电建筑工程专业群面向地方中小微企业开展水利科技创新服务，搭建产学研融合路径，深化拓展与地方区域企业的战略合作，签订了校企合作协议 69 份，实现成果转化 6 项，技术推广 9 项，完成开展水利科技服务 51 项，提升了企业效益达 680 万元，打造高水平科研品牌，反哺人才培养形成制度。

（2）社会培训。

安徽水利水电职业技术学院水利水电建筑工程专业群强化“政行校企”联合办学效能，建设安徽省河（湖）长学院，开展各级河湖长管理和保护工作培训 1213 人/次；对接新技术发展，校企联合开展 BIM 培训与认证 804 人/次；助力地方经济发展，开展职业技能培训与鉴定 7850 人/次；发挥学院智力优势，工程技术咨询与服务实现总产值 2331 万/元。广东水利电力职业技术学院水利水电建筑工程专业群依托“全国水利行业终身学习平台”，开发了 10 门在线培训课程，开展培训 49226 人/日，技能鉴定闸门运行工等共 2135 人/次，到款额 942.9 万元，促进水利职工队伍素质全面提升。

3.2.2 服务国家重大战略，助力区域经济发展

在服务国家重大战略中，水利类专业群针对“一带一路”倡议以及乡村振兴等

战略开展了探索实践，成效显著。

（1）服务“一带一路”倡议

黄河水利职业技术学院水利水电建筑工程专业群依托大禹学院海外分院和中国水利职教集团（首批国家示范性职教集团），建设水利国际职教委员会，引进《雨水景观设计实用手册》等国际标准，开发输出《国际工程项目试验检测标准指南》等行业标准，培养本土人才40名，国际标准认证专业2个，培养国际化水利人才360名、留学生66名。

安徽水利水电职业技术学院水利水电建筑工程专业群学院积极响应“一带一路”倡议，建设徽匠工坊和大禹学院，形成了徽匠工坊建设方案，依托工程施工虚拟仿真中心开发20个徽匠工坊实训项目，利用“互联网+”资源库搭建空中课堂，为泰国德图多姆技术学院等27所高校的132名师生开展培训；为柬埔寨培养30名留学生。

广东水利电力职业技术学院水利水电建筑工程专业群探索“互利、共赢”的国际合作办学新模式，建立广东水电坦桑尼亚大禹学院、鲁班工坊、老挝鲁班学院3个海外办学点，招生48人，举办2场“中文+水利技能”援外（马来西亚）培训班，培养澳大利亚等国短期来华留学生，培养培训海外学生超过500人，为“一带一路”国家和地区的技术人才培养提供中国职教方案。研发输出具有中国特色的国际化水利水电建筑工程专业教学标准，开发《水工建筑物》等5门专业核心双语课程，录制《世界水利工程》等8门国际化水利科普教学视频，促进水利专业标准与课程标准在海外的应用，扩大专业群国际影响力。

（2）服务乡村振兴战略。

杨凌职业技术学院水利工程专业群为青海“三江源”地区（玉树、果洛、黄南）开办水利人才订单班，培养118名“思想靠得住”“地方留得下”“工作拿得动”的水利基层技术人才，服务当地水利事业发展。组建专家教授团队，深入田间地头，足迹遍及陕西5个地市、9个县区，聚焦乡村振兴重点与难点，宣讲党史及党的乡村振兴政策10场，开展专业技术培训10场，进行防洪演练1场，发放资料2000余份；编制乡村振兴“十四五”发展规划报告2份，提出乡村特色旅游发展建议5份，提出三产结合的新型农业示范园建设建议3份，解决土地流转、调整产业结构的建议2份，果业种植与生态养殖结合建议4份，农村供水提档升级及污水收集处理建议1份，在节水灌溉、观光农业发展、猕猴桃产业发展、农村环境治理方面建议12份，为实现农业优质高效、乡村宜居宜业、农民富裕富足奉献杨职智慧、贡献杨职力量。

广东水利电力职业技术学院水利水电建筑工程专业群实施精准对口帮扶，为专业群欠发达地区学生79人提供帮扶，开展水科普、水安全社区服务10次，职教支援5项，联合广东省水利厅开展了“百镇千村万人”乡村振兴农村水利现状专题调研，助力乡村振兴发展战略。

3.3 推动形成一批支撑职业教育高质量发展的政策、制度和标准

3.3.1 形成一批高质量的制度和标准

“双高计划”建设项目开展以来，水利大类专业群共计参与开发国家应用型本科层次专业教学标准7项、专科层次专业教学标准18余项，为水利相关专业办学、行业发展提供了依据。尤其是黄河水利职业技术学院水利水电建筑工程专业群填补职业本科空白，实现中高本纵向贯通，该校基于“对接产业新需求，统筹中高本纵向贯通”原则，此次修（制）订新增8个职业本科专业，取得突破性成果，并对水文水资源类、水利工程与管理类、水利水电设备类、水土保持与水环境类四个专业类优化调整，最终设置10个中职专业，16个高职专业，8个职业本科专业。专业设置实现各层次专业对接和课程衔接，形成中高本纵向贯通的职业类人才培养体系。

3.3.2 形成一批富有成效的创新实践成果

“双高计划”建设项目开展以来，水利专业大类在党建、人才培养、课程资源、师资团队、产教融合、技术技能平台等方面取得了一系列标志性成果。在课程资源建设方面，主持参与建设国家级教学资源库7个，荣获国家精品在线课程6门、国家规划教材19部、国家优秀教材奖2项、国家课程思政示范项目2项。在师资队方面，荣获国家教师教学创新团队4个、国家“双师型”教师培养培训基地1个、教师教学能力比赛国家级奖项9项。在学生培养方面，各专业群累计开展本科专业办学5个，学生技能大赛国家级奖项14项。各专业群共计荣获省级以上教学成果奖15项。同时形成了一批可借鉴、可复制、可推广人才培养模式、“三教”改革模式和现代学徒制办学模式，为助推职业教育高质量发展贡献了智慧和力量。

4. 典型案例

4.1 引领改革

案例1：创建“学·跟·轮·顶”现代学徒制人才培养新模式

【学校】黄河水利职业技术学院

他从养护室取出试件→擦拭干净→检查外观→调整设备→安放试件→设定试验

机加载速度→均匀加荷至试件破坏→导出试验成果，操作规范、一气呵成，他就是水工建筑 1901 班宋志斌同学正在作混凝土抗压强度试验。像宋志斌一样在滇中引水工程 750 公里沿线各标段上进行顶岗实习的，还有近 30 名现代学徒制试点班学生。

近几年来，黄河水利职业技术学院水利水电建筑工程专业与中国水电第十一工程局、云南云水工程技术检测有限公司等 8 家企业联合，开展“现代学徒制试点”人才培养试点项目，组建“双师双能型”师资队伍，校企共同招生、共同制订人才培养方案、共同开发课程资源、共同培养师资、共建实训基地、共同开展教学评价。企业＋校内、功能互补，培养一批具备熟练操作技能的学生，在实习期间参与 10 余项国家重大水利工程建设。

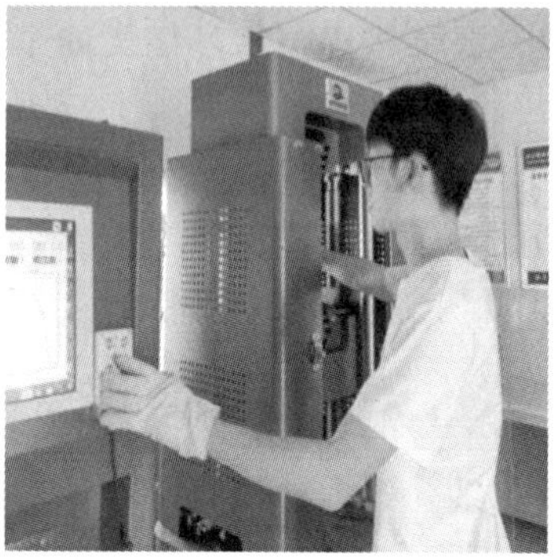

图 1　宋志斌混凝土抗压强度试验

荣誉证书

宋志斌 同志：

在 2020 年学徒制培养期间，工作突出，勤勤恳恳，技术精湛，被评为“优秀学徒”。

特发此证，以资鼓励。

云南云水工程技术检测有限公司

2021 年 01 月

图 2　优秀学徒表彰

一、“工学结合 螺旋递进”生产主导型人才培养模式

根据水利行业、企业需求及岗位工作特点，校企合作共同制订“一平台、二阶段、三递进、四定位、五对接”人才培养方案，采用“工学结合 螺旋递进”生产主导型人才培养模式，通过“学・跟・轮・顶”四级螺旋递进订单培养，缩短毕业生就业后的“适应期”和“稳定期”。

一平台：校企共筑“云水学院”双主体育人平台。二阶段：采用“1.5＋1.5”两阶段培养，前 1.5 学年学生以学校学习为主，后 1.5 学年学生以企业实习为主。三递进：通过跟岗→轮岗→顶岗，培养学生职业素养、岗位技能以及精益求精的工匠精神。四定位：不同学习阶段、不同角色定位，即学生→学徒→准员工→员工，完成学徒到员工身份转换。五对接：专业设置和课程内容实施专业与产业、职业岗位对接，专业课程内容与职业标准对接，教学过程与生产过程对接，学历证书与职业资格证书对接，职业教育与终身学习对接。

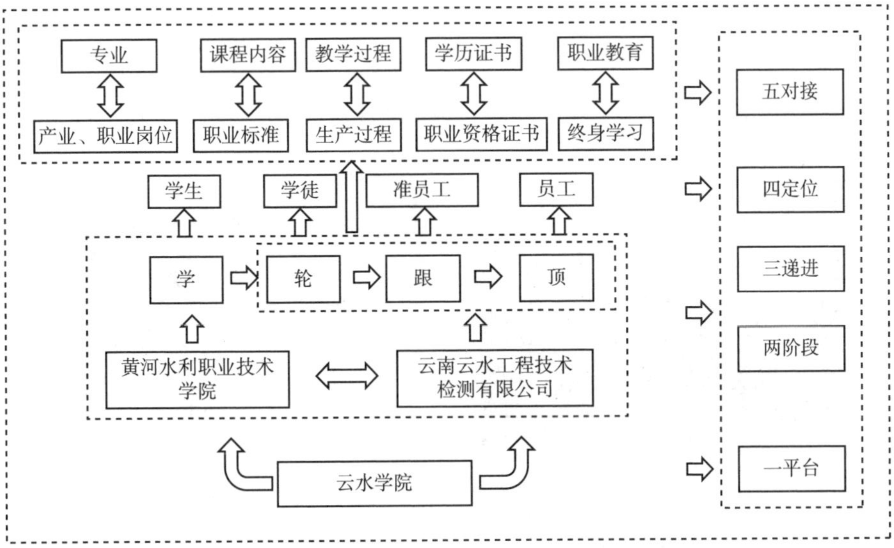

图 3 “工学结合·螺旋递进”生产主导型人才培养模式

二、“学·跟·轮·顶”四级现代学徒制试点培养

1. “学”——校内育训结合奠定基础

“学”以学校育人为主，与企业共同开发教学标准、活页式教材、教学计划、考核标准等教学资源。在校期间，开展“拜师仪式”，一个企业师傅带三个学生徒弟，把企业经验、企业文化、职业规划与职业素养“搬”进课堂，师徒传承，建立企业文化认同感；同时，校内专任教师通过“教·学·练·评·创”，线上线下开展教学活动，使学生掌握专业基础知识及专业基本技能。

图 4 企业文化认知报告会

2. “跟”——学徒跟岗掌握基本技能

第四学期开始 2 周的跟岗实习。学生通过校内学习初步具备职业基础素养与能

力，在此基础上安排学生到云南云水工程技术检测开展跟岗实习，了解公司生产流程、产品特点、岗位设置、岗位工作内容及要求、员工生活等一系列内容。提高对企业文化的深入认知，明确企业工作岗位流程的职业能力要求及技术技能要求。

图5　现代学徒制班入企动员大会

图6　企业师傅叶红指导跟岗学生

3. “轮”——企业轮岗提升核心技能

在国家重大水利工程建设项目——滇中引水工程质量控制中，有砂料检测、碎石检测、钢筋检测等19个检测项目，每人每岗2天、师傅带徒弟依次轮岗，50天完成19个项目的轮岗。在真实的工作环境和生产过程中进行轮岗实操，持续培养动手能力与职业岗位素养，强化学生岗位技能熟练程度。保证学生培养的质量，为下一阶段顶岗实习奠定基础。

图7　殷景龙学徒轮岗做含泥量试验和土样颗粒筛分试验

4. “顶”——过关顶岗练就工匠本领

轮岗实习结束后，进入顶岗实习阶段。现代学徒制试点班的学生作为企业的准员工，被分配到云南在建重大水利工程和重点水利项目，独立完成生产项目，实现从学徒到准员工的角色转变。在生产任务中强化实际操作能力，提升业务能力和技能水平，练就工匠本领，同时，在工作岗位中培养爱岗敬业、吃苦耐劳的职业精神和求实创新、遵章守纪的职业素养。

图 8　混凝土抗压强度试验试块制作

三、培养“双优”人才，服务西南重大水利工程

云水学院“现代学徒制试点”人才培养，依托云南省地缘特点、在建大型水电开发优势和学院服务“一带一路”、提升国际服务能力的需求，为当地水利改革和发展提供坚实的人才保障和智力支持，破解水利建设任务繁重、人才匮乏，急需新增大量水利专业技术人才的难题。建立以职业技术能力为核心多方参与的“四结合”质量评价体系，综合评价人才培养质量，逐步形成了较为完善的教学管理制度和良性的运行机制，取得较好的育人成效。

2017 级、2018 级水利水电建筑工程专业现代学徒制试点班 80 余人毕业生，实现了就业岗位“零距离”对接，2020 年、2021 年喜获“双百分”，即初次就业 100%，专业对口率 100%。

图 9　荣誉证书

案例 2：政行企校四方联动，动态调整人才培养

【学校】杨凌职业技术学院

近几年，水利行业的产业转型升级和高质量发展，对生产、管理、服务第一线

专业技术人员的要求将越来越高。水利工程专业群为适应行业转型升级需求，创新人才培养模式，精准对接行业高质量发展。

一、建立政行企校四方联动的动态化人才培养调整机制

在人才培养教学实践中，结合行业、企业需求岗位动态变化的特点，针对就业岗位细化、上岗适应期缩短新形势，校企双方对接岗位群动态需求，建立“专业特长模块化”动态调整机制，每个专业设置 2～3 个特长模块，通过“多方向专业特长”培养，精准对接职业岗位核心技能，以达到人才培养动态适应行业、企业发展需求。

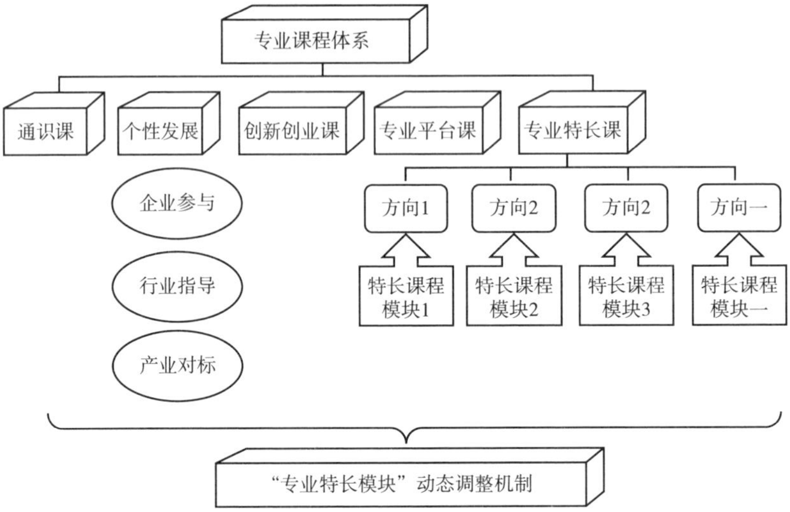

图 1　专业特长模块动态调整机制

二、形成“五对接、六融合、多方向、组合式”的政行企校协同育人模式

政府支持，行业引导，引企入教，创新协同育人模式，分流对岗精准培养适应企业多元化用人需求。

依托“中水学院”平台，校企共同对接产业链定位人才培养规格，对接行业主要岗位群定位专业服务面向，对接企业技术岗位分析职业能力，对接岗位工作标准修订课程标准，对接岗位需求引导学生就业意向，构建实施“宽平台基础＋优质核心专业课程＋专业特长模块”的模块化课程体系。

在人才培养实施过程中，通过“1＋X”证书制度，实现毕业证书与职业技能等级证书的书证融合；通过教学过程融入行业职业资格证要求，实现教学与考证培训过程融合；通过校企共同开发多类型的教学资源，整合校内外资源，实现教学资源融合；通过引企入教，将企业文化引入校园文化，实现文化融合；通过组建“产业教授领衔、大师示范、双带头人指导”的教学团队，实现专职教师与兼职教师的队

伍融合；对接行业龙头企业，引进国际先进标准与国内标准融合，形成具有国内一流的课程标准。

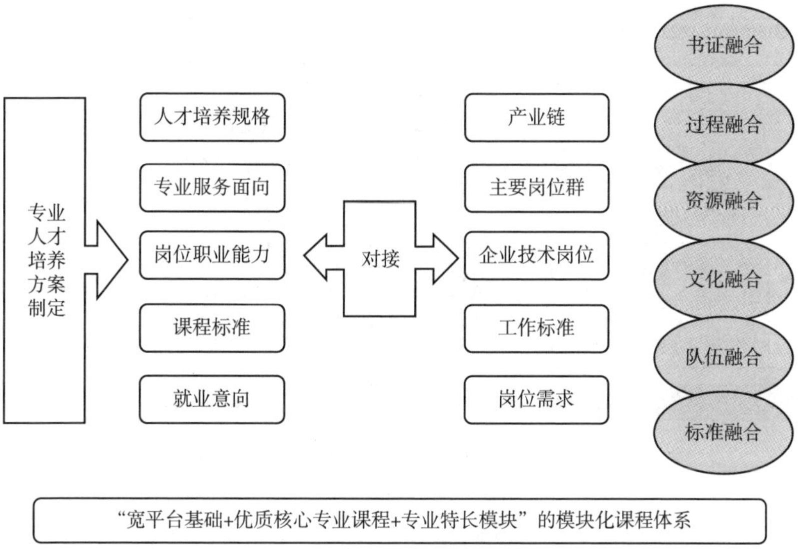

图 2　人才培养方案动态调整框架

三、成果与成效

开发国家通用专业教学标准 4 部，其中主持国家级教学标准 3 部，形成国内一流、国际认可的课程标准 21 门。

1. 人才培养质量高，专业招生就业旺

近两年水利工程类专业统计显示，专业学生报考率稳步提升到 261%，报到率常年保持在 94% 以上；就业率保持在 96% 以上，在世界 500 强企业就业比例占到 54.6%。

2. 人才培养效果好，学生技能大赛成绩优

人才培养模式动态微调，精准对接行业需求。学生技能水平显著提升，在近两年全国技能大赛中，获团体一等奖 3 项，二等奖 2 项；获个人一等奖 4 项、二等奖 16 项；全国数学建模大赛获奖 13 项；“互联网 +”大赛获国赛银奖 1 项，省赛金奖 4 项。

案例 3：一平台五方向，构建“底层共享、中层融合、高层互选”课程体系

【学校】安徽水利水电职业技术学院

从专业到专业群，最大的变化就是课程体系的重构。分析水利水电建筑专业群内各专业的共性与差异性、课程的共性与差异性，以“底层共享、中层融合、高层

互选”的层次重构课程体系。

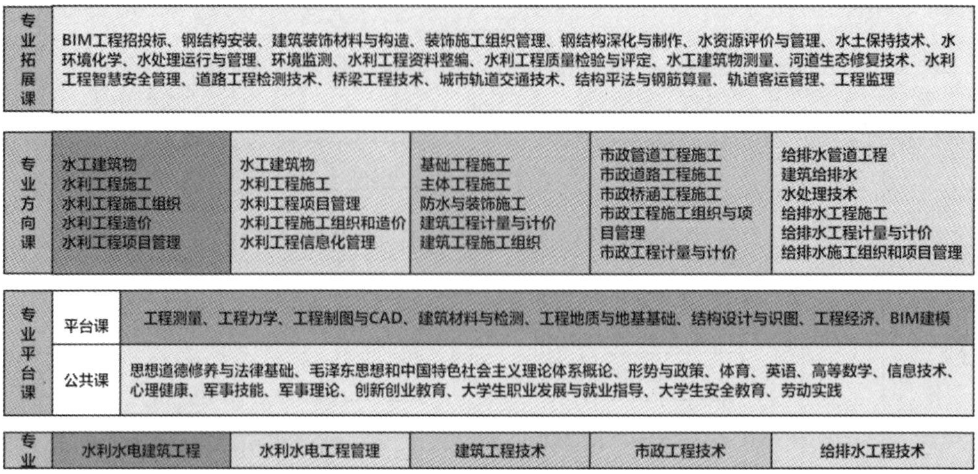

图1　课程体系构建

一、底层共享：夯实专业群基础知识，实现教学资源利用最大化

专业群课程体系底层对应的是面向岗位群的基础工作能力，针对群内各专业共同必需的知识、技能和素质，奠定学生基本能力，称为“专业基础课程模块”。水利水电建筑专业群的专业基础课程主要分为两个部分，包括面向公共基础课程以及水利水电建筑专业群的平台课。

公共基础课程模块着力培养学生的基本职业素养，引领学生形成对社会历史、现状以及基本国情的正确价值观，提升学生的沟通表达能力和职业道德修养，并具备运用现代信息技术手段和工具的能力，培养学生的人文素养及科学素养。公共基础课程模块的设置主要包括思政、体育健康、心理健康、信息技术基础、就业指导、英语等课程。

二、中层融合：精准对接产业链，实现差异与拓展并举

课程体系的中层对应的是群内各专业对应的职业岗位必备的核心职业能力。构建中间层的岗位课程，根据群内专业对应的职业岗位所需核心职业能力确定岗位课程，岗位模块课程的设置既需要体现群内专业的差异性，还需要保证岗位课程模块横向可拓展性。开发岗位核心课程模块，针对的是产业新兴、市场急需、技术技能含量高、具有上升空间的岗位群，这些课程能够使学生在掌握通用职业能力的基础上，聚焦工作岗位，形成富有竞争力的岗位能力。

三、高层互选：发展导向，提供个性化的职业发展路径

上层课程是根据学生个体的需求、产业发展和市场需求，选择就业、升学、创业等不同发展方向，设置多样化、个性化的发展性课程。专业群课程体系的层级逻

辑体现了从宽口径职业领域到专门化就业岗位的人才培养，既突出了岗位核心能力，又具有较强的岗位迁移能力和职业发展潜力。

在水利水电建设专业群的实践中，拓展课程提供了面向升学的专升本学习班以及面向就业的项目班或订单班还有面向创业的班级。针对这些教学模式，要求学生以任务导向完成必修学分。升学班以备考升学的学习成果报告进行考核，检验学生的学习效果。项目班或者订单班采用与合作企业真实项目对接的创新教学组织模式。创业班以创业项目的实施情况进行考核，检验创业团队的项目执行情况。学生根据自己需求可用在各模块之间进行选择，找到适合自己发展的课程。

4.2 支撑发展

案例4：专业群“中心+团队+企业”技术技能创新服务平台建设

【学校】杨凌职业技术学院

水利工程专业群建设紧跟我国智慧水利建设步伐，瞄准智慧水利的产业高端技术，依托专业群“政行企校”四方合作发展理事会，创新专业群“中心+团队+企业”技术技能创新服务平台建设，与青海青清水利科技有限公司深化产教融合、校企合作，在教师能力提升、水利云学研中心建设、技术技能创新、社会服务、师生创新创业大赛等方面深度合作，成效显著。

一、校企协同探索“中心+团队+企业”技术技能创新服务平台建设

1. 领导牵线，校企互动，为进一步深化合作创造条件

2018年8月我校领导王周锁院长利用参加水利部在玉树召开“订单式”水利人才培养工作座谈会机会，到我院优秀毕业生熊生伟创办的科技创新型企业——青海青清水利科技有限公司进行了考察交流，为我院水利工程专业群与该公司深化合作牵线搭桥，校企互动交流不断深化，形成合作意向。

图1　王周锁校长一行到青海青清水利科技有限公司交流

2. 签订协议，深化合作，为专业群技术技能创新平台提供了实践探索

2019 年 9 月我院与青海青清水利科技有限公司签订了深度合作协议，两年多来，校企双方按照“项目任务驱动、校企资源共享、团队协同创新、共建互惠共赢”的思路创新合作机制，开展卓有成效的合作。通过实施专业教师到企业实践锻炼、企业技术人员来校交流、专业教师参与企业项目、企业技术人员参与我院水利云学研中心建设论证、企业在我院水利云学研中心设立创客中心等措施，实现了校企深度融合、团队技术创新和社会服务能力的提升，初步建成了水利工程专业群“水利云学研中心＋校企创新创业服务团队＋企业服务开发项目”的新型技术技能创新服务平台，初步形成“协议约束、资源共享、项目驱动、团队协作、互惠共赢”的校企技术技能创新平台建设机制。

图 2　熊生伟总经理一行参观我院水利云学研中心

图 3　与熊生伟总经理一行座谈

二、主要成效

1. 教师教学能力和创新服务能力显著提升

专业群“中心＋团队＋企业”技术技能创新平台建设，促进了教师 BIM 技术、智慧水利知识技能的提升，提高了专业群 BIM 技术课程的建设水平和教学质量。教师获 BIM 大赛三等奖。教师参与西宁市湟水河智慧河湖建设项目实施方案的编制，提升了社会服务能力。

2. 校企协作技术创新服务社会成效显著

依托该平台，校企为青海省智慧水利建设提供设计方案。为黄河一级支流湟水河智慧河湖建设提供了技术方案，开发数字孪生应用功能及河湖执法、河湖健康评价及相关业务流程，同步完善移动端和公众号相关功能，加强数据分析决策体系建设，打造西宁市湟水河智慧河湖建设项目成为西宁市河湖管理工作的一把“利器”。校企开发实施了西宁市河（湖）长制综合管理信息平台，实现了河湖巡查巡检、河湖监测、河湖大数据等应用功能，平台累计注册用户近 3000 名，日活跃用户近

1300名，实现了河湖治理数字化。

案例5：打造“海陆空”科技服务矩阵 服务黄河流域高质量发展

【学校】黄河水利职业技术学院

2019年来，测绘地理信息技术专业群围绕国家“十四五”新一代信息技术产业、高端装备制造产业等战略新兴产业，通过“梯次型科技创新团队”打造，提升产教融合职业适应性，服务于“黄河流域生态保护和高质量发展”等国家战略。

一、搭建专家智库平台，服务国家重大战略

引进院士及高端人才，打造科技创新团队，服务国家战略。2020年11月18日，测绘地理信息技术专业群聘请中国工程院王家耀院士为黄河水利职业技术学院首席科学家，与王家耀院士所在的河南大学、河南省时空大数据产业技术研究院签署了合作协议，在黄河流域生态保护与高质量发展、新型智慧城市建设、时空大数据与人工智能以及国家军民融合重大工程领域开展全面合作。此外，在数字孪生、虚拟现实与增强现实、水利勘察测绘等领域，引进了国家“万人计划”领军人才赵章红团队、河南省“工程勘察设计大师”刘豪杰团队，打造了“院士＋领军人才＋行业大师”的梯次型科技创新团队，获批立项全国高校黄大年式教师团队，主持子课题申报《黄河流域生态保护规模化产业化高分应用模式与发展战略研究》高分重大专项，服务黄河流域生态保护与高质量发展国家战略。

1. 南海测绘

2021年3月24日，测绘工程学院与天津中水北方勘测设计研究有限责任公司合作，选派5名师生，联合开展《南海某岛珊瑚礁修复选址调查》项目，在相关海域进行水下地形测量和海洋地质调查，为珊瑚礁生态系统修复提供选址建议和相关基础资料。

图1 布设陆上测量基站

图2 水深测量设备安装

2. 南水北调工程测绘

2020 年 4 月 8 日，测绘工程学院与河南省水利勘测设计研究有限公司合作，选派 30 名师生，协调无人机 3 台、图形集群工作站 100 台，开展《南水北调水利工程实景三维建模》项目，主要对南水北调郑州段至安阳段共 460 平方公里范围，开展无人机外业数据采集和实景三维建模，合同金额 300 余万元。

图 3　无人机外业数据采集

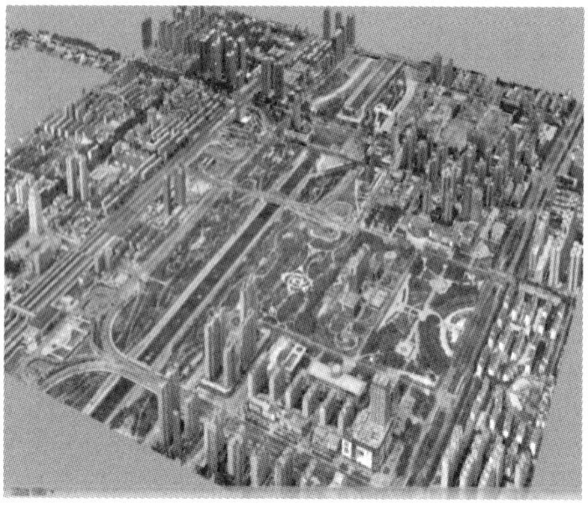

图 4　南水北调实景三维建模

3. 2020 珠峰高程测量

2020 年 5 月 27 日，2020 珠峰高程测量登山队成功登顶，此次珠峰高程测量登山队中来自国测一大队的 8 名专业测绘队员中有 3 名队员毕业于黄河水利职业技术学院测绘工程学院，分别是 2008 届马强、2016 届李艺和 2017 届张卫东。

图 5　珠峰测量营地

图 6　珠峰测量现场

4. 高铁测量

2020 年 9 月 6 日，测绘工程学院与武汉锐进铁路发展有限公司合作，选派 30 名师生，开展《高速铁路轨道精测精调》项目，主要对京哈高铁、郑万高铁、郑阜高铁、武广高铁等线路进行轨道精测精调和 CPⅢ控制网测量等工作，为我国高速铁路安全运行提供了技术保障。

图 7　京哈高铁轨道测量现场

图 8　郑阜高铁轨道精测精调现场

二、搭建协同创新平台，服务产业转型升级

校企协同创新自主可控，助力测绘地理信息技术转型升级。立足河南省国家大数据综合试验区建设，依托河南省时空大数据技术创新中心，与南京速度时空信息科技股份有限公司等单位合作，联合研制了自主知识产权的星曜时空大数据平台软件，获江苏省测绘地理信息科技进步一等奖。

图 9　测绘地理信息科技进步奖公示

附件：

2021 年度江苏省测绘地理信息科技进步奖获奖名单

一等奖项目

序号	项目名称	主要完成单位	主要完成人
1	智慧洪泽时空信息云平台试点建设与应用	江苏省基础地理信息中心 淮安市自然资源信息中心 江苏省测绘研究所 淮安市自然资源和规划局洪泽分局	邵　轩 高　扬 李福洪 刘　波 宋法奇 石善球 潘九宝 吴勤书 蒋天慧 张　良 王海君
7	智慧城市时空大数据平台关键技术及应用	速度时空信息科技股份有限公司 河南省时空大数据产业技术研究院 黄河水利职业技术学院 江苏速度遥感大数据研究院有限公司 徐州市自然资源和规划局铜山分局	李　俊 郭建忠 徐云和 徐忠建 张　丹 吉　玮 王小勇 蒋文明 曹　松 李雪梅 赵　耀

图 10　测绘地理信息科技进步奖公示名单

与国家重大技术装备几何量计量站、郑州辰维科技股份有限公司等合作，制定《数字摄影三坐标测量系统的验收检测和复检检测》国家标准，并获中国标准创新贡献二等奖。

GB
中华人民共和国国家标准
产品几何技术规范(GPS)
数字摄影三坐标测量系统的
验收检测和复检检测

图 11　国家标准

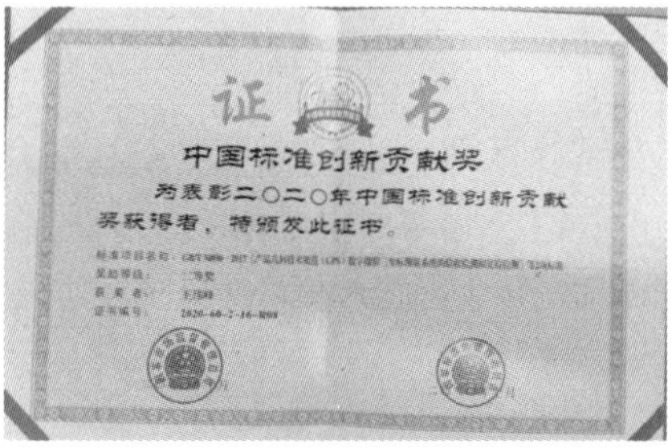
证书
中国标准创新贡献奖
为表彰二〇二〇年中国标准创新贡献奖获得者，特颁发此证书。

图 12　中国标准创新贡献二等奖

精准“测绘＋”方向，提升测绘服务行业能力，助力产业工程技术转型升级。专业群组建了开封市黄河凌汛灾害监测与防治重点实验室、开封市低空遥感大气监测工程技术中心和开封市多维多源智慧旅游大数据工程技术中心，精准“测绘地理信息＋”方向，提升测绘服务行业能力，助力产业工程技术转型升级。近两年完成纵向科研项目 39 项，横向科研经费 1426 余万元，获专利 29 项。

图 13　开封市饮用水源地黑池水下测绘

图 14　河南省遥感影像变化图斑提取项目

2020 年 8 月 31 日，测绘工程学院与天津中水北方勘测设计研究有限责任公司合作，选派 40 余名师生，开展《太湖流域统一高程系统测量技术研发》项目，主要对太湖流域重点水利工程统一高程系统测量，共计约4000公里，合同金额260余万元。

图15 太湖流域统一高程系统测量现场

图16 太湖流域统一高程项目

2020年4月26日，测绘工程学院与水利部河湖保护中心合作，先后奔赴全国10多个省，共300人/天，开展《河湖问题调查认证及检查、暗访无人机实地航拍航测》项目，主要对全国重点水域河湖问题进行现场无人机调查取证工作，改进了传统现场取证手段，大大提升了取证效率。

图17 宜昌市夷陵区无人机外飞取证现场

图18 天水市无人机外飞取证现场

三、成立应急测绘工作组，提升专业科技服务能力

依托“1院3中心”科研创新平台，组建应急测绘工作组，提升专业科技服务能力。依托“1院3中心”科研创新平台，根据尉氏县应急测绘需要，组建应急测

绘工作组，一组遥感卫星应急测绘保障小组负责协调调用高分一号遥感卫星数据，完成尉氏县受灾区域卫星影像图；二组无人机应急测绘保障小组，携带大疆无人机奔赴尉氏县开展受灾区域无人机测绘，完成受灾区域应急测绘任务，得到了尉氏县自然资源局高度认可，展现我校全体师生的专业能力和社会责任担当。

图 19　尉氏县受灾区域无人机航拍现场

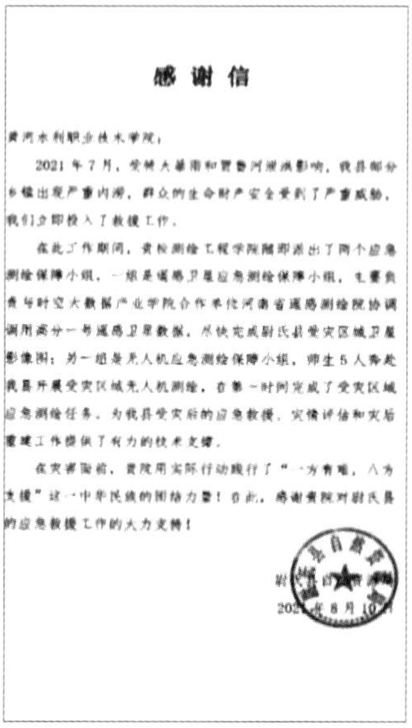

感谢信

黄河水利职业技术学院：

2021 年 7 月，受特大暴雨和贾鲁河泄洪影响，我县部分乡镇出现严重内涝，群众的生命财产安全受到了严重威胁，我们立即投入了救援工作。

在此工作期间，贵校测绘工程学院随即派出了两个应急测绘保障小组，一组是遥感卫星应急测绘保障小组，主要负责与时空大数据产业学院合作单位河南省遥感测绘院协调调用高分一号遥感卫星数据，尽快完成尉氏县受灾区域卫星影像图；另一组是无人机应急测绘保障小组，师生 5 人奔赴我县开展受灾区域无人机测绘，在第一时间完成了受灾区域应急测绘任务，为我县受灾后的应急救援、灾情评估和灾后重建工作提供了有力的技术支撑。

在灾害面前，贵院用实际行动践行了“一方有难，八方支援”这一中华民族的团结力量！在此，感谢贵院对尉氏县的应急救援工作的大力支持！

2021 年 8 月 10 日

图 20　感谢信

四、搭建科教融合平台，服务学生科技创新

组建学生科技服务团队，孵化创业实体，提升科技育人效果。围绕“无人机测绘技术”“地理信息技术”和“北斗导航技术”等专业技术，组建“翼空绘地”“集思智图”和“杨帆北斗”3 个大学生创客空间，吸引学生投身到创新创业项目中，孵化在校学生在孵企业 2 家，学生申报创新创业类竞赛项目 400 余项，获专利 4 项，河南省“互联网＋”等创新创业大赛一等奖 3 项，二等、三等奖 14 项。

图 21　河南省“互联网＋”大赛现场

获奖证书

荣获2019年河南省“互联网+”大学生创新创业大赛暨第五届中国“互联网+”大学生创新创业大赛河南赛区选拔赛一等奖。

图 22　河南省“互联网＋”大赛一等奖

4.3 推动形成一批支撑职业教育高质量发展的政策、制度和标准

案例6："政行企校"四方合作推进职业标准在国内外落地生根

【学校】杨凌职业技术学院

水是农业的命脉。水利工程专业群作为全国高水平建设专业群，针对现代农业灌溉用水产业链，按照农业灌溉用水从水源到田间的全流程，创新成立"政行企校"四方合作发展理事会，并成立产业学院——"中水学院"，先后主持编制国家三大专业标准，参与国家教育行业、企业标准制定工作，同时开展职业院校水利类专业教学标准宣贯师资培训班，编制几内亚水利工程学院课程标准、水利类专业职业本科标准等，引领全国乃至"一带一路"沿线国家职业院校高标准、高质量发展。

一、创新专业群人才培养模式，主持编制国家专业标准

在创新与实践专业群人才培养模式中，坚持以"立德树人"为根本，依托"政行企校"四方合作发展理事会成立"中水学院"，以行业发展为指引，校企共建水利工程专业群"五对接，六融合"人才培养模式，先后主持编制完成水利工程专业、水文测报专业、水政水资源专业等三个专业国家教学标准。同时，根据国家关于职业教育高质量发展趋势，开展本科层次职业教育专业设置论证，编制完成农业水利工程职业本科专业标准。

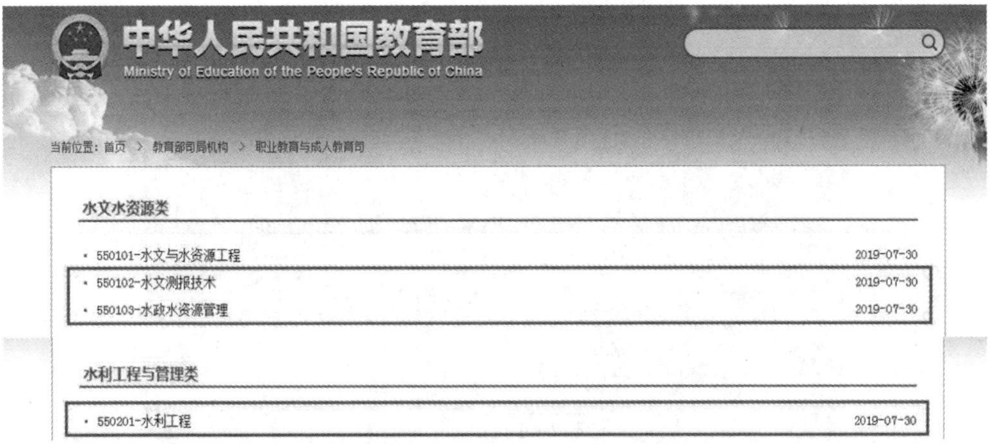

图1 主持编制三个专业国家教学标准

本科层次职业教育试点

专业论证报告

专业大类：	水利类
专业名称：	水利工程技术
主持单位：	全国水利职业教育教学指导委员会
完成单位：	杨凌职业技术学院
联系人及电话：	熊怡　010-63202301

二〇二〇年四月

陕西省教育厅办公室

陕西省教育厅办公室关于组织开展本科层次职业教育专业设置论证工作的通知

各有关高校：

为进一步贯彻落实《国家职业教育改革实施方案》，推进职教本科专业试点，优化专业设置，根据教育部职成司《关于组织开展本科层次职业教育专业设置论证工作的通知》，省教育厅决定开展本科层次职业教育专业设置论证工作。现就有关事项通知如下：

一、工作原则

（一）坚持需求导向。以服务发展为宗旨，以促进就业为导向，主动服务区域经济社会发展战略，适应社会需求，对接现代农业、先进制造业、现代服务业、战略性新兴产业，对接新职业，服务产业新业态、新模式，特别是满足中高端产业发展、新一代信息技术与产业融合发展等对复合型技术技能人才的新需求。

（二）坚持职业教育类型特点。研究探索本科层次职业教育发展路径和高层次技术技能人才培养规律，厘清人才培养目标、规格和职业面向，加强对专业设置及专业建设的理论与实践研究，深入调研，科学认证。避免简单套用普通本科模式，不设置学科导向明显的专业。

（三）坚持高层次技术技能人才培养定位。遵循技术技能人才

图 2　本科层次职业教育专业设置论证

二、推动标准在全国水利职业院校落地生根

为推动水利类专业教学标准的有效实施，全面提升全国水利职业院校专业建设水平，由中国水利教育协会主办、杨凌职业技术学院承办的“职业院校水利类专业教学标准宣贯师资培训班”在杨凌职业技术学院举办。期间，将我校主持制定的水利类 8 大专业教学标准为全国 21 所水利类职业院校开展培训。

图 3　职业院校水利类专业教学标准宣贯师资培训班

三、对接国际标准，促进标准与课程在“一带一路”沿线国家落地生根

与以色列耶路撒冷希伯来大学，共同开展“中国—以色列现代节水工程合作课程”交流，双方就农业水利工程课程标准、以色列等相关国家农业灌溉技术及行业发展趋势等领域进行交流和研讨，同时也为加快水利工程专业群国际化办学打下坚实基础。

同时，水利工程专业群对接国际标准，与几内亚科纳克里大学、几内亚科纳克里大学孔子学院共同合作成立杨凌职业技术学院几内亚水利工程学院，为几内亚学生开展水处理工程技术、给排水管网工程、给排水工程施工技术、给排水工程施工组织与造价、水质监测与评价和水泵与电气设备等6门课程的培训。

图4　中国—以色列现代节水工程合作课

图5　杨凌职业技术学院几内亚水利工程学院成立仪式

“双高计划”建设项目贡献度研究
（2019～2021年度）

分报告

装备制造专业大类分报告

中国教育会计学会
中国教育会计学会高等职业院校分会

1. 专业大类概况

装备制造专业大类立项建设专业群共计59个，涉及52所高等职业院校，其中“高水平学校”建设单位26所（含A档5所，B档7所，C档12所），“高水平专业群”建设单位26所（含A档5所，B档12所，C档9所）。表1为建设单位专业群及专业具体情况。

表1 装备制造大类立项建设单位及专业具体情况

学校名称	档次	专业群名称	包含专业	涉及学院数量
浙江机电职业技术学院	高水平学校建设单位（A档）	智能控制技术	智能控制技术、机电一体化技术、电气自动化技术、应用电子技术、物联网应用技术	2
浙江机电职业技术学院	高水平学校建设单位（A档）	机械制造与自动化	机械制造与自动化、模具设计与制造、数控技术、工业设计、工业机器人技术	3
陕西工业职业技术学院	高水平学校建设单位（A档）	材料成型与控制技术	材料成型与控制技术、焊接技术与自动化、模具设计与制造、理化测试与质检技术、机电一体化技术	2
陕西工业职业技术学院	高水平学校建设单位（A档）	机械制造与自动化	机械制造与自动化、机械设计与制造、数控技术、机电设备维修与管理、电气自动化技术	2
北京电子科技职业学院	高水平学校建设单位（A档）	汽车制造与装配技术	汽车制造与装配技术、汽车检测与维修技术、机械制造与自动化、机电一体化技术、新能源汽车技术	2
无锡职业技术学院	高水平学校建设单位（A档）	数控技术	数控技术、机械制造与自动化、材料成型与控制技术、工业机器人技术、数控设备应用与维护	2
金华职业技术学院	高水平学校建设单位（A档）	机械制造与自动化	机械制造与自动化、模具设计与制造、机电一体化技术、电气自动化技术、工业机器人技术	1
北京工业职业技术学院	高水平学校建设单位（B档）	机电一体化技术	机电一体化技术、工业机器人技术、机械制造与自动化、电气自动化技术	2

续表

学校名称	档次	专业群名称	包含专业	涉及学院数量
杭州职业技术学院	高水平学校建设单位（B档）	电梯工程技术	电梯工程技术、机电一体化技术、机械设计与制造、工业机器人技术	2
淄博职业学院	高水平学校建设单位（B档）	电气自动化技术	电气自动化技术、数控技术、机械制造与自动化、机电一体化技术、工业机器人技术	2
淄博职业学院	高水平学校建设单位（B档）	新能源汽车技术	新能源汽车技术、汽车检测与维修技术、汽车电子技术、汽车营销与服务、物联网应用技术	2
重庆工业职业技术学院	高水平学校建设单位（B档）	模具设计与制造	数控技术、模具设计与制造、机械设计与制造、电气自动化技术、工业机器人技术	1
重庆工业职业技术学院	高水平学校建设单位（B档）	汽车检测与维修技术	汽车车身维修技术、汽车检测与维修技术、汽车智能技术、新能源汽车技术、汽车营销与服务	1
河北工业职业技术大学（河北工业职业技术学院）	高水平学校建设单位（B档）	电气自动化技术	电气自动化技术、机电一体化技术、工业机器人技术、机械制造与自动化、物联网应用技术	2
宁波职业技术学院	高水平学校建设单位（B档）	模具设计与制造	模具设计与制造、电子信息工程技术、机电一体化技术、机电设备维修与管理、工业机器人技术	2
顺德职业技术学院	高水平学校建设单位（B档）	制冷与空调技术	家具设计与制造、家具艺术设计、环境艺术设计、机电一体化技术、工业机器人技术	2
天津轻工职业技术学院	高水平学校建设单位（C档）	模具设计与制造	模具设计与制造、数控技术、机械设计与制造、数控设备应用与维护、机械产品检测检验技术	1
长春汽车工业高等专科学校	高水平学校建设单位（C档）	汽车制造与装配技术	汽车制造与装配技术、数控技术、工业机器人技术、电气自动化技术、模具设计与制造	3
长春汽车工业高等专科学校	高水平学校建设单位（C档）	新能源汽车技术	新能源汽车技术、汽车检测与维修技术、汽车营销与服务、汽车电子技术、汽车智能技术	3

续表

学校名称	档次	专业群名称	包含专业	涉及学院数量
哈尔滨职业技术学院	高水平学校建设单位（C档）	机电一体化技术	机电一体化技术、机械制造与自动化、电气自动化技术、焊接技术与自动化、工业机器人技术	1
常州机电职业技术学院	高水平学校建设单位（C档）	工业机器人技术	工业机器人技术、电气自动化技术、机电一体化技术、数控设备应用与维护、物联网应用技术	2
常州机电职业技术学院	高水平学校建设单位（C档）	模具设计与制造	模具设计与制造、机械制造与自动化、数控技术、机械产品检测检验技术、工业设计	3
芜湖职业技术学院	高水平学校建设单位（C档）	机电一体化技术	机电一体化技术、电气自动化技术、工业机器人技术、数控技术、应用电子技术	3
九江职业技术学院	高水平学校建设单位（C档）	船舶工程技术	船舶工程技术、船舶动力工程技术、电气自动化技术、数控技术、机械产品检测检验技术	3
武汉船舶职业技术学院	高水平学校建设单位（C档）	船舶工程技术	船舶工程技术、船舶动力工程技术、船舶电气工程技术、数控技术、焊接技术与自动化	4
湖南铁道职业技术学院	高水平学校建设单位（C档）	铁道机车车辆制造与维护	铁道机车车辆制造与维护、应用电子技术、物联网应用技术、电气自动化技术、工业机器人技术	2
四川工程职业技术学院	高水平学校建设单位（C档）	数控技术	机械制造与自动化、数控技术、机电一体化技术、电气自动化技术、工业机器人技术	3
四川工程职业技术学院	高水平学校建设单位（C档）	焊接技术与自动化	航空材料精密成型技术、焊接技术与自动化、金属材料与热处理技术、理化测试与质检技术	1
内蒙古机电职业技术学院	高水平学校建设单位（C档）	机械制造与自动化	机电一体化技术、机械制造与自动化、机电设备维修与管理、软件技术	

续表

学校名称	档次	专业群名称	包含专业	涉及学院数量
温州职业技术学院	高水平学校建设单位（C档）	电机与电器技术	电机与电器技术、电气自动化技术、电子信息工程技术、机电一体化技术、机械设计与制造	2
滨州职业学院	高水平学校建设单位（C档）	机械制造与自动化	机械制造与自动化、机电一体化技术、电气自动化技术、数控技术、工业机器人技术	1
西安航空职业技术学院	高水平学校建设单位（C档）	无人机应用技术	机电一体化技术、无人机应用技术、通用航空器维修、摄影测量与遥感技术	1
宁夏职业技术学院	高水平学校建设单位（C档）	机电一体化技术	电气自动化技术、机电一体化技术、数控技术、计算机应用技术、物联网应用技术	2
天津现代职业技术学院	高水平专业群建设单位（A档）	无人机应用技术	无人机应用技术、工业机器人技术、物联网应用技术、软件技术	2
河北科技工程职业技术大学（邢台职业技术学院）	高水平专业群建设单位（A档）	汽车制造与试验技术（汽车检测与维修技术）	汽车制造与试验技术（汽车检测与维修技术）、汽车电子技术、新能源汽车技术、汽车制造与试验技术（汽车制造与装配技术）、汽车技术服务与营销（汽车营销与服务）	1
安徽机电职业技术学院	高水平专业群建设单位（A档）	工业机器人技术	工业机器人技术、机电一体化技术、电气自动化技术、数控技术、云计算技术与应用	3
湖南工业职业技术学院	高水平专业群建设单位（A档）	数控技术	数控技术、机械制造与自动化、焊接技术与自动化、工业机器人技术、工程机械运用技术	3
成都航空职业技术学院	高水平专业群建设单位（A档）	飞行器制造技术	数控技术、飞行器制造技术、航空发动机装试技术、模具设计与制造、复合材料工程技术	2
山西机电职业技术学院	高水平专业群建设单位（B档）	数控技术	机械设计与制造、数控技术、机电一体化技术、工业机器人技术、数控设备应用与维护	3

续表

学校名称	档次	专业群名称	包含专业	涉及学院数量
黑龙江职业学院	高水平专业群建设单位（B档）	数控技术	机械制造与自动化、工业机器人技术、电气自动化技术、数控技术	2
济南职业学院	高水平专业群建设单位（B档）	机电一体化技术	机电一体化技术、电气自动化技术、机械设计与制造、飞机机电设备维修、汽车检测与维修技术	1
潍坊职业学院	高水平专业群建设单位（B档）	电气自动化技术	电气自动化技术、数控技术、机电一体化技术、应用电子技术	1
烟台职业学院	高水平专业群建设单位（B档）	模具设计与制造	模具设计与制造、数控技术、机电一体化技术、电气自动化技术、工业机器人技术	2
河南工业职业技术学院	高水平专业群建设单位（B档）	机电一体化技术	机电一体化技术、机械设计与制造、数控技术、工业机器人技术、电气自动化技术	2
河南职业技术学院	高水平专业群建设单位（B档）	数控技术	数控技术、模具设计与制造、焊接技术与自动化、机电一体化技术、工业机器人技术	2
许昌职业技术学院	高水平专业群建设单位（B档）	机电一体化技术	机械制造与自动化、电气自动化技术、机电一体化技术、计算机网络技术、工业机器人技术	2
长沙航空职业技术学院	高水平专业群建设单位（B档）	飞行器维修技术	飞行器维修技术、理化测试与质检技术、通用航空器维修、航空发动机维修技术、无人机应用技术	1
柳州职业技术学院	高水平专业群建设单位（B档）	机电设备维修与管理	机电设备维修与管理、工业机器人技术、机电一体化技术、物联网应用技术、电气自动化技术	2
重庆工程职业技术学院	高水平专业群建设单位（B档）	机电一体化技术	工业机器人技术、机电一体化技术、智能控制技术、物联网应用技术、安全技术与管理	3
陕西国防工业职业技术学院	高水平专业群建设单位（B档）	机电一体化技术	机电一体化技术、机械制造与自动化、数控技术、机械产品检测检验技术、工业机器人技术	1

续表

学校名称	档次	专业群名称	包含专业	涉及学院数量
渤海船舶职业学院	高水平专业群建设单位（C档）	船舶工程技术	船舶工程技术、船舶动力工程技术、船舶电气工程技术、焊接技术与自动化、工业机器人技术	5
辽宁机电职业技术学院	高水平专业群建设单位（C档）	工业过程自动化技术	工业过程自动化技术、机电一体化技术、工业机器人技术、物联网应用技术、工业自动化仪表	3
沈阳职业技术学院	高水平专业群建设单位（C档）	机械设计与制造	机械设计与制造、数控设备应用与维护、电气自动化技术、机电一体化技术、物联网应用技术	4
苏州工业职业技术学院	高水平专业群建设单位（C档）	智能控制技术	智能控制技术、数控技术、工业机器人技术、机电一体化技术	2
浙江工贸职业技术学院	高水平专业群建设单位（C档）	光电制造与应用技术	光电制造与应用技术、机电一体化技术、工业机器人技术、模具设计与制造	3
湖北交通职业技术学院	高水平专业群建设单位（C档）	新能源汽车技术	新能源汽车技术、汽车智能技术、汽车运用与维修技术、汽车车身维修技术、汽车营销与服务	1
广东机电职业技术学院	高水平专业群建设单位（C档）	数控技术	数控技术、模具设计与制造、机械设计与制造、机电一体化技术	2
重庆航天职业技术学院	高水平专业群建设单位（C档）	智能控制技术	应用电子技术、智能控制技术、电子信息工程技术、飞行器制造技术、无人机应用技术	2
云南机电职业技术学院	高水平专业群建设单位（C档）	机电一体化技术	机电一体化技术、机电设备维修与管理、飞机机电设备维修、动车组检修技术、航空电子电气技术	4

从地理位置分布来看，59 个专业群位于东部地区 27 个，中部地区 16 个，西部地区 16 个，区域分布较为均衡。从专业群分布来看，立项建设较多的为机电一体化技术、数控技术、机械制造及自动化、模具设计与制造等专业群。从专业群所包含的专业来看，涉及较多的为机电一体化技术、工业机器人技术、数控技术、电气自动化技术等专业。

在“双高计划”立项建设名单中，装备制造大类高水平专业群和群内包含专业出现频率排名前十的名单如表 2 所示。

表 2　　装备制造大类高水平专业群和群内包含专业数量排行榜

专业群出现频率排行榜（前 10）			群内专业名称出现频率排行榜（前 10）		
排名	专业群名称	数量	排名	专业名称	数量
1	机电一体化技术	10	1	机电一体化技术	36
2	数控技术	7	2	工业机器人技术	33
3	机械制造与自动化	5	3	数控技术	26
4	模具设计与制造	5	4	电气自动化技术	26
5	智能控制技术	3	5	机械制造与自动化	17
6	电气自动化技术	3	6	模具设计与制造	13
7	新能源汽车技术	3	7	物联网应用技术	11
8	船舶工程技术	3	8	机械设计与制造	10
9	汽车制造与装配技术	2	9	焊接技术与自动化	7
10	工业机器人技术	2	10	新能源汽车技术	6

2. 资金投入情况

装备制造大类“双高计划”建设项目 2019～2023 年总预算 670358.40 万元，2019～2021 年总支出为 431042.71 万元，资金执行率为 64.31%，整体预算执行率良好。专业群平均资金支出为 7305.81 万元，处于中等水平。各专业群资金执行情况如表 3 所示。

表 3　　装备制造专业大类类各专业群资金执行情况

学校名称	档次	专业群名称	2019～2021 年支出（万元）	总预算（万元）	执行率
浙江机电职业技术学院	高水平学校建设单位（A 档）	智能控制技术	7958.00	11500	69.20%
浙江机电职业技术学院	高水平学校建设单位（A 档）	机械制造与自动化	8111.00	11500	70.53%
陕西工业职业技术学院	高水平学校建设单位（A 档）	材料成型与控制技术	7668.03	13500	56.80%
陕西工业职业技术学院	高水平学校建设单位（A 档）	机械制造与自动化	8476.43	13000	65.20%
北京电子科技职业学院	高水平学校建设单位（A 档）	汽车制造与装配技术	5303.56	8263	64.18%

续表

学校名称	档次	专业群名称	2019～2021 年支出（万元）	总预算（万元）	执行率
无锡职业技术学院	高水平学校建设单位（A 档）	数控技术	9957.27	15000	66.38%
金华职业技术学院	高水平学校建设单位（A 档）	机械制造与自动化	13349.59	22900	58.30%
北京工业职业技术学院	高水平学校建设单位（B 档）	机电一体化技术	6827.80	9920	68.83%
杭州职业技术学院	高水平学校建设单位（B 档）	电梯工程技术	7455.04	10600	70.33%
淄博职业学院	高水平学校建设单位（B 档）	电气自动化技术	7544.15	15235	49.52%
淄博职业学院	高水平学校建设单位（B 档）	新能源汽车技术	6806.53	12650	53.81%
重庆工业职业技术学院	高水平学校建设单位（B 档）	模具设计与制造	7791.01	12000	64.93%
重庆工业职业技术学院	高水平学校建设单位（B 档）	汽车检测与维修技术	5015.72	10000	50.16%
河北工业职业技术大学（河北工业职业技术学院）	高水平学校建设单位（B 档）	电气自动化技术	8898.68	14000	63.56%
宁波职业技术学院	高水平学校建设单位（B 档）	模具设计与制造	10971.85	16500	66.50%
顺德职业技术学院	高水平学校建设单位（B 档）	制冷与空调技术	3366.98	5600	60.12%
天津轻工职业技术学院	高水平学校建设单位（C 档）	模具设计与制造	3224.14	5250	61.41%
长春汽车工业高等专科学校	高水平学校建设单位（C 档）	汽车制造与装配技术	11478.84	17500	65.59%
长春汽车工业高等专科学校	高水平学校建设单位（C 档）	新能源汽车技术	11253.80	17500	64.31%
哈尔滨职业技术学院	高水平学校建设单位（C 档）	机电一体化技术	11084.55	13600	81.50%
常州机电职业技术学院	高水平学校建设单位（C 档）	工业机器人技术	3980.71	6125	64.99%

续表

学校名称	档次	专业群名称	2019～2021年支出（万元）	总预算（万元）	执行率
常州机电职业技术学院	高水平学校建设单位（C档）	模具设计与制造	4351.41	7175	60.65%
芜湖职业技术学院	高水平学校建设单位（C档）	机电一体化技术	7427.80	13000	57.14%
九江职业技术学院	高水平学校建设单位（C档）	船舶工程技术	5958.70	10000	59.59%
武汉船舶职业技术学院	高水平学校建设单位（C档）	船舶工程技术	5993.17	10950	54.73%
湖南铁道职业技术学院	高水平学校建设单位（C档）	铁道机车车辆制造与维护	8058.18	10800	74.61%
四川工程职业技术学院	高水平学校建设单位（C档）	数控技术	5940.92	3500	169.74%
四川工程职业技术学院	高水平学校建设单位（C档）	焊接技术与自动化	3057.66	3600	84.93%
内蒙古机电职业技术学院	高水平学校建设单位（C档）	机械制造与自动化	14230.94	26248	54.22%
温州职业技术学院	高水平学校建设单位（C档）	电机与电器技术	5546.53	8300	66.83%
滨州职业学院	高水平学校建设单位（C档）	机械制造与自动化	6354.59	13000	48.88%
西安航空职业技术学院	高水平学校建设单位（C档）	无人机应用技术	4821.85	7970	60.50%
宁夏职业技术学院	高水平学校建设单位（C档）	机电一体化技术	1220.78	2000	61.04%
天津现代职业技术学院	高水平专业群建设单位（A档）	无人机应用技术	3000.00	5000	60.00%
河北科技工程职业技术大学（邢台职业技术学院）	高水平专业群建设单位（A档）	汽车制造与试验技术（汽车检测与维修技术）	10135.45	15161	66.85%
安徽机电职业技术学院	高水平专业群建设单位（A档）	工业机器人技术	9291.70	9291.7	100.00%
湖南工业职业技术学院	高水平专业群建设单位（A档）	数控技术	10487.92	16700	62.80%

续表

学校名称	档次	专业群名称	2019～2021 年支出（万元）	总预算（万元）	执行率
成都航空职业技术学院	高水平专业群建设单位（A 档）	飞行器制造技术	8798.71	13000	67.68%
山西机电职业技术学院	高水平专业群建设单位（B 档）	数控技术	10330.44	19800	52.17%
黑龙江职业学院	高水平专业群建设单位（B 档）	数控技术	4176.70	7320	57.06%
济南职业学院	高水平专业群建设单位（B 档）	机电一体化技术	8640.00	14400	60.00%
潍坊职业学院	高水平专业群建设单位（B 档）	电气自动化技术	11228.40	15000	74.86%
烟台职业学院	高水平专业群建设单位（B 档）	模具设计与制造	9847.95	8650	113.85%
河南工业职业技术学院	高水平专业群建设单位（B 档）	机电一体化技术	10958.04	17500	62.62%
河南职业技术学院	高水平专业群建设单位（B 档）	数控技术	8729.31	14508	60.17%
许昌职业技术学院	高水平专业群建设单位（B 档）	机电一体化技术	6644.26	11502	57.77%
长沙航空职业技术学院	高水平专业群建设单位（B 档）	飞行器维修技术	5013.70	8575	58.47%
柳州职业技术学院	高水平专业群建设单位（B 档）	机电设备维修与管理	16973.08	28650	59.24%
重庆工程职业技术学院	高水平专业群建设单位（B 档）	机电一体化技术	8555.63	17000	50.33%
陕西国防工业职业技术学院	高水平专业群建设单位（B 档）	机电一体化技术	7882.47	12000	65.69%
渤海船舶职业学院	高水平专业群建设单位（C 档）	船舶工程技术	1407.87	3214.7	43.79%
辽宁机电职业技术学院	高水平专业群建设单位（C 档）	工业过程自动化技术	3829.32	6000	63.82%
沈阳职业技术学院	高水平专业群建设单位（C 档）	机械设计与制造	3317.22	5400	61.43%

续表

学校名称	档次	专业群名称	2019～2021年支出（万元）	总预算（万元）	执行率
苏州工业职业技术学院	高水平专业群建设单位（C档）	智能控制技术	5255.42	8000	65.69%
浙江工贸职业技术学院	高水平专业群建设单位（C档）	光电制造与应用技术	1484.16	2500	59.37%
湖北交通职业技术学院	高水平专业群建设单位（C档）	新能源汽车技术	9402.43	15000	62.68%
广东机电职业技术学院	高水平专业群建设单位（C档）	数控技术	11015.21	5500	200.28%
重庆航天职业技术学院	高水平专业群建设单位（C档）	智能控制技术	3126.13	8000	39.08%
云南机电职业技术学院	高水平专业群建设单位（C档）	机电一体化技术	2024.99	4000	50.62%
平均值			7305.81	11362.01	
总计			431042.71	670358.40	64.30%

在59个专业群中，4个专业群资金执行率偏高，广东机电职业技术学院数控技术专业群为200.28%，四川工程职业技术学院数控技术专业群为169.74%，烟台职业学院模具设计与制造专业群为113.85%，安徽机电职业技术学院工业机器人技术专业群为100%。三个专业群资金执行率偏低，淄博职业学院电气自动化技术专业群为49.52%，渤海船舶职业学院船舶工程技术为43.79%，重庆航天职业技术学院智能控制技术专业群为39.08%。资金执行率分布情况如图1所示。

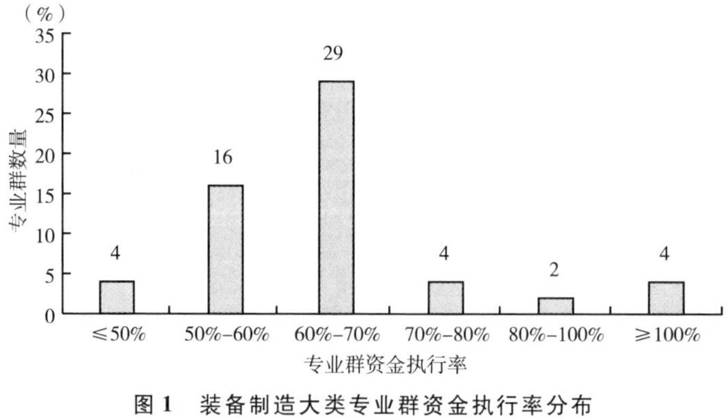

图1　装备制造大类专业群资金执行率分布

从九大建设任务来看，各项目2019～2021年资金支出占总支出比率的差异较大，资金支出占比较高的是实践教学基地，为52.34%；较低的是教师教学创新团队、社会服务、国际交流与合作、可持续发展保障机制，占比分别为 5.63%、2.56%、3.81%、0.87%。具体情况如表 4 和图 2 所示。

表 4　　装备制造专业大类各项目支出情况

项目	2019～2023 年总预算（万元）	2019～2021 年总支出（万元）	预算执行率	占比
人才培养模式创新	45420.15	29220.97	64.33%	6.78%
课程教学资源建设	60419.43	33848.37	56.02%	7.85%
教材与教法改革	58233.04	33147.63	56.92%	7.69%
教师教学创新团队	52558.20	24287.91	46.21%	5.63%
实践教学基地	307212.84	225603.44	73.44%	52.34%
技术技能平台	84790.11	53478.48	63.07%	12.41%
社会服务	17194.41	11049.41	64.26%	2.56%
国际交流与合作	35455.92	16415.51	46.30%	3.81%
可持续发展保障机制	8529.30	3760.33	44.09%	0.87%
其他	545.00	230.64	42.32%	0.05%
合计	670358.40	431042.71	64.30%	100.00%

从九大建设任务资金执行率来看，教师教学创新团队、国际交流与合作、可持续发展保障机制三项任务资金执行率偏低，侧面说明此三项工作任务执行缓慢。

图 2 是装备制造大类专业群九大建设任务资金支出占比情况。

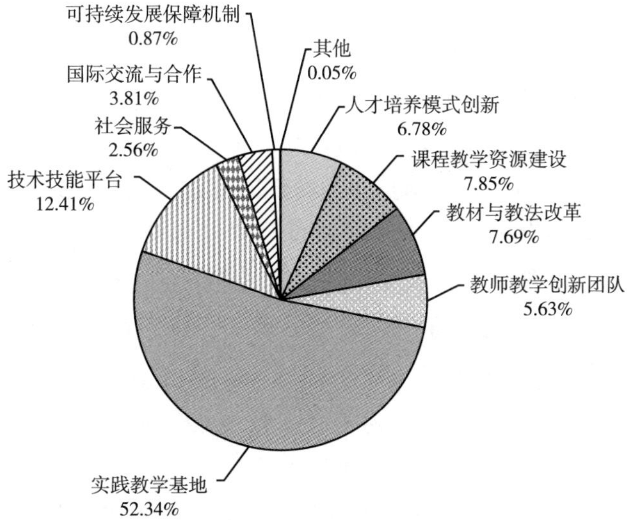

图 2　装备制造大类各建设任务资金支出情况

3. 贡献度分析

3.1 引领改革

“双高计划”引领职业教育改革发展和人才培养的贡献度，主要体现在价值引领、模式引领、制度引领和标准引领上。

3.1.1 价值引领

坚持党建引领，以立德树人为根本任务，贯彻落实全面发展的教育思想，健全全面发展的人才培养体系，深化“三全育人”综合改革，五育并举，驱动专业群软实力、竞争力和引领力提升，助推职业教育高质量发展和技术技能人才培养质量稳步提升。部分专业群形成了独特的“三全育人”模式、路径和优秀做法。

长春汽车工业高等专科学校新能源汽车技术专业群，建立“三擎三驱”发展保障机制，即以“文化、品牌、平台”为引擎，驱动专业群全面提升。四川工程职业技术学院焊接技术与自动化专业群强化“辅导员＋班级导师＋专任教师”等制度，实施专业思政，通过思政课程、课程思政、“三节一广场”、传统文化教育、国防教育、劳动活动、“第二课堂”学分等落实课内课外、线上线下，全员、全方位、全过程育人。天津现代职业技术学院无人机应用技术专业群深化“军地联合，校企共育”人才培养模式，完善军企校合作机制，聘请军工研究院所和军工企业的劳模、国家级专家作为专业的兼职德育导师，将“两弹一星”精神、载人航天精神融入学生思政教育，激励广大学生牢记先辈之奉献、砥砺家国之情怀、树牢理想信念。河北科技工程职业技术大学（邢台职业技术学院）汽车制造与试验技术（汽车检测与维修技术）专业群构建多元化文化育人体系，集红色文化、传统文化、工匠精神、企业文化、行业文化、职业文化、科技文化、校园文化于一体，形成以“雷厉风行，精益求精”为精髓的专业群文化育人机制。陕西国防工业职业技术学院机电一体化技术专业群通过“工匠绝活秀”等活动播种“匠心”，营造尊崇工匠、崇尚技能的育人氛围；联合区域军工企业和航天企业成立兵器工匠学院、航天工匠学院，组建工匠班，通过工坊式训练、跟岗学习等方式锤炼“匠技”；建立大师工作站，聘任杨峰、张新停等5名大国工匠驻站担任导师，发挥楷模榜样作用，弘扬“匠领”，传帮带培养技术技能拔尖人才。山西机电职业技术学院数控技术专业群实施“党团教育＋课程思政＋实践育人”的全员育人方案及以“培优工程”为引领的卓越人才培养方案，学生综合素质测评、评优评奖依据专业群“五维一体”学生综合素质评价体系进行评价，精准培养智能制造复合型技术技能人才。沈阳职业技术学院以思想道德素质、职业素质、人文素质“三纲”为引领，以雷锋精神、工匠精神和人文精神为核心，“三念”、“三要素”和“三能力”构成“九目”，创造性提出“三纲九目”大格局素质教育沈职特色育人体系。苏州工业职业技术学院创设了价值引领一岗位导向一项目重整一课堂升级“四步递进”国家级课程思政课程开发模型，建成一批高水平数字化在线开放课程，实现“思政与技术融合、育人与育能融通”。

3.1.2 模式引领

深化职业教育办学模式改革和人才培养模式创新，加强产教融合、“三教”改革，深入落实“1+X”证书制度，全面促进专业群高质量建设，全面提升人才培养质量。

（1）聚焦多元协同，创新职业教育办学模式。

紧密对接产业链，以职教集团（联盟）、产业学院等为平台，“政、行、企、校”多元融合，组建教学、生产、服务共同体，深化办学模式改革。例如，淄博职业学院电气自动化技术专业群以中德智能制造学院的成功建设为基础，构建产教融合背景下中国特色“双元制”模式的运行模型，创新“学校、双跨中心、企业”三地一体人才培养模式，打造双元制本土化“淄职方案”。长春汽车工业高等专科学校汽车制造与装配技术专业群创新“企业+学校+跨企业培训中心”三元制学徒模式，与一汽红旗、一汽解放、江苏时代等10家企业开展学徒培养，近三年，累计培养人才5000余人。河南职业技术学院数控技术专业群专业群先后与6家企业联合开展“学校+企业”“1名专业指导教师+1名辅助管理教师+1名企业技术导师+1名企业职业导师”的“双元四驱”全程跟踪式现代学徒制人才培养，形成了鲜明的“团队带徒+朋辈带徒”学徒制特色。

紧密对接岗位需求，以现场工程技术和能力递进为主线，探索“中—高—本—研”贯通培养模式，培养高素质、创新型、复合型技术技能人才。例如，浙江机电职业技术学院智能控制技术专业群探索与实践“中职—高职—本科—硕士”人才培养体系，搭建学生成长“立交桥”，为职教长学制办学提供样板，专业群每年招收四年制本科50人，专升本学生80人，联合浙江理工大学培养硕士研究生。浙江工贸职业技术学院光电制造与应用技术专业群立足3个职业本科专业，推动“三模块、三层次、三载体”办学实践，组织开展职业本科专业高质量发展及评价体系相关研究，成果在《中国高教研究》《高等工程教育研究》等期刊发表，为全国职教本科发展贡献“工贸经验”。

（2）聚焦内涵发展，创新人才培养模式。

以高素质复合型技术技能人才培养为目标，以满足行业企业需求、服务产业转型升级和区域经济高质量发展为任务，坚持产教融合、多元协同，不断创新人才培养模式，助力职业教育高质量发展。装备制造大类部分高水平专业群的人才培养模式如表5所示。

表5　　装备制造大类部分专业群人才培养模式

学校和专业群	主要内容
浙江机电职业技术学院智能控制技术专业群	实施“双层次多方向＋X个职业技能等级能力”多样化人才培养
浙江机电职业技术学院机械制造与自动化专业群	满足智能制造产业升级和学生多元发展需求，创新实践“二三＋X”人才培养模式
陕西工业职业技术学院机械制造与自动化专业群	创新形成“学做创”一体的人才培养模式
北京电子科技职业学院汽车制造与装配技术专业群	构建了“二四三”校企协同育人模式，“二”指校企双元协同育人；“四”指从理念、类型、内容和方法四个维度集成创新；“三”指师资队伍、资源建设、评价体系三项保障
无锡职业技术学院数控技术专业群	深化“双主体两融合多通道”人才培养模式改革
金华职业技术学院机械制造与自动化专业群	创新“项目串接、学研互动、德技融合”的人才培养模式
杭州职业技术学院电梯工程技术专业群	共建行企校共同体、电梯产业学院和电梯产业研究院的“一体两院”育人生态，构建了全国特有的行业引领、多元主体协同的电梯技术技能人才培养模式
淄博职业学院电气自动化技术专业群	实施“三线贯通、三段培养、多元协同”人才培养模式
淄博职业学院新能源汽车技术专业群	构建“N境赋能·项目实践·多岗轮转”校企协同育人模式，利用一体化教室、创客工坊等N种教学情境，萃取企业工作任务转化为教学项目，开展多岗轮转，实施校企协同育人
重庆工业职业技术学院模具设计与制造专业群	首创并系统实践了“项目贯穿、技创迭代”人才培养模式，获重庆市2021年教学成果特等奖
重庆工业职业技术学院汽车检测与维修技术专业群	行企校创建“五融合”人才培养模式
河北工业职业技术大学（河北工业职业技术学院）电气自动化技术专业群	形成“双主体、四融入、四共同”人才培养模式
长春汽车工业高等专科学校汽车制造与装配技术专业群	创新“企业＋学校＋跨企业培训中心”三元制学徒模式

续表

学校和专业群	主要内容
哈尔滨职业技术学院机电一体化技术专业群	创新实施“现代学长制”“双元培养，国际认证”等人才培养模式
常州机电职业技术学院工业机器人技术专业群	深化“三合一、全过程”人才培养模式改革
常州机电职业技术学院模具设计与制造专业群	创新“产教谱系指引、岗学教评一致”专业群人才培养模式
芜湖职业技术学院机电一体化技术专业群	形成了四业—三融—六协同的人才培养创新模式
武汉船舶职业技术学院船舶工程技术专业群	形成“双主体—六融合—国际化”专业群人才培养模式
湖南铁道职业技术学院铁道机车车辆制造与维护专业群	创新“分类分层、岗证融通、‘1+X’”人才培养培训模式
内蒙古机电职业技术学院机械制造与自动化专业群	创新“多维互动、育训融合、模块支撑、课证融通”人才培养模式
温州职业技术学院电机与电器技术专业群	优化了“平台联动、导师协同”智能电气技术技能人才培养模式
滨州职业学院机械制造与自动化专业群	创新“校企共育、分段递进、纵横双通”+N个技能人才培养模式
西安航空职业技术学院无人机应用技术专业群	构建“集群发展、能力递进、协同创新”人才培养模式
宁夏职业技术学院机电一体化技术专业群	创新德育为先“双主体、双导师”工学交替人才培养模式
天津现代职业技术学院无人机应用技术专业群	深化“军地联合，校企共育”人才培养模式
安徽机电职业技术学院工业机器人技术专业群	创新“德技并修、项目互联、书证融通”专业群人才培养模式
湖南工业职业技术学院数控技术专业群	创新构建了“四融合、三递进、一贯穿”德技并修人才培养模式，构建了“双主体、四融合、三递进、一贯穿”卓越工匠人才培养模式
山西机电职业技术学院数控技术专业群	推进“五双共育、四层递进、三轮驱动”现代学徒制人才培养模式
黑龙江职业学院数控技术专业群	创新“一集团、双主体、工学交替六对接”人才培养模式
济南职业学院机电一体化技术专业群	校企联合优化“四融三进、双岗成才”专业群人才培养模式

续表

学校和专业群	主要内容
烟台职业学院模具设计与制造专业群	“一平台、三混合、双岗位交替”的现代学徒制人才培养
河南工业职业技术学院机电一体化技术专业群	创新“双元协同、德技并修、专创融合、课证融通”专业群人才培养模式
长沙航空职业技术学院飞行器维修技术专业群	形成了具有航空特色的“3482”（三方、四证、八段、双导师）现代学徒制人才培养模式。创新百万扩招“三分三合”人才培养模式。创新“三融合九对接”定向士官培养模式
重庆工程职业技术学院机电一体化技术专业群	校企创新构建了“四双三融两贯通”人才培养模式
陕西国防工业职业技术学院机电一体化技术专业群	构筑“两学院＋两工坊＋一学堂”产业高端人才培养平台，深化“工学七耦合、校企七联动”人才培养模式改革
渤海船舶职业学院船舶工程技术专业群	构建了“融合式、模块化”人才培养模式
辽宁机电职业技术学院工业过程自动化技术专业群	创建“六共四化三贯通”特色人才培养模式
沈阳职业技术学院机械设计与制造专业群	坚持“工厂化办学双元制教学”理念，与新松机器人、华为、宝马、德科斯米尔、沈阳航空等区域头部企业深度合作，成立“新松班”“航空班”“华为班”“宝马班”“德科班”等，创新“双元制”本土化人才培养机制，形成“六共四化三贯通”人才培养模式
苏州工业职业技术学院智能控制技术专业群	以学生为中心，在智能制造生产线关键技术链上，组建教师、学生和企业工程师“团队、在工程项目池中“组”人才，围绕“产品设计－编程加工－机电控装调－质量检测－系统集成”等的岗位技术技能要求，教学元素“教师、教材、教案、教室、教风学风”五教深度融合，将学习过程与生产过程有机融合，形成随动生产过程的专业群“五教合一、团组融合”人才培养模式
广东机电职业技术学院数控技术专业群	实施“情境交替、三层递进”人才培养模式
重庆航天职业技术学院智能控制技术专业群	校企军多元育人，实施“四对接、四融合”人才培养模式

（3）聚焦平台建设，创新产教融合模式。

深化校企合作，建成了一批职教集团（联盟）、产业学院、产教融合型实践基地，形成了一批值得借鉴的产教融合发展模式。部分成果和经验做法如下。

一是多方共建职教集团（联盟）。成都航空职业技术学院飞行器制造技术专业群集聚办学资源，激发办学活力，深化产教融合，建设国家首批示范职教集团，强化校企合作，建成产业技术技能人才培养高地，建成产教城融合改革示范区。常州机电职业技术学院工业机器人技术专业群建设机器人与智能装备国家示范性职教集团，构建“四共享、四服务”集团运行机制，开发“三位一体”机器人专业整体解决方案，为全国工业机器人与智能装备企业、职业院校搭建了广泛合作交流平台。辽宁机电职业技术学院聚焦服务仪器仪表产业发展需求，建成国家级仪器仪表示范职教集团、兴辽仪器仪表产业学院、新松机器人产业学院，倾力打造“产、学、研、创”一体化平台。武汉船舶职业技术学院船舶工程技术专业群牵头组建“全国船舶类专业教学资源库共建共享联盟”，以职业教育船舶工程技术专业教学资源库为核心，建成“船舶 e 栈”，为全国 300 余家单位的学习者提供了便捷的学习环境。陕西国防工业职业技术学院机电一体化技术专业群与兵器 10 余家军工企业合作成立军工装备智能制造产教协同创新联盟，指导专业群服务地方军工企业开展技术创新、员工培训、产品试制与实验等。

二是校企共建产业学院。河北科技工程职业技术大学（邢台职业技术学院）汽车制造与试验技术（汽车检测与维修技术）专业群与长城汽车股份有限公司共建长城汽车产业学院，联合特斯拉、捷豹路虎、戴姆勒、一汽大众等十大车企品牌，共建新能源及智能网联汽车培训基地。济南职业学院机电一体化技术专业群搭建了智能制造工程研究院、智能制造产业学院、产教融合创新中心和智能制造中小微企业公共服务中心“两院两中心”高水准技术技能平台。内蒙古机电职业技术学院机械制造与自动化专业群创建众环产业学院、华中数控产业学院、霍林河产业学院，开展现代学徒制人才培养与订单式人才培养。宁夏职业技术学院机电一体化技术专业群与共享集团签订“智享计划”，秉承“创新、协同、开放、共享”理念，成立产业学院—共享学院，汇集行业、高校、骨干企业优质知识资源，采取与政府、行业共建、共享、共用的协同模式，为“双师型”教师队伍、项目化课程资源、继续教育、职业技能鉴定开展线上线下服务。

三是打造高水平产教融合实训基地。金华职业技术学院机械制造与自动化专业群建成国家发改委产教融合发展工程项目“智能化精密制造产教园”，组建 3 家股份制的实体化公司，搭建 3 大实训与研发中心，与 ABB、GF、北京精雕等高端企业合作共建实训车间 4 个，形成“产学研训创”一体化运行的“3 + 3”产教综合体，实现产值超亿元。杭州职业技术学院电梯工程技术专业群构建“融产教、通育训”的共建共享型实训平台全国范式，建成教育部工业机器人开放式公共实训基地、省级电梯评估与改造应用技术协同创新中心各 1 个，建设国家级特种设备虚拟仿真实训基地、电梯装调与维修实训基地各 1 个，新建共享实训室 11 个。长春汽车工业高等专科学校汽车制造与装配技术专业群专业群按照工业 4.0 标准建设 15000 平方米智能制造协同创新中心，面向未来数字化工厂，打造“一线—五岛—三中心”产学研用一体化生产性实训基地。陕西国防工业职业技术学院机电一体化技术专业群精密对接军工高端装备制造业，建成集教学、培训、技术开发、真实生产等于一体军工装备智能制造工厂，下设大师工作站、培训中心、技术研发中心、协同创新中心，成为区域军工装备制造产业服务高地。

（4）聚焦教学质量提升，深入开展“三教”改革。

聚焦职业教育教学质量提升，围绕教师团队培养、教学方法改革、新型教材建设等方面，装备制造大类专业群深入开展了“三教”改革，成效显著（见表6）。

表6　装备制造大类部分专业群“三教”改革具体措施

学校与专业群	主要措施
浙江机电职业技术学院机械制造与自动化专业群	创设虚实结合、理实一体的“一室三区”课堂教学新环境，创建“实践导向、技术内化、反馈教学”的课堂教学新模式，开发工单式、活页式、“数字化+”等新形态教材系列教材，构建“能力成长积分制”的全方位、全程化的课堂教学新评价
杭州职业技术学院电梯工程技术专业群	实施“一线贯穿、三师协同、四步教学”的小班制教学改革
淄博职业学院电气自动化技术专业群	实施“新任教师、合格教师、骨干教师、专业带头人、领军人物”五阶段培养，加强“教学能力、科研与技术服务能力、学生教育管理能力、实践能力”培训
宁夏职业技术学院机电一体化技术专业群	提出了“校企协创”的项目化教学模式，组队承接企业技术项目，学生主导项目实施进程，专业教师以教练的身份全程跟踪指导，企业导师、技能大师多方协同完成创新项目，分工协作完成项目化教学
安徽机电职业技术学院工业机器人技术专业群	针对专业核心课程、“1+X”标准和群内专业之间互联的综合知识与技能，建立递进项目体系；通过“雨耕项目”“小师傅、大徒弟”等创新多元化教学模式；打造“带头人领衔、大师和骨干支撑、专兼结合、双向流动”的高水平师资团队，提升教师教学、实践和技术创新能力
潍坊职业学院电气自动化技术专业群	实施“三段六步”理实虚一体化教学模式，以能力培养为主线，实现“课前研习—课中探究—课后拓展”三段融通，“测—探—练—践—评—拓”六步衔接，打造高效课堂
陕西国防工业职业技术学院机电一体化技术专业群	立足办学特色和行业背景，对接行业岗位标准，将军工文化、工匠精神、国防职教精神和劳动意识等有机融入教材，结合职业技能标准，校企开发军工特质新型教材
广东机电职业技术学院数控技术专业群	以小组为单位，以“模拟公司”形式开展项目化教学，推行“做中学、学中做、演中悟”，提升学生职业能力
温州职业技术学院电机与电器技术专业群	创办“学长为主、导师引领、团队协作、公司运营、项目共研”的五位一体学长工作坊，由优秀学长创建并担任公司法人，校内导师和企业导师共同辅助指导并技术入股，公司师生共营共管、得利共享，在第二课堂中探索并实施了“三教”改革

（5）积极落实“1 + X”证书制度，培养一专多能人才。

59 个专业群均获批了一系列的“1 + X”证书制度试点，主持或参与了“1 + X”证书制度标准。在“1 + X”证书制度实施工作中，部分专业群在组织方式、培训与认证工作开展、教材开发等方面探索出了一批经验做法和优秀成果。例如，宁夏职业技术学院机电一体化技术专业群将“1 + X”证书制度纳入人才培养方案，将“1 + X”技能考核内容与课程内容相结合，通过岗位对接课程，强化竞赛考核，学生同步完成技能等级证书考试以及竞赛体验。长春汽车工业高等专科学校取得省内唯一第三方评价机构培训认证试点资质。潍坊职业学院制定“1 + X”证书试点考核基地评价标准。河南职业技术学院数控技术专业群结合职业技能等级标准更新课程标准，重构课程内容，每个专业开发 2 门“X”证书融通课程，共计开发 10 门课程。

3.1.3　制度引领

针对专业建设、人才培养、“三教”改革、实践教学基地、技术技能平台、国际交流与合作等方面出台了一系列的政策和制度，部分专业群出台的政策和制度明细如表 7 所示。

表 7　部分装备制造类专业群出台的政策和制度明细

学校与专业群	主要内容
浙江机电职业技术学院智能控制技术专业群	出台《中共浙江机电职业技术学院自动化学院党总支领导下的院长负责制实施办法》等 11 个保障可持续发展的制度文件
陕西工业职业技术学院材料成型与控制技术专业群	制定《教师培养管理实施办法》等 18 项制度，建成了涵盖教师培养与激励机制、多主体质量保障机制、专业群动态调整机制、产教融合协同育人机制等多项机制的专业群可持续发展保障机制 1 套
陕西工业职业技术学院机械制造与自动化专业群	联合企业创新专业群管理体制机制、校企协同运行机制、专业群“动态”调整机制等三大机制，制定《陕西工业职业技术学院先进制造精雕产业学院管理办法》等 10 项制度
金华职业技术学院机械制造与自动化专业群	制定《项目建设及业绩点实施管理办法》《教师教学与科研业绩考核实施细则》
重庆工业职业技术学院模具设计与制造专业群	制定了《“专业群”建设项目管理办法》《教师绩效奖励办法》等规章制度
天津轻工职业技术学院模具设计与制造专业群	制订并完善《模具设计与制造专业群建设项目管理办法》，建设组织机构，成立领导小组和工作组，实施“项目负责人制”，保障建设项目有序进行和项目建设目标的实现
九江职业技术学院船舶工程技术专业群	制定《船舶专业群持续发展及专业动态调整管理办法》，建立了群内资源整合优化、共建共享和考核评价工作机制，出台《船舶专业群内部质量保证体系建设与运行方案》《船舶专业群教师参与技术创新和社会服务管理办法》等相关激励制度

续表

学校与专业群	主要内容
湖南铁道职业技术学院铁道机车车辆制造与维护专业群	公开出版了《基于CIPP评价模式的高职院校专业诊断与改进研究与实践》（专著）1本，《高职院校课程诊断与改进的研究与实践》（专著）1本
四川工程职业技术学院数控技术专业群	制订《专业群“三全育人”实施方案》，在专业群各专业设置第二课堂拓展学分；制定《专业群课程思政建设实施方案》
内蒙古机电职业技术学院机械制造与自动化专业群	成立由行企专家、校内外专业带头人组成的专业群建设指导委员会，制定委员会章程和《专业群建设指导委员会工作条例》《专业群建设管理制度》
山西机电职业技术学院数控技术专业群	参与起草《山西省关于促进产教融合实施方案》《晋中市产教融合型城市建设试点方案》《长治市未来产业“十四五”规划》等规划
河南工业职业技术学院机电一体化技术专业群	创新了具有军工特色的“双元五融五共”集团化产教合作模式，构建了“三会三长”专业群治理模式
河南职业技术学院数控技术专业群	制定了《“双高计划”专业群项目建设管理办法》《“双高计划”专业群资金管理办法》《“双高计划”专业群建设项目督察督办实施细则》等3个专业群管理制度
长沙航空职业技术学院飞行器维修技术专业群	构建并连续10年实施“基于6S管理的实践教学星级评价体系与标准”，《基于6S的职业教育实践教学星级评价研究与实践》获职业教育国家级教学成果二等奖
陕西国防工业职业技术学院机电一体化技术专业群	以群建院成立智能制造学院，制定规章制度21项，成立专业群建设指导委员会，专业群废改立制度12项，形成“优化结构、注重内涵、整体提升、动态管理”的专业群运行机制
渤海船舶职业学院船舶工程技术专业群	制定了专业群《第三方评价机制建设方案》，与第三方评价机构共同制定了《教学质量第三方评价报告》《行业发展趋势与人才培养需求分析》等报告的编写大纲

3.1.4 标准引领

59个专业群均主持或参与了高等职业教育专业教学标准的开发工作，部分专业群主持和参与了中职和应用型本科专业教学标准、职业技能等级标准、课程标准等标准的制定工作。尤其在行业标准、国际标准等方面，装备制造大类专业群贡献了智慧和力量。装备制造类专业群参与职业技能标准和行业标准制定情况如表8所示。

表8　装备制造大类部分专业群参与标准制定情况

学校与专业群	主要内容
北京电子科技职业学院汽车制造与装配技术专业群	主持制订中国汽车维修行业协会标准，服务企业开发冲压模具结构设计规范和模具标准，参与开发戴姆勒公司校企合作标准
金华职业技术学院机械制造与自动化专业群	牵头开发产教融合基地建设标准1个、卢旺达国家认证专业教学标准1个

续表

学校与专业群	主要内容
杭州职业技术学院电梯工程技术专业群	参与修制订《国家电梯作业人员考核办法》《杭州市电梯安全管理条例》，完成了中国特种设备协会团体标准《电梯物联网采集信息编码与数据格式》、中国电梯协会团体标准《电梯安装、改造、修理和维护保养作业人员培训规范》、全国“1+X”证书职业技能标准《智能网联电梯维护职业技能等级标准》、《电梯维修保养职业技能等级标准》，参与了浙江省地方标准《既有住宅加装电梯使用管理与维护保养规则》及《既有住宅加装电梯使用管理与维护保养规则》团体标准
重庆工业职业技术学院模具设计与制造专业群	与全国模具标准化技术委员会合作开发了《2019-1320T-JB 冲模汽车覆盖件冲模标识设计规范》《2019-1321T-JB 模具零件特征信息颜色识别规范》2个行业标准
重庆工业职业技术学院汽车检测与维修技术专业群	主持制定长安海外售后服务人员 L1~L4 级认证标准等一系列多层面、宽维度的标准
河北工业职业技术大学（河北工业职业技术学院）电气自动化技术专业群	参与制定机器人应用编程“1+X”证书的考核标准。联合德国 GIZ 组织制定中德机电一体化专业国际教学标准
宁波职业技术学院模具设计与制造专业群	制定教育部未来非洲项目《电工技术及应用》《电气与 PLC 控制》课程标准，电工、钳工中非职业技能等级证书项目职业标准，专业教学标准等，为“一带一路”沿线国家制定33门课程
顺德职业技术学院制冷与空调技术专业群	参编广东省协会标准5项，团体标准8项，参与制定《高等职业学校制冷与空调技术专业实训教学条件建设标准》
天津轻工职业技术学院模具设计与制造专业群	参与起草冲压、注塑模具助理设计师培训及考核规范和模具助理设计师培训申报条件3项标准；完成3个鲁班工坊国际化专业标准开发
长春汽车工业高等专科学校汽车制造与装配技术专业群	协助制定《教育部办公厅关于开展中德先进职业教育合作项目遴选工作的通知》
长春汽车工业高等专科学校新能源汽车技术专业群	主持新能源汽车技术专业顶岗实习标准的修订制定工作
哈尔滨职业技术学院机电一体化技术专业群	联合行业企业研制了“铝合金焊接技能系列标准”“中高强钢焊接技能系列标准”等20余个“中国焊接生产标准”，参与哈尔滨电机厂的企业工艺规范及生产标准的制定14项
常州机电职业技术学院工业机器人技术专业群	开发《可移动式机械臂通用技术条件》省地方标准1个、《共享工厂运营与服务规范》团体标准1个
常州机电职业技术学院模具设计与制造专业群	主持全国《机械工业“十四五”人才培养规划基础研究》并参与规划编制，开发“1+X”证书标准3个
九江职业技术学院船舶工程技术专业群	协作开发“智能制造系统集成应用”等“1+X”证书标准7项

续表

学校与专业群	主要内容
湖南铁道职业技术学院铁道机车车辆制造与维护专业群	主持开发2项省级学生技能抽测标准、1项电子信息大类专业毕业设计指南、1项职业院校专业教师企业实践培训与考核指南等系列省级标准，与中国中车集团等企业合作开发轨道交通电气设备装调等4个职业技能等级标准
内蒙古机电职业技术学院机械制造与自动化专业群	参与智能制造单元维护、智能制造现场数据采集及应用职业技能等级标准的制定；主持制定了数控车等17个赛项的自治区职业技能大赛标准
宁夏职业技术学院机电一体化技术专业群	制定《铸造3D打印用热法砂再生成套设备技术条件》《铸造3D打印用砂型（芯）微波烘干设备技术条件》2项行业标准；参与制定职业技能培训学校职业（工种）标准6项
天津现代职业技术学院无人机应用技术专业群	参与无人机装调检修工新职业技能标准制定工作；参与国家“1+X”职业资格标准《无人机驾驶员》《无人机装调检修工》制定；参与中国航空器拥有者及驾驶员协会制定行业标准4项
济南职业学院机电一体化技术专业群	开发《机电一体化技术专业教学标准（国际版）》；《数控技术（工业机械工）》等6项教学标准被美国和印度FESTO培训中心采用
河南工业职业技术学院机电一体化技术专业群	参与《航空柔性加工生产线管控与操作职业技能等级证书标准》《增材制造模型设计职业技能等级证书标准》《智能线运行与维护职业技能等级证书标准》制定
许昌职业技术学院机电一体化技术专业群	参与《可编程控制系统集成及应用职业技能等级标准》《智能制造生产管理与控制职业技能等级标准》等2项国家“1+X”职业技能等级标准制订。参与制定河南省地方标准《玉米籽粒联合收获机操作技术规程》
长沙航空职业技术学院飞行器维修技术专业群	参与制定了《飞机铆接装配职业技能等级标准》《无人机驾驶职业技能等级标准》等“1+X”试点标准。制定《职业院校专业教师企业实践培训与考核指南》。牵头编制《军械装备修理职业分类目录》等4个行业技能人才培训标准；参与制定部队条令2项（涉密）；参与国家标准《绿色制造激光表面清洗技术规范》编制；开发飞机激光除漆技术条件和飞机复合材料修理工艺规程2个企业标准和军用飞机综合保障建议书等4个GJB标准（涉密）
柳州职业技术学院机电设备维修与管理专业群	与柳工共同开发了《智能工程机械运用技术海外服务人员培养规范》《海外职业院校工程机械运用技术专业教师等级认定标准》等标准。参与起草《金属材料薄板及薄带室温剪切实验方法》首个国家标准
陕西国防工业职业技术学院机电一体化技术专业群	主持《多工序数控机床操作》《可编程控制系统集成及应用》2个国家级职业技能标准制定，主要参与机电一体化技术、机械制造及自动化、数控技术3个国家专业教学标准研制
辽宁机电职业技术学院工业过程自动化技术专业群	参与了《国家仪器仪表制造工》《国家智能硬件装调工》2个职业技能等级标准制定
湖北交通职业技术学院新能源汽车技术专业群	参与“1+X”职业技能等级证书《网约车运营管理职业技能等级标准》的研制，参与编制了《智能无人机群系统发展白皮书》
重庆航天职业技术学院智能控制技术专业群	专业群牵头制定了火箭军士官专业教学标准1个

续表

学校与专业群	主要内容
沈阳职业技术学院机械设计与制造专业群	先后牵头完成国家机械装备制造技术专业教学标准修订工作，完成智能制造装备技术、机电一体化技术等6个专业的《职业教育专业简介》和《职业教育专业教学标准》的修订工作
云南机电职业技术学院机电一体化技术专业群	参与完成《高海拔电气设备电场分布有限元计算导则》《特殊环境条件 高原电工电子产品 第2部分：选型和检验规范》2个国家标准的制定

3.2 支撑发展

持续深化改革，强化内涵建设，主动对接“一带一路”倡议以及军民融合发展等国家战略，大力开展技术创新、社会培训，助力区域经济高质量发展。

3.2.1 服务国家战略

(1) 服务军民融合战略，助力军工企业转型升级和军队现代化建设。

装备制造大类专业群紧密对接航空航天、兵器工业、中船重工等行业企业，服务军民融合战略，共同开展技术创新、员工培训、工匠人才培养等。例如，陕西国防工业职业技术学院机电一体化技术专业群专业群扎根国防科技工业，厚植军工红色底蕴，校企共建“西安市退伍军人职业技能承训机构”“航天工匠学院”“兵器工匠学院”，先后为退役军人开展就业培训6200余人/日，为航天、兵器行业培养“未来工匠”人才300余人，为中国兵器第203研究所等军工企业职工开展技术培训9000余人/日。河南工业职业技术学院机电一体化技术专业群依托河南国防科技工业高等职业教育集团，校企合作共建航天装备制造产业学院，打造航天军民融合校企合作示范基地和航天高技能人才培养基地。河北科技工程职业技术学院（邢台职业技术学院）汽车制造与试验技术（汽车检测与维修技术）专业群建成河北省特种车辆改装技术创新中心（军民融合）和院士工作站各1个，高新技术成果转化13项（其中军民两用6项），孵化军民融合性创业项目2个。

在士官生培养方面，湖北交通职业技术学院新能源汽车技术专业群、重庆航天职业技术学院智能控制技术专业群、宁夏职业技术学院机电一体化技术专业群、长沙航空职业技术学院飞行器维修技术专业群等开展了探索与实践，开发了一批人才培养方案、课程体系与标准，打造了一批“政治合格、作风优良、专业扎实、军事过硬、身心健康”的士官队伍。

(2) 响应“一带一路”倡议，开展国际交流合作。

积极响应国家“一带一路”倡议，开展海外办学平台建设、师生海外交流、留学生培养等，输出人才培养方案、专业教学标准、课程标准。为“走出去”企业和国外学校培养企业员工、师资团队，形成职业教育“中国方案”。部分专业群做法如表9所示。

表9　装备制造大类专业群服务“一带一路”倡议重要举措

学校与专业群	主要措施
陕西工业职业技术学院机械制造与自动化专业群	机械制造与自动化专业教学标准和17门课程标准成为赞比亚国家标准，为尼日利亚院校开发了3个专业教学标准和44门课程标准
金华职业技术学院机械制造与自动化专业群	获卢旺达国家认证专业标准1个，输出课程8门，建成电气自动化技术“鲁班工坊”；服务“走出去”企业14家，培训450人次；承办国际性学术研讨会和论坛3次
淄博职业学院电气自动化技术专业群	校企共建中德智能制造学院，实施机电一体化技术、电气自动化技术本土化人才培养；建设AHK职业资格证书认证中心，完成AHK学籍注册；与国际学院合作，开设来华留学生专班2个，招收留学生14人
重庆工业职业技术学院汽车检测与维修技术专业群	联合开发长安国际《CIC技术培训认证体系标准》、双语教学标准和教材，共同培训长安汽车全球汽车技术人员1600余人/日
宁波职业技术学院模具设计与制造专业群	承接“金砖国家职教联盟建设方案”研究任务，承担联盟执行秘书处工作；累计为65个发展中国家2211名学员开展培训42518人/日，实施产教协同国际合作项目4个，编写的21部机电类、化工类英文教材被贝宁、肯尼亚等国采用
哈尔滨职业技术学院机电一体化技术专业群	建成赞比亚海外分院1个，赴赞比亚支教12人次，输出专业标准2个，课程标准20个，援助机电类大型设备108套，培养赞比亚高职学历学生49人，培训赞比亚当地企业员工800余人；开展UK NARIC英国国家学历学位评估认证、IEET工程技术教育认证，NPTC国际文凭及国际职业证书考取
内蒙古机电职业技术学院机械制造与自动化专业群	创办“非洲职业技能挑战赛（ATC）”，编写大赛文件、开发培训教材，指导“ATC”标准化建设。如今“ATC”已成为非洲地区最具影响力的国际化赛事，2020年“ATC”项目荣获中国外文局主办的“中国企业海外形象建设优秀案例”。
山西机电职业技术学院数控技术专业群	开发了专业标准（双语版）5个、课程标准（双语版）4门和双语课程4门，1名骨干教师赴非洲赞比亚开展职教援非，线上对泰国东部特区职教中心师资开展培训2批次515人/日
长沙航空职业技术学院飞行器维修技术专业群	开发的飞行器维修技术专业教学标准和《航空科学与空气动力学》《涡轮发动机》《航空机电维修标准施工》等16门课程标准被加拿大卡纳多文理学院采用；开发的无人机应用技术专业标准、无人机飞手培训大纲（三级）被马来西亚人力资源部采用；向亚非拉地区航空产业贡献学院飞行器维修技术人才培养方案和航空装配技能相关岗位的职业技能培训方案
重庆航天职业技术学院智能控制技术专业群	参与中泰职教联盟，为泰国教育部编制“中文＋职业”机械设计与制造课程标准1门；选送2名学生赴新罗大学进行交换学习；3名学生在“一带一路”金砖国家国际赛场上获二等奖和第六届中国国际“互联网＋”双创比赛中获银奖

3.2.2 服务区域经济社会发展

立足学校办学优势和特色，精准对接行业企业需求，广泛开展技术创新和社会培训，服务区域经济结构调整和产业转型升级。

（1）开展技术创新，服务企业转型升级。

校企共建协同创新中心、技术研发中心、工程研究中心等平台，共同开展开展“卡脖子”问题技术研究。部分专业群具体举措如表10所示。

表10 装备制造大类专业群开展技术创新重要举措

学校与专业群	主要措施
浙江机电职业技术学院	建成“1－2－3－4”智能制造技术创新服务平台，建成院士工作室、国家工程实验室工业设计应用中心、省级技术服务中心、技能创新服务平台、服务全国的知识产权科技成果转移转化研究服务中心；省科研课题立项7个，技术服务到款3198万元，发明专利61项，获浙江机械工业科学技术奖一等奖1项
无锡职业技术学院数控技术专业群	新建增材制造等5个科研实验室，入选江苏高校优秀科技创新团队、省级工程研究中心，制定智能制造系列技术标准6项。依托“先进制造技术”研究所积极推进成果应用，累计到账技术服务经费1700余万，获得省级科技奖励5项
天津轻工职业技术学院模具设计与制造专业群	成立中国轻工业精密模具工程技术中心，成为国内首个落户职业院校的国字号工程技术研究中心；开发手表机芯零件高速级进模具，替代进口，帮助合作企业实现自动化率达到40%。率先共研了手表机芯零件高速精密级系列模具项目35项，其中《智能在线检测棘爪拨片高速精密级进冲模》获得模具行业最高奖“精模奖”一等奖，替代了进口，填补了国内空白
常州机电职业技术学院工业机器人技术专业群	与常州机器人产业园共建省工业机器人系统集成工程技术研究中心、市机器人系统集成重点实验室等公共服务平台，开发医疗机械焊接等典型示范性生产线17套；助力企业建成省级示范性智能车间4个、市级智能车间7个、省级上云企业10家，累计为企业创造效益6209.2万元
九江职业技术学院船舶工程技术专业群	建成3个教育部认定协同创新中心、2个省级认定技能大师工作室、1个省级新型研发机构以及一批市级技术技能服务平台，开展高技术船舶研发52项、船舶及配套智能制造技术改造76项；帮扶中小微企业19家，开展技术服务与成果转化累计到款1700余万元
四川工程职业技术学院焊接技术与自动化专业群	承担了军科院项目“脉冲风洞大尺度模型专用支撑装置设计”，具有世界领先地位；为中铁工服公司设计了国内首台“机器人隧道开槽机”，并投入使用，填补国内空白；为中小微企业开展技术服务60余次。立项7个横向科研项目，合同金额88.38万元
温州职业技术学院电机与电器技术专业群	实施产业工人“百千万”培训工程和“退役军人、下岗职工、农民工等”培训工程，服务高质量就业。服务企业26750家，为企业增产30.3亿元，新增了1家产业学院，吸引校外投入353万元，新增16家校企共建省级企业研究院/研发中心

续表

学校与专业群	主要措施
滨州职业学院机械制造与自动化专业群	与西门子（中国）有限公司合作成立“西门子—滨州职业学院先进自动化技术中心”，与ABB（中国）有限公司合作成立“ABB工业机器人技术协同创新中心”，获批滨州市控制技术重点实验室、智能控制技术工程中心，成立先进制造技术研究院，搭建起完善的科技创新服务平台。服务高端铝企业技术服务项目15项，实现技术服务收入300余万元
内蒙古机电职业技术学院机械制造与自动化专业群	研发航空行李货邮六面全覆盖消杀设备，该设备被《中国民航报》头版报道，并称之为“消杀神器”，并推广至内蒙古民航集团下属17家运输机场使用，同时在全国民航系统中广泛宣传

（2）开展社会培训，助力区域经济发展。

校企共建培训中心、共组培训团队，开发培训课程，为企业员工技术技能提升提供支撑。部分专业群具体举措如表11所示。

表11　　装备制造大类专业群开展社会培训重要举措

学校名称	主要举措
陕西工业职业技术学院机械制造与自动化专业群	获批电气自动化技术国家级“双师型”教师培养培训基地共1个，陕西省委组织部、省总工会、省人社厅职业资格认证与培训基地3个，完成咸阳盛翼机械机加工培训等各类培训累计10939人日，培训到款200.1928万元
杭州职业技术学院电梯工程技术专业群	组建全国电梯从业人员技能培训联盟，建立电梯行业人才培训机制和认证制度，打造国内一流电梯行业人力资源库。实施电梯维修工免费培训“星火计划”，面向中西部贫困地区开设“宏志班”共11期，累计培训省内外贫困学员203名
重庆工业职业技术学院汽车检测与维修技术专业群	构建“产业—企业—职业”三层社会服务体系，建成“广汇汽车产业学院”、建成汽车技术在线云服务中心、全国高职院校汽车类专业教学资源库联盟，开展国培项目8个，培训汽车类职教师资4213人/日，培训广汽丰田、金康赛力斯等企业员工7322人/日
九江职业技术学院船舶工程技术专业群	服务“长江大保护”战略，围绕“绿色航运”“十年禁捕”要求，着力打造船员终身学习平台，开展高素质内河船员培训4195人/次、退捕渔民转产就业培训1163人/次，参训渔民人均收入从过去的800元提高到现在的5000元
长沙航空职业技术学院飞行器维修技术专业群	服务民航、通航产业，取得国家认可的行业准入培训（考核）资质，获中国民用航空CCAR－66R3民航维修人员基础执照培训机构资质，开展民航机务人才培训和考核；无人机系统专业工程师考证中心，民用无人机驾驶执照湖南考点成功落户专业群
柳州职业技术学院机电设备维修与管理专业群	为广西汽车集团等企业定制开发涵盖维修机电一体化工、工业机器人运维员等5个工种的“设备高级管家”人员培训标准，标准覆盖职前培养、职后培训、海外输出，形成了机电设备类从业者终身的育训标准，实现了对区域企业设备维修与管理技术发展的引领

续表

学校名称	主要举措
陕西国防工业职业技术学院机电一体化技术专业群	校企联合开发了《面向军工的长度计量工》《弹簧装配工》等面向军工特有工种在线培训资源包，组织开展了陕西省国防科技工业职工技能培训、军工企业职工技能培训等，形成服务智能制造和军工装备制造企业培训新模式
渤海船舶职业学院船舶工程技术专业群	联合辽宁省安全科学研究院等协作单位共建材料应用技术培训中心，满足焊接、无损检测等实践技能培训要求，同时实现辽宁省特种设备无损检测人员资格考核委员会考核的特种设备无损检测 UTⅠ、Ⅱ级、RTⅠ、Ⅱ级、MTⅠ、Ⅱ级和 PTⅠ、Ⅱ级职业培训与鉴定，为地方经济发展培养了一大批高技能人才

3.3 推动形成一批支撑职业教育高质量发展的政策、制度和标准

装备制造大类专业群在“双高计划”项目建设过程中推动形成了一批关于职业教育教学、职业技能等级证书、“1 + X”证书、专业课程、实训基地、社会培训、国际办学等方面的政策、制度、标准和典型案例，推动着装备制造类专业群高质量发展。

3.3.1 推动形成专业群可持续发展的制度体系

在“双高计划”建设项目管理方面，浙江机电职业技术学院、金华职业技术学院、重庆工业职业技术学院、天津轻工职业技术学院、九江职业技术学院、内蒙古机电职业技术学院等单位制定了《项目建设及业绩点实施管理办法》《“专业群”建设项目管理办法》《专业群持续发展及专业动态调整管理办法》《专业群内部质量保证体系建设与运行方案》《专业群建设指导委员会工作条例》等制度。在教师团队培养方案，陕西工业职业技术学院、长沙航空职业技术学院、金华职业技术学院等出台《教师培养管理实施办法》《教师教学与科研业绩考核实施细则》《基于 6S 管理的实践教学星级评价体系与标准》等制度。在绩效评价方面，渤海船舶职业学院制定了专业群《第三方评价机制建设方案》，与第三方评价机构共同制定了《教学质量第三方评价报告》。

部分专业群参与了当地政策制度的开发工作，如山西机电职业技术学院参与起草《山西省关于促进产教融合实施方案》《晋中市产教融合型城市建设试点方案》《长治市未来产业“十四五”规划》等规划。

3.3.2 推动形成职业教育高质量发展的标准体系

装备制造大类专业群参与中职、高职和职教本科三个层次的专业教学标准、课程标准、实训条件建设标准制定工作，参与了职业技能等级证书标准制定工作。

一是专业教学标准制定。在职教本科方面，制定了数控技术、电梯工程技术、新能源汽车工程技术、自动化技术与应用、飞行器维修工程技术、航空发动机维修技术等专业教学标准；在高等职业教育层面，制定了工业过程自动化技术、工业自动化仪表、汽车制造与试验技术、新能源汽车运用与维修、新能源汽车检测与维修技术、新能源汽车技术、机械设计与制造、模具设计与制造、供应链运营、汽车制造与检测、汽车工程技术、汽车造型与改装、船舶电气工程技术、铁道机车车辆制造与维护、应用电子技术、数控技术、工业机器人技术、理化测试与质检技术、金属材料与热处理技术、增材制造技术、无人机应用技术、机电一体化技术、飞行器维修工程技术、航空发动机维修技术、航空复合材料成型与加工技术、机机载设备装配调试技术、机电设备技术等专业教学标准；在中等职业教育层面，制定了新能源汽车制造与检测、计量测试与应用技术、无人机操控与维护等专业教学标准制定。主持参与了铁道机车车辆制造与维护、新能源汽车技术等专业顶岗实习标准的制定工作。

二是职业技能标准制定。杭州职业技术学院电梯工程技术专业群参与电梯行业技术标准研制等共12项，参与全国“1＋X”证书职业技能标准《智能网联电梯维护职业技能等级标准》《电梯维修保养职业技能等级标准》开发。重庆工业职业技术学院汽车检测与维修技术专业群参与制定“1＋X”职业技能等级标准2个，主持制定长安海外售后服务人员 L1～L4 级认证标准等一系列多层面、宽维度的标准。天津现代职业技术学院无人机应用技术专业群参与国家“1＋X”职业资格标准《无人机驾驶员》《无人机装调检修工》制定。河南工业职业技术学院机电一体化技术专业群参与《航空柔性加工生产线管控与操作职业技能等级证书标准》《增材制造模型设计职业技能等级证书标准》《智能线运行与维护职业技能等级证书标准》制定。长沙航空职业技术学院飞行器维修技术专业群牵头编制《军械装备修理职业分类目录》等4个行业技能人才培训标准。常州机电职业技术学院、九江职业技术学院、辽宁机电职业技术学院、宁夏职业技术学院、烟台职业学院等院校均有参与“1＋X”证书标准的开发，合计近30项。

3.3.3 推动形成服务区域经济高质量发展的行业标准

围绕行业发展和企业生产，装备制造大类专业群参与制定了一系列行业标准。

例如，北京电子科技职业学院汽车制造与装配技术专业群服务企业开发冲压模具结构设计规范和模具标准，参与开发戴姆勒公司校企合作标准。杭州职业技术学院电梯工程技术专业群参与修制订《国家电梯作业人员考核办法》《杭州市电梯安全管理条例》，完成了中国特种设备协会团体标准《电梯物联网采集信息编码与数据格式》、中国电梯协会团体标准《电梯安装、改造、修理和维护保养作业人员培训规范》，参与制定了浙江省地方标准《既有住宅加装电梯使用管理与维护保养规则》及《既有住宅加装电梯使用管理与维护保养规则》团体标准。重庆工业职业技术学院模具设计与制造专业群与全国模具标准化技术委员会合作开发了《2019－1320T－JB 冲模汽车覆盖件冲模标识设计规范》《2019－1321T－JB 模具零件特征信息颜色识别规范》2 个行业标准，为促进高职教育发展，推动行业技术进步贡献了重工智慧。哈尔滨职业技术学院机电一体化技术专业群联合行业企业研制了“铝合金焊接技能系列标准”“中高强钢焊接技能系列标准”等 20 余个中国焊接生产标准，参与哈尔滨电机厂的企业工艺规范及生产标准的制定 14 项，极大地解决了企业标准问题，助力行业发展。常州机电职业技术学院工业机器人技术专业群开发《可移动式机械臂通用技术条件》省地方标准 1 个、《共享工厂运营与服务规范》团体标准 1 个。宁夏职业技术学院机电一体化技术专业群制定《铸造 3D 打印用热法砂再生成套设备技术条件》《铸造 3D 打印用砂型（芯）微波烘干设备技术条件》2 项行业标准。长沙航空职业技术学院飞行器维修技术专业群参与制定部队条令 2 项（涉密）；参与国家标准《绿色制造激光表面清洗技术规范》编制；开发飞机激光除漆技术条件和飞机复合材料修理工艺规程 2 个企业标准和军用飞机综合保障建议书等 4 个 GJB 标准（涉密）。

3.3.4 推动形成职业教育“走出去”的中国方案

装备制造大类专业群服务“一带一路”倡议，形成了一批国际化的专业教学标准、技能等级标准等，形成了职业教育“中国方案”。例如，金华职业技术学院机械制造与自动化专业群开发卢旺达国家认证专业教学标准 1 个。河北工业职业技术大学（河北工业职业技术学院）电气自动化技术专业群联合德国 GIZ 组织制定中德机电一体化专业国际教学标准，被国内和德国多所学校采用。宁波职业技术学院模具设计与制造专业群制定教育部未来非洲项目《电工技术及应用》《电气与 PLC 控制》课程标准，电工、钳工中非职业技能等级证书项目职业标准，专业教学标准等，为“一带一路”沿线国家制定 33 门课程标准，编写 6 部英文教材，参与制定 16 门 AHK（中国）化工专业课程标准。济南职业学院机电一体化技术专业群立项教育部中德先进职业教育合作项目，开发《机电一体化技术专业教学标准（国际版）》《数控技术（工业机械工）》等6项教学标准被美国和印度FESTO培训中心采用。滨州职业学院开发机电工程类5套国际通用专业标准，明确了15门具有国际视野的相关课程教学标准，制定了海外培训的详细计划。

4. 典型案例

4.1 引领改革

案例1：“四创”特色的“双层次多方向+X个职业技能等级能力”智能控制类人才培养模式

【学校】浙江机电职业技术学院

浙江机电职业技术学院以机电一体化技术专业为例，开设工业机器人技术和机电一体化技术商务等复合技能型方向专业，开发多门可供学生自主选择学习、融入X证书能力的职业技能模块课程，实施“1+X”证书试点；以“培养方案优化、课程项目化设计、学期项目实施、课堂教学改革、社团创新活动、技能大赛训练”六环节为抓手，把“创新意识、创新思维、创新品格、创新能力”（简称“四创”）等培养融入整个教学过程，形成智能控制类专业“四创”特色的“双层次多方向+X个职业技能等级能力”人才培养模式。学生近几年获中国青少年科技创新奖1项、全国大赛一等奖6项、二等奖及省级奖50余个，省教考院调研企业对学生专业水平等综合素质满意度均超过96.2%，名列全省前茅。

一、主要做法

（一）人才培养方案优化

对接职业标准，构建基础课共享、专业方向课交叉互融、融入X证书技能等级课自选的专业“555”课程体系，主要包括通识模块、5门基础课模块、5门专业方向课模块、5门技能等级课模块、公共选修模块、专业选修模块、实践课程模块等，学生在完成基础模块和相应通识模块的学习后，自由选择专业方向，完成后续2年的学习。

（二）课程项目化设计

精选多个适合循序渐进的企业案例，对课程进行项目化设计，改变学科性的知识体系，如《电子产品创新设计》等课程设计。

图 1　融入 X 证书的“555”课程体系

《电子产品创新设计》课程	项目1、简易三选手抢答器分析与调试	《工业机器人在线与离线编程》课程	项目1、机器人搬运工作站的设计与调试
	项目2、叫号显示电路设计与调试		项目2、机器人码垛工作站示教编程与调试
	项目3、数字钟电路设计与调试		项目3、基于中断的机器人安保系统设计与调试
	项目4、直流线性稳压电源设计与调试		项目4、机器人多机并行与信号协调的设计与调试
	项目5、电子秤压力信号放大电路制作与调试		项目5、基于TCP/IP的PC机与工业机器人通讯制作与调试
	项目6、变速运动小车功率放大电路分析与调试		项目6、基于视觉系统的工业机器人分拣工作站的制作与调试
	项目7、可燃气体报警器制作与调试		项目7、FANUC工业机器人机床上下料仿真工作站的制作与调试
	项目8、电子秤有源低通滤波电路制作与调试		项目8、双机器人物料传送与码放仿真系统的制作与调试
	项目9、小车变速运动控制D/A转换电路分析与调试		项目9、基于分组与信号控制的机器人同步运行仿真系统的制作与调试
	项目10、水温控制系统分析与调试		项目10、基于附加轴的导轨机器人搬运工作站的仿真制作与调试

图 2　课程项目化设计

（三）课程项目实施

对项目化设计后的课程，实施一周完成一个项目即“一周一项目”，通过课外分组讨论、安装调试、考核评价等环节，实现专业能力与学习能力、合作能力、团队合作等基本能力与创新能力等关键素组的融合培养。

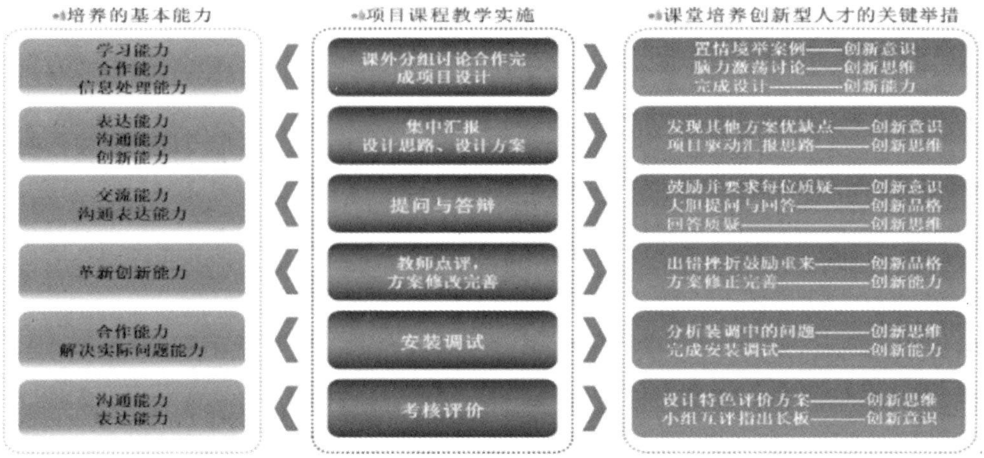

图 3 “一周一项目”改革

（四）学期项目实施

对多门专业课进行整合，开发融合多门课程、多项技术的工程项目，形成《PLC 控制系统创新设计》等学期项目课程，每个学期实施 1 门，每周 1 次检查与汇报。一学期完成一个大的项目工程，即“一学期一工程”。通过了解产品与系统等技术应用，自主确定制订计划、编写说明书、答辩与展示等。

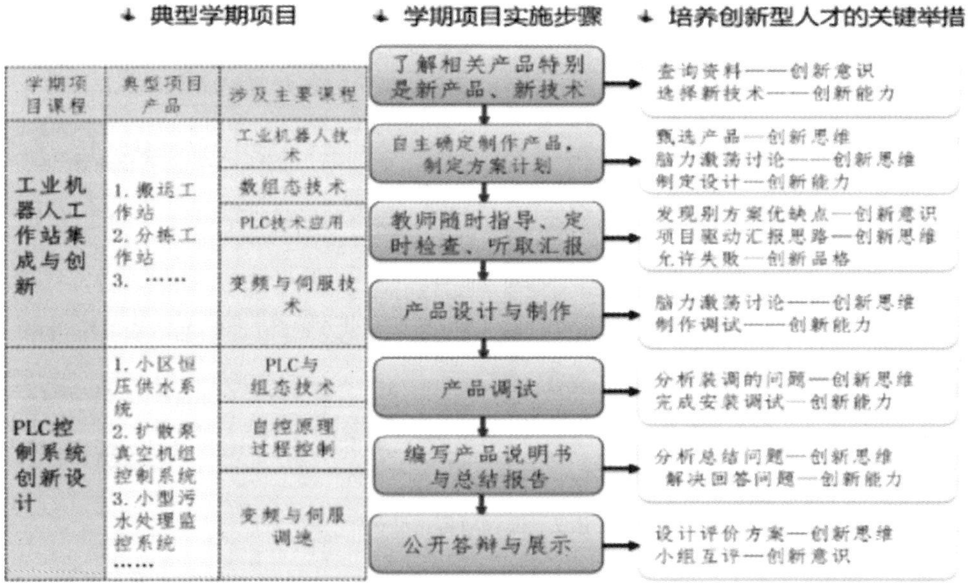

图 4 “学期项目”实施

（五）社团创新活动

开设“智能机器人社团”等学生社团组织活动，结合系选修课的考核，激发学生的求知欲和学习积极性，培养创新意识和创新品格。

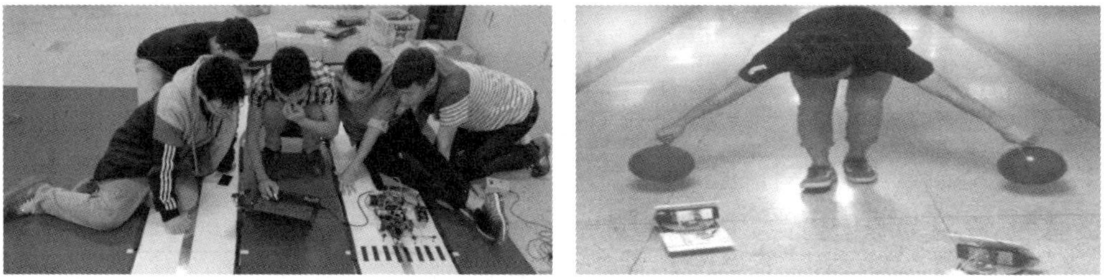

图 5　丰富的社团活动

（六）技能竞赛

彰显科技魅力，激发创新灵感，进行科技创新学生竞赛的改革，在培养学生创新意识、创新思维、创新能力的同时锤炼其耐失败挫折的创新品格。

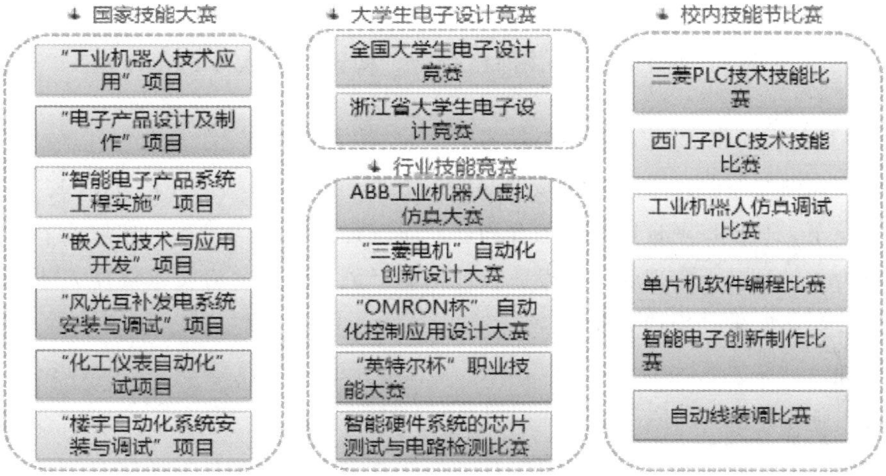

图 6　组织各种竞赛培养创新型人才

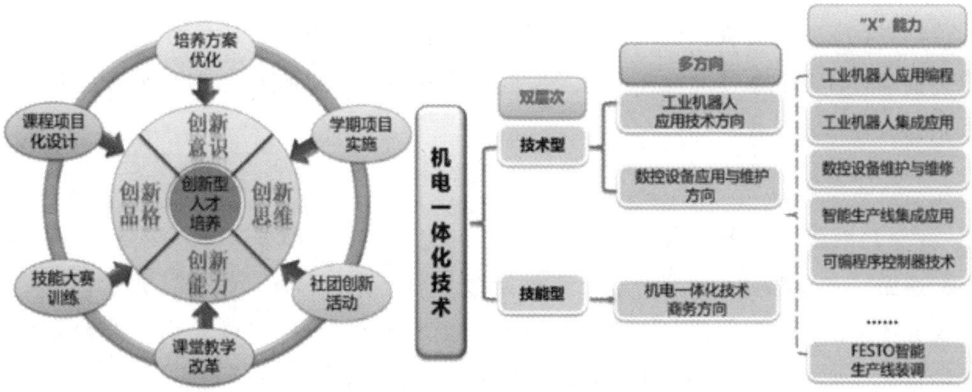

图 7　人才培养模式

二、成效与成果

（一）创新了“四创”特色的“双层次多方向＋X个职业技能等级能力”智能控制类人才培养模式

开设多个专业方向，以“课程项目化设计”等六环节为抓手，构建“多维度、多元化”评价与激励机制，形成“四创”特色的“双层次多方向＋X个职业技能等级能力”人才培养模式实现对创新型技术技能人才素质内涵的精准培养。

（二）学生培养质量高

据省教育考试院调查数据，学校毕业生就业质量与可持续发展能力连续4年名列全省前茅。学生获各类竞赛奖300多人/次、全国一等、二等奖11个，省级新技术产品鉴定6项，获十一届中国青少年科技创新奖1个（全国高职唯一），近800名同学取得X等级证书。自动化类专业、智能控制技术专业被“金苹果”两度评为全国排名第一。

案例2：基于校企合作深度融合，构建SCI人才培养体系

【学校】北京电子科技职业学院

汽车制造与装配技术专业对接北京经济技术开发区高端汽车产业，在“双高”建设背景下，基于校企合作深度融合和产业学院建设，重构专业人才培养方案。基于校企合作的基础上实现课程开发、技能培养、创新实践，将技术技能人才培养目标和课程类型匹配，构建书证融通（S型）、专业复合（C型）、创新实践（I型）的人才培养体系。

一、实施背景

汽车制造与装配技术专业SCI系统化人才培养方案，依托北京奔驰汽车制造工程师学院，将汽车制造专业技术技能人才培养过程和企业生产过程相融合；对典型岗位群进行了纵向分级和横向分类，建立职业仓，提取典型工作任务，分析能力要求，推动符合企业急需的汽车制造与实验技术新职业，实施本专业人才培养体系及校企双人才培养模式。

二、主要做法

（一）创新人才培养方案设计理念

遵循“产教融合、校企合作、工学结合、知行合一、育训结合”理念，SCI人才培养体系由校企双元共同构建，依托不同教学载体，分别完成S、C、I型人才培养的目标要求。其中C型和I型人才培养为人才培养最终目标。

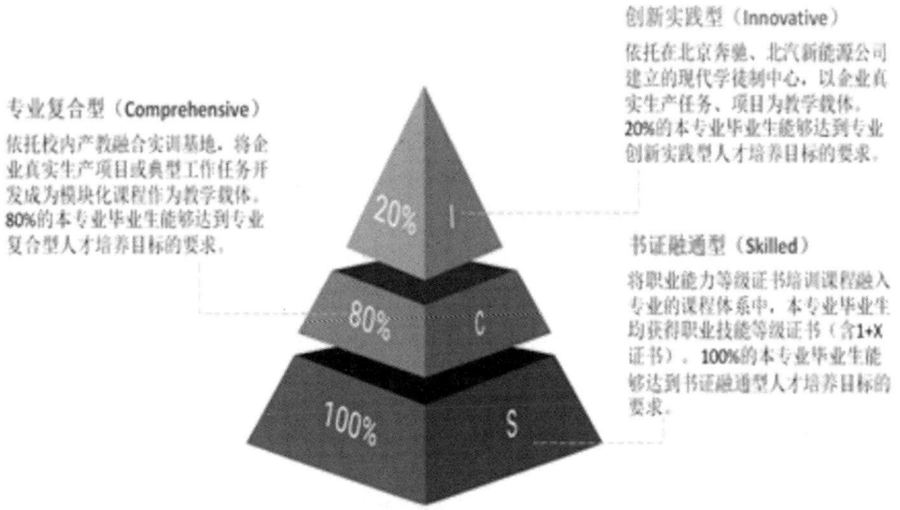

图 1　汽车制造与装配专业 SCI 人才培养体系示意图

（二）以群为单位落实人才培养方案

第一阶段为文化基础课阶段；第二阶段为专业群基础课程阶段；第三阶段为职业技术技能课程阶段，主要采用“课证融合”的模式；第四阶段为专业模块化课程阶段，实施“岗课赛证”融通。

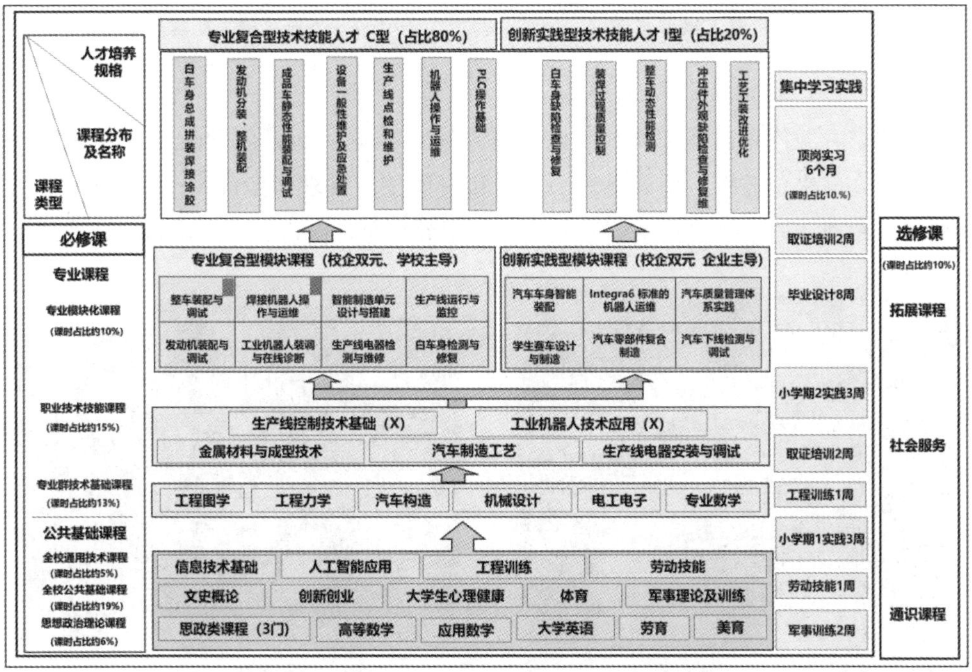

图 2　汽车制造与装配技术专业 SCI 课程体系

（三）校企协同全程参与人才培养

基于人才的技术技能培养目标，S－C－I技术难度逐层提升，从基础操作到创新实践，均离不开企业。因此，人才培养方案在企业调研、岗位分析、典型工作任务提取、课程开发、人才培养方案制定、专业课授课、实训课指导、定岗实习、学习评价等方面都由校企双方共同参与，协同培养贯穿始终。

三、成果成效

（一）实现“岗、课、赛、证”融通

依托企业真实项目，开发职业技术技能课程6门，复合型模块化课程8门，创新型模块化课程6门，融入两个“1＋X”证书；工业机器人比赛中学生组获得全国三等奖，实现“岗、课、赛、证”融通。

图3　工业机器人操作员证书

图4　工业机器人比赛员证书

（二）形成校企协作育人新模式

以北京奔驰汽车制造工程师学院为基点，将企业协同育人和学校教育相统一，分析职业仓与岗位需求，使课程教学目标和岗位技能需求相匹配；改变以往企业人员到学校授课，转变为走出去到企业上课，让教学接近岗位、实现岗课赛证的统一。

图5　校内发动机装配实训

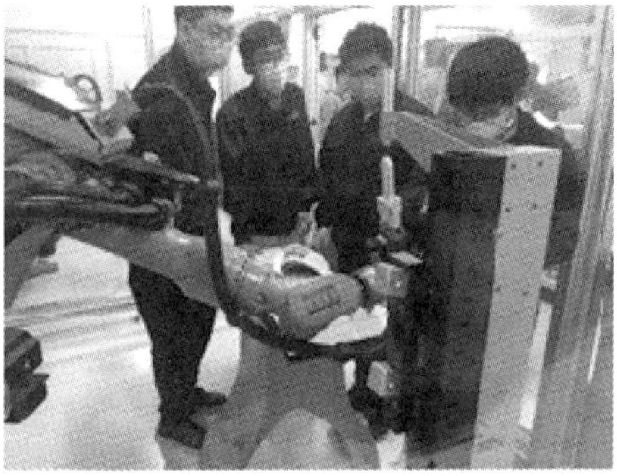

图6　北京奔驰现场实践

四、经验总结

（一）校企教学团队授课

校企“双导师”教学团队，共同参与人才培养全过程，将人才培养方案修订、课程开发、教学设计、课堂教学、技能训练、学生评价、顶岗实习等教学全过程落到实处。

（二）高效整合校企资源

依托北京奔驰汽车制造工程师学院，统一协调专业群实验实训资源，落实复合型模块化课程，学生技术技能综合能力得到培养与提升。

（三）理论与实践相结合

课程采取真实案例、到企业真实环境授课，实现专业课程与职业岗位能力、职业资格、生产实际、行业标准“四融通”，融入企业文化和氛围，感受大国工匠精神。

五、推广应用

构建了“二四三”校企协同育人模式，“二”指校企双元协同育人；“四”指从理念、类型、内容和方法四个维度集成创新；“三”指师资队伍、资源建设、评价体系三项保障。专业群人才培养模式入选教育部典型案例，获得北京市教育教学成果一等奖2项。

案例3：实体化运行、一体化提升：产教融合培养智能制造工匠人才

【学校】金华职业技术学院

产教融合、校企合作应贯穿于职业教育人才培养的全过程。金华职业技术学院机械制造与自动化专业群不局限于校企共建学生实习基地、订单式培养等方式，开创性地实施了“产教综合体”建设，深化合作模式、合作内容，助力智能制造工匠人才培养。

一、构建“实体化运行”产教综合体，实现产教实质性融合

一是构建“3+3”产教综合体。整合资源建设实训、研发、企业服务3个中心，同时，以学校资产经营公司为桥梁，组建3家不同类型的实体公司。二是拓展实体化路径。通过对不同类型合资公司的资产转化方案设计，成立浙江京飞航空制造有限公司等生产型公司、金职液压动力（金华）有限公司等研发型公司、浙江星河金职航空科技有限公司等培训型公司。三是创新“一统筹三打通”运行机制。出台专业对接企业的融合运行方案，专业与企业一体统筹安排教学与生产；建立校企人员双向流动相互兼职运行机制，实现“政策‘堵点’、岗位身份、利益分配”三打通。

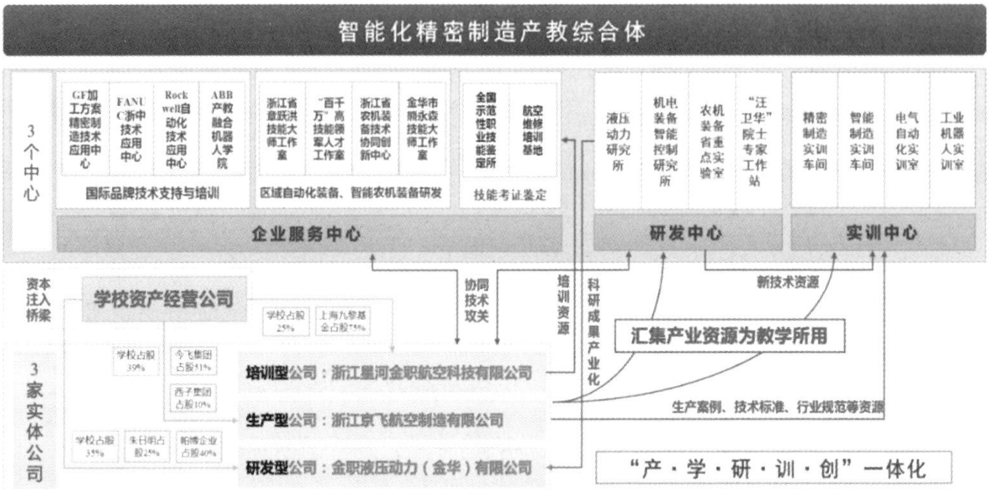

图1　智能化精密制造产教综合体平台构架图

二、探索“产学研训创”一体化提升，实现全链式人才培养

一是创设人才培养模式。改造企业服务项目，开发研习式学期项目，分阶段串接“课程项目+学期项目”，练就“匠艺”。组建“工程创新班”和“赛教融合班”，实施“导师+项目+团队”工作机制，提升“匠术”。二是聚力工匠素养养成。开发贯穿6个学期的“劳作素养”课程，编写《工匠精神培育操作手册》，在“课程、活动、管理、文化”四个方面全程融入工匠素养养成，铸就“匠魂”。三是聚焦新技术资源转化。开发智能制造领域专业课程标准和“1+X”职业技能等级标准，开发以“虚拟工厂”为核心的数字化资源，打造“标准、课程、证书”立体化资源中心。

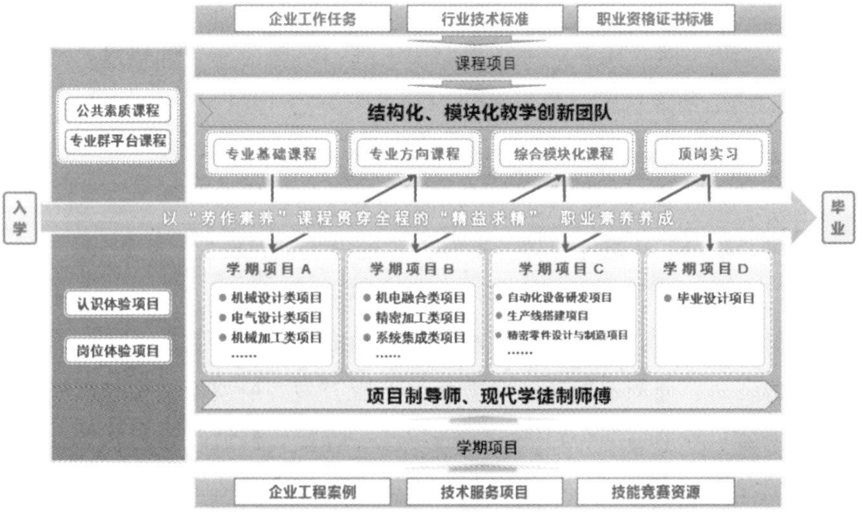

图2　“德技并修、项目串接、学研互动”人才培养模式

三、服务产业发展人才培养显著突出，助力区域化应用辐射

一是人才培养质量获企业社会认可。毕业生稳岗率75%以上，一年内岗位晋升率70%以上。毕业生获全国技术能手、省技术能手、省金蓝领、市劳动模范等荣誉20余人。二是服务产业发展贡献突出。参与国家和行业标准25项、浙江制造团体标准8项；年培训超3万人/次，获评全国示范职业技能鉴定所；实体公司实现年产值超4000万元。三是推广应用辐射面大。校企融通政策制度、新技术课程开发模式、工匠素养养成等成果内容与实施路径具有普适性，在宝鸡职院、宁职院等十余所院校推广应用，成效显著。

案例4："N境赋能·项目实践·多岗轮转"校企协同育人模式创新与实践

【学校】淄博职业学院

国务院《关于加快发展现代职业教育的决定》《关于深化产教融合的若干意见》和《国家职业教育改革实施方案》中明确提出，要逐步提高行业企业参与办学程度，全面推行校企协同育人，促进人才培养供给侧和产业需求侧结构要素全方位融合。为深化产教融合，推进人才培养模式改革，淄博职业学院汽车专业与上汽通用汽车有限公司（生产企业）和润华汽车控股有限公司（服务企业）创新开展了"'N境赋能·项目实践·多岗轮转'汽车专业校企协同育人模式"的研究和实践探索。通过搭建校企协作长效机制，创新校企协同育人模式，构建专业教学新体系，共同推动汽车专业高质量发展和人才培养质量的持续提升。

一、主要做法

（一）链接产业需求，建立校企"双元一体·共生共荣"长效合作机制

围绕汽车产业新技术、行业新发展、企业新需求，学校与生产企业、服务企业三方共建产业学院、协同创新中心等产教融合育人平台，建立校企共管理事会和常态化交流渠道，开展校企联合招生，实施招工招生一体化，共建共享师资队伍、教学、标准、场地、设备、信息、新技术、新工艺等各类资源，共建产学研一体的新能源汽车技术服务站，开展了具有中国特色的现代学徒制培养。

（二）深化产教融合，构建"N境赋能·项目实践·多岗轮转"校企协同育人模式

创新应用以人为本理念，服务学生职业发展的多样化需求，校企共建生产性实训基地、一体化教室、自学空间、创客工坊等融入企业先进文化的N种教学情景，共同涵养赋能、润泽提升学生综合素质；对接企业生产项目、融入产业新技术，开展基础、核心、综合、岗位能力分级递进项目训练，着力提升学生的实践操作能力；

实施“任务前置、多岗适应、双导管理、聘用优先”的企业岗位实习方式，重点培养学生实战能力和岗位适应性，实现人岗相适、三方共赢。

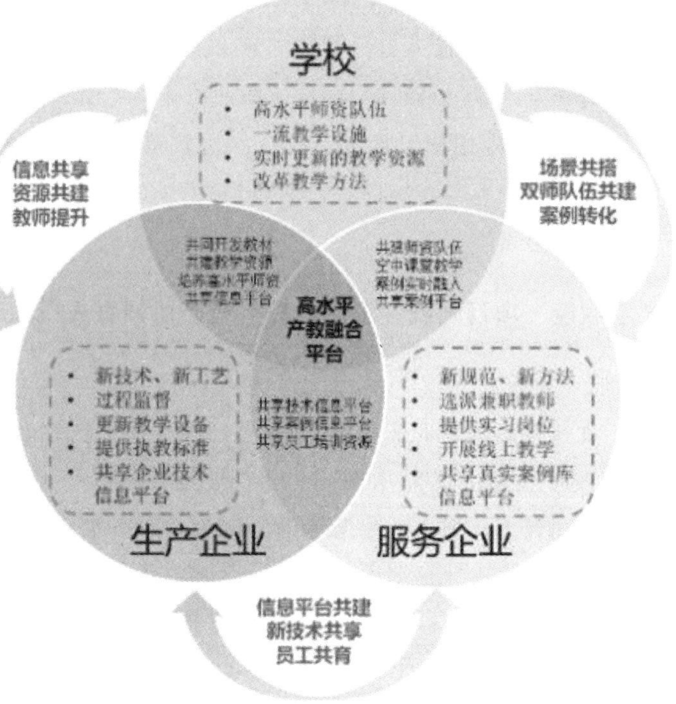

图1　校企“双元一体·共生共荣”长效合作机制示意图

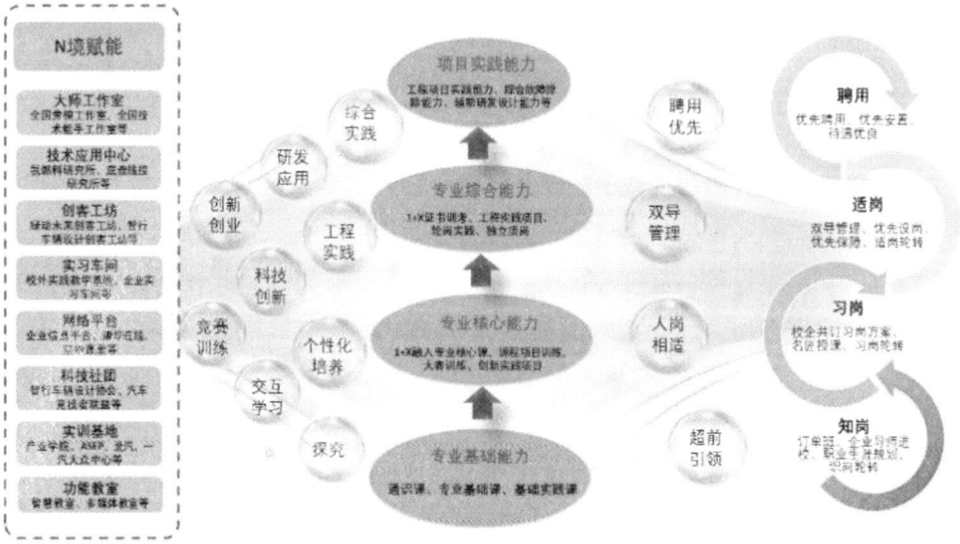

图2　“N境赋能·项目实践·多岗轮转”校企协同育人模式示意图

（三）塑造匠心品质，实施“多维耦合·强技铸能”专业教学新体系

聚焦岗位任务，统筹校企育人资源，遵循学生成长、成才规律，重构了专业教学体系。一是融入中华优秀传统文化和汽车工业文化，创新了“思政领航·文化涵养”素质培育体系。二是对接岗位典型工作任务，融入 1 + X 证书标准，构建了“岗课适配·书证融通”的专业课程体系。三是以课程实训、综合项目、技能竞赛和企业实践为载体，健全了“行动导向·能力递进”实践教学体系。四是依托工程创新班、科技社团、创客工坊等载体，打造了“产学结合·名师指导”双创教育体系。各体系有机衔接、相互耦合，在锤炼学生专业核心技能、提高综合素质和就业竞争力中，释放倍增效应，持续推动人才培养质量提升。

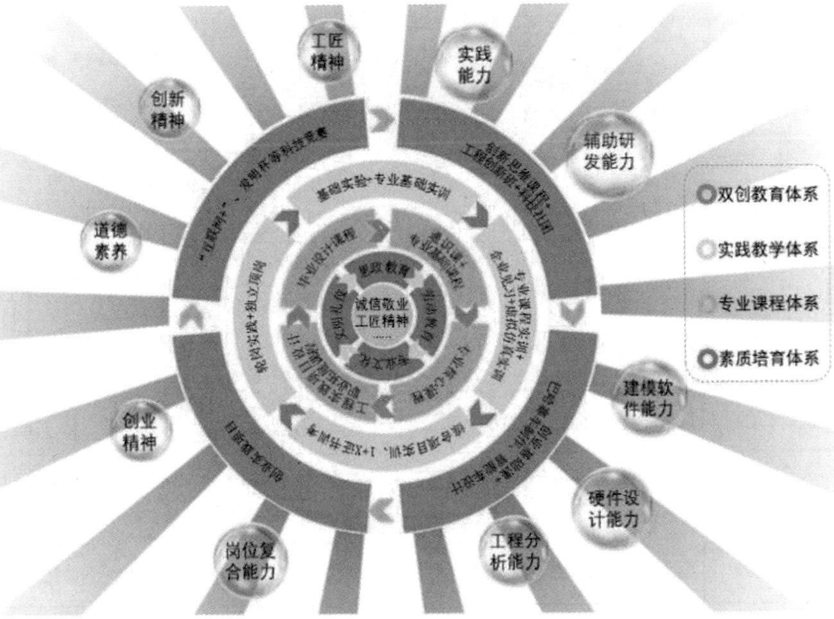

图 3 “多维耦合·强技铸能”教学体系示意图

（四）推进“三教”改革，建设“名师·名匠”领衔的高水平结构化教学团队

加强跨界融合、分工协作，搭建“大师引领、名师主导、双师主体、骨干支撑”的高水平结构化教学团队，完善“新任教师—合格教师—骨干教师—专业带头人—领军人才”五阶培养机制，构建教师三级递进的分层能力图谱，打造教学设计等 121 个能力，提升教学团队职业能力水平。

（五）持续诊改提升，开展“四方参与·动态调整”培养质量评价

制定了目标引领、诊改保证、数字赋能、校企共评的评价机制，打造了全过程质量控制运行体系，参考政府和社会的测评结果，适时动态调整培养方案和教学标准，提升培养成效。

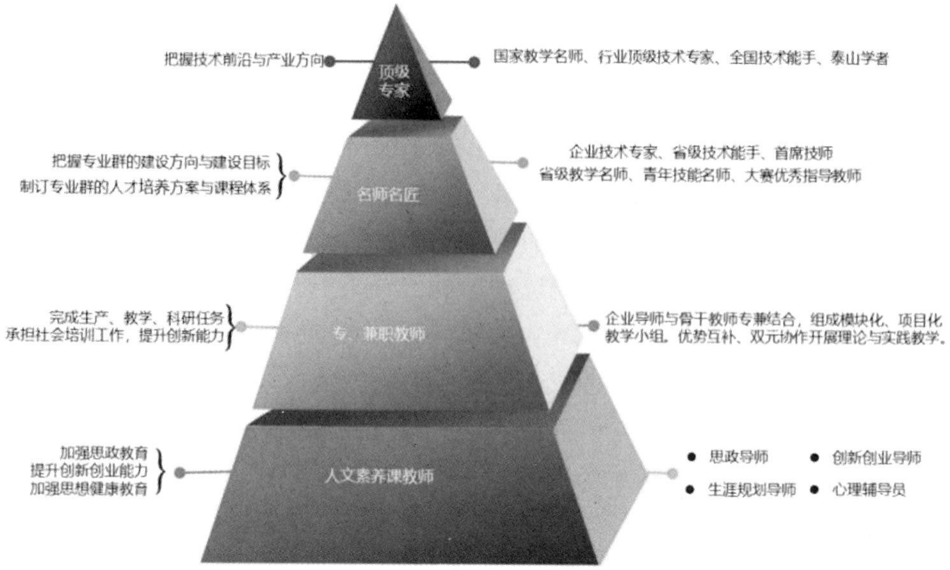

图 4 “名师 · 名匠”领衔的高水平结构化教学团队示意图

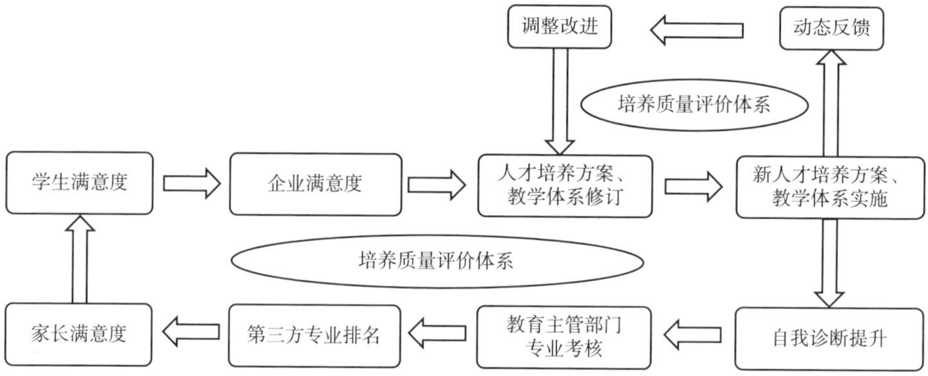

图 5 “四方参与 · 动态调整”的培养质量评价体系

二、成果成效

（一）培养质量稳步提升

本模式的实施显著提升了育人成效，学生获得包括 3 项国赛一等奖在内的省级以上各类竞赛奖励 177 项，有 11 名学生被确定为齐鲁工匠后备人才。“绿动未来”创新创业社团成功入选“2020 全国高校百强学生社团”。

（二）专业发展国内领先

近年来专业建设成绩斐然，获得中国特色高水平专业群、教育部现代学徒制试点专业、国家级实训基地等一批国家级成果。牵头制定全国高职新能源汽车技术专业教学标准。新能源汽车技术专业在金苹果专业排名中居全国第二名。

2021年08月27日 星期五 收藏本站
往期回顾 新闻列表 返回目录
中青在线 www.cyol.com
中青报系

2020全国高校百强学生社团名单

（按学校标识码排序）

来源：中国青年报 （2021年08月27日 03 版）

北京大学铁路文化协会
清华大学学生国旗仪仗队
北京科技大学管理协会
北京邮电大学蓝图创新工作室
中国农业大学向日葵爱心社
北京电子科技职业学院国旗仪仗队社团
山西农业大学无人机创新团队
山西师范大学大学生理论宣讲团
辽宁大学科创中心社团
辽宁工业大学就业创业协会
中国海洋大学海鸥剧社
山东科技大学SmartRobot机器人协会
青岛理工大学机车科技创新协会
山东建筑大学大学生科技创新创业协会
山东交通学院“星火燎原”理论社团
烟台职业学院七星湖畔融媒体中心
聊城职业技术学院黄河大合唱艺术团
淄博职业学院“绿动未来”创新创业社团
济南工程职业技术学院科技创新协会
河南科技学院数学建模协会
河南大学马克思主义研究会
河南师范大学非物质文化遗产保护协会
安阳师范学院秋水文学社
郑州铁路职业技术学院机器人科技创新协会

图6　2020 全国高校百强学生社团截图

高职院校专业竞争力排行榜 ? 专业名称 2021 查询

2021-2022年新能源汽车技术专业高职院校排名_高职分专业排行榜

金苹果排行榜 评价要看专业的！！！

专业排名	高校名称	水平等级	学校数
1	长春汽车工业高等专科学校	5★	458
2	淄博职业学院	5★	458
3	湖北交通职业技术学院	5★	458
4	北京工业职业技术学院	5★	458
5	贵州交通职业技术学院	5★	458
6	湖南汽车工程职业学院	5★	458
7	四川希望汽车职业学院	5★	458

图7　金苹果专业排名

（三）教师团队成果丰硕

近年来，教师专业水平显著提升，教学团队获得国家级职业教育教师教学创新团队，连续2020年、2021年获得山东省职业院校教师能力大赛一等奖，获批山东省教学名师2名、山东省青年技能名师1名、山东省技术能手4名。

（四）成果推广成效显著

学院与上汽通用、润华汽车校企合作的典型案例在全国高职院校校长联席会上获得优秀案例的荣誉，并推广至全国100余所高职院校。近5年来，在遵义职业学院、德州职业技术学院等国内23所同类院校进行了推广应用，并取得了良好的效果。

附件 1

第二批国家级职业教育
教师教学创新团队立项建设单位名单

序号	学校名称	专业领域	专业名称	省份
1	山东商业职业技术学院	财经商贸	现代物流管理	山东
2	石家庄邮电职业技术学院	财经商贸	现代物流管理	河北
3	宁波职业技术学院	财经商贸	供应链运营	浙江
4	辽宁省交通高等专科学校	财经商贸	现代物流管理	辽宁
5	新疆交通职业技术学院	财经商贸	现代物流管理	新疆
6	安徽财贸职业学院	财经商贸	现代物流管理	安徽
7	宁波城市职业技术学院	财经商贸	现代物流管理	浙江
8	南京铁道职业技术学院	财经商贸	现代物流管理	江苏
9	江西外语外贸职业学院	财经商贸	电子商务	江西
10	苏州经贸职业技术学院	财经商贸	跨境电子商务	江苏
11	安徽商贸职业技术学院	财经商贸	电子商务	安徽
12	义乌工商职业技术学院	财经商贸	商务数据分析与应用	浙江
13	浙江商业职业技术学院	财经商贸	商务数据分析与应用	浙江
14	河南工业职业技术学院	财经商贸	网络营销与直播电商	河南
15	山西省财政税务专科学校	财经商贸	财税大数据应用	山西

60	重庆航天职业技术学院	航空航天和海洋装备	无人机应用技术	重庆
61	湖南汽车工程职业学院	现代交通运输	智能网联汽车技术	湖南
62	长春汽车工业高等专科学校	现代交通运输	汽车电子技术	吉林
63	淄博职业学院	现代交通运输	新能源汽车技术	山东
64	山西工程科技职业大学	现代交通运输	新能源汽车工程技术	山西
65	山东交通职业学院	现代交通运输	新能源汽车检测与维修技术	山东
66	广西交通职业技术学院	现代交通运输	新能源汽车技术	广西
67	安徽机电职业技术学院	现代交通运输	汽车制造与试验技术	安徽
68	湖南交通职业技术学院	现代交通运输	新能源汽车技术	湖南
69	湖北交通职业技术学院	现代交通运输	新能源汽车技术	湖北
70	柳州职业技术学院	现代交通运输	智能网联汽车技术	广西

图 8　国家级职业教育教师教学创新团队

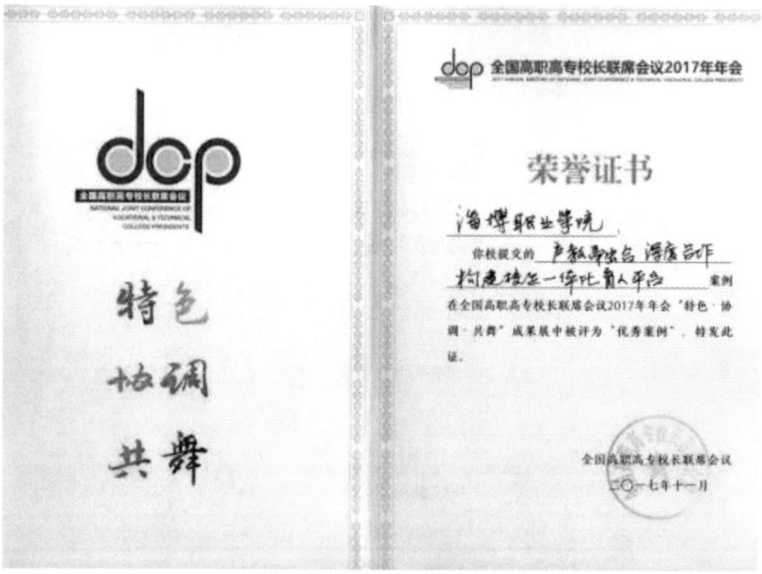

图 9　教育部全国高职院校校长联席会优秀案例

案例 5：“赛课融通、赛教融合”，提升教师课堂教学能力

【学校】淄博职业学院

淄博职业学院电气自动化技术专业群将教师教学比赛与日常教学有机融合，用教学比赛的要求衡量课堂教学水平，融赛于课，充分调动每一位教师的参赛积极性，让更多的比赛成果在课堂中落地实践，推动课堂革命。通过构建院系、学校、省级、国家四级比赛机制，打造出一批精品课程，培育一流的教学团队，实现赛教融合，达到人人懂比赛、人人上好课的目的，提升教师课堂教学能力，实现培养新时代“工匠之师”的目标。

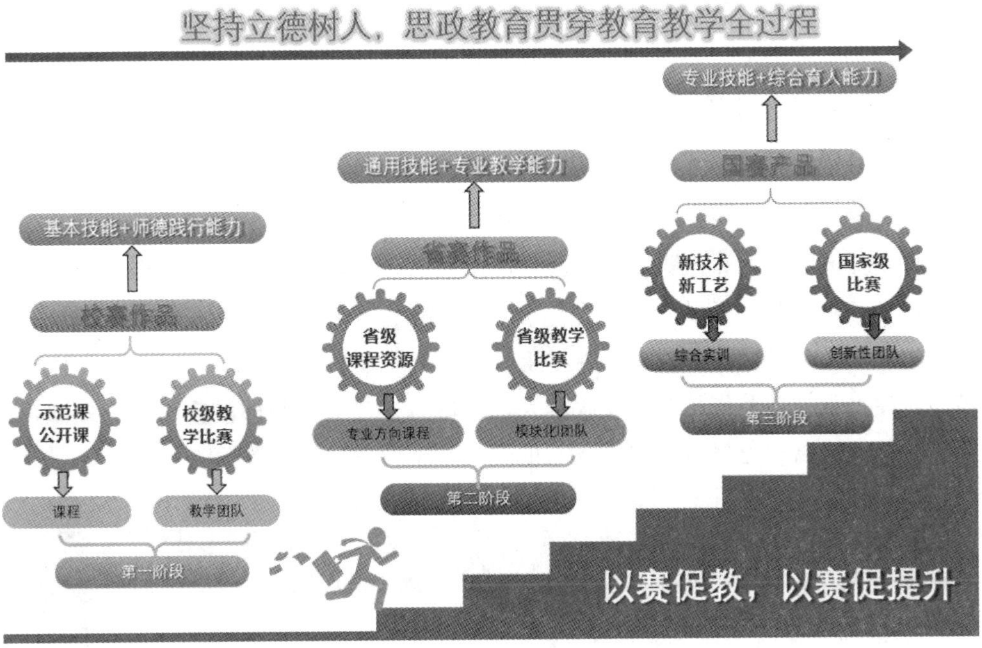

图 1 “赛课融通、赛教融合”的教师教学能力提升模式

一、发挥名师领衔作用，跨界协同造梯队

依托国家级职业教育教师创新团队、曾照香名师工作室等平台，建立了完善的“国家名师、省级（技能）名师、金牌工匠、校级教学名师”四级师资梯队，“以赛促教、赛教融合”，教师教学能力培养“由面到体”。教学团队 2021 年被评为全国黄大年式教师团队。

图 2 名师教师团队示范引领

二、赛课融合以赛促教，多元立体筑基础

构建“教学课堂 + 工作课堂 + 云端课堂”，因材施教有层次。依托双高专业群

建设，搭建“课程、场景”层次递进育人资源，教学能力提升有支撑；共建“学习型、生产型、研发型”一体化实践平真实场景，教师实训有载体；建立多轮磨课机制，通过专业群“说专业、说课程”、示范课等多种手段，教学比赛有经验；优化教学比赛奖励机制，在考核、评价、奖励等方面倾斜，参与活动有动力。

三、赛课融通重构内容，知行合一提能力

将企业典型案例和比赛案例引入课程，数字双胞胎技术以及 IOA 虚拟仿真平台等新技术、新工艺、新规范写入活页式教材，基于智能制造生产过程重构课程内容。根据学情分析结果，面向人人，因材施教。创新“教—学—做—训—评”一体教学模式，注重“职业技能培养＋思政育人”的融合，培养教师的劳模精神、劳动精神和工匠精神，以“德润身，技立业”的理念，全面提升教师教学能力。

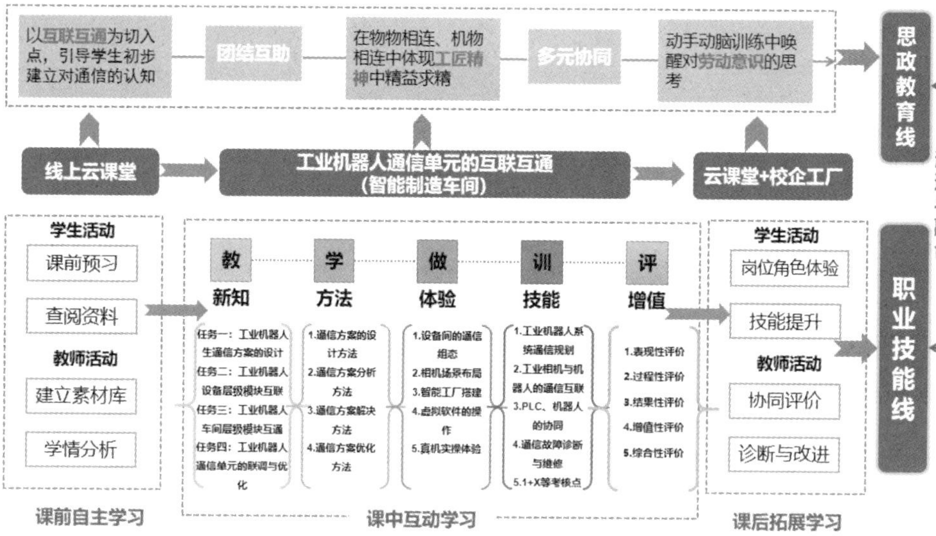

图 3　教学做训评教学模式

四、深化校企合作方式，借智借力补短板

依托中德智能制造产教融合示范基地，补齐教师技能方面的短板，通过科创融通，补齐教师科研短板，通过专兼教师联合上课，补齐兼职教师教学能力弱的短板。

赛教融合，赛课融通，提升了教师教学能力、资源建设能力、教材开发能力等，将教师比赛中制作素材资源推广应用到教学课堂，将精品资源转换为精品课堂，解决了教学资源利用“最后一公里”的问题，推动了课堂的教学革命。教学团队在国家和省教学比赛中获国赛三等奖 1 项，省赛一等奖 2 项，二等奖 6 项。获得国家级教学成果奖二等奖 2 项，省级教学成果特等奖 1 项，校级特等奖 3 项，获得淄博市

课堂革命案例一等奖 1 项。2022 年教学团队教学片段在中央电视台朝闻天下和新闻联播连续播出，提升了学校的美誉度。

案例 6：聚焦重庆支柱汽车产业发展，行企校创建“五融合”人才培养模式

【学校】重庆工业职业技术学院

一、概述

在“中国制造 2025”“长江经济带”等国家战略背景下，重庆工业职业技术学院汽车检测与维修技术专业群，聚焦重庆支柱汽车产业技术转型升级人才需求，创新“五融合”人才培养模式，三年实践成效显著，获得国家级标志性成果 21 项，引领国内同类专业建设，为全国高职院校汽车类专业群发展贡献“重工智慧”。

二、建设措施

（一）行企校创建专业群“五融合”培养模式，深度契合汽车产业链人才需求

行企校重点围绕新能源与智能汽车“研发、试验、制造、销售、服务”产业链的五大领域，重构专业群，使专业链与产业链形成了“绿色减排、智能技术、智慧服务”的对接格局。

构建“五融合”的专业群人才培养模式。创设“汽车维护能力—汽车岗位核心能力—汽车交叉拓展能力”的三阶提升通道，融入“1 + X”证书制度，建立“学分银行”，采取弹性学制，实现校企“双向交互”。

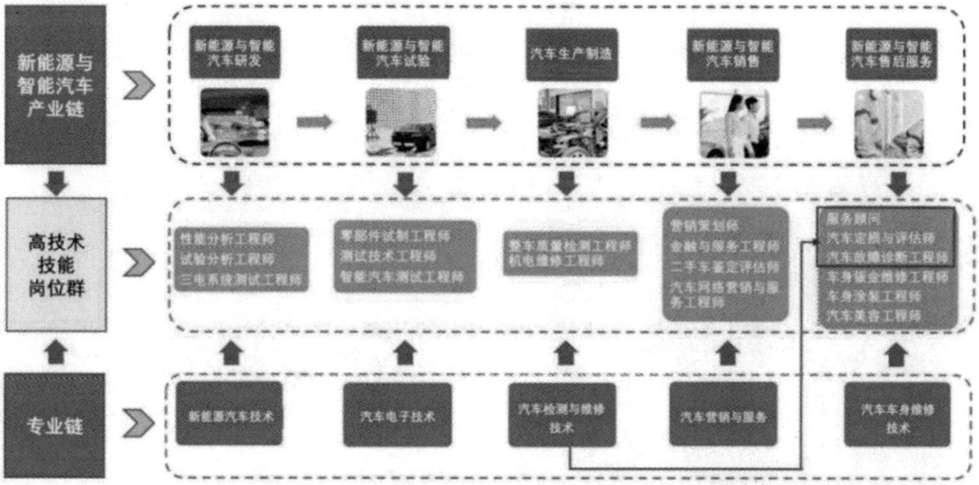

图 1　产业链、岗位群与专业链对应关系图

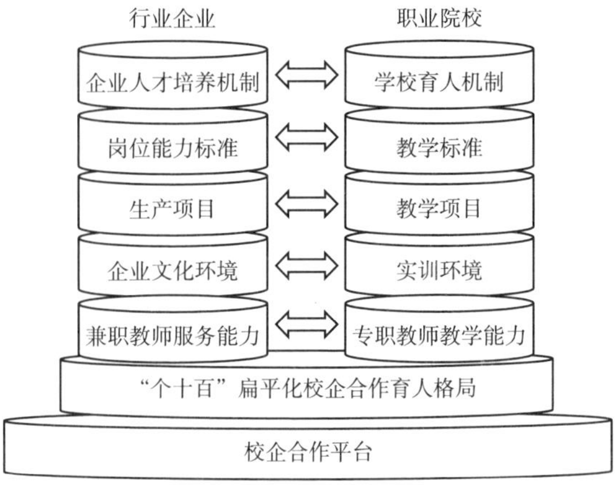

图2 “五融合”人才培养模式构架

（二）行企校协同研制汽车产业链岗位能力标准，聚焦专业群人才培养目标

行企校针对高技术技能型工作岗位群，共同开发岗位群“创新能力、可持续发展能力与岗位能力”三维职业能力标准1套，它成功界定了汽车产业链岗位群的工作能力范畴，实现岗位能力标准与专业教学标准融合，为专业群课程设置、教学设计、教材开发提供依据。

（三）行企校共同开发“职群化”模块课程，培养复合型高技术技能人才

行企校围绕产业链中岗位群结构，采用“通识能力＋汽车维护＋N岗位技术”课程模块，构建“职群化”模块课程框架。N岗位技术模块课程融入“1＋X”证书15个技术模块，实现书证融合。使专业群中五个专业课程共享度达到51%，具有“底层共享、中层分离、高层拓展”的课程群格局。

专业	新能源汽车技术	汽车电子技术	汽车检测与维修技术	汽车营销与服务	汽车车身维修技术
职业拓展能力	智能汽车驾驶技术　汽车企业管理　汽车法律法规　汽车设计鉴赏　……				
岗位核心能力	新能源汽车性能检测 驱动电机及控制技术 新能源汽车充电技术 汽车动力电池技术 ……	电子产品检测与鉴定 汽车零部件试验试制 智能网联汽车技术 智能汽车测试技术 ……	智能汽车车载网络技术 汽车故障诊断与排除 发动机管理系统 安全与舒适系统维修 ……	汽车营销与策划 二手车鉴定评估与交易 汽车金融与信贷 汽车市场调查技术 ……	汽车车身车架校正技术 汽车涂装技术 汽车美容技术 汽车改装技术 ……
专业基本能力	汽车维护模块	车间工具与设备使用+职场健康与安全 识别汽车零部件与总成+实施汽车维护作业+实施汽车电路初级维护			
通识能力	思想政治模块	思想道德修养与法律基础+毛泽东思想概论+形势与政策+……			
	文化素质模块	大学英语+高等数学+大学计算机基础+大学语文+……			
	职业素质模块	创新创业教育+职业生涯规划与就业指导+……			
	身心健康模块	军训+体育+大学生心理健康教育+……			

图3　专业群课程结构逻辑

三、建设成效

（一）建成国家高水平建设专业群

推行现代学徒制 4 个专业，实施 6 个订单班培养，入选国家骨干专业 3 个，成为“双高计划”高水平专业群。

（二）人才培养质量显著提高

三年来，学生获得国家级技能大赛一等奖 3 个、全国创新创业大赛奖 2 个、省级 3 个。重庆市就业报告显示学生对专业满意度排在第一位。

四、案例反思

在“五融合”人才培养模式中，结合企业用工需求，针对学生的学习需求，制定弹性学分制度，改进学籍管理、考试、专业实训、毕业实习等管理，切实推进弹性学分制工作。

案例 7：岗位赋能、项目提质、螺旋上升——模具设计与制造专业群“智能 +”模具人才培养的阳明方案

【学校】宁波职业技术学院

一、实施背景

宁波职业技术学院模具设计与制造专业群位于“中国模具之都”、明代著名思想家和教育家王阳明故里——宁波余姚，秉承王阳明“知行合一”教育思想，紧贴区域经济发展实际需求，直面高职模具专业人才培养供给与智能化模具产业岗位需

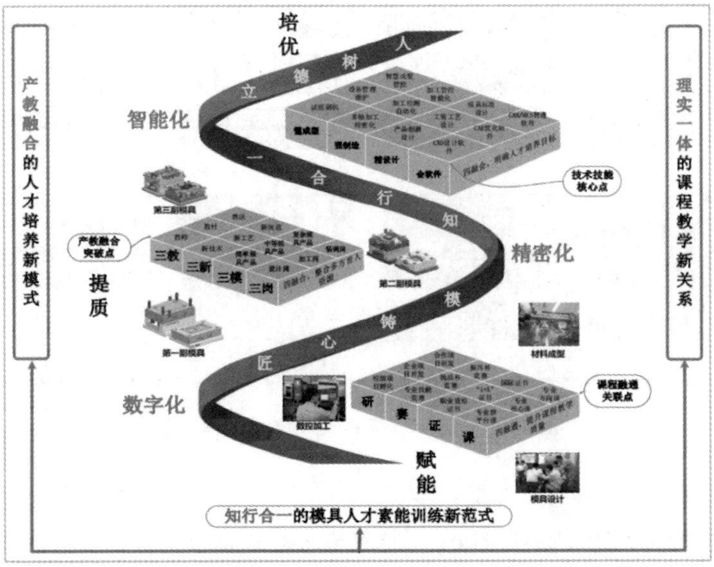

图 1 “智能 +”模具人才培养的阳明方案

求不匹配，人才培养目标和适应性有待提升；理论与实践教学一体化程度不高，学生技术技能难以有效提升；学生职业素养与技术技能融合发展不足，综合素质有待持续培育等问题。模具设计与制造专业群精心梳理问题清单，找准解决问题的支点和突破口，开启“岗位赋能 项目提质 螺旋上升”的“智能＋”模具人才培养实践与探索，为区域模具产业发展源源不断地输送人才红利。

二、典型做法

（一）精准对接区域产业发展需求，基于模具人才成长规律明确培养目标

精准对接模具产业链核心岗位群，遵循“数字化设计优化为基、智能化加工制造为重、成型工艺分析为先、综合能力为本、劳动素养为根、工匠精神为魂”的“智能＋”模具人才成长规律，明确会软件（会用autoCAD、UGNX、MES等软件）、精设计（精通3副典型模具的设计与优化）、强智造（加强智能加工单元操作和维护，加强工业机器人操作、RFID技术应用等）、懂成型（懂科学试模和成型工艺调试）的人才培养目标。

图2 “智能＋”模具人才培养课程体系

（二）对接“三个岗位”，融合“课证赛研”教学资源，赋能理实一体教学

紧密对接模具设计、编程与加工、装配与试模“三个岗位”职业能力要求，厘清课程设置标准和理实一体教学理念，完善课程设置方案。结合职业资格证书、“1＋X”

证书和国际证书，优化理实一体教学设计。将技能竞赛、挑战杯、创新创业竞赛融入理实一体教学实践，以赛促教。与浙江湾区机器人技术有限公司、科研院所等合作，共同开发数字化教学资源和活页式教材。通过“课证赛研”教学资源的融合，赋能理实一体教学。

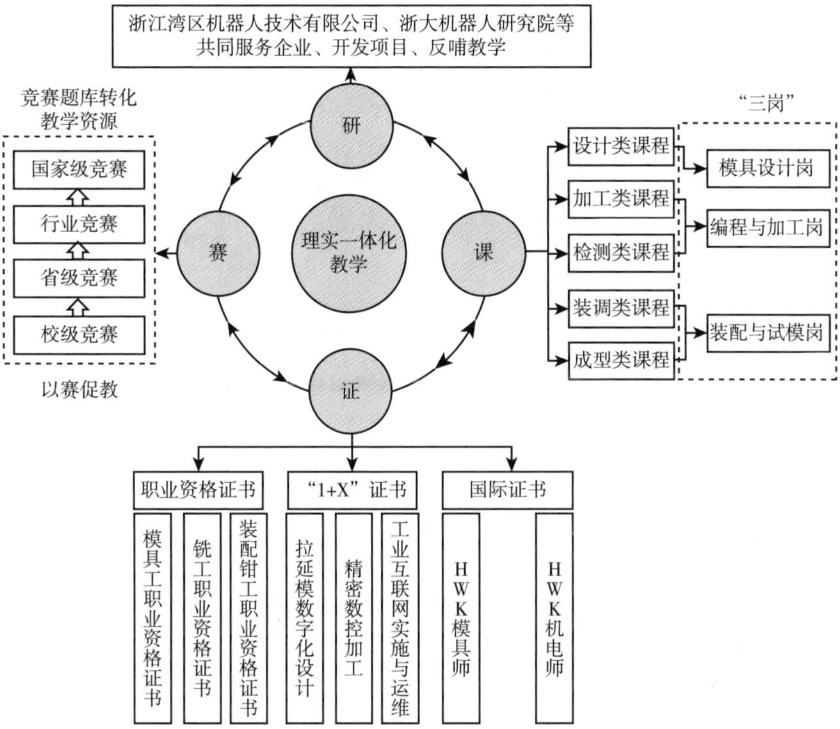

图3 “课证赛研”理实一体化教学

(三) 围绕“三副模具”，融入新规范、新技术、新工艺，提升教学质量

以模具企业简单（二板模）、中等（带滑块、抽芯、斜顶的模具）、复杂（双色、热流道模具）“三副模具”为项目载体，动态融入模具标准化同步设计新规范、智能化加工新技术、科学试模新工艺，有效衔接学校、企业、跨企业训练中心“三元”场所，高效开展工学交替“双轨”教学，通过优化教学空间和时间，提升教学质量。

(四) 跟岗、轮岗、顶岗不断线，锤炼学生技术技能和职业素养，实现人才培养质量螺旋上升

建立校企协同设计跟岗、轮岗、顶岗方案合作机制，实施双主体考核，按照学徒到员工的成长要求逐级提升考核标准。方案融入知行合一、学用相长理念，培养学生实践操作能力的同时，磨练学生道德品质，激励学生怀匠心、守匠情、践匠行，保障技术技能与职业素养同步螺旋上升，培养企业可用、好用、爱用人才。

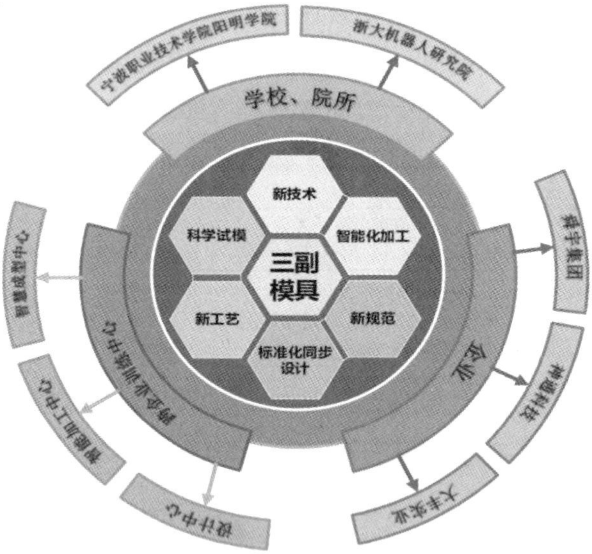

图 4　基于“三副模具”的教学质量提升路径

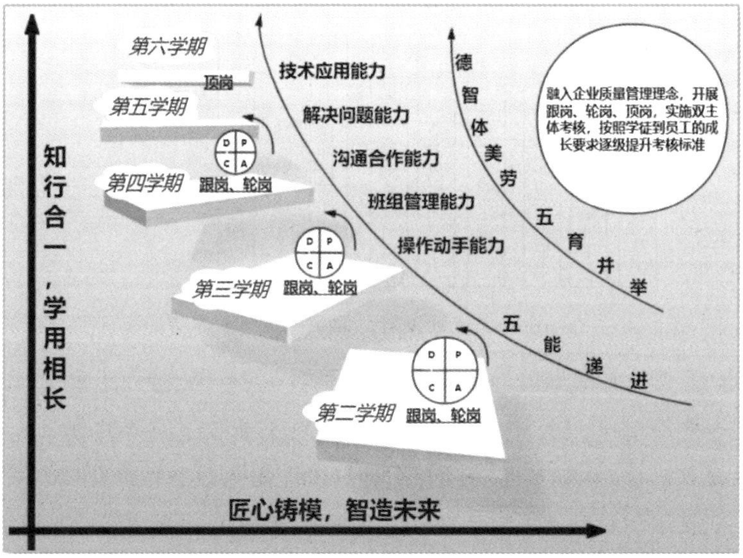

图 5　素能培养同步螺旋上升

三、推广应用

历经多年探索与实践，模具设计与制造专业群团队在人才培养、专业建设和示范引领方面取得显著成效。2020 届、2021 届学生 100% 获高级工职业资格；学生技能大赛获国家级一等奖 4 项、二等奖 1 项；世界机器人灭火比赛季军；获全国行业、省级技能比赛奖项 60 余项；学生获省青年岗位能手、市“五一”劳模、首席工人、技术能手等 11 人，发明实用新型专利 60 余项。为当地企业年均解决 16 项生产工艺技术问题，为企业设计开发商品模具 108 副（件）。教学改革成果获浙江省教学成果一等奖和市级一等奖；《中国教育报》、中央教育电视台、《人民日报》等媒体报刊 10 多次报道阳明学院的育人成效。当地政府拟投入建设 600 亩及 21 万方建筑的阳明学院新校区。

案例 8：课岗融合、长短交替，校企同城现代学徒制人才培养模式探索与实践

【学校】 九江职业技术学院

为了探索中国特色现代学徒制人才培养模式，推进产教深度融合，提高职业教育人才培养质量，专业群与九江明阳电路科技有限公司共同实施数控技术专业教育部第二批现代学徒制试点，创新实践了“校企双主体、学生双身份、课程双体系、教学双导师”的“课岗融合、长短交替”校企同城现代学徒制人才培养模式。典型经验荣获 2021 年全国机械行业职业教育产教融合校企合作优秀案例。

一、典型做法

（一）对接行业企业标准，研制人才培养标准

对接企业岗位标准，优化招生招工对象及条件、培养目标与规格、课程体系、教学设施等要求，共同研制了“数控技术专业现代学徒制教学标准”“岗位标准”“现代学徒制教学师资（傅）标准”和“教学质量监控标准”等标准，联合开发了工学结合、半工半读、学校学习和企业学徒分阶段、交替式的人才培养方案。

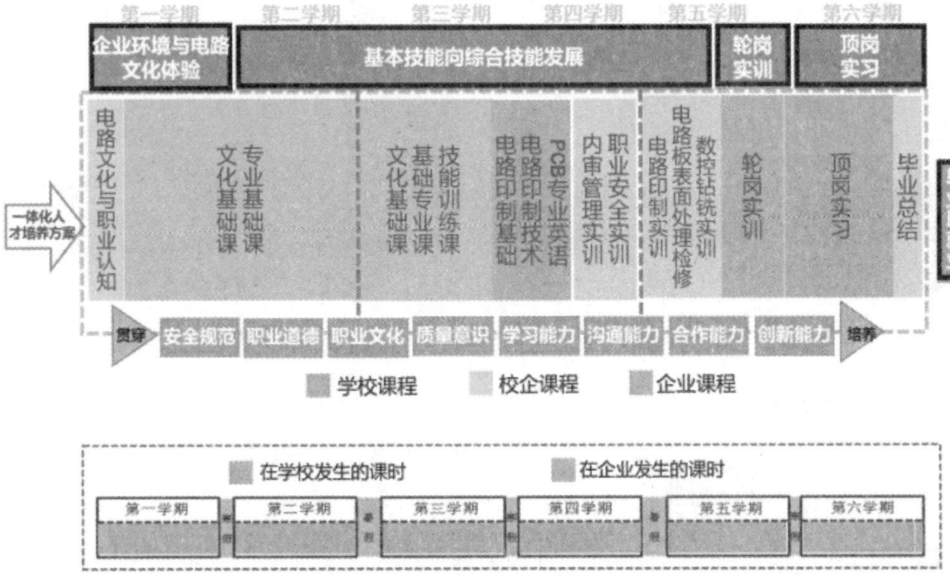

图 1　现代学徒制人才培养方案框架

（二）契合生产工艺过程，重构专业课程体系

按照企业对接学校、车间对接基地、产业对接专业、师傅对接教师、岗位对接培训的原则，以企业生产工艺过程为主线，构建了“企业课程”“学校课程”和“校企课程”相融合的课程体系。围绕公司实际岗位核心能力需求，选择典型生产任务，开发了《印制电路基础》《电路印制技术》等基于工作过程的企业课程。

图 2　校企共同开发的教材

图 3　校企共同研讨课程体系

（三）适应校企同城特点，创新长短交替教学模式

根据企业生产与学校管理实际情况，创新实施了学校课堂、实训车间和企业岗位轮训三位一体的“课岗融合、长短交替”教学模式。每周 4 天在学校，2 天在企业，企业课程与学校课程交替进行，实施“短交替”，以增强学徒岗位意识；每学期安排 1～2 个月的跟岗实习或顶岗实习，实现“长交替”，以提升学徒适岗能力。

图 4　企业教师校内授课

图 5　学徒企业实习

二、经验成效

（一）探索了“校企共管、文化互融”的学徒管理新思路

校企共同建立现代学徒制教学指导委员会，组建“导师＋师傅＋学长”学徒管理与教学团队，举办“签约仪式”“拜师大会”“集体生日会”等形式多样的活动，颁发学徒津贴、奖学金和奖教金，激发了现代学徒制各参与方的参与自觉性、积极

性和荣誉感，强化了校企文化的融合，保障了学生权益，增强了学生的认同感和归属感。

图 6　企业颁发学徒津贴和学费补助

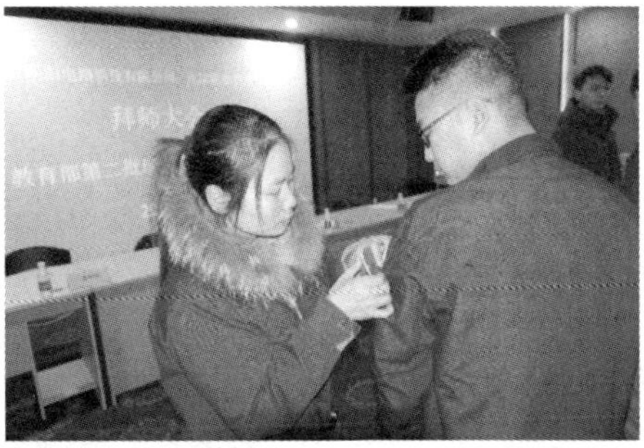

图 7　拜师大会上师傅为学徒佩戴见习袖章

（二）形成了“课岗融合、长短交替”的人才培养新模式

校企深度对接，分析企业岗位能力要求，科学序化课程体系，重构校内课程内容，补充开发企业课程，实现课岗深度融合；同时发挥校企同城优势，合理安排教学计划，将学校教学场地与企业生产车间融为一体，实施“长短交替”，有效解决了校企融合不深的难题。

案例 9：“四位一体”的应用电子技术专业创新型人才培养共同体构建与实践

【学校】湖南铁道职业技术学院

针对创新型人才培养方式实施的离散性、培养过程推进的松散性、培养结果评价的断续性等问题，系统化构建并实施了由“校企嵌入、内涵特色突出”教学共同体、“校企协同、主体活力明显”文化共同体、“校企合作、成果转化迅速”产研共同体和“校企联动、共生共赢彰显”发展共同体构成的“四位一体”高职应用电子技术专业创新型人才培养共同体。

一、实施背景

2019 年国务院颁发的《国家职业教育改革实施方案》提出要“推动职业院校和行业企业形成命运共同体”。大数据、云计算、人工智能、虚拟现实等新技术催生了产业形态、生产模式和社会分工体系都在深刻变革的智能化时代。智能化时代的到来使技术技能人才的工作模式产生工作范围扩大化、工作组织扁平化、工作内容创新化及工作方式协作化等 4 个方面的变革。

二、主要做法

针对创新型人才培养方式实施的离散性、培养过程推进的松散性、培养结果评价价的断续性等问题，系统设计基于生态思维的应用电子技术专业创新型人才培养共同体的实施路径。

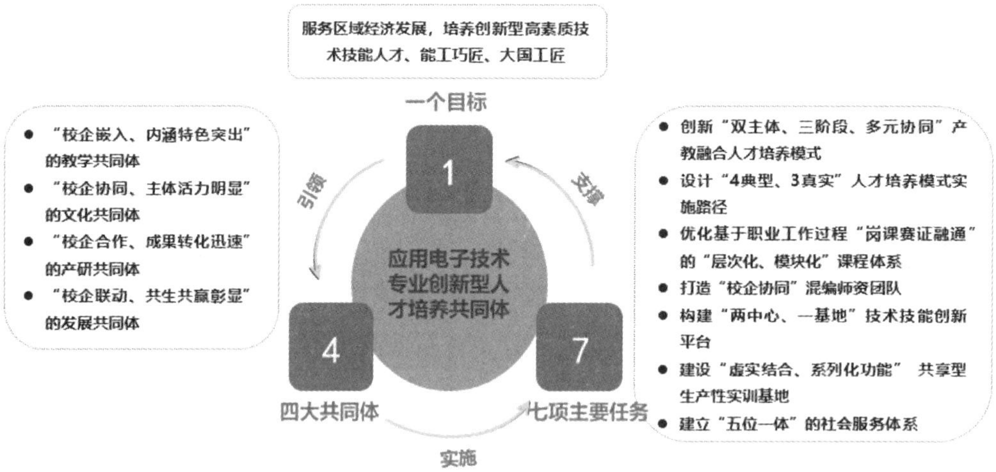

图 1　应用电子技术专业创新型人才培养共同体的实施路径

基于共同体内在属性和创新型人才培养内涵，系统化构建“四位一体”的高职应用电子技术专业创新型人才培养共同体，生态式推进创新型人才培养。

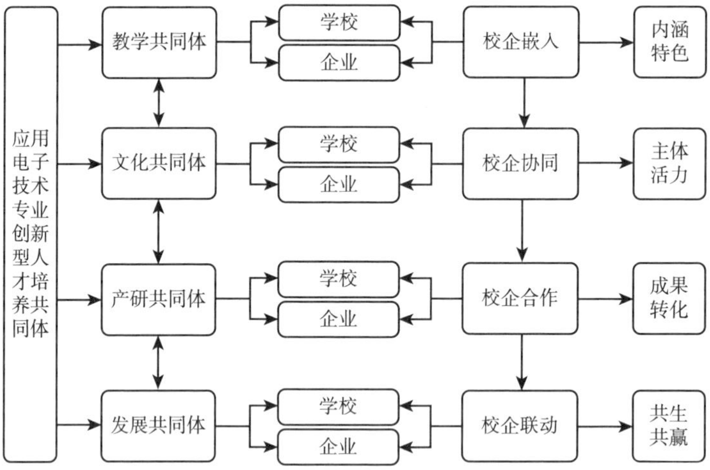

图 2　“四位一体”应用电子技术专业创新型人才培养共同体构建示意图

（一）实施“校企嵌入、内涵特色突出”教学共同体

（1）产教融合，创新“双主体、三阶段、多元协同”人才培养模式。

一是明晰创新型人才培养定位。围绕创新型人才的素质内涵，对接岗位需求，确定应用电子技术专业创新型人才培养目标结构。

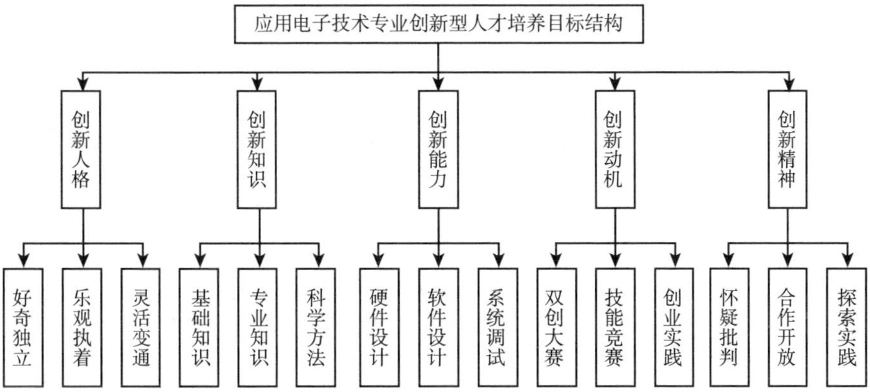

图 3 创新型人才培养目标结构示意图

二是创新“双主体、三阶段、多元协同”产教融合人才培养模式。根据创新型人才基本素质的构成—转化—显现三阶段多维度生成机制模型，以培养具备创新素质、工匠精神、技艺精湛的创新型人才为目标，实践了“双主体、三阶段、多元协同”产教融合的专业人才培养模式。

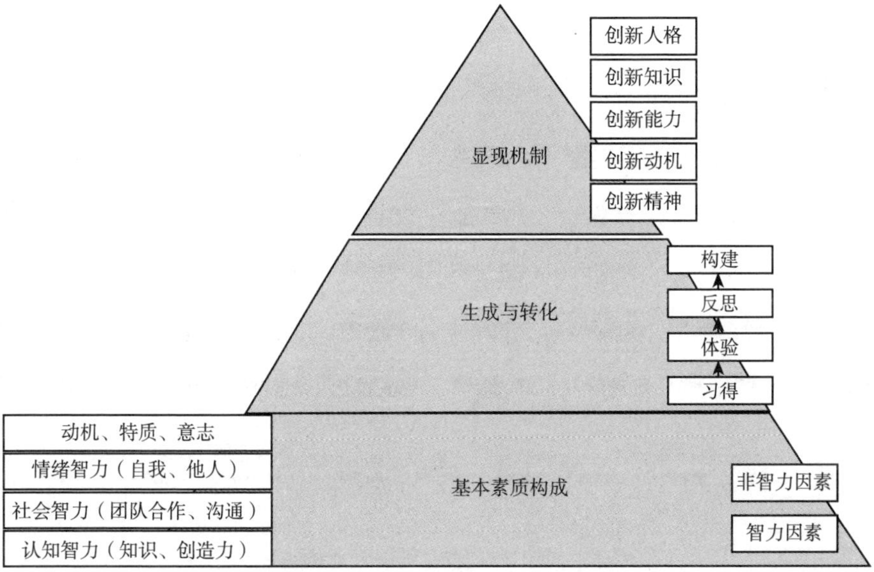

图 4 创新型人才基本素质的“构成—转化—显现”三阶段多维度生成机制模型

三是设计“4 典型、3 真实”人才培养模式实施路径。遴选中国中车等“典型企业”，选择动车组 DC600 电源等“典型产品”，选择智轨列车等“真实案例”，共建电子产品生产车间等“真实场所”，共建嵌入式技术应用中心等“真实研发中心”，开发配套的课程教学资源，设计“典型教案”。

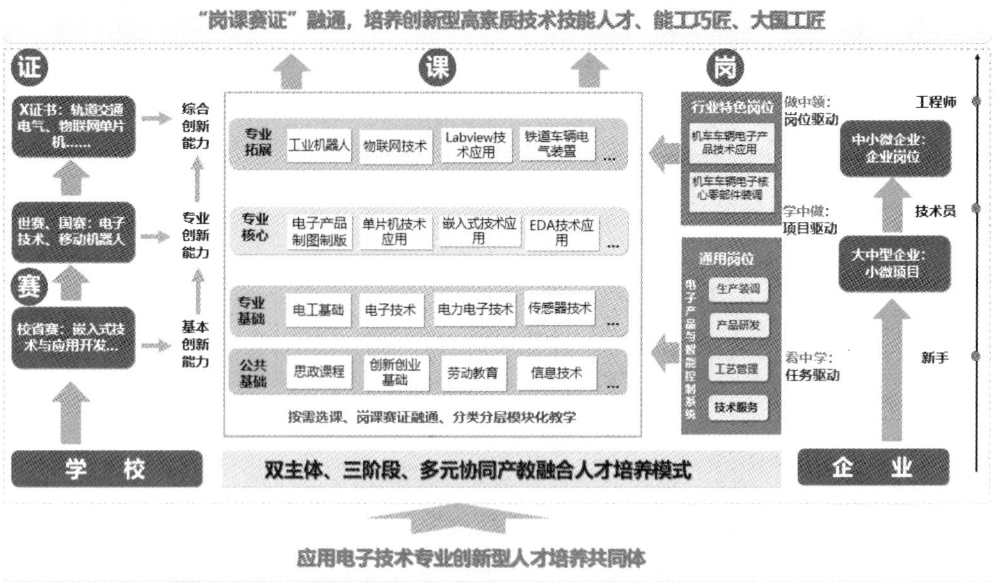

图5　应用电子技术专业人才培养模式

图6　应用电子技术专业人才培养模式实施路径

（2）能力本位，实施“岗课赛证融通”的“层次化、模块化”课程体系。

与中车、博众精工等企业共同实施基于职业工作过程“岗课赛证融通”的“层次化、模块化”课程体系，将创新精神、社会主义核心价值观融入课程建设和改革实施的全过程，将移动机器人等世界技能大赛标准等全国职业院校技能竞赛标准融入人才培养全过程，将信息技术、物联网技术等融入教学标准和教学内容，开发模块化课程。

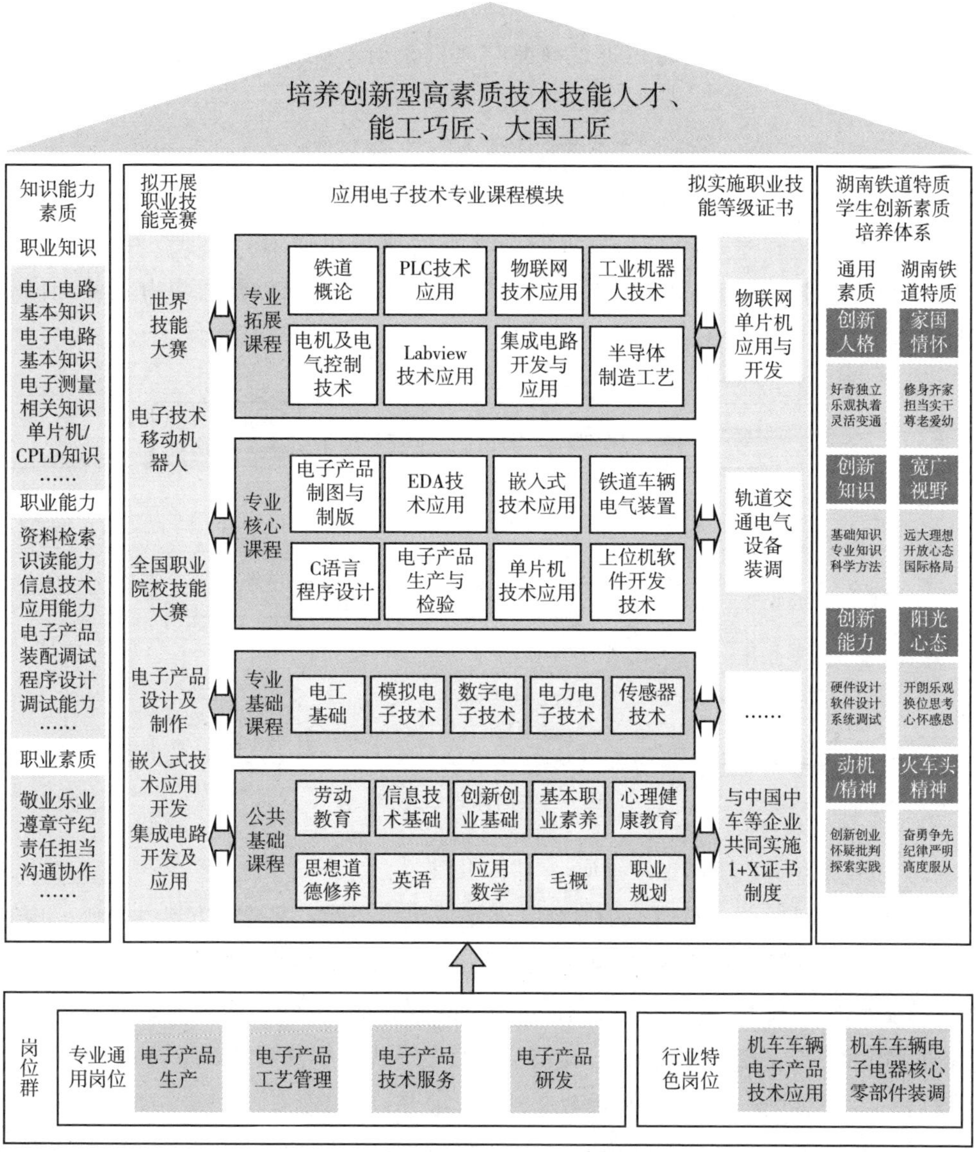

图7 应用电子技术专业课程体系

（3）校企协同，打造混编师资团队。

对接电子信息产业和轨道交通行业电子技术领域人才培养需要，通过实施“固定岗＋流动岗”，引进大批行业高技艺技术技能大师，与专任教师共同建立了课程建设、教学创新、资源建设、技术服务、竞赛指导等优秀分类团队。

（4）持续改进，构建适应创新型人才评价需要的专业与课程诊改指标体系。

构建了基于 CIPP 评价模式的高职院校专业诊断与改进体系，开展为期 5 年的一年一轮回的专业诊改工作，持续采集学生入职后 3～5 年相关指标的变化，为改进专业建设提供科学依据。校企共同构建了基于 AHP 的高职院校课程诊断与改进指标体系，每学期组织进行诊断与改进，动态优化教学内容、教学模式和方法。

（二）实施“校企协同、主体活力明显”文化共同体

（1）整合优化，提升共同体内部治理水平。

实施理事会领导下的院长负责制，理事会成员由政府、企业、学校三方构成，成员由企业、学校共同委派并由理事会任命。理事长、院长均由企业方代表担任。

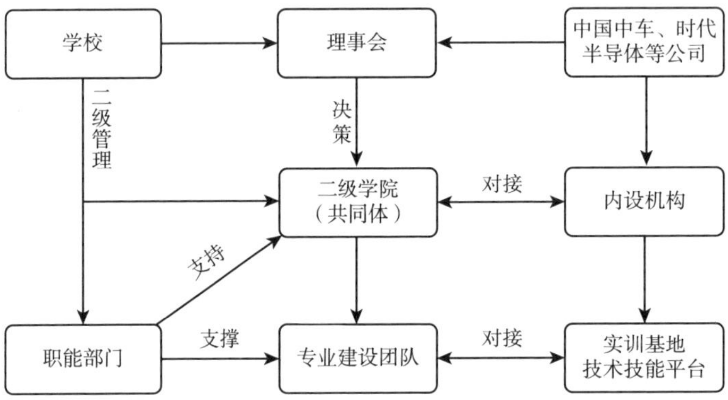

图 8　共同体组织架构

（2）双管齐下，协同推进物质/精神文化建设。

与 Altera、Altium、TI 等企业合作，通过援建、捐建、共建等方式，建成“虚实结合、系列化功能”共享型生产性实习实训基地。将企业文化融入课程改革的全过程，将基于企业人力资源管理视阈的职业能力素质模型融入课程体系开发。开设“企业文化课堂”“校友文化节”，邀请行业精英、优秀校友到校讲座。

（三）实施“校企合作、成果转化迅速”产研共同体

（1）协同创新，打造“两中心、一基地”的先进轨道交通装备智能制造技术技能创新平台。

紧跟轨道交通装备制造产业全球化、智能化、绿色化、信息化的发展趋势，服务轨道交通装备制造产业发展需求，打造“两中心、一基地”的先进轨道交通装备智能制造技术技能创新平台。

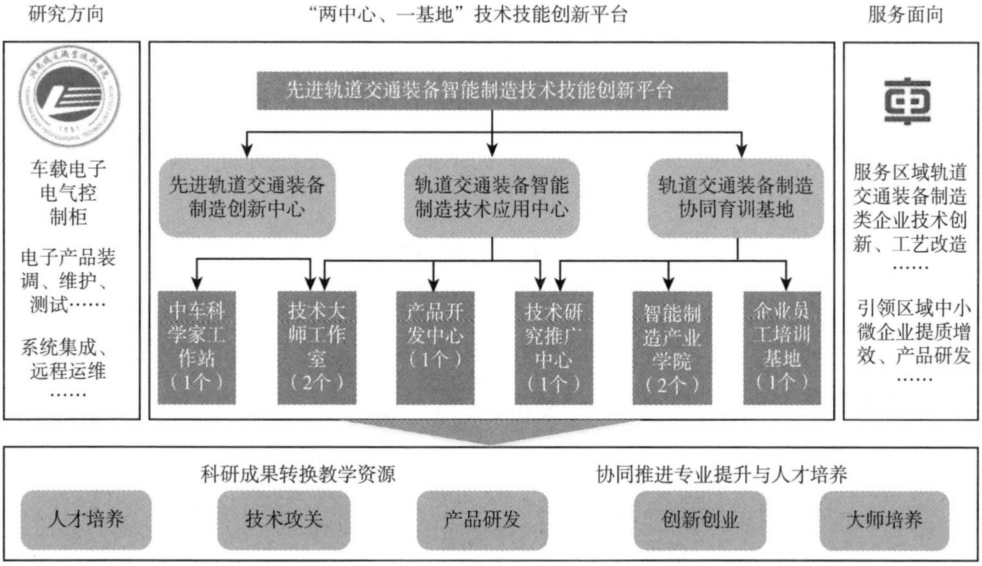

图 9　应用电子技术专业技术技能创新平台

（2）整体推进，构建"平台多样，功能完善"的应用电子技术专业社会服务体系。

与企业共同构建"平台多样，功能完善"的应用电子技术专业社会服务体系，校企协同开展人才培养、技术服务和社区服务等。

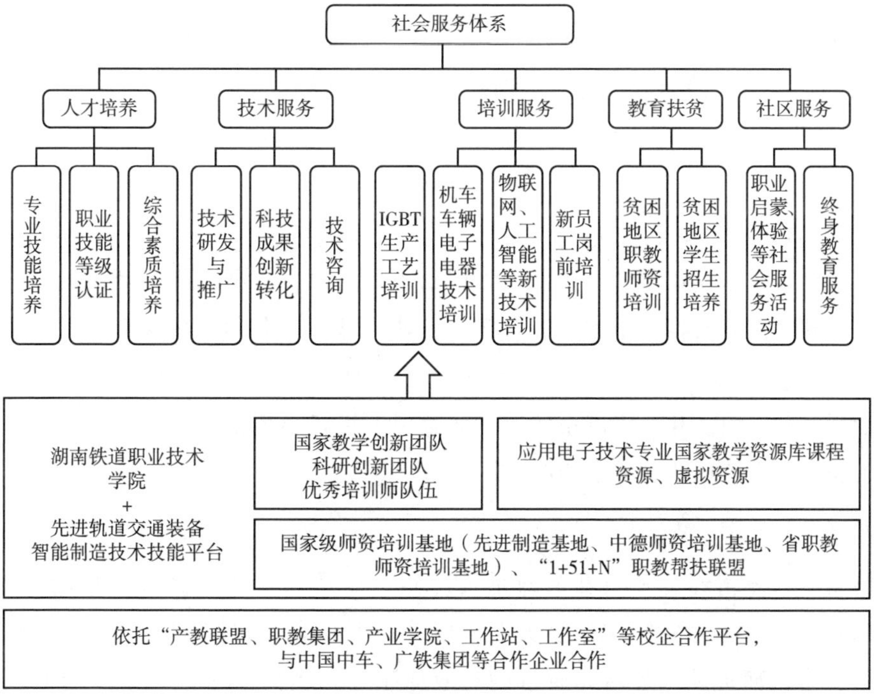

图 10　社会服务体系

（四）实施“校企联动、共生共赢彰显”发展共同体

（1）主体凸显，共建产业时代工匠学院和智能制造产业学院。

与中车株机研究所、中车株机分别共建具备“人才培养、技术应用、创新创业、产品研发、大师培育”五大功能的时代工匠学院、智能制造产业学院，实现校企“双侧、双向、全方位”融合。

（2）资源共享，成立应用电子技术专业创新型人才合作培养联盟。

依托“全国高端装备制造与高铁制造产教联盟”等平台，选择区域内一批中小型企业，成立应用电子技术专业创新型人才合作培养联盟，满足中小型企业创新型人才需求迫切。

三、成果成效

（一）人才培养质量全面提升

近5年学生获得国家级奖项11项、省级获奖36项，3人荣获“湖南省普通高等学校2021届创新创业优秀毕业生”荣誉称号。

（二）专业建设水平全面凸显

应用电子技术专业在金平果2021届高职专业竞争力排名全国第一，教育部《高等职业教育创新发展行动计划（2015～2018年）》认定为骨干专业和生产性实训基地。完成湖南省示范特色专业等省部级项目10余项。主持完成国家高等职业学校应用电子技术专业教学标准、省职业院校教师实践能力培训标准、省高职院校电子信息大类专业毕业设计指南等标准的开发，核心参与开发轨道交通电气设备装调“1+X”职业技能等级标准。建成省级以上精品资源共享课程12门。

（三）教师能力水平全面提升

应用电子技术专业教学团队立项为国家级职业教育教师教学创新团队，认定省职业教育教师技艺技能传承创新平台2个，建成株洲市名师工作室2个。主持省级及以上课题20余项，公开出版专著2本、国家规划教材6本，申请专利60余项，其中发明专利4项。开展了城市轨道交通牵引电机智能测试系统等一批科研成果的转化工作，为企业创造利润近3000万元。

四、经验总结

创新型人才培养是一项复杂的系统工程，涉及人才培养过程中的所有要素，构建创新型人才培养共同体是解决人才培养这个复杂的系统工程中诸多问题的有效路径，是全面提升人才培养质量的有效抓手，是提高专业建设水平的有效实施途径。

案例10：项目引领、技教融合——基于现代学徒制的航测专业人才培养模式创新与实践

【学校】西安航空职业技术学院

无人机应用技术专业群以教育部现代学徒制试点专业为抓手，与全球测绘独角兽企业——南方测绘集团共建产业学院，搭建“产、学、创、用”四位一体平台。联合制订并实施了以企业生产任务为载体的模块化教学模式，构建了“熟手—能手—高手”的学生学徒培养路径，创建了教学型、技术服务型校企自如切换的教学创新团队，形成了“技术服务与课堂教改一体化”的“技教融合”改革创新平台。

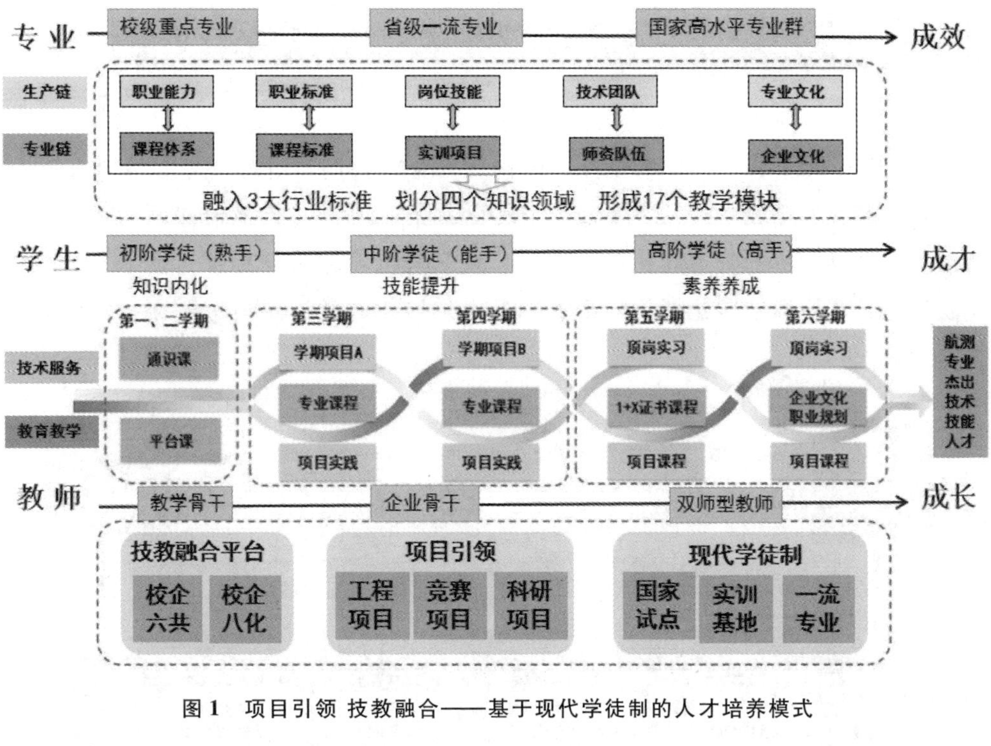

图1 项目引领 技教融合——基于现代学徒制的人才培养模式

搭平台，技术技能服务与人才培养一体化。按照“共建、共管、共享”的原则，南方测绘投入软硬件设备设施共计500多万元，校企互聘48人，双方推动资源共享、人员共用、技术共研、功能互补，实现学校教学资源与行业最新技术同频共振，构建了集“产、学、创、用”四位一体，“互补、互利、互动、多赢”的实体性人才培养创新平台。

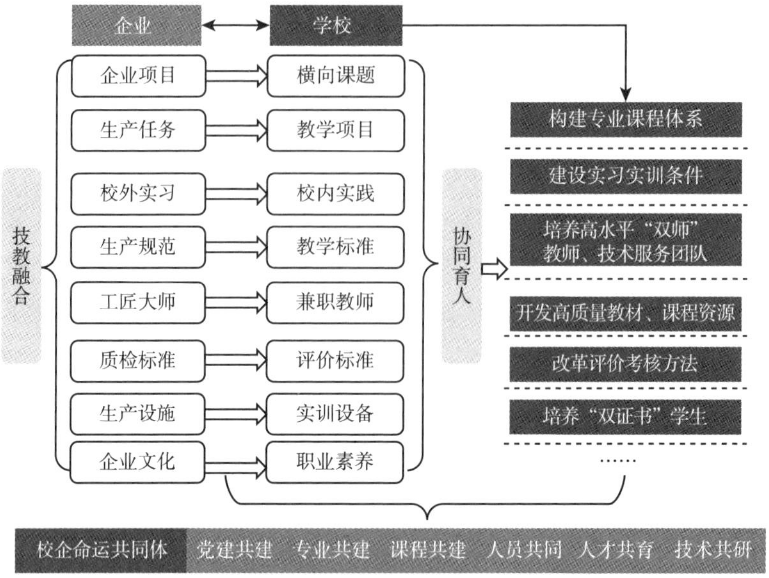

图2　人才培养与技术服务一体化推进机制

建机制，人才培养与技术服务一体化。校企联合制订并实施了以企业生产任务为载体的模块化教学模式，实现8个转化：企业项目转化横向课题、生产任务转化教学项目、校外实习转化校内实践、生产规范转化教学标准、技术人员转化兼职教师、质检标准转化评价标准、生产岗位转化教学岗位、企业文化转化职业素养。

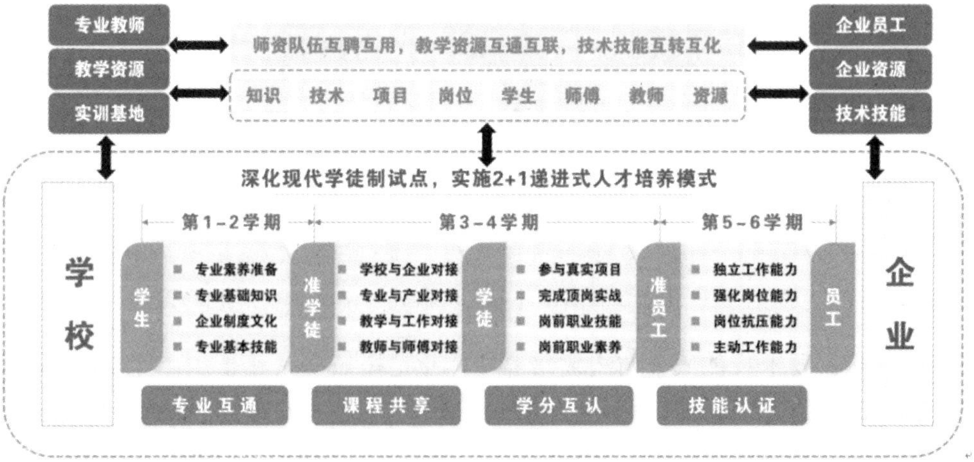

图3　深入校企合作，形成校企协同育人机制

聚资源，校企育训资源开发一体化。按照育训结合要求，基于航测类内业生产任务，融入职业素养，将企业生产任务转化为模块化教学单元。按照“岗位分工—

任务分解—理论分析—素质融合”四个步骤，从知识、技能、方法、工具、目标五个方面解析达到工作任务和职业素养要求的职业能力点，制定了2个“1＋X”职业能力等级标准。

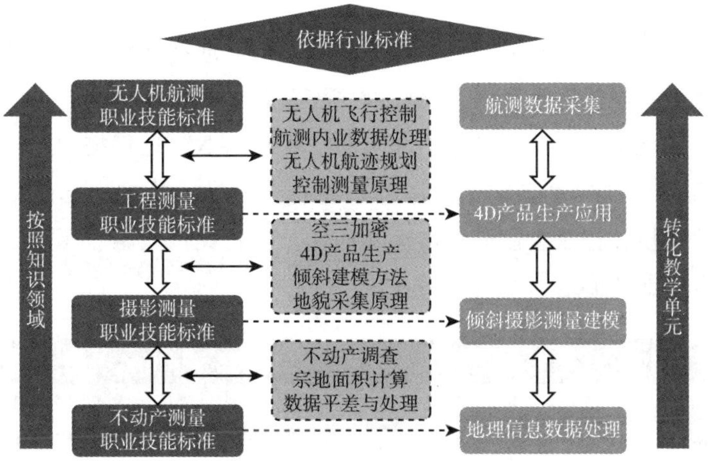

图4 教学任务模块化

专业群发挥现代学徒制成果的示范引领作用，成果被《光明日报》《中国职业技术教育》等中央主流媒体专题报道，案例成为教育部全国现代学徒制试点培训班主要培训内容。相关研究成果申请教育部“十三五”重点课题1项，获得航空行指委教学成果一等奖1项、发表论文10余篇、出版专著2部。

4.2 支撑发展

案例11：依托“一室一平台”，助力技能人才高质量供给

【学校】 金华职业技术学院

随着我国对技术技能人才需求的不断增加，技能型人才缺口也在不断拉大。高职院校开展技术服务，提高技能人才供给质量，是区域经济社会发展的客观要求，也是学校自身生存发展的需要。金华职业技术学院机械设计及制造专业群依托章跃洪技能大师工作室、智能化精密制造产教融合平台，组建技术服务团队，精确对接中小微企业需求，为企业高质量发展提供技能人才保障。

一、组建技术服务团队，发挥技能大师工作室重要平台作用

以全国技术能手章跃洪为领班人组建技术服务团队。一方面，精确对接中小微企业需求，开展精密零件加工、自动化设备研发、工业机器人系统集成和产品设计及样品制作等技术服务；另一方面，积极落实省市职业技能培训相关文件精神，遴

选培训师资团队，从企业员工岗位技能提升出发，精准施策开展培训，为企业高质量发展提供技能人才保障。目前已有自动化专机、现代农业装备、电动工具等技术服务团队，其中“现代农业装备与设施产业科技创新团队”被评为金华市优秀科技创新团队。

二、搭建“实体化”产教融合平台，发挥企业技能人才培养的主体作用

为保障利益共同体有序发展，突破以往校企合作中存在“两张皮”和持续性等问题。我校智能化精密制造产教融合平台按“3＋1＋N”进行搭建，对产教融合型企业给予“金融＋财政＋土地＋信用”的组合式激励，并按规定落实相关税收政策，推动职业院校和行业企业形成命运共同体。依托此产教融合平台，对企业技术技能人才开展定期技能培训及技术服务。

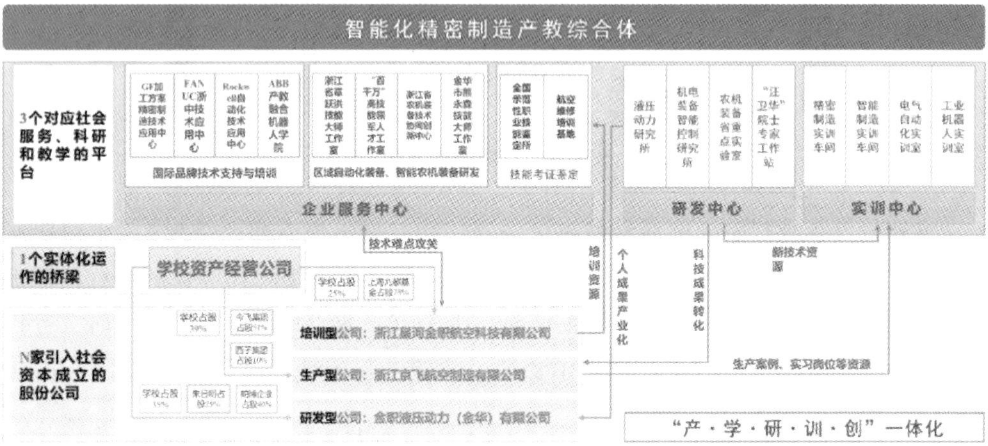

图1 “3＋1＋N”产教融合平台

三、多样化创新职业技能培训方式，为企业高质量发展提供技能人才保障

面向规上企业，开展企业技能人才自主评价。在国家职业标准的统一框架基础上，由企业或行业协会（学会）结合生产服务实际，对本企业（行业）职工执行操作规程、解决生产问题、完成工作任务和技术攻关的能力状况按规定进行技能评价，相关部门确认并核发相应国家职业资格证书。面向高端技术人才，拓展高层次培训项目。面向全省企业高管、车间主任、技术总监、骨干员工，开设“智能制造、技术创新与自动化设备研发”等省、国培项目。另外，根据企业转型升级的需求开展自动化生产线改造与机器人应用高级培训班等高层次人才的培训项目。实施企业员工回炉锻炼，提升员工职业技能。针对有需求的重点人群，精准施策，力争通过1～3个月培训，使没有技能基础的学员成为企业关键岗位的技术人才，使具有一定基础的学员成为企业核心岗位技术人才。

四、勇立潮头、突破常规，培养了一大批“金华工匠”“浙江工匠”

专业群技术服务团队以勇立潮头和突破常规之势，已为金华全市100余家企业提供了专用设备的设计与制造服务。其中，与金华市亚虎工具有限公司合作完成的电视机支架攻丝设备自动化改造，改造后人均产能由3000台增至1.6万台，帮助企业把效益提升了6倍多。在工作室团队成员的影响和带动下，近年来团队先后走出了13名“浙江省百千万技能领军人才”“浙江省技术能手”“浙江省青年岗位能手”，每年为企业解决的技术难题50余项。在技术攻关中企业学员也受益匪浅，一大批“金华工匠”“浙江工匠”也脱颖而出，成为企业转型升级的骨干力量。

图2 回炉班结业暨就业双选会

案例12：精准发力乡村振兴，绿色细胞工程助力绿色发展

【学校】顺德职业技术学院

党的十九大报告明确提出，“形成绿色发展方式和生活方式，坚定走生产发展、生活富裕、生态良好的文明发展道路”。2018年全国生态环境保护大会上，习近平总书记明确了绿色生活方式形成的时间表，到21世纪中叶，“绿色发展方式和生活方式全面形成”。在“双碳”政策导向之下，制冷空调产业绿色低碳的发展理念正在加速显现。为服务社会、地方绿色发展，专业群以墨子“节用”思想融合生态文明理念，在“双碳”大背景下，实施了“绿色细胞工程”。

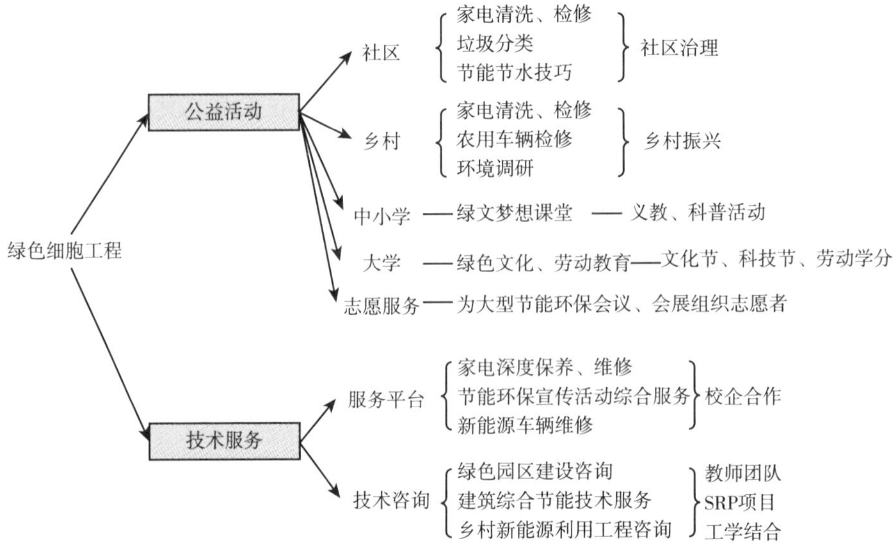

图1　绿色细胞工程主要内容

一、党建+绿色细胞工程

开展以“党建+绿色细胞工程”为主题的党群活动，利用职业教育、专业群的技术优势，通过师生党建、三下乡、精准扶贫等活动将绿色发展理念和绿色技术送到田间地头，每年服务乡村社区近10个。

图2　绿色细胞工程送技能下乡活动

二、细胞渗透·构建绿色生活理念

绿色细胞工程通过组织学生志愿者进中小学、社区乡村、产业园区等开展中小学绿色科普、社区垃圾分类、园区节水等多种类型公益活动，宣传绿色理念。

图 3 “凤城青少年科技节”活动现场

三、技术加持·服务地方绿色发展

服务地方绿色发展、社区治理、“村级工业园改造”等建设工作，专业群为地区提供了 9 次咨询服务，合同金额总计超过 80 万元。为地区 100 多家企业提供产品开发、性能检测等技术服务 21 项，合同金额总计超过 280 万元。

表 1　　服务地方绿色发展部分咨询项目

序号	项目名称	服务方向	项目资金	年度
1	伦教街道机械装备产业规划咨询服务	绿色发展	40 万元	2019
2	佛山市绿色节能技术公共服务建设研究	绿色发展	48 万元	2019
3	顺德区污水管网建设发展情况的专题询问	城市社区治理	3.5 万元	2020
4	顺德区农业农村“十四五”规划编制	乡村振兴	18 万元	2020
5	顺德区农村人居环境建设项目实施管理细则和资金使用管理办法的规定	乡村振兴	2 万元	2020

四、实施成效

绿色细胞工程教师指导队伍从 12 人增加到 40 人，吸纳学生志愿者从不足百人增长到 460 多人，服务活动次数、受益人数逐年增长，目前已开展活动超 30 次，受益人数每年超 2500 人/次，志愿者足迹遍布广东全境，媒体报道 10 余次，获得社会广泛认可。

学生志愿者的培养与专业教学有机结合，与劳动教育全面贯通，在服务地方绿色发展的同时，提高学生知识技能和实践水平，促进了学生高质量就业、创业。学生志愿者服务队被评为 2019 年全国大中专学生志愿者暑期“三下乡”社会实践活动全国重点团队。

图 4　绿色细胞工程获得社会公益基金资助

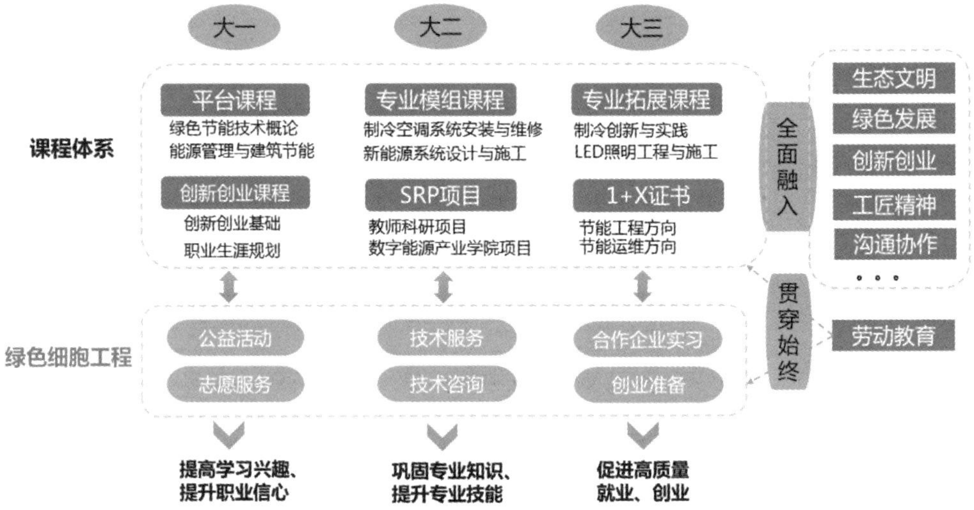

图 5　绿色细胞工程与人才培养有机融合

“绿色细胞工程”培育节能环保产业精英，被《光明日报》等多家媒体报道，获评 2021 年度全国暑期三下乡服务标兵。

案例 13：“校企企合作，理事会共管”打造一流 FANUC 产业学院

【学校】 陕西国防工业职业技术学院

专业群与智造领域产业领先企业深度合作，创新“1＋1＋N”共建模式建成 FANUC 产业学院，成立 FANUC 产业学院理事会，建立健全多元共治共管体制机制。集合产业要素建成高水平智能制造实训基地，构筑产业学院实践平台，基于产业学

院建设智能制造中国区培训中心、技术应用中心和产教协同创新中心，创新形成协同育人、协同创新、协同发展的校企企合作模式。

一、“1+1+N”共生共长，多方协同共建产业学院

专业群紧密对接智能制造产业链，精准识别和定位智能制造产业需求，创新校企企合作模式和“1+1+N”产业学院共建模式，牵手1个智能制造领域龙头企业（北京发那科机电有限公司）和N个制造业细分领域领先企业（海克斯康、法士特、兵器248厂等11家企业），多主体共建FANUC产业学院，共同开展人才培养、技术研发、员工技能培训等工作，形成产业引领专业发展，专业服务产业升级的专产双融互促格局，推动产业学院和企业形成命运共同体，互惠互利，共同成长。

二、“三中心”共建共享，产教融合构筑实践平台

集聚产业要素，对接产业需求，校企投资5800余万元，共同完成实训基地设计、实训设备开发、实训教材编写、实训项目开发、实践教师培训等工作，打造高水平智能制造实训基地，构筑产业学院高水平实践平台。依托高水平实践平台，校企共建FANUC智能制造中国区培训中心、FANUC技术应用中心、FANUC产教协同创新中心，协同开展全国智能制造产业先进技术人才培训、技术研发、成果转化和产品升级等项目研究。

图1　智能制造实训基地

三、“理事会”共管共赢，建章立制保障产业学院可持续发展

成立产业学院理事会，制定《FANUC产业学院理事会章程》《FANUC产业学院

组织机构与管理职责》等制度5项，构建产学研用全方位全过程深度融合的协同育人长效机制，促进人才培养供需双方紧密对接。充分发挥多方办学的主体作用，形成“需求对接、技术共享、信息互通、过程共管、协同育人”的产业学院管理新模式和“互补互惠互利、合作共赢”的协同发展模式，构建校企命运共同体，逐步形成互融共通、互利互补、良性循环、共同发展的产教融合新机制。

三年来，产业学院先后建成智能制造实训基地1个、实训中心5个、大师工作站1个、创新工作室1个、认证中心2个，组建“双师型”教师团队1个、科技创新服务团队5个，开发项目式课程8门，累计开展员工技能培训和师资培训17000余人/日，开展横向课题、技术攻关等30余项。产业学院建设模式先后入选机械工业联合会产教融合案例集和机械行指委产教融合“十佳案例”，“面向智能制造的‘协同平台+产业学院’高职机械制造专业群建设与实践”研究成果荣获陕西省教学成果特等奖。

4.3 推动形成一批支撑职业教育高质量发展的政策、制度和标准

案例14：聚焦产业、协同联动，构建标准制订“样板”模式

【学校】陕西工业职业技术学院

材料成型与控制技术专业群针对职业院校人才培养标准参差不齐的问题，以《国家职业教育改革实施方案》为指导，遵循“聚焦产业、协同联动、内培外引、打造‘样板’”的思路，聚焦产业发展，按照“四联合、四导向、三对接”的路径，分别制定了国家教学标准6项、行业/团体标准7项、职业技能等级标准2项、课程标准50余项，形成了可复制、可推广的标准开发“样板”，对规范人才培养和产业发展起到了有效助推，成效显著。

《国家职业教育改革实施方案》明确表示标准化建设工作不仅是深化职业教育教学改革的必需，也是完善现代职业教育体系建设的重要组成部分。近年来，随着新材料技术、智能制造技术、绿色制造技术不断涌现，对复合型技术技能人才的需求越加迫切。纵观现行高职人才培养标准，已难以培养适用新业态下的技能人才，因此开发复合型技术技能人才培养标准迫在眉睫，十分必要。

一、需求驱动，构建“四联合、四导向、三对接”标准制订模式

专业群凝聚政府、行业、企业和职业院校协同发展合力，从政策法规、行业需求、人才培养、先进标准四个维度出发，深入调研、明确需求，以产教融合、创新发展、促进就业和规范管理为导向，引进先进标准制订理念，制订国家教学标准、行业标准、职业技能等级标准；以标准对接需求、课程内容对接职业标准、教学过

程对接生产过程为核心，创新融合新理念、新技术、新工艺、新规范，制定校内人才培养标准。形成了系统化、科学化、规范化、制度化的“四联合、四导向、三对接”标准制订模式。

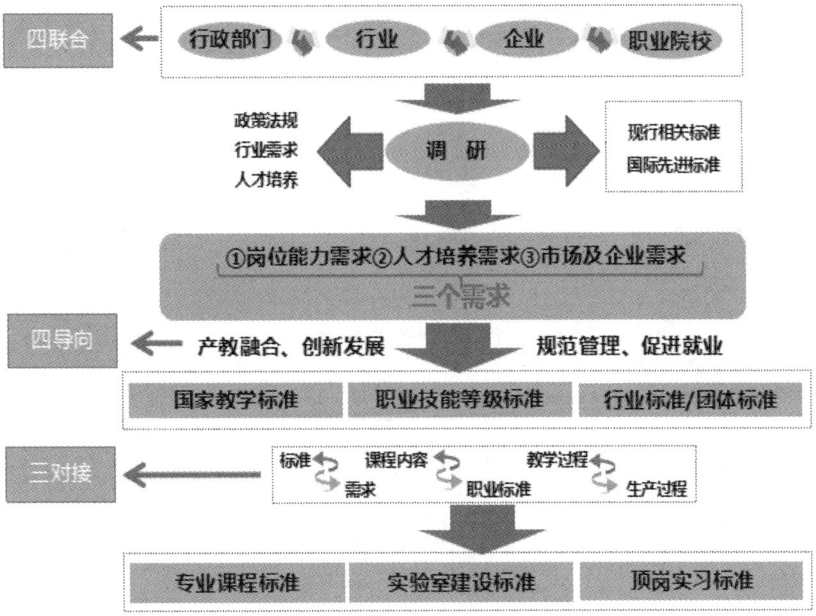

图 1 “四联合、四导向、三对接”的标准制订模式

二、需求引领，系统规划，开发复合型人才培养标准

产教融合、校企共研，联合开发教学标准、职业技能等级标准。在全国机械职教委的指导下，组织四川工程职业技术学院、西部超导材料科技股份有限公司等 60 余家单位开展联合调研，深挖三个需求。以标准对接需求、课程内容对接职业标准、教学过程对接生产过程为核心，积极融入新理念、新技术、新工艺、新规范，系统化进行了目标、项目、团队、德技、学创、评价体系之间的融合，联合开发了教学标准、职业技能等级标准。

聚焦需求、规范发展，联合开发国家标准、行业标准和团体标准。在中铸协、国家智能铸造产业创新中心等单位的指导下，我院作为牵头或参与单位，联合西安增材制造研究院、北京工业大学等 40 余家单位，发挥彼此在材料加工、增材制造、柔性玻璃等领域的系统优势，制定了国家标准 3 项、行业标准 3 项、团体标准 4 项。

三、打造标准制订“陕工样板”，助力完善职教标准体系建设

形成高质量专业教学标准，并成功推广应用。主持或参与制定高职材料成型及

控制技术专业教学标准16项，职业技能等级标准2项，重新修订专业课程标准、实验室建设标准、校企协同育人标准50余项。其中，材料成型、焊接技术、机电一体化专业教学标准及26门相关课程标准被尼日利亚温妮弗雷德创新学院等6所院校引用，并被批准纳入该国国民教育体系，成为其国家职业教学标准。参与开发的增材制造设备操作与维护“1＋X”职业技能等级标准，特殊焊接技术“1＋X”职业技能等级标准已经发布实施。

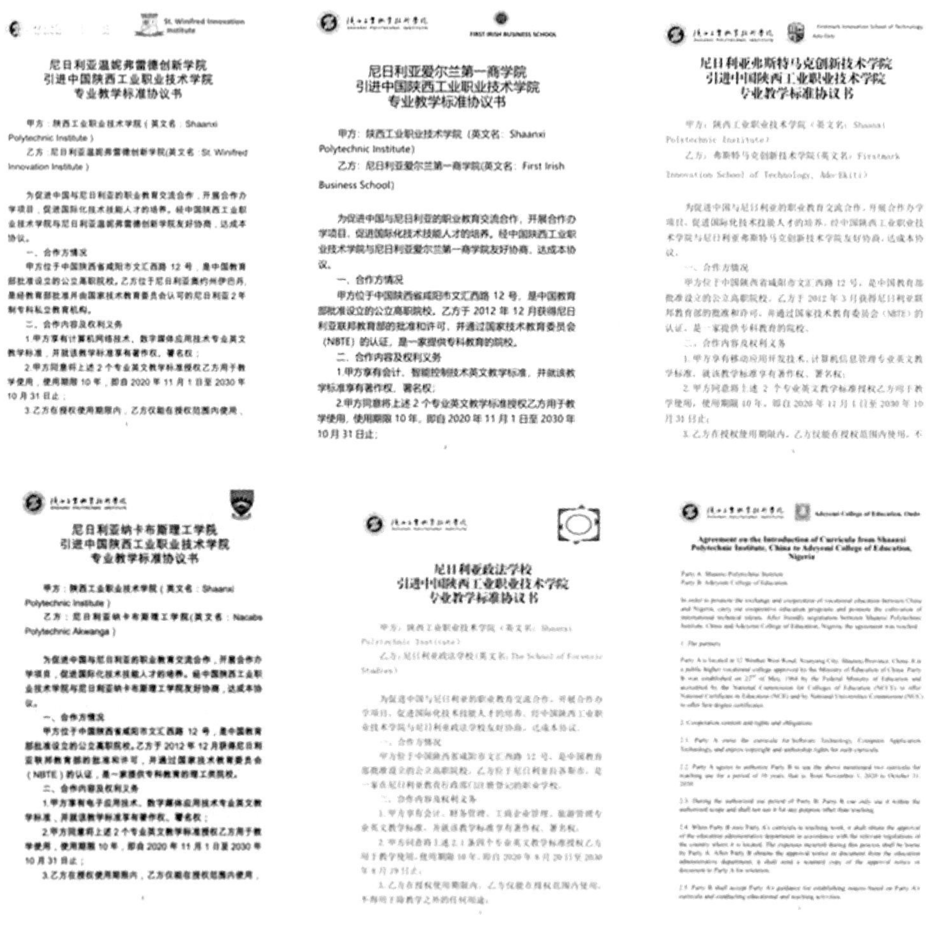
尼日利亚温妮弗雷德创新学院
引进中国陕西工业职业技术学院
专业教学标准协议书

甲方：陕西工业职业技术学院（英文名：Shaanxi Polytechnic Institute）
乙方：尼日利亚温妮弗雷德创新学院（英文名：St. Winifred Innovation Institute）

尼日利亚爱尔兰第一商学院
引进中国陕西工业职业技术学院
专业教学标准协议书

甲方：陕西工业职业技术学院（英文名：Shaanxi Polytechnic Institute）
乙方：尼日利亚爱尔兰第一商学院（英文名：First Irish Business School）

为促进中国与尼日利亚的职业教育交流合作，开展合作办学项目，促进国际化技术技能人才的培养，经中国陕西工业职业技术学院与尼日利亚爱尔兰第一商学院友好协商，达成本协议。

一、合作方情况

甲方位于中国陕西省咸阳市文汇西路12号，是中国教育部批准设立的公立高职院校。乙方于2012年12月获得尼日利亚联邦教育部的批准和许可，并通过国家技术教育委员会（NBTE）的认证，是一家提供专科教育的院校。

二、合作内容及权利义务

1.甲方享有会计、智能控制技术英文教学标准，并就该教学标准享有著作权、署名权；

2.甲方同意将上述2个专业英文教学标准授权乙方用于教学使用，使用期限10年，即自2020年11月1日至2030年10月31日止；

尼日利亚弗斯特马克创新技术学院
引进中国陕西工业职业技术学院
专业教学标准协议书

尼日利亚纳卡布斯理工学院
引进中国陕西工业职业技术学院
专业教学标准协议书

甲方：陕西工业职业技术学院（英文名：Shaanxi Polytechnic Institute）
乙方：尼日利亚纳卡布斯理工学院（英文名：Nacabs Polytechnic Akwanga）

尼日利亚政法学校
引进中国陕西工业职业技术学院
专业教学标准协议书

Agreement on the Introduction of Curricula from Shaanxi Polytechnic Institute, China to Adeyemi College of Education, Nigeria

图2　教学标准推广应用协议书

多项标准发布实施，填补了相关领域标准空白。主持或参与制订的《卡规磨床第1部分：精度检验》（编号JB/T3870.1－2019）等3项国家标准，《柔性玻璃》（编号T/CSTM 00409－2021）等4项团体标准已经批准发布实施。制订的《铸造砂型3D打印设备通用技术条件》已经发布，并以此助推我院成功获批国家技术标准创新基地（智能铸造）共建单位。

图 3　标准发布实施（部分）及国家技术标准创新基地证书

案例 15：数智财务：“业—财—效—控”一体化财务治理与综合应用

【学校】杭州职业技术学院

《第十四个五年规划和 2035 年远景目标纲要》提出“更好发挥财政在国家治理中的基础和重要支柱作用”。杭州职业技术学院主动创新求变，打通财务与业务数据“孤岛”，实现财务服务与管控方式的整体“智治”，实现“服务做加法，流程做减法，活力做乘法”。

一、治理理念：“以政领财、以财辅政”是高效财务治理之魂

如何理解“更好发挥财政在国家治理中的基础和重要支柱作用”？核心内容有三个方面：一是把握“大财务观”的发展理念；二是树立“绩效引领”的战略思路；三是实施“精细管理”的建设目标。

二、治理方案：聚焦“业—财—效—控”，探索“四阶魔方”财务治理模式

“四阶魔方”财务治理模式是在模块化管理模式的基础上，充分借鉴四阶魔方的结构和运转模式，将预算、绩效、内控与项目单位战略目标有机连接，以预算目标、绩效目标、内控目标构建 3 条互相垂直的轨道，以预算经济指标、预算功能指标、绩效投入指标、绩效产出指标、单位层面内控、业务层面内控构建 6 个弧形转盘，通过管理模块在 3 条轨道和 6 个转盘上的滑动完成各管理模块之间的衔接和对预算、绩效、内控目标的匹配，并通过魔方复原验证项目单位战略目标的实现程度。“轨道”和“转盘”是“数字化”“智能化”信息技术应用。

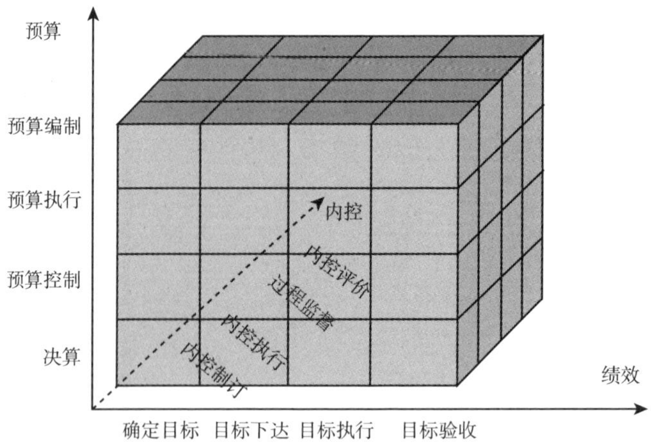

图 1 “四阶魔方”财务治理模式

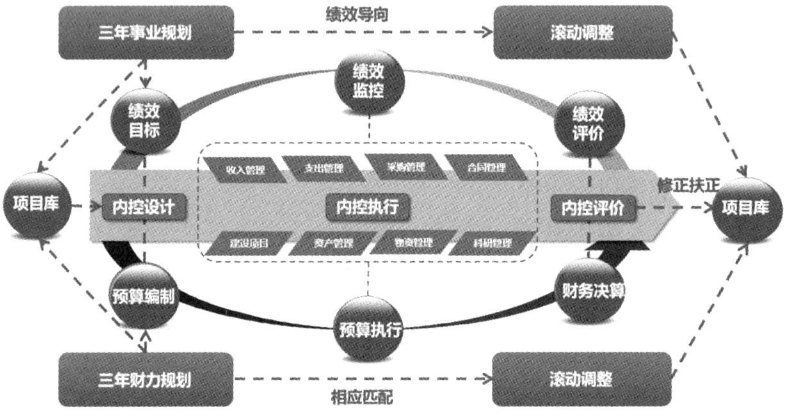

图 2 事业规划与财务规划“双循环、双监控”总体思路

全面预算管理平台	智慧财务办公平台	移动财务智能平台
全面预算及绩效管理系统	财务网上服务大厅	手机只能报账系统
预算项目库	网上报销系统	RPA智能财务机器手
智能会计核算平台	网报接单和分单系统	智能数据交换平台
财务核算系统	网上查询系统	财务数据校园网交换
综合报表系统	网上报销自助投递终端	智能微服平台
银行对账系统银校互联	财务网上电子审批系统	财务微信平台
工资管理系统	财务分析决策支持系统	智能业财融合平台
个人收入及个税管理系统	校园统一缴费平台	合同管理系统
科研财务管理系统	网上劳务申报系统	差旅服务平台
国际差旅费模块		
财务综合票据管理系统		
会计档案电子影像化系统		

图 3 数智财务一体化应用平台的模块构成

三、主要做法

（一）管理提效：牵住预算“牛鼻子”，实现“双高”建设发展战略与财务战略相应匹配

在探索“发展战略与财务战略”并行的财务治理现代化前提下，重点关注以下四个方面：一是职业院校发展战略与财务战略是否相符；二是财务资金投入能否实现预期的绩效目标；三是财务治理过程与项目建设结果是否有效；四是评价“业—财—效—控”一体化是否有效。

图 4　项目目标与学校事业发展的总体目标设置

图 5　项目目标与学校事业发展的总体目标关联设置

（二）方法提质：牵住绩效“牛鼻子”，以链条化模块化推进项目全生命周期管理

一是组织，建立分层的项目管理组织；二是机制，建立贯穿项目全生命周期的动态项目库管理机制；三是方法，采取 ABC 项目分类管理方法。A 类属政策类项目资金，实行全生命周期绩效管理；B 类属日常运行项目资金，实行一般性全过程绩效管理；C 类属其他项目资金，实行简化绩效管理。

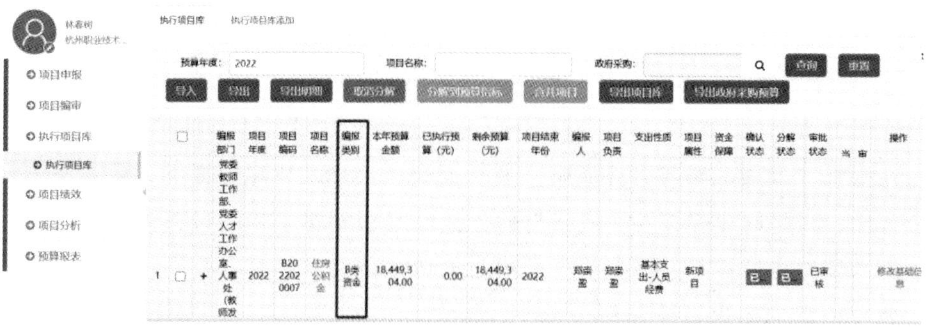

图6　ABC项目分类管理方法

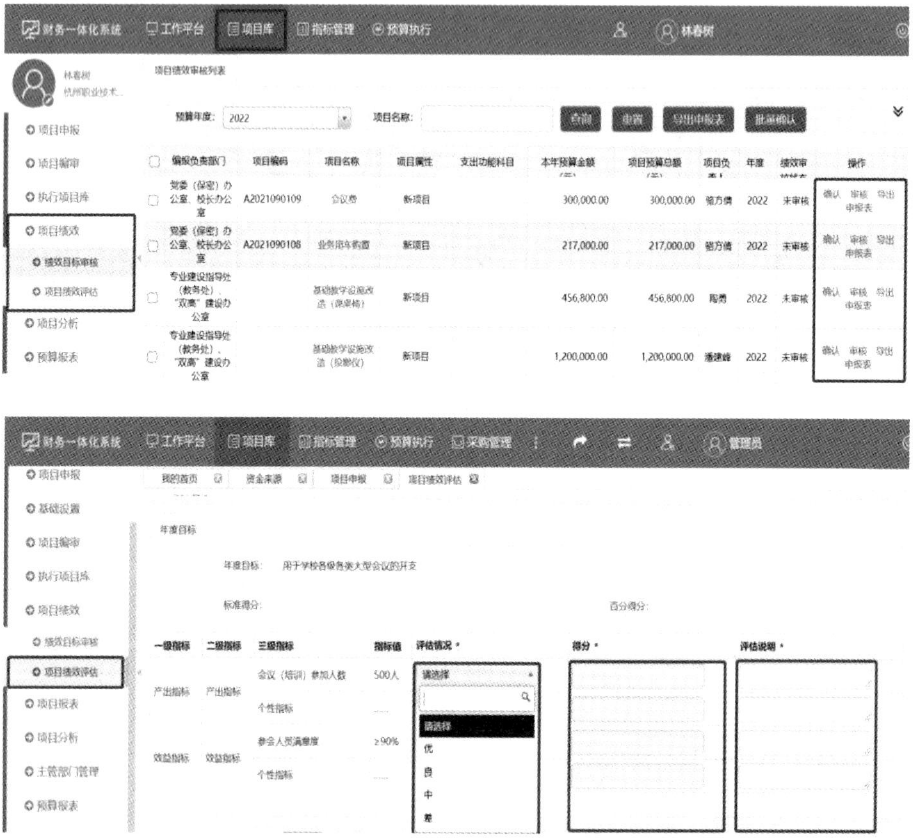

图7　项目全生命周期的动态项目库管理体系

（三）服务提速：牵住内控“牛鼻子”，消除各系统之间形成的“信息孤岛”，实现信息互联互通、资源共享

通过“业—财—效—控”一体化管理平台，把预算管理向业务前端延伸。业务部门与财务部门分工把口，形成合力，实现业务管理、项目管理和预算管理有效衔接，绩效预算申报审批、调整拨款、执行绩效评价等业务环节的闭环管理。

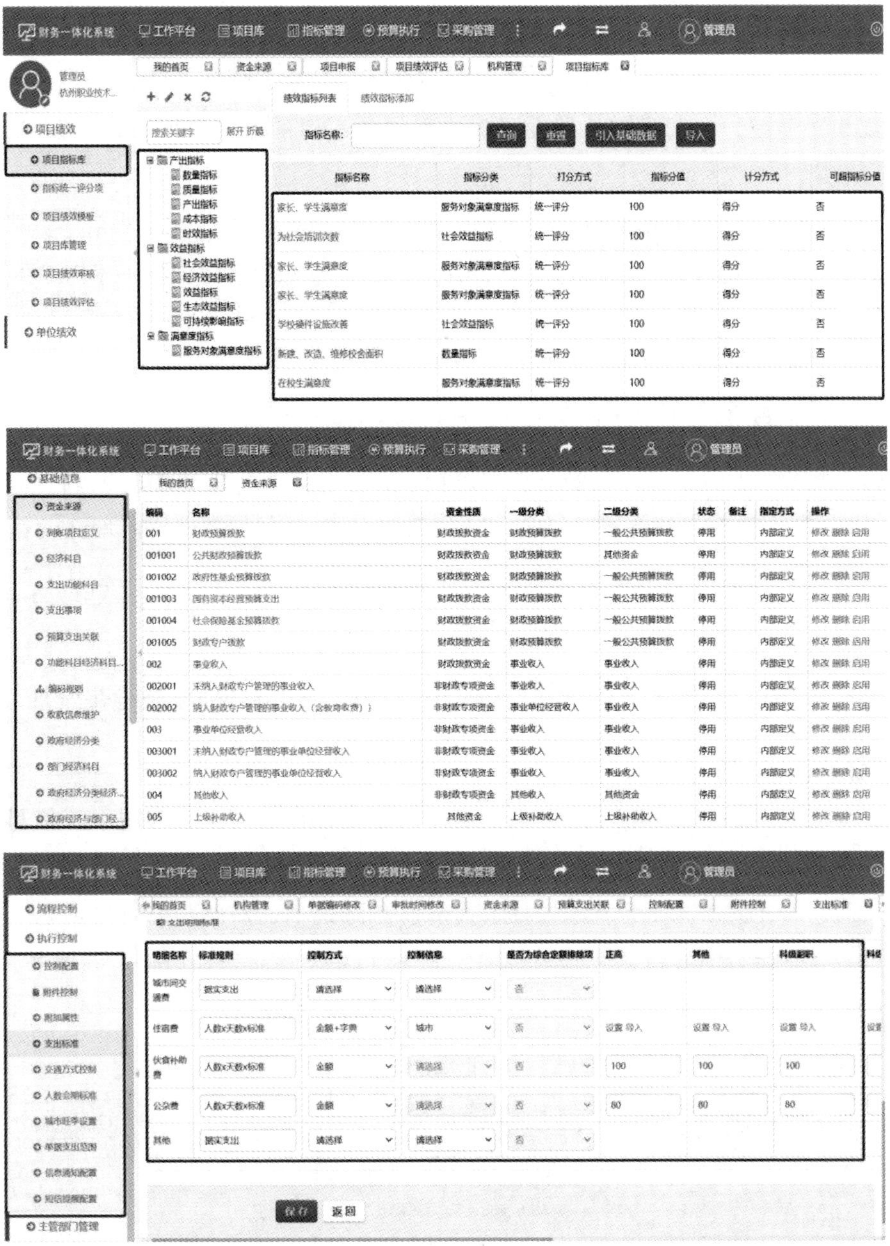

图 8 “业—财—效—控”一体的信息化标准化、执行控制与数据共享管理

（四）监管提档：牵住信息化“牛鼻子”，打造数智“云卫士”

持续创新监管模式，将数智监管平台的触角深入全校各个经费监管领域。数智“云卫士”具有“一体四翼”，即一个“大脑”加上“千里眼”“顺风耳”“照妖镜”“紧箍咒”，它可以 24 小时在线监测经费执行情况，自动生成预警信息，引导监管人员进行现场核查。

四、改革突破

1. 目标协同。通过把项目的绩效目标与双高校长期发展建设任务（学校中长期发展规划）匹配，实现学校长期发展战略引领各部门的业务发展，确保方向一致、目标一致。

2. 过程动态。建立结构分层、项目分类的项目全生命周期管理体系，实现“事前定目标、事中控目标、事后评目标、结果有应用”的预算绩效内控一体化闭环管理。

3. 数据共享。通过总体规划、划清系统边界，结合学校个性化现状，以项目库为抓手，打破相关系统间的“数据孤岛”，实现数据的一体化管理和应用。

五、案例启发

随着大数据时代新技术、新方法的应用，“四阶魔方”财务治理模式有效推动“业—财—效—控”一体化增值赋能。让“数智摄像头”的广度不断增强；让“数智探头”更加清晰；让“业财黏合剂”效能不断彰显；努力打造“云卫士”驾驶舱，为国家“双高计划”项目建设保驾护航。

案例16：“一站式”育人，“一体化”运行，助力产业学院稳步发展

【学校】淄博职业学院

淄博职业学院主动适应当地产业发展对人才的针对性需求，与制药装备制造产业龙头企业——山东新华医疗器械股份有限公司共建鲁中医疗和制药装备制造产业学院。通过人才共培、专业共建、技术共研、资源共享、发展共赢，构建起一站式育人、一体化运行的特色人才培养体系，培养了一大批品德品行好、技术技能强、发展潜力大的优秀毕业生。

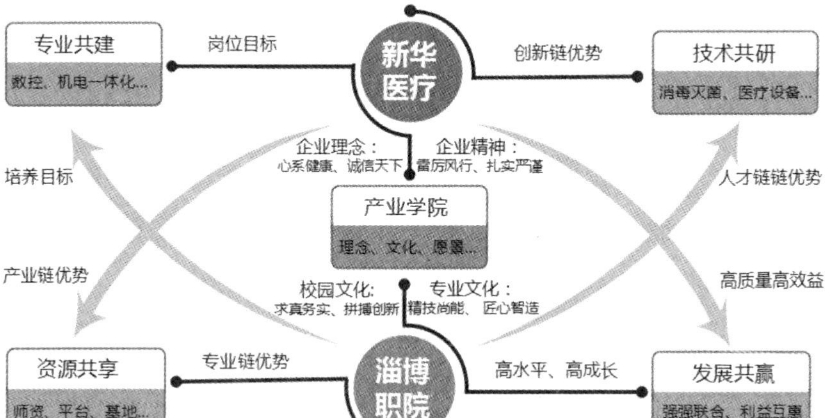

图1　产业学院运行模式

（一）理事会决策，畅通运行机制

由淄博市政府、淄博市智能制造产教联盟、新华医疗和淄博职业学院四方联合组建校企合作理事会。产业学院采用理事会领导下的院长负责制。制定理事会总章程，明确规范理事会的职责权限、议事方式、管控方式和运行决策程序，充分发挥理事会的决策审议中心作用。

（二）全方位融合，打造服务平台

产业学院集合校企优势资源，一方面升级校内智能制造实训中心，围绕 1 个数字化车间和 N 个关键技术实训室打造全国领先的示范性智能工厂；另一方面与山东新华医疗器械股份有限公司合作共建校外智慧工厂，进行消毒灭菌解决方案设计、技术推广，服务高端医疗和制药装备制造产业转型升级、培养产业急需人才。依托校内智能工厂 + 校外智慧工厂，校企共同打造了“产、学、研、训、创”五位一体服务平台。

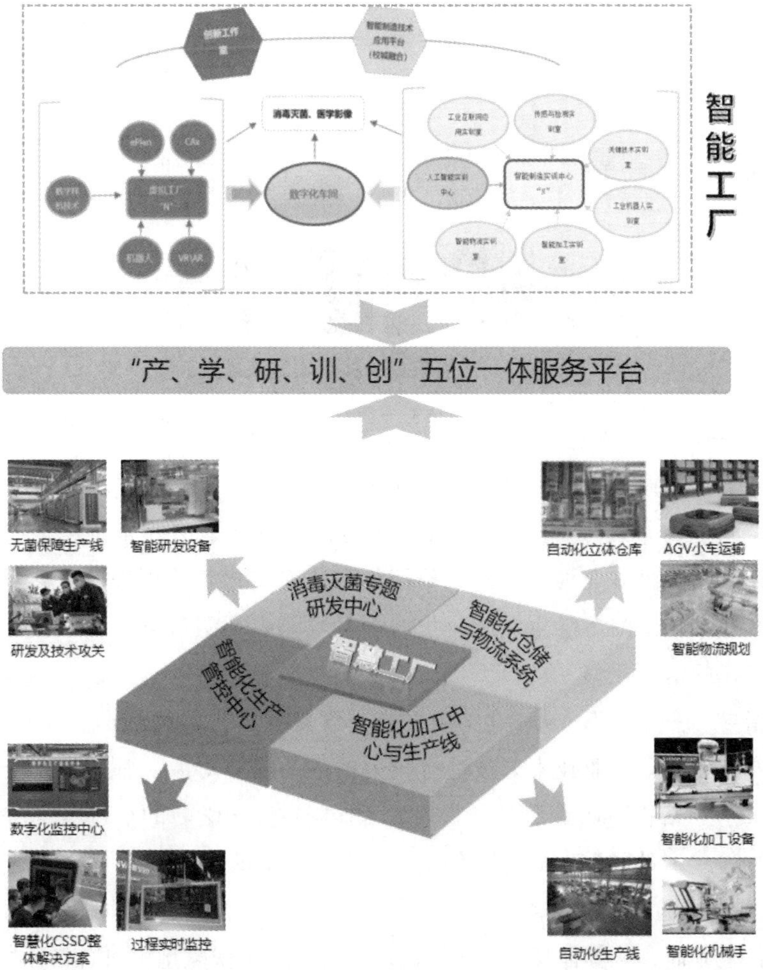

图 2　校企共建“产、学、研、训、创”五位一体服务平台

（三）一体化设计，开辟实施路径

校企双方通过共同改革数控技术、机电一体化技术专业人才培养，实现培养目标对标化、协同化；通过共同开发《自动化生产线安装与调试》《数控机床安装与调试》《机械产品数字化设计》等十三门优质课程，实现课程内容与企业生产实际深度契合的项目化、任务化；通过共同整合优化资源、实现校企资源整合化、共享化；通过共同组织实践教学，实现实践教学情境化、实战化，开发企业案例 40 项；双主体联动，推动专业人才培养与岗位需求对接，人才培养链和区域产业链相衔接，共同培养学生的创新实践能力和综合素质。

图 3　校企教学一体化实施路径

（四）“一站式”培养，创新育人模式

校企双方依托产业学院完成从招生到就业的全过程链托管。

学习空间“一站式”。产业学院教学区的布置由新华医疗全程参与指导，大到教学、实训空间的整体规划，小到桌椅摆放、墙面文化等，再现职业化场景，体现出浓浓的企业文化氛围。学生在产业化的学习空间中耳濡目染，可以较为顺利地完成学习到工作的情境迁移。

学习指导“一站式”。从学生入校开始，学院就进行师徒互选、确定合作小组，确保学校专业教师和企业技术人员都有较为精准的服务对象，师傅为每个学生的过程学习提供“一站式”跟踪服务，将现代学徒制贯穿于学习的全过程。

学习过程“一站式”。从入学的第一天起，学生的学习过程就会被记录。这种记录不仅体现在考勤、测试这些显性的数据上，也体现在学习态度、学习表现、学习活动等各个方面，尤其体现在一个个微型项目及一张张微型项目合格证书上。学生和师傅都是数据的记录者和挖掘者，通过导出“一表式数据”使学习过程全息呈现。

图 4　学习过程"一表式数据"

通过不断实践探索，鲁中医疗和制药装备制造产业学院运行模式被评为山东产教融合优秀案例并在省内推广。产业学院培养的第一批 2020 届毕业生全部就职于山东新华医疗器械股份有限公司五轴数控、精密制造和胶囊机安装调试等关键岗位，半年后成长为技术服务工程师和现场工程师。产业学院依托服务平台和高水平师资力量，为企业培训员工 1 万余人/日，社会技能鉴定 2000 余人/次，承接医疗器械机器人磨削抛光项目等横向技术攻关课题 13 项。

案例 17：统筹规划、以群建院，打造国家高水平专业群

【学校】陕西国防工业职业技术学院

为保障机电一体化技术专业群高效管理和运营，高效打造技术技能人才培养高地和技术技能创新服务高地。学校强化顶层设计，统筹规划校内资源，按照"以群建院、以群强院"思路，成立智能制造学院，配优配强管理团队和师资团队，以"矩阵式"管理助力打造国家高水平专业群。

一、优化教育资源配置，“以群建院”成立智能制造学院

学校按照“以产业链建专业群，以专业群建二级院”、“以群建院、以群强院”思路和“岗位集群相近、技术领域相通、服务领域相同、教学资源共享”的原则，聚焦“智能装备、智能产线、智能车间、智能工厂、智能物流”等智能生产模式创新领域核心技术，对接机械产品设计、制造、检测、物流等关键技术链，构建机电一体化技术专业群。按照“以群建院”思路，重构二级学院成立智能制造学院。对标高端产业、高端企业、高端岗位，服务高端装备制造业转型升级和区域经济发展。

二、优化内部治理结构，构建“以群强院”运行机制

创新智能制造学院管理、运行和保障机制，优化内部治理结构，形成以事务为主的矩阵式管理模式。一是建立学校、二级学院、专业群三级组织构架，完善两级管理权限与责任、过程与监督等制度，确立以二级学院为主体的管理模式，管理重心下移，形成“以群建院、以群强院”管理体制。二是完善“融合衔接、动态调整”的专业群建设机制，组建专业群建设指导委员会，系统设计专业群人才培养方案，重构课程体系、课程内容，促进各专业间的资源共享、协同发展，形成“以群建院、以群强院”运行机制。三是构建行企校所紧密合作、优势互补、共同发展的产教融合良好生态，在产教融合中深化“产、学、研、用”协同发展，校企双主体参与学生培养，推动专业课程变革和学习方式的变革，形成“以群建院、以群强院”保障机制。

三、专业群建设成果丰硕，示范引领作用凸显

以群建院成立智能制造学院以来，专业群先后建成国家级骨干专业4个、陕西省一流专业5个，建成国家级党建双创工作样板支部、国家级教师教学创新团队、国家级行业领军教学团队、国家级课程思政示范课程、国家级虚拟仿真实训基地、国家级数控生产性实训基地、国家级制造类双师型教师培训基地，主持国家级专业教学资源库1个、教育部职业技能等级标准制定2项，参与国家级教学标准制定3项。相关经验做法先后荣获陕西省教学成果特等奖2项、二等奖1项。人才培养模式、教材、课程标准等被西北工业学校、河南工业职业技术学院、陕西理工大学等70余所院校借鉴应用，先后接待180余家单位共计2200余人来校交流学习。专业群整体水平稳步提高，学院综合实力和发展质量整体跃升。

“双高计划”建设项目贡献度研究
（2019～2021年度）

分报告

生物与化工专业大类分报告

中国教育会计学会
中国教育会计学会高等职业院校分会

1. 专业大类概况

生物与化工专业大类立项建设专业群共计11个，涉及11所高等职业院校，其中“高水平学校”建设单位4个（A档1所、B档3所），“高水平专业群”建设单位7个（A档1所、B档4所、C档2所）。涉及6个专业群，分别是应用化工技术专业群5个，石油化工技术专业群2个，药品生物技术、精细化工技术、煤化工技术、农业生物技术专业群各1个。位于东部地区5所、中部地区1所、西部地区5所。立项建设单位及主要专业情况如表1所示。

表1　生物与化工专业大类立项建设单位及专业具体情况

学校名称	档次	专业群名称	专业群包含专业	涉及院系数量
北京电子科技职业学院	高水平学校建设单位（A档）	药品生物技术	药品生物技术、食品营养与检测、环境工程技术、生物产品检验检疫	1
宁波职业技术学院	高水平学校建设单位（B档）	应用化工技术	应用化工技术、电气自动化技术、环境监测与控制技术、工业分析技术、药品生物技术	2
广东轻工职业技术学院	高水平学校建设单位（B档）	精细化工技术	精细化工技术、高分子材料加工技术、商检技术、食品营养与检测、环境监测与控制技术	3
杨凌职业技术学院	高水平学校建设单位（B档）	农业生物技术	农业生物技术、园艺技术、绿色食品生产与检验、食品营养与检测	1
兰州石化职业技术大学（兰州石化职业技术学院）	高水平专业群建设单位（A档）	石油化工技术	石油炼制技术、石油化工技术、高分子合成技术、分析检验技术（工业分析技术）、工业过程自动化技术	2
内蒙古化工职业学院	高水平专业群建设单位（B档）	煤化工技术	煤炭深加工与利用、应用化工技术、工业分析技术、石油化工技术、煤化工技术	1
常州工程职业技术学院	高水平专业群建设单位（B档）	应用化工技术	应用化工技术、药品生产技术、工业分析技术、精细化工技术	2
湖南化工职业技术学院	高水平专业群建设单位（B档）	应用化工技术	应用化工技术、精细化工技术、化妆品技术、高分子材料工程技术、工业分析技术	2

续表

学校名称	档次	专业群名称	专业群包含专业	涉及院系数量
宁夏工商职业技术学院	高水平专业群建设单位（B档）	应用化工技术	煤化工技术、应用化工技术、工业分析技术、机电一体化技术	2
东营职业学院	高水平专业群建设单位（C档）	石油化工技术	石油化工技术、应用化工技术、化工装备技术、油气储运技术	1
新疆轻工职业技术学院	高水平专业群建设单位（C档）	应用化工技术	应用化工技术、石油化工技术，工业分析技术	1

2. 资金投入情况

生物与化工专业大类“双高计划”建设项目2019～2023年总预算9.32亿元，2019～2021年总支出5.42亿元，资金执行率为58.14%，整体预算执行率良好。其中，1个专业群资金执行率高于70%，4个专业群资金执行率在60%～70%之间，6个专业群资金执行率在50%～60%之间。各专业群资金执行情况如表2所示。

表2　　生物与化工专业大类类各专业群资金执行情况

学校名称	档次	专业群名称	总预算（万元）	2019～2021年支出（万元）	执行率
北京电子科技职业学院	高水平学校建设单位（A档）	药品生物技术	9622	5881.37	61.12%
宁波职业技术学院	高水平学校建设单位（B档）	应用化工技术	15500	8952.54	57.76%
广东轻工职业技术学院	高水平学校建设单位（B档）	精细化工技术	8510	5147.75	60.49%
杨凌职业技术学院	高水平学校建设单位（B档）	农业生物技术	9000	5570.00	61.89%
兰州石化职业技术大学（兰州石化职业技术学院）	高水平专业群建设单位（A档）	石油化工技术	7182	3911.43	54.46%
内蒙古化工职业学院	高水平专业群建设单位（B档）	煤化工技术	8000	4097.48	51.22%

续表

学校名称	档次	专业群名称	总预算（万元）	2019～2021年支出（万元）	执行率
常州工程职业技术学院	高水平专业群建设单位（B档）	应用化工技术	12850	6692.31	52.08%
湖南化工职业技术学院	高水平专业群建设单位（B档）	应用化工技术	8000	4532.26	56.65%
宁夏工商职业技术学院	高水平专业群建设单位（B档）	应用化工技术	5050	3165.20	62.68%
东营职业学院	高水平专业群建设单位（C档）	石油化工技术	6500	4554.98	70.08%
新疆轻工职业技术学院	高水平专业群建设单位（C档）	应用化工技术	3000	1685.66	56.19%
平均值			8474	4926.45	
总计			93214	54190.98	58.14%

从九大建设任务来看，各项目支出占总支出比例的差异较大，占比较高的是实践教学基地和技术技能平台，分别为52.62%和20.49%；较低的是教材与教法改革、社会服务、国际交流与合作、可持续发展保障机制，占比分别为1.85%、2.88%、1.90%、1.07%。各项建设任务具体情况如表3和图1所示。

表3　生物与化工专业大类各项目支出情况

项目	2019～2023年总预算（万元）	2019～2021年总支出（万元）	预算执行率	占比
人才培养模式创新	3400	1812.95	53.32%	3.35%
课程教学资源建设	8448	4635.83	54.87%	8.55%
教材与教法改革	2337	1000.24	42.80%	1.85%
教师教学创新团队	7575	3767.60	49.74%	6.95%
实践教学基地	46063	28514.72	61.90%	52.62%
技术技能平台	17208	11104.32	64.53%	20.49%
社会服务	2944	1560.67	53.01%	2.88%
国际交流与合作	3991	1028.13	25.76%	1.90%
可持续发展保障机制	898	580.23	64.61%	1.07%
其他	350	186.29	53.23%	0.34%
合计	93214	54190.98	58.14%	

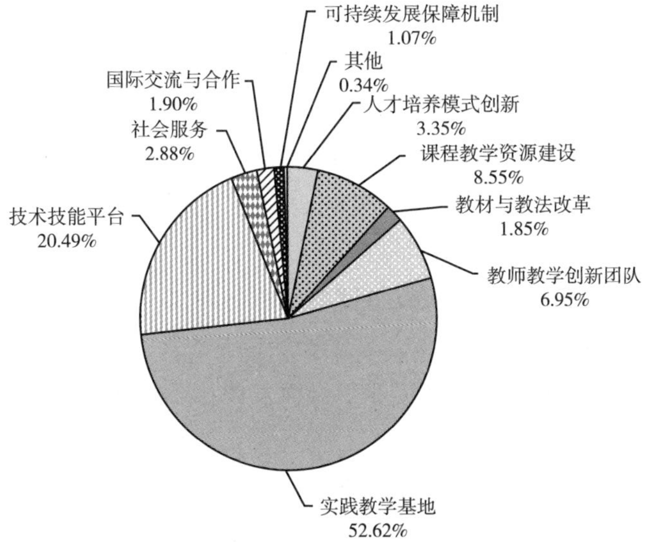

图1　生物与化工专业大类各建设任务资金支出占比情况

3. 贡献度分析

3.1　引领改革

主动适应生物与化工产业转型升级、生产技术和组织模式快速变化，以“价值、模式、制度、标准”引领职业教育改革发展和人才培养模式创新，助力培养高素质、复合型技术技能人才。

3.1.1　价值引领

坚持党对职业教育工作的全面领导，坚持“党建＋育人”全融合理念，以立德树人为根本任务，深入开展“三全育人”综合改革，五育并举，推动技术技能人才培养质量稳步提升。部分专业群的优秀经验做法如下。

北京电子科技职业学院药品生物技术专业群通过搭建区域化党建融合发展平台、基层党建工作活力创新平台、组织力提升平台“三个平台”，夯基础、补短板、创特色、提质量，不断加强基层党建工作，教育引导广大党员为党育人、为国育才，获评教育部全国党建工作“标杆院系”、全国党建工作“样板支部”。

内蒙古化工职业学院煤化工技术专业群发挥党建对专业群建设的带动引领，突出政治建设，聚焦立德树人，为专业群建设把牢方向，努力提高办学水平和服务能力，为支撑国家、自治区煤化工产业发展培养大批高素质技术技能人才，引领自治区职业教育高质量发展。

宁夏工商职业技术学院应用化工技术专业群探索形成了以“聚+”党建特色品牌为引领，以立德树人为根本任务，以习近平新时代中国特色社会主义思想学习社、聚青年团学之家、聚心屿心理工作站、聚创空间、聚+新媒体工作室、聚力劳动特色服务品牌、博士讲堂等7个育人品牌为支撑的“1+1+N”育人品牌体系，立德树人育人实效稳步提升。

广东轻工职业技术学院精细化工技术专业群实施“三结合”铸魂育人，育德育心结合、思政课程与课程思政结合、德智体美劳结合，思政教育有机融入教学、生活、实践各环节全领域，“德智体美劳”全面发展，夯实复合型人才培养根基，构建复合型人才成长“立交桥”。

东营职业学院石油化工技术专业群深化“厚德强技，实境化育人”人才培养模式改革，构建“思政课主导、专业课渗透、校园文化熏陶、实践活动感悟”的德育体系，将产业文化融入专业文化，培育和传承工匠精神，培养厚德强技的技术技能人才。

湖南化工职业技术学院应用化工技术专业群完善“党建+岗课赛证”综合育人机制，创新“3+1”人才培养育人机制，制定“分层分类、定位精准”人才培养方案，完善全面发展人才培养体系。

3.1.2 模式引领

立足行业特色，坚持以创新求发展，在人才培养、产教融合、“三教”改革、“1+X”证书制度实施等方面探索出了一系列的发展模式，推动“双高计划”建设项目高质量实施和人才培养质量全面提升。

（1）人才培养模式创新。

紧密对接产业链，融入地方，服务行业，深化产教融合，形成了一批各具特色的人才培养模式。部分专业群的人才培养模式如表4所示。

表4　生物与化工大类部分专业群人才培养模式

学校与专业群	内容
北京电子科技职业学院药品生物技术专业群	创新形成“园校企协同、产教研融合”人才培养模式
宁波职业技术学院应用化工技术专业群	创新“双元培养、书证融通、研训结合”人才培养模式
广东轻工职业技术学院精细化工技术专业群	形成了“文化助力、需求引领、元素融入、服务驱动”产教融合育人模式

续表

学校与专业群	内容
杨凌职业技术学院农业生物技术专业群	形成的“双主体、五融合、模块化”人才培养模式
兰州石化职业技术大学（兰州石化职业技术学院）石油化工技术专业群	全面推广“双主体、四阶段、六对接”246校企共育人才培养模式
内蒙古化工职业学院煤化工技术专业群	探索实践“德技并修，多元协同，绿色创新”的人才培养模式，将绿色化、VR技术作为人才培养模式的显著特点
常州工程职业技术学院应用化工技术专业群	全面实施“一体二元三段四双五对接”现代学徒制，构建“双元四阶、三融三合”人才培养模式
宁夏工商职业技术学院应用化工技术专业群	对接化工职业标准构建了“双元双化、双合双育”的人才培养模式。即校企“双元”育人，引入“企业化”教学管理理念和“数字化”教学资源，构建“虚实结合、育训融合”教学模式，实现“德技双育”

（2）“三教”改革成效显著。

建设高水平教师创新团队，开发信息化教学资源，深入开展“三教”改革，全面提升教学质量和育人实效。部分专业群“三教”改革措施如表5所示。

表5　　生物与化工大类部分专业群“三教”改革实施措施

学校与专业群	内容
宁波职业技术学院应用化工技术专业群	校企共建绿色石化职业教育“高水平教师发展中心”，通过建设化工团队协作共同体，全面提升团队教师能力。全面推进教材建设与管理，将教材的建用一体化设计，将教材建设与教师、教法改革一体化建设，促进“三教”改革实现聚变效应
常州工程职业技术学院应用化工技术专业群	实施课程思政改革示范工程，依托学校“智慧云课堂”，以“常工金课”建设为抓手，通过开展“一核引领、两元融合、三级贯通、四维保障”课程育人模式改革，着力打造高效课堂。获国家优秀教材一等奖1项，国家规划教材4部，省重点教材7部
湖南化工职业技术学院应用化工技术专业群	推行岗课赛证综合育人，将化工生产技术等技能大赛融入人才培养全过程、形成以“三段式轮岗订制”教学组织模式等为代表的化工类专业育人范式，获国家级教学成果奖2项、省级教学成果奖4项、行业教学成果奖2项
北京电子科技职业学院药品生物技术专业群	通过打造彰显专业特色的“三金”（金扣子、金种、金点子）课程思政教学案例、深化“六环”（学（新知）—懂（理论）—弄（设备）—通（过程）—做（检测）—实（效果））相扣教法改革、强化教研教改示范项目建设，全面推进课程思政高质量建设，培养契合医药健康产业需要的德技兼备高素质技术技能人才

续表

学校与专业群	内容
内蒙古化工职业学院煤化工技术专业群	制剂技术课程团队实施基于“BOPPPS”的线上线下混合式教学模式，建立“多点协同、虚实一体”的混合式教学课堂，创新“三主体、四维度、多标准”学生学习效果评价体系，获得2021年全国职业院校教学能力比赛三等奖
东营职业学院石油化工技术	构建了“三维推进、四措并举、五环实施”的模块化教学模式，形成高素质化工技术技能人才培养体系和实施路径

（3）“1＋X”证书制度有效推进。

生物与化工大类专业群深入落实“1＋X”证书制度，参与职业技能等级证书标准制定，开发了一批可操作强性的制度、高质量的教材，助力学生取得多类职业技能等级证书，夯实学生可持续发展能力。例如，内蒙古化工职业学院出台《内蒙古化工职业学院“1＋X”证书制度试点工作课时津贴发放暂行规定》（内化职院院字〔2020〕41号），2019～2021年各试点专业获证共计988人。新疆轻工职业技术学院应用化工技术专业群将水生产处理工等职业标准内容与专业课程有机融合，通过预考核摸底学生取证情况，“1＋X”证书污水处理试点项目累计培训学员364名，过级率达到98%。广东轻工职业技术学院与SGS、海尔等行业领头企业合作开发“1＋X”（职业技能等级）证书2个，课程标准2个。宁波职业技术学院应用化工技术专业群积极参与证书标准制定、教材编撰、技能证书师资培训，强化“双师”型师资队伍建设，深化融通岗课赛证，促进复合型人才培养，探索具有“宁职特色”的“1＋X”证书人才培养模式，专业群首批报名参加“1＋X”化工精馏安全控制证书学生196名，通过率96.9%。

3.1.3 制度引领

坚持加强制度建设，探索建立普职融通制度、产教融合制度以及学校内部治理、专业群建设等相关制度体系，力求通过构建科学的制度体系助推职业教育高质量发展。部分专业群出台的政策制度如表6所示。

表6 生物与化工大类部分专业群制度制定情况

学校与专业群	内容
宁夏工商职业技术学院应用化工技术专业群	制定《宁夏职业院校与本科高校对口贯通分段培养工作实施方案》和《宁夏中职与本科、高职与本科对口贯通分段培养专业评估实施方案》
宁波职业技术学院应用化工技术专业群	建立《化工专业群建设激励办法》《化工专业群年度建设经费管理和使用办法》等制度。建立专业群动态调整机制，根据产业需要增设化工智能制造技术专业

续表

学校与专业群	内容
广东轻工职业技术学院精细化工技术专业群	主持了《广东省产教融合建设试点实施方案》《广东省教育厅关于高职院校课程思政改革工作的意见》等政策的制订，主持撰写的《深化职业教育体制机制改革建设技能型广东——广东省职业教育改革发展情况调查报告》
杨凌职业技术学院农业生物技术专业群	构建形成“双高目标引领、多元考核支撑、五纵五横嵌入、师生参与实施、螺旋往复上升”的内部质量保证体系。《生物工程学院工作量化考核办法》在全校推广，同时被多所院校借鉴学习
内蒙古化工职业学院煤化工技术专业群	落实学院《“双高计划”建设项目管理办法》和《“双高计划”建设项目专项资金管理办法及绩效评价管理办法》等规章制度，运行学院保障机制，推进专业群建设

3.1.4 标准引领

主持或参与制定了相关专业教学标准、职业技能等级标准、行业标准，同时向“一带一路”沿线国家输出了专业、课程、技能等级等标准体系。具体情况如表 7 所示。

表 7　　生物与化工大类部分专业群参与标准制定情况

类别	学校与专业群	内容
专业教学相关标准	北京电子科技职业学院药品生物技术专业群	主持修订了药品生物技术和食品检验检测技术 2 个国家专业教学标准，参与编制国家专业教学标准 6 项
	宁波职业技术学院应用化工技术专业群	制定全国石化行指委《应用化工技术专业教学标准》等 5 项
	广东轻工职业技术学院精细化工技术专业群	形成学校标准、省级标准、国家标准和中—高—本衔接的“产教融通、三层递进、中高本衔接”的精细化工技术类专业教学标准体系，主持制定专业教学标准等国家级标准 5 个
	杨凌职业技术学院农业生物技术专业群	主持农业生物技术（专科）国家专业教学标准以及农业生物技术（本科）专业简介的研制；主持及参与制定中高职专业教学标准和简介 5 项
	兰州石化职业技术大学（兰州石化职业技术学院）石油化工技术专业群	主持高职石油炼制技术（中高职）、石油化工技术、高分子合成技术 4 个专业简介和专业标准制定工作；参与中职石油炼制技术专业、高职分析检验技术和职教本科现代分析测试技术等 6 个专业标准修订工作
	常州工程职业技术学院应用化工技术专业群	牵头研制化工智能制造技术（高职专科）、化工智能制造工程技术（职教本科）等国家专业目录（2021 版）和国家专业教学标准 6 项，主持或参与制订省级以上专业教学标准和竞赛标准等 10 余项

续表

类别	学校与专业群	内容
专业教学相关标准	内蒙古化工职业学院煤化工技术专业群	参与制（修）订职业教育煤炭类专业教学标准
	东营职业学院石油化工技术专业群	修（制）订全国石化类专业教学标准12个，其中本科专业3个、高职高专专业6个，中职专业1个。牵头制定石油化工技术等山东省三年制高职专业教学指导方案2个
	宁夏工商职业技术学院应用化工技术专业群	开发《宁夏职业院校校内生产性实训基地社会化运行管理办法》被教育厅采纳
职业技能等级证书标准	北京电子科技职业学院药品生物技术专业群	参与开发职业技能等级标准6项，助力提升人才培养质量
	宁波职业技术学院应用化工技术专业群	起草《化工精馏安全控制职业技能等级标准》，入选“1＋X”证书制度试点
	广东轻工职业技术学院精细化工技术专业群	合作开发“1＋X”（职业技能等级）证书2个，课程标准2个
	宁夏工商职业技术学院应用化工技术专业群	牵头制定了宁夏《民办职业技能培训学校设置标准》中化工总控工等11个职业（工种）设置标准，修订了试行的《职业技能培训学校标准化设置承诺》中化工方向的11个工种
	东营职业学院石油化工技术专业群	参与开发“1＋X”职业技能等级标准2个
行业标准	北京电子科技职业学院药品生物技术专业群	主持制定天然产物国家标准样品8项，参与国家技术标准4项，助力提升技术服务质量
	广东轻工职业技术学院精细化工技术专业群	参与完成《2020年中国检验检测就业市场白皮书》，为职业院校优化设置检验检测认证类专业和开展人才培养工作提供政策建议
	杨凌职业技术学院农业生物技术专业群	开发“脱毒草莓立体栽培技术规程”等地方标准8项，勉县菜籽油网络销售流通标准等11项农产品网络销售流通标准；开发陕西省地方标准“农民教育培训教学管理规程”等2项。向农指委提交了关于《农民培训与职业教育衔接报告》和《农民培训与职业教育衔接人才培养与实施方案》
	内蒙古化工职业学院煤化工技术专业群	参与自治区质量技术监督局固体危废处理及食品分析方面的标准制定。参与制定“化工生产技术”、“化学实验技术”、“中国梦·劳动美”自治区级技能大赛赛项规程。参与达拉特经济技术开发区园区循环化改造实施方案编制；参与乌审旗发改委现代煤化工产业发展实施方案编制工作

续表

类别	学校与专业群	内容
行业标准	湖南化工职业技术学院应用化工技术专业群	主持开发了《专业群高水平实训基地建设标准》等3项省级实训基地建设标准、5个专业技能考核标准，开发《专业群高水平实训基地建设标准》等8项省级标准
	宁夏工商职业技术学院应用化工技术专业群	参与起草制定3个行业团体标准，已在全国团体标准信息平台发布推广
	宁夏工商职业技术学院应用化工技术专业群	开发《宁夏职业院校校内生产性实训基地社会化运行管理办法》被教育厅采纳。参与《宁夏回族自治区化工行业高质量发展“十四五”规划》编制
国际标准	广东轻工职业技术学院精细化工技术专业群	输出群内专业教学标准3个、课程标准3个，其中，分析检测技术专业和精细化工技术专业的教学标准在马来西亚和乌干达被同行采用，营养与检测专业教学标准在乌干达被同行采用，微生物检测技术、细胞生物学和食品微生物检测技术课程标准被马来西亚和乌干达同行采用
	宁波职业技术学院应用化工技术专业群	为老挝等发展中国家量身定制院校与专业建设方案、专业教学标准、课程标准等，并开展援外培训，辐射影响深远
	杨凌职业技术学院农业生物技术专业群	与荷兰朗蒂斯教育集团共同修订了园艺技术等2个专业教学标准和10门核心课程标准
	湖南化工职业技术学院应用化工技术专业群	形成了化妆品技术、工业分析技术等3个专业的国际化专业系列标准文件
	兰州石化职业技术大学（兰州石化职业技术学院）石油化工技术专业群	完成制定了26门英文专业课程标准和石油炼制技术专业英文版教学标准

3.2 支撑发展

主动对接乡村振兴、“一带一路”等，大力开展技术创新、社会培训，助力区域经济高质量发展。

3.2.1 服务国家战略

立足专业特色和办学优势，持续深化改革，强化内涵建设，提升专业办学实力，服务国家“一带一路”倡议以及乡村振兴、人才强国等重大战略。

（1）立足自身优势，加强人才输送，助力乡村振兴发展。

立足学校自身人才优势，大力推动乡村人才振兴、产业振兴、科技振兴，探索形成了职业教育服务“乡村振兴”新模式。部分专业群具体做法如表8所示。

表8　　　生物与化工大类部分专业群服务“乡村振兴”战略相关措施

学校与专业群	内容
杨凌职业技术学院农业生物技术专业群	聚焦人才振兴，创新形成职业农民（村干部）学历教育“334”模式，已成功培养191名学员，在校学员已达2369人。聚焦技术推广，开发了8项地方标准及11项农产品网络销售流通标准。 探索形成了职业农民“三共同、三结合、四对接”的人才培养模式。校政合作建立共同招生、共订方案、共同管理；农时季节与教学环节相结合、线上教学与线下教学相结合、校内课堂与田间地头结合；专业设置对接农业主导产业、课程设置对接职业岗位、教材编写对接专项技术、考核评价对接能力培养，实施精准培养
内蒙古化工职业学院煤化工技术专业群	持续与自治区水利厅合作，开展覆盖全区12个盟市农村牧区饮用水水质检测人员培训，累计培训达700多人，有效保障了自治区农牧区饮用水安全这一基本的民生工程落地落实
新疆轻工职业技术学院应用化工技术专业群	开展学院驻村点英阿瓦提村富裕劳动力就业培训，近三年培训已超过5100人/日，助力该村实现新型农村经营主体发展；投入70余万元创办“英阿瓦提村为民服装食品农民专业合作社”，近三年已盈利145万元
北京电子科技职业学院药品生物技术专业群	实施“火种计划”，服务乡村振兴和脱贫攻坚，对口支援西藏、青海等地
宁夏工商职业技术学院应用化工技术专业群	开展“宁夏乡村振兴战略人居环境建设项目”研究，为农村厕所改造、污水处理、垃圾处理等环境治理提供了技术方案

（2）加强国际交流，输出中国标准，服务“一带一路”倡议

搭建国际交流与合作平台，开发国际化教学资源，输出相关专业教学标准，广泛开展外籍员工培训、留学生培养等，服务“一带一路”国家高速发展。部分专业群服务“一带一路”倡议相关举措如表9所示。

表9　　　生物与化工大类部分专业群服务“一带一路”倡议相关措施

学校与专业群	内容
宁波职业技术学院应用化工技术专业群	加入AHK中德化工职业教育联盟，参与制定16门AHK（中国）化工专业课程标准，开发双语教材6本，向埃塞俄比亚等“一带一路”沿线国家推广化工专业群人才培养经验，培训官员和教师456人/次
广东轻工职业技术学院精细化工技术专业群	输出群内专业教学标准3个、课程标准3个，在马来西亚和乌干达被同行采用。开展技术合作项目3项，培训境外企业员工2224人/次，开设国际职业资格证书课程1个，与境外学院或机构签订合作协议6份，服务企业“走出去”2家
杨凌职业技术学院农业生物技术专业群	在乌兹别克斯坦建立杨凌职业技术学院—古利斯坦国立大学现代农业学院，完成园艺技术专业人才培养方案、专业教学标准及7门核心课程资源输出。引进荷兰《设施农业》等20余门课程，开展线上线下培训12期，2个专业教学标准及10门课程标准得到国际认可，并推广应用

续表

学校与专业群	内容
兰州石化职业技术大学（兰州石化职业技术学院）石油化工技术专业群	制定26门英文专业课程标准，自主开发化工专业类英文讲义30余部，引进国外教材4部，配套双语教材4部。为尼日尔、索马里等国家企业开发课程资源，开展员工培训，与埃克森美孚、巴斯夫国际企业合作进行人才联合培养
内蒙古化工职业学院煤化工技术专业群	支撑自治区建设“向北开放的桥头堡”，持续为蒙古国乌兰巴托大学师生进行化工技能培训
宁夏工商职业技术学院应用化工技术专业群	入选智能制造领域中外人文交流人才培养基地首批试点院校和中德先进职业教育合作项目建设院校；同时，《电商平台营销策划与实施》中泰双语在线课程被“一带一路”电商谷项目课程资源库收录
湖南化工职业技术学院应用化工技术专业群	面向化工单元操作、反应器操作与设计等专业核心课程，开发国际化教学标准、课程标准、技能抽查标准等专业教学标准系列文件，面向巴基斯坦无限工程学院进行标准的应用和推广
新疆轻工职业技术学院应用化工技术专业群	将《化工制图及CAD》《石油产品分析》等4门课程资源开发对接国际标准，打造成为国际化课程，并已上线学堂在线国际版平台，服务国内外化工领域各类人员进行课程学习

（3）搭建学生成才“立交桥”，服务人才强国战略

部分专业群积极探索职业本科层次人才培养和现代学徒制人才培养，助力人才强国战略。例如，杨凌职业技术学院农业生物技术专业群积极推进中高本衔接、资源共享的办学体制，构建形成“一核心、三贯通、三共同”中、高、本衔接人才培养体系，招收“3+2”及联办本科学生两届。宁夏工商职业技术学院出台《宁夏职业院校与本科高校对口贯通分段培养工作实施方案》和《宁夏中职与本科、高职与本科对口贯通分段培养专业评估实施方案》。广东轻工职业技术学院精细化工技术专业群与SGS、海尔等行业领头企业合作，形成学校标准、省级标准、国家标准和“中—高—本”衔接的“产教融通，三层递进，中高本衔接”的精细化工技术专业类专业教学标准体系。常州工程职业技术学院应用化工技术专业群面向3所研究机构、5家行业组织、17所中职学校、26所高职院校、128家企业广泛开展调研，明确中高本三个层次的岗位群及典型工作任务，一体化构建“中—高—本”专业教学标准。北京电子科技职业学院药品生物技术专业群与北京亦庄生物医药园共建北京市级工程师学院和企业现代学徒中心，设立高级学徒岗位52个，培养高级学徒91人，学生获市级以上技能大赛和创新创业大赛奖项75个。

3.2.2 服务区域经济社会发展

精准调研行业企业需求，深度融入区域产业链与创新链，搭建平台，组建团队，

校企协同开展技术攻关，加强技术服务供给，服务区域经济结构调整和产业转型升级。

（1）搭建技术创新平台，开展技术攻关，服务企业转型升级。

对接区域重点产业、支柱产业和中小微企业，发挥学校办学优势，为技术创新、项目攻关等提供智力支撑。部分专业群开展技术创新相关举措如表10所示。

表10　　生物与化工大类部分专业群开展技术创新相关措施

学校与专业群	内容
北京电子科技职业学院药品生物技术专业群	聚焦生物技术应用，建成经开区“化药制剂与蛋白药物研发中试基地”；聚焦食品科技前沿，建设食品加工工业4.0赋能中心；聚焦天然产物研发，创建天然产物样品研制及产品开发中心。完成国家自然科学基金2项，为华氏医药等32家企业提供技术服务，签订开发项目23项，引进横向经费1800余万元，累计为企业成果转化取得经济产值5890万元
广东轻工职业技术学院精细化工技术专业群	长期聚焦绿色日化技术研究，攻克了日化行业美白、防晒、防腐等核心技术难关，实现引领型技术革新。承担政府项目28项，企业委托项目97项，为粤港澳大湾区培训中高职教师320人；申请国家专利59件，获省部级（含中轻联）科技进步奖3项，国内领先水平以上标志性科技成果鉴定、评价12项
宁波职业技术学院应用化工技术专业群	校企共建教育部创新发展行动计划协同创新中心、国家企业技术中心和浙江省重点企业研究院，研发全球首创的“芳香族/脂肪族均衡可调高性能氢化树脂关键技术”，助力恒河材料科技股份有限公司石油树脂产量跃居全球第一
杨凌职业技术学院农业生物技术专业群	“武农981”“武农988”两个小麦新品种通过国家审定，成为继袁隆平“抗盐碱特殊类型水稻品种试验”后的全国第二例“特殊型”作物品种。围绕“两减三基本”研发形成“生物炭技术＋有机质技术＋微生物技术”三大土壤改良技术体系；研发“EDDHA有机螯合态铁肥”等2项成果，获发明专利1项
常州工程职业技术学院应用化工技术专业群	打造多元参与产学研培创“五位一体”的技术技能积累平台，新增教育部绿色节能与新能源材料协同创新中心1个，建成常州市微流控芯片技术及装备重点实验室，立项特色原料药及制剂质量提升协同创新中心，新增市厅级以上科研课题27项，服务中小企业104家，成果转化33项，横向科研到账经费1317.08万，帮助企业提升经济效益3340万元

（2）响应区域产业需求，开展社会培训，助力人才技术技能提升。

发挥专业优势，组建培训团队，开发数字化课程资源，面向区域行业企业员工、职业院校师资、新型职业农民工、退役军人等开展技术技能培训。部分专业群相关做法如表11所示。

表 11　　生物与化工大类部分专业群开展技术创新相关措施

学校与专业群	内容
北京电子科技职业学院药品生物技术专业群	建立“国家—北京市—开发区”三级培训平台，面向培训机构、企业、高校、中小学四类人群提供培训服务和职业启蒙。完成社会培训 3608 人/次，为 32 家企业提供技术服务，签订开发项目 23 项，社会服务到账 2100 余万元
宁波职业技术学院应用化工技术专业群	与中国化工教育协会、宁波石化园区共建国家开放大学宁波学习中心，培训量达 33898 人/日，职业技能等级证书鉴定 1559 人/次
广东轻工职业技术学院精细化工技术专业群	为企业开展社会培训 5.01 万人日，培训经费 761.31 万元。免费开展化妆品与生活科普讲座，无偿为农民工、退役军人、失业人员等提供日化技术技能培训 12 次，推荐到合作企业就业 106 人。承担国培、省培等培训 32 项，共计 13245 人
杨凌职业技术学院农业生物技术专业群	开展新型职业农民（村干部）学历教育，在校学员已达 2369 人。面向市、县级农产品质检机构人员开展职业资格证书培训，累计培训人数 820 人
内蒙古化工职业学院煤化工技术专业群	承接自治区应急管理厅全区危险化学品安全监管人员培训项目、自治区水利厅农村牧区水质检测人员培训项目。积极开展面向行业、企业的职业技能培训与鉴定，先后在鄂尔多斯市开展燃气从业人员培训，累计培训 2000 余人/次
常州工程职业技术学院应用化工技术专业群	建成国家开放大学石化学院如东学习中心 1 个，继续教育在校生 1308 人；作为常州市唯一的危险化工工艺特种作业培训基地，为本地区 200 余家企业培训 3500 余人/次，三年累计开展技能培训 6028 人/次
宁夏工商职业技术学院应用化工技术专业群	举办宁东基地企业员工“化工总控工”“化学检验员”技师培训班及竞赛选手培训班，累计有 20 名参训选手被授予“自治区技术能手”。为宁夏大学等省内外研究生、本科生、高中职学生开展化工类培训 52478 人/次。依托化工职业体验馆，实施“职业体验和职业启蒙教育”计划，开展中小学生及职业院校学生学习体验活动 2145 人/次

3.3　推动形成一批支撑职业教育高质量发展的政策、制度和标准

生物与化工大类高水平专业群坚持高标准定位，实施高水平建设，推动高质量发展。三年来，共计荣获国家级奖励荣誉 80 余项，打造了一批凸显“高”、彰显“强”、突出“特”、体现“效”的核心产出，形成了一批支撑职业教育高质量发展的政策、制度和标准，成效显著。

3.3.1　开展专业教学标准建设，全面提升专业建设水平

主持和参与了高等职业教育药品生物技术、食品检验检测技术、应用化工技术、

精细化工技术、石油化工技术、高分子合成技术、石油炼制技术、石油炼制技术、分析检验技术、化工智能制造技术等专业教学标准的研制工作，主持和参与了应用型本科精细化工技术、农业生物技术、现代分析测试技术、化工智能制造工程技术等专业教学标准研制工作，主持和参与了中等职业教育精细化工技术、石油炼制技术等专业教学标准研制工作。

在中高本技术技能人才贯通培养方面，广东轻工职业技术学院精细化工技术专业群与企业合作，形成学校标准、省级标准、国家标准和中高本衔接的“产教融通，三层递进，中高本衔接”的精细化工技术专业类专业教学标准体系；常州工程职业技术学院应用化工技术专业群广泛调研，明确了中高本三个层次的岗位群及典型工作任务，一体化构建中高本专业教学标准。

3.3.2 参与职业技能等级标准建设，全面提升人才培养质量

积极参与“1＋X”职业技能等级标、新职业（工种）的开发工作。例如，宁夏工商职业技术学院应用化工技术专业群牵头制定了宁夏《民办职业技能培训学校设置标准》中化工总控工等11个职业（工种）设置标准，修订了试行的《职业技能培训学校标准化设置承诺》中化工方向的11个工种，受到宁夏人力资源和社会保障厅通报表扬，由人社部转发全国推广。北京电子科技职业学院药品生物技术专业群参与开发职业技能等级标准6项，助力提升人才培养质量。宁波职业技术学院应用化工技术专业群起草《化工精馏安全控制职业技能等级标准》，入选“1＋X”证书制度试点。广东轻工职业技术学院精细化工技术专业群合作开发1＋X（职业技能等级）证书2个，课程标准2个。

3.3.3 推进行业标准体系建设，全面促进行业高质量发展

北京电子科技职业学院药品生物技术专业群主持制定天然产物国家标准样品8项，参与国家技术标准4项，助力提升技术服务质量。广东轻工职业技术学院精细化工技术专业群参与完成《2020年中国检验检测就业市场白皮书》，为职业院校优化设置检验检测认证类专业和开展人才培养工作提供政策建议。杨凌职业技术学院农业生物技术专业群开发“脱毒草莓立体栽培技术规程”等地方标准8项，勉县菜籽油网络销售流通标准等11项农产品网络销售流通标准；开发陕西省地方标准“农民教育培训教学管理规程”等2项，向农指委提交了关于《农民培训与职业教育衔接报告》和《农民培训与职业教育衔接人才培养与实施方案》。内蒙古化工职业学院煤化工技术专业群参与自治区质量技术监督局固体危废处理及食品分析方面的标准制定，参与达拉特经济技术开发区园区循环化改造实施方案编制；参

与乌审旗发改委现代煤化工产业发展实施方案编制工作。宁夏工商职业技术学院应用化工技术专业群参与《宁夏回族自治区化工行业高质量发展“十四五”规划》编制。

3.3.4 聚焦标准输出，推动职业教育走出去

广东轻工职业技术学院、宁波职业技术学院、杨凌职业技术学院、湖南化工职业技术学院、兰州石化职业技术大学（兰州石化职业技术学院）等学校生物与化工大类专业群形成了一批国际化的专业教学标准、课程标准等，助力职业教育“走出去”。其中，广东轻工职业技术学院分析检测技术、精细化工技术、营养与检测等专业教学标准，微生物检测技术、细胞生物学和食品微生物检测技术等课程标准在马来西亚和乌干达被同行采用。宁波职业技术学院应用化工技术专业群为老挝等发展中国家量身定制院校与专业建设方案、专业教学标准、课程标准等，并开展援外培训，辐射影响深远。杨凌职业技术学院农业生物技术专业群与荷兰朗蒂斯教育集团共同修订了园艺技术等 2 个专业教学标准和 10 门核心课程标准。

4. 典型案例

4.1 引领改革

案例 1：面向医药健康高精尖产业“研创双驱—育训并举”人才培养模式的探索与实践

【学校】北京电子科技职业学院

一、实施背景

《北京市“十四五”时期高精尖产业发展规划》提出将医药健康培育形成国际引领支柱产业，以生物医药产业带动大健康万亿级产业集群。在北京医药健康产业高质量迅猛发展背景下，为解决技术技能人才供给不能契合高精尖产业人才需求的难题，北京电子科技职业学院药品生物技术专业群与国药集团、北京亦庄生物医药园等知名企业搭建“政校园企”产城教融合平台，探索“研创双驱—育训并举”人才培养模式，推动医药健康领域教育链、人才链深度融入产业链和创新链。

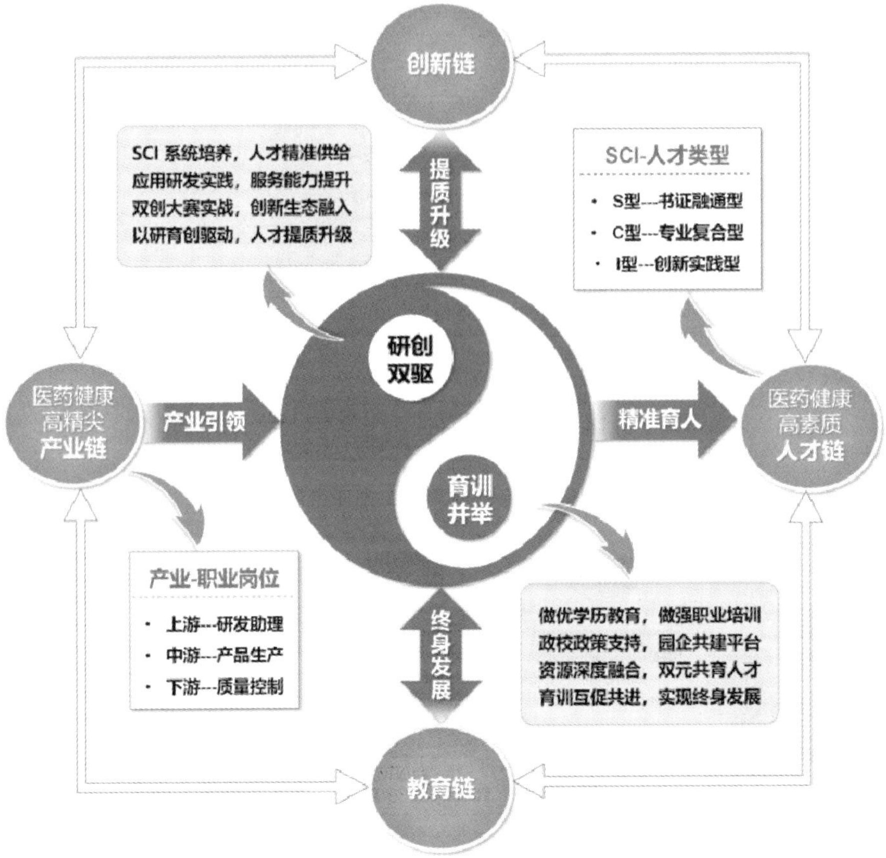

图1　药品生物技术专业群“研创双驱—育训并举”人才培养模式

二、主要做法

（一）创建SCI系统化育人体系，“因材施教”实现人才精准培养

职业院校学生生源多样，学习能力和个性特征差异较大，为解决规模化培养与学生个性化发展的矛盾，专业群注重因材施教，设计职业培养路径和培养类型，构建校企双元SCI系统化人才培养体系。基于“研发辅助”“产品生产”“质量控制”三条职业培养路径，培养书证融通型（Skilled型，S型）、专业复合型（Comprehensive型，C型）和创新实践型（Innovative型，I型）三种类型高素质技术技能人才，学生可根据自身学力特点和职业兴趣，选择不同的的职业成长方向，实现人才培养的精准供给。

（二）搭建技术技能创新服务平台，“研创双驱”实现人才精准赋能

对接北京医药健康高精尖产业创新发展需求，校企协同搭建“北京亦庄药品生物技术工程师学院”“开发区生物医药中试基地”等技术技能创新服务平台，组建

“专任教师+企业专家+技能大师”高水平导师团队，以企业应用研发和技术服务项目为驱动力，创建能力递进的“研创双驱”育人模式，以研育创，实现技术技能人才的提质升级，解决医药健康高精尖产业快速发展与技术技能人才创新能力不足的矛盾。

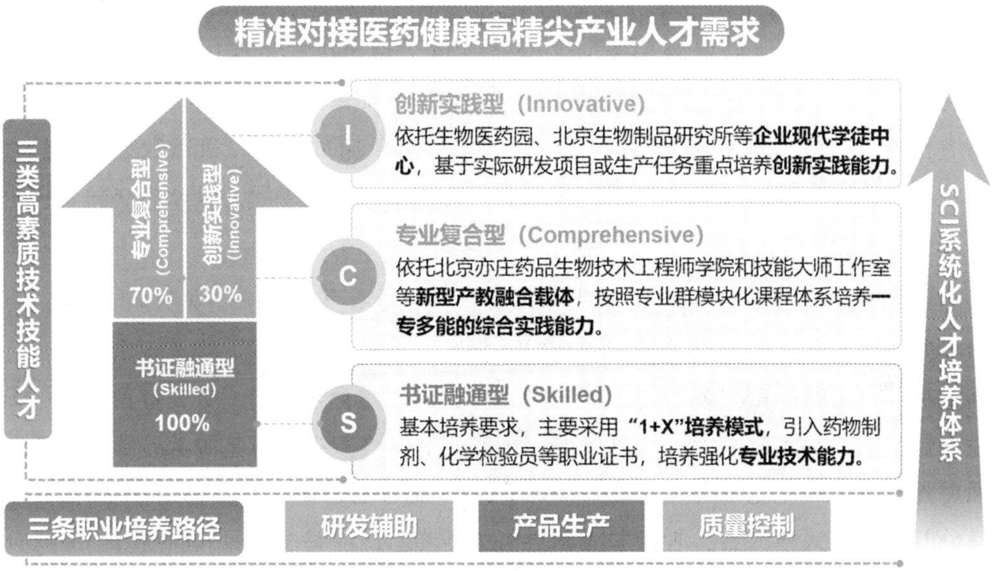

图 2　药品生物技术专业群 SCI 系统化人才培养体系

图 3　药品生物技术专业群“研创双驱”育人模式

（三）构建“政校园企”协同育人基地，“育训并举”实现人才终身发展

北京经济技术开发区是全国科创中心的主平台，北京电子科技职业学院是开发

区唯一高校，是开发区技能人才培养的重要承载地。通过开发区政府牵线搭桥，专业群与国家北京生物医药创新孵化基地北京亦庄生物医药园联合共建“北京亦庄药品生物技术工程师学院”“北京市生物技术和大健康‘双师型’教师培养培训基地”等技术技能人才孵化成长基地，形成“政校园企”四方协同育人生态，探索开展多形式、多层次、多类型的高技能人才联合培养。不仅开展高职、中高职衔接和中高本贯通培养，而且面向北京化工大学等学校开展本科生和研究生生产实践技能培训，面向医药健康企业员工开展药物制剂工等行业取证等培训。通过做优学历教育，做强职业培训，实现“育训并举”，解决了北京医药健康领域技能人才供给不能满足产业需求的矛盾。

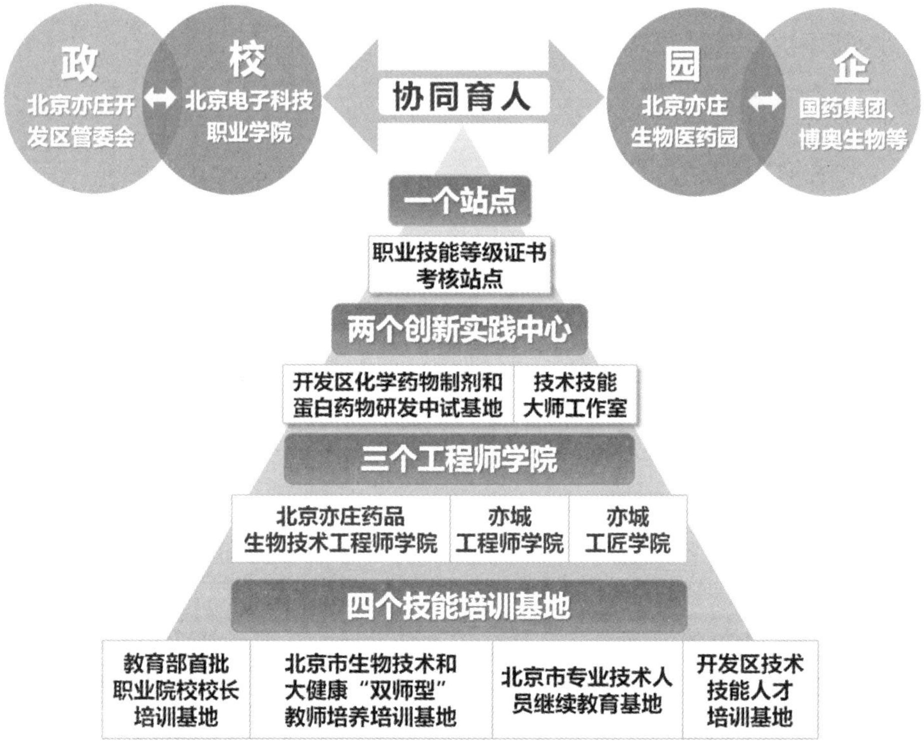

图4　药品生物技术专业群“政校园企”协同育人平台

三、成果成效

（一）人才培养成效显著

近三年，学生获市级以上技能大赛或创新创业大赛等奖项75个；毕业生“双证书”获取率100%，就业率保持在98%以上，进入园区及开发区龙头骨干企业等单位就业占比65%以上，毕业生就业后用人单位满意度在98%以上；大批学生在疫苗生产、核酸检测等岗位工作，为抗击疫情做出积极贡献。

（二）专业群建设成果丰硕

专业群获批国家“双高计划”重点专业群、全国职业教育先进集体和教育部创新发展行动计划骨干专业，在全国 139 所院校生物技术类专业中连续三年排名第一。

排名	高校名称	等级	学校数
1	北京电子科技职业学院	5★	51
2	北京农业职业学院	5★	51
3	长沙环境保护职业技术学院	4★	51
4	上海农林职业技术学院	4★	51
5	山东科技职业学院	4★	51

图 5　金平果 2022 年药品生物技术高职专业排行榜

（三）服务产业效益突出

近 3 年，专业群师生共组研创团队，与北京鑫开元医药科技有限公司、承道智济（北京）科技有限公司等企业签订技术开发项目，开发产品 23 项，专利授权 18 项，累计实现成果转化经济产值 5890 万元；为全国 100 多家企事业单位提供技能培训服务，培训 3608 人/次，经费到账 332 万元。

四、经验总结

北京电子科技职业学院药品生物技术专业群成果成效的取得主要得益于以下几个方面：（1）坚持“依托首都产业办专业、联合园区企业建标准、对接职业岗位育人才”，创新“研创双驱—育训并举”育人模式；（2）从产城教融合视域下，以专业群建设为抓手，以开发区医药健康产业发展为着力点，以北京亦庄生物医药园为支点、医药健康行业龙头企业为重点推进改革创新，打造“1＋1＋1＋N”的政校园企命运共同体，促进教育和产业体系人才、智力、技术等资源要素集聚融合，服务区域产业快速发展。

五、推广应用

成果在全国高职高专校长联席会和全国“双高”推进会进行经验交流，被中国教育电视台等 20 多家媒体报道，与全国 200 多所职业院校 2500 多名教师进行经验交流。

图 6　专业群建设成果在全国“双高”推进会进行经验交流

案例 2：“文化助力，需求引领，元素融入，服务驱动”产教融合育人模式
——以广东轻工职业技术学院精细化工技术专业群为例

【学校】广东轻工职业技术学院

我国 20 多年的高职教育充分诠释了产教融合是提高育人质量的有效途径，要做好产教融合就是要回答好“融什么？怎么融？如何激发产业积极性？”这些关键问题。

一、背景分析

广轻职院精细化工技术专业群具有丰富的校企合作办学和产教融合育人经验，逐步凝炼形成了“文化助力、需求引领、元素融入、服务驱动”产教融合育人模式，提出了解决这些关键问题的新思路、新举措，入选了全国职业教育产教融合典型案例，获得了广东省教学成果一等奖。

图 1　产教融合育人模式

二、成果内涵

(一) 产业文化助力课程思政，提升课程思政育人质量，形成思政育人合力

进行了如下探索与实践：

(1) 新生开学第一课由产业优秀人才讲专业，将职业理念、职业素养、职业技能、职业精神等优秀文化根植入新生心灵，激励学生为祖国化妆品产业崛起而努力学习。

(2) 将课程思政课堂搬到企业上，用产业先进文化引导学生养成精益求精、追求卓越的品质和形成正确的价值观，激发学生的民族自豪感和爱国情怀。

(二) 产业需求引领育人目标，将专业群建在产业链上，确保精准育人

为满足轻工日化产业链细分后对人才的需求，学校陆续整合了精细化工技术、高分子材料加工技术、食品营养与检测等专业，组建了围绕轻工日化产业链的精细化工技术专业群。

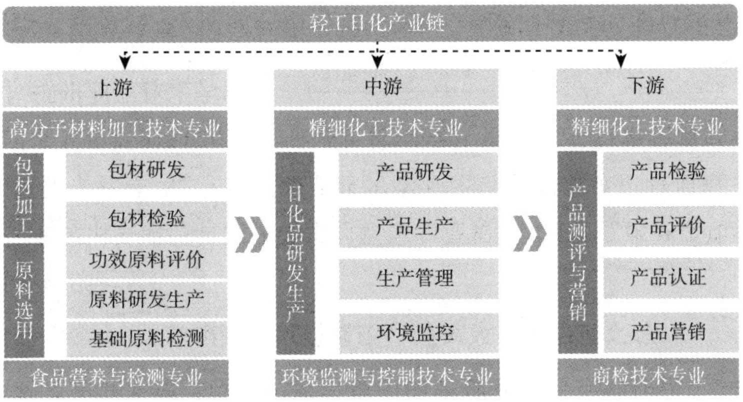

图 2　精细化工技术专业群

(三) 产业元素融入育人过程，将产业先进元素融入教学，实现卓越育人

主要进行了如下探索与实践：

(1) 与产业工程师共研教学标准。与广州环亚化妆品科技有限公司（简称环亚）、广东伊丽汇美容科技有限公司（简称伊丽汇）等知名企业共研了教学标准，将产业链新技术、新工艺、新规范融入教学标准和课程标准中。

(2) 与产业工程师共编教材共建课程。如与环亚陈庆生高工等共编的《日用化学品制造原理与工艺》《化妆品配方与工艺技术》就将产业最新技术、标准、法规融入教材，建成了国家精品资源共享课。

(3) 与产业工程师共研教学资源库。与 30 多家化妆品企业合作共研了微课库、教学案例库和试题库，将企业生产现场“搬”进课堂。

（四）产业服务驱动企业参与育人积极性，构建命运共同体，确保协同育人持续性

企业源动力不足是目前产教融合最大的困境，往往是“学校热、企业冷”，如何提升产业的融合度？做好产业服务是关键。为此，校企共建了融合师德、教学、科研与社会服务于一体的产教科融合平台。

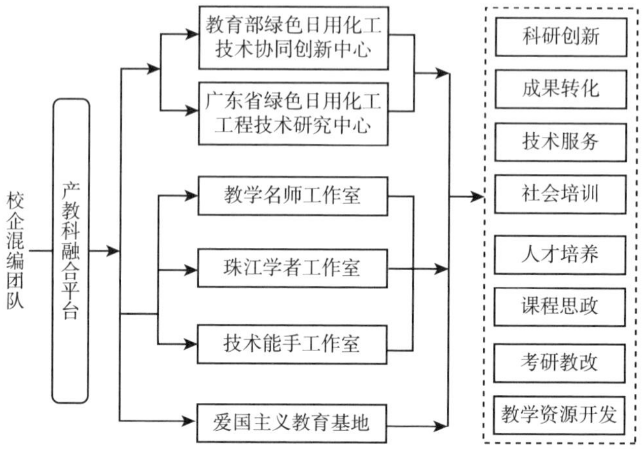

图3　融合师德、教学、科研与社会服务于一体的产教科融合平台

依托平台，为产业发展输出科技创新和技术服务成果，输出了50多项创新成果给产业；吸引产业主动参与人才培养，美国陶氏化学、德国爱卡、伊丽汇、环亚等40多家企业主动要求协同创新、协同育人，实现了产教双向深度融合，形成了命运共同体。

三、成果成效

培养了一批有匠心、善动手、会创新、能创业的学生：在校学生获技能竞赛国赛一等奖2项、挑战杯国赛一等奖1项等省级以上竞赛获奖21项；团省委资助科技项目5项；学生申请发明专利20件、发表科技论文20篇。为行业培养了100余名企业家、1000余名工程师和高管，是化妆品人才培养的摇篮。

四、经验总结

案例的成功之处就在于解决了产教融合“融什么？怎么融？如何激发产业积极性？”这些关键问题。

（1）正确理解产教融合的实质解决了“融什么？”的问题。

（2）产业元素融入育人过程解决了“怎么融？”的问题。

（3）做好产业技术服务解决了“如何激发产业积极性？”的问题。

案例3："三对接、三提升"，高质量打造绿色化工人才培养高地

【学校】 常州工程职业技术学院

应用化工技术专业群实施"三对接、三提升"工程，通过对接产业集群、对接技术迭代、对接数字化转型，提升专业集成发展力、人才培养力、协同创新力，聚力打造全国绿色、智能化工类人才培养高地。2021年金平果化工技术类专业中，江苏省排名第1位，全国排名第2位。

一、经验做法

1. 对接服务化工产业集群发展，构建"一体两翼"专业格局，提升专业集成发展力。一个主体，即以应用化工技术专业为核心，面向基础化学品生产，支撑化工产业基础绿色安全高质量发展；以工业分析技术专业为主线，面向产业链全过程质量控制与管理，驱动产业高品质发展；两翼协同，即以精细化工技术、药品生产技术专业为两翼，面向农药、医药中间体和消费品生产，支撑化工产业向高端发展。

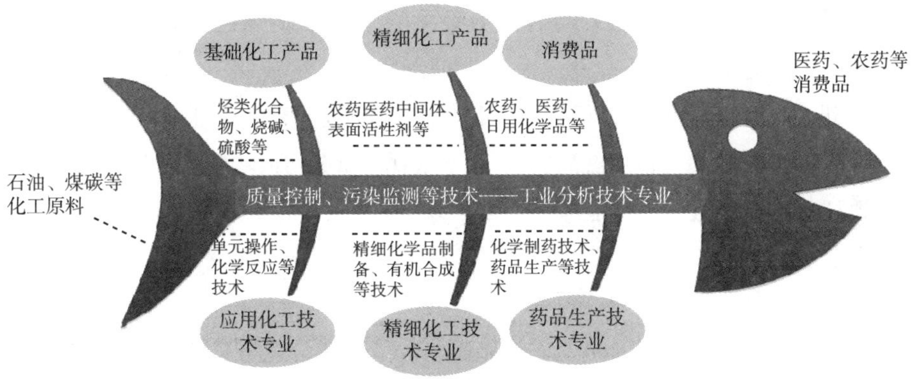

图1　基于"化工产业链"构建专业群示意图

2. 对接化工行业技术迭代升级需求，创新"双元四阶、三融三合"人才培养模式，提升专业人才培养力。"双元四阶"人才培养路径：即"校企双元协同，职业认知和职业通用能力培养→职业意识养成和专业专项能力培养→职业素养深化和职业综合能力培养→职业操守内化和岗位（群）实务胜任"。"三融三合"教学运行机制，将职业技能标准、行业技术标准、技能竞赛国赛标准所蕴含的项目案例、组织训练方式、评价标准融入教学过程；系统设计双创课程和实践教学，实施"课内课外理实一体化、技能训练与科创实践一体化"教学机制，体现"课—证"融合、"证—赛"融合和"专—创"融合。

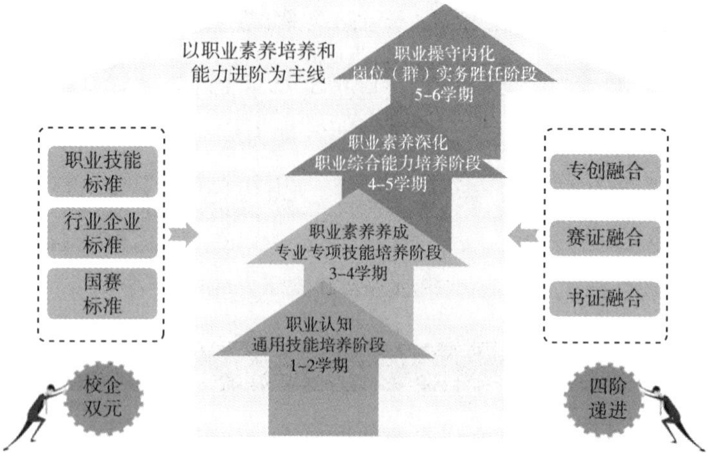

图2 “双元四阶、三融三合”人才培养模式

3. 对接化工企业数字化转型，“四方联合、四位一体”打造高水平集成式实践创新平台，提升专业协同创新力。依托职教联盟和产业学院，引入5G、人工智能、数字孪生等新技术，与扬子石化等知名企业共建“产训研创”四位一体绿色化工智慧教学工厂。通过教师科研项目、大学生创新大赛、学徒制人才培养改革等载体，实行“三进三转”实训基地运行机制，即促进教师进平台、学生进项目、教学进现场，教师向师傅转变、作业向作品转变、教学消耗向服务增值转变。利用虚拟仿真技术，实践教学“看得见、进得去、能操作、可再现”，有效解决化工类专业实训“三高三难”问题。

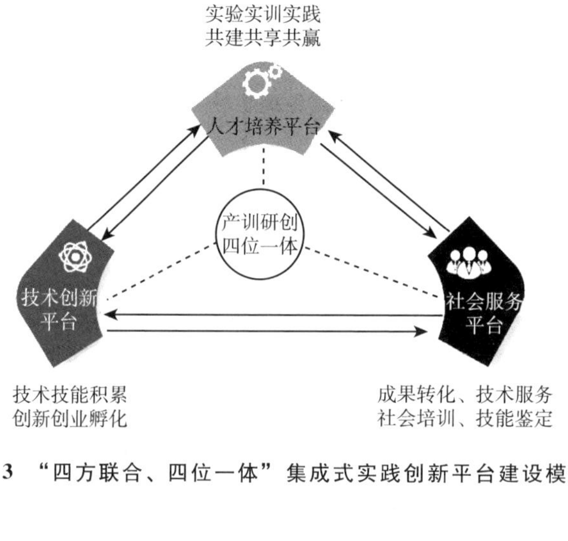

图3 “四方联合、四位一体”集成式实践创新平台建设模式

图4　理实一体、虚实结合解决三难三高问题

二、成果成效

国家教学成果一等奖1项、二等奖2项，省特等奖2项；首届全国优秀教材一等奖1项；主持国家教学资源库1项；国家教学创新团队1支，省“青蓝工程”优秀团队3支，培养省突出贡献中青年专家2名。全国技能大赛实现8连冠，全国大学生挑战杯特等奖1项。近60%毕业生进入世界五百强或行业领先企业工作。

三、推广应用

建设成果得到政府与同行的高度认可，牵头制定专业教学标准等6类22项国家标准。相关典型案例多次入选江苏省高等职业教育质量年报优秀案例、教育部创新创业教指委典型案例和全国高职高专校联会优秀案例。

案例4：学分银行“一核三通”模式的探索与应用实践

【学校】常州工程职业技术学院

常州工程职业技术学院积极探索国家开放大学学分银行制度体系，在分析检验技术专业形成“标准为核，目标贯通，内容融通，机制互通”的“一核三通”建设模式。该模式助推国家开放大学石化学院学习成果认证、积累与转换制度的探索实践，搭建终身学习“立交桥”。

一、主要做法

（一）基于行业，需求导向，开发分析检验行业学习成果认证标准

根据分析检验行业学习成果框架对应的层次在核心岗位中的实际形态，分析研

究4个职业行动领域——检验检测、检验检测质量保障、检验检测质量监控、检验检测技术管理，以及每一行业方向下的职能，制定职能编码，形成行业结构划分表。对典型任务进行分解分层，归属到分析与检验行业学习成果框架下1～7等级中，制定各个等级的认证单元。

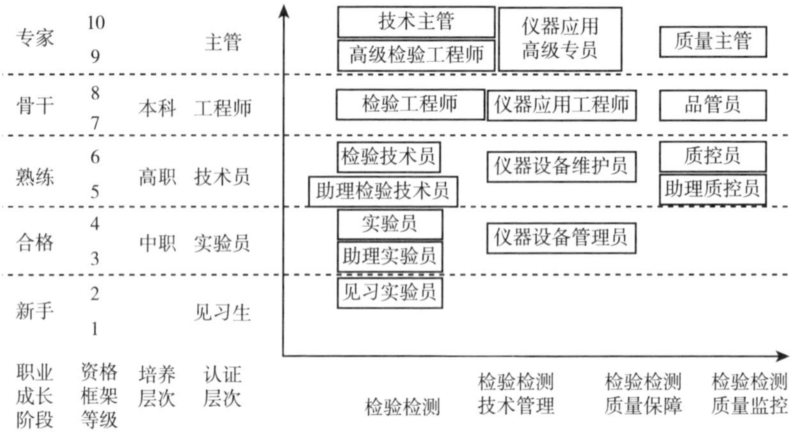

图1　分析检验行业学习成果框架对应的层次在核心岗位中的实际形态

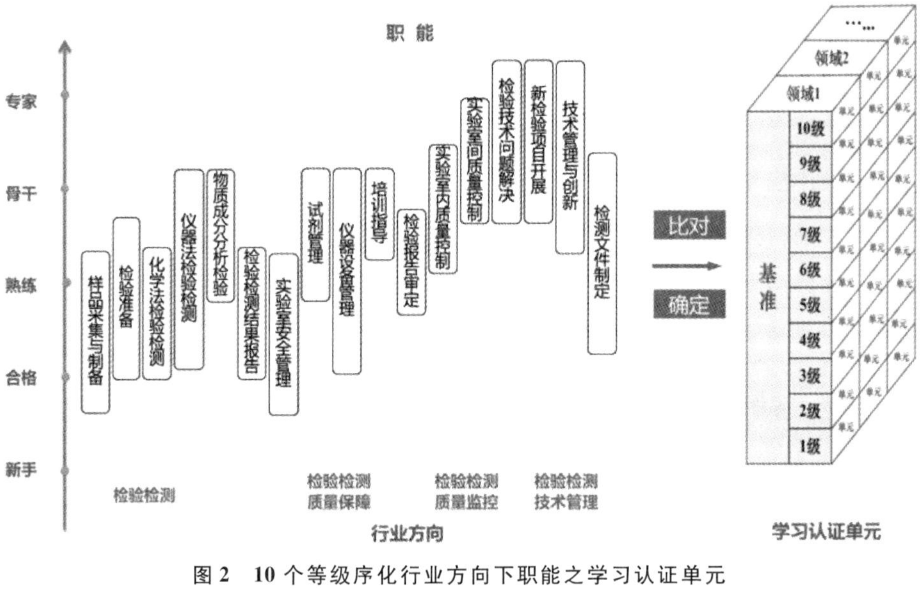

图2　10个等级序化行业方向下职能之学习认证单元

（二）横向融通，纵向贯通，打通学历教育和非学历教育的有效衔接

研究中职、高职专科、职业本科三个层次学历教育衔接思路，形成国家开放大学石化学院分析检验专业（高职）专业课程体系。应用于国家开放大学高职分析检验技术专业人才培养方案，提出了行业水平评价证书与学历教育证书之间双向融通的整体模型，给出了学历教育学习成果与认证单元比对表。

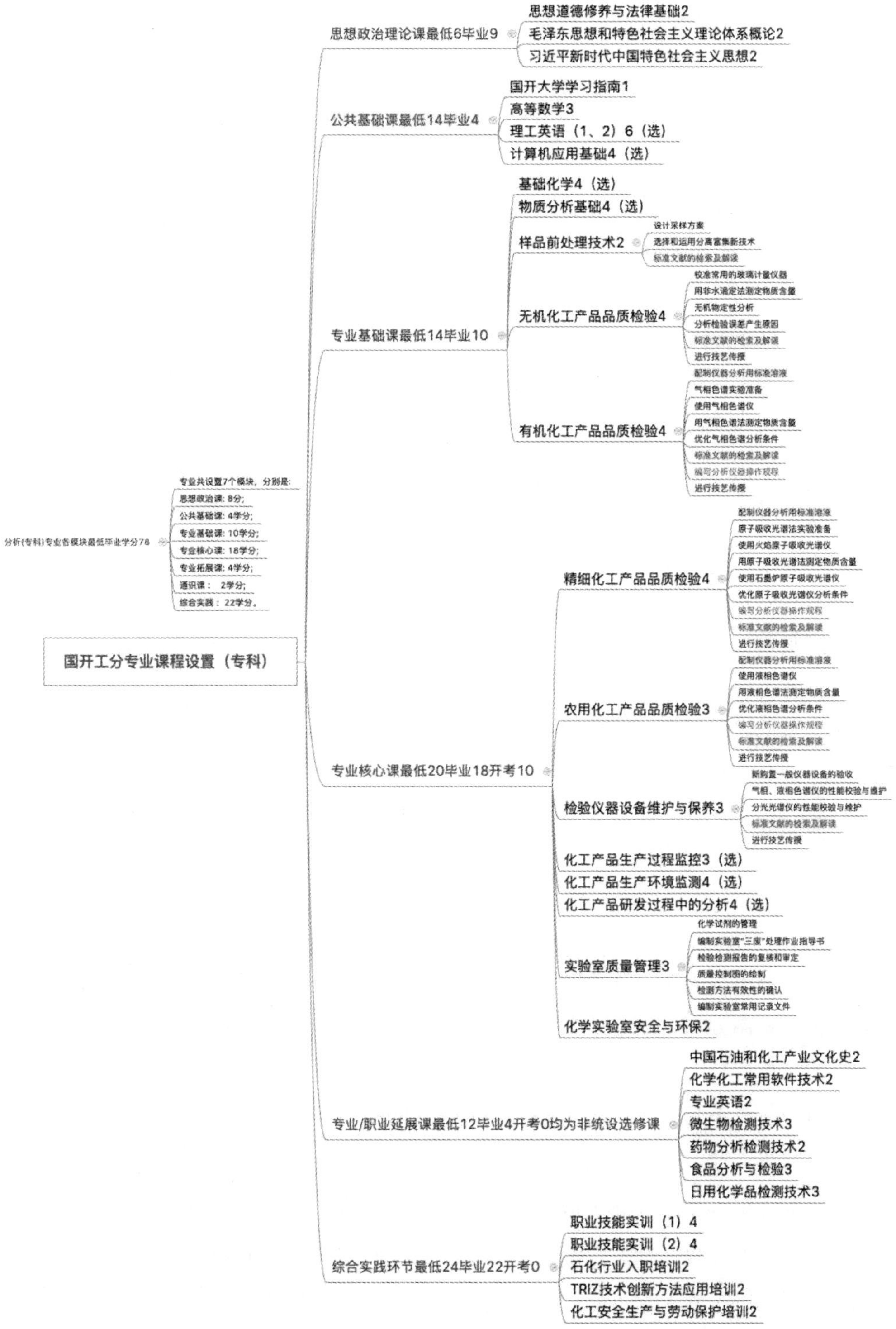

图 3　国家开放大学石化学院分析检验专业（高职）专业课程体系

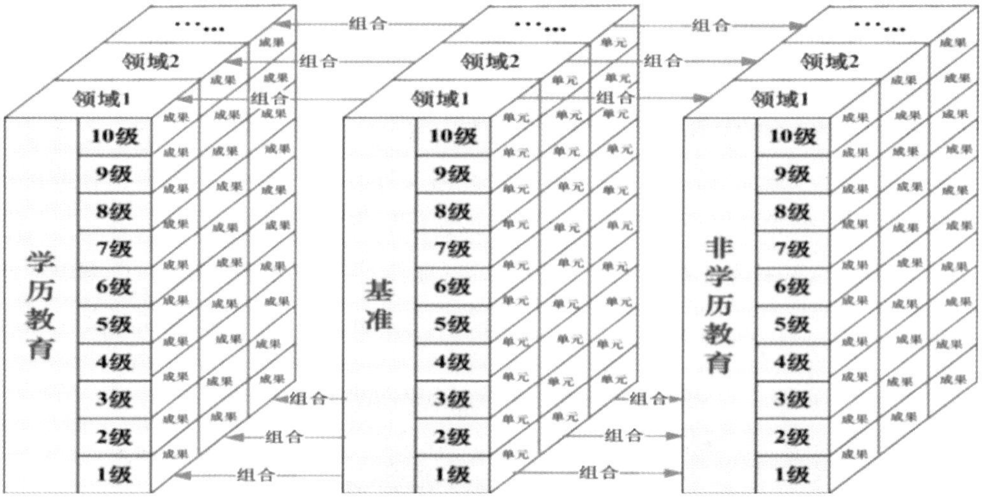

图 4 “框架 + 标准”下的学历与非学历间双向融通示意图

（三）目标贯通，内容融通，制定分析检验技术专业课程标准

分析检验技术专业的人才培养目标，与基于分析检验岗位认证单元所属应用领域的职业目标相互贯通。核心课程体系、课程教学标准和课程教学评价均与学习成果认证单元的内容相互融通。具体而言，分析检验技术基于能力本位的专业核心课程体系，与分析检验行业结构划分表中的职业能力要求相呼应；课程教学标准中设定的教学内容、课堂单元设计中的知识、技能和素质点，与学习成果认证单元的教学内容相匹配；课程学习目标达成度评价和教师教学能力评价标准，与认证单元中的学习成果评价标准相融通。

（四）评价多元，灵活多样，构建多样化生源下学历教育与非学历教育的学分转换机制

高职院校生源趋于多样化和社招生不断增强的背景下，在学分互认、学分兑换、多元评价等机制方面，借鉴学分银行在学历教育与非学历教育的学习成果的互认和比对，建立面向社会招生学生的学历教育学分与非学历证书双向认可转换的配套机制。分析检验技术专业 2 个社招班 21 人/次完成学分兑换，兑换学分达到 58 分。

二、成果成效

依据认证单元完善的课程体系，整个结构更严谨，能力递进更明显，内容划分更合理。修订的课程标准，教学目标更清晰，项目选择更有针对性，且符合生产实际。同时每个学习成果都有相应的评价标准，教师根据任务完成情况了解学生在知识点、技能点上的达标情况，实施对标分析，教学设计更精细，教学活动更全面，结果评价更直观。

案例5："三维推进、四措并举、五环实施"，实施模块化教学模式改革

【学校】东营职业学院

联合"1+X"证书考评机构、AHK中德化工职业培训基地和合作企业，从教学过程、学习过程、考核过程三个维度推进学习内容与考核内容一体、学习过程与考核过程同步、教学过程与教学评价结合，推行"教学团队结构化、课程体系模块化、实训条件系统化、考核评价全程化"四项举措，"备讲学训考"五环节实施模块化教学，构建了"三维推进、四措并举、五环实施"的模块化教学模式，形成高素质化工技术技能人才培养体系和实施路径。

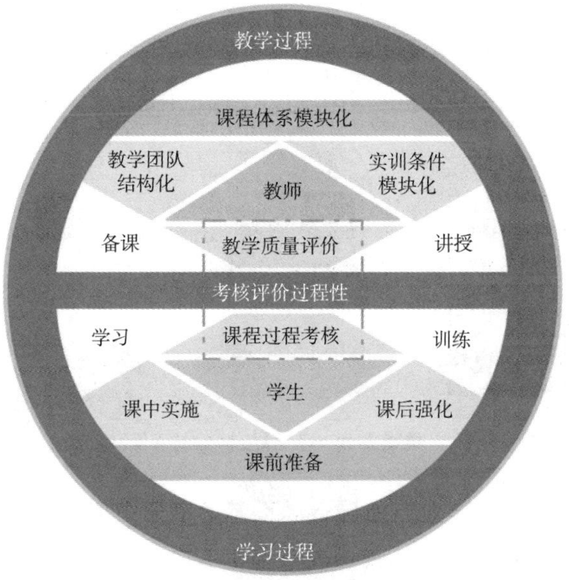

图1 "三维推进、四措并举、五环实施"模块化教学体系

优化团队、重构教学模块。课程负责人、专兼教师组成结构化教学团队；按职业岗位能力分层重构了6个一级模块、70个二级模块的专业群模块化课程体系；参与修订国家专业标准12个，完善6大功能模块实训基地，推动2个国家资源库、12门在线课程、20部模块化系列教材及配套资源统筹建设，创新"三阶六步"课堂教学流程，形成"三教"改革新范式。

过程考核，建设有效课堂。制定模块化教学（学习）任务清单，开展有效课堂建设，成员分工协作完成模块化教学。关注教与学全过程和专业发展，完善教学质量评价标准，通过思政融入、学习状态、学习效果、职业发展等4个一级指标、16个二级指标实施课程过程性考核，在教育教学实践方面起到示范作用。

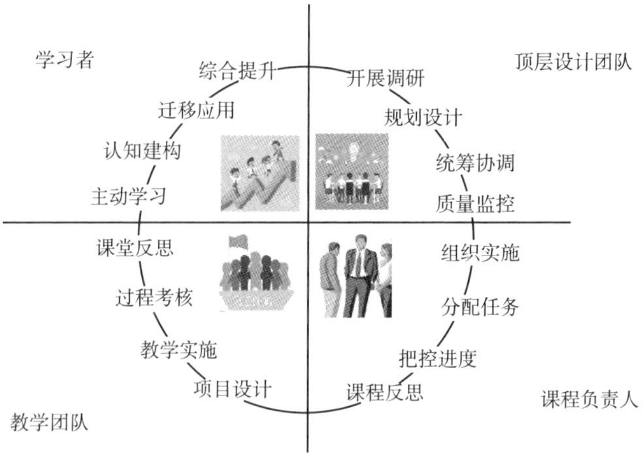

图 2　结构化教学团队

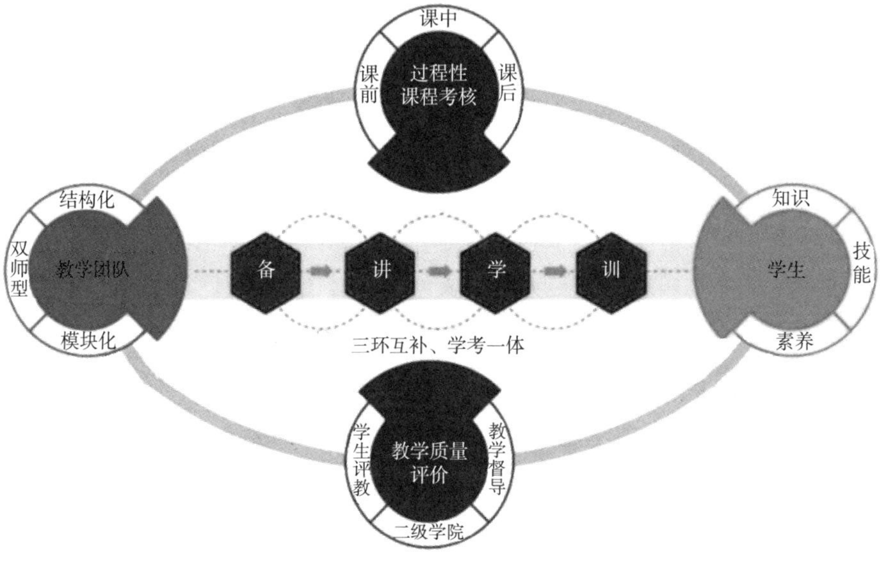

图 3　“备讲学训考”五环节融合

成效显著，示范引领作用凸显。推进国家级现代学徒制试点和教学资源库建设等项目建设，应用于化工精馏安全控制等 2 个国家“1＋X”证书标准开发以及石油化工技术等 2 个省专业教学指导方案开发；在广东茂名职业技术学院、滨州职业学院等 70 余所学校推广，被潍坊职业学院、东明职业中专等 12 所院校纳入人才培养方案，应用于国家开放大学基础化学课程建设和化工园区职工培训资源开发，惠及学生和社会人员 18 万余人。《中国教育报》、山东教育电视台、大众网等主流媒体做了宣传报道。

4.2　支撑发展

案例6：践行黄大年精神，建设支撑广东日化产业发展的卓越教师团队——以广东轻工职业技术学院精细化工技术专业为例

【学校】广东轻工职业技术学院

作为全国黄大年式教师团队和首批国家级职业教育教师教学创新团队，广东轻工职业技术学院精细化工技术专业教学团队（简称“广轻精化团队”）以教书育人、教学科研为中心，以服务广东日化产业发展战略为目标，为促进全国日化产业发展攻坚克难，成果丰硕，入选国家职教创新团队建设典型案例。

一、心有大我，献身教育，当好“四个引路人”

团队以“三心三德”做好“四有好老师”，广受师生好评，是广东轻院师德师风建设的典范。

（1）怀赤诚心，以德立身。团队成员将教师职业当成事业，时刻以教师职业道德规范为标准来衡量、要求和提升自己。疫情期间攻坚克难，积极用好专业知识开发了系列消杀产品，无偿提供给社区和公益组织，为复工复产提供保障。

（2）葆奉献心，以德立学。团队成员淡薄名利，长期利用课余时间指导学生技能训练、创新创业，提升学生创新能力和专业技能；用真爱关怀学生，长期资助困难学生成长成才，用实际行动坚守“四个相统一”，用坚强的信念和温柔的情感书写着师者“人生引路人”的精彩。

（3）树仁爱心，以德立教。与广西工业职院、汕头职院等开展结对帮扶，提升其专业建设水平。到粤东贫困地区开展“三下乡”活动，开展扶贫政策宣讲和日化技术培训，进行教育扶贫。

二、潜心教改，勇于创新，为产业发展提供人才支撑

团队实施“三全育人”，勇于教法创新，践行“以研促教，以研育创”人才培养模式，为日化产业发展提供创新型技术技能人才，已经成为广东省日化产业人才培养的摇篮。

（1）思政贯全程。团队实施了行业专家讲授开学第一课、教学名师引领课程思政改革等项目，将学生思政教育与专业、产业融合，充分挖掘专业课程中的思政教育元素和资源，实现“三全育人”；并依托产业背景的爱国主义教育基地，创新性地将课程思政搬到基地上，弘扬自强不息、爱国敬业精神，养成精益求精的工匠精神和追求卓越的优秀品质。课程思政成果获全国轻工类专业课程思政教学设计大赛一等奖。

（2）教法勇创新。实施了以学生为中心的“问题导向”教学法和以学生为中心

的真实项目试错迭代实训法。在整个教学过程中，学生自主完成查资料、设计方案、改进方案、实施方案、实训总结，着重培养自主决策、发现问题以及解决问题的能力，获全国教师教学能力大赛一等奖1项，广东省教师教学能力大赛一等奖3项。

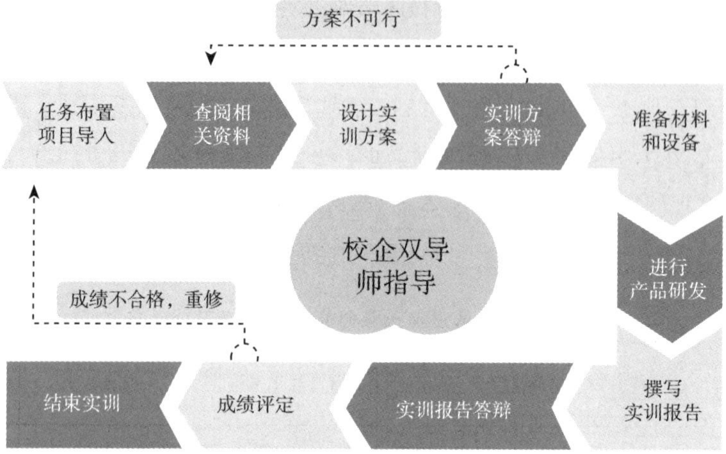

图1　真实项目试错迭代实训法

三、敢为人先，开拓创新，攻克产业关键技术难题

团队长期聚焦绿色日化技术研究，深耕细作，持续发挥先发优势，实现引领型发展，成果丰硕，前景广阔。

（1）看得准，敢饮“头啖汤”。团队立足国家新材料发展战略、广东省前沿新材料产业集群，率先推进科技创新，建有教育部协同创新中心、广东省工程技术研究中心等科研平台，承担国家自然科学基金项目1项，省市级重点攻关项目20项，发表SCI论文20篇。

（2）走得正，突围“卡脖子”。团队聚焦我国日化关键技术问题加快科研攻关，攻克了国外对我国日化行业“卡脖子”的美白、防晒、防腐等核心技术，研究成果获授权发明专利45件，获科技成果鉴定评价24项（其中国际领先1项，国际先进2项），获广东省科技奖1项、中国轻工业联合会科技奖6项、广州市科技奖1项。

四、“知行统一，甘于奉献”的社会服务理念，助力产业快速发展

团队深度开展产教融合校企合作，构建校企命运共同体，助力企业技术研发和产品升级，在国际舞台发扬中国文化，取得了良好的社会效益。

（1）厚植企业，成果转化结硕果。团队教师长期担任企业工程师和技术顾问，承担企业委托的横向技术服务42项，解决企业技术难题。科研和技术服务成果在环亚集团公司等企业实现转化，研发出来系列畅销品，助力企业新增产值20多亿元，为广东省经济发展做出了贡献。

（2）回馈社会，社会实践谱新章。免费开展化妆品与生活科普讲座，无偿为农民工、退役军人、失业人员等提供日化技术技能培训 12 次，提升参训人员的就业创业能力，并推荐到校企合作企业就业 106 人，专业承担国培、省培等培训 32 项，共计 13245 人。

4.3 推动形成一批支撑职业教育高质量发展的政策、制度和标准

案例 7：培养“四强四能”卓越教师，制定支撑职业教育高质量发展的国家级专业标准

【学校】广东轻工职业技术学院

制定支撑职业教育高质量发展的国家级专业标准是教师专业能力的重要体现，基于此精细化工技术专业群针对教师能力的提升，进行了卓越教师培育探索与实践，凝练成了培养“四强四能”高职卓越教师培养实施方案，制定了支撑职业教育高质量发展的国家级专业标准。

一、成果背景

在新一轮科技和工业革命背景下，产业转型升级对高职卓越人才培养提出了新需求，但目前高职教师在如下几个方面存在一定差距：一是教师课程思政育人能力不足；二是教师教学设计实施能力和行业技术技能不足；三是教师科研反哺教学能力不足。针对这些问题，精细化工技术专业群进行了卓越教师培育探索和实践。

二、主要做法

（一）基于需求，研制标准

基于学校、产业、企业、学生对高职教师能力的多元需求，研制“四强四能”卓越教师能力标准及培育目标体系，确保方向正确。

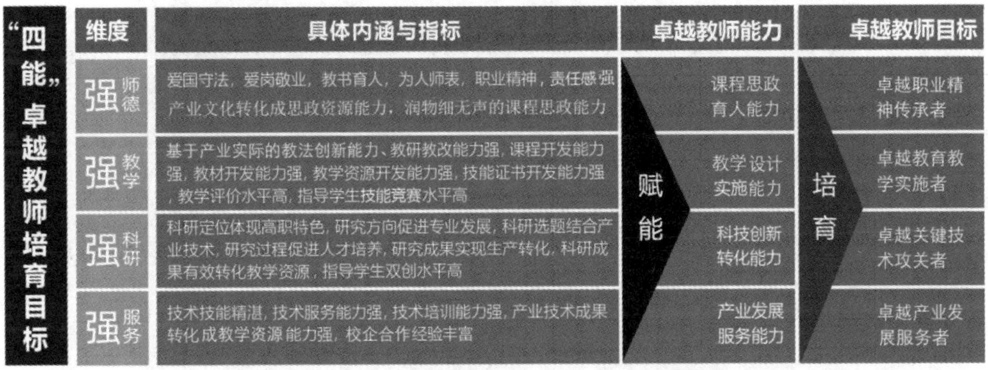

图 1 高职卓越教师能力标准与培育目标体系

（二）用好资源，搭建平台

充分利用专业拥有教育部协同创新中心、广东省工程中心和珠江学者、教学名师、技术能手的高端资源，搭建产教科融合平台，为提升教师能力提供平台支撑。

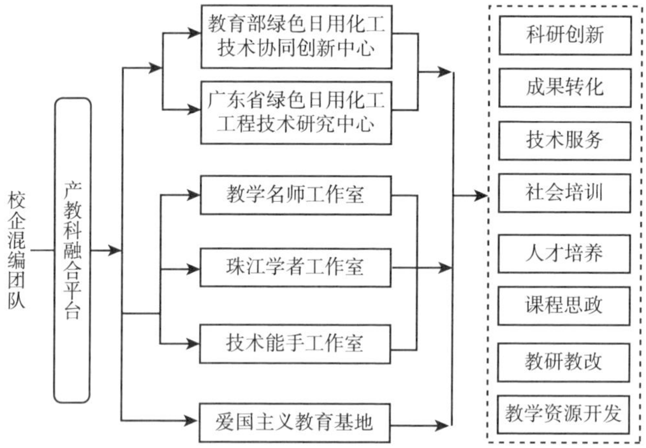

图 2　产教科融合平台

（三）理念导向，构筑路径

依托产教科融合平台，以“四强四能”协同发展理念为导向，构筑了卓越教师进阶培养路径及教师在实际教学科研工作中精准自我培养“四强四能”的行动路径模式。

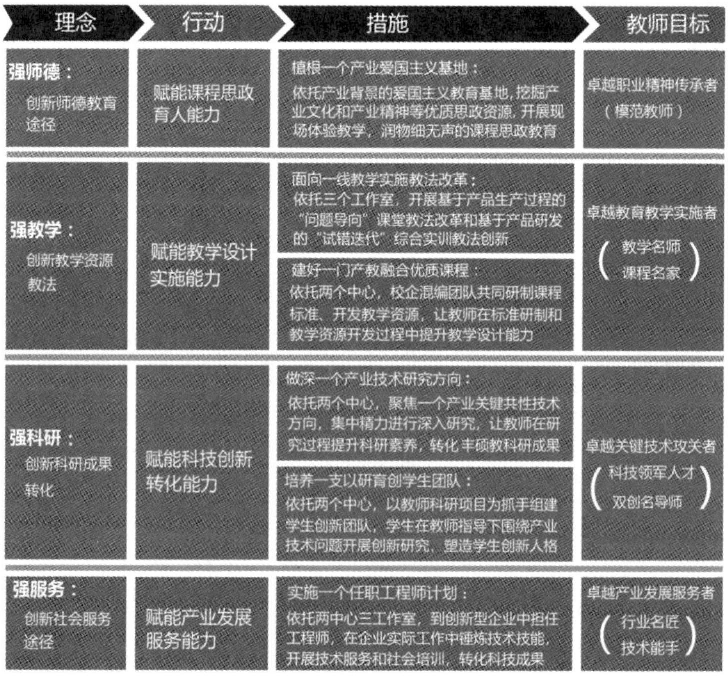

图 3　基于产教融合的卓越教师培育模式

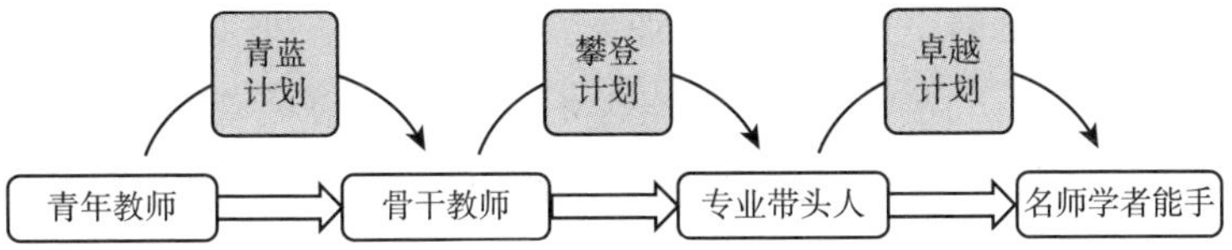

图 4　卓越教师进阶培养路径

（四）机制推动，追求卓越

学校重视卓越教师培养，有强大的组织和政策保障，有完善的激励制度，激发教师自觉追求卓越。

三、成果成效

“双高”建设期间，专业群通过卓越教师的培养，所获成效显著。专业群教师主持及主要参与国家级专业标准研制项目 10 项，专业群核心专业精细化工技术专业团队入选全国黄大年式教师团队和首批国家级职教教师教学创新团队，获得了国家“万人计划”领军人才 1 名、国家级教学名师 1 名、国务院特贴专家 1 名、珠江学者 2 名等省级以上教师发展成果 23 项。

案例 8：创自主诊改机制，促专业群可持续发展

【学校】 常州工程职业技术学院

针对应用化工专业群应对产业发展新挑战和新机遇，提出促进专业群发展的诊改机制，分别围绕适应产业发展需求、促进教师系统化发展、健全教学标准体系三个维度，提出了创新举措，取得了显著成效。

一、产业引领，建立专业适应产业发展需求的诊改机制

一是健全专业群运行机制，组建项目工作组，成立专业群建设理事会。专业群建设理事会先后认证人才培养方案 12 项，实训项目论证 16 项，开展学术交流 2 次，组织全国“1 + X”证书师资培训 1 次。依托专业发展平台和第三方评价，实施专业群诊断与改进，连续 2 年发布专业（群）年度质量报告。二是针对化工产业链新布局，创建了“一体两翼三支撑”对接模式，建立专业动态调整诊改机制，促进了教育链与产业链的深度融合。三是建立了“技术领引、政行企校联动”数字化迭代升级化工实训基地建设机制和“三进三转”实训基地运行机制。

二、人才为先，建立教师系统化发展的诊改机制

实施“135”教师发展工程，即落实团队师德建设第一标准，争做“四有”好老师。健全团队教师培养三大机制，即“一体两翼、师德贯穿、阶梯递进”的教师队伍培养机制、教师专业化发展的自我诊断与改进机制、教师工作的绩效考核激励

机制，促进教师自觉发展。实施教师专业发展五大计划，即实施高层次人才增长和专业名师培养计划、团队教师下厂实践轮训计划、教师新一代信息化技术应用能力提升计划、教师国外交流培训与进修计划、教科研创新团队培养计划，实现教师赋能创新。

三、质量为本，建立教学标准体系和诊改机制

建立“三阶段、三层面、四主体”专业群教学诊改机制，即，建立“标准编制—标准执行—培养成效”三阶段工作路径；借鉴 OBE 成果导向教育理念，基于专业—课程—课堂三层面目标贯通的原则，构建专业教学标准—课程标准—单元教学标准三级标准体系；明确专业群负责任人牵头制定群内各专业共享性标准，专业负责人牵头制定专业教学标准，课程负责人牵头制定课程标准，任课教师制定单元教学标准（单元教学设计）等四主体责任。通过以上举措，专业群主持教育部应用化工专业教学资源库升级改造项目 1 项，主持完成工业分析、化工生产技术两个领域学习成果认证单元开发，主持修订化工生产技术等教育部新专业目录和教学标准 4 项，入选教育部教师教学创新团队 1 支。

“双高计划”建设项目贡献度研究（2019～2021年度）

分报告

轻工纺织专业大类分报告

中国教育会计学会
中国教育会计学会高等职业院校分会

1．专业大类概况

轻工纺织专业大类立项建设专业群共计10个，涉及10所高等职业院校，其中“双高学校”5所，“双高专业群”学校5所。表1为立项建设单位及主要专业情况。从专业群类别看，囊括家具设计与制造、包装工程技术、包装策划与设计、服装设计与工艺、珠宝首饰技术与管理、鞋类设计与工艺、现代纺织技术、高分子材料加工技术8个不同类别专业群，其中服装设计与工艺专业群3个，位居大类第一；从档次等级看，覆盖高水平学校和高水平专业群A档、B档和C档，其中A档2所，B档6所，C档2所；从省域位置看，主要集中在东部沿海和华南地区，考虑产业布局因素，呈现地域分布不均现象，共有华北1所、华东5所、华南3所、西部1所。

表1　轻工纺织专业大类立项建设单位及专业具体情况

学校名称	档次	专业群名称	专业群包含专业	涉及院系数量
天津市职业大学	高水平学校建设单位（A档）	包装工程技术	包装工程技术、包装策划与设计、印刷媒体技术、数字图文信息技术	1
顺德职业技术学院	高水平学校建设单位（B档）	家具设计与制造	家具设计与制造、家具艺术设计、环境艺术设计、机电一体化技术工业机器人技术	2
杭州职业技术学院	高水平学校建设单位（B档）	服装设计与工艺	服装设计与工艺、针织技术与针织服装、艺术设计	1
广州番禺职业技术学院	高水平学校建设单位（B档）	珠宝首饰技术与管理	珠宝首饰技术与管理、宝玉石鉴定与加工、首饰设计与工艺	1
温州职业技术学院	高水平学校建设单位（C档）	鞋类设计与工艺	鞋类设计与工艺、服装与服饰设计、家具设计与制造、产品艺术设计、大数据技术与应用	2
山东科技职业学院	高水平专业群建设单位（A档）	服装设计与工艺	服装设计与工艺、现代纺织技术、服装与服饰设计、市场营销	1
江苏工程职业技术学院	高水平专业群建设单位（B档）	现代纺织技术	现代纺织技术、染整技术、服装设计与工艺、电子商务、工业机器人技术	3
黎明职业大学	高水平专业群建设单位（B档）	高分子材料加工技术	高分子材料加工技术、应用化工技术、服装设计与工艺、鞋类设计与工艺	2

续表

学校名称	档次	专业群名称	专业群包含专业	涉及院系数量
成都纺织高等专科学校	高水平专业群建设单位（B档）	服装设计与工艺	服装设计与工艺、高分子材料加工技术、现代纺织技术、纺织品检验与贸易	3
中山火炬职业技术学院	高水平专业群建设单位（C档）	包装策划与设计	包装策划与设计、印刷媒体技术、产品艺术设计、光电技术应用、药品生产技术	3

2. 资金投入情况

从五年总量看，轻工纺织大类专业群项目预算总额为94055万元，2019～2021年项目支出总额为61474.80万元，五年总体执行率为65.36%，除天津市职业大学包装工程技术专业群资金执行率103.63%存在明显异常外，其他专业群资金执行率均在50%～80%之间。再从纵向看，服装设计与工艺专业群3个，占大类数量最多，三年项目支出总额为19376.75万元，五年项目预算总额为29650万元，五年总体执行率65.35%，基本保持大类执行进度，极具典范效应。例如，杭州职业技术学院探索“四阶魔方”财务治理新模式，把握“大财务观”发展理念，树立“绩效引领”战略思路，实施“精细管理”建设目标，深度对接和全面推进业财融合，助推“业—财—效—控”一体化，助力专业群建设，该校服装设计与工艺专业群在投入和产出上都持于在大类较好水平（见表2）。

表2　轻工纺织专业大类各专业群资金执行情况

学校名称	档次	专业群名称	总预算（万元）	2019～2021年支出（万元）	执行率
天津市职业大学	高水平学校建设单位（A档）	包装工程技术	2405	2492.35	103.63%
顺德职业技术学院	高水平学校建设单位（B档）	家具设计与制造	5600	3366.98	60.12%
杭州职业技术学院	高水平学校建设单位（B档）	服装设计与工艺	7800	3968.91	50.88%
广州番禺职业技术学院	高水平学校建设单位（B档）	珠宝首饰技术与管理	10000	6171.19	61.71%

续表

学校名称	档次	专业群名称	总预算（万元）	2019～2021年支出（万元）	执行率
温州职业技术学院	高水平学校建设单位（C档）	鞋类设计与工艺	8600	5816.85	67.64%
山东科技职业学院	高水平专业群建设单位（A档）	服装设计与工艺	12000	8682.03	72.35%
江苏工程职业技术学院	高水平专业群建设单位（B档）	现代纺织技术	10000	5747.51	57.48%
黎明职业大学	高水平专业群建设单位（B档）	高分子材料加工技术	13800	7344.09	53.22%
成都纺织高等专科学校	高水平专业群建设单位（B档）	服装设计与工艺	9850	6725.81	68.28%
中山火炬职业技术学院	高水平专业群建设单位（C档）	包装策划与设计	14000	11159.07	79.71%
平均值			9405.5	6147.48	
总计			94055	61474.80	65.36%

从九大建设任务三年资金支出情况看，10个专业群重点聚焦实践教学基地建设任务，支出占比为42.56%，位居大类第一。国际交流与合作、可持续发展保障机制等建设任务明显滞后，支出占比分别为2.92%、1.77%。剔除疫情因素影响，明显存在建设投入和支出不均衡现象（见表3）。

表3　轻工纺织专业大类各建设任务支出占比情况

建设任务	2019－2021支出（万元）	资金支出占比
人才培养模式创新	3086.88	5.02%
课程教学资源建设	5864.64	9.54%
教材与教法改革	3001.98	4.88%
教师教学创新团队	4866.75	7.92%
实践教学基地	26160.96	42.56%
技术技能平台	12298.51	20.01%
社会服务	3303.49	5.37%
国际交流与合作	1793.98	2.92%
可持续发展保障机制	1086.35	1.77%
其他	11.26	0.02%
合计	61474.80	100.00%

3. 贡献度分析

轻工纺织大类专业群建设单位全面贯彻党的教育方针，坚持立德树人，健全全面发展的教育思想和人才培养体系，深化产教融合，打造了轻工纺织专业大类人才培养高地和技术服务高地，引领职业教育改革发展和人才培养，支撑国家战略和区域经济社会发展，形成一批有效支撑职业教育高质量发展的政策、制度和标准。

3.1 引领改革

“双高计划”引领职业教育改革发展和人才培养的贡献度，主要体现在价值引领、模式引领、制度引领和标准引领四个维度上。

3.1.1 价值引领

坚持党对职业教育工作的全面领导，将党建工作与学校事业发展同部署、同落实、同考评，构建以立德树人、全面发展为导向的人才培养体系和“双师”队伍协同发展的育人环境。

（1）坚持党建引领，构建“大思政”工作格局，把牢育人方向。

充分发挥“全国党建工作样板支部”引领作用，高位推动，示范带动，不断打造党建领航“双高”标杆。例如，成都纺织高等专科学校服装设计与工艺专业群打造“匠心”党建品牌，发挥全国党建工作样板支部引领作用，构建“纵向到基、横向到边”思政育人共同体，将纺织产业文化、纺织非遗特色文化与思政教育融合实施，服装设计与工艺专业成为省级课程思政示范专业，带动全省17所中职院校开展课程思政改革，助推建成首批国家级示范性职教集团——西南纺织服装职教联盟和首批省级现代产业学院。天津职业大学包装工程技术专业群发挥全国党建工作样板支部高位推动作用，将党的建设与事业深度融合，全面推进课程思政进人才培养方案、进课程标准、进教材内容、进课堂教学。

（2）坚持全面发展，构建复合型人才培养模式，提升育人绩效。

温州职业技术学院鞋类设计与工艺专业群构建时尚产品设计智造复合型人才培养模式，采用“产业面定基础、技能线定方向、岗位点定深度”课程体系，培养“具备创新创造能力、掌握智能新技术、适应个性化定制和数据化信息化网络化时代发展”的“设计工匠+”人才，增强企业与学生的粘合度，专业毕业生就业率、单位满意度等位居同类专业全省第一。江苏工程职业技术学院现代纺织技术专业群探索“串联生产链、并联价值链”以群育人模式，按照“纺织＋”的思路，“串联”纺织、服装、染整专业，“并联”价值链，融入智能制造、现代商贸，推动传统专业“升级”，强化新兴专业“特色”，创新张謇“学必期于用，用必适于地”的教育理念，对传统培养体系进行升级，培养适应“一岗多能、多岗迁移”的高端纺织复合型技术技能人才。

（3）坚持协同发展，以德师育师为核心，提优育人环境。

顺德职业技术学院建立了“学校＋二级学院”两级教师发展中心，开发“教育理念＋课程开发＋教材创编＋教学方法＋信息技术手段”的培训内容，以教师校本培训为突破点，破解“三教”改革难题，同时实施“尚贤”强师工程，推进职教师资标准体系和研修体系建设，2021 年全国高职院校教师教学发展指数排名第 15 位。广州番禺职业技术学院双师型教师比例为 92%，具有博士学位的专任教师比例从 8% 提升至 22%，专兼比例达 1∶1.24，获评广东省高职“优秀教学团队”。

3.1.2 模式引领

利用自身特色优势精准对接政府、行企需求，形成合作互补模式，通过人才培养、校企合作、现代学徒制、“三教”改革、“1＋X”证书制度等创新举措厚植专业群高质量发展，助推职业教育动力变革、效率变革、质量变革。

（1）人才培养模式创新，构创职业与产业适配新高度。

接合当地政产“地气”，不断探索人才培养创新“朝气”，赋能学生与企业、职业教育与产业发展适配新高度。部分专业群人才培养模式如表 4 所示。

表 4　轻工纺织大类部分专业群人才培养模式

类别	学校与专业群	内容
人才培养模式	天津市职业大学包装工程技术专业群	创新“多通道融合递进”人才培养模式，构建“平台课共享化、专业课模块化、卓越课多径化”专业群课程体系
	顺德职业技术学院家具设计与制造专业群	与产业“同生共长、协同发展”的设计类专业人才培养模式
	杭州职业技术学院服装设计与工艺专业群	创新实践基于“双线双融”的“小工坊大秀场”工匠型人才培养模式改革。（双线双融：“岗位基本能力”和“岗位拓展能力”实现双线并进，X 证书标准与专业课程内容实现课证融通）
	广州番禺职业技术学院珠宝首饰技术与管理专业群	形成“校企合作、多维互动、分段递进”的专创融合人才培养模式
	山东科技职业学院服装设计与工艺专业群	产教深度融合，创新“产学研结合、职场化育人”人才培养模式

续表

类别	学校与专业群	内容
人才培养模式	江苏工程职业技术学院现代纺织技术专业群	探索“串联生产链、并联价值链”的专业群育人模式
	黎明职业大学高分子材料加工技术专业群	形成“校企共导、角色递进”人才培养模式
	成都纺织高等专科学校服装设计与工艺专业群	创新“适产育人、标准融入、三师共育”人才培养模式
其他模式	天津市职业大学包装工程技术专业群	构建“企业出题、学校接题、教师解题、学生练题”立地式产教融合研发模式
	顺德职业技术学院家具设计与制造专业群	创建了“五位一体”毕业设计模式，将“毕业答辩、毕业展览、人才招聘会、成果转换、创新创业”有机融合，为增强高职人才培养适应性提供了新思路
	杭州职业技术学院服装设计与工艺专业群	校地合作共建龙渡湖国际时尚产业学院，创新“混合共建、委托共管、发展共赢”的混合所有制办学模式
	黎明职业大学高分子材料加工技术专业群	契合“原材料加工—产品设计—智能生产—鞋服终端”产业链，形成并推广“以链建群、以群强院”模式

（2）校企合作机制创新，构聚产教融合育人新生态。

定位人才培养模式，深度对接企业需求，主动开展合作，推动建设一批具有辐射引领作用的高水平专业化实训基地，以校企协同发展构聚产教融合育人新生态。例如，杭州职业技术学院服装设计与工艺专业群行企校协同共建共享国家级生产性实训基地，共建3D数字建模研发中心等4个产教融合实训基地，8位常驻校内企业师傅与校内专任教师组成校企“双导师”团队，带领学生开展高级女装定制、时尚产品研发、针织花型组织开发、一线成衣技术开发等项目教学，并联合龙头企业、产业聚集区、地方政府共建“厂中校”校外实训基地，实施“开放共享、双赢共管”的市场化运行管理机制，与企业共建毛衫开发、“全成型”针织新技术、丝绸文创研发等实训基地，企业提供学徒制培养的协同平台，打造生产性实训“车间”，采取“基地+项目+产品”合作模式，多功能、创造性培养技术技能人才。

（3）现代学徒制路径创新，构建双主体育人新模式。

契合校地特点，不断探索现代学徒制培养新路径，创新具有中国特色的双主体育人新模式，形成一批可复制可推广共育服务地方建设的典型案例。例如，黎明职业大学推进现代学徒制和福建省“二元制”人才培养，完善“二元”主导现代学徒制管理制度体系，“二元”主导现代学徒制培养学生占比为21.61%，通过国家级和省级现代学徒制试点验收。同时，借鉴现代学徒制和福建版“二元制”成果，创新海外版“校企二元”协同育人模式，采取“2.5年在境内企业二元育人+0.5年海外基地实习就业”的模式，落实毕业生海外就业，为区域企业的海外公司输送高素质技术技能人才24名。

(4)“三教”改革系统创新，构绘“三全育人”新蓝图。

在“三教”改革的闭环系统中，以课程建设为统领，统筹规划，整体创新，赋能教师、升级教材、激活教法，致使目标更明确、方向更正确、模式更准确，不断挖掘新的育人元素，赋予“三全育人”新内涵，绘就职业教育新蓝图。例如，中山火炬职业技术学院针对专任教师企业实践能力不足、课程内容陈旧等问题，实施“探珠入海、嵌珠入课、炼珠入教”模式的“三教”改革，制定并落实《教师“深海探珠”多维度实践锻炼体系建设方案》，鼓励教师下沉企业一线“深海”，探取专业建设“珍珠”，将新标准、新工艺、新技术引入教材和课程，开发了一系列国家专业教学标准、技术标准、规划教材、专业教学资源库课程和“1+X”证书试点，打造了西湾产业集群高端技能人才培养高地。

(5)“1+X”证书制度创新，构设复合人才新明天。

将“1+X”证书制度融入人才培养模式和课程体系，将专业教学标准与职业技能等级标准精准对接，实现课证融通，助推学生从“就业导向”迈向“产业需求导向”，极大缓解结构性就业矛盾。例如，山东科技职业学院基于可持续发展和就业能力培养，聚焦时尚创意设计、新型面料设计、服装智造、品牌营销等岗位任职要求，遵循“平台共享、素质贯穿、能力递进、个性发展”原则，融入纺织面料开发等5个“1+X”职业等级证书标准，构建“通识平台+岗位基本能力平台+岗位核心能力模块+职业拓展能力模块”课程体系。杭州职业技术学院服装设计与工艺专业群对接“1+X”证书标准开发培训教材2套，对接“1+X”证书制度，重构“岗课赛证创”五位一体课程体系，按照“宽基础、精技能、重复合”原则，开发专业群共享课程，对接时尚女装产业面料设计开发模块化课程，激发学生群内选课兴趣，培养学生不同专业方向的岗位技能，个性化培养学生“立地式”研发能力。

3.1.3 制度引领

着眼于职业教育机制的构建与完善，力求通过构建科学的制度体系实现更高层次资源整合。

(1) 建立普职融通制度，搭建学生成才“立交桥”。

成都纺织高等专科学校服装设计与工艺专业群首批探索纺织服装职业教育“中、高、本”一体化贯通培养模式，制定国家职业教育2020年专业目录，推动纺织服装类专业“中、高、本”纵向贯通培养，牵头制定四川省轻纺大类中职对口单招政策、考试章程，2020 年协助四川省教育厅完成第二个阶段“高职、本科、企业”三方联办职教本科的政策制定。

（2）出台产教融合政策，促进政行企校协同共建。

广州番禺职业技术学院珠宝首饰技术与管理专业群推动市、区两级政府联动出台专项和产教融合政策，支持珠宝首饰技术与管理专业群高质量发展，助推广州市人民政府出台《关于推进“双高计划”建设的实施意见》，从人事薪酬制度、科研管理权限、产教融合校企合作、经费保障等方面提出政策倾斜支持；助推广州市番禺区珠宝产业发展领导小组关于印发《番禺区关于把握国内国际双循环战略促进珠宝产业高质量发展的工作方案的通知》，明确坚持产教融合、校企合作，推动钻石“产学研”一体化，培养了一批创意、研发、设计、加工、营销、金融等钻石产业国际化人才，并明确市教育局、番禺区政府为主要责任单位。

（3）完善升学与就业制度，打通学徒职业发展通道。

中山火炬职业技术学院包装策划与设计专业群帮助企业建立“岗位认证标准”，细分包装产业技术领域，针对智能胶印机长等岗位，基于典型工作任务，构建分级制的岗位标准和职业能力标准，开发学徒培养课程体系，学徒所学即所需，在定岗增值阶段，联合行业协会三方共同实施认证考核，精准评价学徒，定级定薪，打通学徒职业发展通道。

3.1.4 标准引领

参与国家级教育专业标准、行业标准、课程标准、职业技能等级证书标准等，起到了一定的引领作用。部分学校参与标准制定情况如表 5 所示。

表 5　　轻工纺织大类部分专业群参与标准制定情况

学校与专业群	内容
天津市职业大学包装工程技术专业群	主持研制 3 个专业目录、简介和教学标准；参与完成 7 项行业标准制定工作，规范行业生产工艺，提升行业标准化水平
顺德职业技术学院家具设计与制造专业群	牵头制定国家专业教学标准 2 项、行业标准 13 项
杭州职业技术学院服装设计与工艺专业群	主持和参与制订教育部专业教学标准、国家技能等级标准、“1 + X”职业技能标准等 4 项
广州番禺职业技术学院珠宝首饰技术与管理专业群	牵头“珠宝首饰技术与管理”专业简介和教学标准的修（制）订工作。与广东省黄金协会等合作，制定《贵金属合金颜色测试及表示方法》等 2 项团体标准
山东科技职业学院服装设计与工艺专业群	开发 3 个国家专业教学标准，参与研制纺织面料开发等 2 个职业技能等级证书标准

续表

学校与专业群	内容
江苏工程职业技术学院现代纺织技术专业群	组织了纺织服装中高职、本科层次 24 个专业简介和专业标准的制（修）订，牵头制定了高职《现代纺织技术》《家用纺织品设计》两个国家专业教学标准
黎明职业大学高分子材料加工技术专业群	参编复合材料智能制造技术、纺织材料与应用等 5 个专业教学标准。参与制定“皮革物理和机械试验伸长率的测定（GB/T 39372－2020）”等 3 项国家级标准、“鞋垫压合机（QB/T 5766－2022）”等 2 项行业标准
成都纺织高等专科学校服装设计与工艺专业群	主持教育部纺织服装类“中、高、本”一体化专业目录修订，主持 4 个、参与 6 个国家教学标准制定，参与 2 个技能标准制定
中山火炬职业技术学院包装策划与设计专业群	研制 2 个国家技术标准、2 个行业标准、3 个地方团体标准，开发 2 个国家专业教学标准

3.2 支撑发展

瞄准产业需求，坚持扎根地方，多元打造产教融合平台和技术创新平台，协同培养技术创新服务团队，积极服务国家发展战略和区域经济高质量发展。

3.2.1 服务国家战略

以城市底色、学校亮色、专业特色，立足“成为中国服装产业数字化、网络化、智能化发展新基石”，促进我国服装行业数智化转型升级，加快推进纺织强国建设，服务国家“一带一路”倡议以及乡村振兴、科教兴国、创新驱动等重大战略。

（1）加强国际交流，打造职教联盟，助推“一带一路”建设。

江苏工程职业技术学院现代纺织技术专业群服务“一带一路”倡议，牵头成立“国际纺织服装职业教育联盟”“国际防染艺术家联盟”，搭建国际合作交流平台，先后为肯尼亚、柬埔寨开展纺织服装师资培训和员工培训。山东科技职业学院服装设计与工艺专业群牵头组建“一带一路”纺织服装职教联盟，建成中非国际学院，推进“鲁班工坊”项目落地，承接“汉语桥”项目。

（2）加强乡村培训，打造乡村文旅产业，助推乡村经济振兴。

成都纺织高等专科学校承办文旅部“中国非物质文化遗产传承人群研修研习培训计划”，培养 100 余名传承人，部分传承人返乡就业成为地方脱贫带头人，培养的彝绣传承人乔进双梅入选“全国脱贫攻坚先进个人”，与地方政府共建 14 个手工合作社，培养 10 余名致富能手，帮扶色达县牦牛绒产业、马边彝族自治县彝绣产业发展，作为成都市蜀绣居家灵活就业示范基地，带动了当地5000余人居家灵活就业。顺德职业技术学院开创“一人学厨，全家脱贫”模式，推出“帮扶食材＋顺德厨艺”服务“乡村振兴”，将广东雷州、四川凉山、贵州黔东南等地地理标志产品与顺德厨艺结合，推动乡村振兴，其扶贫模式被中央电视台、《人民日报》等几十家主流媒体广泛报道。

（3）加强人才培养，打造名师队伍，助推科教兴国战略。

山东科技职业学院服装设计与工艺专业群实施“齐鲁工匠后备人才”培养培育工程，将工匠精神培育融入职业教育，坚持“匠心”“匠技”并重，紧密对接行业内知名学者，聘请“能工巧匠”指导专业群建设，开设工匠大讲堂，引导和激励学生敬业专注、精益求精、追求卓越，并指导学生制定职业生涯规划，引导学生树立“技能成才、强国有我”职业理想。天津职业大学包装工程技术专业群带头人郝晓秀教授和专业群领军人才袁汝海共同牵头，联合各专业带头人、校内教师和企业骨干，打造结构化教学团队，以大师传技，培育能工“小”匠，获评全国包装职业教育教师教学创新团队。

（4）加强创新驱动，打造产教融合平台，助推区域产业升级。

广州番禺职业技术学院珠宝首饰技术与管理专业群通过技术创新、技术研发为行业企业解决技术工艺难题，助推粤港澳大湾区珠宝产业转型升级。成都纺织高等专科学校服装设计与工艺专业群依托产业园区，围绕功能性服装产业链，与华为、中软国际、丝丽雅等企业打造“三平台两中心”（纤维材料创新平台、服装设计研发平台、纺织非遗传承平台、纺织服装智能制造协同创新中心、纺织服装大数据分析中心），实施“三链合一”技术创新服务，为企业提供功能性纤维产品中试和技术服务30项，开发500KV等电位作业服、牦牛绒等产品34项，成果转化32个，技术服务经费达666.166万元，形成牦牛绒产值近400万元。

3.2.2 服务区域经济社会发展

精准调研行企需求，深度融入区域产业链与创新链，校企协同开展技术攻关，加强技术服务供给，服务区域经济结构调整和产业转型升级。

（1）对接区域产业，创新产教融合模式。

天津市职业大学包装工程技术专业群对接区域产业，构建“企业出题、学校接题、教师解题、学生练题”立地式产教融合研发模式，16名科技特派员为企业服务35次，攻克生产技术难题38项，为企业带来经济效益3631.2万元。杭州职业技术学院服装设计与工艺专业群创建“一体两院”新模式，与达利集团共建达利女装学院校企共同体和浙江省高品质丝绸研究院；与海宁市许村镇政府、海宁家用纺织品行业协会、海宁职业高级中学共建“龙渡湖国际时尚产业学院”，创新形成“一体两院”新模式，以人才培养、技术服务、社会培训“三供给”助力杭州女装产业高质量发展，持续为企业输出高质量人才。温州职业技术学院鞋类设计与工艺专业群深度融入区域产业链与创新链，立足“设计工匠＋”培养目标，依托全国鞋服饰品产教融合联盟，校企联合打造“育人共同体”，以订单班定向培养、暑期实践、顶岗实习等形式，增强企业与学生的粘合度，学生留温率高达70.86%。

（2）强化技术服务，建设技术创新平台。

山东科技职业学院服装设计与工艺专业群发挥山东省高校黄大年式教师团队作用，联合中国纺织工业联合会、中国纺织工程学会、山东省纺织服装行业协会、青岛大学国家重点实验室等单位及鲁泰纺织、孚日家纺等龙头企业，建设产学研用四方合作的纺织服装应用技术协同创新中心。江苏工程职业技术学院现代纺织技术专业群开展中小微企业技术转移服务，助力乡镇企业迈向高端，中心将超高分子量聚乙烯高性能短纤纺纱技术进行转化，开发出防割手套、冰感棉型凉席、高强抗菌除藻渔网纱等产品，累计新增产值2.8亿元，新增利润3500万元。

（3）开展技术攻关，助推企业转型升级。

杭州职业技术学院服装设计与工艺专业群强化技术服务供给，校企协同开展技术攻关，以女装产品研发、新技术研究助推女装企业转型升级，完成技术研发任务2275项，提供版型及纹样技术数据等6800条，研发从“多版修改”到“一版成型”，节省人工与材料成本约80%，研发效率提升300%以上，师生研发及技术改进项目带动企业产生经济效益2000万元。江苏工程职业技术学院现代纺织技术专业群建设全国首个数字化纺纱车间，助力百年企业焕发生机，利用自身优势，历经3年联合攻关，总投资1.6亿元，建成全国首个数字化纺纱车间，综合能源耗下降15%以上，年可节约用水2.2万吨，车间装备数控化率大于90%，万锭用工为普通车间的1/3，生产效率提升10%左右。

3.3　推动形成一批支撑职业教育高质量发展的政策、制度和标准

始终秉持“以服务求发展，积极筹措社会资源”理念，向外借力，不断增强自我造血功能，积极探索自身特色“双高”之路。在内挖潜力、向外延展的过程中，形成了一批支撑职业教育高质量发展的政策、制度和标准，覆盖省域治理、行业企业、校地合作、学校建设、专业教学、师资团队、实践基地、职业技能等方面，极大促进政行企校协同发展。

3.3.1 依托国家政策，助推职教政策迭代更新

乘职业教育利好政策东风，立足教育强国新发展阶段，不断参与省市重大政策迭代更新，吹响职教强省强市号角。例如，成都纺织高等专科学校协同芦山、屏山等地方政府编写地方产业规划，制定四川省职业教育教学指导委员会方案和四川省中职院校职称评审改革制度蓝本，深度参与《四川省职业教育改革实施方案》《四川省“双高计划”建设方案》《四川省职教本科试点方案》等6项政策制定，对四川省职业教育教学改革的资政建议纳入罗强副省长在“2021年四川省职教大会”上的讲话内容。

3.3.2 赋能地方发展，助推制度实践新范式

政校合作、结对共建、协同发力已成职教赋能地方经济发展的主流，在蹚出高质量发展新路上，形成具有鲜活实践样本的制度新范式。例如，顺德职业技术学院创新制定了《专业群+公司管理办法》《资产管理公司运行管理办法》《基金会管理章程》等校企合作系列制度，建立健全了高水平专业群组建、运行、管理、评价等系列制度，形成了基于专业群的高职教育管理制度体系。

3.3.3 适应职教发展，助推专业教学标准制定

牵头主持或参与了国家专业教学标准制定，推动适应产业转型升级的人才培养标准体系建设，充分发挥规范引领作用。例如，成都纺织高等专科学校服装设计与工艺专业群和天津职业大学包装工程技术专业群根据业态或岗位需求，参与修订了本专业的《职业教育专业目录》，对接“十四五”规划，适应经济社会发展新变化，提高职业教育适应性，以系统思维推进专业升级与数字化改造。

3.3.4 紧贴行业需求，助推国家职业技能等级标准开发

服务区域重点产业和技术技能人才培养，在行业标准、职业技能标准方面贡献智慧和力量。例如，中山火炬职业技术学院包装策划与设计专业群受中国包装联合会委托，制定了“包装工程师”“平版印刷机长”2个行业职业技能培训标准，为中荣印刷集团机台人员开展培训400多人/次，形成岗位群的立体认证和校企行多维共用的标准体系，为从业人员提供成长路径。黎明职业大学高分子材料加工技术专业群参与制定“皮革物理和机械试验伸长率的测定（GB/T 39372－2020）”等3项国家级标准、“鞋垫压合机（QB/T 5766－2022）”等2项行业标准。广州番禺职业

技术学院珠宝首饰技术与管理专业群与广东省黄金协会等合作，制定《贵金属合金颜色测试及表示方法》等2项团体标准。

4. 典型案例

4.1 引领改革

案例1：产教融合，四阶递进，构建专业群课程体系

【学校】天津市职业大学

为满足包装印刷行业数字化、智能化发展对高素质复合型技术技能人才的需求，基于成果导向，面向职业核心能力，创新“多通道融合递进”人才培养模式，构建“平台课共享化、专业课模块化、卓越课多径化”的专业群课程体系。根据应具备的共享专业知识和典型职业岗位能力要求，突出职业技能训练、技能竞赛、技术创新三个方面，实现人才供给与行业企业需求高效、精准对接，增强学生社会适应性，满足学生多元化发展需求。

图1 包装工程技术专业群课程体系

一、重视文化素养培养，完善通识课程

通识课模块在思政课、公共基础课的基础上增加素养课。素养类课根据德智体美劳全面发展的育人目标，提供“环境保护、人工智能、艺术修养、劳动素质”等

全校通用模块供学生选择。同时又兼顾专业群特点，将绿色包装、环保印刷、中国传统美学设计思想、运输包装中具备的国际化标准素养等职业素养融入课程教学案例开发中，让通识课程与专业课程得到有效衔接。

二、按岗位核心能力相关性原则，建设平台课程

根据包装印刷工作岗位需求对于图形、图像、色彩需要具备的基础要求和通用技能需要，开设图形设计、图像设计、色彩技术、包装印刷概论等平台共享课。平台共享课不仅开发如文字设计、图像阶调处理、色彩检测等通用教学及实训项目，同时又兼顾后续专业课程学习，增设如版式图形设计、包装图像处理等专业特色教学项目，实现平台课资源共享。

三、依据包装行业典型三环节，完善专业课程

面向包装行业，专业群内四个专业服务于包装行业设计、生产、检测三环节，共设置七个模块，即包装创意设计、包装结构设计、数字图文设计、包装工艺、数字印刷与色彩控制、包装检测和印刷生产与质量检测。每个模块由若干课程支撑，部分课程共享互通，学生享有更多的选择权，有利于个性化发展，提升学生行业内多岗位迁移能力。

四、多通道扩展，建设卓越课程

卓越课模块为学生搭建多种学习通道，包括高阶课程、技能竞赛、科研创新、卓越企业实践课、职业技能证书等五个学习模块。在完成高阶课程模块学习的同时，学生可以根据学习兴趣，按照技能比赛级别和获奖情况、科研创新项目成果、企业培训学时和考核结果以及职业技能取证情况，获得其他模块学时和学分。

通过三年建设，专业群人才培养模式和课程体系改革取得了很好实效，《基于成果导向的包装类专业课程体系改革研究与实践》获2019年包装行业职业教育教学成果一等奖；《深度产教融合的高职印刷数字图文技术专业人才培养模式研究与实践》和《以职业核心能力为导向的专业核心课程改革研究与实践》分别获2021年包装行业职业教育教学成果二等奖。

案例2：构建全景式教学大数据中心，打造“三教”改革新引擎

【学校】江苏工程职业技术学院

近年来，学校以中国特色高水平高职院校建设为契机，大力推进职业教育数字化改革，投资2000万元，推进教学资源数字化、教学形态数字化、教学管理数字化。目前已初步实现智慧教室全覆盖，通过智慧教学平台全员使用，构建了全景式

教学大数据中心，形成数据赋能“三教”改革的新引擎。

一、项目实施

完成437间教室智慧化改造，实现出勤率、抬头率、点头率三率采集，讨论、点答等行为和文本、语音、PPT、板书等数据量全程采集，积累形成教学大数据。此外，引进新生入学智能化分析系统、校友邦顶岗实习大脑，初步形成了录取入学、在校学习、岗位实习三段全程大数据。

图1　学校构建全流程教学大数据中心

二、实施成效

1. 智慧教学——帮助教师做到精准学情分析

图2　课堂三率实时采集，教师通过三率谷峰、谷底分析学情

基于人工智能图像识别和姿态识别技术，对课堂出勤率、抬头率、点头率无感采集与分析，教师可根据三率分析学情，有针对性地调整教学目标、策略、设计与评价。

2. 智慧督导——发现优秀教师与需要支持的教师

管理者可从看板中实时查看教与学情况，包括师生出勤、缺勤和课堂互动、资源沉积等情况，打开教学质量“黑匣子”。

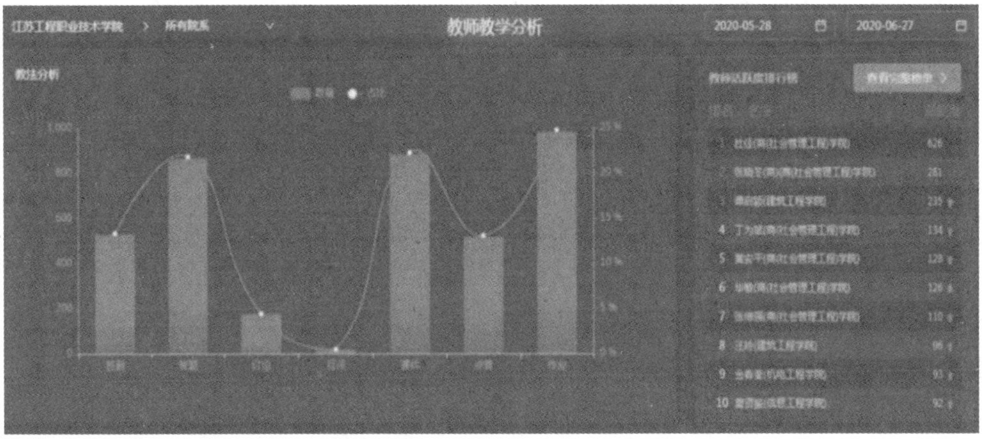

图 3　依托教学云平台对课堂三率和教学互动自动排名

3. 智慧学工——全面了解学习状态并及时反馈

为学工思政教师提供思政桌面，专业教师与学工思政教师共享学生信息数据，及时了解学生动态，做到全覆盖、早发现、早处置。

4. 智慧后勤——教室一键管控与保修

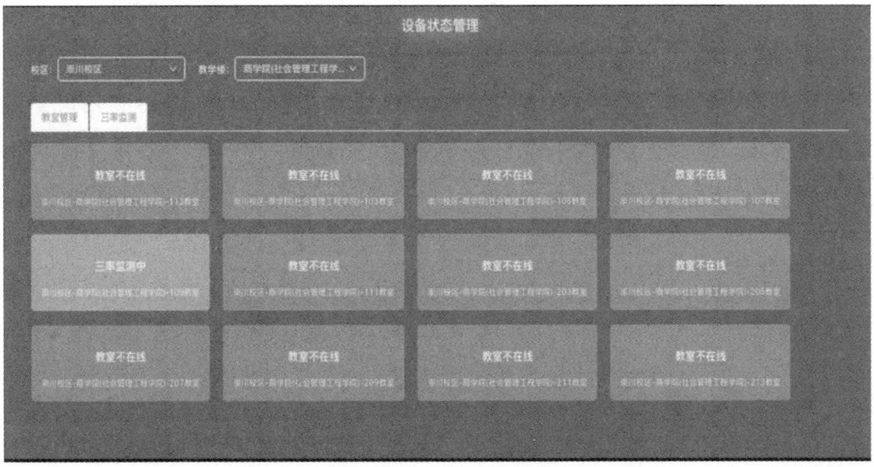

图 4　智慧后勤管理看板及智慧教室在线报修

通过网络对教室设备和环境进行深度管理，包括对教室设备的操作日志、设备的状态、教室环境进行远程控制，实现对设备统一控制和数据收集，为设备统一管理和科学决策提供有力保障。在老师使用过程中，随时可以发现问题报修。

三、成果影响

1. 全国信息化教指委在我校召开现场观摩会。全国信息化教指委在我校举办金课坊智慧教室交流会，王均铭主任出席会议，全国100所院校的208位教师观摩研讨了金课坊智慧教学。

2. 在“职教强国·江苏强音”高峰论坛宣讲。在学习强国平台主办的江苏职教发展高峰论坛上做题为《构建全景式大数据中心，打造三教改革新引擎》的报告。

3. 入选全国高职高专校长联席会议典型案例。“构建全景式教学大数据中心，打造‘三教’改革新引擎”案例入选全国高职高专校长联席会议。

4. 入选全国教学工作诊断改进年度典型案例。“依托智慧教室开展课堂教学质量诊断与改进的江苏工院实践”入选2020年全国诊改典型案例。

5. 在中国纺织服装教育学会理事会会议宣讲。以“建设智慧教室，打造卓越课堂”为主题，在学会理事会、江苏省教研年会上宣讲。

案例3：业态催生机制 工分转换学分——高端纺织复合型技术技能人才培养的创新与实践

【学校】江苏工程职业技术学院

南通，中国纺织之乡，坐拥全球第三、中国最大的叠石桥国际家纺城。2015年，南通在全国率先提出“高端纺织”产业发展规划，直指传统纺织服装业的数字化转型、智能化改造、柔性化定制。同年，现代纺织技术专业入选江苏省A类品牌专业建设计划，省财政资助1400万元，学校紧紧抓住这一专业升级的难得契机，针对学生在“数转、智改、定制”新业态下暴露出的胜任力、迁移力、发展力不足的问题，创新张謇“学必期于用，用必适于地”的教育理念，借助江苏省高水平高职院校、“现代纺织技术”中国特色高水平专业群建设项目，开始对传统培养体系进行升级，以培养适应“一岗多能、多岗迁移”的高端纺织复合型技术技能人才。

一、构建“艺、智、商、创”融合的渐进融合式课程体系

按照“串联”纺织、染整、服装、家纺生产链，“并联”智能制造、数字电商价值链的专业组群逻辑，建立了纺织工艺、智能生产、电子商务、创新创业“基层结合、中层组合、高层融合”的课程体系：在第1～2学期，即课程体系基层设立《纺织生产》《智能制造》《电子商务》等平台课程；在第3～4学期，除设置专业核心课程外，开发了《纺纱智能化开发》《面料智能化生产》等中层组合的学期研学项目；在第5学期，开发实施了《纺织产品数字化开发与跨境电商》《服装数字化开发与新媒体营销》。

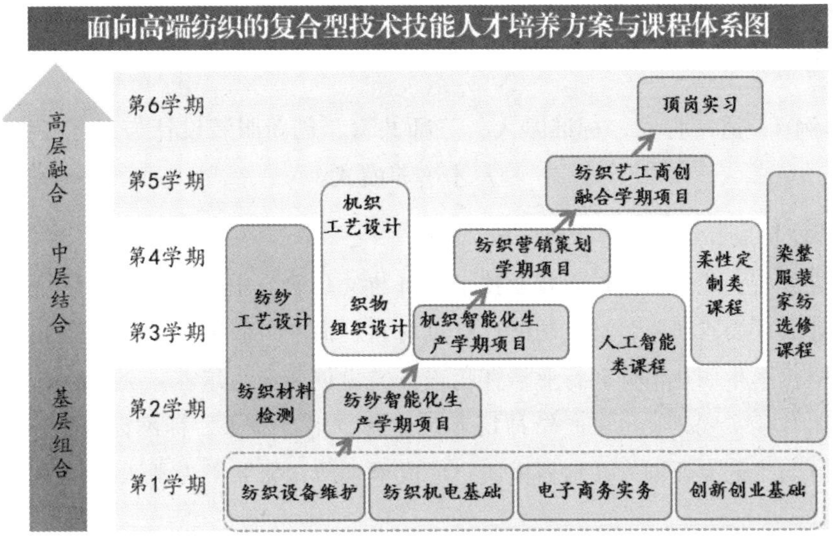

图 1　渐进融合式课程体系

二、搭建“四融合、四共享”的科教融合型教学平台

依托江苏省先进纺织工程技术中心，整合江苏省高端纺织产教深度融合平台等 8 个创新平台，建立 25 个校内教授、博士、技能大师工作，在盛虹集团等 18 家研发型企业建立 12 家驻企服务工作站。立足工作室研学项目，探索校企“四共享”下的“四融合”人才培养模式，即校企人才共享、设备共享、技术共享、成果共享“四共享”，研发项目与双创载体、研发人员与师生、研发过程与教学过程、研发成果与双创成果“四融合”，解决科技创新与人才培养脱节问题。

三、探索了“积分换学分”的评价方式

以成果为导向，制订积分认定标准，对学生的项目参与度、贡献度进行“工分”认定，并积累转换为学分，对学生成长进行综合评价，提高学生参与项目研发的积极性，培养学生的创新创业能力。

经过 7 年的探索与实践，教学改革取得了显著的人才培养成效。调研发现，近四年企业对毕业生满意度增长 16.6%，专业对口率提高 11.7%。22 名学生获得全国服装职业技能大赛一等奖，25 名学生获中国纺织工业联合会“纺织之光”学生奖，21 名学生获“全国纺织技能标兵”称号，居全国高职纺织类院校首位。成果获全国纺织行业技能人才培养突出贡献奖，入选中国高校产学研合作人才培养十大推荐案例和优秀案例，中央电视台以及《中国日报》《新华日报》《中国纺织报》等媒体进行了报道。以“金字塔课程体系构建、科教融合型平台搭建、评价积分转换创建”为创新点，与江苏联发集团共同申报的“面向高端纺织新业

态，高职复合型技术技能人才的探索与实践”教学成果荣获2021年江苏省教学成果一等奖。

案例4：适产育人，标准融入，三师共育，创新服装设计与工艺专业群人才培养模式

【学校】成都纺织高等专科学校

研究先行，成立西南纺织行业技术经济与文化研究中心，开展功能性纺织服装高端产业人才需求研究，适应功能性纤维材料、面料、服装开发全产业链人才培养需求，突出学生职业信仰和行业情怀培养，突出创新能力培养，突出跨专业知识储备和技术技能实践，突出工匠精神培养，创新“适产育人、标准融入、三师共育”服装设计与工艺专业群人才培养模式，形成增强纺织服装类专业人才培养适应性的新方法。

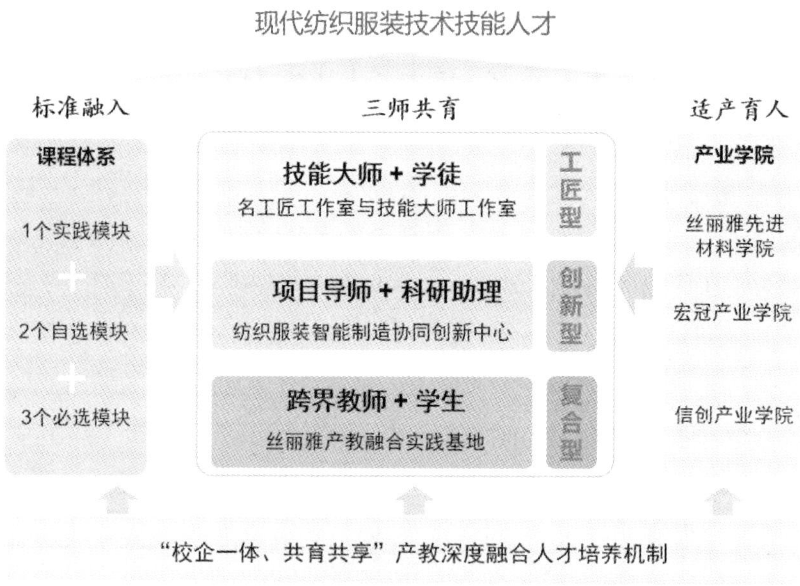

图1 “适产育人 标准融入 三师共育”人才培养模式

一、适产育人，提出“文化铸魂、跨界多能、创新赋能”人才培养理念

适应纺织服装产业国际化发展和高端转型升级的需求，聚焦功能性纤维材料、功能性纤维面料、功能性服装开发，提出“文化铸魂、跨界多能、创新赋能”人才培养理念。

在这一培养理念指导下，依托西南纺织服装职教联盟，面向行业30家代表型企业、10所高职院校、2000余名学生展开调研，归纳梳理人才需求与培养现状，提出了创新型、复合型、工匠型三类技术技能人才培养目标。

图 2　屏山纺织产业园、等地开展人才需求调研

二、标准融入，构建“三个必选 + 二个自选 + 一个实践”专业群课程体系

围绕培养目标，融入服装制版师、工艺师等岗位群标准，世界技能大赛时装技术项目、全国职业院校服装制版与工艺技能大赛等赛项标准，以及服装陈设设计、WEB 前端开发等 1 + X 职业技能等级证书标准，对服装设计与工艺专业群的专业基础课程、核心课程、拓展课程进行整合、重构，开设《中华优秀传统文化作品赏析》课程，构建“三个必选（专业群共享课程模块 + 专业核心能力课程模块 + 跨专业拓展模块）+ 二个自选（专精能力课程自选模块 + 二课堂综合素质模块）+ 一个实践（企业岗位实践模块）”的课程体系，实现“平台共享、素质贯穿、能力递进、个性发展”。

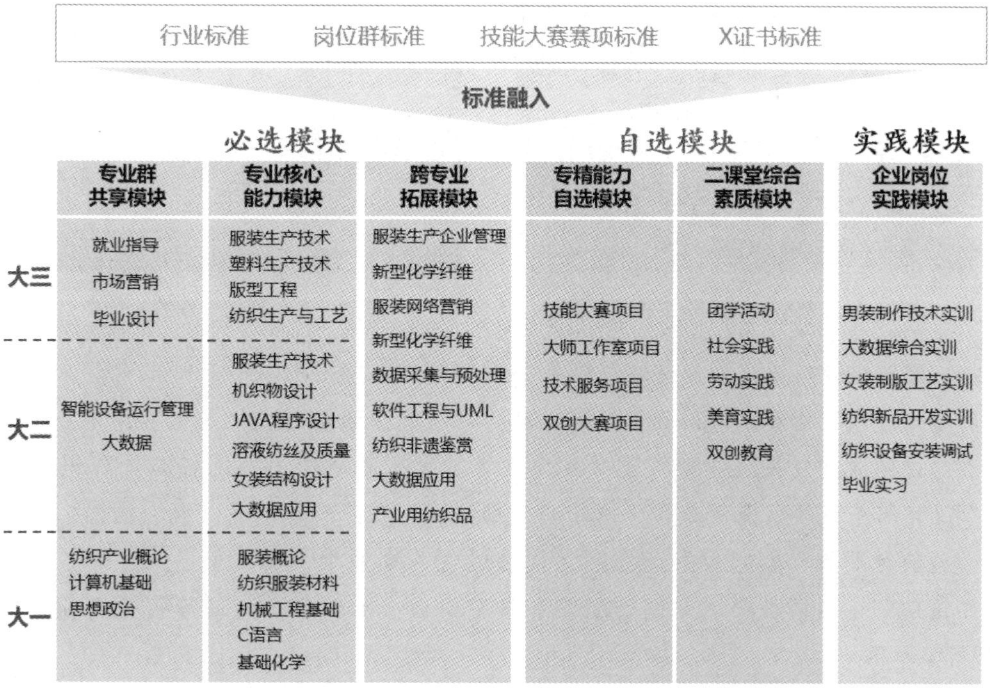

图 3　标准融入，“必选 + 自选 + 实践”专业群课程体系

三、三师共育，形成“导师＋科研助理”“跨界教师＋学生”“大师＋学徒”的人才培养方法

建设纺织服装智能制造协同创新中心，引进丝素蛋白基新型功能材料、竹纤维复合纺织新材料等技术创新项目，采用“导师＋科研助理”的方式，培养创新型人才。

建设丝丽雅产教融合实践基地，开展功能性纤维材料小试、中试生产实训，采用“跨界教师＋学生”，培养复合型人才。

建设际华3536周国培名工匠工作室和谢宗体技能大师工作室，引进职业装智慧生产工艺和男装高级定制等制版与工艺项目，培养工匠型人才。

四、三院并驱，健全“校企一体、共育共享”的产教深度融合人才培养机制

与宜宾丝丽雅集团有限公司共建丝丽雅先进材料学院，与成都西澳贸易有限公司成立西澳商学院，携手华为、中软国际打造信创产业学院。

三个产业学院均建立组织机构，探索理事会领导下的院长负责制，实施人才校企双元共育、师资队伍校企双向共培，实现校企一体、产教同频共振。

图4　丝丽雅先进材料学院签约仪式

图5　信创产业学院签约仪式

服装设计与工艺专业群通过创新“适产育人、标准融入、三师共育”人才培养模式，人才培养质量得到了显著提升。近年，获四川省教学成果奖4项，学生获全国职业院校技能竞赛国奖2项，省级教育行政单位主办的各类竞赛奖项77项，培养全国技术能手2名，培养“成都工匠”7名，培养了以恒力集团工程师莫游建和柒牌集团党委书记周利为代表的优秀毕业生，高质量的人才培养获得中国纺织工业联合会、全国纺织服装教育学会、七匹狼、柒牌等行业企业高度认可。

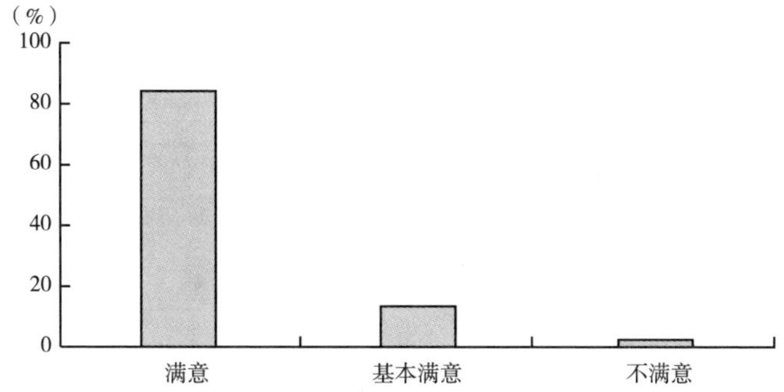

图 6　2021 年用人单位对毕业生的满意度

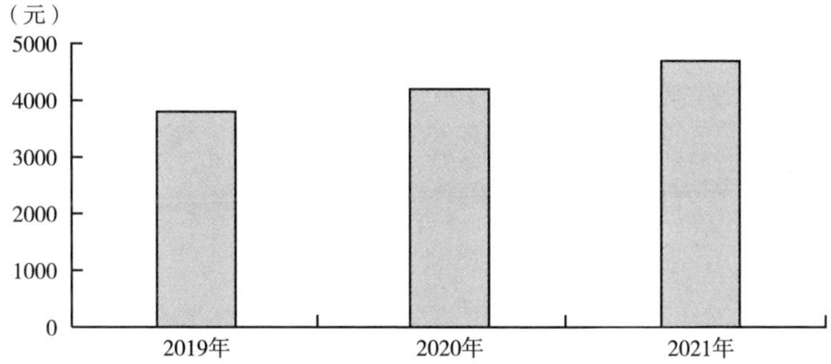

图 7　近三年毕业生平均起薪

案例 5：小工坊，大秀场——服装专业群工匠型人才培养模式革新

【学校】杭州职业技术学院

2021 年 3 月 17 日在国家会展中心（上海），有一群富有创意、意气奋发的青年正在呈现一场春夏女装发布会的视觉盛宴。服装设计与工艺专业毕业生白圆圆、王聪昊把童年偶像巴斯光年的口头禅“飞向宇宙，浩瀚无垠”化作了创意毕业作品，他们以“浪漫 无垠”为题，把宇宙元素用光影艺术进行展现，给博览会的舞台带来了震撼的视觉冲击，受到现场观众的热捧。针织技术与针织服装专业毕业生彭梦婷的作品运用了针织行业的先进技术，展现“针梭结合”特征。昨天她们还是稚嫩懵懂、技术不娴熟但渴求进步的孩子，今日她们已光芒万丈，在最新技术和最潮流设计理念的环境里学习成长，独立设计、制版、制作，用线条勾勒出技艺、用剪刀裁剪出匠心、用针线编制出新时代技术技能人才的风采。这是杭职院达利女装学院学生毕业作品发布会，也是专业个性化人才培养模式实施成果的生动展示。

杭州是中国著名的女装之都和重要的女装生产基地，在科技革命和产业变革不断深化的背景下，促使女装产业向“时尚 + 科技”转型升级。应对当前杭州女装产业链前端面料设计、中端产品研发与生产以及后端产品营销等典型岗位群，需要破

图 1　2021 年中国国际针织博览会杭职毕业生发布会

解专业群的核心文化缺失、课程体系专业互融不明显、教学实施忽视多元个性、学生个性化技能展示平台不足等问题，探索出以“小工坊大秀场”为特色的专业群个性化人才培养的创新之路。

一、实施举措

（一）明晰“文化引领、革新为先、匠心铸魂”的专业群课程思政建设思路

将纺织强国的建设目标、服装产业技术革新和国产服装品牌的国际化塑造作为专业群课程思政的重点，挖掘丝绸文化、浙江精神、纺织工匠塑造等课程思政资源载体，系统构建了“三层面、三维度、六要素、六评价”的专业群课程思政教学和评价体系，以工作坊为实战载体，培养“设计呈文化底蕴，研发敢突破创新，制作显技艺精湛”服装人才个性特质。

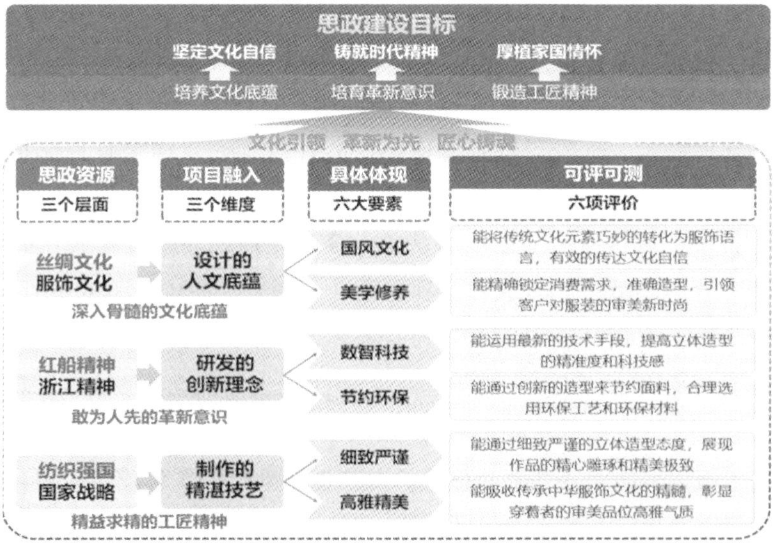

图 2　“文化引领、革新为先、匠心铸魂”的专业群课程思政建设思路

（二）重构“基础共享、专技阶进、研学交融”的专业群课程体系

按照“宽基础、精技能、重复合”原则，搭建专业群共享课程；对接时尚女装产业面料设计、女装针织、梭织产品研发、女装营销四个方向建设模块化课程，培养学生不同专业方向的岗位技能；开设专业互融模块课程，在工作坊内开展初级产品研发项目、创意产品研发和中小微企业的产品研发项目，提升学生的个性化“立地式”研发能力，培养“懂设计、精制版、能制作、会营销”的个性化高技能人才。

图 3 “基础共享、专技阶进、研学交融”的专业群课程体系

（三）创新“双线双融、个性选择，多元评价”教学改革

一线基于“岗位基本能力”设置职业知识、技能、素养等能力递进的“专业分立模块课程”实施课证融通；一线基于“岗位拓展能力”设置“专业互融模块课程”，融入创客理念的教学模式，学生根据自己的专业特长和兴趣进入工作坊按照企业项目开发流程开展项目实施。开发基于增值理念的项目化课程的多元评价系统，生成每位学生的个性成长画像。

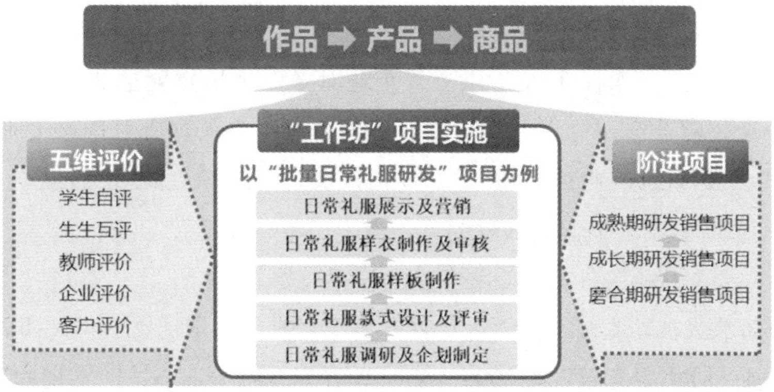

图 4 “工作坊”企业项目化教学实施流程

（四）建设“资源共享、项目互融，研发创新”的产学研赛创一体化工作坊育人平台

以国家级女装工业工程实训基地为基础，在服装工程创新下设置3个大师工作室16个特色工作坊，每个工作坊入驻企业项目组和学长创业项目，师生跨专业组队进入工作坊开展“产学研赛创”活动。校企合作为学生搭建展示个性的时装发布、陈列展示、直播营销的“小秀场”，最终带领学生走向国内外的时尚“大秀场”。

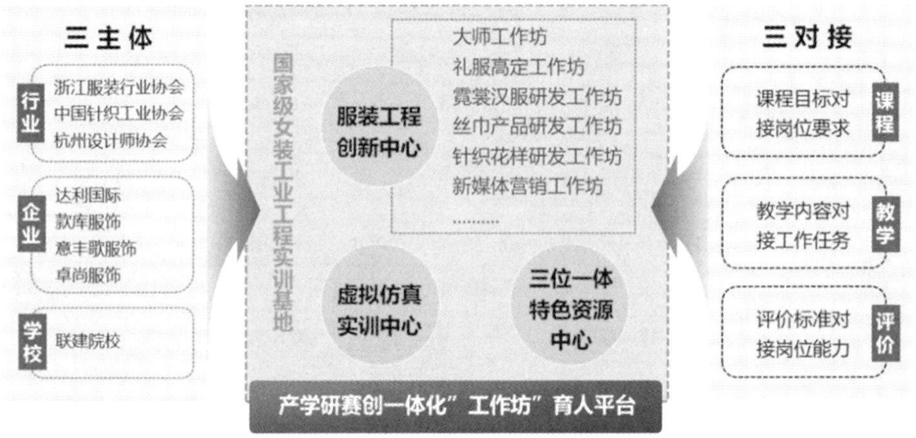

图5 “资源共享、项目互融，研发创新”的产学研赛创一体化的工作坊育人平台

二、成果成效

（一）学生就业创业竞争力全面彰显

学生获国家级全国职业院校技能大赛金奖12项，全国纺织服装专业学生职业技能标兵5项，学生与艺术大师陈家泠合作的系列作品被国家博物馆永久收藏，学生承担G20志愿者服装的设计、西博会服装制作120余套，制作了“世界之最大旗袍”。学生每年参加杭州国际时尚周、中国国际针织、中国布艺等时尚博览会，五年来587件作品被合作企业采纳。学生毕业三年后自主创业率为20.48%（全省为7.44%），就业率始终保持在98%以上，企业对毕业生满意度达98%以上，毕业生成为服装企业招聘首选，达利中国有限公司等企业招聘负责人对服装专业群毕业生做出承诺“只要拿到毕业证就可直接转正成为正式员工，转正后薪资在8000～15000元”，全面彰显了毕业生的就业竞争力。

（二）高水平双师队伍建设全国领先

专业群带头人被评为国家“万人计划”教学名师、全国优秀教师。团队完成横向课题180余项，技术服务到款额2000余万元，开展技术培训与技能鉴定85307人/次，《服装立体裁剪》课程入选国家级课程思政示范课，3本教材入选国家“十二五”

“十三五”规划教材；培育了全国课程思政教学团队和名师5名、全国技术能手1名、全国优秀制版师1名，省高校优秀教师2名。

（三）“小工坊大秀场”工匠型人才培养模式改示范全国

专业群入选“国家高水平建设专业群”，获“全国党建工作样板支部”“全国纺织行业技能人才培育突出贡献奖”“黄炎培职业教育杰出贡献奖”等荣誉。“小工坊大秀场”工匠型人才培养模式改革喜获2021年浙江省教学成果特等奖，获全国纺织工业联合会教学成果一等奖2项，已在全国同类院校广泛应用，全国有800余所高职院校7000余人来专业交流学习，被《中国教育报》《光明日报》等30余家媒体报道。

三、经验总结

专业群从课程体系顶层设计进行思政文化着力点的挖掘与统筹，在教学过程中，将职业精神培养根植、渗透、融合于专业教育全过程；寻找典型岗位群间的关联性，重组课程体系，从基础共享、专技阶进、研学交融层面对课程体系进行顶层设计，培养学生创意式设计、立地式研发等能力；利用校内外的各类实训实习基地、技能大师工作室、校企产品研发中心，搭建产学研赛创一体化的大秀场和工作坊育人平台，实现“学徒—准员工—员工”定制培养、“作品—产品—商品”靶向转化、“小工坊—大秀场”蝶变转型，“市场—赛场—秀场”全链输出。

案例6：“特色工作坊”新模式助力工匠型人才培养

【学校】杭州职业技术学院

一、实施背景

服装专业群创新实践基于“双线双融”的“小工坊大秀场”工匠型人才培养模式改革，结合产业发展创新要素引进企业项目，发挥学生的个性特长，因材施教，让每个学生充分展示他们的才华，实现人人成才、个个出彩。人才培养模式改革同时必须建立与之相适应的特色化实训基地，目前的职业教育实训基地建设偏向普适化，偶有建立的工作室只能满足小部分学生的个性化培养，且种类单一，不能满足大部分学生的培养需要，不适应职业教育的高质量发展目标。创新高职院校实训室建设和管理模式，提升学生的创新能力，是专业群在实训室建设中必须要重视的问题。

二、主要做法

（一）融入产业发展创新要素，校企共建“特色工作坊”

服装产业高端化发展，具体体现在服装产品创新和品质提升，技术创新和流程优化。根据专业群的花稿设计、家纺产品设计、服装产品设计、文创产品设计、服装营销等五大工作领域，系统构建特色工作坊建设框架，成立16个各具特色的工作坊，工作坊和企业能工巧匠、技术能手、非遗技艺传承人协同共建，聚焦“绝技绝艺传授、工匠精神培养、技术难题攻关”开展工作坊教学。其中，花稿设计模块和达利集团的印染中心合作共建，开发花稿流行趋势报告，根据品牌的风格特点和产品要求开发面料纹样；家纺产品设计模块和许村家纺协会合作共建，为区域中小微企业开发家纺产品；服装产品设计模块和达利服装中心合作共建，根据达利公司品牌化发展战略开发服装产品；网络营销模块和龙头企业合作，培养电商直播人才。

学生根据个人职业发展规划与企业双向选择，建立研发团队，企业真实项目导入课堂教学，用企业岗位工作任务引领提升学生技能水平，以产品的市场价值作为考核标准，促进学生专业能力和职业素养双提升。

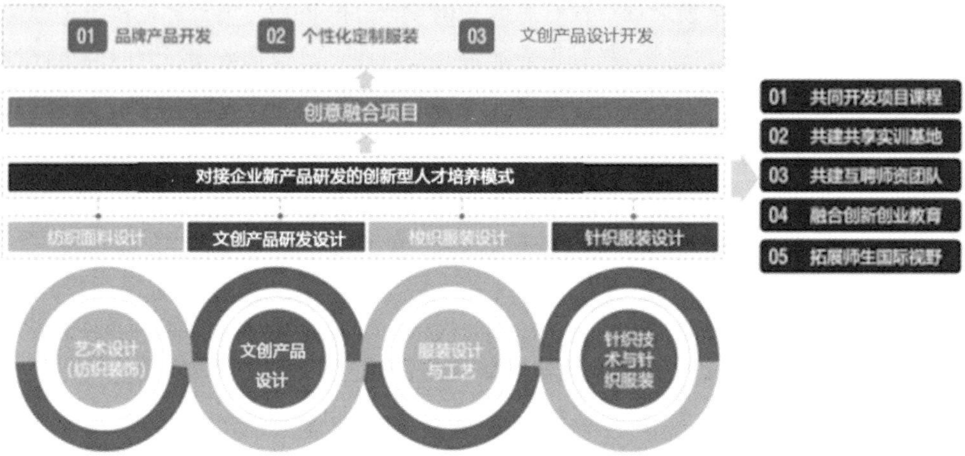

图1 特色工作坊运行模式

（二）项目共施、过程共管、成果共评，创新“特色工作坊”运行管理机制

以纺织服装新产品研发为引领，整合服装设计、针织技术与针织服装、纺织装饰艺术设计专业的特色优势，专业互融开展工作坊教学，教学模式实现五个对接：专业方向对接产业链关键环节，工作室对接企业岗位、工作内容对接真实任务、教学方法对接工作方式、考核方法对接成果转化。校企共同研究制订个性化人才培养方案和教学实施方案，结合企业年度新产品开发计划确定研发项目，通过“校内教师+企业导师”双导师育人，开展特色学徒制培养，每个工作坊15名左右学生，团队分工开展项目实施，根据项目实施进度计划每位学生进行任务汇报，适应企业的工作节奏和质量要求。企业导师在专业技能指导的同时，加强学生的职业素养培养，将企业文化融入教学，促进学生软实力提升，使学生拥有更好的岗位适应能力，大大缩短就业后的岗位适应时间。

（三）多元开放、优势互补、成果共享，构建“特色工作坊”共建共享机制

“特色工作坊”既紧密对接区域产业发展，又紧密对接学校专业建设，同时学校和企业两个管理体系并存，将公共要素整合在一起，采用两个体系在统一的管理构架下运行策略，共享程度高。强化特色工作坊的开放共享功能，面向中职学校、企业开放，努力满足各建设主体的利益诉求。

以服务收入换取企业新技术支持，建立起“输血”与“造血”功能互为补充的实训室建设可持续发展机制。校内组建“跨专业融合”团队。根据工作室研发任务的特征，灵活组建针对不同功能要求的复合型的教学团队，本着“能力互融，递进指导”的原则实现企业产品的开发与教学任务的实施，专业群内师资共享，充分发挥各方优势作用。

三、成果成效

1. 特色工作坊的教学有效激发学生的活力，极大提升了学生的学习兴趣，解决了人才培养滞后、职业教育与岗位能力需求脱节等问题，学生近三年毕业去向率达98.7%，企业满意度达96.8%。

2. 组建优质师生研发团队，主导企业产品方向，开发产品投入市场，解决了企业科研能力不足的问题。以所服务的达利（中国）有限公司为例，研发成果占公司新产品研发的28.3%，研发产品投入市场比例的程度远高于国内高职院校研发机构。在工作坊实施期间，师生团队共为企业开发产品2600余款，其中680余件被企业采用，带来直接经济收益2000余万元。

四、推广应用

大力推进漯河职院服装系教学改革，与杭州职业技术学院签订校校合作协议，结合漯河职院服装系专业建设与杭职院开展了一系列合作互动工作，在校内成立新产品研发室，组织漯河职院教师与杭职院教师结对学习，与企业共同构建了基于企业新产品的项目化课程体系，改造了教学实训环境，建设了漯河职院服装产业创意园，组织服装系专业教师到杭州服装企业顶岗学习锻炼，引郑州服装企业进入学校，用企业真实项目引领教学，贯彻实施现代学徒制教学模式，在全体师生的共同努力下，教师专业水平明显提高，全国技能竞赛连年获奖，教学改革成效显著。

4.2 支撑发展

案例7：创新“四共同”模式，校企共建“双主体”实训中心

【学校】天津职业大学

实训中心面向职业岗位群，与标杆企业和龙头企业深度合作，校企共同建设实

训中心、共同深化实训课程改革、共同开发新型实训资源、共同培养高水平实训师资（以下简称“四共同”），建成融高素质技术技能人才培养与职业培训为一体的校企“双主体”实训中心。

一、采用“四共同”模式，建成校企“双主体”实训中心

实训中心以专业人才培养目标为出发点，从规划建设方向和实训中心功能着手，与行业领军企业进行深入合作，按照校企合作建设思路，深度融合教学内容与生产情景。在实训中心功能规划、设备选型、实训课程标准制定、实训项目和实训教材开发以及结构化教学团队培养等方面开展全方位合作，建成校企“双主体”实训中心。

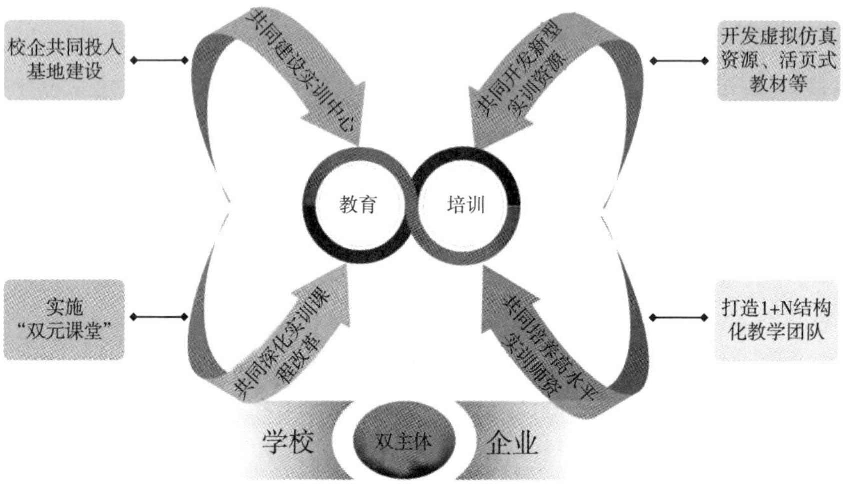

图1 “四共同”建设“双主体”实训中心

二、企业全过程、全方位参与，提升实训中心的服务能力

对接行业出现的新技术、新工艺和新标准，与爱色丽（上海）色彩科技有限公司深度合作，联合更新《数字印前工艺技术》《印刷质量与标准化》《色彩管理技术》等课程的实训项目，提升实训教学的“技术跟随度”，夯实实训中心教学服务内容；深化教学改革，创新教学模式，与马尔巴贺长荣（天津）精密模具有限公司深度合作，连续三年实施“双元”课堂教学，将校内实训中心与企业生产车间教学环节紧密衔接、实现教学场景无缝对接与转化、学生在模切版设计和生产等方面的专业认知不断提高，教师信息化水平和实训教学服务能力不断提升；校企联合，开展双向培训，借助校企双方优势资源，面向全国企业技术人员和同类院校师生，与ESKO中国、爱色丽（上海）色彩科技有限公司分别联合主办“纸盒包装印前流程”和“专色认证训练营”培训班，既满足企业技术人员对专业理论知识的学习需

求，同时又增强了院校师生对实际生产的实战经验，树立了实训中心服务行业高水平发展的标杆。三年来企业的参与度不断提升，累计获得企业捐赠190余万元。

“四共同”模式下校企共建的实训中心，提升了培养包装、印刷高素质技术技能人才的精准度，目前每年为区域30多家企业输送包装、印刷对口人才300余人，为行业类从业人员每年培训15000人/次，为行业和区域经济发展提供技术人才支持。

4.3 推动形成一批支撑职业教育高质量发展的政策、制度和标准

案例8：打破时空限制，促进终生学习——服装专业国家教学资源库建设与使用

【学校】杭州职业技术学院

一、实施背景

按照教育部职业教育专业教学资源库项目建设工作要求，由杭州职业技术学院牵头负责“职业教育服装设计专业教学资源库（项目编号：2015－13）”项目建设工作，按照“国家急需，全国一流”建设总要求，组建服装设计专业团队，整合全国服装设计领域内高职院校、行业、企业的资源，为行业企业专家、授课者、在校生、在职（求职）者、社会访客等多元用户在学历教育、继续教育及终身学习方面提供开放网络支撑服务，实现互动教与学。构建一个全新的、以学习者为中心、实现专业资源共建共享、教学形态多种多样、学习方式自由灵活、交流渠道丰富通畅的，具有中国高等职业教育教学特色国内一流的，共享型、开放性的服装设计专业教学资源库。

二、主要做法

以提高服装专业人才培养质量为出发点，基于资源库“能学、辅教”的基本定位，按照“碎片化资源、结构化课程、系统化设计”的组织建构逻辑，建立资源共享、合作共赢、深度融合的开发运行管理机制，搭建开放型共享共用资源库平台。

（一）强强联手，共同建设

与14所高水平联建院校共同建设完成了丰富的素材资源库及工学结合课程，联合建设院校中国家示范（骨干）院校8所、省级示范（骨干、特色）院校5所；“十三五”期间9所学校入选各省优质高职院校建设工程。联合30家区域有重点影响的龙头或特色企业合作共建各类企业案例库与行业信息库。

（二）分层建设，边建边用

以专业核心课程建设为重点，不断完善资源呈现方式，开发虚拟、动画、视频等多样类型资源，按素材、积件、模块、课程分层建设，强调结构化设计、标准化

制作，实现开放式重组、个性化定制，增强资源的通用性和普适性。积极对接服装企业的技术转型升级，将企业资源、学校技术开发及科研成果转化成教学资源，建立资源库定期更新保障制度，充分运用需求导向、应用激励的策略，鼓励院校、企业及机构积极建设新的优质资源充实于资源库，把资源库使用融入参与建设学校专业教学全过程。

（三）共建共享，全面推广

在教育部主导下，发挥国家、区域服装行业协会指导作用，项目团队校企融合、优势互补，分工明确，协同建设，最大范围地汇集服装行业龙头企业和知名高职院校的技术资源、社会资源。

建立经费投入、团队管理、资源更新及共建共享机制，保障资源库的共建共享。近期，通过建立以“服务”换“服务”的开放式运营模式，形成专业资源库的可持续发展机制，实现自我发展、自我成长。中期趋势，通过基于数据学习与评价的兴起，学生将从教学消费者转变为创造者。确保资源库建设后的每年10%的资源更新率。

建立资源库运行与管理机制、资源库资源共享和使用激励机制和营销推广机制，有计划有组织地在相关院校和社会机构推广资源库应用。

三、成果成效

（一）建成了满足多样化用户需求的平台

服装设计资源库建设了学习管理系统、学习型社区和社会服务门户，搭建开放型共享共用资源库平台，为多样化用户构建了一个全新的、以学习者为中心、实现专业资源共建共享、教学形态多种多样、学习方式自由灵活、交流渠道丰富通畅的在线学习环境。门户网站的建设实现了与资源平台的一站式注册、登录、同步修改，门户建设了六个中心，分别是学生学习中心、教师教改中心、在职培训中心、社会人员学习中心、服装文化信息中心、职业素养教育中心，满足学生、教师、企业员工以及社会人员的学习需求。

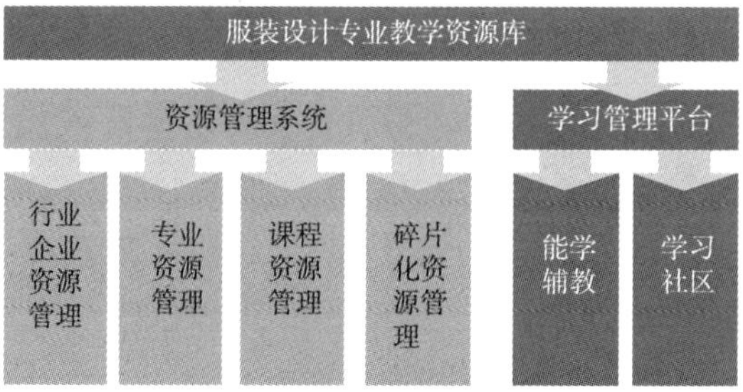

图1　资源库功能模块

（二）建成了体系完备、内容丰富的教学资源库

项目组建设资源包括行业资源、专业资源、课程资源、职业培训包和特色资源等，满足了多样化用户和差异性学习的需求，共开发建设优质课程资源 23042 条，完成目标总数的 122%。其中，文本类 4384 条、图形（图像）类 6066 条、音频类 1369 条、视频类 7930 条、动画类 3207 条、虚拟仿真类 86 条。

图 2　资源中心网站

（三）构建满足“线上 + 线下”混合式教学的结构化课程

从企业、行业用人需求和学习者需求出发，按照服装设计工作过程，遵循职业成才规律和认知规律，重新梳理专业课程体系中各课程间的相互支撑关系，构建服装设计专业课程体系，课程体系以服装设计专业为主，同时涵盖服装专业的其他方向——服装设计、服装制版和服装营销三大方向，共 25 门课程。课程全部采用过程系统化模式，同时，课程建设按照咨询、决策、计划、实施和评价模式进行构建，方便学生的学习，明确课前、课中、课后的学习内容。

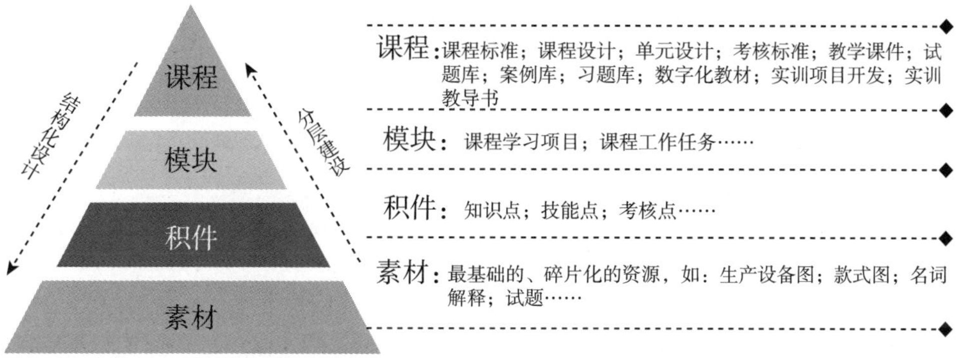

图 3　结构化课程设计和建设示意图

四、经验总结

（一）兼顾典型示范和个性需求，实现多元化的应用目标

在对全国379所开设纺织服装类专业普通高职（专科）院校课程分析基础上，充分考虑华东、华南、西北等地域服装生产特点及企业发展需求，结合普适性要求，进行课程标准建设，重在实现专业核心能力的培养；同时结合地域服装生产特点，在资源库素材建设方面，充分融合差异化特征，保证各院校教师可结合区域服装设计特点，实现个性化课程的搭建要求。

（二）以服务学生和课堂教学为根本，实现资源库能学辅教功能

平台建设助力“线上、线下，职场化”混合式教学模式创新与实践，推进在线学习与线下实战有机融合、个体学习与团体学习有机对接、知识学习与技能训练以及素养提升深度融合，满足学生自主学习、教师主导教学的需要，提升学生职业能力和职业素养。

（三）健全建设与应用机制，发挥资源库推动教学模式变革的引领作用

紧盯行业的最新变化，适时修订人才培养目标，根据人才培养方案要求，进行资源库持续建设。基于资源库持续更新、有效应用与辐射推广，建立并完善了以用促建的长效机制，健全了组织、制度、资金、技术、推广等方面的保障机制，实现资源库的持续发展，提升用户体验，保持用户活跃程度，最大限度地发挥资源库在促进“线上、线下，职场化”教与学变革方面的引领与辐射作用。

五、推广应用

经过近几年资源库的建设与应用，推动了教学模式改革，形成了31个职场化教学改革案例，分别被《中国高等职业教育质量年度报告》、全国高职高专校长联席会议、中央电化教育馆数字化校园建设、《山东省高等职业教育质量年度报告》作为典型案例予以推广。

“双高计划”建设项目贡献度研究
（2019～2021年度）

分报告

食品药品与粮食专业大类分报告

中国教育会计学会
中国教育会计学会高等职业院校分会

1. 专业大类概况

食品药品与粮食专业大类立项建设专业群共计5个，涉及5所高等职业院校，分别为B档学校1个、C档学校1个、B档专业群2个、C档专业群1个。立项建设专业群为食品药品监督管理、食品营养与检测、食品加工技术、药品生成技术。立项建设单位及专业具体情况如表1所示。

表1　食品药品与粮食专业大类立项建设单位及专业具体情况

学校名称	档次	专业群名称	专业群包含专业	涉及院系数量
江苏农牧科技职业学院	高水平学校建设单位（B档）	食品药品监督管理	生物制药技术、食品药品监督管理、动物药学、食品营养与检测、食品药品监督管理	2
芜湖职业技术学院	高水平学校建设单位（C档）	食品营养与检测	食品营养与检测、动物防疫与检疫、药品质量与安全	1
江苏食品药品职业技术学院	高水平专业群建设单位（B档）	食品加工技术	食品加工技术、食品药品监督管理、食品营养与检测	1
漳州职业技术学院	高水平专业群建设单位（B档）	食品加工技术	食品加工技术、食品营养与检测、食品生物技术、物流管理、食品贮运与营销	2
河北化工医药职业技术学院	高水平专业群建设单位（C档）	药品生成技术	药品生成技术、中药制药技术、药品经营与管理、药学	2

2. 资金投入情况

从五年总量看，食品药品与粮食大类专业群项目预算总额为68100万元，2019～2021年支出为40730.28万元，总体执行率为59.81%。只有1所学校食品营养与检测专业群执行率低于50%，其他院校专业群均在50%以上，其中3所学校专业群资金执行率与总体执行率大体相当（见表2）。

表 2　　食品药品与粮食专业大类各专业群资金执行情况

学校名称	档次	专业群名称	总预算（万元）	2019～2021 年支出（万元）	执行率
江苏农牧科技职业学院	高水平学校建设单位（B 档）	食品药品监督管理	27600	16702.55	60.52%
芜湖职业技术学院	高水平学校建设单位（C 档）	食品营养与检测	13000	6476.24	49.82%
江苏食品药品职业技术学院	高水平专业群建设单位（B 档）	食品加工技术	13000	7472.24	57.48%
漳州职业技术学院	高水平专业群建设单位（B 档）	食品加工技术	5400	3358.61	62.20%
河北化工医药职业技术学院	高水平专业群建设单位（C 档）	药品生成技术	9100	6720.64	73.85%
总计			68100	40730.28	59.81%

从建设任务支出情况看，5 个专业群平均支出为 8146.06 万元，略高于其他专业大类（如电子信息专业大类为 6628.70 万元、医药卫生专业大类为 5865.43 万元、能源动力与材料专业大类为 7247.94 万元等）。建设任务中，资金支出占比最高的是实践教学基地，占比为 44.95%，最低的是可持续发展保障机制，占比仅为 0.57%（见表 3）。

表 3　　食品药品与粮食专业大类各建设任务支出占比情况

建设任务	2019～2021 年支出（万元）	占比
人才培养模式创新	954.91	2.34%
课程教学资源建设	2991.93	7.35%
教材与教法改革	1503.36	3.69%
教师教学创新团队	3248.39	7.98%
实践教学基地	18308.25	44.95%
技术技能平台	7368.88	18.09%
社会服务	1677.65	4.12%
国际交流与合作	1712.26	4.20%
可持续发展保障机制	231.03	0.57%
其他	2733.63	6.71%
总计	40730.28	100.00%

各建设任务资金支出占比情况如图 1 所示。

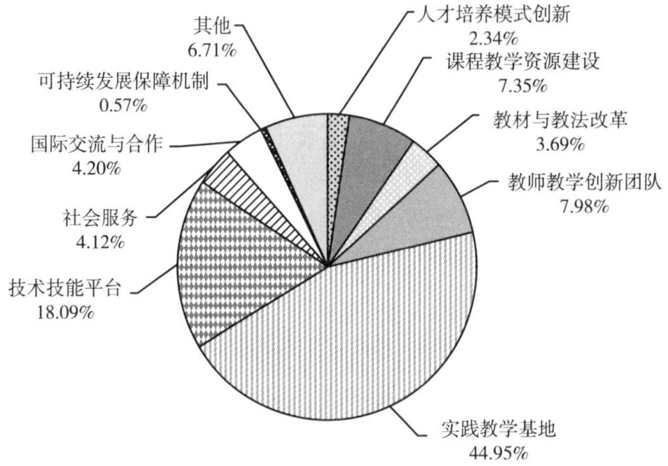

图1　食品药品与粮食专业大类各建设任务支出占比情况

3. 贡献度分析

3.1　引领改革

“双高计划”引领职业教育改革发展和人才培养的贡献度，主要体现在价值引领、模式引领、制度引领和标准引领四个维度上。

3.1.1　价值引领

食品药品与粮食大类专业群以立德树人为根本，健全全面发展的教育思想、不断探索德技并修协同育人模式，构建大思政格局，达到了价值引领、知识传授和能力培养“三位一体”的育人效果，实现了思政课程与课程思政同向同行。例如，芜湖职业技术学院食品营养与检测专业群全学程贯穿“课程思政”教育理念，通过“基因镶嵌”的方法将社会主义核心价值观融入专业群课程体系；以学生为本，实施“扬长教育”，培优促强，践行职业素养和专业技能区块、学校和产业区块双链钮合，螺旋递进，并在专业群建设过程中不断探索完善。江苏食品药品职业技术学院食品加工技术专业群不断探索课程思政改革，逐渐形成了从课内到课外、从校内到校外、从线上到线下的协同效应，教师素养全面提升，完善了“三全育人”新格局，研磨出一大批优秀课程，在教学能力大赛、教学改革研究等取得了不俗的成绩。河北化工医药职业技术学院药品生产技术专业群秉承“学以近德，工以养技”办学理念，根植“制药为民、健康中国”初心和使命，开展了“思政引领，资源为基”

沉浸式课程思政研究与实践，将课程思政这把“盐”、心理健康这点“糖”有效融入专业教育这口“汤”中，实现了课程思政与思政课程同向同行。

3.1.2 模式引领

（1）推进人才培养模式不断创新。

食品药品与粮食产业是人类的生命产业，5 个专业群结合地方特色优化课程设置，开发课程体系，形成了各具特色的人才培养模式，尤其是江苏食品药品职业技术学院在应用型本科层次人才培养开展了探索。具体如表 4 所示。

表 4 模式引领具体举措和成效

	学校	内容
人才培养模式	江苏农牧科技职业学院	创新实践“工学研融合、双元一体化”人才培养模式
	芜湖职业技术学院	创新了“区块共享，镶嵌融通，个性螺旋”的人才培养模式
	江苏食品药品职业技术学院	创新“以德为先、双轮递进、全程融合、项目推动”人才培养模式； 探索实践食品质量与安全“3+2”高职—本科衔接培养模式、食品科学与工程“4+0”本科应用人才培养模式
	漳州职业技术学院	实施“工程导入、课证融合、标准贯穿、个性发展”的人才培养模式改革
	河北化工医药职业技术学院	构建形成“一平台、三贯穿、五融通”政校企协同人才培养模式
课程体系	江苏农牧科技职业学院	依据“平台共享、方向分列、拓展互造”的原则，构建并不断完善“平台+方向+拓展”课程体系
	芜湖职业技术学院	形成“基础共享、专业强化、个性培养”的专业群动态课程体系
	江苏食品药品职业技术学院	构建了“平台共享、模块分向、拓展互选”的专业群课程体系
	漳州职业技术学院	形成“底部共享、中部分立、上部互选与拓展”的课程体系

（2）推动“三教”改革持续发力。

坚持“以服务地方为重点，以服务行业为特色”，在专业建设和人才培养上确保了专业设置与产业需求高度对接、课程内容与职业标准高度对接、教学过程与生产过程高度对接、实践教育与技能培养高度对接，取得了一些标志性成果，教材荣获国家规划教材 18 部、国家优秀教材奖 4 部，教师团队荣获国家教师教学创新团队 4 个、国家教学能力比赛奖励 9 项。例如，河北化工医药职业技术学院食品加工技术专业群以思政内涵为横向隐性线，知识技能为纵向显性线，首创网格化教学脉络图（见图 2），开展“线上线下”混合式沉浸教学，促进教师、学生、课程间有效联结，实现教育教学入脑入心，提升育人深度。

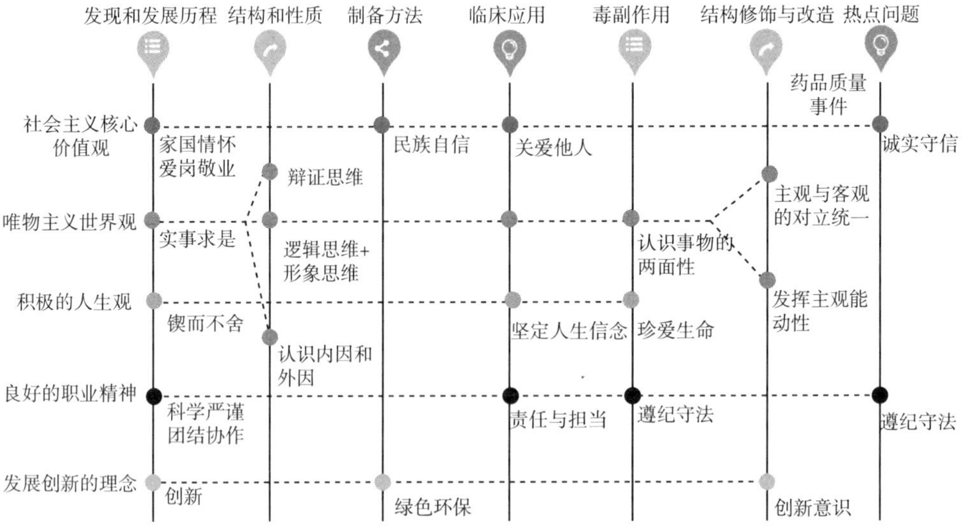

图 2　河北化工医药职业技术学院网格化教学脉络

又如，河北化工医药职业技术学院药品生成技术专业群在开发数字化教学资源过程中，以“目录＋二维码”形式将数字资源全程融入和有效导航，构建了立体化教材内容体系，出版教材 16 部，入选教育部“十三五”规划教材 2 部。江苏农牧科技职业学院食品药品监督管理专业群实施“双岗双职一体化”，建成了首批国家职业教育教师创新团队，入选全国职业院校“双师型”教师队伍建设典型案例。

（3）深化产教融合和双主体育人。

专业群立足食品药品与粮食行业，着眼推动职业院校结构与产业结构精准匹配，推进职业院校与企业联合办学、共建共享实训基地和技术创新平台，提高教师实践教学能力和学生技术技能水平，积极打造探索多元办学、推进产教融合、拓展校企合作等方面的食品药品与粮食大类职教品牌。例如，漳州职业技术学院与漳州旅投集团旗下漳州宾馆共建食品产教融合基地，校中厂“精酿啤酒生产线和焙烤食品生产线”已通过 SC 认证，产品供应漳州宾馆等星级酒店。江苏食品药品职业技术学院与企业共建分析检测中心与产业学院，与淮阴区人民政府共建食品研发检测中心，校内基地已获得 CMA 资质认定，获批食品中的农残等 29 个项目的检测资质，服务 10 余家食品企业，完成检测项目 30 余项。

（4）推动“1＋X”证书制度高效实施。

将“1＋X”证书制度试点和进行专业复合型技能人才培养模式改革作为院校发展的首要任务，5 个专业群共计开展“1＋X”证书制度试点 19 个，开发“1＋X”证书制度标准 4 项，编写“1＋X”教材 6 部，累计开展“1＋X”技能等级证书培训和认证 1200 余人/次。“1 + X”证书制度助推培养一专多能的创新型、复合型技术技能人才成效初显。例如，江苏农牧科技职业学院依据“平台共享、方向分列、拓展互造”的原则，构建并不断完善“平台 + 方向 + 拓展”课程体系，制订专业群人才培养方案，开展“1 + X”证书制度试点项目，培养学生综合实践能力和创新能力，构建现代农牧职业教育体系。

3.1.3 制度引领

5 个专业群针对内部治理、专业建设、“三教”改革、绩效评价等方面出台了一系列制度政策，具体情况如表 5 所示。

表 5　　制度引领具体举措和成效

学校	相关制度具体内容
江苏农牧科技职业学院	成立了政行校企共同参与的专业群建设理事会，制定理事会章程，指导和促进专业群建设和教学改革
芜湖职业技术学院	建立“周报告，月调度”工作机制；出台《芜湖职业技术学院“双高计划”建设管理办法（暂行）》
江苏食品药品职业技术学院	制定并实施《专业群“双高”建设项目管理办法》《专业群“双高”建设项目绩效考核评价和激励办法》；构建专业健康度评价指标体系，形成动态化的专业调整机制，提高了人才培养的供需契合度
河北化工医药职业技术学院	出台《专业群建设标准》《专业群建设工作规范》《专业群带头人评选及管理办法》等相关制度。制定《专业群建设专家咨询指导委员会工作条例》《专业群教研部、课程教研室设置办法及要求》

3.1.4 标准引领

5 个专业群围绕专业教学标准、课程标准等贡献了智慧和力量，形成了一批助推职业教育高质量发展标准体系，具体情况如表 6 所示。

表 6　　参与标准制定情况

学校	内容
江苏农牧科技职业学院	主持教育部第二批 4 个专业标准和职业学校畜牧兽医专业实训教学条件建设标准制订，制订《高等农业职业教育本科学校设置标准》和 2 个高职本科专业设置标准
芜湖职业技术学院	制定地方标准 2 项，参与制定行业职业技能等级标准 1 项
江苏食品药品职业技术学院	带领全国食品类专业研讨修订专业目录；牵头制定食品营养与卫生专业教学标准，参与食品营养与健康专业教学标准

续表

学校	内容
漳州职业技术学院	参与2个国家级专业标准、1个国家级专业实训条件标准建设；主持福建省食品加工技术（食品生物工艺）专业中高职衔接教学标准的研究与制订；参与教育部"1+X"《可食食品快速检验》《粮农食品安全评价》技能等级证书项目标准制定等工作
河北化工医药职业技术学院	主持研制国家专业教学标准1项、参与3项

3.2 支撑发展

瞄准产业需求，坚持扎根地方，多元打造产教融合平台和技术创新平台，协同培养技术创新服务团队，积极服务国家发展战略和区域经济高质量发展。

3.2.1 推进技术创新和社会培训，服务产业转型升级（见表7）

表7　具体内容

学校	内容
江苏农牧科技职业学院	深化"品种+技术+基地"的套餐式服务模式，推广新品种、新技术、新模式，服务205个家庭养殖场，助推中小微企业转型升级。三年来共培养3933名高素质技术技能人才，开展面向农业农村及企业技术培训与职工继续教育，培训各类人才10990人/次，开发新产品2个，科技成果产出1800万元
江苏食品药品职业技术学院	组建专业群社会服务团队，解决食品企业技术难题73项，累计完成科技成果转移转化7项；拍摄食品安全与营养系列专题片76集，开展食品安全与营养知识科普11000人次，开发典型培训项目19项，培训企业员工、退伍军人、下岗失业人员、农村劳动力转移人员及新型职业农民8216人/次
漳州职业技术学院	构建技术咨询、技术培训、技术开发、技术服务、技术转让"五技同施"全流程"套餐式"服务体系；培训中小微企业员工和基层农技人员4820人/次，社会公益性培训1618人/次。依托"一基地三院两中心"，承担26项市级及以上食品产业技术研发项目，发表学术论文59篇，授权专利与实用新型专利27项
河北化工医药职业技术学院	面向政府、行业、企业开展技术服务34项，技术服务总额1743万元，成果转化效益1865万元；面向本科院校、社会人员开展生产实习、岗位培训、继续教育、职业体验和科普教育等多种服务，社会人员培训总数21713人/日，面向企业员工的职业技能提升培训19460人/日，承接社会培训41173人/日

3.2.2 服务国家重大战略，助力区域经济发展

食品药品与粮食大类专业群主动适应经济社会发展“新常态”，根据自身特点，通过调结构、搭平台、创载体、建机制等与区域经济社会发展深度融合，通过增强活力、提升能力、挖掘潜力，全方位服务国家战略需要和区域经济社会发展，充分发挥其战略支撑作用，尤其是5个专业群在服务乡村振兴和“一带一路”方面进行了创新实践，成效显著。

（1）服务乡村振兴战略。

面对乡村振兴的重大战略机遇，充分发挥食品药品与粮食大类高职院校的专业特色和技术人才优势，深化务实拓展校地、校镇合作，助力乡村振兴，打造食品药品与粮食大类职业院校“以服务谋提升，以贡献求发展”服务模式。江苏农牧科技职业学院培育126名新型农业经营主体带头人，开展继续教育培训2269人/次，服务家庭养殖场、助力中小微企业转型升级，服务区域经济发展；对接我国畜禽养殖、疫病防控、动物药品、动物源性食品产业发展需求，共建农业农村部和江苏省重点实验室，共同实施江苏省高校协同创新计划项目，建成江苏省农产品质量安全大数据平台，形成江苏省农产品质量追溯省级标准。漳州职业技术学院派遣31名省市级科技特派员、16个省级科技特派员团队深入乡村开展技术指导工作和帮扶工作，研发蜜柚白兰地、蜜柚精油、富硒八仙茶，破解难题，实现产品品质提升和价值提升，走出一条课堂教学与田间地头互通，科技成果与农业推广互融，农民增收与企业增效互促的助力乡村振兴、引领共富之路。

（2）服务“一带一路”倡议

食品药品与粮食大类专业群面向国际市场，服务战略大局，探索服务职能，促进教育链与产业链深度融合，具有服务“一带一路”倡议的独特优势。江苏农牧科技职业学院食品药品监督管理专业群启动10门全英文课程建设，开发1个教学培训资源包，培养食品药品专业学历留学生19名，接收海外交流学生6名，培训海外师资30名，“助企出海”为“走出去”企业培训技术人员46名。江苏食品药品职业技术学院对接国际先进水平，引进英国Highfield集团食品安全、食品营养职业资格证书，引进奥地利MCI学院《烘焙技术》等课程资源2套；在土耳其、缅甸建立海外实习基地，成立“蒙牛YoyiC印尼培训学院”“苏食院海外培训中心”，为印尼蒙牛等“走出去”企业培训员工2040人日。漳州职业技术学院面向泰国等“一带一路”沿线国家企业输出热带水果加工技术等关键技术，为“走出去”企业员工开展技术培训共计377人/次。

3.3 推动形成一批支撑职业教育高质量发展的政策、制度和标准

3.3.1 形成一批高质量的制度和标准

食品药品与粮食专业大类围绕内部治理、专业建设、绩效评价等方面出台了一系列制度政策，围绕专业教学标准、技能等级证书标准、行业标准贡献了智慧，共计出台相关制度10余项，参与国家专业教学标准制定9项、“1+X”证书制度标准制定3项。尤其是漳州职业技术学院主持福建省食品加工技术（食品生物工艺）专业中高职衔接教学标准的研究与制订，为中高职人才贯通培养提供了参考。

3.3.2 形成一批富有成效的创新实践成果

食品药品与粮食大类专业群打造了国家规划教材18部，国家优秀教材奖4项，建成国家教育教学资源库4个，国家精品在线开放课程7门，国家级教师团队4个，国家级实训基地5个获省级以上教学成果奖12项。

4. 典型案例

4.1 引领改革

案例1：共建产业学院，打通“产教融合”最后一公里

【学校】江苏农牧科技职业学院

一、实施背景

为进一步延伸学校办学空间，打通“产教融合”最后一公里，江苏农牧科技职业学院主动对接区域医药健康产业集群，与中国牧工商集团有限公司合资共建股份制产业学院，依托食品药品监督管理专业群开展校企双元主体办学，探索实践产教融合“新路径”，促进了教育链、人才链与产业链、创新链的有机衔接。

二、主要做法

1. 整合资源，打造“产教融合、校企合作”的育人共同体。中牧集团是一家主营动物疫苗和兽药、肉食品加工、乳制品、蜂产品等的现代农牧业大型中央企业。为有效整合校企双方优势资源提升专业群建设水平，学校和中牧集团以40%和60%的出资比例在泰州医药高新技术产业开发区内合资共建产教融合育人共同体——中牧倍康食品药品产业学院。产业学院实体化运营，实施理事会领导下的院长负责制。

图 1　中牧倍康食品药品产业学院

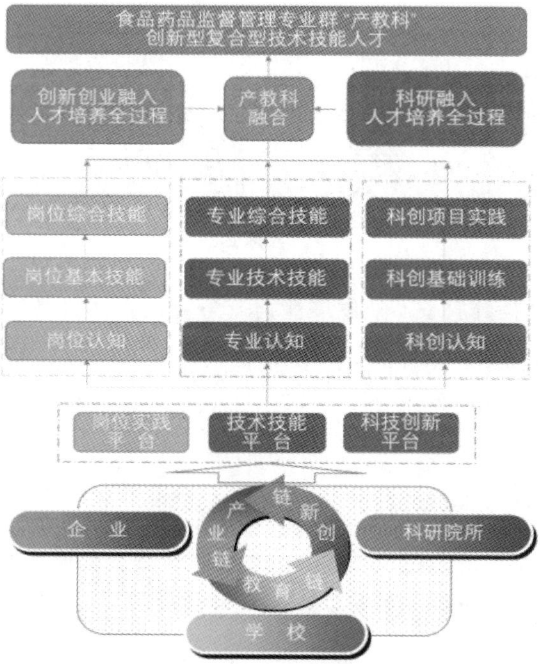

图 2　“产教科融合”创新型人才培养模式

2. 引企入教，构建“产教科融合”创新型人才培养模式。向食品药品产业转型发展和区域经济社会需求，校企联合开展招生、共同培养、协同就业。推动“课堂—车间—实验室”“工作—学习—研究”一体化，构建实施“产教科融合”创新型人才培养模式，制定了基于创新型人才培养的个性化企业新型学徒制人才培养方案。

3. 跨界联动，建设高水平“双师型”教师队伍。探索了“双岗双职一体化”等校企人才双向流动机制，实施企业导师（专家）领衔、“项目经理”引领的专业与核心课程建设制度；提供30个岗位供教师企业实践，产学研结合构建实施产教科跨界联动的教师培养机制。

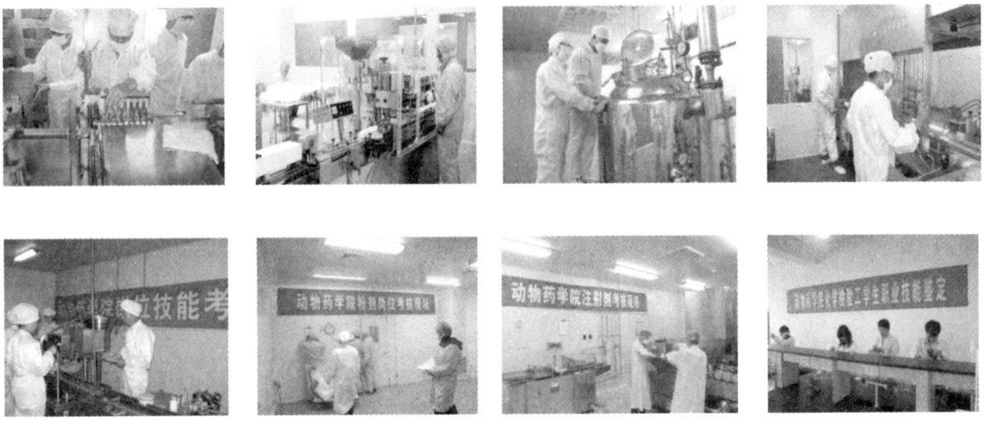

图3　企业新型学徒制人才培养

图4　教师企业实践

4. 协同创新，提升服务产业发展能力。整合校企优势科技资源，围绕食品药品行业企业一线技术问题、共性关键问题，跨领域交叉融合协同创新，推动应用科学研究成果的转化和应用。

三、取得成效

1. 全面提升了教师实践创新能力。先后承办全国职业教育教学创新团队和教师企业实践基地建设培训班2期、国培项目2项。药品生产技术教学团队入选首批国家职业教育教师教学创新团队，动物药学专业教学团队入选全国高校黄大年式教师团队。

2. 有效提升了专业群服务产业能力。校企联合开发新兽药1个、新产品3个，获江苏省高等学校科学技术研究成果三等奖1项，累计培训企业人员575人次。

3. 显著提升了学生实践创新能力。系统开发标准化实践案例资源12个；编制实践操作手册13本；学生获全国性技能大赛二等奖3项、省级技能大赛二等奖1项、三等奖2项，获江苏省优秀毕业生论文一等奖1项、团队奖1项、“挑战杯”竞赛二等奖1项。

案例2：升级改造教学实训实施，全面推进教学信息化

【学校】江苏农牧科技职业学院

一、实施背景

《职业教育提质培优行动计划（2020～2023年）中要求实施职业教育信息化2.0建设行动，提高信息化水平已成为学校“双高计划”建设的重要任务。食品药品监督管理专业群以教学管理信息化、教学资源信息化、教学手段信息化、学生学习信息化“四化并举”推进教学变革。

二、主要做法

1. 升级改造教学实训实施。专业群按“双高计划”建设要求，2019～2021年共投入2500余万元对2个专项实训平台全面进行信息化设施改造升级，满足师生信息化教学需求，便于开展基于VR、AR、AI等新技术的学习、探究和创造实践活动。

图1　仿真实训室

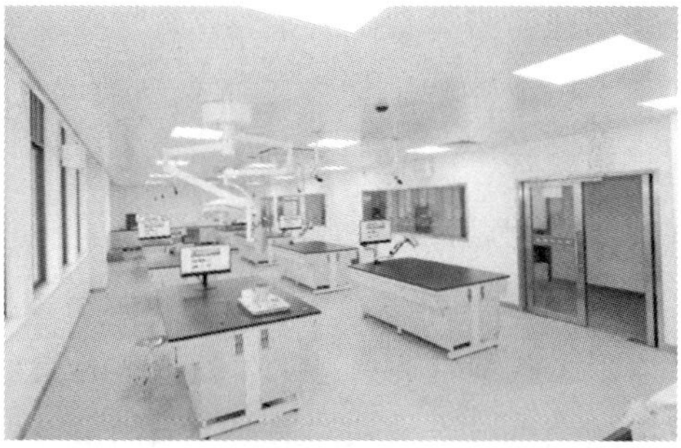

图2　生化示教与反示教实训室

图3　智慧教室

图4　信息化教室

2. 全面推进优质信息化教学资源建设。以信息技术和教育教学融合为核心，全面推进教学资源数字化建设，以“四库四中心”为主要架构，遵循“一体化设计、结构化课程、颗粒化资源”的建构逻辑，所有专业课程均实施信息化资源开发。

3. 依托学校自主开发“教育教学一体化平台”，全面推进混合式教学。构建现代信息技术环境下的新型教学模式和自主、探究、合作等多种方式结合的新型学习模式。组织学生利用学校教育教学一体化平台手机 App 完成线上自学、考勤、互动、作业、测试等任务，指导个性化、差异化进行课前、课中、课后的深度泛在学习，常态化监测学生学习进度，精准诊断，进而提供个性化的指导或调整教学，实现因材施教。在学习效果评价中，采用过程性考核和期末考核相结合，比例分别为60%和40%。过程性考核纳入资源学习、课堂互动、在线作业、虚拟仿真操作练习、实操考核等成绩，采用过程与结果、课内与课外、线上与线下相结合的综合考核方式实现对学生的全方位评价；期末考核实现线上组卷、教考分离。

三、取得成效

1. 教学实训场所信息化建设全面达成

建成了智慧教室、录播教室、虚拟仿真实训室、示教与反示教实验室等信息化教学实训场所49间，初步建成了省级虚拟仿真（培育）实训基地。

2. 信息化教学资源成果丰硕

国家动物药学专业职业教育教学资源库初步建成，获得了6门省级精品在线开放课程，校企合作开发了12部新型数字化教材，2本教材入选“十三五”职业教育国家规划教材，7本教材入选农业农村部“十三五”规划教材，2本教材入选江苏省高等学校重点教材。

3. 教师教学和学生学习信息化全覆盖

实现了教学管理信息化、教学资源信息化、教学手段信息化、学生学习信息化、教师教学和学生学习信息化覆盖率100%，获得江苏省教学能力大赛二等奖1项、三等奖3项。

案例3：“数字赋能 项目引领”，打造全国优秀教材

【学校】河北化工医药职业技术学院

学校是全国石化行指委生化技术与化工制药类专业委员会主任学校，一直牵头全国高职制药技术类系列教材开发，主编多部教材入选职业教育国家规划教材。专业群负责人张炳烛教授主编的《工业微生物及育种技术》（第三版）新形态一体化教材，2021年荣获全国优秀教材奖二等奖，实现了教材建设成果的历史性突破。

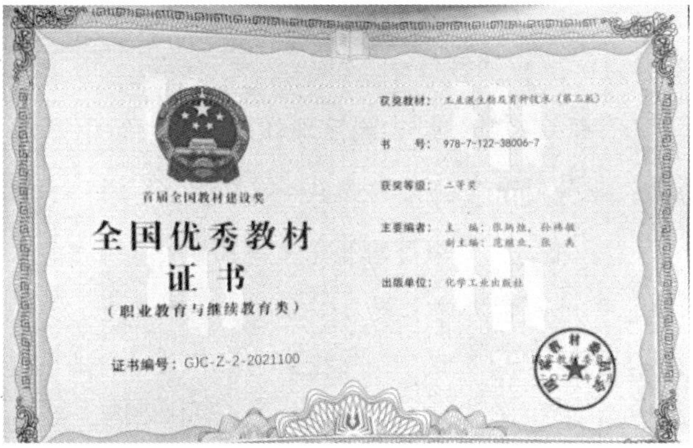

图 1　全国优秀教材二等奖获奖证书

一、“职业特色、项目引领”的编写理念

教材旨在贯彻落实《国家职业教育改革实施方案》文件精神，落实立德树人根本任务，根据企业对菌种培育人才的职业能力要求，与职业标准对接，根据企业岗位典型工作任务与工作过程，将教学内容重构为九个教学项目，形成了行动导向的内容体系。同时，教材从培养学生严谨规范的职业素养入手，将岗位职业道德和技术规范融入教学项目中，培养学生实事求是、精益求精的工匠精神和大胆求证、团队协作的创新精神。

图 2　教材入选职业教育国家规划教材

二、“过程为轴、项目为辐”的教材结构

教材面向职业教育，完成了教材结构的深入探索与创新。教材的时间维度，按照企业微生物岗位的工作过程展开，从认识、培养微生物到筛选、保藏微生物，传

统内容体系重构为基于工作过程的九个教学项目；教材的空间维度，每一个教学项目设计了学习目标、项目任务、成果导向的必要学习资料、完成任务后的思考，形成了“学—做—学”的螺旋提升，最大限度地体现了职业特色。

三、“校企协同、业务精湛”的编写团队

校企“双元”开发，编写人员来自河北化工医药职业技术学院、石家庄职业技术学院、华北制药集团、河北鑫合生物工程有限公司等院校企业，具有教育热忱与奉献精神，教学功底深厚、教研成果突出、实践经验丰富，来自企业的高级工程师为教材编写带来了前沿技术与真实生产案例，极大地丰富了教材内容，提高了教材的实用性。

四、“数字赋能、助学辅教”的配套资源

教材主动适应新时代教育教学改革要求，力求形态创新，配套开发39个微课、微视频、动画数字化教学资源，旨在解决学习中的重点难点问题，掌握菌种培育技术要点。教材以“目录＋二维码”形式，通过数字资源的全程融入和有效导航，构建了立体化的内容资源体系，有利于教师将信息化技术融入课堂教学，开展理实融通的项目化教学。

教材经过实践检验，获得了广泛认可，先后被宁波职业技术学院等多所高职、本科院校选用为专业课程教材；课程入选河北省首批在线开放课程，学生在2018年、2019年蝉联全国生物制药技能竞赛团体一等奖，产生了良好的应用推广效果。

4.2 支撑发展

案例4：打造中医药特色文化品牌 助力中医药文化传承创新

【学校】江苏食品药品职业技术学院

一、实施背景

学校结合食品、药品和大健康特色发展的办学定位，不断深挖地方特色文化资源，打造形成了内化于心、外化于行的“仁和精诚”中医药校园特色文化品牌，有效构建了“大思政”工作格局，实现了校园文化育人与学生素养提升的同频共振、协同发展。

二、主要举措

（一）筑基立魂，明晰校园文化价值导向

学校通过长期校园文化创造过程的积淀、整合和提炼，结合大健康专业特色，构建了以仁爱明德、崇尚和谐、精益求精、诚信求真等价值理念为支撑的校园文化体系，为培养高素质技术技能人才奠定文化根基，结合大健康专业特色，每年举办

“仁和精诚”中医药文化节，在全体学生中倡导以人为本、生命至重的精神理念，树立诚实守信、济世为怀的价值导向，使校园文化充分发挥激励、熏陶和重塑作用，为学生未来走向社会、走上工作岗位涵养厚重的道德根基。

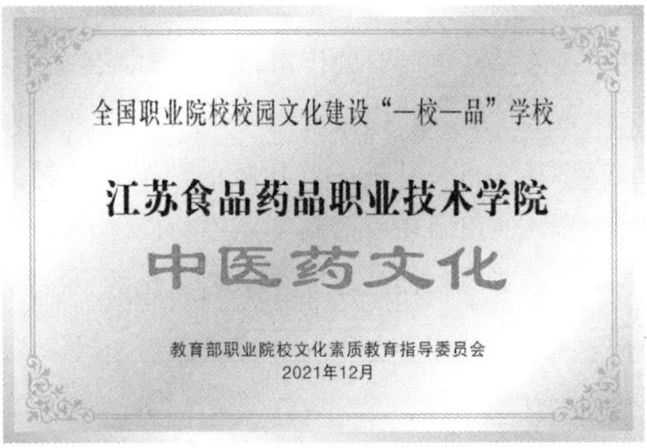

图1　荣获全国职业院校校园文化建设“一校一品”学校

（二）崇实尚善，强化校园文化制度建设

在校园文化制度建设过程中充分体现“仁和精诚”的文化追求，出台了《江苏食品药品职业技术学院中医药文化建设实施方案》《江苏食品药品职业技术学院大学生“十个一”工程实施方案》等相关制度，营造以制度培养人、以文化塑造人的浓厚氛围，确保“仁和精诚”的中医药文化品牌建设取得实效。尊重师生意愿及参与权，创建以人为本的学校教学、学生管理制度。健全校企合作、工学结合制度，与扬子江药业、淮安市第一人民医院等知名企事业单位深度合作，建成近千余家校外深度实习就业基地，培养学生胸怀天下、济世救人的“仁者爱人”思想。完善人文与科学相结合、传统与现代相融合的校园文化制度，把人文素质与科学精神渗透到人才培养全过程，充实校园文化内涵，营造博采众长、学用结合、学以致用的校园文化氛围。

图2　与扬子江药业、老百姓大药房等头部企业签订合约

（三）培元固本，夯实校园文化物质基础

加强“仁和精诚”中医药文化景观建设，凸显环境育人功能。依托校园地形、地貌，设计、建设一批特色文化景观，校园基础建设与文化建设高度统一，融文化、艺术、育人功能为一体，凸显其教育功能，造就理想学习成长空间。党委高度重视学校对外宣传和公共形象展示，加强对学校重大事件、重要活动、典型人物的宣传策划，利用与学校密切相关的重大节日、纪念日组织开展系列宣传，外塑形象、内聚精神。充分发挥校园媒体及宣传橱窗的作用，及时全面传播学校事业发展的成就，斯朗巴珍、次仁曲桑作为求学励志的代表登上中央 3 套朗读者的舞台，文化育人成效显著，不断提升学校知名度和美誉度。依托食品药品科技馆（校史馆）、校园百药园、中医康养实训室等，使校园环境达到了使用功能、审美功能和教育功能的和谐统一，润物细无声地渗透了“仁和精诚”中医药文化的独特魅力。

人民网

【00后女生#雪山顶上上网课#续：信号问题将解决】据@江苏食品药品职业技术学院，西藏昌都移动致电该校，询问了斯朗巴珍同学的家庭住址及联系方式，并已通过短信告知学生，她家所在村庄网络信号差的问题很快可以得到解决。此外，淮安移动、电信、联通将给该校困难学生每人送50个G流量。@中国青年报

@人民网：【#雪山顶上上网课# 网友心疼】-3℃西藏昌都。雪山顶上，斯朗巴珍正在上网课。家乡四周雪山环绕，网络信号差，她每天步行30分钟到山顶找网上课。石头成了她的“课桌椅”，一坐就是4小时。网友心疼：女孩子拿个棉垫子，石头太凉对身体不好…希望网络能尽快得到解决！（中青报）人民网的微博视频

图 3　求学励志女孩斯朗巴珍

图 4　中药学生药材种植劳动教育

（四）明德载道，树立校园文化行为规范

学校把“仁和精诚”的中医药校园特色文化品牌与社会主义核心价值观相结合，与党史学习教育的相结合，讲好苏耽橘井泉香、董奉杏林春暖、壶翁悬壶济世、华佗青囊度人等文化故事，不断加强师德建设，倡导“学高为师、身正为范”。加强素质教育，引导学生在工作、学习、生活中自觉遵循“仁和精诚”的行为规范。积极将“仁和精诚”中医药文化融入“第二课堂”，使广大学生亲身成为“仁和精诚”中医药文化的传播者和体验者，切实构建“三全”育人体系。

图 5　赴社区开展“志愿服务

图 6　与留守儿童中药绘党史

三、成果成效

通过校园文化品牌建设，学校进一步巩固落实了立德树人根本任务，充分发挥了文化建设在人才培养过程中的独特作用，打造了“仁和精诚”的中医药特色文化品牌，讲好苏食药院故事，激发师生的爱校情怀，增强校园文化育人的责任感和使命感，不断提升学校的美誉度与影响力。学校连续7次14年获“江苏省文明校园”荣誉称号，并入选教育部职业院校文化素质教育指导委员会2021年职业院校校园文化建设“一校一品”示范学院。

4.3 推动形成一批支撑职业教育高质量发展的政策、制度和标准

案例5：“三融合”驱动“三中心”大健康产业创新创业人才培养路径的探索与实践

【学校】江苏食品药品职业技术学院

一、实施背景

学校主动适应大健康产业高质量发展对高素质创新创业人才的培养需要，校企融合，共建“三层递进”创新创业人才培养“课程教育中心”，拓宽“学”的广度；专创融合，构建“四位一体”创新创业人才培养“实践训练中心”，挖掘“研”的深度；产教融合，搭建“8+1+N”创新创业人才培养“孵化加速中心”，确立“创”的高度，有效解决了创新创业教育课程体系衔接不全、实践平台对接不紧、孵化服务链接不畅等诸多问题，形成了“‘三融合’驱动‘三中心’”的大健康产业创新创业人才培养新路径，为全国高等职业院校深化创新创业教育改革、培养创新创业型高素质技术技能人才提供了“苏食院方案”。

二、主要举措

（一）以“学”拓广度——校企融合，共建“三层递进”创新创业人才培养“课程教育中心”

融入TRIZ（发明问题解决理论）创新理念，校企融合驱动双创“课程教育中心”，形成了一年级提升素质（意识普及）、二年级锤炼技能（实践强化）、三年级进阶裂变（精英培训）的“三层递进”金字塔型创新创业教育课程体系，即面向全体推进通识教育，夯实创新创业教育“塔基”，融入专业推进创新教育，厚实创新创业教育“塔身”，聚焦重点推进专题教育，坐实创新创业教育“塔尖”，有效解决了创新创业课程体系衔接不全的问题。

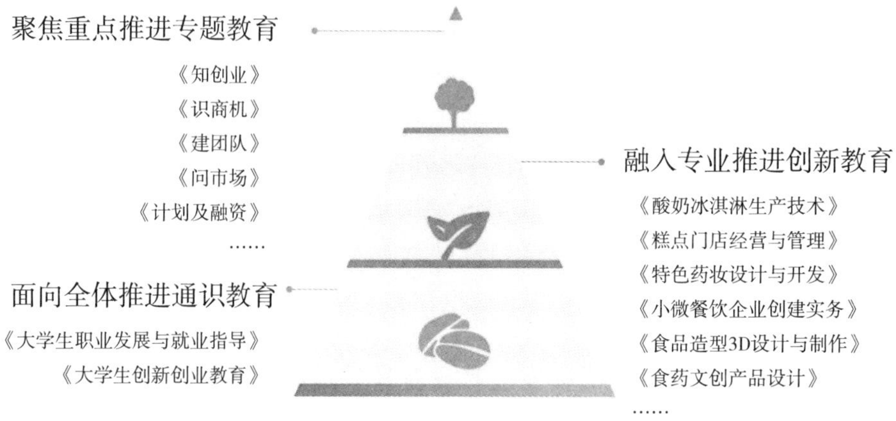

图1 “三层递进”创新创业人才培养“课程教育中心”示意图

（二）以“研”掘深度——专创融合，构建“四位一体”创新创业人才培养“实践训练中心”

通过整合校内实习实训基地、技术开发中心等实践训练平台资源，专创融合驱动双创“实践训练中心”，构建了做“专”实习实训项目、做“优”大创计划项目、做“精”科技创新项目、做“亮”双创大赛项目“四位一体”的创新创业人才实践平台，有效解决了创新创业实践平台对接不紧的问题。

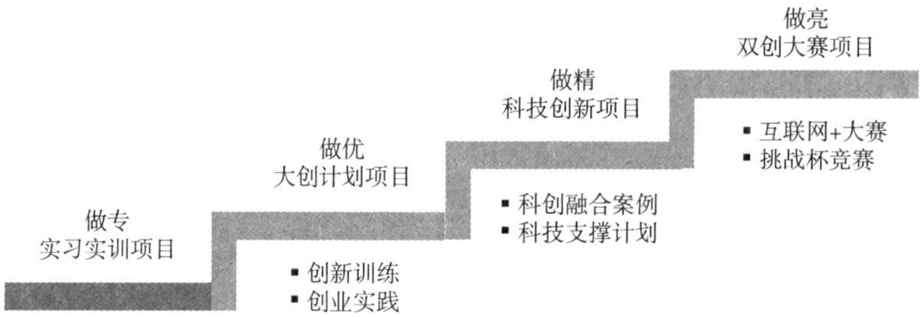

图2 “四位一体”创新创业人才培养“实践训练中心”示意图

（三）以“创”立高度——产教融合，搭建“8＋1＋N”创新创业人才培养“孵化加速中心”

根植大健康产业，孵化科技型中小企业，增强对大健康产业的溢出效应，产教融合驱动双创“孵化加速中心”，搭建了以院系孵化基地为主体、校级众创空间为引擎、校外创业园区为支撑的“8＋1＋N”创新创业人才孵化基地，即8个院部层面体现专业特色产教融合孵化基地、1个学校层面省级苏食智药众创空间、N个与学校建立合作关系创业园等校外创业园区，有效解决了创新创业孵化服务链接不畅的问题。

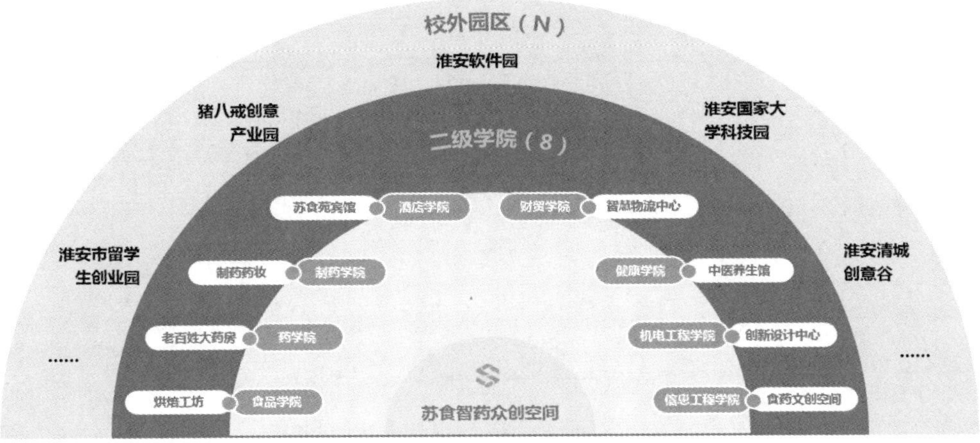

图 3 “8 +1 +N”创新创业人才培养“孵化加速中心”示意图

三、成果成效

近年来，学校先后荣获“江苏省大学生创新创业示范基地”“江苏省产教融合集成平台”等荣誉称号，连续 14 年荣获“江苏省高校毕业生就业创业工作先进集体”称号，2018 ~2020 年连续三年荣获江苏省“互联网 +”大学生创新创业大赛“优秀组织奖”，连续两年被评为江苏省高校毕业生就业工作量化考核“A 等高校”，学校创新创业人才培养形成的合作机制、教学资源、实践成效在全国高职院校发挥了示范和引领作用。

“双高计划”建设项目贡献度研究
（2019～2021年度）

分报告

交通运输专业大类分报告

中国教育会计学会
中国教育会计学会高等职业院校分会

1. 专业大类概况

交通运输专业大类立项建设专业群共计30个，涉及27所高等职业院校，立项建设单位中B档学校1个、C档学校7个、A档专业群1个、B档专业群9个、C档专业群10个。表1为立项建设单位及主要专业情况。从专业群类别看，囊括了城市轨道交通车辆技术、城市轨道交通工程技术、城市轨道交通运营管理、道路桥梁工程技术、动车组检修技术、飞机机电设备维修、高速铁道工程技术、航海技术、轮机工程技术、汽车运用与维修技术、铁道工程技术、铁道供电技术、铁道机车、铁道交通运营管理、邮政通信管理15个不同类别专业群，其中，道路桥梁工程技术专业群7个，位居大类第一。

表1　交通运输专业大类立项建设单位及专业具体情况

学校名称	档次	专业群名称	专业群包含专业	涉及院系数量
辽宁省交通高等专科学校	高水平学校建设单位（B档）	道路桥梁工程技术	道路桥梁工程技术、道路养护与管理、城市轨道交通工程技术、地下与隧道工程技术、工程测量技术	3
	高水平学校建设单位（B档）	汽车运用与维修技术	汽车运用与维修技术、汽车电子技术、汽车营销与服务、机电一体化技术、数控技术	2
福建船政交通职业学院	高水平学校建设单位（C档）	航海技术	航海技术、轮机工程技术、船舶工程技术	2
武汉船舶职业技术学院	高水平学校建设单位（C档）	轮机工程技术	轮机工程技术、航海技术、船舶电子电气技术、内燃机制造与维修、电气自动化技术	2
陕西铁路工程职业技术学院	高水平学校建设单位（C档）	城市轨道交通工程技术	城市轨道交通工程技术、地下与隧道工程技术、建筑工程技术、道路桥梁工程技术	1
	高水平学校建设单位（C档）	高速铁道工程技术	高速铁道工程技术、土木工程检测技术、工程测量技术、建设项目信息化管理	2
湖南铁道职业技术学院	高水平学校建设单位（C档）	铁道机车	铁道机车、动车组检修技术、城市轨道交通车辆技术、	1

续表

学校名称	档次	专业群名称	专业群包含专业	涉及院系数量
贵州交通职业技术学院	高水平学校建设单位（C档）	道路桥梁工程技术	道路桥梁工程技术、地下与隧道工程技术、道路养护与管理、土木工程检测技术、计算机网络技术	3
	高水平学校建设单位（C档）	汽车运用与维修技术	汽车运用与维修技术、机电一体化技术、新能源汽车运用与维修、物流管理、物联网应用技术	4
西安航空职业技术学院	高水平学校建设单位（C档）	飞机机电设备维修	飞机机电设备维修、飞行器制造技术、应用电子技术、材料工程技术	1
四川交通职业技术学院	高水平专业群建设单位（A档）	道路桥梁工程技术	道路桥梁工程技术、地下与隧道工程技术、建筑工程技术、工程造价、土木工程检测技术	2
石家庄铁路职业技术学院	高水平专业群建设单位（B档）	铁道工程技术	铁道工程技术、高速铁道工程技术、城市轨道交通工程技术、工程测量技术、建筑材料工程技术	3
唐山工业职业技术学院	高水平专业群建设单位（B档）	动车组检修技术	动车组检修技术、工业机器人技术、电气自动化技术、数控技术、物联网应用技术	3
江苏海事职业技术学院	高水平专业群建设单位（B档）	航海技术	航海技术、轮机工程技术、船舶电子电气技术、电气自动化技术	2
江苏航运职业技术学院	高水平专业群建设单位（B档）	航海技术	航海技术、轮机工程技术、港口与航运管理、国际邮轮乘务管理	4
江西交通职业技术学院	高水平专业群建设单位（B档）	道路桥梁工程技术	道路桥梁工程技术、地下与隧道工程技术、建设工程监理、道路养护与管理、机电设备维修与管理	2
山东交通职业学院	高水平专业群建设单位（B档）	汽车运用与维修技术	汽车运用与维修技术、汽车智能技术、汽车营销与服务、汽车车身维修技术、新能源汽车运用与维修	1
广州铁路职业技术学院	高水平专业群建设单位（B档）	铁道供电技术	铁道供电技术、城市轨道交通车辆技术、铁道机车、铁道通信与信息化技术、电气自动化技术	3
浙江交通职业技术学院	高水平专业群建设单位（B档）	道路桥梁工程技术	道路桥梁工程技术、通信技术、物联网应用技术、工程造价、汽车运用与维修技术	3

续表

学校名称	档次	专业群名称	专业群包含专业	涉及院系数量
郑州铁路职业技术学院	高水平专业群建设单位（B档）	铁道机车	铁道机车、铁道车辆、动车组检修技术城市轨道交通车辆技术、	1
武汉铁路职业技术学院	高水平专业群建设单位（B档）	动车组检修技术	动车组检修技术、铁道机车、铁道车辆、城市轨道交通车辆技术、机电设备维修与管理	2
山东职业学院	高水平专业群建设单位（C档）	城市轨道交通车辆技术	城市轨道交通车辆技术、城市轨道交通机电技术、城市轨道交通运营管理、铁道供电技术、铁道信号自动控制	1
吉林铁道职业技术学院	高水平专业群建设单位（C档）	铁道机车	铁道机车、铁道交通运营管理、铁道供电技术、铁道信号自动控制、铁道车辆	2
北京交通运输职业学院	高水平专业群建设单位（C档）	城市轨道交通运营管理	城市轨道交通运营管理、城市轨道交通车辆技术、城市轨道交通通信信号技术、城市轨道交通供配电技术、城市轨道交通运营管理	1
石家庄邮电职业技术学院	高水平专业群建设单位（C档）	邮政通信管理	邮政通信管理、快递运营管理、电子商务、市场营销、物流管理	3
南京铁道职业技术学院	高水平专业群建设单位（C档）	铁道交通运营管理	铁道交通运营管理、铁道信号自动控制、动车组检修技术、铁道供电技术、高速铁道工程技术	4
广州民航职业技术学院	高水平专业群建设单位（C档）	飞机机电设备维修	飞机机电设备维修、飞机电子设备维修、飞机结构修理、飞机部件修理、通用航空器维修	1
哈尔滨铁道职业技术学院	高水平专业群建设单位（C档）	城市轨道交通工程技术	城市轨道交通工程技术、地下与隧道工程技术、土木工程检测技术、工程造价	1
湖南交通职业技术学院	高水平专业群建设单位（C档）	道路桥梁工程技术	道路桥梁工程技术、高速铁道工程技术、港口与航道工程技术、道路养护与管理、工程造价	2
吉林交通职业技术学院	高水平专业群建设单位（C档）	道路桥梁工程技术	道路桥梁工程技术、道路桥梁工程技术试验检测方向、工程测量技术、市政工程技术、道路养护与管理	1

2. 资金投入情况

从五年总量看，交通运输类专业群项目预算总额为 374018.26 万元，2019 ~ 2021 年支出为 205033.55 万元，总体执行率为 54.82%。专业群各项建设任务中执行率低于 50% 的分别是教师教学创新团队（执行率为 39.31%）、国际交流与合作（执行率为 27.98%），其他项目执行率均在 50% 以上。其他类项目执行率为 113.63%，存在明显异常（见表 2）。

表 2　　交通运输专业大类各专业群项目预算执行情况

建设任务	项目预算总额（万元）	2019 ~ 2021 年支出数（万元）	2019 ~ 2021 年执行率
人才培养模式创新	14021.55	8198.38	58.47%
课程教学资源建设	42146.51	23791.75	56.45%
教材与教法改革	13691.31	6878.17	50.24%
教师教学创新团队	35881.64	14103.31	39.31%
实践教学基地	187391.42	106942.00	57.07%
技术技能平台	46360.01	25525.91	55.06%
社会服务	19847.00	11946.74	60.19%
国际交流与合作	20065.20	5614.07	27.98%
可持续发展保障机制	2623.62	1358.33	51.77%
其他	990.00	1124.91	113.63%
合计	374018.26	205033.55	54.82%

从专业群各大建设任务看，实践教学基地资金支出占比较高，为 52.02%。教材与教法改革、国际交流与合作、可持续发展保障机制资金支出占比较低，分别是 3.36%、2.75%、0.66%。具体情况如图 1 所示。

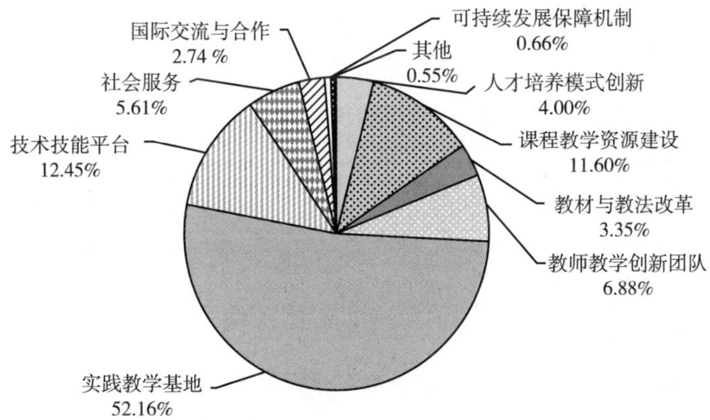

图 1　交通运输专业大类各建设任务支出占比情况

从各专业群资金执行情况看，执行率在50%以上共22个专业群，执行率在50%以下共8个专业群。其中，四川交通职业技术学院道路桥梁工程技术专业群预算执行率为100%，执行率最高；武汉船舶职业技术学院轮机工程技术专业群执行率为24.28%，执行率最低。具体情况如表3所示。

表3　　交通运输类专业群各学校资金执行情况

学校名称	档次	专业群名称	总预算（万元）	2019～2021年支出（万元）	执行率
辽宁省交通高等专科学校	高水平学校建设单位（B档）	道路桥梁工程技术	9870.00	4451.96	45.11%
辽宁省交通高等专科学校	高水平学校建设单位（B档）	汽车运用与维修技术	9180.00	3890.47	42.38%
福建船政交通职业学院	高水平学校建设单位（C档）	航海技术	9531.00	7777.06	81.60%
武汉船舶职业技术学院	高水平学校建设单位（C档）	轮机工程技术	8200.00	1990.65	24.28%
陕西铁路工程职业技术学院	高水平学校建设单位（C档）	城市轨道交通工程技术	11000.00	6624.92	60.23%
陕西铁路工程职业技术学院	高水平学校建设单位（C档）	高速铁道工程技术	11000.00	6624.92	60.23%
湖南铁道职业技术学院	高水平学校建设单位（C档）	铁道机车	12200.00	3334.72	27.33%
贵州交通职业技术学院	高水平学校建设单位（C档）	道路桥梁工程技术	15796.00	8268.80	52.35%
贵州交通职业技术学院	高水平学校建设单位（C档）	汽车运用与维修技术	15796.00	8268.80	52.35%
西安航空职业技术学院	高水平学校建设单位（C档）	飞机机电设备维修	9800.00	5961.78	60.83%
四川交通职业技术学院	高水平专业群建设单位（A档）	道路桥梁工程技术	4522.26	4522.26	100.00%
石家庄铁路职业技术学院	高水平专业群建设单位（B档）	铁道工程技术	18000.00	10869.74	60.39%
唐山工业职业技术学院	高水平专业群建设单位（B档）	动车组检修技术	16000.00	10450.89	65.32%
江苏海事职业技术学院	高水平专业群建设单位（B档）	航海技术	15000.00	9242.42	61.62%

续表

学校名称	档次	专业群名称	总预算（万元）	2019～2021年支出（万元）	执行率
江苏航运职业技术学院	高水平专业群建设单位（B档）	航海技术	13000.00	8282.39	63.71%
江西交通职业技术学院	高水平专业群建设单位（B档）	道路桥梁工程技术	12000.00	6684.71	55.71%
山东交通职业学院	高水平专业群建设单位（B档）	汽车运用与维修技术	12000.00	7904.92	65.87%
广州铁路职业技术学院	高水平专业群建设单位（B档）	铁道供电技术	11870.00	5138.47	43.29%
浙江交通职业技术学院	高水平专业群建设单位（B档）	道路桥梁工程技术	17000.00	10341.64	60.83%
郑州铁路职业技术学院	高水平专业群建设单位（B档）	铁道机车	16438.00	9334.65	56.79%
武汉铁路职业技术学院	高水平专业群建设单位（B档）	动车组检修技术	9000.00	6438.76	71.54%
山东职业学院	高水平专业群建设单位（C档）	城市轨道交通车辆技术	10065.00	6326.74	62.86%
吉林铁道职业技术学院	高水平专业群建设单位（C档）	铁道机车	30000.00	11544.16	38.48%
北京交通运输职业学院	高水平专业群建设单位（C档）	城市轨道交通运营管理	16241.00	9610.32	59.17%
石家庄邮电职业技术学院	高水平专业群建设单位（C档）	邮政通信管理	6000.00	4059.87	67.66%
南京铁道职业技术学院	高水平专业群建设单位（C档）	铁道交通运营管理	15100.00	6791.03	44.97%
广州民航职业技术学院	高水平专业群建设单位（C档）	飞机机电设备维修	14162.00	4589.11	32.40%
哈尔滨铁道职业技术学院	高水平专业群建设单位（C档）	城市轨道交通工程技术	6860.00	4328.75	63.10%
湖南交通职业技术学院	高水平专业群建设单位（C档）	道路桥梁工程技术	7750.00	4692.91	60.55%
吉林交通职业技术学院	高水平专业群建设单位（C档）	道路桥梁工程技术	12300.00	6727.32	54.69%

3. 贡献度分析

交通运输大类专业群建设单位全面贯彻党的教育方针，坚持立德树人，坚持正确办学方向，优化职业教育类型定位，深化产教融合，深入推进育人方式、办学模式、管理体制、保障机制改革，推动职普融通，增强职业教育适应性，加快构建现代职业教育体系，培养更多高素质技术技能人才、能工巧匠、大国工匠，引领职业教育改革发展和人才培养，支撑国家战略和区域经济社会发展，形成一批有效支撑职业教育高质量发展的政策、制度和标准。

3.1 引领改革

“双高计划”引领职业教育改革发展和人才培养的贡献度，主要体现在价值引领、模式引领、制度引领和标准引领四个维度上。

3.1.1 价值引领

以习近平新时代中国特色社会主义思想为指导，以党的政治建设为统领，全面增强党的领导核心和政治核心作用，融入交通文化、红色资源、工匠精神等元素的素质教育新体系日益完善，紧跟产业前沿和企业一线的教学改革新实践有序开展，专业群的示范引领作用成效凸显，专业服务产业能力稳步提升，产教融合校企合作不断深化，治理体系改革持续推进，信息化融入管理全过程，推进学校成为行业特色办学的典范和样板（见表4）。

表4 价值引领具体举措和成效

学校	内容
福建船政交通职业学院	创新“一心双高三提升四融合”党建工作机制，将党建与“双高”建设紧密融合，推进党建引领下的“立德树人、德技并修”与人才培养的深度融合。形成了“一经一纬四纵四横”文化育人模式，构建以学生为核心，学校、家庭、企业全员参与的三全育人平台，形成对学生成人成才的全方位、全过程浸润的格局
陕西铁路工程职业技术学院	做强“德技双修、匠心筑梦”专业群文化品牌，打造实践育人、文化育人和管理服务育人平台，学生满意、家长放心
吉林铁道职业技术学院	完善劳动课考核体系，融入“劳模精神”教育，实施“劳动与实训融合”，实现综合育人。完成专业群教学模块思政点的系统布局，实施“全课程思政”

续表

学校	内容
江苏海事职业技术学院	坚持“把博物馆建在校园里、把校园建成博物馆”的校园文化建设思路，建成凸显“海”“船”“港”等元素的“一带九馆五廊一路”海事教育博物馆
江西交通职业技术学院	充分发挥江西红色文化资源优势，用红色基因培根强基铸魂，将红色教育贯穿人才培养全过程，让红色成为学校担当“为党育人为国育才”使命最鲜亮的底色
北京交通运输职业学院	高度重视青年学生的思想引领工作，“一心三色四步五结合”构建三全育人大思政实践教育新高地
唐山工业职业技术学院	形成了“顶层设计、课堂带动、环境熏陶”的专业群大思政育人模式

3.1.2 模式引领

(1) 推进人才培养模式不断创新。

把脉“交通强国”建设的历史机遇，始终立足交通运输行业，不断探索实践人才培养模式创新，助推人才培养高质量发展。陕西铁路职业技术学院等 17 所院校形成了一批可借鉴的经验做法，取得了良好成效（见表 5）。

表 5　　　　人才培养模式引领具体举措和成效

学校	内容
陕西铁路职业技术学院	深化岗课赛证融通，创建“双主体、三融合、四对接”专业群人才培养模式
武汉船舶职业技术学院	校企共建鑫裕盛产业学院，牵头成立长江海事局辖区卓越海员培养产教联盟，首创“24 +8 +4”卓越海员培养模式
西安航空职业技术学院	创新航空维修类专业“标准融通、军民两用”人才培养模式，获省级教学成果特等奖
四川交通职业技术学院	探索“校企协同、四点聚力”的产教融合发展路径，初步形成“五业联动、五育融合”的人才培养模式
石家庄铁路职业技术学院	创新了校企“双核创新引领、五轴协同驱动”的“1435”人才培养模式，联合 64 家企业全面推行现代学徒制人才培养，其中订单班 16 个
唐山工业职业技术学院	校企协同实践“学校夯实基础 + 企业跟岗实践 + 学校专业塑形 + 企业顶岗锻炼”工学交替人才培养模式
山东交通职业学院	对接国际名企技术标准和评价体系，拓宽学生国际视野，提升学生服务汽车产业高端能力；将“思政、文化、劳动、创新创业”融入人才培养培训全过程，提升学生政治品格、文化品味、劳动品德和双创品质；遵循“基础技能、基本技能、综合技能、岗位能力”递进式培养规律，实施了“一对接、四融合、四递进”人才培养模式

续表

学校	内容
郑州铁路职业技术学院	创新提出“两化、三对接、三融通”的育训结合人才培养模式，即学校教师队伍、站段训练师队伍、证书考核队伍一体化和教学情景、训练场景、试验场地一体化；建立学校和企业、系部和站段、教研室和车间校企三级对接机制；校企共同考核，学生毕业实现“铁路特有工种职业技能等级证、岗前培训合格证、毕业证”三证融通
吉林交通职业技术学院	创新构建了具有寒区特色的“四融、四境、四段”弹性人才培养模式
吉林铁道职业技术学院	创新“三四五”育训结合人才培养模式
江苏海事职业技术学院	成功实践“1（校）+0.5（船）+1（校）+0.5（船）”船校交替、书证融通、双元分段卓越海员教育培养模式，成果获江苏省教学成果一等奖
哈尔滨铁道职业技术学院	创新了“双轨双域、三标融通”现代学徒制人才培养模式，校企双元育人，“校内＋现场”工学交替，为企业培养适销对路高素质技术技能人才
江西交通职业技术学院	深化“专业企业一体、生产教学融合”人才培养模式改革，获省教学成果奖8项，学生竞赛获奖132项
北京交通运输职业学院	形成了“双主体，两类别，四层次，五融合”人才培养模式，与北京地铁等龙头企业共建产教融合育人平台，实现工学交替，深化校企一体化育人。创新“双主体、两类别、四层次、五融合”现代学徒制人才培养模式，打造城轨专业人才培养高地
湖南交通职业技术学院	创新“六融通、三提升”现代学徒制人才培养模式，实施“工学同轨、师徒同训、匠魂同铸”准工匠培养研究与实践项目
浙江交通职业技术学院	创新“1＋2＋N”模式，复合人才培养呈现新成效
武汉铁路职业技术学院	创新“双元互动、双线融合”人才培养模式，开办3个“英才计划”班，与武汉铁路局等企业开展“2＋1”中国特色学徒制培养
石家庄邮电职业技术学院	实施“订单招生＋现代学徒制”培养，打造“招生招工一体、双层双师协同、校内校外对接、线上线下结合、全程全面共育”的邮政现代学徒制人才培养模式

（2）推动“三教”改革持续发力。

交通运输大类专业群始终明确专业定位，找准切入点和着力点，以教师改革作为“三教”改革的根本，建优创新，将新思想、新技术、新工艺、新规范融入教材，深入探索教法新模式，取得明显成效（见表6）。

表 6　　“三教”改革模式引领具体举措和成效

	总体成效	学校	内容
教师改革	打造了“双师型”教师培养培训基地、教师企业实践基地共计53个，院士工作室、技能大师工作室、名师工作室、技艺传承平台等108个，打造了国家级、省级各类团队60多个，教师教学能力显著提升	南京铁道职业技术学院	构建包含“师德修养、教育教学、职业技能、教研科研、社会服务”等五个维度，“实践型、经验型、研究型、创新型”等四个阶段的“五维四段”专业群双师能力培养体系，靶向培养专业群一流师资
		江苏航运职业技术学院	全面实施了“师德师风建设工程”“素质培养和大国工匠工程”教师国外研修工程”“博士和名师培养工程”，打造“双师双语双创”国际化教学创新团队
		湖南交通职业技术学院	遵循教师职业、技能、行业三个标准，构建“教学、技能、生产”三个场域，打造一支“教学名师、技能工匠、企业大师”三种类型融合的教师教学创新团队，形成了“333”教师培养提升模式
教材改革	编制工作手册式、活页式、双语教材等共计499部，编写“1+X”证书制度培训教材23部，其中荣获国家级、行业规划教材80部，国家优秀教材奖10余项	辽宁交通高等专科学校	创新了基于产教融合的“四位一体、一核两翼”高质量教材建设模式，入选国家“十三五”职教规划教材18种，并获评首届全国教材建设先进集体和全国教材建设一等奖，彰显了在汽车职教领域的引领示范作用
		浙江交通职业技术学院	编制校企“双元”新形态教材18部、新型活页式或手册式教材24部、国际化校本教材6部，入选国家级校企“双元”规划教材5部
		石家庄铁路职业技术学院	融合案例，校企双元开发精品教材。构建“三对接、一平台、四模块”课程体系，校企合作制订课程标准比例100%
		山东交通职业技术学院	构建优化了“厚基础、精技能、拓方向”的“双平台、三模块”学分制课程体系，与上汽大众汽车有限公司等8家企业双元开发汽车专业新媒体教材21部、新型活页教材6部
教法改革	“线上+线下”混合式教学、项目式教学、情景式教学等方面开展了探索	石家庄铁路职业技术学院	创新“三魂文化”元素融入专业课程思政育人体系，课程思政全覆盖，获评国家课程思政示范课程2门，省级1门
		江苏海事职业技术学院	遵循“通识课程职业化、专业课程项目化、配套教材立体化”原则，系统推进“OBE+项目化”教育教学改革，推动学生中心的课堂革命

续表

	总体成效	学校	内容
教法改革	“线上＋线下”混合式教学、项目式教学、情景式教学等方面开展了探索	广州铁路职业技术学院	深入推进混合式教学改革，实施线上线下“两段”、课前—课中—课后“三阶”、导—启—会—析—拓—评“六步”教学，形成了混合式教学新范例，获全国职业院校教师教学能力大赛一等奖
		湖南铁道职业技术学院	创新“教师组课＋学生走课”的模块化混合式教学组织模式，组建模块化教学实施团队，打造专业群7门“金课”
		浙江交通职业技术学院	适应战略新兴产业需求，构建“基础”＋“提升”＋“拓展”多元模块化实践教学体系，初步形成数字化车路协同实践教学基地品牌

3.1.3　制度引领

交通运输大类专业群围绕专业建设、教师队伍、课程资源、内部治理、绩效评价等方面出台了一系列制度措施，尤其是石家庄铁路职业技术学院等院校形成了一些特色经验做法，为保障“双高计划”建设项目高质量完成、专业群可持续发展起到了积极促进作用（见表6）。

表7　　制度引领具体举措和成效

学校	内容
陕西铁路职业技术学院	建立“决策指导、共建共享、协同发展”的专业群运行管理机制
西安航空职业技术学院	构建专业群“整体规划—管理运行—监督检查—绩效考核”的四级管理运行机制，完善专业群绩效、教师目标考核管理等10余项激励办法
四川交通职业技术学院	制定双高专业群建设项目管理办法、重大项目奖励绩效管理办法、内部质量保证体系专业层面工作手册等
石家庄铁路职业技术学院	创建“四协同”专业群可持续发展保障机制，出台《专业群建设项目管理办法》《专业群绩效评价管理办法》等5项制度，形成专业调研报告5份，经验做法入选《2020年中国职业教育质量年度报告》典型案例
江苏海事职业技术学院	改变传统“分而治之”的基层学术组织管理模式，撤销教研室，组建专业（课程）教育中心，落实基层党组织与基层学术组织“双带头人”制度；出台《专业（课程）中心建设管理办法》，系统推进专业建设；实施“课籍”管理，按“先入先得”原则明晰课程归属权和定期认证机制
广州铁路职业技术学院	制定完善了《专业群建设管理办法》《专业群建设项目绩效考核与激励办法》等制度5个，构建完整的制度体系
浙江交通职业技术学院	建立健全专业群“协调—动态—融合—引资—诊断”可持续发展保障机制，构建了“一核引领、六维驱动”产教深度融合机制1套

3.1.4 标准引领

部分院校主持和参与了国家专业教学标准、“1+X”证书制度标准、课程标准、职业标准、企业标准等标准的制定工作，形成了一批助推职业教育高质量发展的成果。部分院校参与标准制定情况如表7所示。

表8 交通运输专业大类参与标准制定情况

类别	学校	内容
专业教学标准与课程标准等	福建船政交通职业学院	参与教育部教学标准（含专业简介）编订8项
	武汉船舶职业技术学院	开发专业教学标准3个、专业群课程标准30个
	陕西铁路职业技术学院	组织研制铁路工程类高职专业教学标准9个、职教本科专业教学标准1个，开发全国首批虚拟仿真实践教学标准2套
	西安航空职业技术学院	牵头制定国家职业教育实践教学条件建设标准
	石家庄铁路职业技术学院	主持铁道工程技术专业教学标准的修（制）订编写工作，参与1个职业本科、3个高职和1个中职的专业教学标准修（制）订编写工作
	唐山工业职业技术学院	参与城市轨道交通车辆制造与维护等4个国家职教专科专业教学标准研制
	石家庄邮电职业技术学院	制修订国家专业教学标准2项、专业简介4项，邮政类国家职业技能标准3项、职业技能等级认定标准9项
	山东职业学院	参与全国城市轨道运输类专业《实训教学条件建设标准》1个、编制教育部《教师实践流动站标准》1个
	吉林铁道职业技术学院	主持修（制）订国家专业教学标准5个，参与18个国家专业教学标准修（制）订
	广州铁路职业技术学院	主持研制的高等职业学校铁道供电技术专业教学标准、专业实训教学条件建设标准和专业建设指导标准。参与全国职业教育专业目录修（制）订
	湖南交通职业技术学院	主持或参与制定了《职业院校道路桥梁工程技术专业实训教学条件建设标准》《职业教育道路工程造价专业教学标准》和《职业学校道路养护与管理专业教学标准》等7项国家高等职业教育教学标准
	辽宁省交通高等专科学校	主持修订国家《高等职业学校道路桥梁工程技术专业标准》，参与修订国家专业标准1个
	武汉铁路职业技术学院	主持制定轨道列车司机（电力机车司机）国家职业技能标准，开发2个国际化专业教学标准、8个国际化课程标准

续表

类别	学校	内容
其他标准	福建船政交通职业学院	实施职教援外国际化合作项目2项，输出专业建设、实训标准19项，课程标准及双语教材各15项
	石家庄铁路职业技术学院	与中国铁建等“走出去”企业合作，开发输出铁道工程技术等专业教学标准3个、专业课程标准15个
	福建船政交通职业学院	参与编制《福建省沿海桥梁水域航行安全指南》等行业标准5项
	武汉船舶职业技术学院	开发社会船员入职培训、适任证书再有效培训等模块化培训标准2个
	石家庄邮电职业技术学院	参与制定《快件航空运输信息交换规范》国家标准，牵头制定行业标准、团体标准和企业标准42项
	唐山工业职业技术学院	联合企业研制智能协作机器人技术及应用、智能制造生产与管理控制等5个职业技能等级标准，为国家职业教育标准化贡献力量
	江西交通职业技术学院	制定《旧水泥混凝土路面共振碎石化就地再生技术规范》《公路精表处设计、施工及验收规程》等地方标准4部，参与制定《公路工程BIM管理系统应用指南》等数字公路地方标准2部
	辽宁省交通高等专科学校	制定了《公路养护工程技术人员职业标准》
	湖南交通职业技术学院	参与编写了《公路工程材料价格使用手册》《〈公路工程预算定额〉释义手册》《筑路工国家职业技能标准（2019年版）》《交通基础设施北斗应用监测技术规范》

3.2 支撑发展

交通运输是国民经济重要的基础产业，交通运输大类专业群锚定“交通强国”战略布局、区域定位和产业需求，契合学校特色与优势，多元打造产教融合平台和技术创新平台，协同培养技术创新服务团队，积极服务国家发展战略和区域经济高质量发展。

3.2.1 服务国家战略

（1）深化校企合作，共建产业学院，助推产教融合。

以交通运输职业教育服务国家战略定位，依托学校和专业群优势资源，不断深化产教融合，拓展空间领域，加强专业建设、提升人才培养质量、形成多元融合新成果。例如，福建船政交通职业学院牵头成立福建船舶职教集团，形成航海人才培育命运共同体，全面托管福建船舶工程技术学校，帮扶编制专业建设、课程和实训标准等10项，产教融合双元育人作用发挥明显。石家庄邮电职业技术学院依托优势资源开展邮政科研和技术服务，建立了校企科技服务体系、培训体系、人才培养体系，形成“育训研”一体化融通发展模式，获省教学成果一等奖。山东交通职业技术学院与福田欧康共建动力产业学院，建立企业教师工作站和学校技能大师工作站，互派教师进站工作，校企双元“三段学程、四段递进”培养商用车技术技能人才，协同致力于科技项目研发与实践，提升教师技艺技能。

（2）优化技术创新，提升交通效能，赋能乡村振兴。

发挥专业优势，创新技术力量，贯通乡村交通，提档运输效能，将交通技术赋能到国家“乡村振兴”战略上，充分展现交通职业教育的效力与魅力。例如，江西交通职业技术学院完成全省 11 个设区市 4525 个自然村 3382 公里“组组通”水泥路实地核查，在省内首次将航拍技术应用于定点帮扶村整体规划。湖南交通职业技术学院将“无人机航测、无损工程检测、北斗安全监测”等新技术应用到“四好农村路”建设中，承担全省农村公路建设监理和验收检测服务，先后为湖南省邵阳县大联村等 4 个村免费提供航测地形图、工程质量鉴定、地质灾害监测。对接新疆交通职业技术学院、吐鲁番市交通运输局，形成了湘疆两地交通运输管理融合、专业融合、新技术融合的“二对接三融合”援疆模式。福建船政交通职业学院牵头组建福建省脱贫攻坚职业院校合作共同体、福建省职业院校质量振兴共同体，整合闽宁两地职业教育资源，联合宁夏职业技术学院共同组建闽宁职业教育乡村振兴合作共同体，并成立闽宁职业教育培训所及乡村振兴学院，搭建闽宁职教协作共同体平台，创新形成“一体两翼八共建助力闽宁乡村振兴职教协作”模式，持续为“闽宁”两地经济发展提供技术技能人才支撑和社会服务，发挥职业院校参与精准扶贫的独特作用。

（3）强化国际交流，成立海外机构，服务“一带一路”。

在交通职业背景下实践办学，与“一带一路”沿线国家建立共同发展、合作共赢的良好关系，为国际交流与合作项目的实施提供人才支撑，更好实现交通职教智力输出。例如，陕西铁路职业技术学院牵头成立高铁建设应用技术人才培养国际联盟，建设肯尼亚“鲁班工坊”、卢旺达“鲁班工坊”，联合开发高铁专业教学标准、双语教材、技能培训包等系列资源，开展“一带一路”沿线国家本土铁路人才培训 10000 余人/日。浙江交通职业技术学院新建“海外鲁班学校”2 所、“丝路交通学院”1 所，形成“海外鲁班学校”“丝路交通学院”建设管理机制 1 套，申报教育部鲁班运营工坊项目，初步形成具有示范引领作用的海外教育培训基地建设管理机制。武汉铁路职业技术学院在泰国设立高铁鲁班学院，制定铁道车辆、动车组检修技术 2 个国际专业教学标准，城市轨道交通车辆检修等 8 门课程标准，主持建设《城市轨道交通车辆构造》中泰职教联盟课程，登录“学堂在线”国际版，面向全球开放共享。江苏航运职业技术学院为东盟国家制定《航海技术专业教学标准》和

《国际邮轮乘务管理专业教学标准》；在柬埔寨、肯尼亚等国家建立“海事培训中心”“中非职业学院”等海外办学点，为中航国际等30余家“走出去”企业培养了一批本地员工和师资。郑州铁路职业技术学院秉承“铁路延伸到哪、学校办到哪、人才培养到哪”的理念，依托我校境外“詹天佑学院”，专业群充分发挥学校国际教育资源优势，积极参与亚吉铁路、蒙内铁路、麦加轻轨、中老铁路、本格拉铁路重大基础设施建设，提供国际化列车运用与维护专业培训。

（4）深化校军合作，共育军事人才，助力军民融合。

在军队战斗力与国家竞争力紧密耦合大背景下，交通运输大类专业群通过与部队协同共育、开设绿色通道，培养军事交通运输人才。例如，福建船政交通职业学院建设高标准驾训基地，训练“上车能驾驶、下车能战斗”的驾驶技能与军事技能双过硬的军事人才，福建省委军民融合办、部队和学校三个主体在学兵驾训中紧密协同，构建“一基地双训练三协同”军民融合驾训合作模式。武汉船舶职业技术学院大力开展“校军合作”，轮机工程技术、船舶电子电气技术与电气自动化技术等3个专业开展4个方向的定向士官培养，截至2021年，专业群为军队定向培养1294名高素质技术技能型人才。江苏海事职业技术学院修订《海船船员适任考试发证规则》，并开设“绿色通道”，认可学生企业跟岗实习资历，并在面向退役军人的“浪花计划”中推广使用。

3.2.2 服务区域经济社会发展

精准调研行企需求，深度融入区域产业链与创新链，校企协同开展技术攻关，加强技术服务供给，服务区域经济结构调整和产业转型升级。

（1）推进技术创新应用，服务产业转型升级。

交通运输大类专业群通过校企共建协同创新中心、共建技术创新服务团队、工程技术应用研究中心等方式，推动技术创新走深走实，打造了一批社会服务特色品牌（见表8）。

表9　技术创新具体举措和成效

学校	内容
武汉船舶职业技术学院	成立“舰船动力设备优化设计与仿真协同创新中心”“人工智能及自动化控制技术协同创新中心”，打造军民融合船舶社会服务品牌，依托中心，获知识产权26项，承接省级及以上纵向课题14项，参与设计军民舰船等横向课题35项，创造经济产值超2400万元
陕西铁路职业技术学院	依托4个技术应用研究中心组建10个技术创新团队，完成企业委托攻关课题12项，破解高地温条件下高性能混凝土配置等生产难题33个，取得专利授权28项、市厅级以上科技类成果10项，产生经济效益8200万元

续表

学校	内容
石家庄铁路职业技术学院	创新“搭建平台、打造团队、科技攻关、成果推广”模式，建设四个应用技术创新中心，创建了“企业出题、共同出资、共同研发、企业验收、成果共享”模式，多方位开展技术服务，帮扶28家中小微企业纾困解难，面向行业企业开展技术服务、技术交易92项，开展科研项目37项，纵向科研合同额73.7万元；授权专利68项，科技成果转化6项
浙江交通职业技术学院	联合知名科研院所建成省级工程技术中心，交通运输部批复新一代人工智能交通运输行业研发中心，开展校企合作科研项目44项，立项省部级以上科研项目15项，成立高水平技术服务团队7个，解决中小微企业技术难题83项，获授权专利28项，科研与技术服务经费到款额3.87亿元
南京铁道职业技术学院	联合上海局、南京信息工程大学、西南交通大学等单位共建智慧高铁省级产教融合集成平台。与清华大学戴琼海院士团队、西南交通大学翟婉明院士团队合作承接国家科技部重大科学仪器开发专项、国家自然科学基金委员重大科学仪器开发专项、中国铁路集团科技研发计划重点课题，获得省级科技进步奖1项，市厅级科技进步奖5项，推广产生的经济效益超过3亿元

(2) 完善社会培训体系，提升社会服务能力。

交通运输大类专业群面向退役军人、下岗失业人员、农民工等群体开展培训90000余人/次，开展其他各类社会培训10万余人/次，对外师资培训4500余人/次，开展各类职业技能等级与职业资格认证培训7800余人/次。在培训过程中，形成了一些特色做法（见表9）。

表10　　社会培训具体举措和成效

学校	内容
福建船政交通职业学院	获交通部海事局、农业部渔业局授权开展20余项海船员、渔业船员职业培训，培训收入1241.2万元
陕西铁路职业技术学院	为“三铁”企业提供技术服务47项，员工培训3.62万人/日，面向中小学生开展职业启蒙和高铁智慧建造科普教育2338人次
石家庄铁路职业技术学院	创新“一局一方案、一企一品牌”培训，开展“定制式”技能培训，开展“菜单式、模块化”培训，服务京津冀区域经济社会发展
唐山工业职业技术学院	校企“双元协同”，构建“定制化项目、精英化团队、模块化内容、多样化形式、全程化监控”的技术服务和社会培训模式
武汉铁路职业技术学院	与武汉铁路局等企业开展“2+1”中国特色学徒制培养，培训企业员工44954人/日，形成铁路司机培训品牌

续表

学校	内容
贵州交通职业技术学院	建成贵州省道路运输从业人员远程教育及大数据监管平台，累计培训10000人/次以上，国家级、省部级考试5000人/次，到账金额400万元
广州民航职业技术学院	政校企协同打造了覆盖飞机维修、航空安全、飞行签派、机场安全及运行指挥、通航航务、无人机等领域的民航技能人才培训品牌，为全国首批CCAR－66R3执照试点院校和全国民航最大的CCAR－66R3试点培训机构、中南地区唯一具备中国民航航空局飞行签派员训练机构资格学校、民航局直接指导建设的第一个全国示范性民用无人机驾驶员执照考试点，2019－2021年总计培训34.4788万人天

3.3 推动形成一批支撑职业教育高质量发展的政策、制度和标准

交通运输专业大类专业群坚持高标准定位，实施高水平建设，在治理结构、治理体系、治理特色等方面形成一批支撑职业教育高质量发展的政策、制度和标准。

3.3.1 形成一批保障高水平建设的制度体系

（1）多元共治的治理结构。

不断深化内部治理体系改革，形成多元共治的治理结构。例如，武汉铁路职业技术学院开展“2＋1”中国特色学徒制人才培养，校企共建武汉捷安高科产业学院，有力促进产教融合。南京铁道职业技术学院与上海局集团公司相关站段成立智慧高铁教学站建设专门理事会，在与南京地铁创立“地铁学院”基础上，吸纳省内其他五家地铁企业，形成“1＋1＋5”的江苏城市轨道交通人才培养联盟。吉林铁道职业技术学院强化学校、地方政府、企业多元主体协同，形成共建共管的组织架构，探索理事会、管委会等治理模式，赋予流动站改革所需的人权、事权、财权，建设科学高效、保障有力的制度体系。

（2）以章程为核心的制度体系。

不断健全与章程相配套的管理制度，形成以章程为核心的制度体系。例如，西安航空职业技术学院组建专业群“指导委员会—领导小组—项目建设办公室—分项建设小组”的组织保障机构；构建专业群“整体规划—管理运行—监督检查—绩效考核”的四级管理运行机制；完善专业群绩效、教师目标考核管理等10余项激励办法，推动专业群各项任务高质量完成。贵州交通职业技术学院汽车运用与维修专业制定专业群跨界、跨类融合、“五业”联动、资源共建共享、动态调整、绩效考核、育训结合、内部质量保障等系列制度、管理实施办法7套，建设实训教学、培训管理（实训计划、实训项目、培训项目、考勤、实训成绩评价、查询）系统1套（配套开发App1个）。

南京铁道职业技术学院制订《铁道交通运营管理专业群建设管理办法》《南京铁道职业技术学院内部控制建设方案》等，建立双高专业群月度工作会议制度，实施专业群年度教学诊改，编制专业群年度质量报告。建立推进机制，强化实施组织保障。

（3）教师聘用管理评价机制。

不断完善人事制度改革，形成教师聘用管理评价机制。例如，江苏海事职业技术学院修订完善《定责定岗定编实施办法》《人员分类管理办法》《二级管理实施办法》《职工收入分配办法》等系列制度，释放二级学院办学活力。南京铁道职业技术学院推行教师发展“积分制”，定期采集教师发展管理信息系统数据，依据标准，确定教师发展的段位，实施能上能下的职称评聘和强化奖惩的绩效考核机制，有效促进教师发展和团队建设。

3.3.2 形成一批助推高质量发展的国家标准

交通运输大类的30个“双高计划”专业群共计参与开发国家专业教学标准77项，研制职业教育本科层次专业教学标准3项，行业标准60余项，“1+X”证书制度标准18项。尤其是在行业标准上，交通运输大类专业群贡献了自己的智慧和力量。武汉铁路职业技术学院主持制定轨道列车司机（电力机车司机）国家职业技能标准。福建船政交通职业学院和石家庄铁路职业技术学院实施职教援外国际化合作项目2项，输出专业建设、实训标准37项，课程标准及双语教材各15项。石家庄邮电职业技术学院参与制定《快件航空运输信息交换规范》国家标准，牵头制定行业标准、团体标准和企业标准42项。江西交通职业技术学院制定《旧水泥混凝土路面共振碎石化就地再生技术规范》《公路精表处设计、施工及验收规程》等地方标准4部，参与制定《公路工程BIM管理系统应用指南》等数字公路地方标准2部。辽宁省交通高等专科学校制定了《公路养护工程技术人员职业标准》。湖南交通职业技术学院参与编写了《公路工程材料价格使用手册》《〈公路工程预算定额〉释义手册》《筑路工国家职业技能标准（2019年版）》《交通基础设施北斗应用监测技术规范》。

4. 典型案例

4.1 引领改革

案例1：师徒结对培育时代城轨工匠，“五双”范式赢得企业口碑

【学校】陕西铁路职业技术学院

专业群以工学结合人才培养模式改革为核心，深化校企文化融合，实现学校培

养与企业用人的无缝对接，形成具备示范效应的“双主体、双身份、双导师、双管理、双考核”现代学徒制协同育人新机制。学校现代学徒制试点2019年顺利通过验收，企业认可度高，现代学徒制持续推广，不断为中国中铁、中国铁建、中国交建、中国建筑等世界500强企业输送“下得去、留得住、干得好、用得上”高素质技术技能人才404人，为国家城市轨道交通工程建设提供坚实人才支撑。

一、落实招生招工一体化

联合招生明确双主体，两份协议确定双身份。与中铁隧道局、中铁四局、中交第二公路工程局等世界500强企业签订校企合作协议及学徒、学校、企业三方协议，进行学生拜师结对仪式，形成校企联合招生招工、联合培养、双主体育人工作机制，明确三方主体责任，明确学生与学徒双重身份，保证校、企、徒基本权益，落实招生招工一体化。

图1　开班仪式

二、校企双主体育人铸匠心

学校培养、企业育人，实施校企互兼互聘、双向导师联合培养。组建具备“双师双能”属性复合型教学团队联合教学，以国家及行业职业岗位标准为依据，以能力培养为单元，重构课程体系，共建产教融合实训基地，营造情景式职场化培育氛围，开发融工匠精神塑造元素的实训项目120项，实现职业教育与职业精神培养高度融合，创建基于“项目载体、信息贯穿、能力递进”人才培养模式，实施“校内实习—工学交替—企业学徒”的递进式工学交替教学组织模式，搭建起企业高技能人才合作培养平台，助力学生成长成才，适应城轨产业技术发展需要。

图 2　校企双方互兼互聘

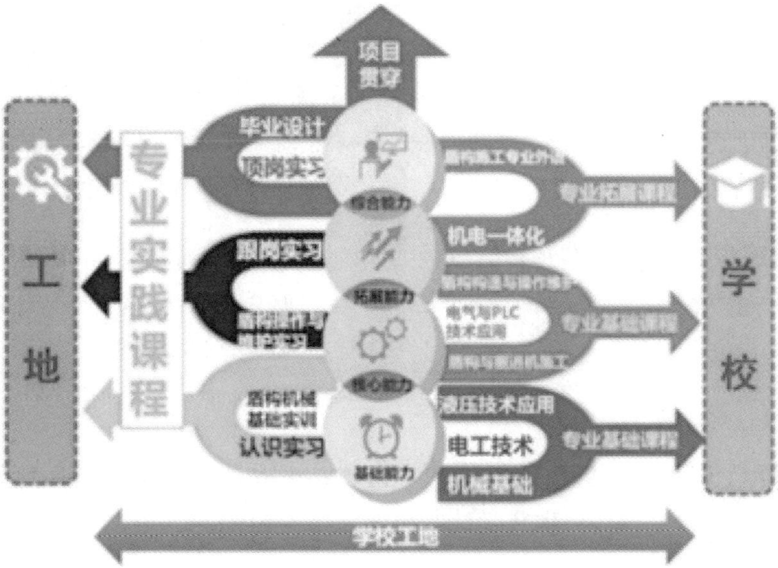

图 3　工学交替教学组织模式

图 4　现场教学

三、双管双考助成才

紧密对接岗位需求，校企双方共同制订人才培养方案、联合开发教材与教学资源，编写《盾构施工》等新型教材 8 部，开发特色课程 15 门，制作颗粒化课程资源 3300 条。坚持工学结合、双向管理与考核，共同设立奖励机制，制定《现代学徒制班教学管理办法》等 15 项制度，对学生职业能力进行双向测评，保障现代学徒制班有序推进。三年来，专业群学徒制毕业生合作企业接收率 96%，培育了大批高素质高技能适合生产、建设、服务、管理一线需要的城轨匠心人才，赢得企业认可。

图 5　媒体报道现代学徒制人才培养

案例 2：工学交替 双元育人 现代学徒制人才培养新范式——以“5702”现代学徒制班人才培养为例

【学校】西安航空职业技术学院

飞机机电设备维修专业群与中国人民解放军第 5702 工厂共同探索创新校企合作模式和保障制度，以中国特色学徒制的实施为抓手，在军民两用型人才培养模式探索方面不断深入合作，通过采取共建团队、标准互融、双元考核等措施，有效解决了航空类新技术、新工艺、新规范与教学、教材同步难等问题，缩短了学生岗位适应期，增强了岗位迁移能力，不断为航空维修相关专业的人才培养输出西航方案。

形成“双主体三阶段”的工学交替人才培养模式，构建模块化课程，改革考核评价体系。校企双方围绕专业人才培养目标，参照教学和行业企业标准，通过培养标准校企共融、培养方式校企共育、教学资源校企共建的方式，结合企业岗位具体要求开展校企联合培养，形成了“校内学习打基础—学交替长技能—企业顶岗得证书”的三段式培养方式。基于航空维修核心岗位群，以典型工作任务为载体，构建了“行业基础能力培养＋职业通用能力培养＋岗位方向能力培养”的模块化课程体系。

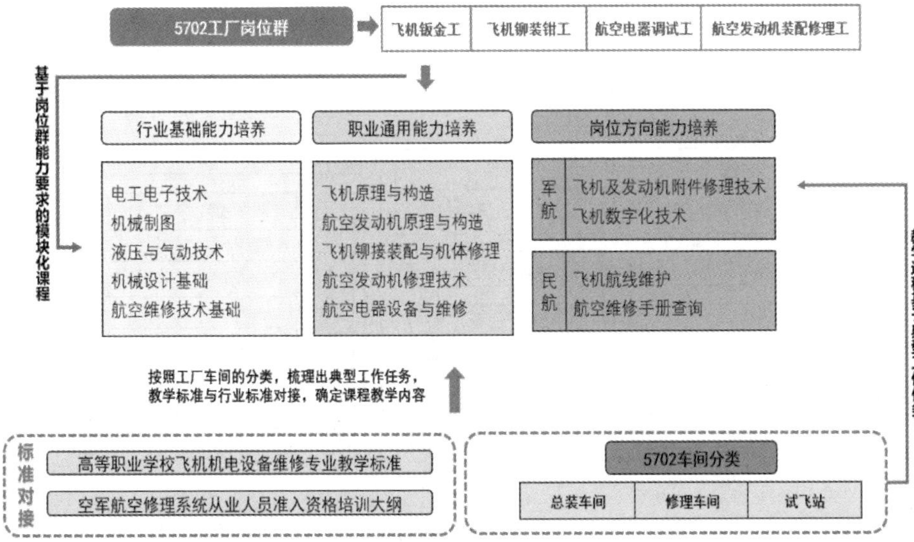

图 1　模块化专业课程体系

校企双方共同建立以职业能力形成为导向的考核评价模式，由教师和师傅共同采用“双元对接”的考核方式对不同学习阶段的职业能力进行考核评价。

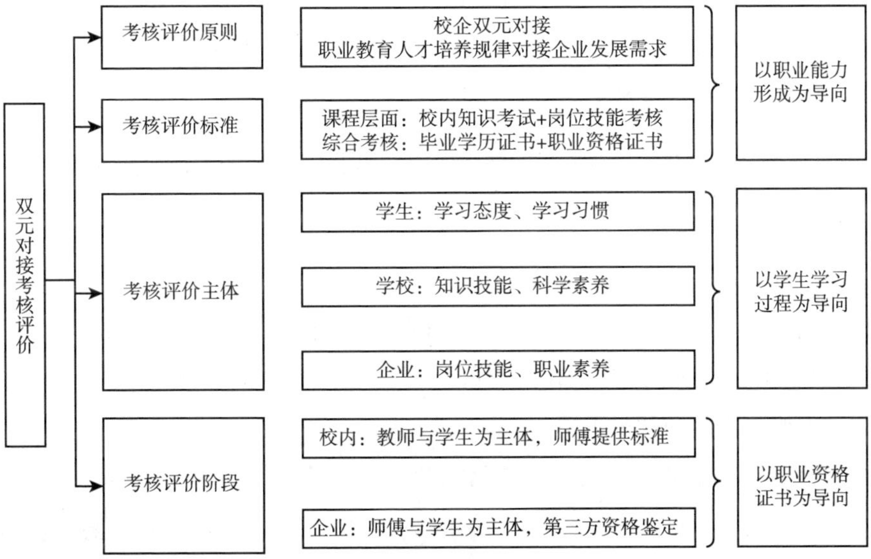

图 2　双元对接考核评价体系

双向交流、协同发展，打造“名师工匠引领”“双师”团队。校企双方共同实施人才培养过程中成立了由专业教师、企业高工和工艺主管组成的“校企联合教研室”，在提高专业教师的实践能力和教学水平的同时，推动了专业教师深入理解专业岗位需求，及时完善和更新相关理论知识，培养了一批具有“双师”素质的教学能手、技术骨干，同时推动教师向着企业服务型、行业专家型方向发展。

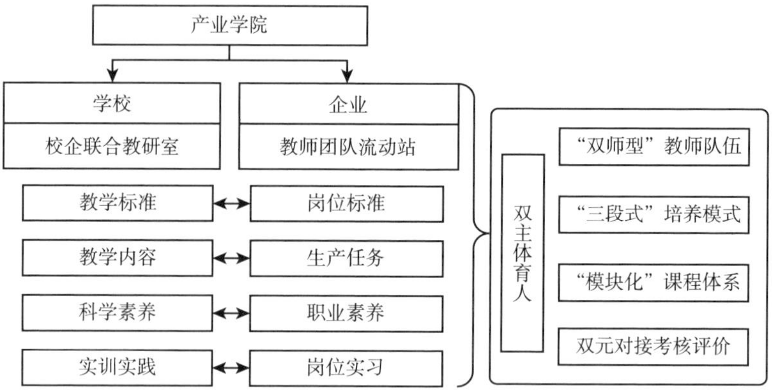

图 3　教师队伍建设

形成校企合作新范式，辐射引领探索中国学徒制发展实践。专业群对中国特色学徒制的实践，有效解决了航空类高端技术技能人才企业需求侧和学校人才培养供给侧的结构性矛盾，使中国特色学徒制成为支撑企业转型升级和经济高质量发展的重要力量，切实地推动了校企合作。近年来，先后为嘉兴职业技术学院等 50 余家兄弟院校开展师资培训每年达 6000 人/日，为中国人民解放军第 5706 工厂等企业员工开展航空维修类专业培训每年达 3000 人/日。同时辐射带动引领校内外其他专业人才培养模式的改革，校内陆续成立 7 个学徒制班级，省内外 20 余所高校前来学习借鉴。

案例 3：寒区“四融、八同、八创”现代产业学院建设见成效

【学校】吉林交通职业技术学院

为深入推进产教融合，服务寒区交通建设，道桥学院依托协同育人联盟，与中公诚科（吉林）工程咨询有限公司和广州南方测绘科技股份有限公司联合，共建“智慧监测”和“智能测绘”两个现代产业学院。经过两年建设，产业学院在机制构建和区域服务等方面初见成效。

一、共组“四融八同八创”命运共同体

基于工匠精神，以“产教融合”为引领，开展“专业融建”教育教学改革，推行“匠心融入”人才培养，探索辐射东北“区域融通”服务理念，设计有序衔接、逐渐深入的人才培养体系；实现“八同”即“体制同融、模式同创、人才同育、课程同建、师资同培、资源同享、项目同研、就业同助”合作新内涵；通过“八创”建设路径，健全以组织、制度、标准、师资、资源为要素的人才共育保障体系，为“创新 + 工匠”型人才培养提供创新思路与实践经验。

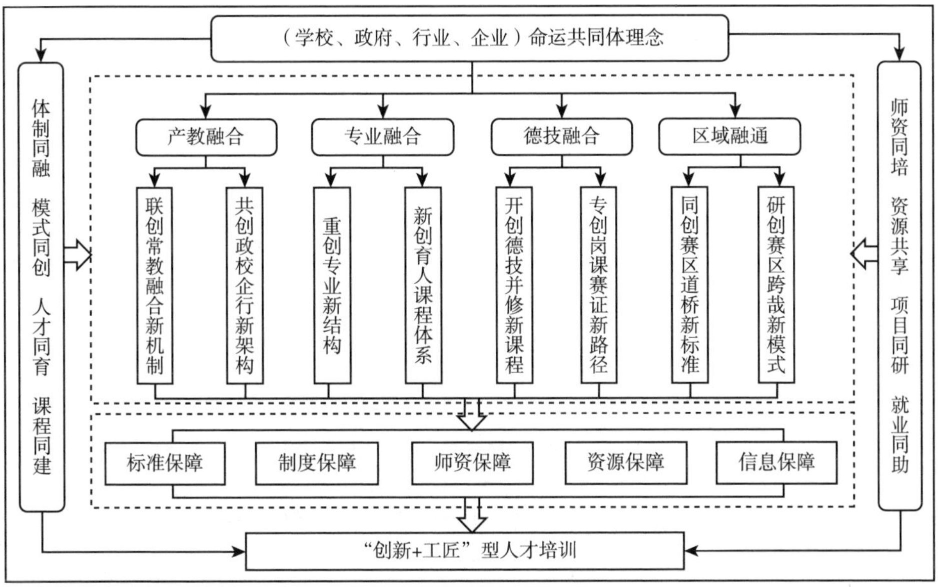

图1 “四融八同八创”建设内容

二、共建“1+2+9”组织新架构

产业学院在道桥学院党总支领导下，通过党政联席会讨论重大事件，对产业学院起到领导监督的作用。产业学院实行学院理事会领导下的院长负责制，院长由道桥学院院长兼任，2名副院长分别由企业和专业负责人担任，下设9个部门，主要负责产业学院人才培养、专业建设、课程开发等内容。

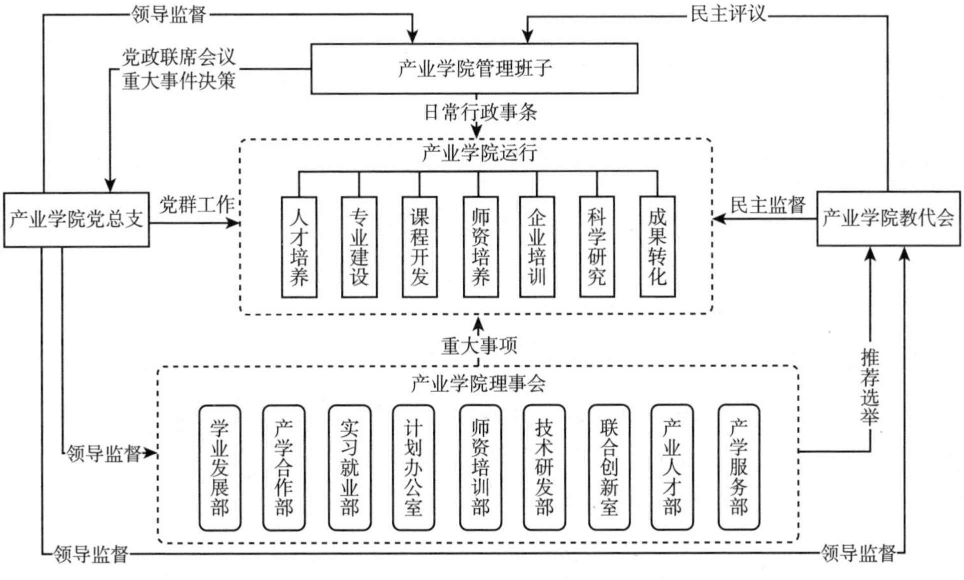

图2 “1+2+9”组织架构

三、共创“4+4”人才培养新模式

产业学院以道桥专业群为依托，共建教培基地、联合科技研发、共同开展生产实践，实现教学、生产、科研、创新“四境”融合的人才培养模式。

校企合作基于岗位目标要求，结合寒区气候条件，创新构建寒区特色“春去秋回，弹性分段、理实交替”的“四段”式教学模式，被省内其他院校等相近专业借鉴，辐射引领作用初显。

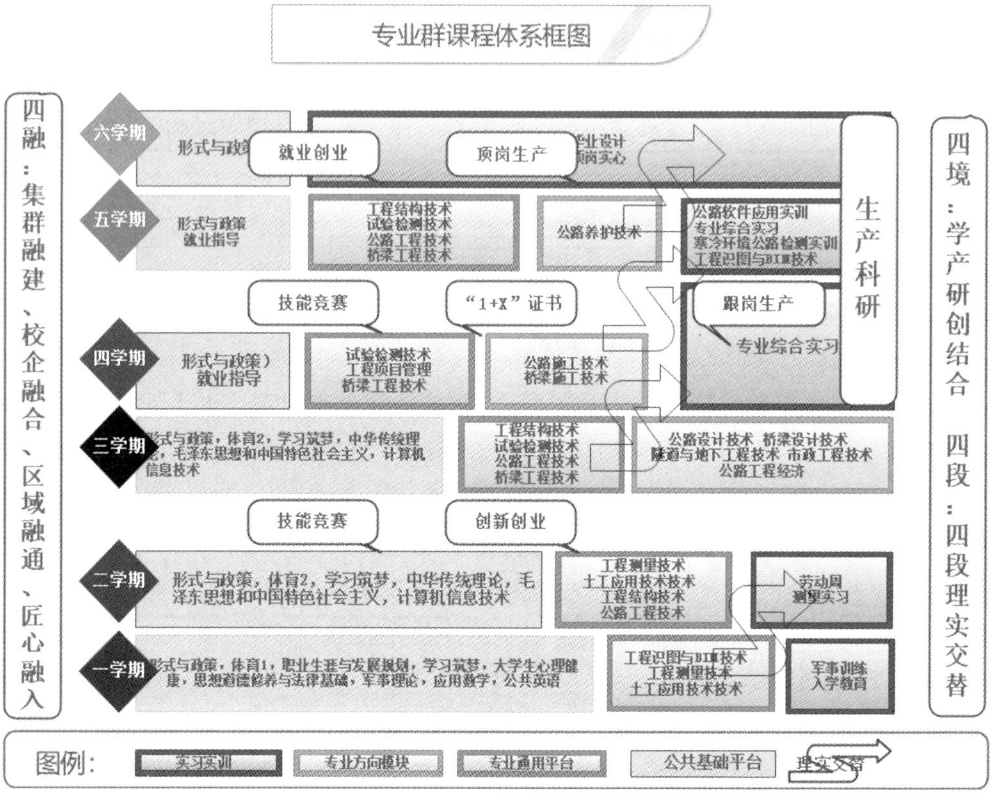

图3 “四境、四段”课程体系构建

四、共育“一课多元”课堂新模式

以产业学院为育人载体，以产业“岗位”标准为起点，将产教融合的“课”作为融通的重点进行打造。将课程和企业岗位进行对接，实行“岗课”融通；将“1+X”职业技能等级标准有效融入课程教学内容中，实行“课证”融通；将技能大赛有关内容融合教学内容中，实行“课赛”融通。

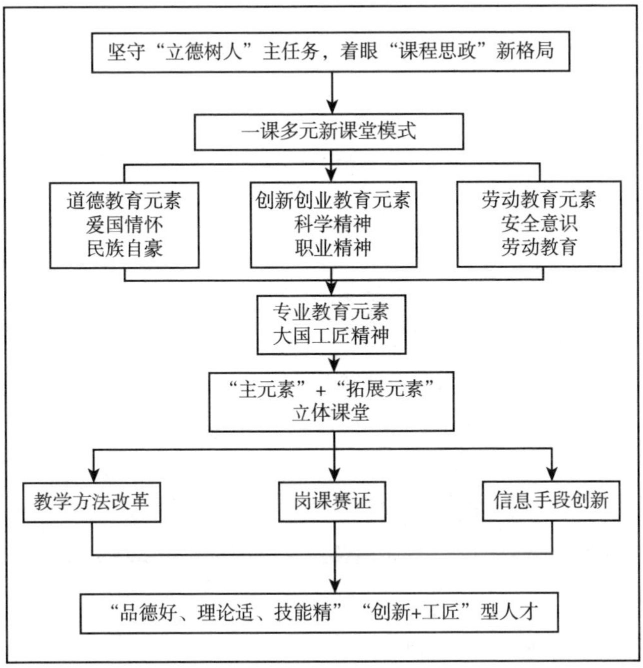

图4 “一课多元”课堂新模式

五、建设成效初显现，聚力合作再提升

产业学院共建培训基地被评为省级高水平实训基地，共同开展技术服务25项，开展横向课题研究4项，总结工程实践案例20余项，共办省级以上专业技能竞赛2项。两年来，学生在省级以上技能竞赛获奖18项、创新创业类竞赛获奖7项，专业群毕业生质量显著提高，平均就业率达97.96%，获得用人单位高度认可。

4.2 支撑发展

案例4：打造高水平技术团队，提升服务区域发展能力

【学校】贵州交通职业技术学院

作为拥有山区峡谷桥梁数量最多的地区，如何在山区公路运营安全风险管控方面取得突破性进展，是贵州全面提升交通运输发展的质量效益、建设交通强国示范省的一项重要任务。近年来，通信网络、信号处理、人工智能等技术的不断发展加速了桥梁监测系统的实用化进程。为了提升专业技术水平、提高服务社会能力，专业群基于贵州喀斯特山区桥梁特点，着力打造一支高墩大跨桥梁健康监测团队，为贵州高桥安全营运保驾护航。

图 1　开州湖特大桥特写

贵州瓮安开州湖特大桥，主跨 1100 米，是亚洲第四大山区峡谷类型双塔单跨钢桁梁悬索桥，这座高难度的科技型桥梁，创下了多项世界及国内桥梁建设新纪录。为保障桥梁安全运行，2021 年 10 月，在贵州省贵阳市召开“贵州瓮开高速开州湖特大桥健康监测系统”实施方案评审会。专业群桥梁健康监测团队作为监测系统施工及后期运行维护的主要负责单位，会同贵州省交通运输厅、贵州瓮开高速公路发展有限公司、中铁桥隧技术有限公司、贵州省交通规划勘察设计研究院股份有限公司等 8 家单位，参与了此次项目评审会议。桥梁健康监测系统涉及工程力学、传感技术、信号分析、大数据处理等多项前沿技术。为了使项目能够顺利推进，团队吸纳了多学科“双师”教师加入项目施工过程，让老师把自身的专业知识从课堂带至工地。团队围绕大桥健康监测数据获取—数据处理—状态识别等关键技术难题展开多次线上线下讨论，针对贵州高海拔、峡谷风、大温差等特殊气候实际条件，结合传感器稳定保障技术及大数据、人工智能等现代信息技术，系统构建了大桥自动化监测、数据存储分析、评估预警子系统，实现大桥服役状态的实时、自动、智能识别，破解复杂环境下山区悬索桥结构损伤判断难题，为大桥运营安全提供坚实的技术保障。专家组现场对系统试运行情况进行了评估，一致认为监测系统满足相关设计要求，通过项目验收。

图 2　开州湖大桥监测系统现场讨论会

通过该项目，桥梁健康监测团队提升了校内外教师和科研技术人员的团队协作能力，提高了专业群服务社会的水平。在近几年中，以健康监测团队为代表的多个技术团队，为社会提供技术服务共 25 项。专业群以各技术团队为平台，以项目需求为纽带，培育了一批具有较高科研水平，能承接重大技术项目的“双师”型教师队伍，为贵州交通强国建设试点提供有力支撑。

案例 5：建产业学院 倡产教联盟 不断提升航海专业行业影响力

【学校】 武汉船舶职业技术学院

武汉船舶职业技术学院轮机工程技术专业群围绕航海类专业建设和行业产业发展，深化产教融合、校企合作，建设鑫裕盛产业学院，牵头成立长江海事局辖区“卓越海员培养产教联盟”，航海类专业生命力不断强化，行业影响力不断彰显，荣登“郑和航海风云榜”，顺利承办长江海事局辖区竞赛并荣获优秀组织单位。

一、实施背景

产教融合、校企合作是职业教育办学的基本模式，也是办好职业教育的关键所在。创新高等职业教育与产业融合发展的运行模式，精准对接航运人才需求，通过建设紧密型校企合作的产业学院，有利于推动学院和企业形成命运共同体，搭建产教联盟有利于加快建设现代产业体系，有利于推动职业教育与行业的联动共融，有利于更高质量培养高素质实用性航运人才。

二、主要做法与成效

（一）校企合作双育人，成立“1 + N”鑫裕盛产业学院

在全国航海类职业院校率先成立“1（院校）+ N（企业）”的鑫裕盛产业学院，

成立产业学院理事会并通过了《理事会章程》，顺利完成2018～2021年四届“卓越海员”班组建。召开理事会年度会议，产业学院建设有序推进并不断深化，共同推动育人模式改革、实训基地建设和校企融合发展，理事会合作企业达到8家，“卓越海员”班在校生规模达240人。首届“卓越海员”班适任证书考试一次通过率进入全国前列，位列长江海事局辖区第一。

图1　鑫裕盛产业学院成立暨揭牌仪式

（二）产教融合共发展，成立“N＋N”卓越海员培养产教联盟

牵头成立“N（院校）＋N（企业）”长江海事局辖区“卓越海员培养产教联盟”，以航海类人才培养为纽带推动辖区产教融合发展。在长江海事局指导下由辖区内8所高职院校和行业内6家知名企业成立了长江海事局辖区“卓越海员培养产教联盟”第一届理事会，通过了《卓越海员培养产教联盟章程》。

三、应用与推广

学院航海类专业围绕专业建设和行业产业发展，政校企联动，不断推进航海类专业人才培养模式改革，推进产教融合、校企合作不断深化，人才培养质量和专业影响力不断提升。航海类专业课程认证改革案例入选教育部《2019年高等职业教育质量年度报告》“教学工作诊断与改进”模块典型案例；《光明日报》客户端、中国教育在线、湖北省人民政府门户网站等对学院服务“海运强国”、培养“卓越海员”进行了10余次专题报道；荣登中国航海日论坛“2021年郑和航海风云榜”，获评“2020年最受欢迎的船员培训机构”；顺利承办长江海事局2021年度船员培训教学能力竞赛并获优秀组织单位；人才培养模式获兄弟院校、行业企业认可并借鉴实施。

4.3 推动形成一批支撑职业教育高质量发展的政策、制度和标准

案例6：发挥专业领域“领头羊”作用，建设职教国家标准

【学校】辽宁省交通高等专科学校

学校作为路桥工程类专业指导委员会（以下简称专指委）主任委员单位和国家示范性路桥职教集团牵头单位，充分发挥在道桥专业领域“领头羊”的作用，联合道桥相关企业、国内高职院校、知名高校、高科技企业，先后主持职业教育国家标准3项、参与5项。引领了道路运输类专业的建设与发展。

一、依托平台、联合企业，开展专业、职业标准建设

2021年受教育部委托，专业群开展了《道路与桥梁工程技术专业标准修（制）订》（以下简称《标准》）的工作。依托全国路桥职教集团、专指委平台，通过访谈、问卷调研等方式对55家企业、院校、研究机构和798名毕业生开展调研工作。发现存在职业面向定位不够准确，各院校课程体系、教学条件存在较大差异等问题。专业标准应与《国家职业资格目录》等国家相关文件标准一致确保其规范性，同时应具备一定的前瞻性和普适性。经过修订后《标准》规范了道路与桥梁工程技术专业的人才培养目标，能有效地指导道桥专业课程体系设置，为道桥专业实验实训条件建设提供了依据。经修订后《标准》具有较强的指导作用，体现了“德、智、体、美、劳”全面发展观要求，强化了校企合作、工学结合的教学理念，具有广泛的兼容性。

自2019年主持完成了“中高职衔接道路桥梁工程技术专业教学标准”等专业标准3项。参与完成国家“高等职业学校道路养护与管理专业标准”等专业标准2项、“公路养护工程技术人员职业标准”1项。

交通运输职业教育科研项目结题证书

证书编号：2019-02（W）

项目名称：高等职业学校道路桥梁工程技术专业教学标准修（制）订

项目立项号：（2017）129 项目类别：教育部委托项目

项目负责人：欧阳伟 主持单位：辽宁省交通高等专科学校

主要参加者：于国锋、朱芳芳、张美娜、霍君华、李冬松、王立争、薛 玲、姚士新

本项目经审核，准予结题，特发此证。

全国交通运输职业教育教学指导委员会

2019年5月10日

图1 高等职业学校道路桥梁工程技术专业教学标准修（制）订

图 2　专业目录修（制）订结题证书

图 3　专业目录修（制）订结题证书

二、联合“1＋X”证书评价组织、建设职业技能等级标准

以切实提升学生建筑信息模型、路桥工程无损检测实践技能为导向，联合廊坊市中科建筑产业化创新研究中心、四川升拓检测技术股份有限公司等“1＋X”证书评价组织机构，广泛开展校企合作与实训基地建设，开展培训、大赛等工作，2021年参与完成了建筑信息模型（BIM）职业技能等级标准、路桥工程无损检测职业技能等级标准。

路桥工程无损检测

职业技能等级标准

标准代码：440013

（2021 年 2.0 版）

四川升拓检测技术股份有限公司制定

2021 年 12 月 发布

图 4　路桥工程无损检测职业技能等级标准

“双高计划”建设项目贡献度研究
（2019～2021年度）

分报告

电子信息专业大类分报告

中国教育会计学会
中国教育会计学会高等职业院校分会

1. 专业大类概况

电子信息专业大类立项建设专业群共计28个，涉及23所高等职业院校，其中“双高学校”9所，“双高专业群”学校14所。表1为建设单位专业群及主要专业情况。从专业群类别看，囊括云计算技术与应用、软件技术、物联网应用技术、大数据技术与应用、计算机网络技术、信息安全与管理、通信技术、电子信息工程技术、汽车智能技术、移动通信技术、电子产品质量检测、光电技术应用12个不同类别专业群；从档次等级看，覆盖高水平学校和高水平专业群A档、B档和C档，其中A档学校3所、A档专业群6所、B档学校4所、B档专业群5所、C档学校2所、C档专业群3所。

表1　　　　电子信息专业大类立项建设单位及专业具体情况

学校名称	档次	专业群名称	专业群包含专业
深圳职业技术大学（深圳职业技术学院）	高水平学校建设单位（A档）	电子信息工程技术	电子信息工程技术、汽车电子技术、移动互联应用技术
深圳职业技术大学（深圳职业技术学院）	高水平学校建设单位（A档）	通信技术	通信技术、云计算技术与应用、计算机网络技术、物联网应用技术、信息安全与管理
山东商业职业技术学院	高水平学校建设单位（A档）	云计算技术与运用	云计算技术与应用、软件技术、物联网应用技术、大数据技术与应用、人工智能技术服务
无锡职业技术学院	高水平学校建设单位（A档）	物联网应用技术	物联网应用技术、计算机网络技术、软件技术、电气自动化技术、智能控制技术
深圳信息职业技术学院	高水平学校建设单位（B档）	移动通信技术	移动通信技术、物联网应用技术、计算机网络技术、微电子技术、信息安全与管理
深圳信息职业技术学院	高水平学校建设单位（B档）	软件技术	软件技术、计算机信息管理、移动互联网技术、嵌入式技术与应用、大数据技术与应用
重庆电子工程职业学院	高水平学校建设单位（B档）	物联网应用技术	物联网应用技术、电子信息工程技术、通信技术、移动通信技术、通信工程设计与监理
重庆电子工程职业学院	高水平学校建设单位（B档）	信息安全与管理	信息安全与管理、大数据技术与应用、移动互联应用技术、人工智能技术服务、软件技术

续表

学校名称	档次	专业群名称	专业群包含专业
常州信息职业技术学院	高水平学校建设单位（B档）	信息安全与管理	信息安全与管理、计算机网络技术、通信技术、物联网应用技术
常州信息职业技术学院	高水平学校建设单位（B档）	软件技术	软件技术、大数据技术与应用、云计算技术与应用
南京信息职业技术学院	高水平学校建设单位（B档）	电子产品质量检测	电子产品质量检测、电子信息工程技术、质量管理与认证、光伏发电技术与应用
南京信息职业技术学院	高水平学校建设单位（B档）	通信技术	通信技术、电信服务与管理、云计算技术与应用、物联网应用技术
南宁职业技术学院	高水平学校建设单位（C档）	软件技术	软件技术、物联网应用技术、移动通信技术、大数据技术与应用、信息安全与管理
九江职业技术学院	高水平学校建设单位（C档）	物联网应用技术	物联网应用技术、应用电子技术、通信技术、云计算技术与应用、软件技术
长春职业技术学院	高水平专业群建设单位（A档）	计算机网络技术	计算机网络技术、软件技术、计算机应用技术、机电一体化技术、汽车电子技术
北京信息职业技术学院	高水平专业群建设单位（A档）	信息安全与管理	信息安全与管理、云计算技术与应用、通信技术、计算机网络技术、物联网应用技术
福建信息职业技术学院	高水平专业群建设单位（A档）	物联网应用技术	物联网应用技术、电子信息工程技术、计算机网络技术、大数据技术与应用、软件技术
武汉职业技术学院	高水平专业群建设单位（A档）	光电技术应用	光电技术应用、通信技术、电子制造技术与装备、智能产品开发、电子信息工程技术
湖南汽车工程职业学院	高水平专业群建设单位（A档）	汽车智能技术	汽车智能技术、物联网应用技术、汽车电子技术、智能交通技术运用、新能源汽车技术
天津电子信息职业技术学院	高水平专业群建设单位（A档）	软件技术	软件技术、计算机网络技术、移动应用开发、数字媒体应用技术
广东科学技术职业学院	高水平专业群建设单位（B档）	软件技术	软件技术、移动应用开发、大数据技术与应用、计算机网络技术、云计算技术与应用

续表

学校名称	档次	专业群名称	专业群包含专业
福州职业技术学院	高水平专业群建设单位（B档）	软件技术	软件技术、计算机网络技术、信息安全与管理、物联网工程技术、虚拟现实应用技术
成都职业技术学院	高水平专业群建设单位（B档）	软件技术	软件技术、计算机网络技术、计算机应用技术、应用电子技术、光电技术应用
山西职业技术学院	高水平专业群建设单位（B档）	大数据技术与应用	大数据技术与应用、信息安全与管理、移动通信技术、物联网应用技术
重庆工商职业学院	高水平专业群建设单位（B档）	物联网应用技术	物联网应用技术、软件技术、云计算技术与应用、应用电子技术、新能源汽车技术
贵州轻工业职业技术学院	高水平专业群建设单位（C档）	大数据技术与应用	大数据技术与应用、物联网应用技术、计算机应用技术、新能源汽车技术、物流管理
东莞职业技术学院	高水平专业群建设单位（C档）	电子信息工程技术	电子信息工程技术、计算机应用技术、工业机器人技术、物联网应用技术
四川邮电职业技术学院	高水平专业群建设单位（C档）	通信技术	通信技术、移动通信技术、光通信技术、物联网应用技术、通信工程设计与监理

2. 资金投入情况

电子信息大类专业群2019～2021年项目支出总额为185603.48万元，各专业群平均支出6628.70万元。资金投入最高的专业群金额为12170.82万元，投入最低的专业群金额为3600万元，投入差比为70.42%，投入经费高低与各学校特色有关，无明显地域性差异。从九大建设任务来看，经费投入存在不均衡现象，投入占比较大的为实践教学基地（53.75%），投入占比较小的为教材与教法改革（2.96%）、教师教学创新团队（6.13%）、国际交流与合作（2.37%）、可持续发展保障机制（0.81%）。具体数据如表2和图1所示。

表 2　　2019～2021 年电子信息专业大类经费支出情况

建设任务	金额（万元）	比例
人才培养模式创新	16687.81	8.99%
课程教学资源建设	15455.44	8.33%
教材与教法改革	5498.49	2.96%
教师教学创新团队	11370.30	6.13%
实践教学基地	99755.28	53.75%
技术技能平台	26049.94	14.04%
社会服务	4405.29	2.37%
国际交流与合作	4485.55	2.42%
可持续发展保障机制	1511.68	0.81%
其他	383.70	0.21%
合计	185603.48	1

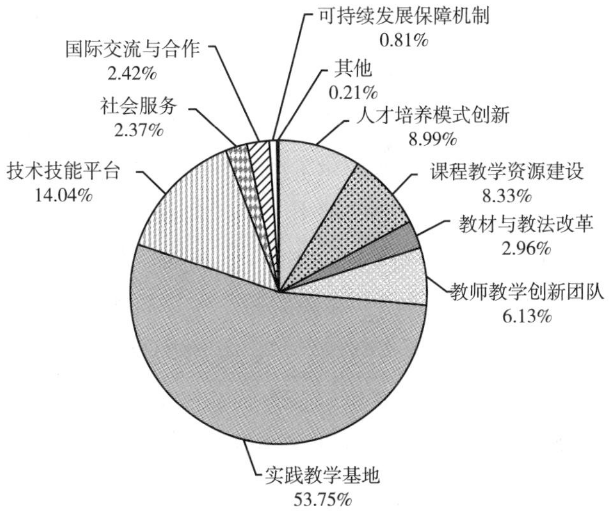

图 1　2019～2021 年电子信息专业大类建设任务经费支出占比情况

3. 贡献度分析

电子信息大类专业群建设单位全面贯彻党的教育方针，坚持立德树人，坚持正确办学方向，优化职业教育类型定位，深化产教融合，深入推进育人方式、办学模式、管理体制、保障机制改革，推动职普融通，增强职业教育适应性，加快构建现代职业教育体系，培养更多高素质技术技能人才、能工巧匠、大国工匠，引领职业教育改革发展和人才培养，支撑国家战略和区域经济社会发展，形成一批有效支撑职业教育高质量发展的政策、制度和标准。

3.1 引领改革

“双高计划”引领职业教育改革发展和人才培养的贡献度，主要体现在价值引领、模式引领、制度引领和标准引领四个维度上。

3.1.1 价值引领

坚持党对职业教育工作的全面领导，将党建工作与学校事业发展同部署、同落实、同考评，构建以立德树人、全面发展为导向的人才培养体系。

（1）坚持党建引领，以立德树人为根本，提高育人质量。

始终坚持以“德”为先，强化党建引领，聚焦高职特色，抓好顶层设计，注重将党建成果转化为业务成果，在专业建设、人才培养、校企合作等方面发挥重要作用，凝聚发展合力，提高育人质量。例如，广东科学技术职业学院分别在7个学生宿舍楼建立楼栋党小组，开展华为苑科技节、文化艺术节等活动，把学生党建、团建、社团管理、志愿服务、创新创业等工作落实到“华为苑”社区，引导学生开展自我教育、自我管理、自我服务。深圳职业技术大学（深圳职业技术学院）与106家企业开展党建共建，探索形成“党建六联”模式，获全国样板党支部1个、广东省样板党支部3个。武汉职业技术学院深入推进党建“基本+”工作模式，推进“对标争先”、党建“双创”，创新实施党建工作任务指导卡、提醒卡，加强干部、党员、教职工、学生分类教育培训，持续推进“五个思政”，深入实施“三全育人”。九江职业技术学院着力打造“党建聚力领航”“铸魂育人引领”“强基提质示范”“积势蓄力远航”四大工程，全面提升党的政治领导力、思想引领力、基层组织力、发展推动力。

（2）坚持全面发展，以复合型人才培养为目标，提升育人绩效。

坚持以电子信息为特色、智能化为引领，以企业需求为目标，以市场变化为风向标，践行“人才是第一资源”理念，注重对复合型人才的培养，促进人才资源由单一型人才转变为复合型人才，努力提升育人绩效（见表3）。

表3　部分学校人才培养引领具体举措和成效

学校	具体举措和成效
北京信息职业技术学院	贯彻“五育并举”教育方针，构建“三维贯通”通用平台素质教育育人体系，建立“3+N”素质教育活动载体群，打造丰富多样的素质教育活动载体群，实现全方位活动育人
福建信息职业技术学院	实施“共建设→共育人→共办学”实体化办学路径，构建基于“基础通用+方向自选+能力拓展”的模块化课程体系，将思政教育、劳动教育、工匠培育融入人才培养全过程。部分专业实施现代学徒制、二元制人才培养，在部分专业开展中高衔接招生

续表

学校	具体举措和成效
重庆工商职业学院	搭建产教对接实体化运行平台，实施“四共三融”的专业群人才培养模式
深圳职业技术大学（深圳职业技术学院）	构建了“一核两翼六轮驱动”学生工作体系，开发《幸福课》，出版《高职生劳动教育教程》教材，开发《劳动教育课》慕课，获批首批教育部“一站式”学生社区综合管理模式建设试点高校
深圳信息职业技术学院	与广东技术师范大学联合制订软件工程4年制本科人才培养方案，与华强职校、龙岗职校、宝安职校、第一职校开展三二分段招生，形成技能培养前后贯通的课程体系，共同制定考核方案和考试大纲
北京信息职业技术学院	完善“通用平台 + 技术中心”GPTC人才培养模式，把学生思想政治、人文素质、创新能力、体育、心理健康、美育、劳动、职业素养和等贯穿在专业教育全过程
无锡职业技术学院	对接数字化车间核心关键技术和能力要求，深化德技融合、专创融合，将思政教育、劳动教育、工匠精神、创新创业、文化传承贯穿人才培养全过程，有效提升了学生职业素质、专业知识和技能
天津电子信息职业技术学院	“校企共育、课证融合、职业养成”人才培养模式改革成效显著，培养学生获省部级竞赛奖项179项

3.1.2 模式引领

（1）深化校企合作，搭建高质量产教融合平台。

持续深化校企合作，不断发掘产教融合的新模式，建成了19职教集团获产教联盟、28个产业学院、32产教融合基地、14协同创新中心、21个现代学徒制试点专业，形成了一批产教融合新平台、新模式、新路径（见表4）。

表4　　部分学校产教融合具体举措

模式	学校名称	具体举措
产教融合新模式	南宁职业技术学院	将企业先进技术、优秀文化、教学资源融入专业教学全过程，拓展“课堂 + 实训 + 生产”育训结合的订单培养模式
	福建信息职业技术学院	积极创新产教融合体制机制和“一主线、双主体、三递进、四融合”的人才培养模式，形成了独具特色的标准和经验
	南京信息职业技术学院	创新了产教一体化管理、资源互通共用、校企人力资源混编、教学资源与平台业务同步更新、技术服务反哺教学等系列机制，专业群融入企业生态圈
	广东科学技术职业学院	产教科融合、五位一体——IT类专业项目化教学体系研究与实践，获得2021年广东省教学成果一等奖
	贵州轻工业职业技术学院	基于“数据采集—数据存储—数据分析—数据安全—数据可视化—大数据 +”的链路，校企共建专业群“课工厂”

续表

模式	学校名称	具体举措
产教融合新平台	深圳信息职业技术学院	创建 ICT 特色产业学院
	福州职业技术学院	与企业共建阿里巴巴大数据学院、微软创新学院、福州市人工智能产教融合实训基地、百度云人工智能应用技术协同创新中心、信创人才培养基地
	东莞职业技术学院	共建智能制造、智能终端产品检测等生产性实训基地 3 个
	北京信息职业技术学院	成立全国信息安全职教集团、京津冀信息安全产教联盟，建设信息安全工程师学院、华为鲲鹏产业学院
	武汉职业技术学院	建立了区域发展研究中心，组建了增材制造技术职业教育联盟，升级了与建成协同创新中心 2 个
	深圳职业技术大学（深圳职业技术学院）	建设 5G + 数字化人才产教融合基地，产教融合实训基地 8 个
	成都职业技术学院	建成 ICT 产业学院、人工智能技术应用研究院、网络安全应用中心、大数据技术应用培训中心、智能硬件技术应用中心
	常州信息职业技术学院	立项江苏省工程技术研究开发中心，省高等职业教育产教融合集成平台
	山西职业技术学院	建立产教融合的长效机制，联合华为技术有限公司等行业领军企业立项共建山西省大数据科技创新中心
	四川邮电职业技术学院	建设了四川省现代产业学院“5G + AIoT 智慧应用产业学院”

（2）强化双主体作用，提升协同育人质量。

抓住区域产业转型升级发展的大好机遇，坚持市场导向，以合作共赢发展为目标，不断深化产学融合和校企合作，强化学校企业双主体作用，提升协同育人质量（见表 5）。

表 5　部分学校双主体育人具体举措

学校	内容
贵州轻工职业技术学院	按照“双元培养、合作育人、共同发展、生态互通”的建设思路，构建形成“产业学院统筹、职能部门协同、专业负责人联动、专兼教师协作”的工作机制
广东科学技术职业学院	打造模块化、项目化课程体系，组建模块化教学团队，实施两次分流教学组织，实施个性化考核评价，双主体助力学生多样化成长
长春职业技术学院	首创“五同”开放式校企协同育人模式，与一汽华阳汽车有限公司等企业进行招生与招工同步的双主体办学

续表

学校	内容
深圳信息职业技术学院	吸引腾讯、华为、小米、亚马逊等共同建设人才培养平台及生态联盟，实现人才需求与培养、职业标准与课程体系、技术平台推广与社会服务等产教映射，形成“产教孪生”校企协同育人理念
东莞职业技术学院	“一企一策”精准育人，与华为、信宝等智能终端领军企业深化“双核双螺旋、双向双主体”育人模式，共建智能终端产业学院，开展现代学徒制试点
福建信息职业技术学院	构建了“一专一企一品”的产业学院办学思路，创新“一体两侧五共同六服务”校企合作模式，形成校企利益共同体，提升校企合作水平
九江职业技术学院	开展现代学徒制、订单培养，校企深度合作育人
南京信息职业技术学院	持续推进“全程共育、分段交替”人才培养模式，与新大陆、长峰科技开展现代学徒制人才培养
四川邮电职业技术学院	持续深化军校分阶段、校地学训交替的军地校合作育人模式，获四川省教学成果二等奖

（3）聚焦“三教”改革，提高教师教学能力。

“教师”“教材”“教法”贯穿职业高等教育人才培养的全过程，直接影响教育教学质量，是新时代职业教育改革发展的重中之重。28 个专业群在建设过程中，针对“三教”改革开展了大量的探索，开发各类教材 401 门，获批国家规划教材 129 部，建成国家级教学资源库 8 个，省级教学资源库 13 个，省级以上精品在线开放课程国家级 41 门（见表 6）。

表 6　　部分学校“三教”改革具体举措与成效

模式	学校名称	具体举措与成效
教师改革	贵州轻工业职业技术学院	打造了国家级大数据技术专业教师教学创新团队
	广东科学技术职业学院	国家职业教育教师教学创新团队、教育部课程思政示范教学名师与教学团队、黄炎培职业教育奖“杰出教师奖”、全国技术能手等省级及以上荣誉 15 项
	深圳信息职业技术学院	通过制度建设、内培外引、建设平台、绩效激励等打造一支具有 ICT 工程经验的双师高学历师资团队。组建国家级优秀教学团队 1 个，省级优秀教学团队 2 个，培养了省级优秀青年教师 1 人，珠江学者 3 人，鹏城学者 2 人
教材改革	广东科学技术职业学院	出版新型立体化教材 21 本（十三国规教材 3 本）；建设省级及以上课程 10 门，校级“金课”12 门、双语慕课 2 门
	深圳信息职业技术学院	开发国家规划教材 5 本，校企合作开发各类教材 80 部，建成模块化项目库 1 个（共 256 个单项技能项目），基于模块化项目教学改革教研项目 5 项，获国家优秀教材二等奖
	福州职业技术学院	公开出版 12 部新型立体化教材

续表

模式	学校名称	具体举措与成效
教材改革	东莞职业技术学院	校企共同开发活页式、工作手册式等新形态教材15本，入选“十三五”职业教育规划教材2本
	深圳职业技术大学（深圳职业技术学院）	新增国家规划教材47部，在首届国家教材建设奖评选中获特等奖、一等奖、二等奖各1项
	武汉职业技术学院	6本教材入选“十三五”职业教育国家规划教材，《现代通信工程制图与概预算（第3版）》获得国家优秀教材奖
	湖南汽车工程职业学院	获批职业教育国家规划教材6本
	九江职业技术学院	入选“十三五”职业教育国家规划教材1本
	重庆电子工程职业学院	获批全国优秀教材一等奖1项，建成8部国家规划教材。形成的“基于‘四共·一驱·四融’的高职特色教材开发改革与实践”获评重庆市教学成果一等奖
	天津电子信息职业技术学院	编写“岗课赛证”融通、校企双元合作新型教材23本，其中“十三五”国规教材8本，“十四五”国规教材1本
	常州信息职业技术学院	“十三五”国家规划教材4部，省重点教材4部
	山西职业技术学院	开发活页式、工作手册式专业课程教材6部，出版了国内第一本《自研操作系统》教材；入选“十三五”职业教育国家级规划教材3部
	山东商业职业技术学院	开发立体化国家资源库配套教材5本，开发新形态教材10本；开发“1+X”职业技能等级证书配套教材1套。获“十三五”国家规划教材4本、首届国家优秀教材二等奖1项
	南京信息职业技术学院	主编国家规划教材9本、省部级教材5本，获全国优秀教材一等奖；开展工作坊式实境教学改革
教法改革	广东科学技术职业学院	教师教学能力比赛共计13项，省级及以上教改项目9项，获广东省课堂革命典型案例2项
	深圳信息职业技术学院	校企共建一流项目化数字化课程资源，建成国家级专业教学资源库1个，省级专业教学资源库1个，国家级精品在线开放课程3门，省级精品在线开放课程2门
	东莞职业技术学院	基于成果导向教育（OBE）理念，积极开展项目式、情境式、混合式教学，实现“由教向学”的深度变革
	北京信息职业技术学院	通过任务驱动法、项目式教学法和引“赛场”入课堂教学方法提高课堂教学效果，实现岗位、课程、大赛、证书的互为融通
	深圳职业技术大学（深圳职业技术学院）	获批国家专业教学资源库5个，建成校级资源库25个，建设首批“金课”283门，入选省级课堂革命案例6个，立项省部级项目26项

续表

模式	学校名称	具体举措与成效
教法改革	重庆电子工程职业学院	建立专业群“模块→课程→项目”资源动态调整机制，确保教学内容体现“三新”
	成都职业技术学院	针对单点技术、系统集成、智能融创三个能力培养阶段，从教学组织形式、教学手段、考核方式和课程诊改四个维度，持续推进教学模式改革
	常州信息职业技术学院	建成国家精品在线开放课程1门、省级在线开放课程10门
	山西职业技术学院	全面推行项目教学、案例教学、情景教学、工作过程导向教学模式改革，立项省级教改课题6项，立项国家级教改课题2项
	山东商业职业技术学院	构建“小班化与信息化”师生共同成长的“三教”改革模型；创新“智慧化教练式项目教学法”，推进“智慧+”“虚实结合”教学改革
	南京信息职业技术学院	实现线上线下混合式教学，获全国职业院校教师教学比赛一等奖1项、省级教学比赛奖项12项。获评国家级课程2门，主持国家级通信技术教学资源库
	重庆工商职业学院	新立项和结项省级教改项目26项；获得省级教学成果奖2项，其中一等奖1项
	无锡职业技术学院	搭建基于私有云的数字化学习中心，以两个国家级资源库建设为龙头，带动全课程信息化建设，支持线上线下混合教学，探索基于深度理解的项目化教学改革

（4）落实“1+X”证书制度，培养复合型人才。

28个专业群实施“1+X”证书制度试点数量合计127个，主持和参与“1+X”证书制度标准制定数量合计61项，开发“1+X”配套教材52部，各校提供的材料中参与“1+X”证书制度培训和认证的学生数为3823人/次。例如，贵州轻工职业技术学院实施“1+X”证书试点工程，以大数据技术与应用专业群为引领，获批20个专业“1+X”证书制度试点，建成育训结合人才培养基地2个，开设课证融通课程30门。武汉职业技术学院光电技术应用专业群与“芯产业职教联盟”密切合作，开发光电技术应用专业标准，开展“1+X”证书培训，行企校共同开发专业标准5个、专业群标准1个，共同制订90门课程标准；申报“1+X”证书试点项目5个，21名教师获考评员证书，266名学生通过5G移动网络运维职业技能等级证书（中级）考试，通过率在湖北高职院校排名第一；285名学生参加“1+X”工业互联网实施与运维职业技能等级证书（中级）认证考试，通过率达到86.7%。

3.1.3 制度引领

着眼于职业教育机制的构建与完善，力求通过构建科学的制度体系实现更高层次资源整合，主要包含完善职教高考制度、国家资历框架制度、普职融通制度、产教融合（校企合作）制度等内容。电子信息大类有11所学校出台了相关制度33项，主要集中在教师团队培养与绩效考核、专业建设与诊改、产业学院与实践基地管理等方面（见表7）。

表7　部分学校形成的相关制度和举措

学校名称	举措与形成的相关制度
广东科学技术职业学院	制定人才培养过程评价管理制度1套、产业学院管理制度1套，制定团队建设激励制度1套，形成双师团队培养与发展标准制度1套，制定《专业群教学资源共享管理制度》1套
东莞职业技术学院	教师绩效考核制度、技术技能平台管理制度、专业建设论证与评审制度、专业和课程两级改进循环制度、教师素质提升管理制度各1套
深圳信息职业技术学院	《教师社会服务管理办法》《公共服务量考核办法》等相关激励制度、和“双聘制”相关制度
深圳职业技术大学（深圳职业技术学院）	教学工作诊断、改进与激励机制系列制度
成都职业技术学院	高新成职融创产教园管理制度、主持（参与）制定各级各类制度7项、三层次实践教学基地管理制度1套
四川邮电职业技术学院	中国特色学徒制管理制度5套
山东商业职业技术学院	专业群管理制度1套
武汉职业技术学院	向国务院教育督导办报送《职业院校评估工作改进建议》
九江职业技术学院	校行企共建专业群教学指导委员会，制定《物联网专业群建设管理办法》等，制定《物联网专业群模块化分工协作教学团队管理办法》
天津电子信息职业技术学院	制定《软件技术专业群项目管理办法》等制度，强化项目过程管理，定期开展人才培养质量、毕业生就业情况、技术技能服务等绩效评价
重庆工商职业学院	开展基于职业教育的国家资历框架实践，依托学分银行开发“物联网行业人才能力标准体系”和四级“职业教育和培训资历框架”

3.1.4 标准引领

标准引领包含开发国家职业技能等级标准、完善职业学校设置标准、实施教师和校长专业标准、专业目录标准等内容。28个专业群参与开发“1+X”证书制度标准61项、专业教学标准51项、各类课程标准362项，其他标准34项，引领作用明显（见表8）。

表8　　电子信息专业大类的标准引领具体措施

模式	学校名称	具体举措与成效
开发国家职业技能等级标准	贵州轻工职业技术学院	参与大数据平台运维、JAVA应用开发2个“1+X”职业技能等级证书标准制定
	广东科学技术职业学院	校企联合共同研制5套职业技能等级证书标准。
	长春职业技术学院	参与研制“网络系统规划与部署”等5项“1+X”职业技能等级标准
	东莞职业技术学院	参与制定“LED显示屏应用”职业技能等级证书标准
	北京信息职业技术学院	参与职业技能标准和技能等级证书标准9项
	湖南汽车工程职业学院	联合企业开发了4项X标准
	九江职业技术学院	携手徐工信息、腾讯云等多家企业合作开发“工业互联网实施与运维”“云服务操作管理”等9个“1+X”证书标准
	常州信息职业技术学院	工业互联网相关国家标准2项，“1+X”职业技能等级标准8项
	南京信息职业技术学院	主持制定人社部“智能硬件装调员”新职业标准；主持和参与开发“1+X”证书职业技能等级标准2个
	重庆工商职业学院	参与编制国家“1+X”职业技能等级证书标准3个
	无锡职业技术学院	参与11个X证书标准开发
专业教学标准	贵州轻工职业技术学院	参与编写了2个职业本科专业教学标准
	广东科学技术职业学院	2021年7月启动以《职业教育专业目录（2021年）》为依据的专业简介与专业教学标准编制工作
	长春职业技术学院	参与制定了《数字媒体技术》《计算机网络技术》《信息安全技术应用》等6项国家级专业教学标准
	深圳信息职业技术学院	制定国家《移动应用开发专业教学标准》和《嵌入式技术与应用专业教学标准》
	东莞职业技术学院	主持制定国家“嵌入式技术应用专业教学标准”1项；参与制定国家“声像工程技术”“光电技术应用”“电子产品检测技术”3项专业教学标准
	福建信息职业技术学院	参与撰写《智能制造机械行业人才需求与职业院校专业设置指导报告》，16人次主持和参与国家高职阶段与职业本科阶段专业教学标准制定
	北京信息职业技术学院	主持教育部专业标准研制2项、参与11项
	深圳职业技术大学（深圳职业技术学院）	国家职业教育通信类专业目录与专业标准的制订
	湖南汽车工程职业学院	牵头修订了汽车领域专业目录

续表

模式	学校名称	具体举措与成效
专业教学标准	九江职业技术学院	主持和“电子信息工程技术”等国家职业教育专业教学标准制定，牵头编制了《“智慧九江”总体规划》
	重庆电子工程职业学院	承担并完成国家专业标准7项、国家新职业前景手册1项、重庆市新职业大赛标准3个、重庆市新职业工种标准6个
	成都职业技术学院	主持或参与国家专业教学标准6项，引入英国规范资历框架（RQF）和欧洲资历框架（EQF）专业5级标准
	常州信息职业技术学院	制定国家高职专业教学标准1个
	山东商业职业技术学院	开发云计算技术与应用国家专业标准
	南京信息职业技术学院	主持研制《江苏省电子信息行业专业结构与产业结构吻合度报告》。主持制定教育部高职电子测量技术与仪器专业教学标准；参与制定4个专业教学标准。主持制定江苏省电子信息工程技术专业现代学徒制专业标准1个
	无锡职业技术学院	参与3项国家级专业教学标准，开发系列职业教育教学标准4项
课程标准	贵州轻工职业技术学院	开发2套国际可交流的课程标准
	南宁职业技术学院	定标准体系高标准引领区域职业教育改革发展，研制开发4类课程建设标准、212门高水平课程标准
	福州职业技术学院	开发《python数据分析与实践》《计算机网络技术》《大数据技术基础》《Python语言程序发》《mySQL数据库管理》中英双语国际化专业课程标准5个
	重庆电子工程职业学院	依托自主建设的课程资源中心，开发模块标准、课程标准、资源标准126个
	天津电子信息职业技术学院	开发27门“微专业”课程标准
	南京信息职业技术学院	主持制定江苏省电子信息工程技术专业现代学徒制模块课程标准6个
顶岗实习和实训条件建设标准	贵州轻工职业技术学院	作为副主任单位参与教育部大数据技术专业实训教学条件建设标准制定
	深圳信息职业技术学院	制定国家《软件技术专业实训条件建设标准》，英文版《移动应用开发专业实训条件建设标准》
	九江职业技术学院	开发本科及高职层次职业教育专业教学、顶岗实习等标准12项
	东莞职业技术学院	参与研制《高职学校电子信息工程技术专业实训教学条件建设标准》1项
	北京信息职业技术学院	参与撰写专业实训教学条件标准3项
	南京信息职业技术学院	主持制定电子信息工程技术专业实训条件建设标准

续表

模式	学校名称	具体举措与成效
输出标准	深圳职业技术大学（深圳职业技术学院）	专业课程标准被6个国家/地区认可采纳
	天津电子信息职业技术学院	参与制订国家标准和国际化专业教学标准，并推送至世界技能职业标准WSOS，被巴西、泰国等新兴经济体直接采用，也成为德国、日本、瑞士等发达国家借鉴的“金标准”
行业标准	南京信息职业技术学院	参与开发国家能源局等发布的行业标准10项
	重庆工商职业学院	制定国家、地方和行业各类技术标准、能力标准、培训标准、竞赛标准等5项

3.2 支撑发展

随着科学技术和经济水平的快速发展，电子信息工程技术在生活中得到了广泛的应用，逐渐成为支撑制造强国、网络强国建设和经济社会创新发展的重要引擎。电子信息大类专业群锚定“信息强国”战略布局、区域定位和产业需求，契合学校特色与优势，多元打造产教融合平台和技术创新平台，协同培养技术创新服务团队，积极服务国家发展战略和区域经济高质量发展。

3.2.1 积极服务国家战略，深入推进转型发展

（1）探寻技术与教学创变融合，科教兴国落实处。

专业对接产业，技术支撑行业，依托国家政策和区域支持，校企联合探索技术与教学深度融合，将科教兴国战略落到实处。例如，深圳职业技术大学（深圳职业技术学院）对接湾区战略性新兴产业，聚焦集成电路、新材料等重点领域，校企联合开展关键核心技术攻关，推动解决“卡脖子”难题，研发了高性能电子器件无卤性能调节剂、PSPI光刻胶、2.2微米以下高精度LCD边框间隔物微球、聚酰亚胺液晶取向剂材料等产品，打破了国外企业的垄断。四川邮电职业技术学院贯彻落实“成渝双城经济圈”“治蜀兴川”战略和四川省加快“5+1”现代产业体系、构建“4+6”现代服务业战略，着力推动电子信息产业和数字经济发展的进程中，专业群展现担当作为。

（2）探寻素养与技能创新融合，人才强国树根基。

职业教育是高技能人才成长的摇篮，信息技术与职业教育教学融合创新发展是职业教育人才培养的必然途径，为人才强国夯实基础、筑牢根基。例如，广东科学

技术职业学院牵头成立鲲鹏人才培养联盟，带动了一批高职院校为国家数字经济与信创产业发展培养高素质技术技能人才。福建信息职业技术学院打造高水平工匠之师，引进、培养中高层次人才21名，获批国家级教师教学创新团队1个、省级专业带头人5名，国家级“双师型”教师培养培训基1个地、省级劳模（技能大师）工作室2个。湖南汽车工程职业学院获得全国专业技能竞赛奖12项、全国双创大赛奖3项，获省级专业技能竞赛24项、双创大赛25项，向产业高端输送技术技能人才1429人，人才培养质量明显提升。常州信息职业技术学院获批建立国家级社会培训项目4个，开展省级社会培训项目10个。山东商业职业技术学院引进加拿大工程院院士建设山东省院士工作站，柔性引进领军人才3人，培育博士2人。四川邮电职业技术学院加快新技术课程实训开发，开展项目技术咨询与技术服务，培养新基建信息基础设施建设紧缺人才。

（3）探寻技术与生产力转化融合，创新驱动求发展。

办好新时代职业教育，激发数字活力，是职业教育高质量发展的驱动力。例如，贵州轻工职业技术学院打造政、校、企三方合作示范基地和大学生创新创业孵化器，探索“大学城+大学生+大数据+大创意”发展模式，累计注册企业231家，入驻企业54家。南宁职业技术学院研发成果“YB1－250/10箱式变电站”投入量产，研发“新一代切削液”新技术工艺，解决了困扰企业多年的技术难题。深圳信息职业技术学院实施“强芯铸魂”工程，专业群牵头成立“微电子技术专委会”，旨在充分发挥深圳“双区叠加”的优势，支撑国内制造业向产业链高端转型的需求。武汉职业技术学院联合华为等信创领军企业在全国率先成立信创学院，培养了一批信创人才。重庆工商职业学院建成国家级物联网与大数据应用技术协同创新中心1个、合川区三江英才科技拔尖人才团队1个，完成双创项目64项。四川邮电职业技术学院参与了成渝职教合作与产能协同，加入成渝双城职教协同发展合作联盟，融入成渝双城经济圈高校就业创业工作。

（4）探寻科技与扶贫供给融合，乡村振兴显实效。

坚持用技术“授人以渔”，促进贫困地区内生动力发展，深度落实科技支撑乡村振兴。例如，贵州轻工职业技术学院采取“党建帮扶强治理、科技帮扶兴产业、教育帮扶育人才、文化帮扶铸品牌”全方位帮扶，为高职院校党建引领赋能乡村振兴探索出一条成功路径。大数据技术硕博团队以项目合作、产业帮扶、产品开发、技术咨询等多种方式服务乡村和社区，培训规模达8000余人。南宁职业技术学院与企业合作开发“阿桂惠农”互联网+职业教育精准扶贫信息服务平台，辐射13个县区共3921个益农信息社。福州职业技术学院选派科技特派员对晋安区日溪乡开展形式多样的科学技术和跟踪服务指导。深圳职业技术大学（深圳职业技术学院）落实国家教育扶贫政策，招收贫困地区学生6000余人，培训新型农民、脱贫农民264人。派出援疆干部、科技特派员、乡村振兴干部等24人次。2019年、2021年荣获“广东省精准扶贫工作突出贡献集体”称号。湖南汽车工程职业学院开发扶贫专递课程4门，面向农民工培训项目数4个。重庆工商职业学院受重庆市乡村振兴局委托，开展“互联网+消费扶贫”示范培训、重庆市消费帮扶馆暨中国社会帮扶网示范培训等乡村振兴培训项目，培训学员1.2万人/次；开展科普服务惠及7.518万人/次；建立4个智慧农业校外实训及服务基地，服务合川、潼南、巴南、丰都等地，受惠农户3000余家。四川邮电职业技术学院开展帮扶县乡的装维技术创业就业培训、乡村教师信息化教学能力提升和多媒体技术使用等培训2200余人/日。

（5）探寻输入与输出文化融合，“一带一路”共繁荣。

“一带一路”建设已进入高质量发展阶段，继续推动职业教育对外开放，提高电子信息职业教育服务“一带一路”的能力。例如，南宁职业技术学院与柬埔寨国家技术培训学院合作成立中柬专业联合指导委员会，面向柬埔寨开发并输出3个国际化专业教学标准与19门核心课程标准，与老挝万象巴巴萨技术学院开展中老专业师资培训交流，搭建中老职业教育交流平台，面向6所老挝高校培训师资180人/日，累计培养“一带一路”沿线国家“汉语+技能”留学生79人，招收学历留学生3人。福州职业技术学院推进鲁班学院和海外实践教学基地的建设，先后建成中泰、中马、中印尼3个海外“鲁班学院”和福万、福乐、福垄3个海外实践教学基地，输出了我校职业教育成果，也搭建起的我校职业教育与世界对话与交流的实体桥梁。东莞职业技术学院引进《悉尼协议》专业认证标准，新增国际认证专业1个，获得IEET国际认证证书1个，引进3名境外师资参与专业国际认证工作。福建信息职业技术学院建成面授与“互联网+”职业教育国际合作云平台，搭建学院优势专业和汉语教育的师资、课程、教学资源输出通道，帮助海外学生及相关专业从业人员学习专业知识与实践技能，为培养跨国、跨文化技术技能人才提供高效便捷通道。北京信息职业技术学院师生赴埃及等国（境）开展信息安全技术交流，为埃中应用技术学院制定通信技术专业标准及课程标准，为培养国际化人才贡献力量。成都职业技术学院面向成渝“走出去”企业和“一带一路”沿线国家开展大数据分析、网络安全维护等云培训3221人/日。重庆工商职业学院依托在老挝建立的“鲁班工坊”，及中老和中泰海外丝路学院，聚焦课程资源、竞赛标准、国际认证、师生培养等四个维度，开展职业教育的海外交流与推广。无锡职业技术学院开展面向东盟国家职业教育师资培训合计200人/日，累计培养留学生82人。

3.2.2 大力开展社会培训和技术创新应用，助力区域经济发展

针对企业员工、新型农民、退役军人，大力开展各类社会培训，针对中小微企业，大力开展技术创新应用，形成了一些经验做法和成果。例如，贵州轻工职业技术学院为企业员工等四类人员提供学历提升 372 人，为中小微企业提供大数据技术等专业咨询近百次。深圳信息职业技术学院培训职业院校师资近 150 人/次，服务本科、高职院校 50 余家。广东科学技术职业学院近三年与 38 家企业合作开设项目班 68 个，其中校外项目班 10 个，校企协同累计培养工程实践能力强的数字化人才 2541 人。武汉职业技术学院建设了优质继续教育网络课程 18 门、培训课程包 7 个，建成示范性继续教育培训基地 1 个，获批全国首批职业院校校长培训基地。学校年均开展各级各类职业技术技能培训 60000 余人/次。其中，承接企业员工、农民工等职业技能培训 1100 余人/次，开展职业等级鉴定 3000 余人/次，三年累计培训到款额为 3522 万元。重庆工商职业学院培训学员 1.2 万人/次，开展科普服务惠及 7.518 万人/次。四川邮电职业技术学院开展帮扶县乡的装维技术创业就业培训、乡村教师信息化教学能力提升和多媒体技术使用等培训 2200 余人/日。

3.3 推动形成一批支撑职业教育高质量发展的政策、制度和标准

28 个专业群参与开发“1+X”证书制度标准 61 项、专业教学标准 51 项、各类课程标准 362 项，其他标准 34 项，出台了相关制度 33 项，成效显著。

3.3.1 参与国家层面政策制定，引领作用显著

乘职业教育利好政策东风，立足教育强国新发展阶段，不断参与国家、省区市重大职教政策修订起草工作，推动职业教育高质量发展。例如，深圳职业技术大学（深圳职业技术学院）参与《国家职业教育改革实施方案》《教育部 广东省关于推动深圳职业教育高端发展争创世界一流的意见》《职业教育提质培优行动计划（2020～2023 年）》《职业学校学生实习管理规定》《关于在院校实施“学历证书+若干职业技能等级证书”制度试点方案》《职业教育国家学分银行建设工作规程（试行）》等 10 余项国家职业教育改革方案与文件的编制。武汉职业技术学院先后参加《职业教育法》修订草案的座谈以及《湖北省产教融合建设试点工作方案》《湖北省建设产教融合型企业实施细则》征求意见座谈会，对《现代职业教育质量提升计划资金绩效评价指标体系》《本科层次职业学校设置标准（试行）》《湖北省教育事业十四五规划》等国家和湖北省相关政策文件征求意见稿提出修改建议，向

国务院教育督导办报送《职业院校评估工作改进建议》，为国家和湖北出台职教相关政策文件贡献“武职智慧”。天津电子信息职业技术学院参与制定《教育部 天津市人民政府关于深化产教城融合打造新时代职业教育创新发展标杆的意见》，主持起草《天津市高等职业院校产教融合试点项目管理办法》等制度、标准、调研报告4项，作为主要成员参与《天津市“十四五”教育信息化编制工作》，参与制定《津南区加快数字化发展三年行动方案》，牵头制定2个产教联盟章程，主持起草《海河教育园区职业院校大学科技园建设方案》。

3.3.2 牵头各类标准和目录制定，标杆作用显著

牵头主持或参与了国家专业教学标准制定，推动适应产业转型升级的人才培养标准体系建设，充分发挥规范引领作用。深圳职业技术大学（深圳职业技术学院）25名专家在全国行（教）指委担任主任委员、副主任委员和委员等职务，积极推动职业教育国家教学标准体系建设。2020年，学校作为电子与信息大类牵头单位，深度参与教育部职业教育专业目录修（制）订工作，推进专业目录升级和数字化改造，完成了76个专业目录修订。同时，深度参与《高等职业学校专业教学标准》修订工作，其中，牵头13项，参与110余项。湖南汽车工程职业学院汽车智能技术专业群主动适应智能网联汽车产业发展，响应汽车高端人才培养需要，对接智能网联汽车相关行业企业标准，联合国内一流高职院校、业内知名企业、行业协会开发5个专业的国家专业教学标准、1个国家实训条件建设标准和5个国家职业技能等级标准。标准被国内80%的同类院校相关专业采纳和实施，为智能网联汽车产业高端技术技能人才培养提供系统的标准支撑和实施范本。根据“金平果”2022年度高职院校汽车专业排行榜，我校汽车智能技术、智能网联汽车技术专业均居全国第1名。

4. 典型案例

4.1 引领改革

案例1：对接移动通信产业链人才需求，创新“校企多元协同，岗课赛证融通”的人才培养模式

【学校】深圳信息职业技术学院

专业群的现代移动通信技术专业通过精准调研移动通信产业链，根据产业链人才需求，在政府和行业管理机构、行业协会协同下，联手华为技术有限公司、华为

终端有限公司、深圳艾优威科技有限公司等多家典型企业，组建产教融合联盟，校企共同设置专业方向、共同设计专业人才培养方案、共同组建专业教学团队、共同建设专业教学条件、共同评价人才培养质量、共同负责就业推荐，实施“校企多元协同，岗课赛证融通”人才培养模式。

图1 “校企多元协同，岗课赛证融通”的人才培养模式

一、做法

依托ICT产业学院，从行业人才需求调研和移动通信技术专业毕业生调查出发，输出移动通信岗位群职业标准或规格、岗位核心竞争力内容，通过行企校共建大数据5G智能网优方向、移动智能终端及应用方向的特色课程体系，共建混编教学团队，共建5G全场景全业务虚拟仿真实训基地和华为全场景智能终端服务人才培育基地，共建优质教学资源，联合华为终端探索实施华为终端项目班，学校为企业输出对岗人才，企业为学生提供对口的顶岗就业机会，校企协同共同构建移动通信行业人才培养各个关键因素，并承接行业职工的在职教育或终生教育，实现人才培养的行业化、常态化，背靠行业、融入产业，实现“校企多元协同”的人才培养生态。

在人才培养方案中，根据人才成长规律，对接人才培养规格，实施“岗课赛证融通”。教学设计中，将课程分为公共基础课程、专业支撑课、专业核心课、专业拓展课。公共基础课对应获取计算机等级证和外语证书，以提升其综合素质；专业支撑课要求学生选择性获取PCB高级应用证书；专业核心课要求学生必须获取华为HCIA/HCIP证书、移动通信行业国家资格证书或“1+X”证书，以提升其满足移动通信岗位应知应会能力、适岗迁岗能力，同时每个方向的专业课程都有支撑的职业技能大赛，以赛促教、以赛促学；专业拓展课可根据学生自身情况和职业规划，考取华为 HCIE 等行业顶级证书，以获取行业高薪就业的能力。

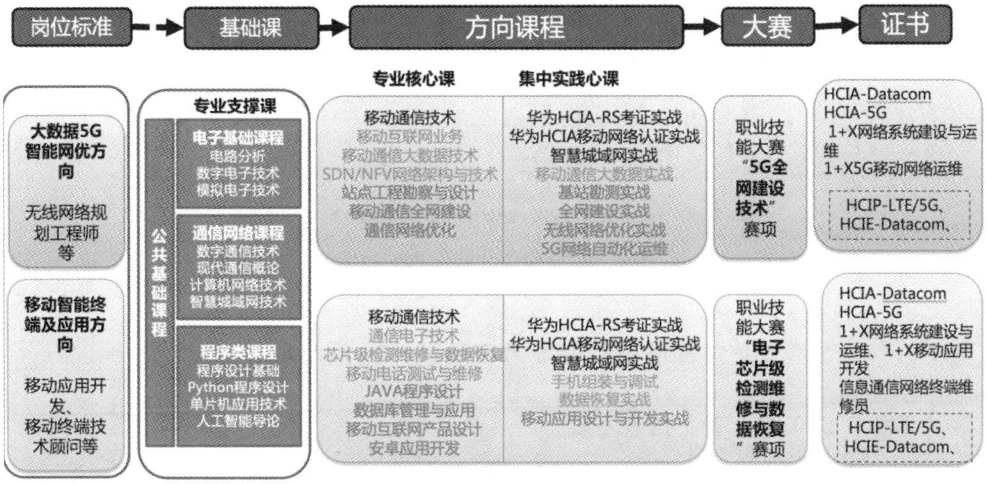

图 2 “岗课赛证融通”的课程体系

二、成效

在高质量就业方面，“华为全场景智能终端服务人才培养合作项目”最终形成“人才需求→合作协议→组建订单班（宣讲、选拔）→共同开展教学（师资、基地、教学资源等）→岗位实习（现岗）→技能等级认证→录用上岗”培养流程，最终输出全场景智能终端岗位高素质技术技能人才，帮助学生打通“学习—认证—顶岗—就业”的一条龙渠道，帮助学生高质量就业。目前已完成了第一届华为终端班的培养，第二届学生正在进行顶岗实习，第三届终端班的学生正在进行项目班培训。第一届 35 名学生全部符合华为终端公司及其生态圈企业的招聘要求，获得顶岗实习与就业机会。其中，14 名学生进入慧通商务（华为终端有限公司子公司）就业，第二届有 15 名学生进入了慧通商务进行顶岗实习。

在大赛方面，以赛促学，以赛促教，在课程中融入了大赛案例与项目。同时，也支持优秀学生参加各种技能大赛。本专业学生在职业技能大赛（含行赛）中取得了全国一等奖 5 项、二等级 2 项，省一等奖 6 项、二等奖 5 项。

在技能证书方面，网优方向学生大部分都考取了华为相应证书，终端方向大部分通信都考取了信息通信网络终端维修员（中级）职业资格证书。在两个方向中，有 6 个学生考取了 HCIE 证书。

图3 职业技能大赛国家一等奖

案例2：以标准引领职业教育发展，提升人才培养质量

【学校】 山东商业职业技术学院

一、制定全国专业教学标准，推动全国专业发展

牵头开发全国专业教学标准，优化人才培养方案；开发课程标准，建设结构化课程体系；开发资源制作标准，建设颗粒化教学资源；开发师资标准，组建高水平、结构化教学创新团队；开发实训设备配置标准，保障人才培养质量；开发共建共享新机制，实现学分互认；2016年全国设置云计算专业的学校不到30所，目前已达到300余所，其中山东省28所，居全国首位。最终实现联合办好一个专业、校企合作建好一个专业、技术融合教好一个专业、能学辅教推广一个专业、示范引领带动一批专业。

二、主持国家专业教学资源库，服务全国师生学习

2020年国家专业教学资源库通过验收，目前学习用户突破13万人、资源30000余条、个性化课程66门、引用资源库资源建设职教云课程869门，为企业工程师、教师、学生和社会人员提供专业学习平台。已发布的数据监测报告云计算技术与应用专业教学资源库在203个立项的资源库中每次排名为前50。平台检测数据表明，标准化课程使用效果良好，最多的课程达到了2400余人，日志量455280；最少的也有370余人，日志量43198。从用户时间段可以看出，曲线符合正常上课使用，不存在刷课现象。

三、创新高水平专业群建设理论，引领国内同类专业发展

创新发展“一中心、四保障、五发展”专业群建设理论体系，提出了“平台共享 工坊分流”人才培养模式、“小班化与信息化”师生共同成长的“三教”改革模

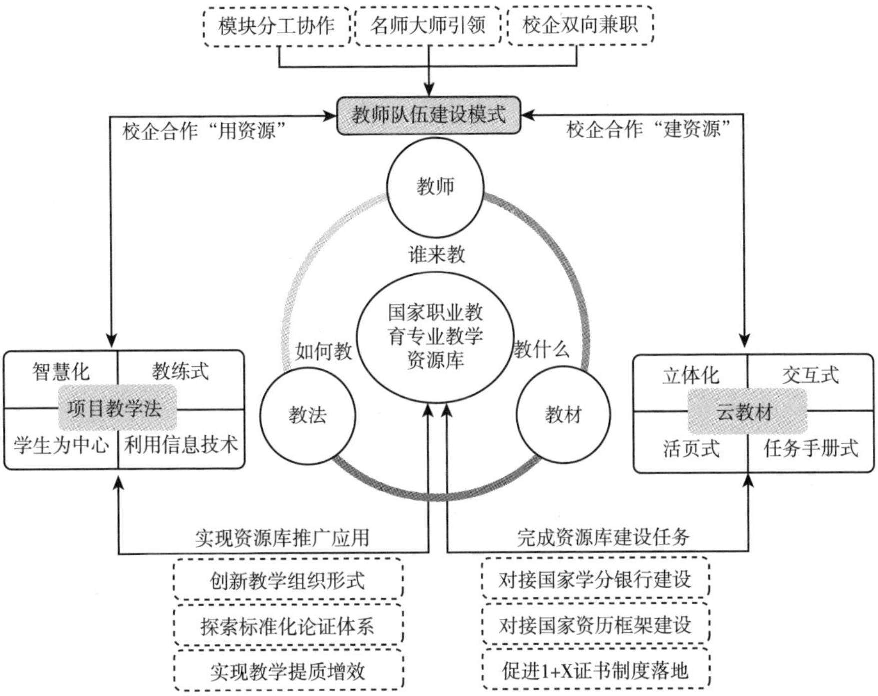

图 1　基于国家资源库的“三教改革”模型

型、“制度信息化驱动”的治理进化模型、校企合作“蜜蜂理论”与技术技能汇聚与社会服务模型、专创融合模型、活页式教材开发模型、专业群评价诊改模型等。在全国各类研讨会分享专业群建设经验百余次，接待来访学校 113 所，得到兄弟院校高度评价，辐射带动效应明显。

四、招聘供不应求，用人单位满意度高

毕业招聘会每个毕业生可选岗位超过 3 个，招聘企业反映毕业生供不应求，纷纷通过熟悉的教师联系提前预定学生。学生初次就业率 97.7%，本省就业率 90.33%。

五、录取分数不断攀升，家长认可度高

录取分数不断攀升，家长认可度高。2020 年普通类 25 个招生专业 18 个专业最低分超过一段线。“3 + 2”专本贯通分段培养最高分 533 分，最低分 490 分，高出一段线 41 分。专业群报到率达 96.2%。

案例 3：“一带一促双融合”引领共青团组织多渠道育人模式

【学校】 重庆电子工程职业学院

一、简介

“党建带团建”是党在长期的革命、建设与改革中加强对共青团的领导而形成的成功经验与优良传统，学校始终坚持党对青年工作的领导，党有号召，团有行动，党旗所指就是团旗所向。共青团传承红色基因是永葆共青团政治属性的重要体现，作为党的助手和后备军，坚持“团建促党建”是加强党的建设的重要组成部分。学校坚持“党建与团建双融合”，持续纵深推进共青团改革，坚持强“三性”去“四化”，逐步探索出“党建带团建，团建促党建，党建团建双融合”的“一带一促双融合”的共青团组织多渠道育人模式，着力解决“为谁培养人，培养什么人，如何培养人”的问题。

二、具体举措

（一）以“党建带团建”凸显思想政治引领作用

学校全面贯彻落实新时代党的建设总要求，坚持党对青年工作的领导，以立德树人为根本任务，加强顶层设计，将共青团工作纳入年度党建考核，占10%；着力完善体制机制，在全市高校首创《“党建带团建”工作任务清单》共22条；坚持正本清源，着力强化干部队伍建设；坚持与时俱进，着力丰富学习载体。着力解决“为谁培养人”的问题。

（二）以“团建促党建”夯实基层团组织堡垒作用

学校充分发挥团组织战斗堡垒作用，巩固党执政的青年群众基础，加强基层团组织标准化管理、规范化建设和创新性发展，探索了“党团共育、组织共建、资源共享、人才互助、文化互融”共建模式；突出政治功能，发挥团干部示范带头作用；发挥团员先进性作用参与社会主义建设。着力解决“培养什么人”的问题。

（三）以“党建团建双融合”服务“大思政”育人格局

构建党建与团建“双融合”服务大思政体系，创新思政教育智慧管理工程，形成“四维协同”思政“泛”课程体系，固化物化“重电”团学品牌服务青年成长成才，融合“第二课堂”形成“纵向多层级联动，横向多维度协同，共建共治共育共享”的“育人”大格局。着力解决“如何培养人”的问题。

三、主要成效

学校在全国暑期大学生“三下乡”社会实践中连续两年荣获全国优秀单位；在全国“挑战杯”大学生创业计划竞赛中荣获首金，并代表重庆高职院校首获“优胜杯”单位；学校连续4年荣获“无偿献血促进奖单位奖”；学校团委连续三年荣获全市共青团工作目标考核“特等”；学校团委在建团百周年之际荣获“重庆市五四红旗团委”；三年来共有近百名同学荣获全国自立自强先进个人、“强国一代”好青年、团中央“千校千项”社会实践优秀个人等国家级奖项。

案例 4：普职融通，推进地方中小学职业启蒙教育

【学校】常州信息职业技术学院

激发青少年的爱国热情，开展职业体验活动，培养青少年科学兴趣及科技创新能力，是高职院校服务地方的重要使命。在中小学生学习和实践的过程中，通过职业体验的各项活动，发扬“新时代北斗”精神，保持积极向上的学习态度和旺盛的求知欲，逐渐养成勤于思考、善于发现、敢于创造的科学素养，从而进一步帮助青少年学生全面发展、健康成长。

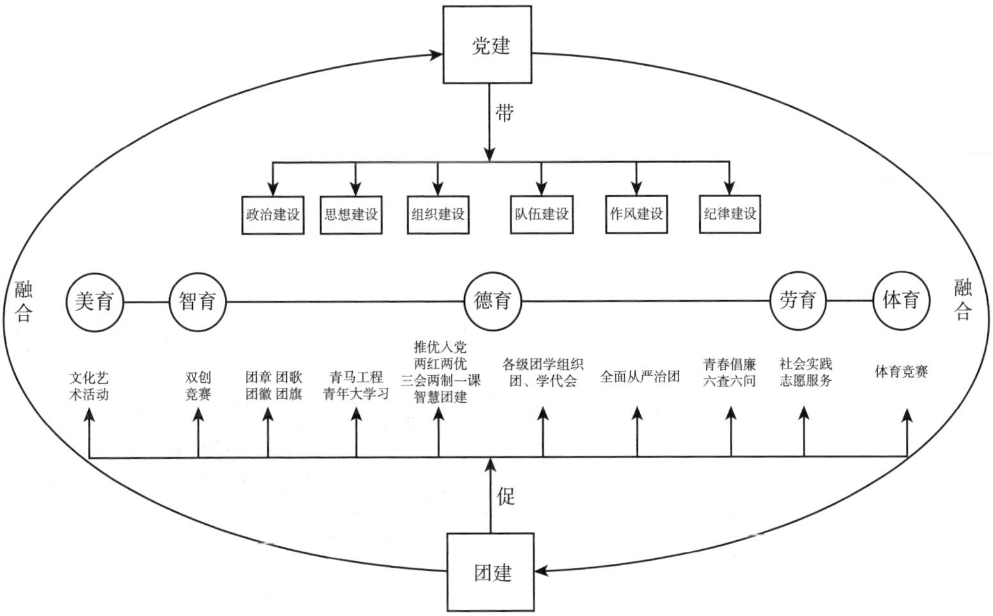

图 1　党建与团建

一、建设背景

2019 年以来，国务院、省教育厅发布了大量政策性文件，要求加强各学段普通教育与职业教育渗透融通，在普通中小学实施职业启蒙教育，培养掌握技能的兴趣爱好和职业生涯规划的意识能力。

中小学生职业体验中心（时空信息职业体验中心）是常州信息职业技术学院贯彻落实文件精神的重要载体，中心 2018 年由常州信息职业技术学院（网络空间安全学院、软件与大数据学院、电子工程学院、智能装备学院）发起，联合华东师范大学、清华大学、东南大学、南京大学等多家“双一流”高校以及行业领先企业共同成立。2020 年 7 月中心被江苏省教育厅认定为江苏省中小学生职业体

验中心。

二、建设举措

（一）党建引领，打造科普联合体

中心坚持党建引领科普教育，将青少年科普教育与爱国主义教育充分融合，大力弘扬“科学家精神”“新时代北斗精神”等第一批纳入中国共产党人精神谱系的伟大精神。展示、宣传在中国共产党领导的革命、建设、改革和新时代各个历史时期中，为科技进步、民生改善、国家发展做出重要贡献的科学家个人和团队先进事迹。

扩建专职管理团队、专家团队、师资团队及志愿者团队。积极与政府、中小学、青少年活动中心、社区、北斗联盟、合作企业等单位加强合作打造科普联合体。

图2　江苏省中小学生职业体验中心网站及青少年爱国主义教育

（二）多方协同，加强科普资源建设

中小学生职业体验中心成立以来，常州市教育局、常州市科学技术协会先后成为中心业务指导单位，同时有何积丰院士、谭述森院士、龙乐豪院士、陈熙源教授、曹文教授等国家级专家名师的关怀和指导，多方协同学校、企业、政府、行业协会的资源，汇聚成适合青少年科普体验的优势资源。

（三）专注实践，开展职业体验活动

中小学生职业体验中心常年开展“天空中最亮的星·北斗就在我身边”主题科普系列活动。中心自2019年至今，已经组织了近百场科普活动，直接参与活动人数19000人，辐射人群超过5万人。

中国新闻网 | 江苏

www.js.chinanews.com(江苏新闻网)

首页 滚动 中国新闻周刊 中新经纬 中国侨网 暂无GQ

新闻热线：18013384110 电子邮箱：jsxww110@126.com

常信院成立中小学生职业体验中心

2020-08-28 15:27:36 来源：中新网江苏

中新网江苏新闻8月28日电(王国旭 周建美 韩良) 8月25日，“北斗卫星导航”科普公益夏令营暨江苏省人工智能与时空信息中小学生职业体验中心揭牌仪式在常州信息职业技术学院(以下称“常信院”)举行。该活动旨在通过开展职业体验活动，培养青少年科学兴趣及科技创新能力。211名小学生参加了本次活动。

腾讯新闻 获取全网一手热点

科普走进常州校园，院士讲述北斗故事

中国北斗卫星导航系统

近日，北斗智能卫星导航科技创新论坛在江苏省常州市举办。中国工程院院士、北斗卫星导航系统高级顾问谭述森受邀做专题讲座，常州市多所中小学校长、全市科技教师及优秀学生代表近百余人参与了本次活动。

专题讲座现场

讲座中，谭述森院士以“宇宙”二字的含义开题，以“导航技术的发展史也是人类活动空间不断拓展的历史”为观点循序渐进地为在场师生回顾并展望了北斗系统创新发展历程。谭院士将梅逻、专业的信息知识通过别开生面、通俗易懂的讲述方式进行了科普，激发了在场师生的浓厚兴趣。同学们纷纷表示要结合所学专业，找准未来5G及

中国科学技术协会 China Association for Science and Technology

当前位置：首页>>新闻>>全国学会>>学会科普

第五届全国青少年无人机大赛常州市赛开赛

发布日期：2021-01-06

12月26日，由中国航空学会、常州市科协、常州市教育局主办，江苏省时空信息中小学生职业体验中心承办的第五届全国青少年无人机大赛（常州市赛）在常州信息职业技术学院正式开赛，全市中小学共31支代表队参赛。

本次大赛作为常州市内专业性的无人机赛事活动，共吸引全市300余名选手报名，因疫情防控，为了更好地组织赛事，经组委会资格审核筛选，最终确定130名选手入围参赛，经过现场激烈地竞技比拼，最终74名选手分别获得市赛一二三等奖，44名选手获得省赛一二三等奖。

为了保证师生身体健康，防止大量人群聚集，大赛共分为三个赛场，分别为试验挑战赛赛场、个人飞行赛小学组赛场和个人飞行赛初高中组赛场，签到结束后，选手们有序列队前往各自的比赛场地。

江苏省中小学生职业体验中心（时空信息中小学生职业体验中心）经中国航空学会授权开展第五届全国青少年无人机大赛常州市赛，搭建青少年无人机操控及编程赛事平台，为广大热爱无人机、善于挑战的学子提供了展现自我、互相竞技的机会，通过参与比赛，能够更好地考验和提升选手的操控能力、观察能力、逻辑能力、合作与沟通表达、分析障碍与解决问题的能力。

江苏学会网

培养凝聚举荐科技人才的主阵地 科普服务的主力军
推进产学研用合作的主抓手 科技创新智库建设的主渠道

首页 > 学会科普

赓续红色血脉，传承航天精神 -航天院士进校园系列活动圆满结束

图 3 江苏省中小学生职业体验中心部分媒体报道的职业体验活动

三、建设成效

近年来，中心活动被多家媒体报道，同时被认定为“江苏省计算机科普教育基地”“常州市中小学生劳动教育实践基地”“北斗科普教育基地”“华东师范大学人工智能基地”等称号，荣获“全国科普日优秀活动”“常州市优秀特色科普活动”“‘北斗杯’全国青少年科技创新大赛优秀组织奖”等荣誉称号。

人民日报 有品质的新闻

院士进校园，为学生们引路星辰大海 种下“航天梦”种子

少年强则国强，少年进步则国进步。以“赓续红色血脉，传承航天精神”为主题的特别活动在常州市天宁区龙锦小学举行，中国工程院院士、长征系列火箭总设计师龙乐豪走进校园，为天宁学子传递科学精神，引路星辰大海。

在学校无人机、航模、天文、机器人等科技社团，同学们沉浸在奇妙的科学世界里。正值“神舟十三号”成功发射，学校开展了航天创意作品展览，一张张充满创意的科学幻想画，一个个精妙绝伦的火箭模型，都是同学们对航天事业的无限向往。

龙乐豪对学校的科创社团和孩子们的作品赞叹不已：“学校在科技创新和科普教育方面做得很好，学生都有很高的科学素养和丰富的想象力。”

提到长征系列火箭时，龙乐豪院士更是妙语连珠，用“哥哥、弟弟、妹妹”等形象生动、浅显易懂的比喻来介绍长征三号甲、乙、丙三种火箭类型。“那火箭一次只能发射一颗卫星吗？火箭发射过后是不是就没用了？能重复利用吗？”面对同学们的“脑洞”，龙乐豪院士耐心解释，火箭是可以重复使用的，但是到目前为止，全世界的运载火箭都是一次使用。目前，我国已经开始对火箭重复使用进行探索研究，进行相关技术攻关，相信未来我们的火箭一定能实现重复使用。

中国近年来在航天事业的发展和成就，让同学们觉得无比自豪，而前辈们从无到有的奋斗精神更让大家觉得敬佩。“我也想像您一样成为一名航天科学家，现在应该从哪些方面做准备呢？”龙乐豪院士说，未来的竞争是人才的竞争，而人才的成长和培育要从娃娃抓起，“首先要爱祖国、勤学习，其次要爱科学、快成长，然后还要提高个人的综合素质”。如今国家为少年儿童提供了更好的生活和学习条件，同时也面临着更加激烈的竞争。中国的航天事业正处在黄金发展的时期，舞台广阔，机会很多，值得有志气的孩子们去热爱、去投身。他勉励同学们，要珍惜现在的学习机会，打好基础，做好当下的事，不断成长，“未来属于你们，相信你们一定会比我们老一代人更有作为。”

现场，龙锦小学“龙霄学院”正式成立。龙霄，取自“龙锦”和“霄汉”两词，寓意龙韵少年用科学的力量和新时代的航天精神，奋起直上，创造锦绣天地。

龙锦小学是一所年轻的学校。在八年的办学历程中，创造性地提出将爱国主义教育与科技教育进行融合，为爱国主义教育加持“科技感”，学校也被评为“常州市科技教育综合示范校”。今年以来，结合党史学习教育，学校利用重大纪念日、节日等关键节点，举办各类具有影响力的科技活动，为学生们搭建筑梦创造的平台。

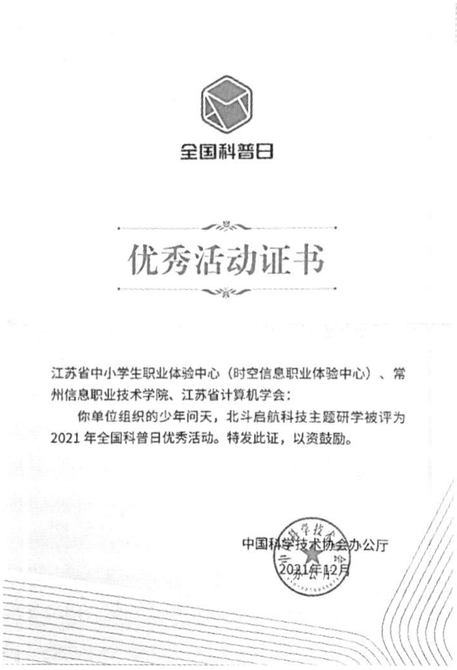

图 4　人民日报报道及入选 2020 年全国科普日优秀活动

4.2　支撑发展

案例 5：发挥职教优势，助力“脱贫攻坚”和“乡村振兴”

【学校】 深圳职业技术大学（深圳职业技术学院）

“发展教育脱贫一批”“阻断贫困代际传递”“培育新型农民赋能乡村振兴”是党中央赋予职业教育的重大任务和神圣使命。近年来，深圳职业技术大学（深圳职业技术学院）认真贯彻落实习近平总书记和党中央关于脱贫攻坚、乡村振兴重大战略部署，在上级部门的指挥领导下，怀着“感恩改革开放，回报全国人民”的朴素感情，以职业教育和培训为抓手，扎实工作，务求实效，在扩大中等收入群体、实现共同富裕等方面取得了重要进展。

河源市和平县下洞村是深职院精准扶贫的工作对象。帮扶 5 年期间，深职院发挥职教优势，助力脱贫攻坚。一是打造“企业 + 村委 + 农户”的深职院扶贫模式。针对该村农产品结构单一、技术含量和附加值匮乏、劳动力缺乏一技之长等突出问题，学校积极整合资源，引进合作企业和校友企业赴当地建设扶贫产业基地，汇集学科、市场、产业优势，大力发展绿色农业栽培技术，实现生产、销售及电子商务推广的整体设计和运营。二是发挥高职优势开展技能扶智。充分发挥深职院智力“孵化器”和技能“播种机”作用，不断增强下洞村“造血能力”，开展了面向贫困人口的职业技能培训，精准扶贫期间学校先后投入130多万元举办系列职业技能、农业技能培训多场。

帮扶5年期间，该村贫困户人均收入从2016年的不足5000元提高到2020年的19317元，52户贫困户全部顺利脱贫。2019年、2021年深职院精准扶贫工作队两次荣获“广东省精准扶贫工作突出贡献集体”荣誉称号和个人表彰。精准扶贫工作受到了社会各界的高度评价，中国教育报、深圳特区报和河源电视台等均深入报道学校教育扶贫事迹。

中国教育报

教师编制“铁饭碗”封存之后

采取坚决果断措施 遏制北京聚集性疫情扩散蔓延

精准施策为帮扶对象“拔穷根”

当优秀“育林人” 栽长青“扶贫树”

图1 中国教育报、深圳特区报报道深职院教育扶贫事迹

目前深职院按照省委部署，正分别面向河源市连平县、和平县开展乡村振兴以及全方位融入式基础教育帮扶工作，并选派了3名干部组成工作小组赴河源开展乡村振兴工作。2021年11月，深职院在连平县举办了一期连平县乡村振兴基层干部能力提升培训班，被当地党委誉为“乡村振兴战略开局的一场及时雨”。

案例6：输出方案和人才，服务“一带一路”倡议

【学校】南京信息职业技术学院

为积极响应国家“一带一路”建设，支持国内新能源产品走出国门，不断向“一带一路”沿线国家和地区拓展业务，电子产品质量检测专业群重视境外技术服务和人才、方案输出，成立涉外技术服务中心。

面向信息产品检测、质控等岗位开展现代学徒制培养，每年招收至少10名学生

进入现代学徒制班，在中认南信企业工程师指导下，学生们都能够很出色地完成光伏逆变器、光伏汇流箱、光伏组件、电源适配器、充电桩等产品认证检测项目，其中有很多项目是涉及国外客户和检测标准。

2016 年 1 月 26 日电子产品质量检测专业群和苏美达公司达成了战略合作协议。2019 年 4 月至 7 月先后派出两批以毕业生为主体的服务团队为其哈萨克斯坦项目提供国外项目的技术服务和培训，主要完成光伏组件 EL 检测、IV 组件到货验收及电站安装质量检查工作。此次服务项目完成情况受到了外国企业的一致好评。

2019 年至今，依托涉外技术服务中心已完成涉外技术服务项目 90 个，服务收入金额达 364.5 万元，开发服务“一带一路”国家的光伏工程技术专业标准和课程标准 2 个，同时为国家、行业培养了 100 余名新能源产品认证检测的国际化人才。

图 1　涉外技术服务

电子产品质量检测专业群与西安诺瓦星云科技股份有限公司开展合作，借鉴南京信息职业技术学院疫情期间网课的授课经验，6 月 29 日双方联合对全球 100 多位学员开展网络授课。

图 2　诺瓦星云 LED 显示技术涉外培训

案例7：燕东微电子工程师学院建设纪实

【学校】北京信息职业技术学院

由职业院校、研究型高校和企业联合成立集成电路产业学院——燕东微电子学院，创新推出校企共建产业学院人才培养“15612”方案，以产业（企业）发展急需为牵引，打造融人才培养、技术创新、支撑学生（职工）持续发展、支撑企业发展等功能于一体的人才培养平台，为集成电路高精尖产业的发展提供了有效的技术技能人才支撑。

一、实施背景

集成电路工艺领域的人才培养是支撑该产业发展的关键环节之一。一是国内高校没有完整的集成电路工艺实训室，导致相关人才的培养质量不高；二是一个合格的集成电路工艺工程师需要用人企业招聘后进行较长时间的继续培养，导致培养周期加长和成本增加，同时人才数量也没有稳定保障；三是校企双方在大三年级组建订单班进行了长期探索，也未能很好地解决以上问题。

校企双方探索新的途径解决以上问题，最终形成了需求驱动、产学研一体化，校企共建集成电路产业学院——燕东微电子学院的解决方案。

二、主要做法

产业学院建设是一个有机的整体，建设必须有系统的观念，从顶层做好设计。在实际建设中，在厘清产业学院概念和内涵的基础上，有序推进产业学院的建设，并最终形成集成电路产业学院建设的“15612”解决方案。

“1”即一个平台，产业学院是以区域产业（企业）发展急需为牵引，打造一个融人才培养、技术创新、支撑学生（职工）持续发展、支撑企业发展等功能于一体的人才培养平台。

“5”即坚持的五个建设原则：建设产业学院时应坚持，（1）以全面提高人才培养质量为核心，是建设的根本；（2）产业（企业）需求驱动，是建设的基点；（3）产教融合，双主体育人，紧密对接产业（岗位），提升人才对产业的适应性，是发展的生命力；（4）制度创新，实现共建、共享、共赢，是建设的持续动力；（5）成本分担，是持续发展的经济保障。

“6”即六个重点建设领域：（1）产业学院运行的体制机制，制定了章程、议事规则、经费管理办法、成本分担机制、成立组织机构，形成了理事会领导下的院长负责制；（2）人才培养模式，组织模式采用现代学徒制，落实招生即招工，开发核心职业能力，形成“以集成电路典型工艺过程为载体”的工学结合人才培养模式；

(3) 课程建设，将课程分类为校内课程、企业课程、校企共同课程，结合岗位技术标准，共同开发专业课程 10 门，题库 1 套，网络课程 11 门，校本教材 1 本；(4) 实训基地建设，校内新建集成电路设计、测试、封装、工艺仿真实训室 4 个，利用企业产线新建集成电路工艺实训基地 1 个，开发实景工艺视频 150 个，虚拟仿真系统 1 套；(5) 高水平师资队伍建设，建立双导师队伍，开发师资提升课程，开展培训，实现教师个体双师向团队双师的转变；(6) 产学研服务平台建设，形成激励机制，发表高水论文 3 篇。

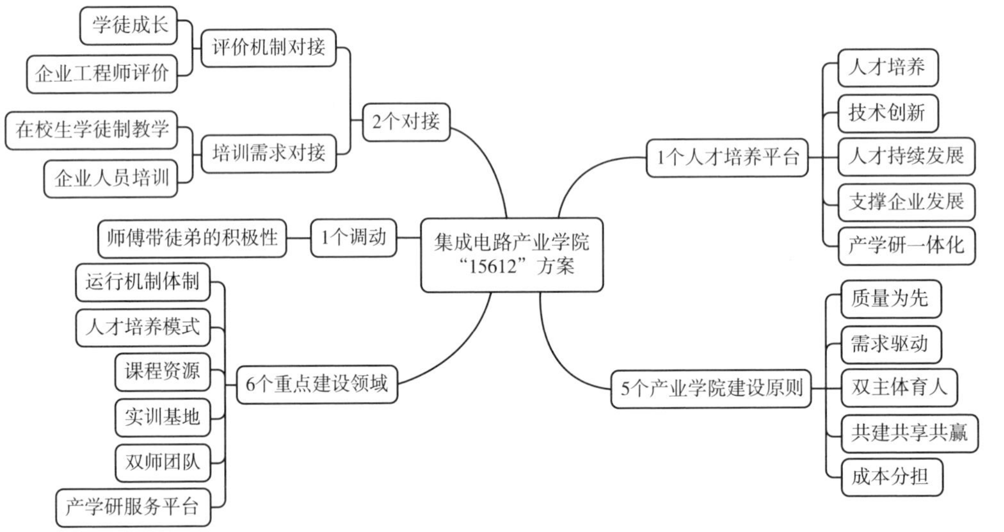

图 1　集成电路产业学院“15612”方案

“1”即一个调动，调动企业导师（师傅）师带徒的积极性，保证教学实施的落地。

“2”即两个对接，(1) 现代学徒制学生的成长与企业工程师评价机制实现对接；(2) 现代学徒制学生教学与在职人员培训的培训资源建设、师资队伍、实训基地及培训的对接。

三、成果成效

通过需求驱动、产教融合背景下学校与企业双主体模式以育人为主的产业学院建设的解决方案的实施，使培养一个合格的能独立工作的集成电路工艺工程师所面临的问题得到了有效的解决。

四、推广应用

成果推广到航天九院的北京微电子技术研究所，培养集成电路版图设计和封装测试技术技能人才，有力支撑了自主可控的航天和军工领域集成电路产业的发展。

推广到北方华创，基于机电一体化专业支撑了北方华创集成电路装备支持工程师的培养。

图 2　燕东微电子学院揭牌

图 3　燕东微电子学院成立及学术报告会

图 4　跟航天九院北京微电子技术研究所签约

图5　现代学徒制试点班的学生在企业答辩

图6　召开燕东微电子学院理事会

4.3　推动形成一批支撑职业教育高质量发展的政策、制度和标准

案例8：依托新目录、紧跟新标准，推动专业新发展

【学校】北京信息职业技术学院

北信人工智能学院以新版专业目录为引领，积极主持参与各类国家标准研制定工作，充分分析产业链、技术链、人才链逻辑关系，不断优化专业布局与人才培养模式，构建创新服务新生态的数据智能专业群，在全国范围起到引领示范作用。

一、实施背景

新版专业目录和国家标准是加快专业转型升级、提升教师专业能力、提高人才培养质量的重要依据，旨在引导职业教育根据产业新变化，科学合理制定专业，对接新经济、新技术、新职业。

二、主要做法

（一）深度解读专业目录，优化调整专业布局

依托职业教育新版专业目录，定位北京“十四五”战略规划，开展专业人才需求调研，动态优化专业建设，推动北特高首批软件与信息服务专业群、第三批数据智能工程师学院建设。2022 年 1 月 7 日，通过向教育部职成司汇报新版专业目录落地实施情况，分享对专业优化调整对接现代产业的积极推动作用。

（二）广泛参与专标研制，推动促进专业定位

积极组织骨干教师参与专业标准与简介的研制工作，通过获取调研分析岗位设置、职业能力、毕业生意见，优化调整专业人才培养定位。主持大数据技术（专科）、计算机应用技术（专科）、大数据工程技术（本科）3 个专业教学标准制定；作为副组长单位主持大数据技术专业实训教学条件建设标准制定；参与软件技术、移动应用开发、人工智能技术应用、工业软件开发技术等 4 个专业教学标准制定。

（三）高度关注职教国标，积极引导“岗课赛证创”融通

紧跟职业教育高质量发展的政策、制度、标准，参与各类专业相关标准研制定工作，全面落实“岗课融通”“课证融通”“课赛创融通”，提升课程内涵与行业标准、企业用人需求的对接，主持工信部计算机程序设计员职业技能标准、程序设计师职业等级和能力评价标准制定；参与大数据应用开发（Python）等三个“1 + X”证书制度标准制定；作为专家参与人工智能工程技术人员国家职业技术技能标准的评审，依托北京市“双师”培训基地累计开展师资培训 4750 人天。

（四）大力开展新标准推广，扩大示范引领效果

参与专业标准宣贯，主持高等职业教育数字职业紧缺教材计算机类专业大数据技术专业高质量水平教材建设，扩大校际学习交流，将专业建设理念送出去，将好的经验请进来。

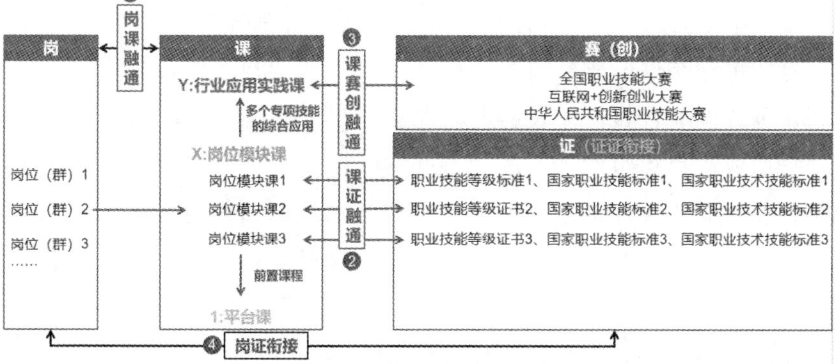

图 1　参与职业技能等级标准修订

主持第十六届“说专业·说课程·说专业群·说教材”研讨会工作，并做题为“源于岗位，服务行业，之说大数据技术专业”的分享，观看人数达到5万以上，收到良好反馈。

图2　基于标准制定产生影响示范作用

三、成果成效

通过参与国家标准研制工作，明确了新专业目录的引导方向，推动了新专业和新课程的调整升级，实现了职业教育优质资源的共建和共享，为同类专业院校在专业建设和人才培养提供了借鉴价值。

案例9：贡献武职智慧　参与决策咨询

【学校】武汉职业技术学院

武汉职业技术学院依托社会职业与职业教育研究院等校内智库和一批专兼职职业教育研究者，积极参与国家和湖北省职业教育相关政策、文件的制定，为推动形成支撑职业教育高质量发展的政策、制度、标准，贡献了武职智慧。

在征求意见座谈会上建言献策。在2019年全国政协副主席、民建中央常务副主席辜胜阻在鄂专题调研职业教育发展情况时，学校党委书记李洪渠教授就如何推动职业教育发展提出了建议。在2021年1月湖北省发改委组织召开的《湖北省产教融合建设试点工作方案》《湖北省建设产教融合型企业实施细则》征求意见座谈会上，学校党委书记李洪渠教授结合学校及湖北省职业教育产教融合、校企合作现状与问题，围绕湖北省如何深入推进产教融合工作提出了有针对性建议。在2021年7月中华职业教育社组织的《职教法（修订草案）》征求意见专家座谈会上，学校社会职业与职业教育研究院彭振宇教授分别从职业教育的办学主体、产教融合和校区合作、职业教育与普通教育学业成果融通互认等方面提出了具体的意见和建议。

对文件征求意见稿反馈修改建议。学校领导和教师根据上级安排，对《现代职业教育质量提升计划资金绩效评价指标体系》《本科层次职业学校设置标准（试行)》《高等职业学校建设标准》《关于推动湖北现代职业教育高质量发展的实施意见》《湖北省教育事业“十四五”规划》等国家和湖北省相关政策文件征求意见稿提出修改建议，为这些职业教育发展相关政策文件的出台贡献了武职智慧。学校在广泛调研的基础上，对我国职业院校评估、高职院校毕业生就业质量评价进行了研究，向国务院教育督导办报送《职业院校评估工作改进建议》，向教育部高校学生司报送《高职院校毕业生就业质量评价体系构建研究报告》，推动完善职业院校评估政策和高职院校毕业生就业工作政策。

“双高计划”建设项目贡献度研究
（2019～2021年度）

分报告

医药卫生专业大类分报告

中国教育会计学会
中国教育会计学会高等职业院校分会

1. 专业大类概况

医药卫生专业大类立项建设专业群共计11个，涉及10所高等职业院校，其中“双高学校”3所，“双高专业群”学校7所。表1为立项建设单位及主要专业情况。从专业类别看，囊括眼视光技术、护理、药学、中药学、临床医学5个不同类别专业群，其中，护理专业群5个，位居大类第一；从档次等级看，立项建设单位中A档、B档、C档学校各1所，C档专业群7个。相比其他大类，医药卫生院校之间实力悬殊明显，专业群A、B档次存在空缺，70%的院校均属于专业群C档次，有很大提升空间。

表1　医药卫生专业大类立项建设单位及专业具体情况

学校名称	档次	专业群名称	专业群包含专业
天津市职业大学	高水平学校建设单位（A档）	眼视光技术	眼视光技术、医疗设备应用技术、产品艺术设计
天津医学高等专科学校	高水平学校建设单位（B档）	护理	护理、针灸推拿、医学营养、康复治疗技术
天津医学高等专科学校	高水平学校建设单位（B档）	药学	药学、中药学、药品经营与管理、药品生产技术
滨州职业学院	高水平学校建设单位（C档）	护理	护理、康复治疗技术、助产、老年服务与管理
广东食品药品职业学院	高水平专业群建设单位（C档）	中药学	中药学、药品生产技术、中药生产与加工、药品质量与安全
沧州医学高等专科学校	高水平专业群建设单位（C档）	临床医学	临床医学、护理、医学检验技术、康复治疗技术
安徽医学高等专科学校	高水平专业群建设单位（C档）	护理	护理、助产、老年保健与管理
重庆三峡医药高等专科学校	高水平专业群建设单位（C档）	中药学	中药学、中药生产与加工、中药制药技术、中医学、护理
重庆医药高等专科学校	高水平专业群建设单位（C档）	药学	药学、中药学、护理、药品生产技术、药品经营与管理
湖北职业技术学院	高水平专业群建设单位（C档）	护理	护理、助产、医学美容技术、康复治疗技术、老年保健与管理
岳阳职业技术学院	高水平专业群建设单位（C档）	护理	护理、临床医学、康复治疗技术、老年保健与管理、药学

2. 资金投入情况

医药卫生大类专业群 2019 ~ 2021 年项目支出总额为 64519.7 万元，各专业群平均支出 5865.43 万元。资金投入最高的专业群为 14800.40 万元，投入最低的专业群为 2300 万元，投入差比为 84.46%。从九大建设任务来看，经费投入存在不均衡现象，支出占比较大的为实践教学基地（53.06%），支出占比较小的为教材与教法改革（3.09%）、国际交流与合作（5.63%）、可持续发展保障机制（0.74%）。具体数据如表 2 和图 1 所示。

表 2　2019 ~ 2021 年医药卫生专业大类支出情况

建设任务	金额（万元）	比例
人才培养模式创新	4128.95	6.40%
课程教学资源建设	4087.84	6.34%
教材与教法改革	1995.07	3.09%
教师教学创新团队	6545.10	10.14%
实践教学基地	34233.69	53.06%
技术技能平台	6991.43	10.84%
社会服务	2398.31	3.72%
国际交流与合作	3632.05	5.63%
可持续发展保障机制	479.63	0.74%
其他	27.63	0.04%
合计	64519.70	100%

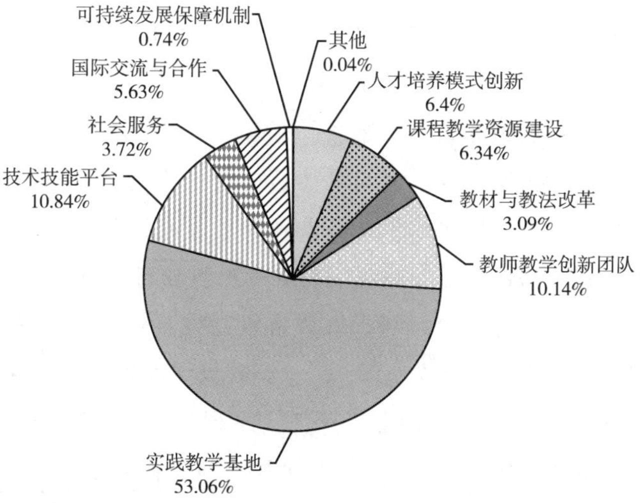

图 1　2019 ~ 2021 年医药卫生专业大类建设任务支出占比情况

3. 贡献度分析

医药卫生专业大类建设单位改变过去“重医轻药”“重医轻护”的传统认知，以护理、药学、中药学为主要建设专业群，全面贯彻党的教育方针，坚持立德树人，坚持正确办学方向，优化职业教育类型定位，深化产教融合，深入推进育人方式、办学模式、管理体制、保障机制改革，在整合、优化资源的基础上，变革人才培养模式，培养面向基层、服务社区和乡镇的医药、医护职业人才，引领职业教育改革发展和人才培养，支撑国家战略和区域经济社会发展，形成一批有效支撑职业教育高质量发展的政策、制度和标准。

3.1 引领改革

“双高计划”引领职业教育改革发展和人才培养的贡献度，主要体现在价值引领、模式引领、制度引领和标准引领四个维度上。

3.1.1 价值引领

坚持党对职业教育工作的全面领导，将党建工作与学校事业发展同部署、同落实、同考评，构建以立德树人、全面发展为导向的人才培养体系。

（1）坚持党建引领，以立德树人为根本，提高育人质量。

始终坚持以“德”为先，强化党建引领，聚焦高职特色，抓好顶层设计，注重将党建成果转化为业务成果，在专业建设、人才培养、校企合作等方面发挥重要作用，凝聚发展合力，提高育人质量。例如，滨州职业学院探索打造“一核两全三航四化五高”党建模式，成就“红色赋能”标杆，深刻把握新时代党的建设总要求的核心要义，全面加强党的领导和党的建设，实施“领航工程”“导航工程”“护航工程”，强化政治赋能、思政赋能、组织赋能，持续推进党支部标准化规范化建设，为培育高素质人才、产出高层次成果、提供高质量服务、传承高品位文化、建设高水平院校构筑起坚强政治保障。安徽医学高等专科学校自“双高计划”项目实施以来，学校获批全国样板支部 1 个，获批安徽省级党建工作标杆院系和“样板支部”各 1 个，获批安徽省“课程思政先行高校”，获省级课程思政教学成果一等奖 2 项。重庆三峡医药高等专科学校获得党建“双创”系列成果 18 项，其中全国样板党支部 1 个，省级“双创”党组织 4 个，省级优秀党务工作者及个人 3 人，校级“双创”党组织 4 个。重庆医药高等专科学校建设“智慧党建”平台，打造以中医学院

"岐黄党建"为代表的具有医药卫生特色的基层党建工作品牌矩阵，获批市级文明校园、市级绿色学校示范学校、市级样板支部5个，全市卫生健康系统党建年度考核连续3次优秀，厅局级及以上表彰50余项。

（2）坚持全面发展，以复合型人才培养为目标，提升育人绩效。

坚持以药、护、防为主要特色，以医疗卫生行业需求为目标，践行"人才是第一资源"理念，注重对复合型医护基层人才的培养，促进人才资源由单一型人才转变为复合型人才，努力提升育人绩效。例如，广东食品药品职业学院以"着力内涵发展，彰显中药人才特色"为办学思路，适应中药产业经济发展，深化办学机制改革和育人机制改革，积极促进企业参与专业教育，实现多元化人才培养格局。沧州医学高等专科学校打造"三全育人"工作格局，开展"四进劳动教育活动"，构建"一体两翼"人文素质培养体系，深入推进课程思政建设。滨州职业学院创新形成"上下贯通、书证融通、普职沟通"人才培养体系，深化"产教融合、校企耦合、工学结合"人才培养模式，建设完善"德技并修、知能并重、双创并举"课程体系和教学内容，构筑"三通三合三并"人才培养模式，成就"人才引擎"典范。重庆医药高等专科学校选拔近200名优秀在校生组建"懿创班"，培养其双创能力和科研思维，孵化双创团队34个，孵化双创项目54项，获国家级双创比赛铜奖1项、重庆市双创比赛金奖4项。天津职业大学因材施教，创新"德技并修、分阶分向、课证融合、育训结合"的人才培养模式；双元育人，建立产业学院、混合所有制学院，学生双证获取率98%。

3.1.2 模式引领

（1）深化校企合作，搭建高质量产教融合平台。

持续深化校企合作，搭建了一批高质量产教融合平台，成立了职教集团（联盟）5个，产业学院14个，产教融合实训基地8个，部分院校已形成了一批可借鉴的经验做法。例如，广东食品药品职业学院与深圳市金活医药有限公司成立金活产业学院，构建了基于"药品经营过程"的专业课程体系，"校企一体化"药品经营管理实训基地初具规模，探索"企业植入式工作室制"教学新模式，让学生从课堂到工作室，再到企业，学生的角色从实习生转变为准员工。滨州职业学院搭建校政、校行、校企、校军"四大平台"，聚焦合作高度、广度、深度、力度"四大维度"，完善董（理）事会管理体制、专家咨询机制、联盟合作机制、混合所有制"四大机制"，探索形成"四平台四维度四机制"产教融合模式，实体化运作4个全国性职教联盟（集团）、5个区域性职教联盟（集团）、3个国家级生产性基地、3个产业学院，成就"协同育人"表率。重庆三峡医药高等专科学校创建三级直属附属医院

1所，促进医教融合协同发展，创新医疗服务方式。岳阳职业技术学院护理高水平专业群顺应养老服务发展趋势和需求，建立了政企校深度融合的长效合作机制，打造了以国泰阳光颐养院为平台的养老服务示范窗口，创新了基地建设模式、老年服务人才培养模式，引领了区域职业教育改革发展。

（2）强化“双主体”作用，提升协同育人质量。

通过校企共建师资团队、共建产教融合平台、订单式培养等方式，强化校企“双主体”育人作用。例如，天津医学高等专科学校构建了“平台支撑—项目驱动—机制保证”的校企合作模式，“双元”育人有效促进了人才技术技能质量的全面提高，依托智惠民生产业学院，与天士力天之骄药业、老百姓大药房等企业推进订单培养，满足区域企业发展人才需求。滨州职业学院护理专业群搭建三大全国性产教融合联盟，定期召开联盟会议，强化学校与企业行业沟通，共同商讨培养路径，共同研制教学标准，准确定位培养规格，培养企业“急需之才、能用之才、可用之才”，成为培育和输送康养人才的主阵地。重庆医药高等专科学校在重庆市卫健委（学校主管部门）支持下，以双主体育人为主线，与重庆市第五人民医院等10所医院合作，把“学校办进医院”，在“病房内建课堂”，探索“1+2”校院共育人才培养模式改革，即第一学年在校完成学生基本素质能力、职业基础能力模块课程教学，第二学年在学校主导下，办校进医院，在医院接受职业核心能力及部分职业拓展能力模块课程学习；第三学年在医院进行临床岗位实习。

（3）聚焦“三教”改革，提高教师教学能力。

“教师”“教材”“教法”贯穿职业高等教育人才培养的全过程，直接影响教育教学质量，是新时代职业教育改革发展的重中之重。11个专业群在建设过程中，针对“三教”改革开展了大量的探索，开发各类教材176部，建设国家级教学资源库10个。具体情况如表3所示。

表3　“三教”改革具体举措与成效

模式	学校名称	具体举措与成效
教材改革	广东食品药品职业学院	校企共同开发立体化教材10部，开发活页式教材2部，校企联合开发课证融通教材6部，其中，1部入选国家级规划教材，1部获“全国优秀教材奖”，5部获省级优秀教材
	重庆三峡医药高等专科学校	面向医学职业教育编写教材174本，其中入选“十三五”规划教材9本，建成在线课程资源189门，其中省级及以上在线开发课程13门，市级34门，建成专业教学资源库3个
	重庆医药高等专科学校	主编国家规划教材4部、全国优秀教材1部

续表

模式	学校名称	具体举措与成效
教法改革	天津医学高等专科学校	建立“校院融通，课岗融合”系统推进“三教”改革的工作机制
	天津职业大学	探索了“名言点睛、典例化合、情境创设、专题嵌入”四种课程思政融入路径，升级“教学做一体”教学方式，形成了“问题引领、项目驱动、任务导向、思政融入”的课堂教学范式。 升级数字化资源与智慧化教学环境，推进教学流程再造，实施“课前预知、课中实战、课后应用”线上线下混合教学模式和虚实结合的实训教学模式。 创设“1+N”专兼职教师“双师同堂”的协作式教学组织形式，及时将新技术、新工艺、新规范以及企业鲜活案例纳入课堂教学，将现实中的工匠精神带入教学； 推进工作小组式教学，鼓励质疑、引导探究，师生合作、共同发展，因材施教、人人出彩，推进教学体系由3.0版本向4.0版本的新跨越
	沧州医学高等专科学校	深化“智慧互通、项目示范”教法改革。推行标准化病人（SP）教学、线上线下混合式教学方法改革，撰写SP脚本50部；引入OSCE考试系统，建立“学校导师、医院导师、学生、患者”多元化实习考核评价体系
	湖北职业技术学院	“互联网+”，数字赋能，教材教法改革成效显著
	岳阳职业技术学院	资源库建设服务“三教”改革。主持完成助产专业国家级教学资源库建设和湖南省老年健康服务专业群资源库建设
	重庆医药高等专科学校	建成国家级教学资源库3个，精品在线课程国家级2门、省级13门，一流课程11门

（4）落实“1+X”证书制度，培养复合型人才。

将“1+X”证书制度融入人才培养模式和课程体系，将专业教学标准与职业技能等级标准精准对接，实现课证融通。例如，沧州医学高等专科学校涵盖“1+X”证书制度试点项目15个，专业覆盖率100%，培训1286人，获证1204人。重庆医药高等专科学校与国内医药龙头企业江苏恒瑞医药联合开发“1+X”证书1个，开展“1+X”证书试点10个。湖北职业技术学院开发老年照护、母婴护理、美容师等7个“1+X”证书考证培训包，课程资源建设成效显著。重庆三峡医药高等专科学校开展“1+X”试点4项，2020年中医助理医师执业资格考试通过率在高职院校中排名第一，护士执业资格考试通过率保持在98%以上。天津职业大学构建“重德强技、校企协同、书证融通、多径育匠”专业群人才培养模式总体框架，创新“四方联动、五链耦合”育人机制，基于学分制改革，实现“1+X”与“X+1”旋转门互通。

3.1.3 制度引领

着眼于职业教育机制的构建与完善，力求通过构建科学的制度体系实现更高层次资源整合，主要包含完善职教高考制度、国家资历框架制度、普职融通制度、产教融合（校企合作）制度等内容。例如，滨州职业学院参与设计《教育部山东省人民政府关于整省推进提质培优建设职业教育创新发展高地的意见》，聚焦改革创新重点难点指导全省及部分省市高地建设方案设计；参与制定《关于深化产教融合推动新旧动能转换的实施意见》等部省共建职教高地配套政策20余个；牵头修订《山东省职业教育条例》，成立修订工作小组，撰写调研方案、调研报告，完成条例初稿。天津职业大学参与天津市发改委“天津市产教融合型试点城市建设实施方案”研制，提出的建议纳入《天津市产教融合型试点城市建设实施方案（征求意见稿）》中；制定《天津市职业教育改革与发展“十四五”规划》《天津市本科层次职业教育发展规划》《和田职教园区规划方案》《雄安新区职业教育强基提质培优引领行动计划（2021～2025年）》等系列规划，为区域职业教育高质量发展建良言、献良策、出实招；参与教育部职成司委托重庆市教科院开展的高职本科专业设置研究，为教育部《本科层次职业教育专业设置管理办法（试行）》的出台以及后续工作做出了积极贡献。

3.1.4 标准引领

标准引领包含开发国家职业技能等级标准、完善职业学校设置标准、实施教师和校长专业标准、专业目录标准等内容。11个专业群参与开发“1+X”证书制度标准2项、专业教学标准29项。具体情况如表4所示。

表4　医药卫生专业大类的标准引领具体措施

模式	学校名称	具体举措与成效
1+X证书制度标准	滨州职业学院	积极参与“1+X”证书职业技能等级标准制定工作，依托专业建设制定产后恢复职业技能等级标准
	重庆医药高等专科学校	协同开发国家药物制剂“1+X”证书标准，建成全国首个药品类“1+X”证书全国总站点
专业教学标准	天津医学高等专科学校	牵头制订全国视光类专业教学标准、国家职业技能标准
	滨州职业学院	参与全国职业院校专业目录调整调研论证工作，并牵头管理与服务大类目录开发工作。牵头、参与制定国家级、省级中职－高职－职教本科三级专业教学标准17项

续表

模式	学校名称	具体举措与成效
专业教学标准	安徽医学高等专科学校	参与制定高职护理、老年保健与管理专业教学标准
	重庆三峡医药高等专科学校	《中药材生产与加工》全国职业教育专业教学标准牵头单位，《保健服务通用要求》国家标准修订牵头单位
	重庆医药高等专科学校	主持研制国家专业教学标准 1 个、参与 7 个，主持省级专业教学标准 6 个
课程标准	广东食品药品职业学院	联合开发课程标准 20 个（校级）
行业标准	滨州职业学院	牵头制定“高职院校发展质量评价”指标及标准，形成了包含 5 个一级指标、22 个二级指标的专科职业院校发展质量评价指标及标准，被职业院校高质量发展研究中心质量评估委员会采纳应用
	重庆三峡医药高等专科学校	牵头“GB/T 30443－2013《保健服务通用要求》”国家标准修定工作 1 项，规范中医保健服务行业发展
	重庆医药高等专科学校	牵头制定全国校园急救设施设备配备规范

3.2 支撑发展

医疗卫生专业大类始终聚焦国家战略和区域经济发展，服务健康中国和基层卫生事业，不断摸索和创新卫生职业院校发展新经验、新模式，厘清高质量发展的支撑点，促进医疗卫生职业教育核心竞争力稳步提升。

3.2.1 服务国家重大战略，推动创新驱动发展

（1）服务“一带一路”倡议，打造健康职教品牌。

充分利用地域产业优势和优质教育科研资源，筑巢引凤，加强与“一带一路”沿线国家高校、医疗机构、教育组织的交流与合作，实施各种形式的项目交流，推进双方在海外医疗、国际教育、技能培训、科技研发、实践教学和文化交流方面的深度合作，深化国际化办学布局，打造健康职教国际品牌。例如，广东食品药品职业学院向“一带一路”沿线国家输出中医药文化和中医药标准，提升中医药的国际影响力，在省内乃至国内高职院校同类专业中形成示范性，引领国内同类专业的建设和发展，开发中医药文化传承涉外培训包，在“一带一路”沿线国家开展中药产业职业教育培训共计 557 人/次，接待新加坡南洋理工学院等境外学生 300 余人/次到校学习交流。天津职业大学形成“联盟推动、机构支撑、标准统领、绩效评价”

全要素统筹国际化办学模式。一是成立全国鲁班工坊建设联盟，协同打造中国职教品牌；二是建设南非鲁班工坊等多个海外办学机构，为中国企业“走出去”培养本土化技术技能人才；三是开发46个国际化专业教学标准和课程标准；四是开展鲁班工坊效果评估和质量评价，确保其可持续发展。沧州医学高等专科学校聚焦“一带一路”倡议，成立中泰“智慧养老”国际合作科研中心、中泰“智慧养老”国际合作研究联盟，开展中外合作办学项目3项，开发符合国际标准的教学标准1个，专业课程标准10个，教学资源29个，为泰国学生200余人提供汉语培训，受到泰国教育部授予中泰国际合作突出贡献奖。

（2）服务乡村振兴战略，打造健康扶贫样板。

持续推进健康扶贫与乡村振兴战略有效衔接工作，明确健康帮扶对象，提升基层医疗卫生服务能力。例如，滨州职业学院对接怒江州民族中等专业学校、延安职业技术学院、喀什职业技术学院等西部院校，建立“行政推动＋全力支持”动员机制，完善“因材施教＋因需培训”实施机制，构建“驻校教师＋帮扶资金”保障机制，开展全方位精准帮扶。天津医学高等专科学校以常见病、临床合理用药和医院感染防控作为重点，对口帮扶42个对口县、近万个村卫生室，取得显著成效；创新“一带多”帮扶模式，建成优质同类院校培训项目10个，对口支援中西部院校20所。天津职业大学面向全国，服务脱贫攻坚与乡村振兴，形成“规划引领、模式复制、资源支持、就业援助”全链条帮扶模式。一是研制《和田职教园区规划方案》，助力和田地区现代职教体系构建；二是将学校办学模式整体复制到和田职院，促进西部地区职业院校高质量发展；三是建基地、派师资、共享资源，助力西部地区师资水平与人才培养质量提升；四是发挥校企合作优势，力促西部地区学生到津就业，实现毕业生与企业双赢，学校荣获“全国脱贫攻坚先进集体”。广东食品药品职业学院利用中药学专业特色，结合乡村的实际情况，建立了“党建＋合作社＋贫困户＋蜂农＋电商”的运作模式，带动了螺洞村贫困户实现脱贫奔康，该村入选全国12个农村综合改革示范点、全国100个特色村庄，获得广东改革开放示范村、广东省“十佳最美果园”等荣誉。岳阳职业技术学院大力探索政校企协同、多元化培养的人才培养模式，培养了一批优秀基层医疗卫生人才，连续三年每年招收300名，累计培养900名基层卫生服务人才，为当地基层持续培养了一批“下得去、留得住、干得好”的人才队伍，有效破解基层医疗卫生人才培养“瓶颈”，被省卫健委授予“湖南省乡村医生本土化培养优秀学校”。重庆医药高等专科学校向石柱县派驻村第一书记和科技特派员4名，培训中药栽培技术能手60余名，经济效益达202万元，所驻村123个贫困户全部脱贫。

（3）服务人才强国战略，打造健康育人标杆。

面向人民生命健康，医疗卫生大类专业群深化服务新时代人才强国战略，全方位培养卫生职教人才，打造健康育人品牌。例如，广东食品药品职业学院助力人才强国，“岐黄展翅”特色育人，助青年学子成长成才中药学专业群打造“岐黄优才引领项目”的育人品牌，突出工匠精神与职业能力培养。天津职业大学突破政策“瓶颈”，在教育部支持下，首次探索跨省“五年一贯制”人才培养，建设“天津职业大学威县分校”，为当地培养离不开、留得住、用得上的高素质技术技能人才。重庆三峡医药高等专科学校三年来共培养中医、中药制药等中药学专业群毕业生4704人，为三峡库区中药材种植、中药制药、中医临床、中医护理等岗位群提供了人才支撑。

3.2.2 完善社会培训体系，助力区域经济发展

根据医疗卫生行业发展的特点，紧贴社会需求，优化师资队伍，改进培训方法，创新发展新职能，助力区域经济发展。例如，滨州职业学院建立“项目市场化、施训定制化、运营品牌化、服务精细化、激励制度化”培训工作机制，根据受训单位和学员需求，在培训专题、课程内容、授课师资、教学方式、时间地点等方面，定制培训“菜单”，“一院一品”实施“高素质技术技能人才培育计划”，打造培训品牌。重庆三峡医药高等专科学校成立三峡库区卫生人才培训中心，完成全科医师转岗、基层骨干医师培训等18个项目、13万余人/次培训任务，获批重庆市高技能人才培训基地1个。重庆医药高等专科学校构建政行企校四位一体大健康培训体系，面向社会开展健康知识与职业技能教育培训87541人/次，面向企事业员工开展技术技能培训2431人/次，技术技能培训收入1434.9万元。创新“专家+社区+媒体”科普服务模式，组织活动170场次，科普受众90余万人/次，获得市级科普奖励22项，获批首批全国急救教育试点学校。天津医学高等专科学校建立“分级管理、强化质控”教育培训管理体系、“三平台、两系统、多基地”培训支撑体系，实现区域基层卫生人才培训与质量控制全覆盖，建立“依托临床，多方合作”培训模式，构建培训服务与技术服务并重的多维度助力基层卫生发展新格局。

3.2.3 引领企业科技创新，助力产业转型升级

聚焦医疗卫生行业，对接医疗头部企业，开展技术合作和协同创新，助推产业转型升级。例如，滨州职业学院创新完善“1+1+N”科技工作体系，联合名校名所、龙头企业、技术大师，共建多专业融合、多团队协同、多技术集成的人

才培养和技术协同创新平台，引领带动中小企业技术进步；1个项目获批省重点研发计划（重大科技创新工程）项目，1项研究获国家自然科学基金立项资助，申请发明专利215项、实用新型专利101项、省科技项目立项2项、省市级纵向课题110项、省科技奖3项。重庆三峡医药高等专科学校构建生物医药全产业链成果转化体系，新建产业协同创新中心1个，中医药文化传承创新中心1个，获教育部认定协同创新中心1个，授权专利208项，成果转化7件，服务中小微企业51家。重庆医药高等专科学校帮助附属第一医院成功创建三级甲等医院、附属陈家桥医院成功创建二甲医院，获19个软件著作权，被楚雄医专、四川康复职院等30余院校使用达4万余人/次，成果转化收益50余万元；服务重庆艾塞康生物科技有限公司等中小微企业14家，承接横向项目29项，技术服务合同金额1177万元，实施成果转化13项，转化金额达1083万元。安徽医学高等专科学校依托安徽省卫生职工培训中心、安徽省全科医学培训中心、安徽省卫生事业发展研究所、安徽省优生优育遗传中心、安徽省医师资格考试省直考点、医学检验所、安徽省卫生职业教育集团等，近3年承办各类农村卫生人员短期培训约12000人/次，开展全省各类全科医生培训和考核40821人/次，承担药学、护理、医学检验技术等专业教师国家级培训200余人。沧州医学高等专科学校开发系列大豆营养健康食品6项，使三家企业产生利润100万元；与泊头市桑椹种植基地、黄骅市虾酱生产企业合作，开展安全性、营养性分析鉴定与技术服务，助力产业优化升级；55名科技特派员深入企业技术服务，合作横向技术服务项目10项，科技成果转化4项。

3.3 推动形成一批支撑职业教育高质量发展的政策、制度和标准

始终秉持“以服务求发展，积极筹措社会资源”理念，向外借力，不断增强自我造血功能，积极探索自身特色“双高”之路。在内挖潜力、向外延展的过程中，形成了一批支撑职业教育高质量发展的政策、制度和标准。

3.3.1 为省市政策制定建言献策，引领作用显著

乘职业教育利好政策东风，立足教育强国新发展阶段，不断参与国家、省区市重大职教政策修订起草工作，推动职业教育高质量发展。例如，沧州医学高等专科学校围绕区域卫生事业热点问题，组建团队开展调研，向政府部门提供《沧州市环境碘及氟与甲状腺疾病流行现状调研报告》《关于协同推进康复产教融合创新的建议》《关于建强医养中心应对养老难题的建议》等政策咨询报告6篇。其中，1篇被市政府采纳，1篇得到省疾病预防控制中心认可并给予高度评价，向

沧州市残疾人联合会提交咨询报告1个，向沧州市卫健委等部门提交咨询报告3个。岳阳职业技术学院制定了《湖南省社区居家养老生活照料服务规范》《湖南省社区居家养老护理服务规范》，引领湖南养老服务标准化建设；制订《岳阳市“十四五”服务业发展规划》，为岳阳建成国家级“医养结合”示范城市、全国居家和社区养老服务改革示范点，提出了“三区引领、多点推进”发展路径。

3.3.2 牵头各类标准和目录制定，标杆作用显著

牵头主持或参与了国家专业教学标准制定，推动适应产业转型升级的人才培养标准体系建设，充分发挥规范引领作用。例如，滨州职业学院牵头编制民政行业职业教育专业教学标准，参与职业教育新专业目录修（制）订，开发产后恢复“1+X”技能等级证书标准、SP实践教学标准、医养结合服务人员培训基地建设要求等多个国家标准；率先研制《山东省职业教育本科学校设置基本要求》《山东省职业教育本科专业设置基本要求》，起草《关于设立技术大学的论证分析及标准开发》，并被教育部采用；牵头、参与制定国家级、省级中职—高职—职教本科三级专业教学标准17项。安徽医学高等专科学校牵头修（制）订全国卫生职业教育教学指导委员会《高等职业学校预防医学专业教学标准》、“公共卫生与卫生管理类专业目录”，牵头修（制）订“医疗器械装配工手术器械装配调试工”职业标准，牵头制定全省护理、医学检验技术、眼视光等多项技能竞赛规程。天津职业大学主持或参与了11项国家专业教学标准制定，牵头开展职业院校眼视光技术专业目录修（制）订工作，增设了眼视光专业类别，眼视光技术专业进入本科层次职业教育试点专业目录；积极联合培训评价组织开发10个国家职业技能等级标准，联合天津市教科院制定《鲁班工坊运营项目认定标准（试行）》，被教育部采纳并应用于全国首批鲁班工坊运营项目遴选和认定工作。天津医学高等专科学校牵头组织修（制）订医药卫生大类25个专业教学标准，主持制订药学专业教学标准，牵头组织中职药剂、高职本科药学专业教学标准修（制）订，牵头制定卫生职业教育《在线开放课程建设及评价标准》《新形态教材建设及评价标准》《课程思政建设指导意见》；制定老年护理、家庭医生签约服务等卫生健康技术标准19个；牵头制定“中医技术鲁班工坊建设标准”，为马里、加拿大等国家贡献中医技术“中国方案”。重庆医药高等专科学校主持研制国家专业教学标准1个、参与7个（其中药学专业群牵头1项，参与4项），主持省级专业教学标准6个（药学专业群3项），并牵头或参与8个国家级和6个市级专业教学标准制定。广东食品药品职业学院联合开发课程标准20个、参与中医药行业相关行业标准12项。

4. 典型案例

4.1　引领改革

案例1：分阶设课、分向育匠、分类评价，培养新时代眼视光人才

【学校】天津职业大学

“健康中国”战略的实施与视光行业转型升级对眼视光人才的培养提出了新要求。三年来，学院围绕视光行业五大技术领域，组建以眼视光技术专业为核心，涵盖眼镜设计、眼视光仪器技术、镜片生产工艺、视觉训练与康复专业的眼视光技术专业群，构建“分阶分向”模块化课程体系，实施多主体分类考核评价，培养高质量的视光技术技能人才。

一、分阶设课、逐层培养

遵循职业能力成长规律，专业群分阶设课，构建通识课、专业基础课、专业核心课和拓展方向课四阶的课程体系。通识课包括思政课、公共基础课和素养课组，服务学生全面发展；专业基础课包括眼的结构与生理、眼屈光基础、眼镜光学基础、验光技术基础、接触镜验配基础、定配技术基础、眼镜品牌与搭配、眼视光常用仪器设备8门课程，培养专业群通用的必备素质、知识和技能；专业核心课包括5个专业，培养学生的专业综合技能；拓展方向课对接行业发展和职业需求，融入新知

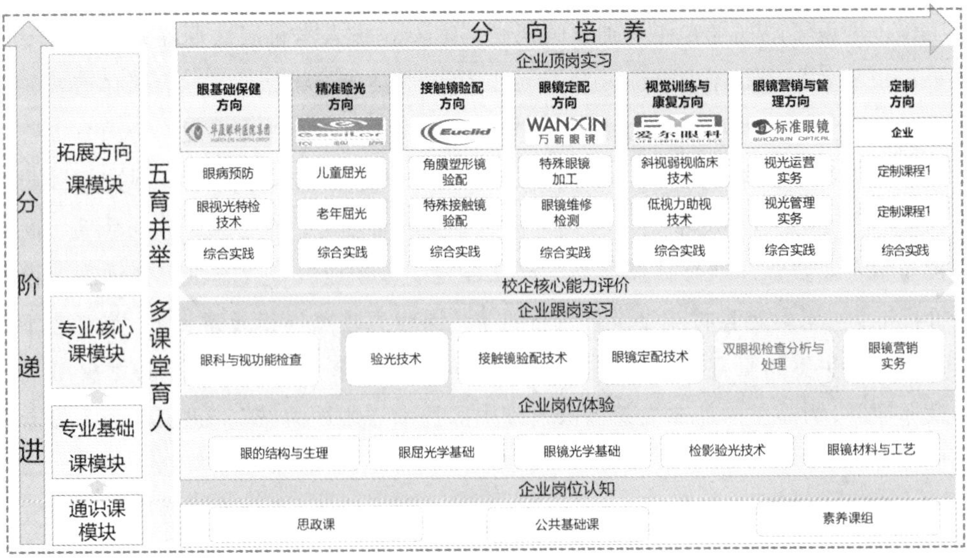

图1　“分阶递进、分向培养”课程体系

识、新技术、新工艺、新方法、新标准组建高阶课程，通过技能竞赛、创业实践、创新研发、成果转化等方式，实现精英培养。

二、分向育匠、多径提升

专业群根据职业岗位需求为5个专业开发了14个方向的拓展方向课程模块，通过“企业家大讲堂”“优秀校友讲堂”等活动，协助大一新生预报学习方向，形成课程地图，做到一人一图；通过岗位认知与体验，加深对各拓展方向课理解，大一学期末调整学习方向；通过跟岗实践、视光课程实训，结合先修课程成绩、核心能力分析报告及自身学习兴趣，大二学期末确定学习方向，自主选择2个模块精进学习，实现专项技能的卓越培养，修订课程地图，形成一人一策。专业群通过开发技能竞赛模块、创新研发模块、企业证书等模块和学分转化机制，为不同特质的学生搭建不同的成长通途。

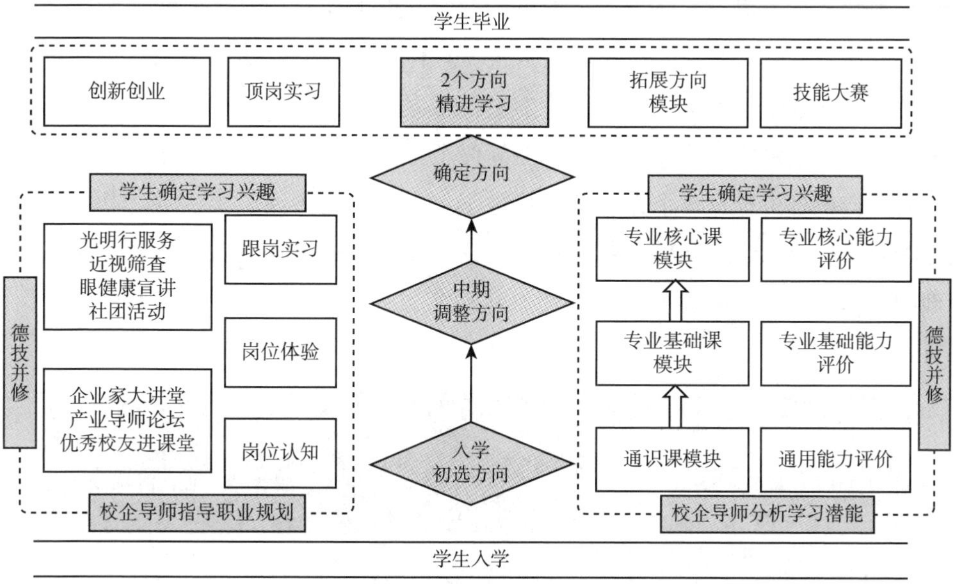

图2　学生个性化成长路径

以镜片生产工艺专业为例，学院与江苏万新光学集团以共建产业学院的形式，首创该专业方向，补齐专业链条，实施“1.5+1.5”人才培养模式，学生在第3学期完成通识课、专业基础课模块的学习任务，包括16门通识课程、8门平台课程和9门专业基础课程，为专业核心课、拓展方向课模块的学习打基础；学生在第4学期起入驻企业，由校企双方导师共同完成12门专业核心课程和5门高阶课程的教学任务，毕业前完成为期半年的岗位实习和毕业评价环节，精准锻炼学生岗位技能，塑造准职业人。

图 3　天津职业大学万新产业学院成立大会

以视觉训练与康复专业为例，为填补行业紧缺人才缺口，天津职业大学与爱尔眼科医院集团共建爱尔视光产业学院，根据具体的工作岗位能力要求，将岗位能力对应的专业课程划构为不同的单元，学生在不同的阶段，通过相应学习可以实现逐级考证，考取眼镜验光员、眼镜定配工等两个工种的职业技能等级证书，并可从多个拓展方向中自由选择 2 个方向进行精进学习，以胜任更高、更专的工作要求。通过这种自由组合，学生既可以获得针对心仪工作岗位的更多实践机会，还可以靶向明确的获得目标工作岗位所需的技能，从而实习便可“上手”，增强胜任工作岗位的自信心。

天津日报

回到首页 | 标题导航

上一篇 下一篇　　朗读 放大 缩小 默认

举办战略合作签约仪式

天津职业大学爱尔视光产业学院成立

近日，天津职业大学爱尔视光产业学院（以下简称爱尔产业学院）成立大会举行。作为“双高计划”建设的标志性成果，该学院的成立标志着天津职业大学产教融合、校企合作迈上新台阶。“爱尔产业学院的成立是校企产学研合作模式的又一次探索。学校将充分利用区域产业优势，发挥企业在教育中的重要作用，培养视光产业亟须的发展型、复合型、创新型高素质技术技能人才。”校党委书记沈江表示。

会上，还进行了校企合作签约仪式和校企合作资金移交仪式，同时举行了天津职业大学爱尔视光产业学院、天津职业大学爱尔视光产业学院产学研协同创新中心、天津职业大学爱尔双师型教师培养培训基地揭牌。

第11版：天津教育　　上一版　下一版

图 4　天津职业大学爱尔视光产业学院成立报道

三、分类考核、多元评价

专业基础课阶段，专业群学生进行眼镜定配工和眼镜验光员中级职业技能等级考核，检验学生眼视光基础能力水平；专业核心课和拓展方向课阶段，专业群各专业依据专业特性进行不同级别职业技能等级考核，检验学生专业能力水平，实施分类考核。引进美国 NEBO 执业视光师考核标准并本土化，形成专业群核心能力考核标准，实施专业群核心能力考核，聘请行业企业专家担任考官，实现考教分离，客观评价学生专业职业岗位综合技能，同时成绩作为高阶分向选课的必要条件，连续 4 届学生核心能力考核显著提升了学生学习主动性和技能水平。再有，通过 IACLE 国际学会考试、CAC 等企业证书考核、各级各类大赛等，多主体综合评价专业群学生技能水平，形成多元评价体系。

图 5　多元评价考核

案例 2：系统推进“三教”改革，引领卫生职教高质量发展

【学校】天津医药高等专科学校

学校贯彻落实全国教育大会精神和《国家职业教育改革实施方案》部署，积极开展“双高”建设，系统推进教师、教材、教法“三教改革”，取得良好成效。获评国家级职业教育教师教学创新团队 2 个、省市级 2 个，获评国家级课程思政教学名师和团队 1 项、市级 4 项，护理专业教师团队获得第二批全国高校黄大年式教师团队，获国家万人计划教学名师 1 人，开发新形态教材 30 部。近三年，我校教学团队在全国职业院校教学能力比赛中荣获一等奖 3 项、二等奖 1 项、三等奖 3 项，一等奖获奖数量在全国职业院校排名第二，在同类院校排名第一，引领卫生职业教育高质量发展。

图1　思政、基础医学、护理教学团队 获国赛一等奖3项

一、组织分级培训，提升教师教学能力与水平

系统开展教师培训。组织新入职教师、青年教师、教研室主任、专业负责人、课程负责人分级培训，开展职教政策文件、教学规范、教学方法、模块化课程重构、在线课程及新形态教材建设等专题培训，提升教师模块化教学设计实施能力、课程标准开发能力、教学评价能力、团队协作能力和信息技术应用能力。校院共建师资队伍。每学年实施为期一个月的教师行业实践，到企业与医院学习行业新技术、新规范，加强“双师”素质培养。护理、康复治疗技术专业获评国家级职业教育教师教学创新团队，中药、助产专业获评市级创新团队，护理专业教师团队获得第二批全国高校黄大年式教师团队，获国家“万人计划”教学名师1人。

二、以课程资源建设为重点，深化教学模式改革

主持护理和药物制剂技术专业国家级教学资源库建设，注册用户近64万人，覆盖全国340余所院校，被兄弟院校引用搭建个性化课程近2500门，护理资源库推广使用情况在203个国家级专业教学资源库中排名第一。建设校级教学资源库及在线课程。建立2个专业群、9个专业及思政课、公共基础课校级资源库，累计建设资源近3万条，校外注册人数达68万余人。学校课程平台建成在线课300余门，在智慧职教MOOC学院、中国大学MOOC高水平课程平台上线在线开放课程31门，用户覆盖全国300所院校，校外注册学习人数达7.2万余人。加强思政课和课程思政教学资源建设，建成思政教育管理与服务平台及思政实践课案例库，建有党史馆、国史馆、抗疫纪念馆等虚拟教学场馆8个，形成好医生、好护士、一线抗议英雄图

谱等各类思政教育资源3200余个，培养学生“敬佑生命、救死扶伤、甘于奉献、大爱无疆”的职业精神。统筹课程思政建设，获评国家级课程思政示范课1门、市级课程思政示范项目8项。通过资源建设，积极推进线上线下混合式教学，紧贴岗位工作任务，实施案例教学、项目化教学、远程“床旁”教学等，促进教学模式与学习方式的变革，不断深化教学改革。

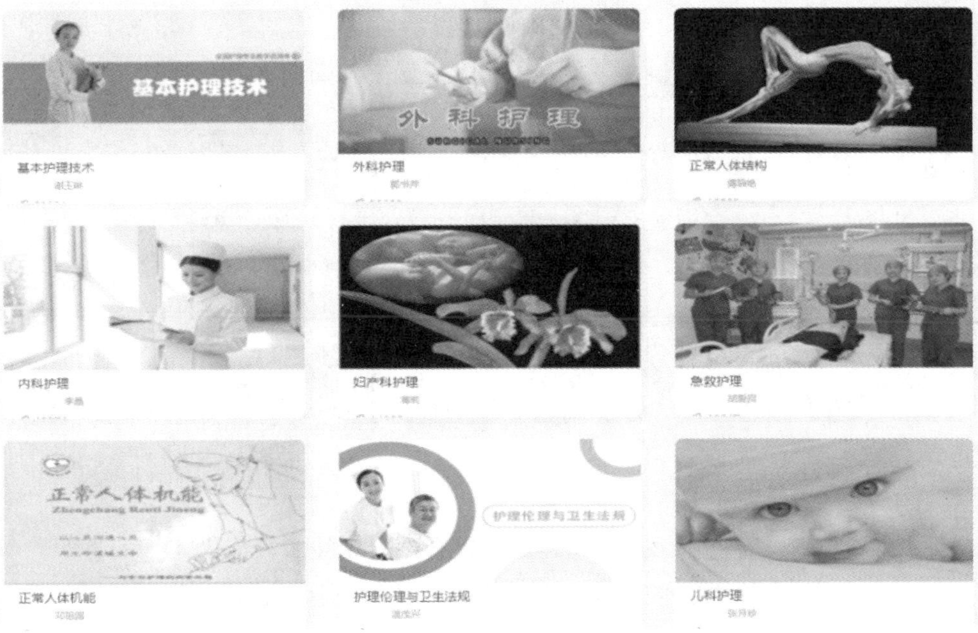

图2　国家级教学资源库课程资源

图3　思政育人与实践管理平台资源

三、融入新技术、新规范，探索新形态教材建设

制定《卫生职业教育新形态教材建设标准》与《新形态教材评价标准》，按照更新教学内容、完善教学标准、开发教材和数字化资源的建设路径，公共基础课程

注重与专业对接，突出职业教育特色开展教材建设，专业课程坚持校院/企合作，融入重症新冠肺炎救护技术、医用防护服穿脱规范、咽拭子采集规范、胎儿产前筛查超声新技术、老年人雾化吸入技术、老年呼吸慢性病吸氧技术等新技术、新规范，建成系列卫生职业教育特色的新形态教材30部。

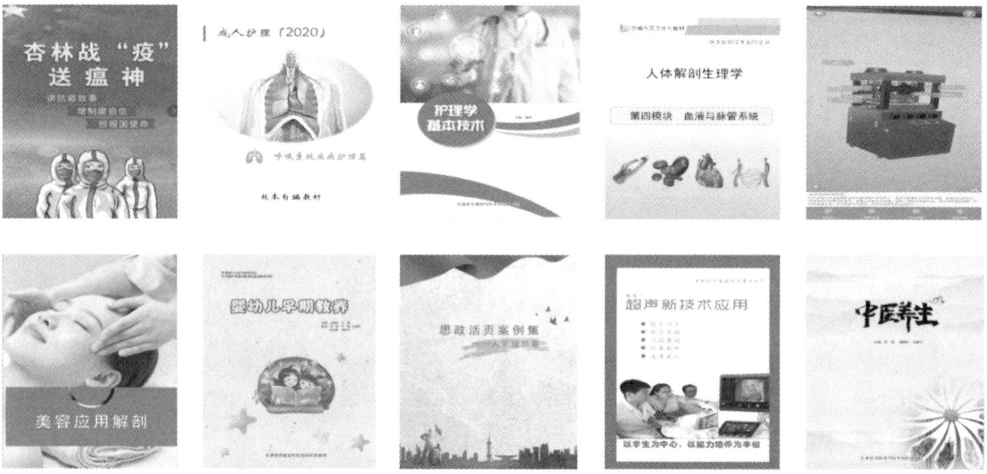

图4　系列卫生职业教育特色新形态教材30部

案例3：重“1”强“X”，培养复合型卫生技术技能人才——临床医学专业群人才培养模式创新典型案例

【学校】沧州医学高等专科学校

实施健康中国战略对卫生健康人才培养提出了新要求，为推动卫生健康事业实现高质量发展，迫切需要培养一大批复合型技术技能卫生人才。沧州医学高等专科学校2019年启动“1+X”证书制度，学校先后承担教育部第一、第二、第三批“X证书”试点项目13个，临床医学专业群充分发挥群内优势，通过探索构建“1+X”互融互通的人才培养模式，不断提升学生医、康、养服务能力。

一、课证融通，构建“1+X”证书制度融合的人才培养模式

临床医学专业群以“X证书”标准为导向优化专业建设，校院联合设计共同制订人才培养方案，并将“X证书”纳入选修课，实行以证代考。按照职业岗位（群）的能力要求，基于职业工作过程重构课程体系，用“X证书”培训内容指导课程建设，使课程结构从“单进程”向“多进程”转变，课程内容从“单向度”向“多向度”转变，实现专业教育从“同一型”向“多元型”转变的复合型技术技能人才培养目标。

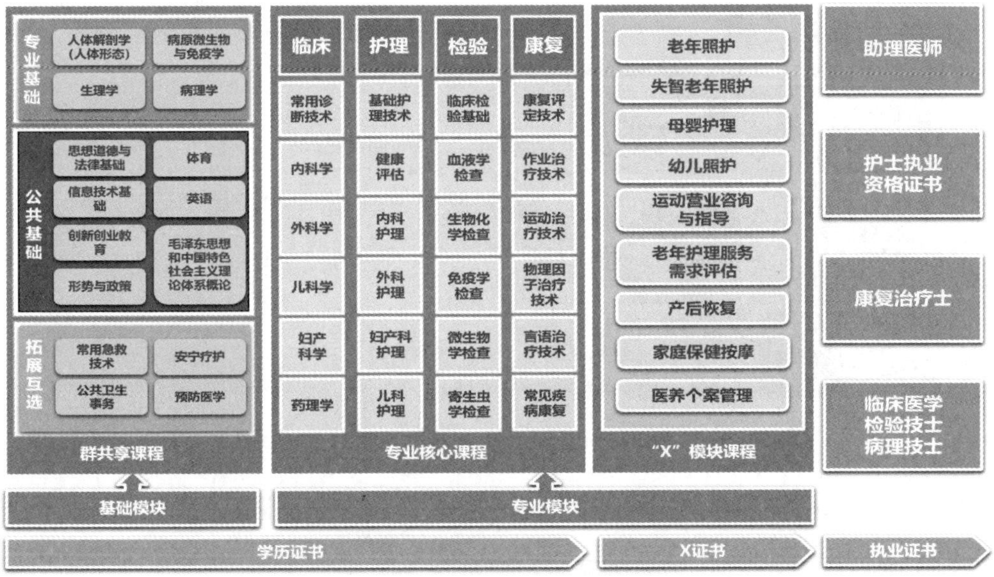

图 1　临床医学专业群课证融通的课程体系

二、训育并举，打造高水平、结构化高素质师资队伍

为提升教师课证融合能力，学校组织教师参加职业技能等级证书师资培训，邀请培训评价组织的专家及行业专业技术人才开展相关职业技术技能专项培训。通过团队教研，专业群将“X 证书”涉及的内容有效融入专业课程教学过程，充分发挥“课程”与“证书”的互通媒介作用，实现“教学、培训、鉴定”常态化。

三、“云地”贯通，搭建临床医学专业群学教一体资源平台

学校搭建线上资源，开展云端教学，借助职教云平台建立职业技能等级证书 Spock 课程。临床医学专业群共建题库、制作视频资源并通过自测—综合试题考核—模拟试题考核，实现理论教学的精准化。搭建线下学习平台，强化线下教学，采用自主、互助、竞赛的学训结合模式，实现操作考核的精准化。根据职业技能等级证书的实操标准和考试要求，打造“教—训—培—考”一体化智慧实训基地，实现“书证融合”培养育考结合的精准化。

四、“教研”结合、提升临床医学专业群人才培养质量

临床医学专业群重“1”强“X”，构建“1 + X”证书制度有效融合的人才培养模式；培养职业技能等级证书师资 20 余人、考评员 10 名；立项“1 + X”证书制度国家级课题 1 项、校级课题 2 项，发表核心期刊论文 1 篇；毕业生“双证书”率高，国家护士执业资格考试通过率达 95% 以上，X 证书通过率达 99%；用人单位满意度达 98.27%；学生参加各级各类技能大赛屡获殊荣。

图 2　“1＋X”职业技能等级证书 Spock 课程、直播课程

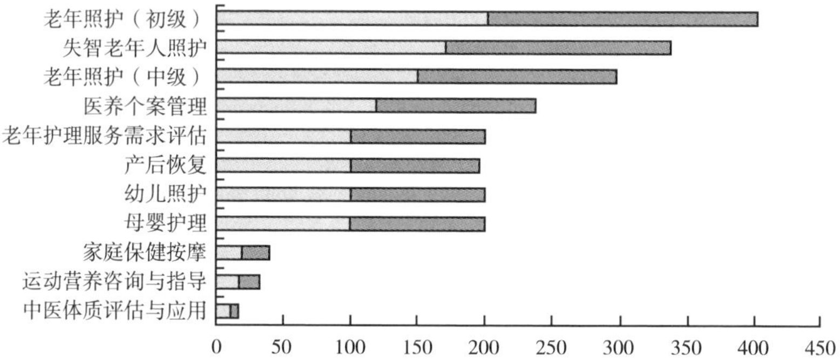

	中医体质评估与应用	运动营养咨询与指导	家庭保健按摩	母婴护理	幼儿照护	产后恢复	老年护理服务需求评估	医养个案管理	老年照护（中级）	失智老年人照护	老年照护（初级）
□培训人数	10	17	20	100	100	100	100	120	150	170	202
■通过人数	7	16	20	100	100	97	100	119	150	158	200

图 3　临床医学专业群职业技能等级证书通过率

案例 4：“政校企协同、三阶段递进”，高职复合型老年健康服务人才培养模式

【学校】 岳阳职业技术学院

老年健康服务专业群针对老年健康服务人才复合型能力培养不足、学生职业认同感不高、学生实践技能培养情境欠缺、教学团队跨专业发展不够等问题，构建了“政校企协同、三阶段递进”高职复合型老年健康服务人才培养模式。

一、组建老年健康服务专业群，创新人才培养模式

面向大健康产业，基于“专业基础相通、技术领域相近、职业岗位相关、教学

资源共享”的组群逻辑，“没病防病、有病治病、功能重建”的三级预防理念，遵循老年疾病发生、发展与转归不同阶段对健康照护人才需求组建以护理专业为核心的老年健康服务专业群，政校企三方联动，通过本土化培养、院中办班，实行“一年在学校、一年在基地、一年在医院”分段培养，创新“政校企协同、三阶段递进”高职复合型养老人才培养模式。

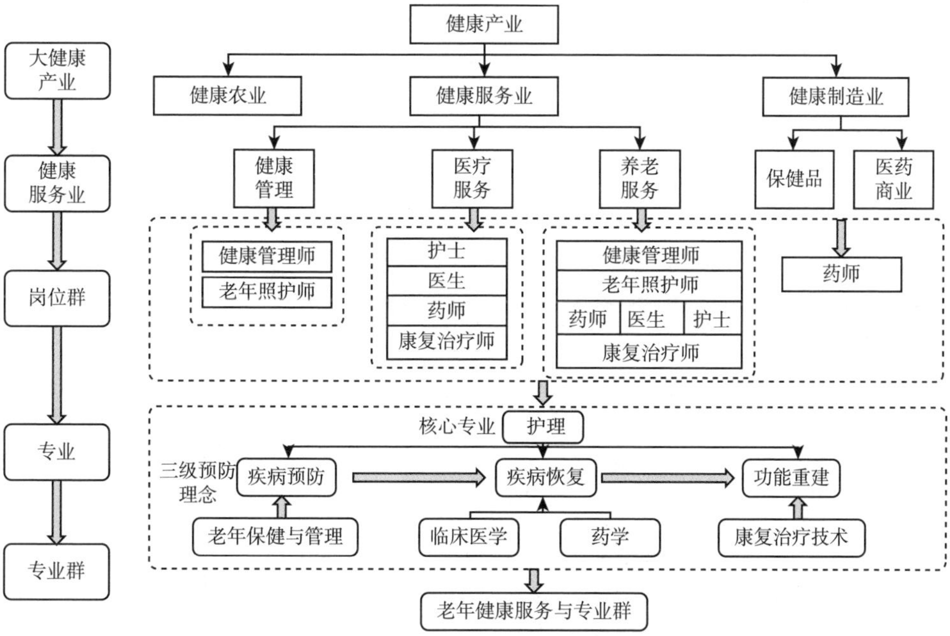

图 1　老年健康服务专业群组群逻辑

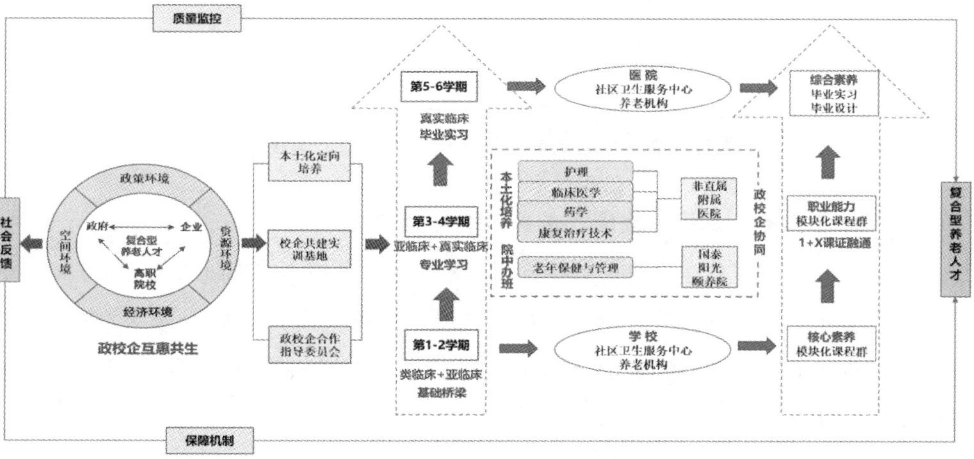

图 2　“政校企协同、三阶段递进”高职复合型养老人才培养模式

二、构建“岗位需求—核心素养—职业能力”同心圆式模块化课程群

根据高职复合型养老人才培养目标和职场发展要求，明确学生 7 大核心素养和 24 项主要指标要素；基于复合型养老人才的工作任务与职业能力分析结果，梳理了复合型养老人才的职业能力清单，将核心素养的模块内容充分融入各个能力模块的内容设计和教学中，形成了紧密对接岗位需求，“岗位需求—核心素养—职业能力”同心圆式模块化课程群，将尊老、敬老、爱老的职业素养贯穿于人才培养全过程，提升学生职业认同感。

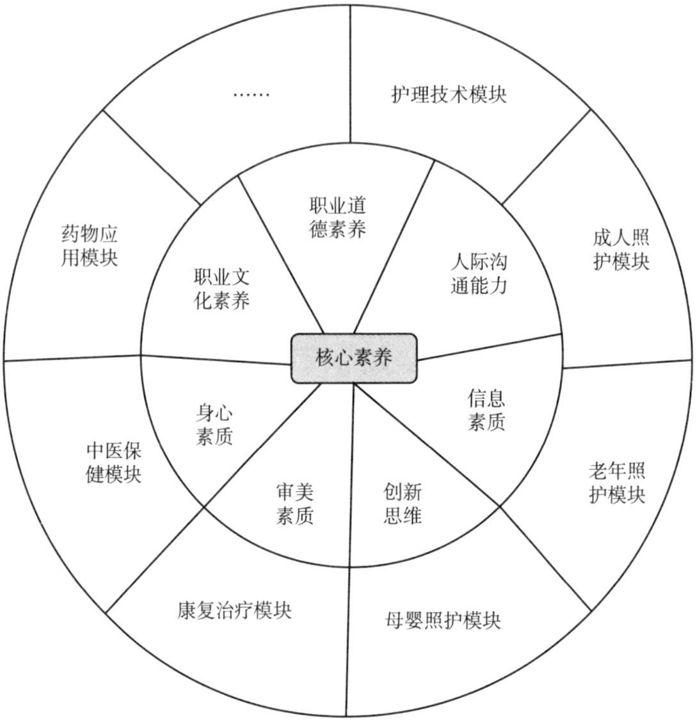

图 3 “岗位需求—核心素养—职业能力”的同心圆式模化课程群

三、构建“模型＋SP＋临床”的实践教学模式

依托校内仿真实训室、国泰阳光颐养院校企合作生产性实习实训基地和 30 家产教融合型校外实习实训基地，搭建“校内仿真—基地拟岗—企业实习”的实践教学平台，构建“模型＋SP＋临床”实践教学模式，实现亚临床—类临床—真实临床情境的过渡，解决真实职业情境缺乏的问题。

四、完善师资转型培养机制

学院与以股份制共建的国泰阳光颐养院和非直属附属医院岳阳市中心医院、华容县人民医院等单位开展校企深度合作，推行“专业教师下企业、企业专家进课

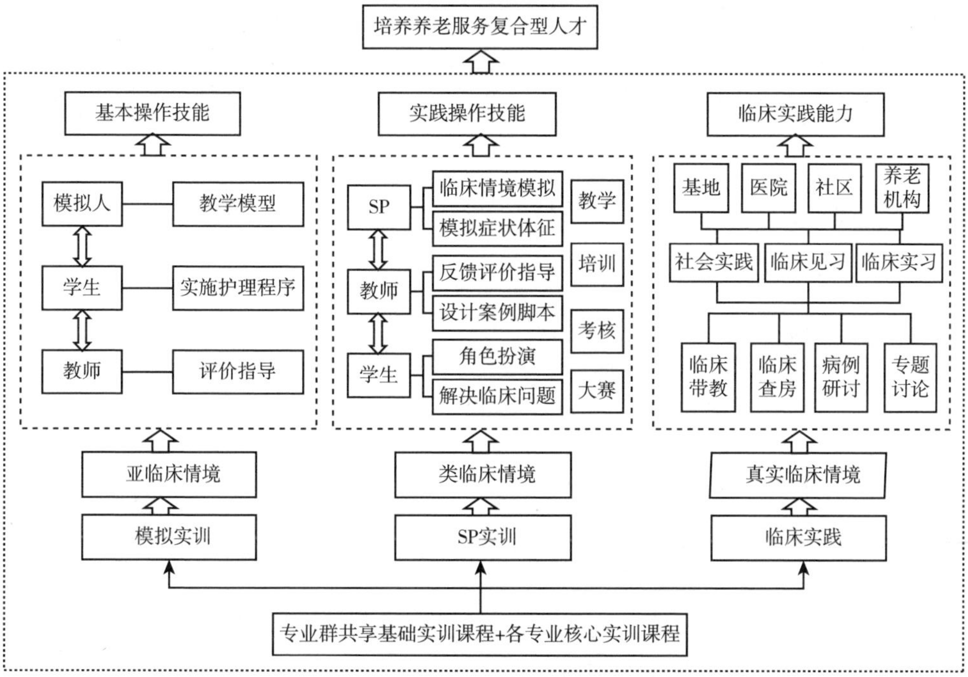

图 4 “模型 + SP + 临床”的实践教学模式

堂”教师转型培养机制，打造“双师双能型”养老服务教师团队，提升专业教师养老服务技能，丰富养老实践经验。

本成果形成的专业群人才培养模式被河南应用技术职业学院、常德职业技术学院等 7 所院校推广应用。《中国职业技术教育》杂志对老年健康服务专业群人才培养模式的内涵、改革举措与成效作了专题报道。

4.2 支撑发展

案例 5：服务健康天津建设，实施质量型扩招

【学校】天津医药高等专科学校

我校认真贯彻落实教育部《高职扩招专项工作实施方案》《关于做好扩招后高职教育教学管理工作的指导意见》文件精神，积极响应“百万扩招”，紧紧围绕健康中国人才需求，服务区域基层卫生，扎实开展质量型扩招，学校扩招典型经验做法入选教育部全国高职扩招 47 个典型经验推广案例，在“中国高职高专教育网”上以专栏形式刊登，并入选职教小微视频推广院校，供兄弟院校学习交流。

图1　扩招典型案例在“中国高职高专教育网”上以专栏形式刊登

图2　扩招典型做法入选职教小微视频推广院校

一、医教协同，按需定招

由市卫健委主导，区卫健委统筹协调，围绕服务基层卫生健康与养老服务业发展，扩招临床医学、护理（老年护理）等8个专业。生源来自基层卫生医疗机构人员占比70%，覆盖天津市所有涉农区。

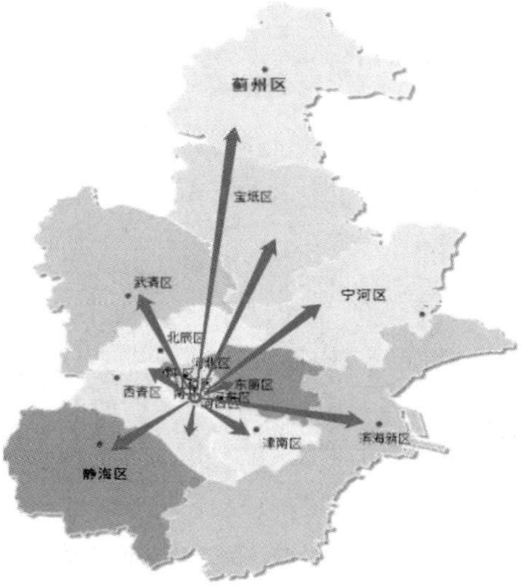

图 3　临床医学专业招收乡村医生覆盖所有涉农区

二、书证融通，实施分类分层培养

对接护士执业资格、临床医师助理执业资格、美容师职业资格等执/职业资格与职业岗位要求，针对不同生源的学业水平、技术技能基础，分类制订人才培养方案，分层开展教学，实施个性化人才培养。开发“社区护理”“院前急救”“小儿推拿”“美容技术”等与职业岗位能力相对接的模块化课程，推进“1+X”证书制度的实施。

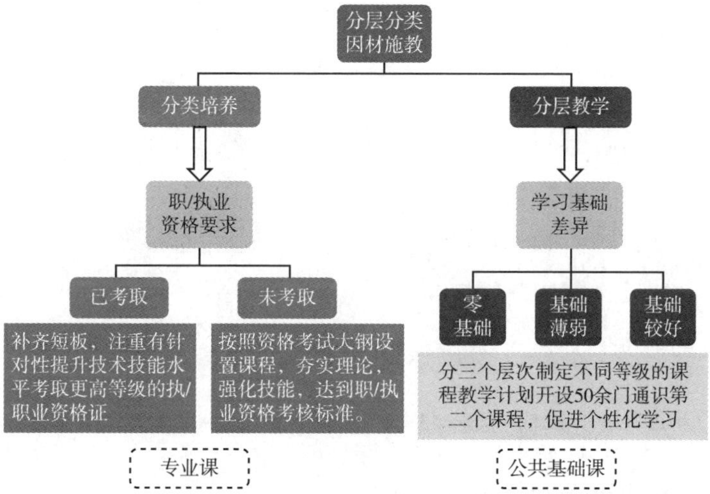

图 4　因材施教 分层分类培养

三、建立混合所有制二级学院，实施现代学徒制人才培养

扩招专业与蓟州区人民医院、鹤童养老集团、宝岛眼镜有限公司等院企合作，

共建鹤童长照护理学院、威莎世纪美容健康学院、星创视界视光人才与产业孵化园等混合所有制二级学院，创新“因材施教、分类培养、工学交替、岗位成才”人才培养模式。

图5 校企共建威莎世纪美容学院、医专鹤童长照混合所有制二级学院

四、实施“工学交替”，开展线上线下混合式教学

结合医学教学特色，在岗位上教，在岗位上学，创新项目化、模块化“床旁”教学法，实现教室进医院，课堂进病房。优选国家专业教学资源库、中国大学生MOOC等优质共享资源，结合学校已建优质资源，建成300余门线上课程，实施线上线下混合式教学。

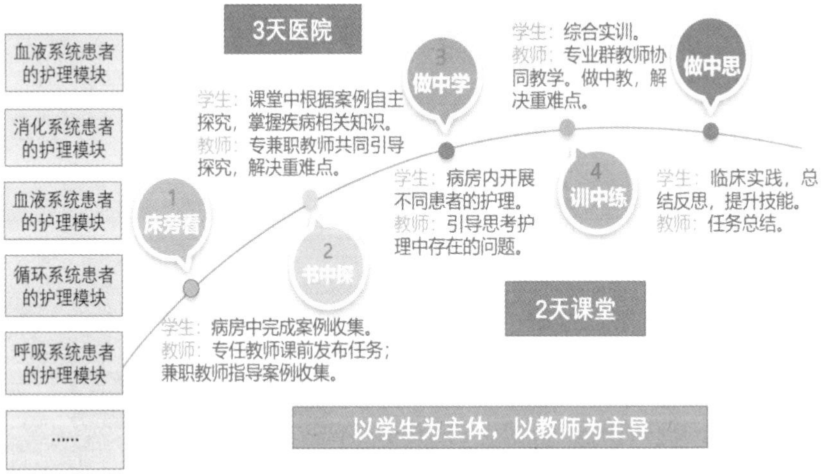

图6 护理（老年护理）专业“3+2”工学交替“课—岗”对接教学运行模式

五、强化职业道德与职业精神培养

加强思政课程及课程思政建设，建成思政教育管理与服务平台，建立思政实践课案例库，建有各类思政教学资源3200余条，收集好医生、好护士、一线英雄、学校优秀毕业生驰援抗击疫情典型案例，转化为教学资源融入教学，培养“敬佑生

命、救死扶伤、甘于奉献、大爱无疆”的职业精神。

案例6：践行医者仁心　勇担战“疫”使命

【学校】重庆三峡医药高等专科学校

重庆三峡医专系列重要讲迅速建立起“学校＋医院＋志愿者”抗疫体系，学校作为重庆唯一承担医学观察点重任的高校，出色地完成了疫情防控任务，筑牢渝东北片区的战“疫”防线。《重庆日报》、新浪和华龙网等多家媒体报道我校抗“疫”事迹30余次，其中，人民日报社新媒体平台以《万州一高校学生宿舍被征用为发热症状患者集中收治点》为题，专题报道学校师生抗“疫”先进事迹。

疫情当前，重庆三峡医专发挥医学专业优势、人才优势、医疗优势，积极行动，为渝东北地区抗疫大局贡献智慧和力量，学校被授予“重庆市抗击新冠肺炎疫情先进集体”荣誉称号。

图1　学校被授予“重庆市抗击新冠肺炎疫情先进集体”荣誉称号

一、改建集中收治点，做好区域隔离防控

疫情爆发以来，学校两次征用为万州区集中隔离点、3所直属附属医院担任定点病人收治点。2020年2月，承担万州区发热患者集中医学观察点任务，高效运行28天，累计对492名发热患者进行医学观察，实现了“发热患者全阴性，隔离人员零交叉，观察点内零感染，医务管理人员零损伤”的目标；2021年7月，万州区征用学校195间宿舍，对湖南张家界、江苏南京来万返万人员，实施14天集中隔离医学观察，学校以实际行动践行“疫情就是命令、防控就是责任”的指示要求。

二、筑牢第一道防线，做好基层疫情防控

学校3所直属附属医院担任万州区疫情防控定点医院，指导万州区西山、电报路、高笋塘等10个居委会以及走马、黄柏、太龙等9个乡镇卫生院，持续为基层100万居民提供核酸检测、专项诊疗服务；附属中医院充分发挥中医药特色优势，自拟预防处方，研制中药茶饮，向一线医护人员、发热患者和密切接触者等人员提

供熬制好的中医汤剂13000余人/次。附属医院3名医护人员获得“重庆市抗击新冠肺炎疫情先进个人”称号。

图2　直属附属医院抗疫职工获得表彰

三、师生发挥专长优势，同心共述“抗议有我”

150余名教师从课堂走向“战场”，参与万州区发热患者集中医学观察点工作；学校4名公共卫生专家开展万州区抗疫服务，1人担任2所中学卫生副校长，提高卫生工作管理水平；120余名学生参加核酸采样培训，利用寒暑假时间争当防疫志愿者；毕业生党员阙秋红驰援湖北武汉方舱医院，用坚守、坚毅、坚定、坚持谱写党员使命，荣获“全国卫生健康系统新冠肺炎疫情防控工作先进个人”称号。

图3　学校师生志愿者出征宣誓

4.3 推动形成一批支撑职业教育高质量发展的政策、制度和标准

案例7：加强智库建设，打造引领和支撑职业教育高质量发展的新引擎

【学校】天津职业技术大学

天津职业大学坚持“研究先行、智库引领”的发展理念，联合天津大学教育学院、天津市教育科学研究院等单位，服务高职领域改革发展、服务区域经济社会发展和天津职教标杆建设，全力打造“理论创新—制度设计—标准开发—规划研制—平台打造”引领和支撑职业教育改革发展的新引擎，为推动在国家层面形成一批有效支撑职业教育高质量发展的政策、制度、标准做出突出贡献。

一、理论创新

学校成立职业教育高质量发展研究中心，聚焦国家职业教育改革发展重点任务，在高职人才培养体系、职业教育与产业协调性、“1+X”证书制度、模块化课程、结构化团队、职业教育评价等方面开展高水平研究，为推动在国家层面形成一批有效支撑职业教育高质量发展的政策做出了积极贡献。

学校申报并获批了2019年全国教育科学规划教育部重点课题“基于德智体美劳全面发展的高职人才培养体系创新研究”，提出了高职院校高水平人才培养体系的构建目标、方法、路径和关键举措。已取得多项阶段性成果，两篇文章被收录到教育部《中国特色高水平高职学校和专业建设计划专项培训资料汇编》，并在中国高等教育学会职业技术教育分会2020年学术年会上作了专题交流。高质量完成的2017年度全国教育科学规划教育部重点课题“京津冀高职教育与产业结构协调性研究”，系统分析了职业教育与产业相互影响的机制、逻辑关系，建立了高职教育与产业结构相协调的评价指标体系，进一步丰富了产教融合理论，促进三地通过资源共享、优势互补实现区域经济腾飞，助力京津冀协同发展。

二、制度设计

发挥企业重要办学主体作用，鼓励支持社会力量兴办职业教育和培训，激发办学活力，深化产教融合、校企合作，打造校企命运共同体，起草了《天津市公办职业院校混合所有制办学实施办法（试行）》，该文件从指导思想、基本原则、办学形式、产权结构、合作伙伴标准、收益分配、变更与终止、操作流程、运行管理、支持政策等方面，对天津市公办职业院校混合所有制办学进行了系统设计和创新，对于“实现职业教育由政府举办为主向政府统筹管理、社会多元办学的格局转变”具有一定引领作用。

三、标准开发

组织科研力量开发研制了一批国家层面、行业层面、地方层面的教育教学标准和行业标准，为在国家层面“形成一批有效的职业教育高质量发展标准”做出了积极贡献，从而实现标准引领。眼视光专业群牵头组建“职业院校眼视光技术专业目录动态调整工作组”，联合职业院校8位专家，共同开展新一轮的专业目录修（制）订工作。包装工程技术专业群主持制定了“LED紫外光固化凹版印刷油墨使用要求和检验方法”和“印刷智能工厂纸盒折痕挺度与开合力控制及检测方法”两项印刷包装行业标准；健康养老专业群主持开发了“居家养老护理人员培训规范”地方标准。学校大力推进“1＋X”证书试点制度，积极联合培训评价组织开发职业技能等级标准。与海尔智家股份有限公司等培训评价组织合作，开发了新媒体营销、数字营销技术、数据库管理系统、物联网工程实施与运维、人工智能系统平台、智能汽车大数据管理与应用、数控设备维护维修、注塑模具模流分析及工艺调试、增材制造模型设计、增材制造设备操作与调试等10个职业技能等级标准。

四、规划研制

学校聚焦服务脱贫攻坚、京津冀协同发展等重大国家战略，将研究成果转化为区域职业教育改革发展的实践与行动，为区域制订职教规划，努力打造区域职业教育改革发展的高端智库。学校主持起草《天津市职业教育改革和发展“十四五”规划》，为将天津打造为“新时代职业教育创新发展标杆”奠定了基础。研制完成《和田职教园区规划方案》，着眼于打赢脱贫攻坚战，对园区进行了系统规划，有力推进乡村振兴战略落地见效，建设美丽乡村。研制《雄安新区职业教育强基提质培优引领行动计划（2021～2025年）》，立足雄安新区职业教育发展实际，按照“坚持一个引领、强化双元育人、注重三个协同、统筹四个阶段、支撑五大产业”的“12345”职业教育发展总体思路，打造职业教育的雄安品牌，更好服务重大国家战略和雄安新区经济社会发展。

五、平台打造

学校联合京津冀三地24所“双高计划”建设单位成立京津冀“双高”建设联盟，构建京津冀“双高建设”院校共建、共用、共享、共赢的协同机制和交流平台。截至2021年3月，已编印《双高建设资讯》15期，共计300万字。

学校联合国内院校、企业、科研机构和社会组织等72家单位，成立鲁班工坊建设联盟，打造职教国际品牌，搭建推动鲁班工坊标准化建设和可持续发展的协同发展与交流平台，助力职业教育“走出去”。

学校立足学术研究，不断提升《天津职业大学学报》办刊质量和水平，以中国高等教育学会职业技能教育分会会刊为平台，展示“双高建设”的理论创新与实践探索的最新成果。

学校建设“职业技能大赛优质资源成果转化平台”，充分发挥大赛的引领作用，通过将大赛成果转化为教育教学资源，实现以赛促教、以赛促学、以赛促改、以赛促建的目标。

学校承建了天津市《职业院校内部质量保证体系诊断与改进管理平台》，为天津市高职院校教育教学诊改、质量年报管理以及人才培养状态数据省级审核提供服务，大大促进了天津高职教育教学质量和管理水平。

“双高计划”建设项目贡献度研究（2019～2021年度）

分报告

财经商贸专业大类分报告

中国教育会计学会
中国教育会计学会高等职业院校分会

1. 专业大类概况

财经商贸专业大类立项建设专业群共计21个，涉及18所高等职业院校，其中“高水平学校”建设单位7所，“高水平专业群”建设单位11所。从专业群类别看，囊括电子商务、市场营销、物流管理、会计、连锁经营管理、国际经济与贸易、审计、金融管理、国际贸易与实务共9个专业群，其中电子商务专业群6个，会计专业群、市场营销专业群、物流管理各专业群3个；从档次等级看，涉及“高水平学校”建设单位A档1所、B档1所、C档5所，“高水平专业群”建设单位A档1所、B档4所、C档6所；从省域位置看，专业群位于东部地区13个、中部地区5个、西部地区0个、东北地区2个。表1为建设单位专业群及专业情况。

表1　财经商贸专业大类立项建设单位及专业具体情况

学校名称	档次	专业群名称	专业群包含专业	涉及院系数量
山东商业职业技术学院	高水平学校建设单位（A档）	市场营销	市场营销、电子商务、会计、物流管理、商务数据分析与应用	3
浙江金融职业学院	高水平学校建设单位（B档）	国际贸易实务	国际贸易实务、国际商务、跨境电子商务、商务英语	1
	高水平学校建设单位（B档）	金融管理	金融管理、国际金融、信用管理、农村金融、互联网金融	3
哈尔滨职业技术学院	高水平学校建设单位（C档）	电子商务	电子商务、物流管理、市场营销	1
江苏经贸职业技术学院	高水平学校建设单位（C档）	电子商务	电子商务、移动商务、连锁经营管理、国际贸易实务、物流管理	2
海南经贸职业技术学院	高水平学校建设单位（C档）	国际经济与贸易	国际经济与贸易、报关与国际货运、物流管理、电子商务	2
北京财贸职业学院	高水平学校建设单位（C档）	会计	会计、会计信息管理、金融管理、互联网金融、国际金融	2
	高水平学校建设单位（C档）	连锁经营管理	连锁经营管理工商企业管理、电子商务、旅游管理、酒店管理	2
山西省财政税务专科学校	高水平学校建设单位（C档）	会计	会计、会计信息管理、财务管理	2
	高水平学校建设单位（C档）	市场营销	市场营销、连锁经营管理、商务英语、汽车营销与服务	1

续表

学校名称	档次	专业群名称	专业群包含专业	涉及院系数量
安徽商贸职业技术学院	高水平专业群建设单位（A 档）	电子商务	电子商务、物流管理、市场营销、连锁经营管理	2
江西财经职业学院	高水平专业群建设单位（B 档）	会计	会计、审计、会计信息管理、金融管理	3
天津交通职业学院	高水平专业群建设单位（B 档）	物流管理	物流管理、电子商务、物流信息技术、快递运营管理	2
浙江经济职业技术学院	高水平专业群建设单位（B 档）	物流管理	物流管理、报关与国际货运、电子商务、物联网应用技术、金融管理	3
浙江经贸职业技术学院	高水平专业群建设单位（B 档）	电子商务	电子商务、软件技术、计算机网络技术、计算机应用技术	1
浙江商业职业技术学院	高水平专业群建设单位（C 档）	电子商务	移动商务、商务数据分析与应用、跨境电子商务、国际贸易实务	1
秦皇岛职业技术学院	高水平专业群建设单位（C 档）	审计	审计、会计、会计信息管理、财务管理	1
无锡商业职业技术学院	高水平专业群建设单位（C 档）	市场营销	市场营销、电子商务、国际经济与贸易、商务数据分析与应用、视觉传播设计与制作	2
昆明工业职业技术学院	高水平专业群建设单位（C 档）	物流管理	物流管理、电子商务、统计与会计核算、工业机器人技术	4
辽宁经济职业技术学院	高水平专业群建设单位（C 档）	物流管理	物流管理、电子商务、市场营销、国际贸易实务、报关与国际货运	1
江西外语外贸职业学院	高水平专业群建设单位（C 档）	电子商务	电子商务、国际商务、商务英语、会计、商务日语	5

2. 资金投入情况

除昆明工业职业技术学院物流管理专业群外（该专业群提供的中期数据采集表中详细资金预算和支出数据无法显示），其他 20 个专业群项目预算总额为 159979.79 万元，2019～2021 年支出为 92396.48 万元，总体执行率为 57.76%。其中 6 个专业群资金执行率低于 50%，2 个专业群执行率高于 70%，其余均在 50%～70%之间。安徽商贸职业技术学院电子商务专业群资金执行率最高，为 100%；山西省财政税务专科学校市场营销专业群资金执行率最低，为 26.61%。具体情况如表 2 所示。

表2　　财经商贸专业大类类各专业群资金执行情况

学校名称	档次	专业群名称	总预算（万元）	2019～2021年支出（万元）	执行率
山东商业职业技术学院	高水平学校建设单位（A档）	市场营销	15000	10166.78	67.78%
浙江金融职业学院	高水平学校建设单位（B档）	国际贸易实务	9000	5149.94	57.22%
浙江金融职业学院	高水平学校建设单位（B档）	金融管理	9000	4923.85	54.71%
哈尔滨职业技术学院	高水平学校建设单位（C档）	电子商务	5730	2810.72	49.05%
江苏经贸职业技术学院	高水平学校建设单位（C档）	电子商务	6821	5150.69	75.51%
海南经贸职业技术学院	高水平学校建设单位（C档）	国际经济与贸易	6188	1856.00	29.99%
北京财贸职业学院	高水平学校建设单位（C档）	会计	9500	5850.06	61.58%
北京财贸职业学院	高水平学校建设单位（C档）	连锁经营管理	9380	5893.27	62.83%
山西省财政税务专科学校	高水平学校建设单位（C档）	会计	2900	1382.05	47.66%
山西省财政税务专科学校	高水平学校建设单位（C档）	市场营销	2000	532.14	26.61%
安徽商贸职业技术学院	高水平专业群建设单位（A档）	电子商务	6966.79	6966.79	100.00%
江西财经职业学院	高水平专业群建设单位（B档）	会计	10180	5465.50	53.69%
天津交通职业学院	高水平专业群建设单位（B档）	物流管理	3674	2182.14	59.39%
浙江经济职业技术学院	高水平专业群建设单位（B档）	物流管理	13500	7315.02	54.19%
浙江经贸职业技术学院	高水平专业群建设单位（B档）	电子商务	12000	6750.15	56.25%
浙江商业职业技术学院	高水平专业群建设单位（C档）	电子商务	7700	4218.35	54.78%
秦皇岛职业技术学院	高水平专业群建设单位（C档）	审计	4400	2664.52	60.56%

续表

学校名称	档次	专业群名称	总预算（万元）	2019～2021 年支出（万元）	执行率
无锡商业职业技术学院	高水平专业群建设单位（C 档）	市场营销	12450	5498.57	44.17%
辽宁经济职业技术学院	高水平专业群建设单位（C 档）	物流管理	3340	1468.11	43.96%
江西外语外贸职业学院	高水平专业群建设单位（C 档）	电子商务	10250	6151.82	60.02%
平均值			7880.52	4539.19	
总计			159979.79	92396.48	57.76%

从九大建设任务来看，资金支出占比最高的是实践教学基地，为 46.76%；最低的是可持续发展保障机制，占比为 1.24%。具体情况如表 3 所示。

表 3　　财经商贸专业大类各建设任务支出占比情况

建设任务	2019～2021 年支出（万元）	资金支出占比
人才培养模式创新	5797.22	6.27%
课程教学资源建设	12735.03	13.78%
教材与教法改革	4681.65	5.07%
教师教学创新团队	6727.03	7.28%
实践教学基地	43315.46	46.88%
技术技能平台	10314.95	11.16%
社会服务	2865.46	3.10%
国际交流与合作	3930.52	4.25%
可持续发展保障机制	1045.56	1.13%
其他	983.61	1.06%
合计	92396.48	100.00%

3. 贡献度分析

3.1　引领改革

深化党建和专业群建设融合共生，推进“党建 +”工作格局，创新人才培养模式，全面实施“三全育人”，形成一批可借鉴、可推广、可复制的经验模式、制度标准，引领职业教育改革发展和高质量人才培养。

3.1.1 价值引领

以立德树人为根本任务，加强专业群文化内涵建设和课程思政建设，激发专业发展内生动力，保障专业群可持续健康发展。五育并举，“岗课赛证”融通，打造财经商贸类高等职业教育人才培养高地。三年来，形成了一批经验做法。

山东商业职业技术学院市场营销专业群建成“鲁商文化云博物馆”，打造鲁商文化云端浸润式学习环境，进一步完善素质教育体系；按照“课程—专业—专业群”分梯度挖掘课程思政元素，形成“点—线—面—体”的课程思政资源池；探索实践“挖掘商科思政元素（知其然）—融入商业伦理道德（知其所以然）—重塑学生价值观念（知其必然）”课程思政建设路径，在源头上实现知识传授与价值引领同频共振。浙江金融职业学院形成了以递进式的课内外育人体系、多元化的育人平台、学分制的改革驱动、交叉融合的贯通培养为主要内容，以“三个年级全程贯通、三个课堂全方位融通、三大主体全员参与”为特征的一体化素质教育模式。山西省财政税务专科学校打造了由“财税文化、金融文化、会计文化、商贸文化、旅游文化、数字经济文化”构成的专业文化建设体系，建设了八大文化育人平台，开设了中国会计文化、晋商文化、金融文化、山西旅游文化等专业文化课程，以专业文化联结专业建设，挖掘蕴含在专业文化中的思政资源，构建“大思政”格局下思政课程、专业思政、课程思政一体化育人体系；创新人才培养模式，开启德技并修智慧职教新模式，“敬德学堂”每周开展1次的传统文化学习，连续3年开展日行一善活动。江西财经职业学院会计专业群构建并持续完善了“四导”服务全员育人机制、三级递进的全程育人机制和全方位育人体系。

3.1.2 模式引领

财经商贸大类专业群坚持推进人才培养模式创新，全面提高人才培养质量；深化“三教”改革，全面提高教育教学质量；落实“1＋X”证书制度，全面提高人员技术技能水平，以模式引领促发人才培养的质量变革。

（1）创新人才培养模式，打造人才培养高地。

立足学校特色、区域产业布局和财经商贸相关行业技术技能人才需求，探索各具特色的人才培养模式，助力打造技术技能人才培养高地。部分专业群人才培养模式如表4所示。

表 4　　财经商贸大类部分专业群人才培养模式

学校与专业群	内容
山东商业职业技术学院市场营销专业群	完善“双向三融四进”商科现代学徒制人才培养模式
浙江金融职业学院国际贸易实务专业群	创新“双元育人 书证融通”人才培养模式
浙江金融职业学院金融管理专业群	创新“双元共享、知行合一”人才培养模式；构建书证融通的专业群课程体系
哈尔滨职业技术学院电子商务专业群	创新实施“五链融合共生”专业群建设模式，创新的“一体双元三师四融合”人才培养模式
江苏经贸职业技术学院电子商务专业群	形成“分阶段多循环动态能力集”的专业群人才培养模式，形成“三同两融、三维递进”项目化课程体系
浙江商业职业技术学院电子商务专业群	探索构建“2+1+n”技术技能继续教育社会化培训体系，在第 1－2 年，实施“学生→准学徒→学徒”人才培养进程；在第 3 年，实施“准员工→员工”人才培养进程，学生进入产业学院；在毕业后的 n 阶段，针对已毕业学生需求；开展“新经济·新商科·新思维”系列化专题培训，使已毕业学生的专业技能得到持续提升
海南经贸职业技术学院国际经济与贸易专业群	构建了“多维协同、阶梯递进”人才培养模式，重构了“产教融合、研创协调、精品开放”专业群课程体系
北京财贸职业学院会计专业群	探索“双生源入口、双主体育人、双身份学习、双导师指导、双课堂教学、双证书考核”的培养模式
山西省财政税务专科学校会计专业群	构建并实施的校企“双主体育人、三合作建设、智能化教学、标准化考核”人才培养模式
安徽商贸职业技术学院电子商务专业群	形成了“四主体、三阶段、三主线、四能力”人才培养模式
天津交通职业学院物流管理专业群	构建了学徒制、订单式等“双主体多元化”育人模式，不断完善升级和固化“行企校定岗，岗课证育人”全链路复合型专业群人才培养模式
江苏经贸职业技术学院电子商务专业群	创新“平台支撑、分层培养、多元评价”的专业群人才培养模式，促进复合型、创新型、发展型人才培养
秦皇岛职业技术学院审计专业群	构建了“产教融合、群院共建、校企共育、德技并修”的专业群人才培养模式
无锡商业职业技术学院市场营销专业群	形成“五定”现代学徒制数字营销人才培养模式
辽宁经济职业技术学院物流管理专业群	创新“双元双渠三场五段”现代学徒制人才培养模式

（2）聚焦“三教”改革，提高教师教学能力。

培育高水平教师团队，优化专业群课程体系，打造优质教学资源，开发“岗课赛证”融通活页式教材，多措并举开展教学改革，形成了一些值得借鉴的经验做法。部分专业群在“三教”改革方面的措施如表 5 所示。

表5　　财经商贸大类部分专业群“三教”改革实施措施

学校与专业群	内容
山东商业职业技术学院市场营销专业群	率先试行“多成才通道”教学改革，同一门课程，学生可选择课程、大赛、项目、科研等不同的学习方式，满足学生的个性化需求
江苏经贸职业技术学院电子商务专业群	建设全国可推广的“智能＋教育”现代商贸类教学教法新样板，产教融合打造“互联网＋”新形态教材，主编“十三五”国家规划教材7部、省重点教材6部，获首届全国教材建设奖二等奖1项
北京财贸职业学院会计专业群	实施胡格教学模式，深化“上班式学习，研究式工作”教学方法，与京东等合作实施学徒制课程18门，11门课程实施企业课堂
天津交通职业技术学院物流管理专业群	由教学名师、职业教育专家和头部企业能工巧匠组成了专业群“三教”改革联合研究中心，指导团队教师荣获全国教学能力比赛三等奖1项。形成“一体化”实践教学组织形式，打造拥有“真企业”“真项目”“真岗位”“真工作”“真师傅”“真学徒”的实践育人机制
浙江经济职业技术学院物流管理专业群	创建“现代物流管理专业领域”教师教学创新团队协作共同体，围绕开发团队胜任力模型和培训标准，建立形成可推广的新时代物流管理领域团队教师教育教学改革范式
安徽商贸职业技术学院电子商务专业群	探索了“宽基础、分岗位、层进式”现代学徒制人才培养模式、“1232”分段式教学模式、“工学交替”岗位轮训模式
辽宁经济职业技术学院物流管理专业群	实施“双负责人、双导师、双班主任”教学组织流程，优化校企双元育人协同治理机制

（3）落实“1＋X”制度，培养一专多能人才。

财经商贸类专业群深化落实“1＋X”证书制度，参与研制证书制度标准20余项，校企合作合作开发“岗课赛证”融通教材50余部，培养了一大批复合型技术技能人才。在“1＋X”证书制度实施过程中，各专业群融入“X”证书开发了课程体系和项目教材，成效显著。例如，天津交通职业学院物流管理专业群主持或参与了“物流管理1＋X”项目教材编写、实训体系设计、题库建设以及试点院校教师的培训工作，主持智能仓储大数据分析（初级）“1＋X”教材撰写工作。辽宁经济职业技术学院推进“1＋X”证书有机衔接，将证书培训内容融入专业群人才培养方案，构建“1＋X”证书培训体系，持续面向社会人员提供职业技术、技能培训，承接各类省级培训项目，累计社会培训12526人/天。

3.1.3　制度引领

围绕专业群建设、师资团队建设、社会服务、产业学院运营等，多方参与，形成了一系列模式、机制和优秀经验做法。部分专业群在制度引领方面的优秀做法如表6所示。

表 6　　财经商贸大类部分专业群制度建设部分措施

学校与专业群	内容
天津交通职业学院物流管理专业群	完善“三纵三横双提升”专业群建设管理模式，严格执行项目管理制度，完成各节点建设任务
辽宁经济职业技术学院物流管理专业群	以“多元共管、企业化运作”为管理模式，以“项目＋”为运行机制，建设多功能实训基地
哈尔滨职业技术学院电子商务专业群	更新了“产业＋”办学理念，培育了“五双”特色，实行了“五共”举措，形成了“三个”共同体，学徒制成果得到了教育部专家组以及国内各高职院校的广泛认可
海南经贸职业技术学院国际经济与贸易专业群	完成“新型专业群建设扬帆远洋，体制机制保驾护航”研究报告，出台《政校行企育人机制》《专业群动态管理机制》等专业群动态运行及管理系列制度，其“一体两翼四驱动”实习管理模式入选全国职业院校实习管理50强案例
江西财经职业学院会计专业群	构建了行业、产业、企业、职业、专业、学业“六业联动”的专业群协同推进机制，构建了专业群绩效目标和经费预算管理机制

财经商贸大类专业群围绕学校内部治理、专业建设等出台了一系列制度文件，如《产业学院项目管理办法》《技术技能服务与创新项目管理制度》《教师教学创新团队管理办法》《政校行企育人机制》《横向科研项目及经费管理办法》《科研创新团队管理办法》《科研平台管理办法》等，为保障专业群健康可持续发展起到了积极促进作用。

3.1.4　标准引领

财经商贸大类专业群在专业教学标准、课程标准、技能等级标准、行业标准等方面贡献了智慧和力量。各学校参与标准制定情况如表 7 所示。

表 7　　财经商贸大类部分专业群参与标准制定情况

学校与专业群	内容
山东商业职业技术学院市场营销专业群	参与制定电商冷链配送领域国家标准《电子商务冷链物流配送服务管理规范》，牵头制定市场营销等5个国家教学标准，参与ISO44006校企合作指南国际标准、职业技能等级标准、团体标准研制
浙江金融职业学院金融管理专业群	开发金融类专业国家教学标准4份，主持教育部职教本科金融管理专业教学标准研制，发布全国首个融资租赁行业团体标准。开发跨境电商岗标6个，双语专标1个、实习标准1个
哈尔滨职业技术学院电子商务专业群	参与制定、审核教育部职业教育专业教学标准和专业简介7个、国家职业技能标准4个，参与编制职业学校专业实训教学条件建设标准1个，参与人社部2个国家职业技能标准的编制与审定

续表

学校与专业群	内容
江苏经贸职业技术学院电子商务专业群	主持或参与制订高职和职教本科国家专业教学标准 10 个、顶岗实习及实训装备标准 2 个。联合开发“1＋X”标准 4 个，制订江苏省教育厅电子商务数据分析“1＋X”标准与电商类专业人才培养方案融通标准，参与制定人社部和人社厅电子商务师职业技能等级标准
海南经贸职业技术学院国际经济与贸易专业群	完成国际化课程标准 2 个、岗位标准 2 个
北京财贸职业学院会计专业群	牵头教育部财经商贸大类专业目录修订，主持或参与制定教育部专业标准 13 项
山西省财政税务专科学校会计专业群	主持国家高职专科会计、会计信息管理、大数据与会计等专业教学标准和高职专科大数据与会计专业实训教学条件建设标准 4 项
安徽商贸职业技术学院电子商务专业群	参加了《职业学校人才培养电子商务专业标准》修订及《国家职业技能标准—电子商务师（2022 年版）》制订工作，参加了市场营销（中职、高职、本科）、连锁经营与管理等 5 个专业标准修订工作
江西财经职业学院会计专业群	参与大数据与会计、大数据与财务管理等专业的《专业简介》和《专业教学标准》开发和制订工作；参与《财务大数据分析》《数字化管理会计》等“1＋X”证书标准开发
天津交通职业学院物流管理专业群	研制了《带板运输操作规范》《果蔬冷链物流操作规程》等 12 项京津冀区域标准研制工作，参加《绿色仓储与配送要求及评估》（GB/T41243－2022）国家标准的研制工作。主持完成《全国高等职业学校物流管理专业实训教学条件建设标准》等 4 个专业教学和实训标准研制工作
浙江经济职业技术学院物流管理专业群	参与了人社部《供应链管理师》等 3 项国家职业技能等级标准的开发和审定工作，参与《跨境电子商务物流信息交换要求》国家标准开发；主持制定了《供应链运营》专业目录；主持或参与制订职教本科物流管理、物流工程和高职供应链运营、金融服务与管理等 4 项专业教学标准
秦皇岛职业技术学院审计专业群	参与《大数据与审计专业简介》和《大数据与审计专业教学标准》修（制）订，参与了 7 个职业技能等级证书标准开发；参与河北省高职院校财务决策等 6 项大赛标准制定
无锡商业职业技术学院市场营销专业群	向柬埔寨输出企业管理等专业教学标准 4 项
辽宁经济职业技术学院物流管理专业群	制定专业标准 6 个、课程标准 35 个。参与国际标准化组织“ISO/PWI44006《校企合作指南》”国际标准制定，参与辽宁省市场监督管理局《食品冷链物流（仓储与配送）技术管理规范》（DB21/T3356－2020）和中国国际贸易促进委员会商业行业委员会《直播营销人员职业能力要求》（T/CCPITC-SC 060－2020）团体标准制定
浙江经贸职业技术学院电子商务专业群	联合浙江省供销合作社联合社共同起草发布《农民合作经济组织联合会数字化平台建设与管理规范》。牵头制定并公开出版《全国农村电子商务人才培养培训指南》
浙江商业职业技术学院电子商务专业群	主持国家移动商务专业、国家跨境电商本科专业标准研制，参与国家高职电子商务、商务数据分析与应用专业标准研制和国家电子商务实训基地建设标准研制，参与跨境电商 B2C 数据运营、社交电商运营等“1＋X”职业技能等级认证标准研制

3.2 支撑发展

3.2.1 服务国家战略

在服务国家重大战略中，财经商贸大类专业群针对“一带一路”倡议以及乡村振兴等战略开展了探索实践，成效显著。

（1）服务“一带一路”倡议

虽然受疫情影响，国际交流与合作建设任务进度稍显缓慢，但21个专业群通过线上合作等多种方式开展工作，在海外办学、留学生培养、外籍员工培训、标准输出上取得了丰硕成果。部分优秀的经验做法如表8所示。

表8　财经商贸大类部分专业群服务“一带一路”倡议相关措施

学校与专业群	内容
山东商业职业技术学院市场营销专业群	与法国合作共建海外实训基地，输出电商专业标准及4门数字化课程资源；选派14名教师为澳大利亚、马来西亚、泰国3个国家讲授财经商贸类课程，为“走出去”企业提供国际化技能培训15人/次
哈尔滨职业技术学院电子商务专业群	与英国等职教机构合作，开展国际认证专业3个，其中悉尼认证专业2个，UK NARIC认证专业1个
海南经贸职业技术学院国际经济与贸易专业群	与澳大利亚博士山学校等4所国外高校签订合作协议，引进7名外教开展专业教学项目，24名学生完成美国峡谷大学线上学习交流；与巴基斯坦Devotion建立实习实训基地，建设海外培训中心1项，对“一带一路”国家的40名留学生进行培训
北京财贸职业学院会计专业群	会计和金融管理2个专业国内率先获得UK NARIC国际可比性证书，并达到RQF5级和EQF5级水平；签约海外合作院校12家，合作开发课程标准20个，完成专业对接和学分互认，出国留学人数88人，为泰国57所高校近300名师生开展培训
山西省财政税务专科学校市场营销专业群	参与制订ISO/IWA 41《直播营销服务指南》国际标准研制，引入《元旨品类管理》和《TikTok引流与营销》国际化课程；与物贸园共同成立了“一带一路”商贸技能培训中心，对山西企业赴东非国家投资考察的相关流程和注意事项进行培训，开发了外贸函电等6个双语职业技能培训包，对已进驻格兰德物贸园区3家企业的国际化员工进行技能提升培训

（2）服务乡村振兴战略。

财经商贸大类专业群在“双高计划”建设过程中，针对乡村振兴战略开展了探索实践，部分经验做法如表9所示。

表 9　财经商贸大类部分专业群服务“乡村振兴”战略相关措施

学校与专业群	内容
江苏经贸职业技术学院电子商务专业群	开展农村电商精准帮扶培训，开发省农村电商师资培训、从业人员培训标准 2 项，对口支援中西部职业院校 8 所
北京财贸职业学院会计专业群	为河北迁安、定州进行城市整体旅游营销方案设计，助力京津冀旅游产业发展
安徽商贸职业技术学院电子商务专业群	实施“扶贫扶智”工程，对口支援（支教）落后地区 24 人/月，技术帮扶大别山、皖南特色农产品开展网络营销项目 6 个
江西财经职业学院会计专业群	受邀为农业农村部农村合作经济指导司开展《农民专业合作社财务管理制度》等起草和修订工作，同时帮助区域内乡村完善财务制度，提供乡村会计培训服务，培训乡村会计 15 名
秦皇岛职业技术学院审计专业群	组建教授团队为贫困地区数 10 家企业长期提供财经专业技术指导和咨询服务
无锡商业职业技术学院市场营销专业群	联合中央电视台制作《我的家乡我代言》电子商务助农直播课程，开展了《主播的角色认知》《主播的 IP 打造与表现力》等五期直播电商助农课程，助力推进农村电商发展、培养农村电商人才
辽宁经济职业技术学院物流管理专业群	与县域精准对点对接，完成县域干部培训 1037 人/天，选派 26 名第一书记决战决胜脱贫攻坚，以特色教育扶贫锻造乡村振兴的区域样板
浙江经贸职业技术学院电子商务专业群	打造“一中心、三基地、一联盟”的“131”全渠道数字化运营多元化培训助农平台，面向县域通过培育全渠道数字化运营农产品电商紧缺人才和中职师资；首创服务县域农产品上行的协同创新新模式，以电商服务县域农产品上行的重大需求为导向，助力乡村振兴、服务中小企业和指导农村电商人才培养

3.2.2　服务区域经济社会发展

充分发挥学校办学优势，校企共建技术创新服务平台，共组技术创新服务团队，面向区域行业企业，广泛开展技术创新和社会培训等工作，助力区域经济高质量发展。

（1）开展技术创新与技术服务，助力产业转型升级。

部分专业群组建了技术创新服务团队，针对企业技术痛点、难点开展研究，形成了一批优秀经验做法和典型成果。例如，山西省财政税务专科学校会计专业群组建了校企双元教学服务研发团队，开发完成“云财务会计岗位综合实训”等一体化教学系统，引领智慧财务新征程，在全国部分高职院校推广应用。秦皇岛职业技术学院审计专业群教师开展企业内控标准和财经制度建设等方面课题研究及成果转化，主持和参与各级各类科研课题 100 余项，实用新型专利和软著 17 项。山东商业职业技术学院市场营销专业群通过在神经元信号捕捉与分析、VR 数字说明书制作、智能机器人营销服务等多项技术上持续发力，解决企业消费者行为分析缺少“量化”

指标痛点，企业复杂产品无法实施展示、操作痛点，以及企业重复性工作成本高、效率低痛点。浙江金融职业技术学院金融管理专业群完成省行业协会中小微企业信用评级60家、人力资源企业星级评定73家、融资租赁企业信用评级12家；在杭州市发改委挂牌设立社会信用大数据工作室，举办金融论坛、信用学术沙龙活动7场。

（2）开展社会培训与技能鉴定，助力人员技能提升。

部分专业群开发了社会培训体系和课程资源，打造了培训平台，成效显著。例如，山东商业职业技术学院市场营销专业群与山东省商业集团有限公司共建市场营销专业群（鲁商集团）职工培训基地，面向社会积极拓展培训项目及培训对象，提供菜单式培训资源，实施绣花式管理，达到“针针到位、线线到底，深入浅出、连线成片”的培训效果，形成“精准、多元、立体”的山商培训定制模式。安徽商贸职业技术学院电子商务专业群构建“人才输出、技术创新、精准扶智”的社会服务体系，建立“教学+培训+政校企行联动”的社会服务能力建设制度，建成4个职业技能鉴定中心（站）或培训基地，招收社会扩招、继续教育学生739人，开展技能培训10614人/日，开展中国重汽年度员工培训、互联网营销师培训、新型职业农民培训等共计8156.5人/日。浙江金融职业技术学院金融管理专业群为新疆理工学院开展专业师资培训，与第三方评价培训组织联合开展“1+X”证书师资培训，开发金融业务培训包12个，举办金融师资培训班4期，培训金融行业员工47127人/次。山西省财政税务专科学校会计专业群为山西省和顺县职业中学进行会计师资培训45人/次，连续3年为2家小微企业提供财务咨询、培训等服务，累计完成3000名企事业单位会计、审计人员继续教育培训。秦皇岛职业技术学院审计专业群师生为京津冀区域内行业近100家中小微企业提供了改良财务管理制度和环节设计、财税申报、代理记账、员工技能培训等支持服务8866人/天，累计开展各类职业培训20899人/次。

3.3 推动形成一批支撑职业教育高质量发展的政策、制度和标准

“双高计划”建设项目实施以来，财经商贸大类各高水平专业群在党建、人才培养、课程资源、师资团队、产教融合、技术技能平台等方面取得了一系列标志性成果，共计荣获国家级荣誉200余项，专业办学实力不断提高。先后在专业教学、课程建设、实训条件建设、技能等级证书、行业企业等方面形成了一系列政策制度和标准体系，形成了一批可借鉴、可复制、可推广的经验做法和模式路径，助推着职业教育和区域经济高质量发展。

3.3.1 政策制度助推职业教育高质量发展

天津交通职业学院物流管理专业群提出了“三纵三横双提升”专业群建设管理

模式，海南经贸职业技术学院国际经济与贸易专业群出台了《政校行企育人机制》《专业群动态管理机制》等制度，江西财经职业学院会计专业群构建了行业、产业、企业、职业、专业、学业“六业联动”的专业群协同推进机制。各专业群先后出台了《产业学院项目管理办法》《教师教学创新团队管理办法》《横向科研项目及经费管理办法》《科研平台管理办法》等制度，为助推职业教育高质量发展和“双高计划”建设项目高标准完成提供了制度保障。

3.3.2 专业标准助推专业建设高水平实施

主持或参与制定了市场营销、会计、会计信息管理、大数据与会计、大数据与财务管理、连锁经营与管理、供应链运营、金融服务与管理等高职专业教学标准，金融管理、市场营销、物流管理、物流工程等职教本科专业教学标准，市场营销等中职专业教学标准。主持或参与开发了大数据与会计、物流管理等专业实训教学条件建设标准。主持或参与了财务大数据分析、数字化管理会计、电子商务数据分析、智能审计、智能财税、财务共享服务、财务数字化应用、审计信息化应用等职业技能等级证书标准制定工作。

3.3.3 行业标准赋能区域经济高质量发展

在行业标准开发上，财经商贸大类专业群贡献了自己的智慧和力量。例如，山东商业职业技术学院市场营销专业群参与 ISO 44006 校企合作指南国际标准、职业技能等级标准、团体标准研制。秦皇岛职业技术学院审计专业群参与了河北省高职院校财务决策大赛（2019 年、2020 年、2021 年）、高职院校智能财税技能大赛（2020 年、2021 年）、高职院校审计技能大赛（2020 年）等 6 项大赛标准制定。浙江金融职业学院金融管理专业群发布全国首个融资租赁行业团体标准，开发跨境电商岗标 6 个。天津交通职业学院物流管理专业群先后研制了《带板运输操作规范》等 4 项天津市商贸物流地方标准，助力“天津物流标准化试点城市”建设；完成《果蔬冷链物流操作规程》等 8 项京津冀区域标准研制工作，推进京津冀冷链物流一体化；参加《绿色仓储与配送要求及评估》（GB/T41243－2022）国家标准的研制工作，服务国家“双碳”目标的落地与实施。辽宁经济职业技术学院物流管理专业群参与国际标准化组织“ISO/PWI44006《校企合作指南》”国际标准制定，参与辽宁省市场监督管理局《食品冷链物流（仓储与配送）技术管理规范》（DB21/T3356—2020）和中国国际贸易促进委员会商业行业委员会《直播营销人员职业能力要求》（T/CCPITCSC 060－2020）团体标准制定。

4. 典型案例

4.1 引领改革

案例1："多维协同、阶梯递进"人才培养模式的构建与实践

【学校】海南经贸职业技术学院

一、实施背景

国际经济与贸易专业群以高水平建设为契机，以专业链对接产业链，促专业群内涵全面提升，为海南自由贸易港建设提供高技能新商贸人才。

二、主要做法

（一）发展模式

国际经济与贸易专业群依据新商贸人才需求，按照"产业思维、行业素养"→"核心能力、跨岗能力"→"跨界合作、创新发展"的基本思路，三个阶梯紧密结合、有效衔接，赋予学生数字经济和现代营销的思维，训练学生技术应用和分析、解决问题的能力，构建起"多维协同、阶梯递进"的人才培养模式。

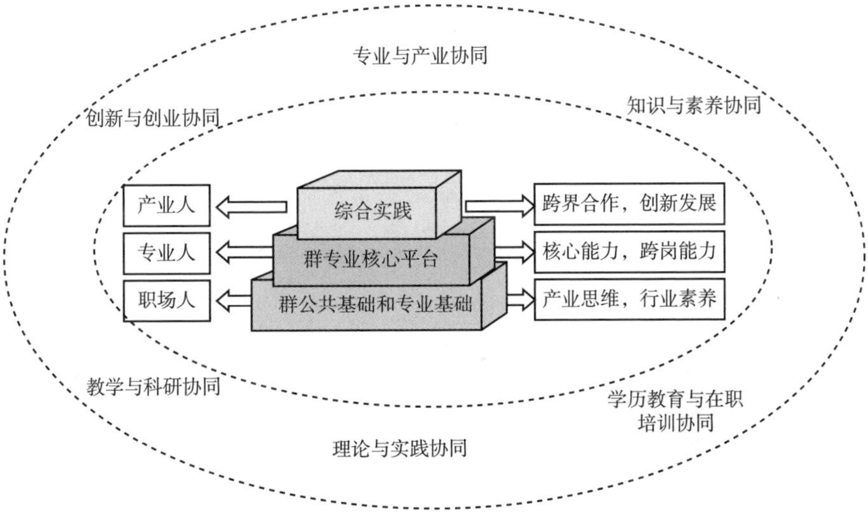

图1 "多维协同，阶梯递进"的人才培养模式

（二）具体做法

1. "多维协同、阶梯递进"组织教学

以创新与创业协同、产业与行业协同、专业与岗位协同、知识与素质协同、教学与研发协同、理论与实践协同、学历教育与在职培训协同为指导，设定阶梯式培

养目标、教学环节和课程体系。

2. 重构专业群课程体系

新建一批、改造升级一批课程，建设省级、校级精品在线开放课程，重构“产教融合、研创协调、精品开放”专业群课程体系的建设目标。

3. 开展“双导向”的教学改革

强调以学习者为中心，以能力培养为本位，在课堂教学设计、实施、评价中以成果产出为导引，深化“三教”改革。

三、实践效果

1. 人才培养质量显著提升

承办省级技能大赛5项以上，学生技能竞赛获得国家级奖项33项、省级奖项11项。

2. 人才培养质量显著提升

开发信息化教学资源，完成精品课件956个、微课视频854个、各类素材3838条；开发“1+X”职业资格技能认证资源包3个，建成省级、校级精品在线开放课程分别为3门、10门。

四、经验总结

（一）关键成功要素

始终考虑到商贸市场环境的瞬息万变，新业态、新技术、新手段不断革新，人才供给侧与需求侧均会随着时代发展产生相应变化，“谁来教、教什么、如何教”的问题持续得到优化和完善，能较好地适应时代的需求。

（二）存在不足与下一步举措

本专业群“三教”改革的力度仍应继续向更深推进，还需要扩大改革的范围。将不断提升服务社会发展的内涵和质量，以实现新商贸人才供给侧。

五、推广应用

“多维协同，阶梯递进”的人才培养模式具有较强的普适性和应用型，适用于省内外高职院校商贸类专业建设。

案例2：践行“六双递进”培养模式，共育现代商旅服务人才

【学校】北京财贸职业学院

一、实施背景

现代商旅服务专业群对接商旅文一体化产业中的商旅服务业，整合优势资源，助力京津冀协同发展和北京服务业产业升级，服务“一带一路”沿线国家商旅服务业创新发展；为商旅文产业融合发展提供德技并重，以京商文化为底蕴的“懂智能技术、

会经营管理、能商旅跨界”的复合型高素质技能的高端商旅服务人才；专业群对接新技术、新产业、新业态、新模式培养人才，创新了“六双递进”人才培养模式，实施双生源入口、双主体育人、双身份学习、双导师指导、双课堂教学、双证书考核。

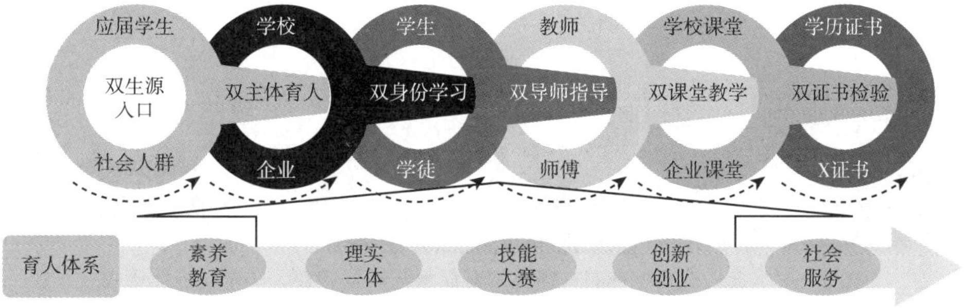

图1 “六双递进”商旅人才培养模式

二、主要做法

（一）共建课程体系，实施“岗课赛证”一体化育人

校企共建“两平台一核心双进阶”式的“岗课赛证”融合的课程体系；开设技能大赛进阶和双创课程体系，实现“赛创育人”；参与职业技能等级证书研制，大力推进职业技能等级证书试点。推进满足校内基础教学、行业应用教学、学生创新创业、竞赛指导等功能的“四位一体”商旅校内外实训基地建设。

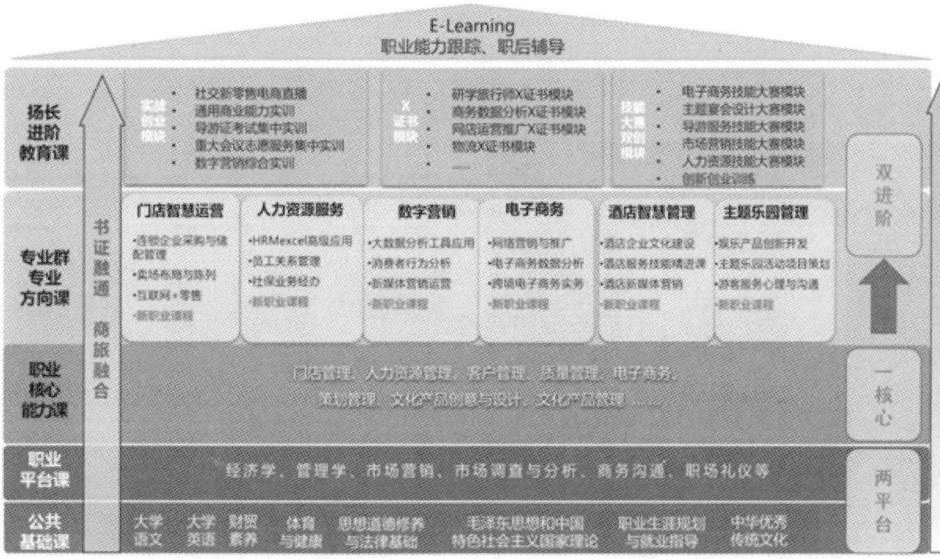

图2 “书证融通、商旅融合”的现代商旅课程体系

（二）实施企业课堂，推进教师、教材、教法改革

与领军企业开发“新道智慧零售店长训练营”“沃尔玛企业课堂”“安信捷达现代

学徒制”，协同开展任务驱动、工学结合的教法改革，打造“上班式学习、研究式工作”、推进胡格项目制，共同开发活页式教材，全面提升学生学习效果。以国家级团队为引领，打造师德高尚、结构合理、素质过硬的“双师型”教学创新团队。

图 3　安信捷达现代学徒制、新道智慧零售店长训练营、沃尔玛企业课堂

（三）开发高端服务项目，扩大社会服务影响力

开发四个“中国服务”高端服务项目，服务两会、北京冬残奥会等。为企业员工、通州再就业人员、社区居民、新民宿农户、通州四村等开展企业员工培训、社区文化培训、助农服务；师资基地服务京津冀师资培养。完成两个新商科专业国家资历框架构建，面向泰国、柬埔寨和马来西亚开展线上培训，持续推进贯通培养海外合作项目，培养国际化人才。

UNIVERSITI TUNKU ABDUL RAHMAN
&
BEIJING COLLEGE OF FINANCE AND COMMERCE

Certificate of Completion

is hereby presented to:

GAN SZE SHEIN

who successfully completed

Virtual Culture Exchange Programme
Beijing College of Finance and Commerce
&
Universiti Tunku Abdul Rahman

2nd and 3rd November 2021

Professor Dr Choong Chee Keong
Vice President
Student Development and Alumni Relations
Universiti Tunku Abdul Rahman

Mr Xin Hongguang
Deputy Secretary
Beijing College of Finance and Commerce

图 4　拉曼大学跨文化交流结课证书

图 5　通州区西槐庄村短视频拍摄与制作培训

图 6　通州区吕家湾荷府民宿入户培训

图 7　房山区大南峪村新媒体入户培训

三、成果成效

（一）专业群改革成果辐射全国，引领职业教育同类专业建设

两个案例入选教育部 2021 年产教融合校企合作典型案例，入选首批全国现代学徒制试点改革，首批国家级职业教育教师教学创新团队，首批全国优秀教材，专业群建设方案在中国职业技术教育学会“说专业 · 说课程 · 说专业群”活动、中国服贸会等平台开展交流与推广。学生就业质量明显提高，师生获省级以上奖励数量和等级持续增加。

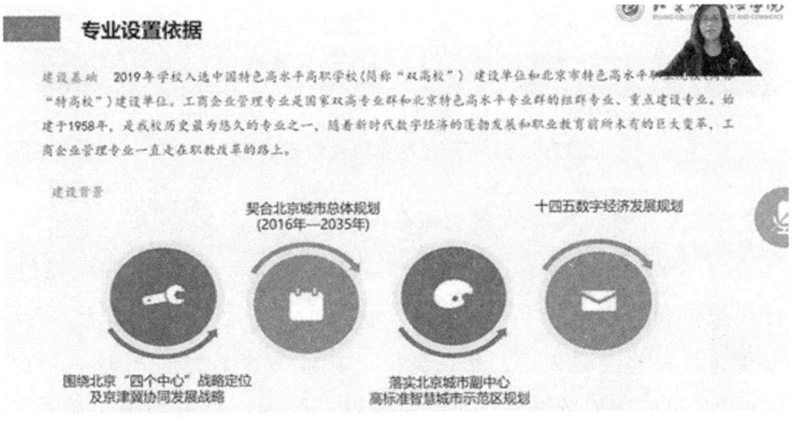

图 8　第十五届“说专业 · 说课程 · 说专业群”研讨会成果分享展示

（二）服务新兴产业、支柱产业发展，持续输送技术技能人才

紧密对接“京津冀协同发展”“乡村振兴”等国家战略和“一带一路”倡议，先后为河北迁安、定州、通州吕家湾、永乐店等开展专项服务，为泰国、柬埔寨、马来西亚培养职业教育教师，与沃尔玛、环球度假、京东、完美世界、中国大饭店等企业签订战略框架协议，为首都商旅产业持续输送高素质技术技能人才。

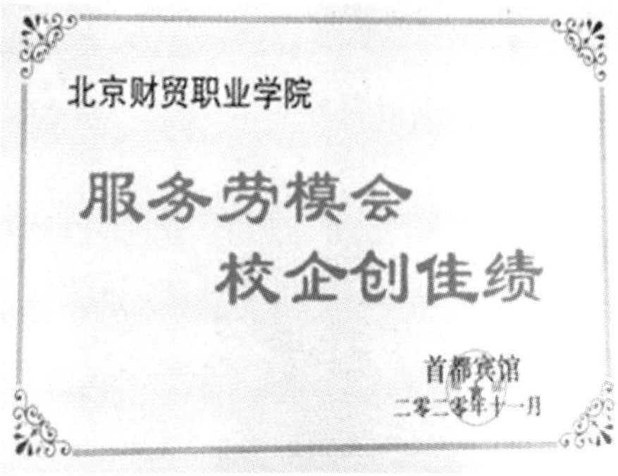

图 9　首都宾馆给学校赠送的匾额

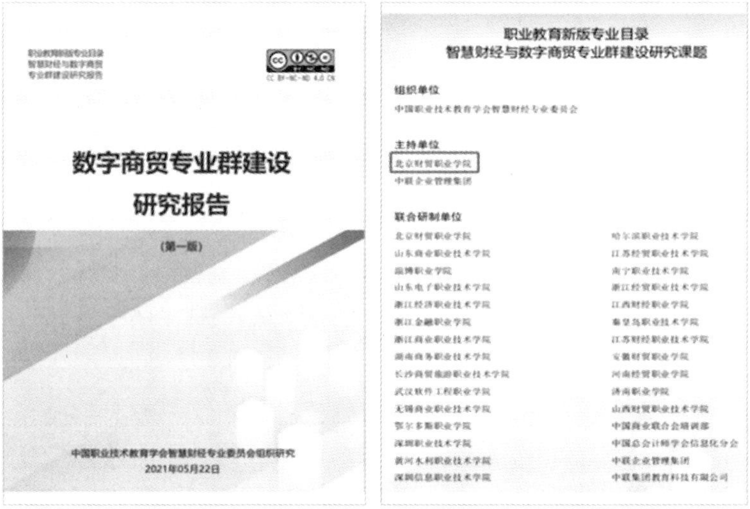

图 10　数字商贸专业群建设研究报告

（三）牵头国家标准制定，贡献商旅职业教育“北京方案”

主持和参与国家专业教学标准 8 项、实训标准 1 项，牵头全国院校研制数字商贸专业群建设报告和人才培养方案；获评全国旅游职业教育课程思政课堂教学优秀案例，国家优秀教材建设奖 2 项，北京高校（职业教育）课程思政示范课程、“最美课堂”，通过联合国世界旅游组织教育质量认证，推广“跨境电子商务”“数字营销”新商科国家资历框架，为商旅职业教育发展提供“北京方案”。

案例3："能力本位"商科活页式教材开发，助力"三教"改革

【学校】山东商业职业技术学院

一、明确校企双方教材开发职责，确定商科活页式教材建设标准

企业人员提供转型升级对职业人员的素质要求、典型职业活动、工作流程、职业标准和岗位职责等教材元素；学校参编人员把握教材政治方向正确性、教学目标结构完整性、教材内容针对性、教材语言表达规范性。

通过充分的行业调研及教材需求调研，确定商科活页式教材的建设标准：一是"遵循行业发展"；二是"满足教师使用"；三是"促进教学改革"；四是"适应学生特点"。

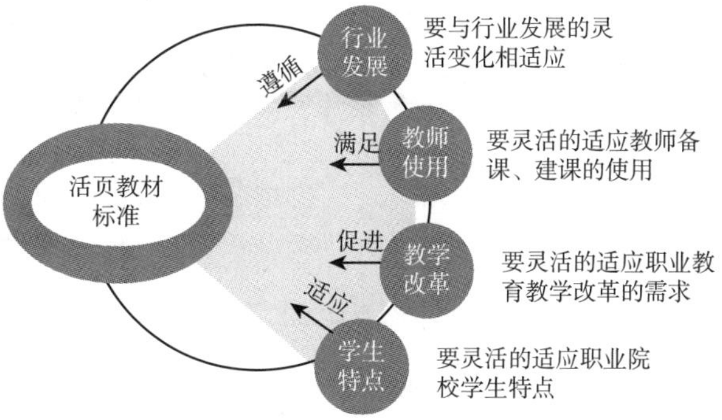

图1 活页式教材建设标准

二、以教学标准为引领，构建基于典型职业活动的活页式教材螺旋式迭代开发范式

参照国家标准，分析专业典型职业活动及工作流程，设计商科类教材开发的4步流程：专业调研—典型职业能力分析—教材内容选取—教材开发。教材开发后不断迭代优化教材内容，形成螺旋式教材开发范式，让教材真正"活"起来。

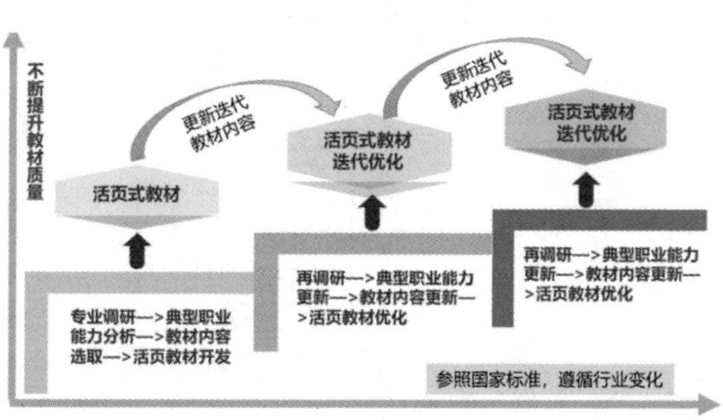

图2 活页式教材开发范式

三、贯彻“立德树人”，突出“能力本位”，明确商科类活页式教材模块化内容的选择与组织形式

教材编写以立德树人为根本，梳理出教材所蕴含的思想政治教育元素，针对商科学生应具备的商业素养，挖掘基于“儒商文化”的商业素质养成点，构建完整思政体系。

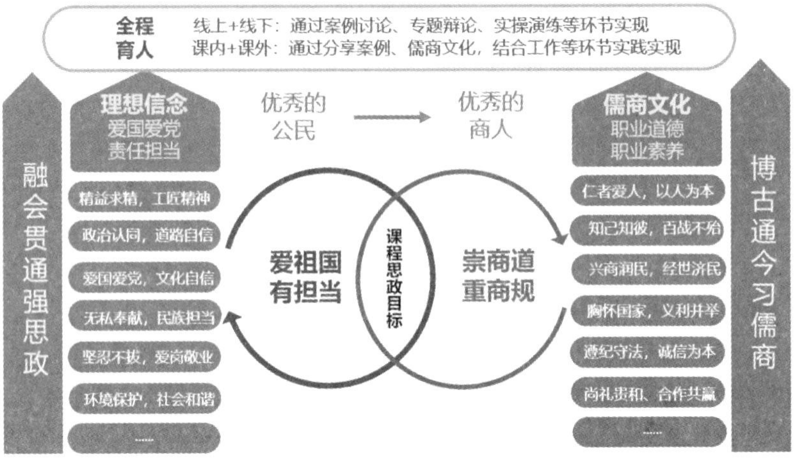

图 3　活页式教材《新媒体推广》课程思政体系

教材体系借鉴 CDIO 工程教育模式，学生在不同实训项目中多次进行“构思—设计—实现—运行”训练，实现对商科学生完整商业思维以及解决复杂问题能力的培养。

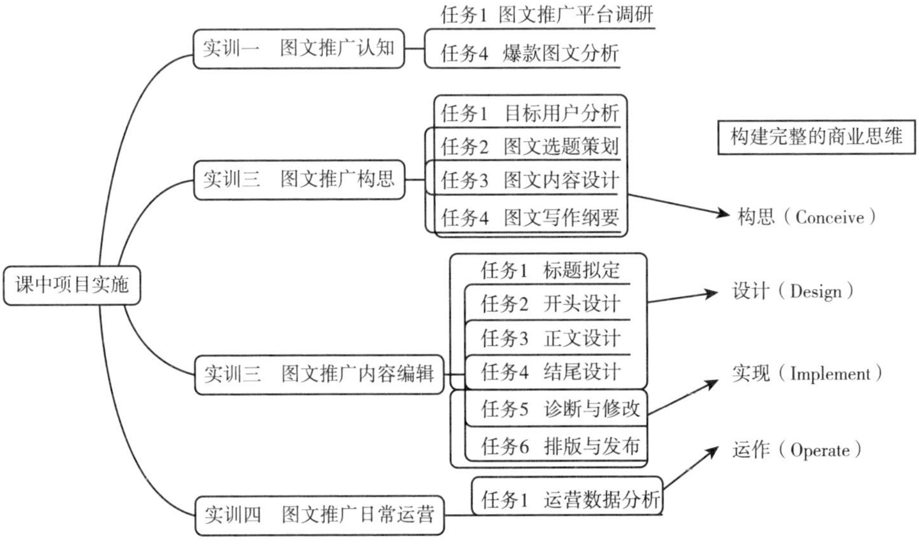

图 4　活页式教材《新媒体推广》课中实训大纲

教材内容选取基于典型职业活动，设计“课前”“课中”“课后”三阶段应用模式，“课前自学”为教材理论体系；“课中实训”为新形态实训指导手册；“课后提升”为拓展技能的案例集。同时，配套丰富的教学资源，方便师生灵活使用，打造动态化、立体化、数字化的新形态教学。

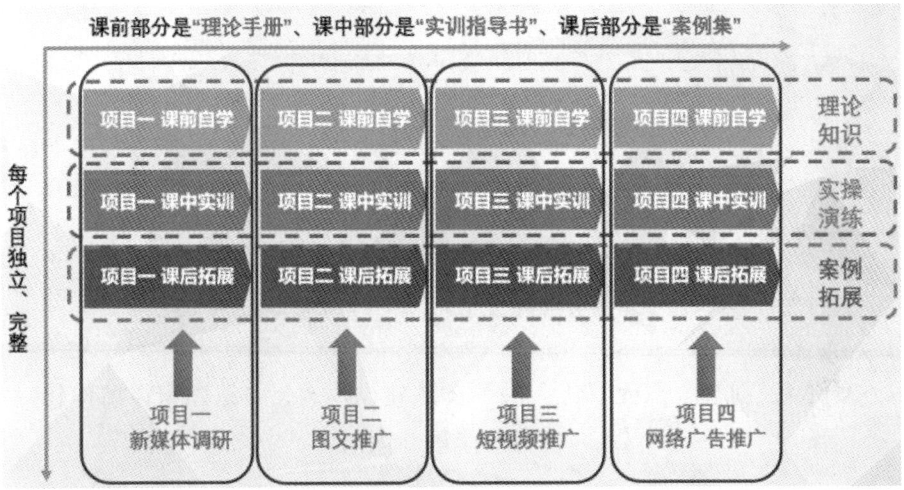

图 5　活页式教材《新媒体推广》内容框架

基于以上模式专业群已开发《品牌策划与推广实战》《新媒体推广》《社群营销》等活页式教材 11 本，正式出版 3 ~ 6 本，首发上万册，得到职教同行广泛关注。

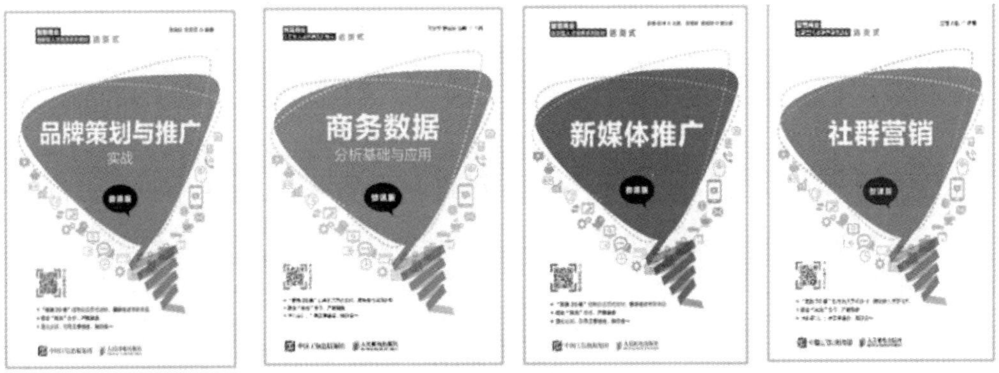

图 6　活页式教材示例

专业群新形态教材开发经验及案例多次在省内外教学研讨会上进行开发经验，反响热烈，广受好评。

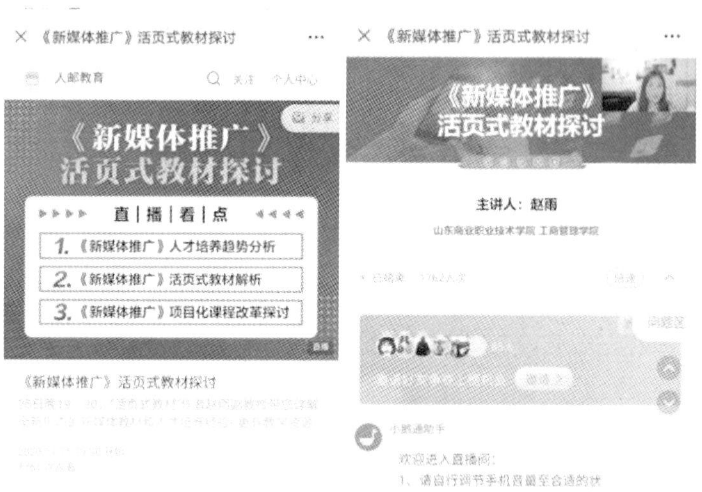

图7　活页式教材辐射作用示例

案例4：创新“双元双优”教学团队建设模式，打造国家级结构化教师教学创新团队

【学校】浙江金融职业技术学院

（一）创新“双元双优”建设模式，系统构建校企育人共同体

专业群创新“双元双优”结构化教师教学团队建设模式，引进行业大师、行业专家、行业骨干，与校内专业带头人、课程负责人、骨干教师，组成“双专业带头人”“双课程负责人”“双导师育人团队”，合作开发岗标、专标、课标、教材，共同备课、授课、命题、就业指导，深度融入人才培养全过程。

（二）开发“三师三者”培养标准，着力打造高水平师资队伍

针对“双专业带头人”“双课程负责人”和“双导师育人团队”，开发顶层设计师、资源整合师、创意制造师“三师”领导力培养标准，以及教学示范者、科研领军者、服务引领者“三者”创新力培养标准。全面提升专业建设能力、课程设计能力、课堂教学能力、业务操作能力、创新创造能力、社会服务能力和国际交流能力等核心能力。

（三）构建“四合四同”运行机制，深度融入人才培养全过程

在人才培养设计和准备阶段，“双元双优”结构化教师教学创新团队合作开发岗位标准、专业教学标准、课程标准和教材；在人才培养实施和评价阶段，共同开展备课、授课、命题和就业指导，构建“四合四同”运行机制。在授课环节，“双元双优”团队，针对不同业务领域，主讲各自“精专”的项目模块，实施分工协作模块化教学，全面提升人才培养质量。

案例5：以德国“胡格”模式改革为载体的国家级职业教育教师教学创新团队建设

【学校】北京财贸职业学院

一、实施背景

北京财贸职业学院现代物流管理专业教学团队入选首批国家级职业教育教师教学创新团队。在建设过程中，围绕物流与供应链领域，探索产教深度融合的现代学徒制校企“双元”协同育人模式，深化“胡格模式”教学实践，育人体系探索和教学模式改革并行，在师资队伍建设、课程思政改革、模块化教学、协作共同体等方面多措并举，形成系列团队建设成果，助力培养京商文化、财贸素养引领的“懂智能技术、会经营管理”的复合型高素质技术技能人才。

二、主要做法

（一）深耕现代学徒制，校企合作“双导师”共育人才

校企共建四阶段、四岗位、四角色、五板块、六融合“五位一体”人才培养体系。实行“工学交替、交互训教”的教学模式，人才培养方案设计完成三年内认岗、跟岗、轮岗和定岗培养的教学流程安排。结合企业工作任务，构建学徒制课程体系，职业理论模块重点参考胡格培训素材，职业实践模块参考企业实际。

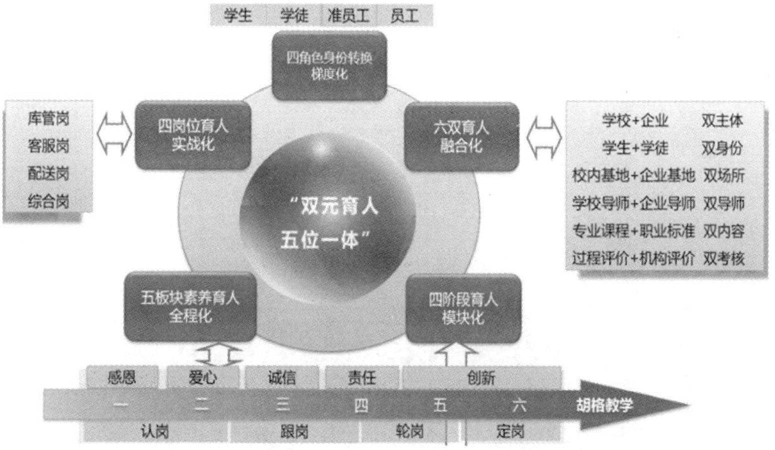

图1 “双元育人、五位一体”人才培养体系

（二）创新实施北京胡格教学模式，团队课程研发能力再上新高

以胡格培训素材为基础，将胡格非专业能力培养与立德树人相结合，将10大学习领域学习情境重构设计，实现岗位综合职业能力和非专业能力培养目标。在胡格教学法基础上开展多样化“课程思政”探究式学习，充分发挥学生的积极性、主动

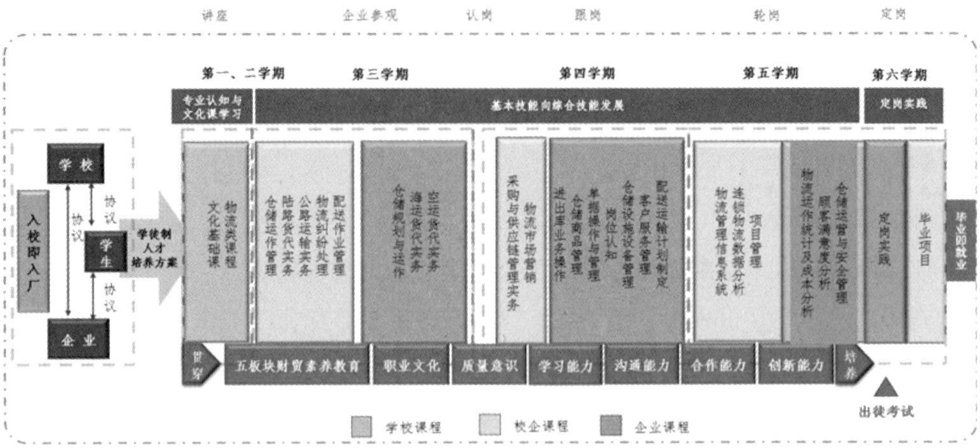

图 2　构建学徒制课程体系

性。转变考评机制，注重学生沟通能力、团队意识、责任意识、工作流程标准化等非专业能力的考核。

	别人“明确无误”地理解。	具的状况 • 根据法律及企业的规定执行空容器、包装和装载辅助工具的回收和文档记录。 • 执行货物检查(针对供货商进行货物损害的检查)：一致性、质量、数量、状况 • 在随货单据上和仓库管理系统（WMS）中执行收货的文档记录 • 通知采购部门和会计部门 • 接收的商品准备入库：确定仓储地点，以入库地点标记货件		
理论 学习情境 LS 2.3: 执行货品的仓储	- ... - 我能够独立理解掌握、分析一个简单的工作委托任务，并从中引导出目标 - 我能够整洁地制作文字标记并继承书法传统 - 我能够展现出对职业的积极态度 - 我能够为自己亲自制定一个简单的思维导图	• 仓库货位编号系统 • 分份，内包装，外包装 • 打钉机和捆扎机 • 处理危险品的规定（例如等级划分、标记、贮存、包装种类等） • 处理报关货物的规定 • 偷盗危险 • 防火措施		24 h
实践 学习情境 LS 2.3: 执行货品的仓储	- ... - 我能够理解环境污染的问题 - 我能够遵守我的承诺 - 我能够接受“新的”认知，并积极参与投入。 - 我能够从头到尾处理长达三页的信息 - 我能够理解一个简单的专业文章中的技术信息	• 货物的仓储准备 • 货物分类 • 组成仓储和销售的货品单元 • 货品标示 • 遵守入库规定办理货品入库 • 存储危险品时遵守有效的规定 • 采取保证货物质量和价值的措施 • 货品的保养 • 检查保质期(MHD) • 仓储期间的生产环节 • 检查仓库库存并执行修改 • 防火法规的应用并采取防火措施	标识、安全防护设备	30 h

教学设计流程：学习领域 2 仓储运作管理		职业行动能力					课堂教学方法
		非专业能力		专业能力		内容	
		方法/学习能力	社会/个人能力	理论	实践		
行动学习阶段	学习情境	学生能：	学生能	学生能			
信息获取/分析	学习情境 LS 2.3 进货准备	- 我能够对简单的文章进行阅读、标记、总结，并用简单的手段进行视图化（海报） - 与他人交流信息	- 我能够聚精会神地深入一项工作任务长达 20 分钟 - 倾听他人	- 确定送达货物信息并完成信息检验内容	- 借助于具体的送货业务确定收货准备工作和检验内容	从接受货物信息直接到库房的工作步骤工作内容，检查 - 了解送达货物信息（包括货物名称、型号规格、数量及送货人信息）	个人工作 全体 头脑风暴
计划		- 计划工作步骤并呈现 - 对文章和材料中的内容进行理解掌握并归纳逻辑结构	- 我能梳理事件工作主线 - 倾听他人	- 收货准备工作的内容及逻辑关系 - 收货准备计划工作步骤	- 收货准备计划工作过程		个人工作 同伴交谈（交头接耳法）

图 3　胡格课程教学设计示例

（三）创新引领，以赛促学，专创新型教师队伍形成合力

依托“国际青年创新创业技能大赛”平台，探索实施国际化课程体系建设；构建“课—创—赛—孵—战”五维实践体系，实施双创教育与专业理论课程、实践创新课程、财贸素养课程“三融合”，搭建实践项目、双创竞赛、社团活动“三平台”。

三、成果成效

（一）横向联合，纵向合作，团队建设协作共同体显成效

横向联合，与多所立项院校建立协作共同体 1 个，开展院校之间的人员交流、研究合作、资源共享等方面协同创新；纵向合作，与包括京东、菜鸟分拨、苏宁、中通云仓、北京安信捷达等国内创新型的物流相关企业，形成命运协作共同体。

（二）政校企合作补短深入，“三教”改革成效显著

胡格模式培训由北京市教委负责推动，组织 7 所职业院校参与完成课程的培训、教学与考核。这些较好地解决了制度与经费的约束。以“立德树人”为根本任务，重组胡格模式的教学内容，深挖专业知识与思政元素的“联接”点，深化“三教”改革。

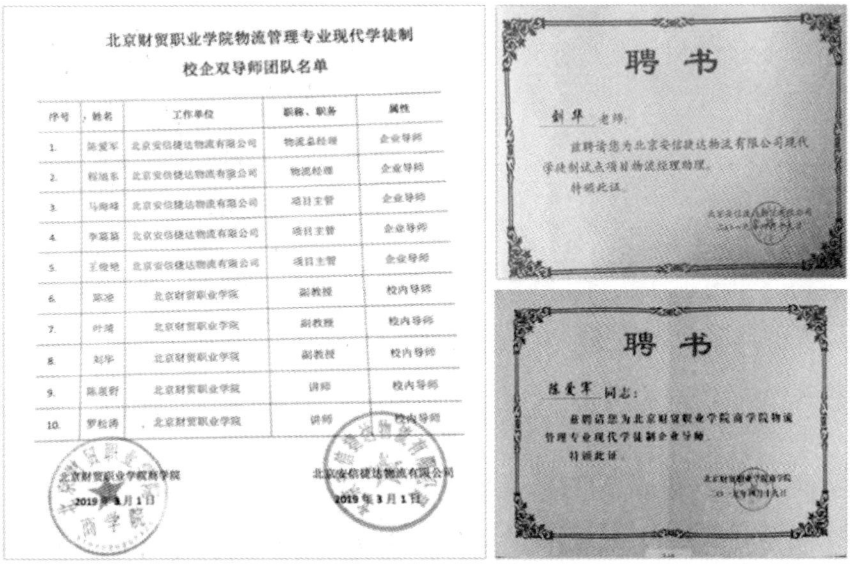

北京财贸职业学院物流管理专业现代学徒制

校企双导师团队名单

序号	姓名	工作单位	职称、职务	属性
1.	陈爱军	北京安信捷达物流有限公司	物流总经理	企业导师
2.	程旭东	北京安信捷达物流有限公司	物流经理	企业导师
3.	马海峰	北京安信捷达物流有限公司	项目主管	企业导师
4.	李嘉嘉	北京安信捷达物流有限公司	项目主管	企业导师
5.	王俊艳	北京安信捷达物流有限公司	项目主管	企业导师
6.	郑凌	北京财贸职业学院	副教授	校内导师
7.	叶靖	北京财贸职业学院	副教授	校内导师
8.	刘华	北京财贸职业学院	副教授	校内导师
9.	陈星野	北京财贸职业学院	讲师	校内导师
10.	罗松涛	北京财贸职业学院	讲师	校内导师

北京财贸职业学院商学院　　北京安信捷达物流有限公司

2019 年 3 月 1 日　　2019 年 3 月 1 日

图 4　校企双导师团队名单

（三）深化培养模式改革，学生职业能力显著提升

学徒班学生连续两年获得北京市高职院校技能大赛智慧物流作业方案设计与实施赛项一等奖，2020 年度获得全国职业院校技能大赛货运代理赛项三等奖。经过北京市层层选拔考核，最终学徒班有 5 名学生获得 2019 年赴德国研修的资格。同时，2019 级参加学徒同学全部获得联合培养京东学徒证书。《2019 年毕业生就业质量报告》显示，该校物流管理专业学生就业率近 98%，平均年薪排名全校第二名，对本

专业课程设置满意度、就业、五险齐全比例和求职积极性均排名全校第三，学生对培养质量满意度排名全校第五。

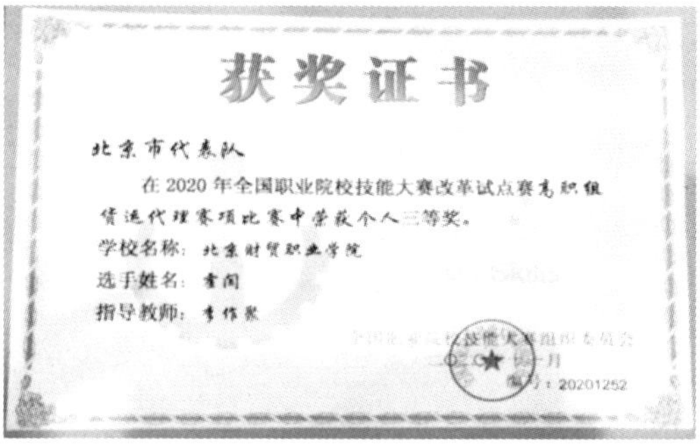

图5　2020年度全国职业院校技能大赛货运代理赛项三等奖证书

图6　赴德研修学生

案例6：晋商文化增亮色，《晋商风云》立品牌

【学校】 山西省财政税务专科学校

一、以“培养区域现代商贸人才新晋商素养”为导向的特色晋商文化育人机制

专业群晋商文化育人体系提出“德技共培、校企共育、书课共建”的特色文化育人思路，设计了“诚信为本的价值理念、报国济民的大局观念、开拓进取的奋斗精神、和衷共济的集体观念、创新开放的时代精神”的培养要素，将晋商文化育人和专业人才培养方案相结合，保证晋商文化育人与专业教学同向而行。

二、以“德技共培、校企共育”为主的市场营销专业群的特色晋商文化育人形式

（一）开展晋商文化教材建设，打造晋商文化育人特色内容

由赵丽生校长著写《晋商风云》教材，内容深入渗透晋商精神内涵和晋商文化，

帮助学生多角度、全方位地了解晋商的历史文化和商德标准，成为目前国内高校唯一适用的晋商文化教材，也是我校市场营销专业群商业素养培养的特色化的教材。

图 1　出版教材《晋商风云》

（二）开展晋商文化育人课题研究，推进教学成果应用

专业群成立晋商文化研究传播中心，开展晋商文化育人和新晋商素养培养课题研究，相关阶段性成果应用于专业群人才培养工作中。

山西省教育厅文件

晋教科〔2020〕8号

山西省教育厅关于公布2020年度山西省高等学校科技创新计划各类项目的通知

各高等学校：

根据《山西省教育厅关于进一步加强高等学校科技创新工作的意见》（晋教科〔2019〕3号）的有关规定，经申报、遴选，确定立项支持科技创新项目773项、哲学社会科学研究项目360项、人文社会科学重点研究基地项目40项、科技成果转化培育项目51项、中青年拔尖创新人才13人、优秀青年学术带头人12人、优秀成果培育项目38项。经公示无异议，现将立项名单予以公布。

附件：2020年度高等学校科技创新各类项目立项名单

2020年6月

（此件主动公开）

350		2020W350	李小杰	红色基因融入高校思政工作研究	省立校资助项目	1
351		2020W351	郝利敏	环境规制约束下产业结构变动机理研究 ——基于山西地级市面板数据的实证分析	省立省资助项目	2
352		2020W352	王涵	区块链技术在金融领域的应用、挑战及展望	省立省资助项目	2
353		2020W353	全勋	文化育人理念下高职院校商科学生新晋商职业素养培养研究	省立校资助项目	1
354	山西省财政税务专科学校	2020W354	李婷	1+X证书制度下智慧商贸人才培养模式研究	省立校资助项目	1
355		2020W355	毕滕飞	基于共生理论的山西城市会展生态体系发展研究	省立校资助项目	1
356		2020W356	瓦婷	基于“互联网+教育”混合式学习中的大学生学习适应性研究	省立校资助项目	1

图 2　山西省高等学校科技创新计划项目课题立项

（三）开展晋商第二课堂，组织晋商文化育人的多种形式

《晋商风云》教材制作高质量的有声书上传“喜马拉雅”平台供学生点播；借本土晋商博物馆资源，组织参观研讨；举办校园“晋商风云”话剧节，学生自导自演晋商历史故事，开展晋商文化第二课堂活动，增添晋商文化育人的生动性。

（四）聘晋商名人名企，建立晋商文化育人基地和标杆

从行业专家、优秀校友中挖掘晋商典型人物，聘请36家企业管理者以晋商商德模范的身份走进学校，宣扬晋商榜样力量。专业群优选具有晋商文化底蕴、注重商德文化建设的企业开展全方位合作，签订“三全育人”联合培养协议，共同打造晋商文化育人基地。

图3　市场营销专业群与企业联合打造“三全育人”基地

三、以“孵化晋商英才”为实效，落实市场营销专业群晋商文化育人效果

（一）教学成果丰富，应用效果良好

《大思政格局下高职财经类专业文化思政育人的创新与实践》获得2021年山西省职业教育教学成果特等奖。市场营销专业群晋商文化育人获评山西省职业教育铸魂育人项目2021年度特色文化育人品牌。

2021年山西省教学成果奖（职业教育）获奖名单

特等奖名单（12项）

序号	名称	姓名	第一完成人所在单位
1	地方优秀文化进课堂——高职院校文化育人创新与实践	张润喜、吴红霞、孙瑞忠、王月爱、张海新	晋中师范高等专科学校
2	高职煤矿安全类专业产教融合“岗课赛证”综合育人培养体系的研究与实践	刘西青、王海燕、康琛笠、李金龙、马保仙	山西工程职业学院
9	大思政格局下高职财经类专业文化思政育人的创新与实践	赵丽生、李腾鹏、董京原、李妍、全盼	山西省财政税务专科学校

图4　2021年山西省教学成果奖（职业教育）特等奖

山西省职业教育铸魂育人项目2021年度拟认定省级特色文化育人品牌名单
（311个）

序号	特色文化育人品牌名称	学校名称	负责人
1	中国会计文化	山西省财政税务专科学校	赵丽生
12	“魅力财苑” 学生素质拓展活动月	山西经贸职业学院	王欣涛
13	崇晋之德，扬商之信，铸业之才——山西财专市场营销专业群新晋商特色文化育人品牌	山西省财政税务专科学校	全盼
14	“微动师生研发”校企实践创新文化育人品牌	山西工程科技职业大学	闫俊伢

图5　新晋商特色文化育人品牌认定

（二）毕业生整体素质提升，社会评价良好

专业群毕业生在晋商文化育人下，形成特有的工作作风和精神气质，赢得了用人单位和社会的高度赞誉，连续三年用人单位对毕业生的好评度保持在90%以上。2020年专业群获得合作企业永辉超市授予的最佳战略合作伙伴奖。

（三）培育众多自主创业学生，创业成功率较高

专业群已成功培养数十名自主创业学生，他们扎根在现代商贸行业各个领域，带领所建企业逐渐发展壮大为行业内龙头企业，逐渐成为新生代晋商的代表。

图6　毕业生索国伟担任专业行业带头人兼《创业实训》课程教师

4.2　支撑发展

案例7：“农民点菜、学院送餐”，立足系统服务“三农”

【学校】浙江经贸职业技术学院

岑巩县隶属贵州省黔东南苗族侗族自治州，地处偏远。专项服务团队深入当地开展调研，了解到当地资源丰富，“山珍”众多却“藏在深山人未识”，农村青年电商致富愿望强烈，但缺乏致富典型。专业群团队按照“三步走”策略，分级、分类

开展有针对性的培训，持续开展服务和远程指导，争取形成“一带多”的带动模式，确保服务有成效，结对不断线。按照“农民点菜、学院送餐”的社会服务总体思路，通过打造农村电商专项服务团队、“按需定制、量身打造”一揽子服务方案、持续帮扶结对不断线等举措，主动服务农村电商流通服务体系建设和县域农产品上行，助力国家乡村振兴战略和精准扶贫工作。贵州省岑巩县属于国家级贫困县，为打赢“脱贫攻坚”战役，实现习近平总书记提出的“脱贫路上一个人也不能少”的目标，专业群根据岑巩县政府提出的具体需求，开展精准帮扶，实现了农民增收，提升了当地电子商务应用水平，取得了较好的经济效益和社会效益。

开展普及型培训，提供“惠农大餐”。2019 年 10 月至 11 月，电子商务专业群团队初赴岑巩县，开展了为期十二天的电子商务普及型培训，传授基础电商运营、农产品开发等相关知识。培训覆盖全县，培训 928 人/次。通过开展普及型培训，为农民提供科技兴农、知识富民的“惠农大餐”。

开展专题培训，推动精准扶贫。岑巩县电子商务进农村的普适性培训，得到了培训学员的强烈反响，学员对于电子商务技能的渴望进一步深化，对于电子商务的学习热情也被点燃。结合当地独特的山地资源及产品。电子商务专业群团队为农户量身打造了新媒体运营培训方案，于 2019 年 12 月再赴岑巩县，以集中授课和专项诊断方式为学员制定了相应的蜂产品电子商务运营实施路径，助推精准扶贫。

持续开展技术服务，结对不断线。通过电商普及以及专题培训，参与培训的学员们积极开展电商直播、抖音短视频营销等实践，团队与重点学员结对，不间断进行远程指导，帮助从业者开展内容运营、粉丝运营。

岑巩县参与结对部分学员的抖音账号被迅速得到关注，半月之间增粉 500 人，销售额比同期增长 60%，获到了良好的经济效益。当地网店数量以及在新媒体上的应用数量明显得到提升，形成“一店带多户”“一店带一村”的带动模式。当地官方媒体进行了专题报道，社会反响较强烈。极大地推动了当地电子商务的发展，推进岑巩县商务局成立“岑巩县电子商务公共服务中心”，由中心来聚合当地电商资源、物流资源，服务该县电商从业者。电子商务专业群将继续坚持“农民点菜、学院送餐”的社会服务总体思路，按需定制服务方案，立足系统服务“三农”，为高职院校服务国家乡村振兴战略树立典范。

案例 8：服务电商发展，贡献高校智慧

【学校】江西外语外贸职业学院

为切实发挥高校在社会服务中的重要作用，在省商务厅支持下，江西外语外贸职业学院于 2018 年成立江西电子商务发展研究中心（以下简称中心），为政府、行

业、企业、高校提供数据监测、数据研究、政策咨询、学术交流、人才培训等服务。

图 1　江西省委书记、时任省长易炼红莅临中心指导工作

中心建设了“四库一系统”，即江西省电商网络零售数据监测系统，网零数据库、电商企业库、特色赣品库和研究报告库。通过对海量数据进行采集、处理和分析，为相关部门提供各项服务。具体做法与工作成果如下。

1. 建立江西网络零售数据监测制度。中心基于商务部监测统计标准，结合本地探索实践，参与制定并推动省商务厅印发《关于进一步加强网络零售统计监测的通知》，对全省各地进行网络零售数据监测。

2. 建设江西省电商网络零售数据监测系统。系统通过对网络零售数据的时间、地区、行业、平台、企业等多个维度的数据处理，实现数据动态可视化展示、个性化查询、综合数据分析等功能。

图 2　江西省电商网络零售数据监测系统主要板块

3. 为政府决策、电商行业、企业发展提供支持。中心围绕江西网络零售数据，编制江西省网络零售月度、季度、年度分析报告和“618”“双 11”等重要电商节庆的分析专报。围绕数据开展深度研究，形成江西省“十四五”电子商务发展规划多项研究成果，为政府决策、电商行业、企业发展提供支持。

4. 为政府商务工作提供抓手。将监测数据，作为全省对各设区市电子商务高质量发展年度工作考核的权威数据和重要指标。通过网络零售数据的动态排行，激发各地开拓电子商务工作的能动性，对全省电商发展起到重要促进作用。

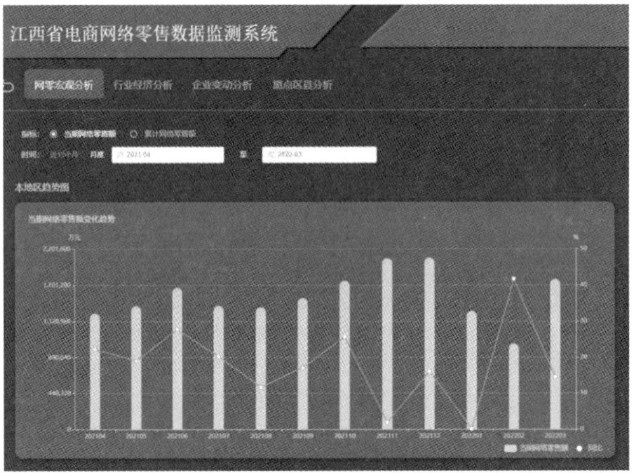

图 3　江西省网络零售数据

5. 促进行业发展和企业品牌意识树立。基于监测数据，为各地各行业制定相关政策提供支持，建立“特色赣品库”，作为开展全省“十大网货品牌”评选的重要依据，提升企业品牌意识。

6. 为政府进行应急管理、企业开展危机应对提供数据依据。中心基于监测到的异动数据，多次对异动情况成功实施预警及处理，极大地提高了数据监测质量，助力政府准确掌握本地电商发展情况，积极引导区域电商良性发展。

未来，中心将进一步优化平台数据，提高监测预警水平；在原有“四库”基础上，增加教研资源库和电商人才库，进一步推进“六库一系统”建设，加强服务水平；进一步加强队伍建设，提升研究水平；进一步加强交流合作，加强服务宽度和广度。

4.3　推动形成一批支撑职业教育高质量发展的政策、制度和标准

案例 9：多维评价体系，科学监测人才培养质量

【学校】山东商业职业技术学院

制定科学的考核评价机制是达成人才培养目标、保证人才培养质量的重要条件

之一。传统的人才培养考核评价方式存在评价主体单一、评价方式简单、理论重于实践等诸多问题。在数字化、智能化时代，市场营销专业群直面传统考核评价方式存在的问题，以培养高素质技术技能人才、大国工匠为目标，通过制定评价标准、创新评价体系、开发智慧系统、建立成长档案等手段，创新构建多元化、过程化、多样化、增值化人才培养考核评价机制，让学生技能成长可视化，激发学生的主动性、积极性和创造性，全面提高学生实践能力和创新能力。

一、组建标准制定小组，制定多元化评价标准

组建行业、企业和学校共同参与的考核标准制定小组，由行业主导，企业和学校共同参与，依据行业企业发展的最新变化对人才培养的要求，充分听取和尊重企业的意见和建议，对学生应掌握的职业能力、通用能力、知识和素质进行细化分解，形成多元评价标准，并体现在教学标准和对应课程的考核标准中。

二、推行过程化考核方式，创新“三多”评价体系

推行过程化考核方式，以学生对企业真实项目的成果完成质量作为核心考核指标，以线上学习进度、课堂活动参与情况与课堂表现等作为辅助考核指标，对教学过程中的全部环节，进行全过程全方位考核评价。做到评价标准多维化、评价主体多元化、评价内容多样化。

（三）职业能力分解及编码

表 1 职业能力分解及编码表

职业能力	职业能力分解描述（编码）				
	专门能力 Professional ability(P)	素质 Quality(Q)	知识 Knowledge(K)	通用能力 Universal ability(U)	前导知识 Leading knowledge(L)
1. 能做好市场调查与数据分析	能开展竞争者调研与分析（11P）		掌握市场调查方法的基本知识（11K）	具备沟通合作能力（11U）	了解沟通合作基本知识（11L）
		具备竞争意识（11Q）	掌握市场调查方案撰写的基本知识（12K）	具备组织协调能力（12U）	
		具备团队意识（12Q）	掌握调查问卷设计的基本知识（13K）		
		具备诚信意识（13Q）	掌握调查数据处理方法的基本知识（14K）	具备数据处理能力（13U）	了解商务数据处理的基本流程（11L）
			掌握调查报告撰写的技巧知识（15K）	具备文字、语言表达能力（14U）	
	能开展行业调研与分析（12P）		掌握市场调查方法的基本知识（11K）	具备沟通合作能力（11U）	了解管理沟通基本知识（11L）
		具备市场开拓意识（14Q）	掌握市场调查方案撰写的基本知识（12K）	具备组织协调能力（12U）	
		具备团队意识（12Q）	掌握调查问卷设计的基本知识（13K）		
		具备诚信意识（13Q）	掌握调查数据处理方法的基本知识（14K）	具备数据处理能力（13U）	了解商务数据处理的基本流程（11L）
			掌握调查报告撰写的技巧知识（15K）	具备文字、语言表达能力（14U）	
	能开展消费者调研与分析（13P）		掌握市场调查方法的基本知识（11K）	具备沟通合作能力（11U）	了解沟通合作基本知识（11L）
		具备客户服务意识（15Q）	掌握市场调查方案撰写的基本知识（12K）	具备组织协调能力（12U）	
		具备团队意识（12Q）	掌握调查问卷设计的基本知识（13K）		
		具备诚信意识（13Q）	掌握调查数据处理方法的基本知识（14K）	具备数据处理能力（13U）	了解商务数据处理的基本流程（11L）
			掌握调查报告撰写的技巧知识（15K）	具备文字、语言表达能力（14U）	
	能开展产品调研与分析（14P）		掌握市场调查方法的基本知识（11K）	具备沟通合作能力（11U）	了解管理沟通基本知识（11L）
		具备创新意识（16Q）	掌握市场调查方案撰写的基本知识（12K）	具备组织协调能力（12U）	
		具备团队意识（12Q）	掌握调查问卷设计的基本知识（13K）		
		具备诚信意识（13Q）	掌握调查数据处理方法的基本知识（14K）	具备数据处理能力（13U）	了解商务数据处理的基本流程（11L）
			掌握调查报告撰写的技巧知识（15K）	具备文字、语言表达能力（14U）	
2. 能做好产品规划与服务设计	能进行产品系列规划（21P）	具备创新意识（16Q）	掌握产品开发的基本流程知识（21K）		
		具备市场开拓意识（14Q）	掌握产品线规划、产品结构分析内容知识（22K）	具备市场分析能力（21U）	了解营销环境分析相关知识（21L）
	能根据消费者需求提出产品功能设计思路（22P）	具备创新意识（16Q）	掌握产品功能构成的基本知识（23K）	具备客群分析能力（22U）	了解消费者心理行为分析相关知识（22L）
	能提出产品外观设计思路（23P）	具备创新意识（16Q）	掌握产品外观设计的原因及技巧知识（24K）	具备客群分析能力（22U）	了解消费者心理行为分析相关知识（22L）
	能合理建议产品价格设计（24P）	具备成本意识（21Q）	掌握产品定价策略知识（25K）	具备市场分析能力（21U）	了解影响定价的相关因素（23L）
	能进行服务设计（25P）	具备创新意识（16Q）			

		具备客户服务意识（15Q）	掌握产品服务一体化设计的策略知识（26K）	具备客群分析能力（22U）	了解服务营销的基本理论（24L）
3. 能做好品牌策划与推广	能开展品牌调研与分析（31P）	具备诚信意识（11Q）	掌握品牌调研的基本知识（31K）	具备数据处理能力（13U）	了解商务数据处理的基本流程（11L）
	能进行品牌定位及核心价值挖掘（32P）	具备创新意识（16Q）	掌握品牌定位的基本知识（32K）	具备市场分析能力（21U）	了解市场细分及市场定位相关理论知识（32L）
		具备客户服务意识（15Q）	掌握品牌核心价值的内涵知识（33K）	具备客群分析能力（22U）	
	能进行品牌形象设计（33P）	具备创新意识（16Q）	掌握品牌的基本要素知识（34K）		
		具备成本意识（21Q）	掌握品牌形象设计的方法与技巧知识（35K）	具备一定的审美能力（23U）	了解消费者心理行为分析相关知识（22L）
	能开展品牌整合营销传播与推广（34P）	具备成本意识（21Q）	掌握传播推广媒介选择的相关知识（36K）	具备分析问题和解决问题的能力（24U）	了解营销推广的相关知识（33L）
			掌握传播推广的方法知识（37K）		
4. 能做好全域营销活动策划	能策划社群线上线下活动（41P）	具备法律意识（41Q）	掌握活动策划的基本原理及技巧知识（41K）	具备沟通合作能力（11U）	了解市场营销基础知识（41L）
			掌握数字营销策划基本知识（42K）	具备组织策划能力（12U）	了解数字营销基础知识（42L）
	能开展促销活动策划（42P）	具备法律意识（41Q）	掌握活动策划的基本原理及技巧知识（41K）	具备沟通合作能力（11U）	了解市场营销基础知识（41L）
		具备诚信意识（13Q）		具备组织策划能力（12U）	
	能开展商务活动策划（43P）	具备法律意识（41Q）	掌握活动策划的基本原理及技巧知识（41K）	具备沟通合作能力（11U）	了解市场营销基础知识（41L）
		具备诚信意识（13Q）		具备组织策划能力（12U）	
	能开展数字营销策划（44P）	具备社会责任感和社会责任			
		具备客户服务意识（15Q）		（25U）	
		具备诚信意识（13Q）	掌握危机事件处理的原则及技巧知识（64K）	具备抗压能力及心理调适能力（62U）	熟悉公共关系的相关知识（63L）
	能设计与开发智能客服应用场景（64P）	具备客户服务意识（15Q）	掌握智能客服产品市场需求的基本知识（65K）	具备客群分析能力（22U）	了解消费者心理行为分析相关知识（22L）
		具备创新意识（16Q）	掌握智能客服应用场景开发与设计的技巧知识（66K）	具备文字、语言表达能力（14U	熟悉虚拟现实基础与商业应用相关知识（64L）

表 2 专门能力汇总及权重分配

序号	专门能力	编码	权重
1	能开展竞争者调研与分析	11P	0.6
2	能开展行业调研与分析	12P	0.6
3	能开展消费者调研与分析	13P	0.6
4	能开展产品调研与分析	14P	0.6
5	能进行产品系列规划	21P	2
6	能根据消费者需求提出产品功能设计思路	22P	2
7	能提出产品外观设计思路	23P	1
8	能合理建议产品价格设计	24P	1
9	能进行产品服务一体化设计	25P	2
10	能开展品牌调研与分析	31P	1
11	能进行品牌定位及核心价值挖掘	32P	1
12	能进行品牌形象设计	33P	1
13	能开展品牌整合营销传播与推广	34P	2
14	能策划社群线上线下活动	41P	1.5
15	能开展促销活动策划	42P	1.5
16	能开展商务活动策划	43P	1.5
17	能开展数字营销策划	44P	2
18	能独立拜访客户	51P	1
19	能设计与演示产品方案	52P	0.5
20	能进行项目洽谈	53P	1
21	能实施项目招投标	54P	1
22	能构建售前售中售后服务管理体系	61P	1
23	能组建客服团队	62P	0.6
24	能处理客户投诉及危机事件	63P	1
25	能设计与开发智能客服应用场景	64P	2
合计		25	30

表 3 素质汇总及权重分配

序号	素质	编码	权重
1	具备竞争意识	11Q	0.1
2	具备团队意识	12Q	0.7
3	具备诚信意识	13Q	0.6
4	具备市场开拓意识	14Q	0.8
5	具备客户服务意识	15Q	0.4
6	具备创新意识	16Q	0.6
7	具备成本意识	21Q	0.4
8	具备法律意识	41Q	0.8
9	具备社会责任感和社会责任意识	42Q	1
10	具备信息素养	43Q	0.6
合计		10	6

表 4 知识汇总及权重分配

序号	知识	编码	权重
1	掌握市场调查方法的基本知识	11K	0.3
2	掌握市场调查方案撰写的基本知识	12K	0.3
3	掌握调查问卷设计的基本知识	13K	0.3
4	掌握调查数据处理方法的基本知识	14K	0.5
5	掌握调查报告撰写的技巧知识	15K	0.3
6	掌握产品开发的基本流程知识	21K	0.3
7	掌握产品线规划、产品结构分析内容知识	22K	1
8	掌握产品功能构成的基本知识	23K	0.5
9	掌握产品外观设计的原因及技巧知识	24K	0.5
10	掌握产品定价策略知识	25K	0.5
11	掌握产品服务一体化设计的策略知识	26K	1
12	掌握品牌调研的基本知识	31K	0.5
13	掌握品牌定位的基本知识	32K	0.5
14	掌握品牌核心价值的内涵知识	33K	0.5
15	掌握品牌的基本要素知识	34K	0.5
16	掌握品牌形象设计的方法与技巧知识	35K	0.5
17	掌握传播推广媒介选择的相关知识	36K	0.5
18	掌握传播推广的方法知识	37K	0.5
19	掌握活动策划的基本原理及技巧知识	41K	0.5
20	掌握数字营销策划基本知识	42K	1
21	掌握客户拜访的相关知识	51K	0.5
22	熟悉多媒体使用的基本知识	52K	0.5
23	掌握商务沟通与谈判的策略知识	53K	0.5
24	掌握招投标的基本知识	54K	0.5
25	掌握客户服务管理体系搭建的基本知识	61K	1
26	掌握客服团队建设的基本知识	62K	0.5
27	掌握顾客投诉处理的基本知识	63K	0.5
28	掌握危机事件处理的原则及技巧知识	64K	0.5
29	掌握智能客服产品市场需求的基本知识	65K	1
30	掌握智能客服应用场景开发与设计的技巧知识	66K	1
合计		30	17

表 5 通用能力汇总及权重分配

序号	通用能力	编码	权重
1	具备沟通合作能力	11U	0.5
2	具备组织协调能力	12U	0.5
3	具备数据处理能力	13U	1
4	具备文字、语言表达能力	14U	0.5
5	具备市场分析能力	21U	0.5

6	具备客群分析能力	22U	0.5
7	具备一定的审美能力	23U	0.5
8	具备分析问题和解决问题的能力	24U	1
9	具备终身学习能力能力	51U	0.5
10	具备办公自动化应用能力	52U	0.5
11	具备职业生涯规划能力	61U	0.5
12	具备抗压能力及心理调适能力	62U	0.5
合计		12	7

图 1　市场营销专业学生多元评价标准分解表（部分）

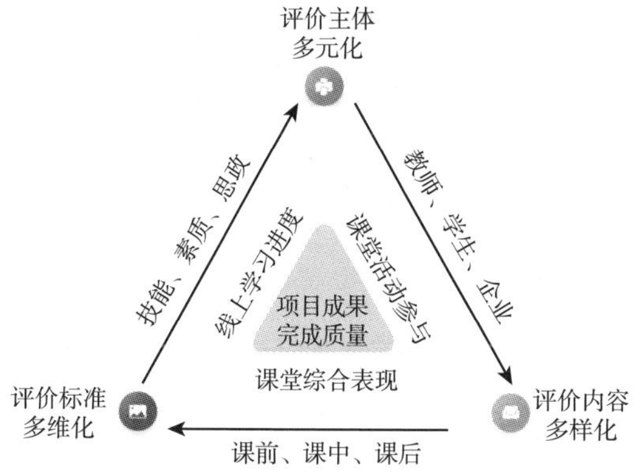

图 2　专业群“三多”评价体系

三、关注学生全面发展，实施学生全面发展质量诊断

实施学生全面发展质量诊断，将散落在诸如职教云、优慕课、智慧教室、腾讯课堂、腾讯会议等各个学习平台上学生学习状态数据、教师线下成绩评价以及学生在第二课堂、社会实践表现数据进行汇总整理，按思想道德、身心健康、学业发展、职业素质、创新创业 5 个层面 19 个要素进行可视化呈现，形成性学生成长轨迹，促进学生全面发展。

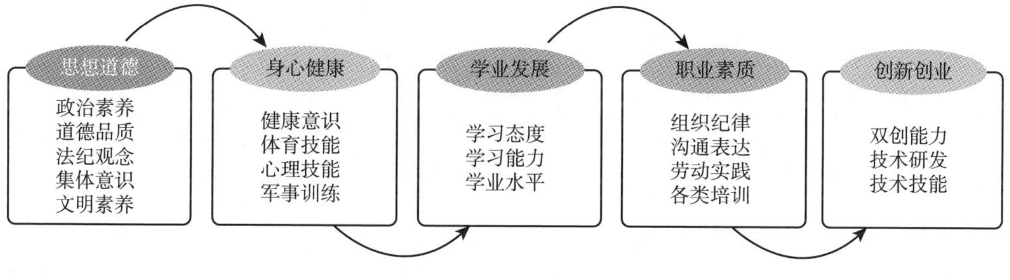

图 3　学生全面发展质量诊断指标

“双高计划”建设项目贡献度研究
（2019～2021年度）

分报告

旅游专业大类分报告

中国教育会计学会
中国教育会计学会高等职业院校分会

1. 专业大类概况

旅游专业大类立项建设专业群共计5个，涉及5所高等职业院校，其中“高水平学校”建设单位1所，“高水平专业群”建设单位4所。表1为立项建设单位及主要专业情况。从专业群类别看，涉及旅游管理、导游、餐饮管理、酒店管理与数字化运营4个不同类别专业群；从档次等级看，高水平学校C档1个，高水平专业群B档2个，高水平专业群C档2个；从省域位置看，主要集中在东、中、西部和华南地区国内热门旅游城市，北方地区旅游专业大类办学力量还比较薄弱。

表1　旅游专业大类立项建设单位及专业具体情况

学校名称	档次	专业群名称	专业群包含专业	涉及院系数量
海南经贸职业技术学院	高水平学校建设单位（C档）	旅游管理	旅游管理、酒店管理、烹调工艺与营养、市场营销	2
浙江旅游职业学院	高水平专业群建设单位（B档）	导游	导游、景区开发与管理、电子商务、研学旅行管理与服务	1
陕西职业技术学院	高水平专业群建设单位（B档）	旅游管理	旅游管理、酒店管理、空中乘务	1
长沙商贸旅游职业技术学院	高水平专业群建设单位（C档）	餐饮管理	餐饮管理、旅游管理、会展策划与管理、烹调工艺与营养、酒店管理	3
青岛酒店管理职业技术学院	高水平专业群建设单位（C档）	酒店管理与数字化运营	酒店管理与数字化运营、烹调工艺与营养、旅游管理、会展策划与管理	3

2. 资金投入情况

从五年总量看，教育与体育大类专业群项目预算总额为56400万元，2019～2021年项目支出总额为30579.57万元，五年总体执行率为54.22%，除海南经贸职业技术学院旅游管理专业群执行率为34.54%，其他专业群资金执行率均在50%～70%之间。2个旅游管理专业群资金执行率存在明显差距（见表2）。

表 2　　旅游专业大类类各专业群资金执行情况

学校名称	档次	专业群名称	总预算（万元）	2019～2021 年支出（万元）	执行率
海南经贸职业技术学院	高水平学校建设单位（C 档）	旅游管理	8000	2763.18	34.54%
浙江旅游职业学院	高水平专业群建设单位（B 档）	导游	6000	3350.38	55.84%
陕西职业技术学院	高水平专业群建设单位（B 档）	旅游管理	9000	5280.49	58.67%
长沙商贸旅游职业技术学院	高水平专业群建设单位（C 档）	餐饮管理	16800	9182.43	54.66%
青岛酒店管理职业技术学院	高水平专业群建设单位（C 档）	酒店管理与数字化运营	16600	10003.09	60.26%
总计			56400	30579.57	54.22%

从九大建设任务三年资金支出情况看，5 个专业群重点聚焦实践教学基地建设任务，支出占比为 37.05%，位居大类第一。对比其他大类，电子信息、能源动力与材料、交通运输等大类专业群实践教学基地支出资金占比均在 50%～60%，旅游大类专业群在实践教学基地资金投入占比明显偏低，课程教学资源建设、教师教学创新团队建设等建设任务资金投入占比明显提高（见表 3）。

表 3　　旅游专业大类各建设任务支出占比情况

建设任务	2019～2021 年支出（万元）	占比
人才培养模式创新	2275.45	7.44%
课程教学资源建设	4073.04	13.32%
教材与教法改革	2082.79	6.81%
教师教学创新团队	3040.44	9.94%
实践教学基地	11328.67	37.05%
技术技能平台	4107.40	13.43%
社会服务	1700.07	5.56%
国际交流与合作	1364.25	4.46%
可持续发展保障机制	607.45	1.99%
总计	30579.57	100%

各建设任务资金支出占比情况见图 1。

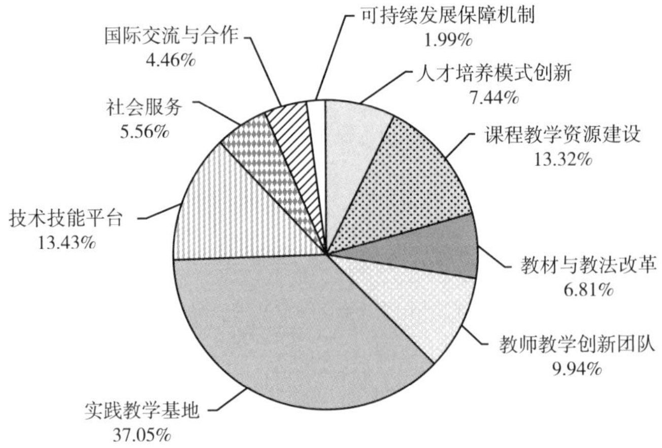

图 1　旅游专业大类各建设任务支出占比情况

3. 贡献度分析

旅游大类专业群建设单位全面贯彻党的教育方针，坚持立德树人，健全全面发展的教育思想和人才培养体系，深化产教融合，打造了旅游专业大类人才培养高地和技术服务高地，引领职业教育改革发展和人才培养，支撑国家战略和区域经济社会发展，形成一批有效支撑职业教育高质量发展的政策、制度和标准。

3.1　引领改革

“双高计划”引领职业教育改革发展和人才培养的贡献度，主要体现在价值引领、模式引领、制度引领和标准引领四个维度上。

3.1.1　价值引领

旅游大类专业群以党建引领强专业，以专业群建设促党建，立德树人成效逐渐凸显，全面发展的教育思想不断实现，全面发展的人才培养体系逐步完善，人才培养向着高素质、创新型、复合型转移，树立了行业特色办学的典范和样板。

陕西职业技术学院对思想政治教育与专业群建设规划耦合，制定专业群课程思政标准，开展“课程思政大练兵”、课程思政课题研究、听评课，提升课程思政育人效能，实现了“课程思政”内容全覆盖。海南经贸职业技术学院入选全国党建工作样板支部（培育）1 项，获评教育部课程思政示范课 1 门，入选国家级课程思政案例 1 个，实现“三化一型”（即国际化、标准化、多样化和复合型）旅游人才培养。长沙商贸旅游职业技术学院连续两年编写出版的湘菜产业、会展产业年度报告、86 项纵向科研课题，充分发挥了专业智库作用，深受有关领导和行业企业专家欢迎。

3.1.2 模式引领

（1）推进人才培养模式不断创新。

旅游大类的 5 个专业群形成了各具特色的人才培养模式，如表 4 所示。

表 4 模式引领具体举措和成效

学校	内容
陕西职业技术学院	产教深度融合形成了“五方联动协同育人、对接产需模式贯推”的现代智慧文旅人才培养模式
海南经贸职业技术学院	建“通识学习 + 专业学习 + 行业学习”的复合型人才培养模式，实现了国际化、标准化、多样化和复合型的“三化一型”人才培养目标
长沙商贸旅游职业技术学院	创新“双元共育，五位一体”育人模式，实现校企师生四方共赢
青岛酒店管理职业技术学院	完善“一主线、三进入、四融合”专业群人才培养模式，建成“底部共享、中层渗透、上层互选”专业群课程体系
浙江旅游职业学院	构建“技能迭代、跨界融通”导游人才培养新模式，积极探索“产教融合、校企合作”育人方式

（2）推动“三教”改革持续发力。

陕西职业技术学院聚焦智慧文旅职业教育，精准实现对“岗课赛创证”融通教育，校企合作重组教学内容，开发新型“活页式、工作手册”校本教材 50 本，形成了具有专业群特色的“三堂交互”（校内课堂、线上课堂、企业课堂）教学模式。海南经贸职业技术学院适应“互联网 + 旅游职业教育”的发展需求，推动实现“五化”教改（全面推动教学方式信息化、教学内容模块化、专兼职教师教学分工常态化、课程学习任务化、学习评价过程化）建设目标。开发数字化教材 21 本，立项 10 项省厅级以上教改课题，3 本教材参评“十四五”职业教育国家规划教材，入选国家级课程思政案例 1 项。浙江旅游职业学院组建以提升双师双能素质为目标的“双跨界”专家型、创新创业型、社会服务型三类教学团队，2 个团队分别入选国家级职业教育教师教学创新团队和教育部课程思政示范课程教学团队，在全国职业院校技能大赛教学能力比赛中获一等、二等奖 2 项。长沙商贸旅游职业技术学院探索出多种教学方法或模式：“三阶递进、四维探索、五环相融、六心服务、七度考评”的闭环式教学方法；“双主六步，点线面思政引领”的教学方法；“一融三化，训战赛创”课程思政教学模式，以及实训课教学中以学习者为中心的“赏教论精评拓”六步教学法。青岛酒店管理职业技术学院以学生自主行动为课堂形态，以能力发展为教学评价依据，推动基于工作过程的教学方法改革，形成“课堂革命”典型案例6个。普遍开展项目教学、情境教学、模块化教学，完善教学方法矩阵方案1个，修订山东省高职专业教学指导方案4个。创建数字文旅协同创新中心等“未来课堂”教学示范中心2个。

（3）推动“1+X”证书制度高效实施。

青岛酒店管理职业技术学院“1+X”证书制度试点落地见效。以书证融通为着力点，参与国家职业技能等级标准开发，建成省级证书师资培训基地1个，证书考核站点9个，培养证书培训师、考评员47人，出版证书配套教材4本，荣获优秀试点项目2个，建成线上培训资源200个。参与试点学生1284人，通过考核学生1194人，通过率92.99%。长沙商贸旅游职业技术学院开发了餐饮管理运行、会展管理等职业技能等级证书标准及考核标准，5个专业进行了X证书试点，将证书内容融入各专业人才培养方案与技能抽考。

3.1.3 制度引领

陕西职业技术学院探索了以群建院建设模式，提升专业群内部治理能力，成效显著。其他专业群围绕专业建设、教师队伍、课程资源等方面出台了一系列制度措施，具体情况如表5所示。

表5 制度引领具体举措和成效

学校	相关制度具体内容
陕西职业技术学院	按“以群建院”推进专业群体制机制创新，提升专业群的内部治理能力
海南经贸职业技术学院	出台《专业群技术技能平台管理办法》《专业群共享师资管理实施办法》等7项专业群运行制度，出台《旅游管理专业群教学诊断与改进制度》
长沙商贸旅游职业技术学院	制定《餐饮管理专业群建设管理办法》《餐饮管理专业群建设项目与考核评价办法》，实施任务目标管理
青岛酒店管理职业技术学院	将专业群诊改工作融入国家级、省级教育教学项目，实现专业群诊改常态化。修订《教学质量标准及评价方案》等规章制度7项

3.1.4 标准引领

浙江旅游职业学院参与研制了教育部“定制旅游行业人才供需匹配分析谱系图”、文化和旅游部《旅游类专业学生旅行社实习规范》。其他专业群围绕专业教学标准、课程标准等贡献了智慧和力量，形成了一批助推职业教育高质量发展标准体系，具体情况如表6所示。

表 6　　参与标准制定情况

学校	内容
陕西职业技术学院	参与全国高职院校旅游类专业旅行社经营管理、景区开发与管理、旅游管理、酒店管理等教学标准的修订，以及《会展项目管理职业技能等级标准》全国性会展业团体标准的制定工作
浙江旅游职业学院	作为组长单位牵头修（制）订教育部职业教育旅游大类中高本一体化新版专业目录，牵头研制“智慧景区开发与管理”“智慧旅游技术应用”等2个专业国家教学标准，参与研制“旅游管理（高职本科）”“研学旅行管理与服务”“导游服务（中职）”等5个专业国家教学标准； 研制教育部“定制旅游行业人才供需匹配分析谱系图”、文化和旅游部《旅游类专业学生旅行社实习规范》；主持制定中国旅游协会旅游教育分会“旅行策划”X证书制度标准
长沙商贸旅游职业技术学院	开发《会展项目管理职业技能等级标准》等教学标准5个；主持和参与教育部“1+X”会展管理职业技能等级标准、营养配餐专业教学标准研制
青岛酒店管理职业技术学院	参与制订酒店管理与数字化运营等国家教学标准和专业简介9项，牵头制订民宿管理与运营、研学旅行管理与服务两个专业国家教学标准
海南经贸职业技术学院	为“一带一路”倡议多场国际高端会议提供旅游志愿服务，牵头制订旅游志愿服务、旅游援外培训服务两项标准，在国内同类专业群内率先制定《旅游援外培训服务标准》，为高职院校开展援外培训提供良好的借鉴和示范

3.2　支撑发展

“双高计划”支撑国家战略和区域经济社会发展的贡献度，主要体现在完善社会培训体系、推动技术创新应用、服务国家重大战略等方面。

3.2.1　推进技术创新和社会培训，服务产业转型升级

（1）技术创新。

长沙商贸旅游职业技术学院充分发挥文化传承和智库咨询作用，累计出版餐旅会著作22部，编撰出版《中国湘菜大典》《湖湘饮食文化》《中国湘菜史》各1部和视频教学节目《我跟大师学湘菜》等共80部，传承湖湘饮食文化，填补湖湘文化领域空白，打造餐饮管理专业群特色，形成“三湘”职教品牌。校企协同积极研发135个湘菜标准，开发湘菜新品和主题宴席产品655个，有效地促进了产业发展。

（2）社会培训。

海南经贸职业技术学院开展旅游公益培训活动49场次，为12个国家和地区3192人/次提供旅游援外培训。浙江旅游职业学院派出52个师生团队服务浙江乡村

旅游“百千万”工程，培训乡村旅游从业人员约1.2万人/次。青岛酒店管理职业技术学院建成省级职业教育“双师型”教师培训基地，举办全国旅游院校师资培训班4个，完成国培1项、省培2项，累计为企业、学校、部队等开展从业人员培训鉴定31万余人/次。成立50支乡村振兴师生志愿者服务团队，开设乡村振兴惠民班2个，面向农业农村培训2200余人/次。长沙商贸旅游职业技术学院与湖南徐记酒店管理有限公司等共同举办“员工技能提升训练班”，累计培训职业人员4138人/日。

3.2.2 服务国家重大战略，助力区域经济发展

在服务国家重大战略上，部分专业群结合学校办学特色和区域行业特色，形成了一批优秀的经验做法和突出成果。

（1）服务产教融合战略。

陕西职业技术学院校企共建白鹿仓文旅产业学院、师生共营“秦风雅苑”星级文旅主题餐厅，构建“师生共营+实践教学+实训生产+文化熏陶”专业群服务经营教学模式，“基础技能+仿真实训+岗位实训+就业实习”的产业学院一体化推进路径，形成了可复制、可借鉴、可推广的“陕职模式”，总结凝练创新实践成果获省级教学成果一等奖。

（2）服务乡村振兴战略。

浙江旅游职业学院助力国家乡村振兴战略和浙江省共同富裕示范区建设，成立52个师生团队服务浙江省乡村旅游“百千万”工程，培训乡村旅游从业人员1.2万人/次，培训旅游行业员工14万人/天。青岛酒店管理职业技术学院开展“乡村旅游百村计划”“送教下乡计划”，面向乡镇、现代乡村旅游基地设立教学点，培养新型职业农民实用人才。承担《崂山区乡村旅游三年发展行动计划》编制，起草旅游景区、民宿、采摘园、农家乐四大板块的品质提升计划。成立50支乡村振兴师生志愿者服务团队，开设乡村振兴惠民班2个，面向农业农村培训2200余人/次。

（3）服务“一带一路”倡议。

浙江旅游职业学院依托中俄、中塞境外办学机构，累计培养俄、塞籍中文导游人才146人，主导制定《旅游汉语课程设置规范》并获合作院校俄罗斯国立旅游与服务大学的认可。陕西职业技术学院与西安社科院共建“一带一路”5个培训指导项目，建设推广2门双语线上课程。海南经贸职业技术学院牵头制订旅游志愿服务、旅游援外培训服务两项标准，依托商务部培训基地，为“一带一路”沿线12个国家和地区举办28场援外培训，制订《旅游援外培训服务标准》，为高职院校开展援

外培训提供良好的借鉴和示范。青岛酒店管理职业技术学院建成中餐主题宴会设计课程资源包，输出《鲁菜制作》等课程 8 门，招收“中国烹饪项目”学期制国际留学研修生 43 人，培训境外学生 112 人。

3.3 推动形成一批支撑职业教育高质量发展的政策、制度和标准

3.3.1 形成一批高质量的制度和标准

主持和参与了智慧景区开发与管理、智慧旅游技术应用、旅行社经营管理、景区开发与管理、旅游管理、酒店管理、酒店管理与数字化运营等 11 个职业教育国家专业教学标准的制定工作，主持和参与了旅游管理等 4 个应用型本科专业教学标准制定工作，主持和参与了旅行策划、会展管理等 10 余项“1 + X”证书制度标准制定工作。同时，旅游专业大类为行业标准也贡献了智慧和力量，尤其是浙江旅游职业学院研制教育部“定制旅游行业人才供需匹配分析谱系图”、文化和旅游部《旅游类专业学生旅行社实习规范》、中国旅行社协会《研学旅行指导师（中小学）专业标准》、中国标准化协会《无障碍旅游服务机构评价规范》、浙江省《品质旅行社评价规范》《旅游职业教育人文素养课程体系设置指南》等，以标准化助推旅游职业教育高质量发展。海南经贸职业技术学院为“一带一路”倡议多场国际高端会议提供旅游志愿服务，牵头制订旅游志愿服务、旅游援外培训服务两项标准，在国内同类专业群内率先制定《旅游援外培训服务标准》，为高职院校开展援外培训提供良好的借鉴和示范。

3.3.2 形成一批富有成效的创新实践成果

五个专业群打造了国家规划教材 3 部，国家精品在线开放课程 6 门，国家级教师团队 4 个，国家级实训基地 3 个，获省级以上教学成果奖 7 项。

4. 典型案例

4.1 引领改革

案例 1：产需导向多元共育　标准先行模式贯推

【学校】陕西职业技术学院

一、背景

跟随智慧文旅行业产业结构调整，产教深度融合形成了“五方联动协同育人、

对接产需模式贯推”的现代智慧文旅人才培养模式。

二、措施

（一）五方联动，构建协同育人机制

在深化产教融合基础上，构建政府、行业、企业、学校、家庭，五方联动、协同育人的专业群育人机制。联合“白鹿仓管委会”，依托“‘一带一路’职教联盟”“陕西省城镇建设职教集团”，校企合作共建混合所有制特色学院，打造校企命运共同体。

（二）标准领航，开发产业相关标准

自2019年起，深入38家企业、访谈675名企业管理人员和毕业生，明晰了行业需求状况和30余个就业岗位；联合省旅游协会、全国航空行指委及相关企业，制定了4类核心岗位能力标准。

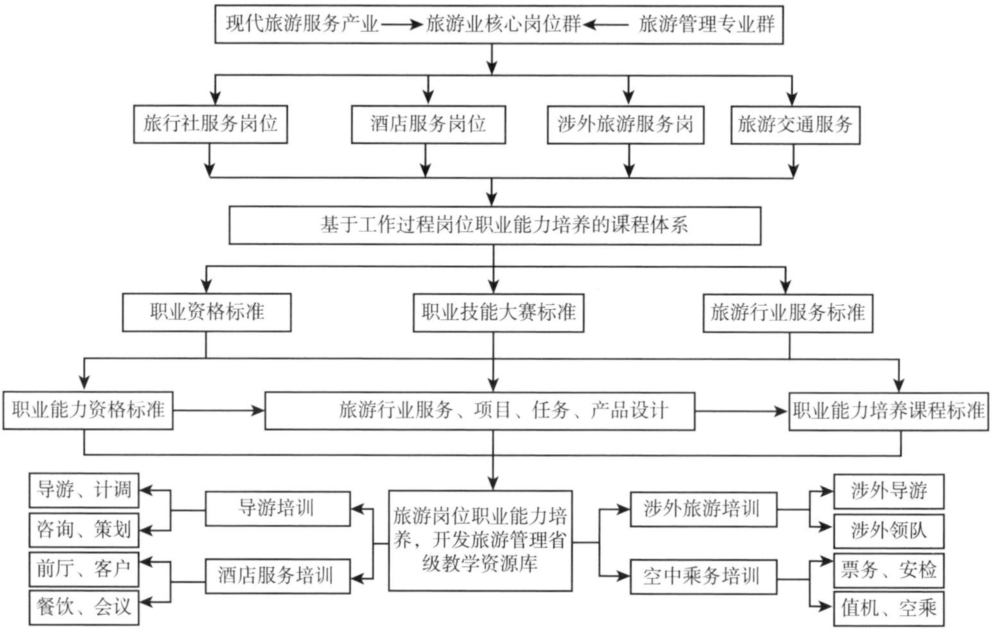

图1　旅游管理专业群核心岗位能力标准框架

（三）工学耦合，构建模式贯通培养路径

工学耦合，创建模式贯通人才培养路径。旅游管理专业群人才培养模式为“政、行、企、校、家”五方共育；按学“生、学员、员工”三段精进；实现“通用、专业核心、岗位、迁移”四阶能力递进；学校课程与企业实战交替同步。

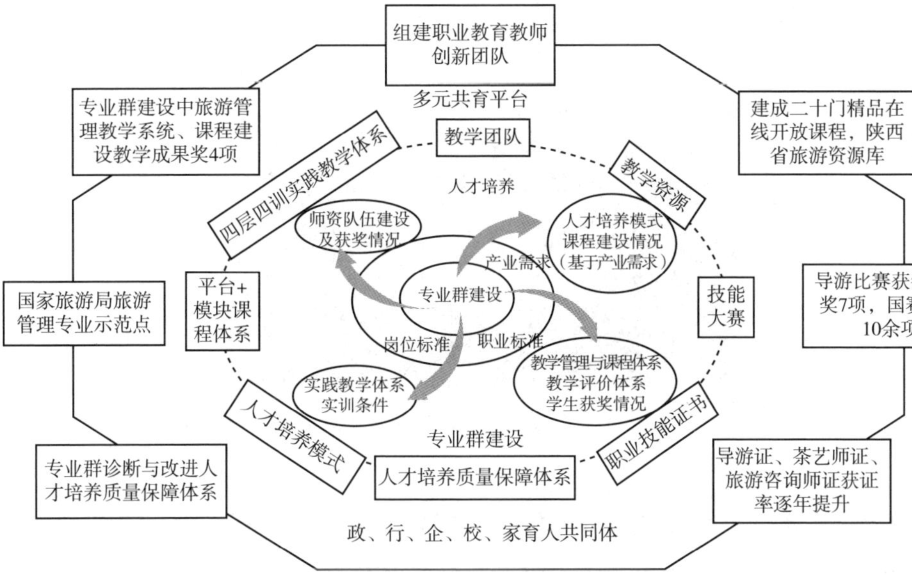

图 2　特色化专业群建设路径及内涵框架

三、成效

（一）职标赛标，示范引领旅游发展

联合省旅游协会完成专业群岗位及能力标准的研究，开发了旅游电子商务、导游服务、旅游大数据等 3 个赛项标准。《景区服务与管理》教学实训软件，被 50 家院校、192 家景区采购应用。

（二）内涵建设，专业综合实力提升

两个专业为陕西省“一流专业”，1 个专业为教育部第三批现代学徒制试点专业。专业群承办了陕西省餐厅服务、红色旅游讲解等大赛 7 项。

（三）德技并修，学生能力显著提高

学生技能大赛获国家级奖项十余项。近年来，学生技能证书、1 + X 职业技能等级证书等获取比例超 60%，毕业生在岗位和就业待遇上有明显优势，用人单位满意度超过 95%。

（四）校企共建，教学资源推广优化

校企合作建立导游等六个岗位职业能力的在线考核评价系统，建成陕西省旅游管理省级教学资源库 1 个，参建国家级资源库 3 个。建成《旅游礼仪》等 20 门省级标准精品在线开放课程。

（五）辐射带动，引领相关专业发展

教学项目获陕西省政府教学成果奖两项，成果先后被 30 所院校借鉴采用。带动了校内电子商务专业群、物联网技术专业群的建设。先后被《光明日报》《中国教

育报》等多家媒体专题报道，团队成员应邀赴各级教育部门、学校等做了100余场专题讲座，受到一致好评。

图3　王平副院长在国家教育行政学院做专业群教学成果讲座

案例2：创新“双元共育，五位一体”育人模式，实现“校企师生”四方共赢

【学校】长沙商贸旅游职业技术学院

2014年8月和2019年5月，教育部先后印发《关于开展现代学徒制试点工作的意见》《关于全面推进现代学徒制工作的通知》，长沙商贸旅游职业技术学院积极响应，2018年8月学校成功立项为第三批国家现代学徒制试点单位。

一、依托平台优势，积极引企入校

依托国家示范职教集团培育单位湖南商贸旅游职教集团的平台优势，依托餐旅会产教协同联盟合作企业，2018年4月签署校企合作协议、2018年8月长沙松子餐饮管理有限公司投资270万捐建完工“四位一体智慧厨艺教室”，2018年9月迎来第一批松子现代学徒制班学生，2021年6月送走第一批毕业生，2019年先后与联盟企业湖南徐记海鲜酒店管理有限公司、湖南冰火楼酒店管理有限公司签订协议，开办“徐记海鲜总厨班”“冰火楼店长班”，实现了“招生即招工，入校即入企”的一体化招生。

二、优化育人模式，校企共育同责

专业教学团队与企业遵循“以岗定学、以岗定教、以岗定标、以岗定考”的原则，持续优化校企双主体育人，学生与员工一体、学习与工作一体、教师与师傅一体、教室与门店一体、课程评价与岗位考核一体的“双元育人，五位一体”育人模式，校企导师互派，企业导师入驻学校，学校教师入企挂职锻炼，学徒制班设置企业奖学金，评选优秀实习生、优秀学员，每年召开学生实习总结表彰大会，举行拜师仪式，将现代学徒制向纵深发展。

三、加强协同创新，实现四方共赢

在“双元共育，五位一体”的人才培养模式突出德技并修、育训结合、工学交替、在岗培养特点。学生与教师教学相长，办学成果斐然，达成四个“促进”：促进了“双导师”师资团队的发展，促进了“双身份”学生的成长，促进了学校体制机制的建设，促进了企业标准化管理体系，初步实现校企师生共赢。

三年来，餐饮管理专业群群内专业累计开办现代学徒制班 5 个，校企共同制定现代学徒制专业标准 5 个，开发了技能考核标准及题库，共建现代学徒制课程 15 门。校企共同开发了一批新型“活页式”“工作手册式”教材，并配套信息化资源，形成了线上“培训包”式教学资源。培养人数达到 196 人，2021 届订单班毕业生实现了 100% 对口就业，毕业生 60% 已成门店骨干，15% 已成企业管理储备干部，真正做到了校企联合培养的“零距离”就业。订单班学生在国家级技能竞赛中累计获 1 金 1 银 1 铜，在省级学生技能竞赛中累计获 20 金 8 银 4 铜，在其他国际、国内赛项中累计获特等奖 6 项、12 金 2 银 6 铜。

图 1　松子现代学徒制班拜师仪式

图 2　餐饮 1931 班工学结合结业典礼

案例 3：酒店管理专业群“双元四共六融”产业学院运营模式探索

【学校】 青岛酒店管理职业技术学院

酒店管理专业群依托山东文旅产业学院，探索“双元四共六融”运营模式，实现体制机制、人才培养、教学资源、服务产业多领域突破。

一、做法与机制

（一）强化校企“双元”共治

山东文旅产业学院由山东文化旅游集团公司和学校共同出资，实施理事会领导下的院长负责制。集团旗下的鲁商凯悦酒店和银座旅行社全程参与产业学院项目决策和落实。

（二）明晰各方“四共”权责

形成“人才共育、过程共管、成果共享、责任共担”紧密型校企合作长效机制。在此基础上校方建立二级管理和绩效二次分配机制。下放办学自主权，释放办学活力。

（三）实现全程“六融”赋能

坚持将专业群建在集团产业链上，依托“六融”实现赋能，即：人才互融，吃、住、行、游、娱、购领域全布局人才需求与专业群酒店住宿业全产业链人才培养相互融合赋能；资源互融，企业真实项目探索与专业群课程建设社会服务相互融合赋能；科创互融，企业依托的文旅产业发展与专业群的大住宿业产业研究与人才培育协同创新中心、数字文旅协同创新中心、餐饮创意研究中心发展相互融合赋能；文化互融，企业的“厚道鲁商”人才观与专业群“勤真灵雅”的校训相互融合赋能；战略互融，企业的“平台文旅、智慧文旅、精品文旅、生态文旅”发展战略与专业群支撑山东酒店业现代化、智慧化、数字化高素质技术技能人才培养战略相互融合赋能；愿景互融，“世界眼光、国际标准、国内一流、山东特色的文化旅游集团”的企业愿景与“国内领先、国际一流的具有示范引领作用的高水平品牌专业群”的专业群愿景相互融合赋能。

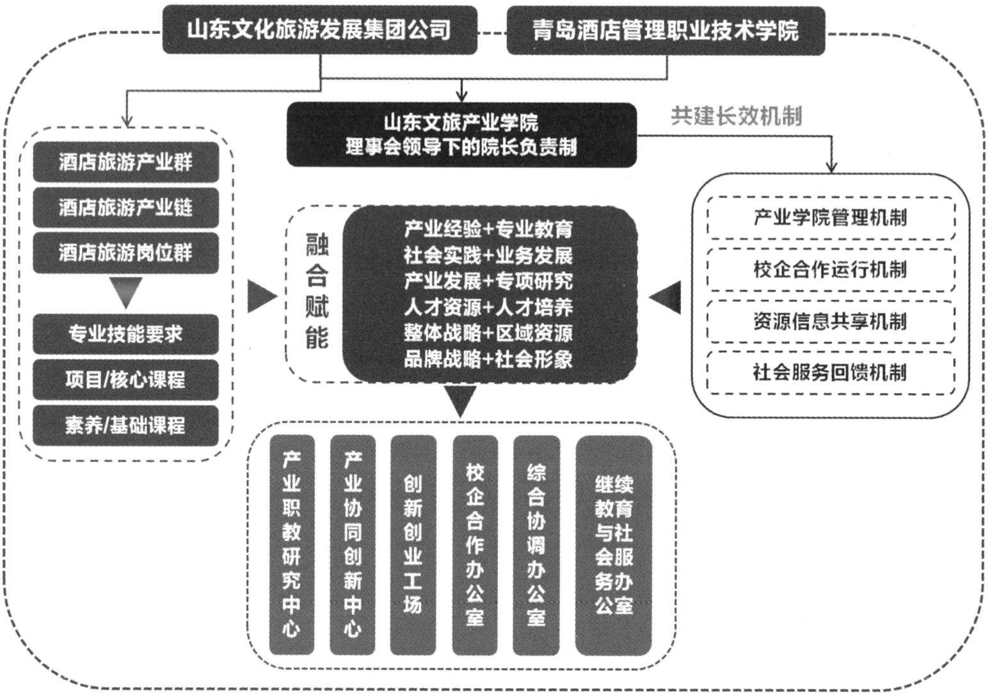

图1　山东文旅产业学院运营模式

二、成效与反响

山东文旅产业学院建成以来，引入旅游大数据建设、青岛文旅资源库建设、小微门店运营、国际渔博会/家具展、海信/海尔智能厨房设备产品研发等真实项目21项，全面对接核心课程、校内外实训、创新实践等多个育人环节，学生训练人次超过万余次，选派266名学生为上海合作组织青岛峰会提供优质服务。切实培养了学生对行业企业需求的“适切力”和就业岗位的“成长力”。

三、特色和应用推广价值

专业群依托山东文旅产业学院，破解产教“两张皮”，促进产教系统对接。借助山东文旅产业学院的成功经验，专业群增设星巴克产业学院、舜和餐饮产业学院等多个产业学院，直接参与学生900余人，创造经济价值260余万元。为进一步探索高职人才培养发展新问题和新思路，培育打造文旅融合的示范性职业教育品牌提供了可推广可复制的经验。

案例4：“一心二体三化四融”旅游人才培养模式的探索与实践

【学校】海南经贸职业技术学院

一、实施背景

当“海南时刻”成为中国改革开放历程中的生动剪影时，海南旅游业也正乘势而起，依托海南国际旅游消费中心建设，旅游管理专业建设也在蓄势待发，蓬勃正起。

二、主要做法

立足国际旅游岛和海南自由贸易港建设需求，紧密对接旅游业、现代服务业和国际旅游消费中心建设人才需求，旅游管理专业探索出了“一心二体三化四融”模式培养海南自由贸易港旅游业发展急需的各类高素质技术技能型人才。“一心”指以培养旅游类高素质技术技能型人才为核心；“二体”指两个人才培养主体：学校和企业；“三化”指人才培养方式的“三化”：多样化、多元化和国际化；“四融”指人才培养过程的“四融”：培养规格融汇、考核评价融通、师资融合和课程融入。

三、成果成效

1. 人才培养成果显著

培养了以李少虹为代表的全国优秀共青团员、海南自由贸易港形象代言人等一批旅游管理专业优秀毕业生；以邓南程为代表的全国技术能手2名；学生参加国家级职业技能大赛中获得全国二等奖、三等奖，海南省旅游职业院校技能大赛一等奖多项。学生在海南省2021青少年党史知识竞赛中获得三等奖。

2. 师资队伍建设稳步提升

从2016年至今，培养省领军人才1名、省拔尖人才2名、高层次人才7名。1人获得省突出贡献高级技师奖，1名教师获得国家微课大赛一等奖，1个教学团队入选全国旅游管理专业课程思政示范案例，2名教师团队先后获得海南省教师教学能力大赛专业组一等奖。

四、经验总结

1. 实现专业群人才多样化特色培养

通过学校与企业两个人才培养的主体，采用多种人才培养的方式，含驻店教学班、半工半读班、现代学徒制试点班、国际人才班、订单人才班、高端就业人才班等，拓展了旅游专业人才培养的宽度。

2. 践行“三化一型”的旅游人才培养模式

探索从培养目标到培养方式的全新变革，建构“国际化”“标准化”“多样化”和“复合型”的“三化一型”旅游人才培养模式，满足了旅游类技术技能人才培养的多层次需求。

五、推广应用

旅游管理专业探索出“一心二体三化四融”模式，可推广应用至我校旅游专业群，也可以为省内外旅游类专业乃至商贸类专业探索人才培养模式改革提供参与借鉴。

4.2 支撑发展

案例5：益旅阳光——将公益研学的阳光洒向乡村

【学校】青岛酒店职业技术学院

2019年，学校成立“益旅阳光”志愿团队，整合校企资源免费或低价向乡村学生提供研学帮扶，着力提升乡村孩子幸福感，用专业力量助力乡村振兴工作。

一、做法与机制

（一）通过“资源置换”实施“分级帮扶”

依托产业学院等政行企校合作平台，为公益支持方提供课程开发、项目申报支持等服务，以此置换免费或超低价研学产品用于公益帮扶。根据受益对象经济情况实施分级帮扶，面向经济相对落后的乡村地区学生，实行“全免费”帮扶；面向其他地区少数生活困难的乡村学生，实行“拼团低价”帮扶。

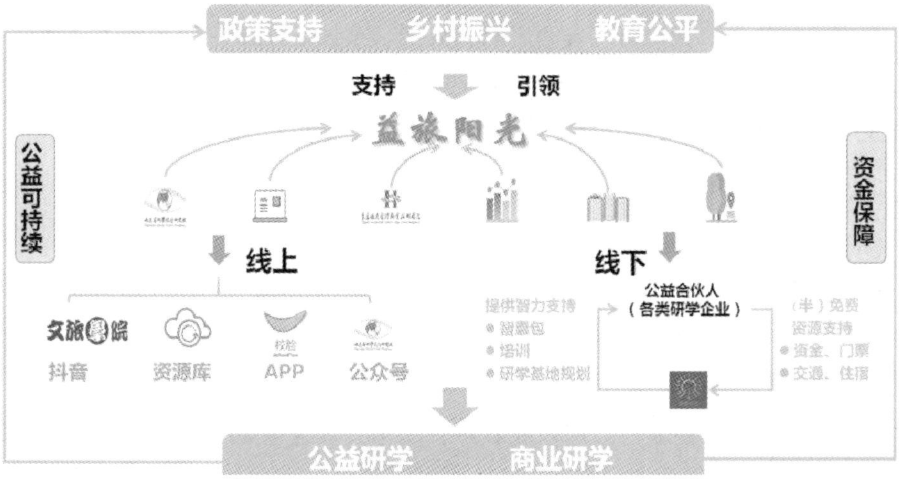

图 1　益旅阳光运营模式

（二）打造线下主题活动和线上资源平台

学校与公益支持方联合开发研学产品，开展“‘益’起去看美丽中国”线下主题活动，由研学导师和研学专业学生以（半）公益的形式，带领乡村学生到公益支持方提供的研学现场，开展研学教育活动。打造“E”研学平台，建设全国公益研学领域最大的共享型研学教学资源库，涵盖 1200 余条研学微视频、研学活动口袋手册以及零成本教育资源包。利用“易”推广研学平台——校脸 App 开展线上研学教学活动，现有用户 165 万余人，支持 300 余个校外实践基地在线交易。同步利用抖音平台、研学旅行研究院微信公众平台推广研学活动。

图 2　“E”研学平台

（三）组建全国性公益志愿者队伍

组建公益队伍，依托山东省酒店职教集团、全国研学旅行职教集团（筹）等组织，向全国38所院校和单位的670名师生提供培训43场；经过培训后组织本地学生进入中小学进行研学，实现乡村公益研学走向全国。

二、成效与反响

（一）增强了发展薄弱地区学生研学幸福感

累计运营公益团21个，为需要帮扶的学生提供免费或低价研学服务，覆盖学生4000余人，增强了学生的研学幸福感。

（二）促进了乡村研学目的地经济发展

为适合参与研学的乡村、基地和农户研发各类智囊包60余套，研学工作人员培训课程包8个，提供培训40余场，助力临沂、枣庄、青岛等地的5个村905户，户均增收8000元。

（三）升级了乡村研学从业人员技能

开展线上公益讲座和培训，为乡村旅游从业人员业务转型和技能提升开展帮扶指导，帮助超过10万人走上转型、就业之路。

三、特色和推广价值

通过产教研融合，发挥学校在行业和院校的影响力，形成了集技术研发、资源提供、志愿服务一体的公益研学教育模式，为乡村地区青少年研学扶持和乡村研学目的地升级提供了有益参考。

案例6：“校村政企”推动协同育人　研学大赛助力乡村振兴

【学校】浙江旅游职业学院

浙江旅游职业学院承办和设计的首届全国大学生乡村振兴创意大赛研学旅行赛，秉承“创意，让乡村更美好”的理念，采用“乡村出题+高校答卷+成果落地”竞赛模式，开展研学旅行课程、线路、空间设计，助推乡村研学旅行产业发展。通过大赛将智力资源带入乡村，把社会资源、产业资源向乡村引流，为乡村增强持续盈利能力、实现产业兴旺打通新通道。

一、主要做法

全国大学生乡村振兴创意大赛研学旅行赛是高校、政府、乡村、企业共同参与举办的浙江省A类学科竞赛，采用“乡村出题+高校答卷+成果落地”竞赛模式，以解决实际问题为导向，真题真做，通过以赛促学，架起乡村与高校的桥梁、搭建乡村振兴与青年智慧的平台，引导高校师生们带着课题与项目深入乡村，运用创意思维，释放创意能量，挖掘、盘活乡村研学资源，助推乡村农文旅融合发展。

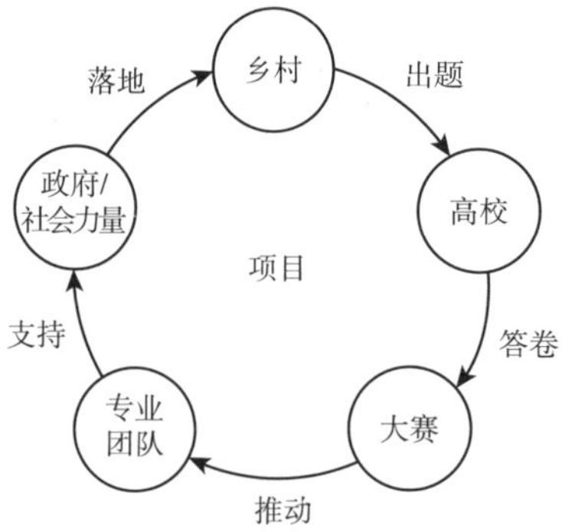

图 1　全国大学生乡村振兴创意大赛研学旅行赛以赛服务乡村的闭环模型

（一）乡村出真题，高校献智慧

研学旅行赛以杭州市余杭区黄湖镇为研学旅行建设实践区，要求参赛团队从研学课程设计、研学路线设计或研学空间设计方面着力，根据黄湖镇研学旅行资源历史与现状，从生态环保、励志拓展、劳动教育、民俗传承、科普体验等 5 个选题方向着手，为小学、初中、高中设计先导、参观、体验、交流、研究、分享等不同阶段的标准化研学主题课程。大赛吸引了北京林业大学、浙江大学等 178 所高校 477 支团队参赛，其中本科院校占比为 75.28%。

图 2　首创的首届全国大学生乡村振兴创意大赛研学旅行赛赛题发布

（二）赛教深融合，育人抓实效

参赛的旅游、教育类专业学生，以年轻人创意的视角及思维，充分挖掘、开发当地特色资源，设计符合青少年成长所需的优质研学旅行的产品，大大增强了大学生专业实践能力，真正实现赛教深度融合。同时，将研学旅行赛打造成为大学生的历史课、思政课，探索以赛促教、以赛育人的高校、政府、乡村、企业共同参与的大学生实践育人模式。研学旅行赛帮助有志青年树立扎根乡村的想法，宣讲当地“农村职业经理人”人才引进政策，已有多位学生明确毕业后希望扎根乡村热土的意愿并与当地乡镇进行了深度沟通。

（三）政企强支持，成果促落地

比赛中，邀请政府和企业持续为大赛护航，多个政府部门作为主办单位深度参与比赛全过程。大赛特别邀请国内高校和业界具有丰富经验的行业专家师组成导师团，在暑期开办训练营，指导学生团队强化设计。

图 3　暑假中期训练营全国参赛团队在专家指导下集中踩线

比赛始终以落地性为导向，将其作为衡量作品的最重要标准。有部分乡村空间通过精心设计与改造，成为中小学生劳动教育基地，还有部分课程已进行组织实施，顺利落地成长。

二、成果成效

来自全国各个高校的大学生组成跨专业、跨院校的参赛团队，针对黄湖镇各研学旅行资源点，进行深度挖掘和设计，形成为各个研学旅行资源点量身定制的丰富研学课程方案、线路和空间设计方案。同时利用各种新媒体平台资源（如小红书、抖音等平台）宣传推广黄湖研学旅行资源和产业发展情况。通过多支团队分阶段、梯度化挖掘当地研学资源的扎实工作，为黄湖设计出了许多有人情味、本土味的别出新裁的研学旅行方案。

三、经验推广

“乡村出题＋高校答卷＋成果落地”竞赛模式，探索出了以赛促教、以赛育人的高校、政府、乡村、企业共同参与的大学生实践育人模式，激活了大学生服务乡村振兴的热情。研学旅行赛受到新华网、《浙江日报》、浙江在线、浙江电视台等多家媒体关注。

“双高计划”建设项目贡献度研究（2019～2021年度）

分报告

文化艺术专业大类分报告

中国教育会计学会

中国教育会计学会高等职业院校分会

1. 专业大类概况

文化艺术专业大类立项建设专业群共计8个，涉及7所高等职业院校，其中“双高学校”3所，“双高专业群”学校4所。立项建设专业群为产品艺术设计、艺术设计、刺绣设计与工艺、服装与服饰设计、工艺美术品设计、戏曲表演6个专业群，主要专业包括艺术设计、产品艺术设计、广告设计与制作、首饰设计与工艺、服装与服饰设计、戏曲表演等（见表1）。

表1　文化艺术专业大类立项建设单位及专业具体情况

学校名称	档次	专业群名称	专业群包含专业	涉及院系数量
广东轻工职业技术学院	高水平学校建设单位（B档）	产品艺术设计	产品艺术设计、广告设计与制作、数字媒体应用技术、软件技术、大数据技术与应用	2
广州番禺职业技术学院	高水平学校建设单位（B档）	艺术设计	艺术设计、产品艺术设计、皮具艺术设计、智能产品开发	2
上海工艺美术职业学院	高水平学校建设单位（C档）	工艺美术品设计	工艺美术品设计、首饰设计与工艺、陶瓷设计与工艺、玉器设计与工艺、雕刻艺术设计	1
		产品艺术设计	产品艺术设计、数字媒体艺术设计、广告设计与制作、环境艺术设计	4
湖南工艺美术职业学院	高水平专业群建设单位（A档）	刺绣设计与工艺	刺绣设计与工艺、陶瓷设计与工艺、雕刻艺术设计、首饰设计与工艺、工艺美术品设计	1
青岛职业技术学院	高水平专业群建设单位（B档）	服装与服饰设计	服装与服饰设计、环境艺术设计、艺术设计、动漫制作技术、产品艺术设计	1
苏州工艺美术职业技术学院	高水平专业群建设单位（B档）	工艺美术品设计	工艺美术品设计、室内艺术设计、服装与服饰设计、产品艺术设计	4
浙江艺术职业学院	高水平专业群建设单位（C档）	戏曲表演	戏曲表演、戏剧影视表演、表演艺术、舞台艺术设计与制作	3

2. 资金投入情况

8 个高水平专业群项目预算总额为 62640 万元，2019 ~ 2021 年总计支出为 37305. 95 万元，总体执行率为 59. 56%，均在 50% 以上。2019 ~ 2021 年各专业群平均支出为 4663. 24 万元，具体情况见表 2。

表 2　　文化艺术专业大类类各专业群资金执行情况

学校名称	档次	专业群名称	总预算（万元）	2019 ~ 2021 年支出（万元）	执行率
广东轻工职业技术学院	高水平学校建设单位（B 档）	产品艺术设计	5985. 66	9635	62. 12%
广州番禺职业技术学院	高水平学校建设单位（B 档）	艺术设计	6282. 50	12000	52. 35%
上海工艺美术职业学院	高水平学校建设单位（C 档）	工艺美术品设计	2560. 12	3528	72. 57%
		产品艺术设计	1810. 88	2818	64. 26%
湖南工艺美术职业学院	高水平专业群建设单位（A 档）	刺绣设计与工艺	6330. 68	10000	63. 31%
青岛职业技术学院	高水平专业群建设单位（B 档）	服装与服饰设计	4411. 77	7050	62. 58%
苏州工艺美术职业技术学院	高水平专业群建设单位（B 档）	工艺美术品设计	7254. 20	12909	56. 19%
浙江艺术职业学院	高水平专业群建设单位（C 档）	戏曲表演	2670. 13	4700	56. 81%
平均值			4663. 24	7830	
总计			37305. 95	62640	59. 56%

从九大建设任务来看，资金支出占比最高的是实践教学基地，占比为 41. 11%；最低的是可持续发展保障机制，占比为 0. 57%。值得特别说明的是，上海工艺美术职业学院工艺美术品设计和产品艺术设计专业群、浙江艺术职业学院戏曲表演专业群在可持续发展保障机制建设任务上没有实际支出或支出较少，浙江艺术职业学院戏曲表演专业群在国际交流与合作建设任务上未有实际支出。各项建设任务具体情况如表 3 所示。

表3　　文化艺术专业大类各建设任务支出占比情况

建设任务	2019～2021年支出（万元）	资金支出占比
人才培养模式创新	2024.14	5.43%
课程教学资源建设	3707.48	9.94%
教材与教法改革	1696.35	4.55%
教师教学创新团队	3287.04	8.81%
实践教学基地	15461.75	41.45%
技术技能平台	7800.75	20.91%
社会服务	1496.31	4.01%
国际交流与合作	1366.78	3.66%
可持续发展保障机制	189.08	0.51%
其他	276.26	0.74%
合计	37305.95	100.00%

3. 贡献度分析

3.1　引领改革

“双高计划”引领职业教育改革发展和人才培养的贡献度，主要体现在价值引领、模式引领、制度引领和标准引领四个维度上。

3.1.1　价值引领

文化艺术专业大类坚定社会主义办学方向，贯彻全面发展的教育思想，落实立德树人根本任务，健全全面发展的人才培养体系，“德智体美劳”五育并举，“岗课赛证”融通培养，打造了高等职业教育人才培养高地。

（1）健全全面发展的教育思想，落实立德树人根本任务。

文化艺术专业大类以弘扬工匠精神和传承非遗文化为主线，坚持立德树人，深入开展课程思政，积极全面三全育人。部分优秀做法有：广东轻工职业技术学院产品艺术设计专业群坚持“树立信念，凝聚人心，强化队伍，引领发展”的党建思路，形成了全方位的“党建+”工作模式，实现党建工作与业务工作同频共振，专业群所在党支部获得“全省党建工作样板支部”；湖南工艺美术职业学院刺绣设计与工艺专业群以弘扬工匠精神和传承非遗文化为主线，实施“三色”实践品牌塑造工程，开展了以“习语研习社”等“红色”系列实践活动18场，“红旗手绘”等

“彩色”系列实践活动16场，“湘绣文化艺术节”等“特色”系列实践活动20余场，引导学生践行“至爱至美”的核心价值理念。

（2）健全全面发展的人才培养体系，促进学生全面发展。

文化艺术专业大类积极探索多种学业发展通道，创新办学模式和人才培养模式，五育并举，促进学生全卖你发展。部分突出做法有：广东轻工职业技术学院产品艺术设计专业群将育德育心结合、思政课程与课程思政结合、德智体美劳结合，思政教育有机融入教学、生活、实践各环节全领域，通过“三竞赛、三训练、三培育”制度提升学生精益求精和追求卓越的职业发展品质，德智体美劳全面发展，构建复合型人才成长“立交桥”；湖南工艺美术职业学院刺绣设计与工艺专业群建立了“非遗进校园、非遗进专业、非遗进课堂”三进非遗教育体系，系统构建并实施“三精融合、三阶递进”人才培养模式，育人与技能训练结合，促进学生德智体美劳全面发展，近三年学生参加技能竞赛、专业赛事获省级以上奖项100项。上海工艺美术职业学院工艺美术品设计专业群以培养高素质工艺美术技术技能人才为目标，开设大师技艺传承班和工艺美术实验班，创新“3+2+2”长学段培养模式，实施“岗课赛证”融通教学；苏州工艺美术职业技术学院工艺美术品设计专业群积极探索现代职教体系的建构，先后与常熟高新园中专、东海县中专、南京玄武中专三所中专学校开展“3+3”中高职贯通培养项目3个，与南京艺术学院开展“3+2”分段培养和“4+0”联合培养项目6个，为艺术设计现代职教体系的建构作了成功的探索。

3.1.2 模式引领

模式主要体现在通过深化产教融合、校企双主体育人，实施“三教”改革、“1+X”证书制度，推进动力变革、效率变革，进而促发人才培养的质量变革方面。

（1）深化产教融合，创新人才培养模式。

文化艺术专业大类在“双高计划”建设过程中，各专业群探索出了各具特色的办学模式和人才培养模式（见表4）。

表4　文化艺术大类部分专业群人才培养模

类别	学校与专业群	内容
人才培养模式	广东轻工职业技术学院产品艺术设计专业群	创新“工学商一体化”人才培养模式，将真实项目、教学过程、作品转化融为一体，培养数字创意产业急需的“精设计、懂科技、通商道、厚人文”复合型创新型技术技能人才
	广州番禺职业技术学院艺术设计专业群	实施“科学融入创意、技术融入设计”双融入、“作品—产品—商品”三品递进、“学校—企业—市场”三方融通的人才培养模式

续表

类别	学校与专业群	内容
人才培养模式	上海工艺美术职业学院工艺美术品设计专业群	探索出“3＋2＋2”中高职学历教育接续高职后职业培育的新型长学段培养模式，突破性解决工艺美术拔尖人才培养周期不足问题
	湖南工艺美术职业学院刺绣设计与工艺专业群	一是创新了“三精融合、三阶递进”人才培养模式。以“思想精深、艺术精湛、制作精良”三精融合的作品创作为抓手，按照制作“低端产品→中端产品→高端产品”三阶递进训练模式，培养创意型工匠
	浙江艺术职业学院戏曲表演专业群	通过校团协同推剧目、确立“角色创造”＋“舞美创意”双元人才培养核心、剧目引领搭建课程体系、学演做教一体等构建“剧（节）目驱动式”专业群共享人才培养模式
	上海工艺美术职业学院产品艺术设计专业群	形成了国内首创的“3＋2＋2”（即3＋2中高职学历教育接续2年高职后职业培育）高端青年工匠长学段培养模式，创新了基于德雷福斯技能习得模型理论的“三段五阶”从新手到准专家一体化培养机制
	湖南工艺美术职业学院刺绣设计与工艺专业群	创新了“‘群’‘链’融合、三聚共荣”的地方特色专业群建设模式

（2）聚焦“三教”改革，提高教师教学能力。

文化艺术大类专业群聚焦“三教”改革，打造高效课堂，形成了一些核心产出和值得借鉴的经验做法。例如，广东轻工职业技术学院产品艺术设计专业群“工学商一体化”项目制课程教学教法改革获得省级教学成果一等奖。广州番禺职业技术学院艺术设计专业群强化“育训结合”教材建设，实施“工作坊＋工作制”项目化教学和“无界化”教学管理。建设“工作坊＋工作制”混合式教学课程7门，开发新型活页式教材、工作手册等6部，开发科技时尚特色的育训实用教材3部。上海工艺美术职业学院产品艺术设计专业群将虚拟仿真技术等数字化手段引入新形态教材，推广“学习＋实践＋生产”项目化教法改革，并实现专业群100%覆盖。

（3）落实“1＋X”制度，培养一专多能人才。

文化艺术类专业群深化落实“1＋X”证书制度，合计开展“1＋X”证书制度试点22项，参与开发产品创意设计、移动流媒体等8项“1＋X”职业技能等级标准制订工作。各专业群结合X证书开设情况和学校专业特色，开发了“岗课赛证”融通课程体系，校企合作合作开发一批“岗课赛证”融通教材，培养了一大批复合型技术技能人才。

3.1.3 制度引领

在制度建设上，文化艺术大类专业群围绕“双高计划”专业群建设、专业群可持续发展方面探索出了一系列制度体系，部分内容如表5所示。

表5　文化艺术大类部分专业群制度体系

学校与专业群	内容
广东轻工职业技术学院产品艺术设计专业群	出台了《重点建设事项及重点督办事项推进办法》《产品艺术设计专业群“双高”建设项目管理办法》等一系列文件，形成了“周交流、月汇报、年评议”的动态监管体系
上海工艺美术职业学院工艺美术品设计专业群	建立“5+3+1”群内外专业及研究中心联动发展机制，修（制）订专业群制度6项，项目动态管理评价制度1套、双高绩效评价激励制度1套
湖南工艺美术职业学院刺绣设计与工艺专业群	一是形成了“动态调整、能动优化”的专业群发展机制。二是创新了“产教联盟+产业学院”产教融合机制。三是完善了“自主诊改、常态优化”的质量保证体系
青岛职业技术学院服装与服饰设计专业群	制定《服装与服饰设计（国际时尚）专业群项目管理办法》《服装与服饰设计（国际时尚）专业群项目资金使用管理办法》《服装与服饰设计专业群质量保障体系和诊改方案》

3.1.4　标准引领

文化艺术大类在专业教学标准、课程标准、技能等级标准、行业标准等方面贡献了智慧和力量。各学校参与标准制定情况如表6所示。

表6　文化艺术大类部分专业群参与标准制定情况

学校与专业群	内容
广东轻工职业技术学院产品艺术设计专业群	主持制定国家《产品艺术设计》专科专业教学标准，牵头组织了高职专科专业“广告艺术设计”《简介》和《标准》修（制）订工作，牵头编制了《广东省数字创意产业发展调研报告（2018~2020年）》《高等职业教育蓝皮书（2020）》等研究报告
广州番禺职业技术学院艺术设计专业群	牵头修订中、高、本专业教学标准51个，国家技术标准3项、国家职业标准1项、国家“1+X”职业技能等级标准2项、团体标准9项
上海工艺美术职业学院工艺美术品设计专业群	开发《青花技法》《花丝技艺》等手工艺非遗国际化教学课程标准与资源，主持参与教育部《工艺美术（职业本科）》《玉器设计与工艺（职业专科）》等9个专业教学标准制订，参与《生漆髹饰工艺术语》国家标准、《工艺品雕刻工》等3个国家职业标准制订。 起草手工艺非遗数字化保护《采集标准》《分类体系著录标准》《编辑规范》，为手工艺非遗数字化保护提供标准参考
上海工艺美术职业学院产品艺术设计专业群	参与开发产品创意设计、移动流媒体等4项“1+X”职业技能等级标准制订工作。主持或参与制订数字媒体设计、产品设计等10项国家专业教学标准开发工作

续表

学校与专业群	内容
湖南工艺美术职业学院刺绣设计与工艺专业群	主持制定了刺绣设计与工艺专业、首饰设计与工艺专业、陶瓷设计与工艺专业、雕刻艺术设计专业4个国家专业教学标准
苏州工艺美术职业技术学院工艺美术品设计专业群	牵头制定工艺美术品设计等4各专业国家教学标准、人社部抽纱刺绣工国家职业技能标准开发。牵头制定了《职业教育专业目录（2021年）》中文化艺术大类艺术设计类一体化（中职、高职专科、高职本科）专业目录
浙江艺术职业学院戏曲表演专业群	领衔研制《戏曲表演》《戏剧影视表演》《表演艺术》《舞台艺术设计与制作》专业简介和专业教学标准

3.2 支撑发展

“双高计划”支撑国家战略和区域经济社会发展的贡献度，主要体现在完善社会培训体系、推动技术创新应用、服务国家重大战略等方面。

3.2.1 推进技术创新和社会培训，服务产业转型升级

（1）技术创新。

广州番禺职业技术学院艺术设计专业群形成“设计—研发—生产—培训”一体化社会服务模式，成为时尚产业技术技能创新的引擎，建成国家级行业技术技能培训基地、中国工艺美术大师传承创新基地院校，为企业解决技术难题60余个、开发时尚智能产品207件、推广和转化技术或专利27项。广州番禺职业技术学院艺术设计专业群“教学—科研”双支撑平台和“成果—市场”双转化平台高效运转，服务粤港澳大湾区时尚产业，立项各级科研课题98项，解决技术难题60余个，为企业开发产品207件，转移、转化技术27项。上海工艺美术职业学院产品艺术设计专业群与雅昌文化、中国邮政等产业链相关的企业机构共建协同创新平台，该平台形成了稳定的产教融合机制，企业总监和校内师生共同组建创新团队，以项目化完成平台运行，平台专利申请119项，带动企业新增经济效益超2300万元（如图1）。

湖南工艺美术职业学院刺绣设计与工艺专业群建成集产品研发、工艺开发、技术推广、大师培育等于一体湖湘工艺美术品设计研发中心，近三年研发非遗创意设计、创新作品272件（套），攻关研发蚁蠕针、冷珐琅、热缩片制作、仿点翠等工艺技法12项，获发明专利3项，为企业解决技术难题30个。

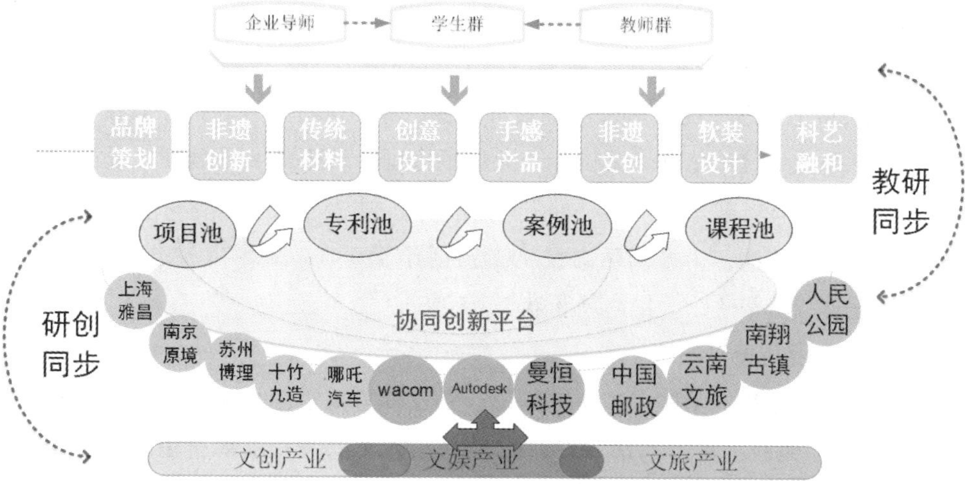

图 1　上海工艺美术职业学院产品艺术设计专业群校企教研创同步的协同创新平台

（2）社会培训方面。

广东轻工职业技术学院产品艺术设计专业群面向国家战略性新兴产业——数字创意产业，依托产教科联合中心及数字创意产教融合实践教学示范平台，培养服务于粤港澳大湾区数字创意产业的毕业生 1871 人，开展数字创意产业创新设计人才培训 4.85 万人/日，到账经费 821.92 万元。苏州工艺美术职业技术学院工艺美术品设计专业群与地方政府共建苏州非遗学院、苏作工艺学院、东海水晶学院等，为传统工艺振兴培养培训企业员工、职教师资、非遗传承人群等 7221 人次，苏绣专项人才 2168 人/次，中西部农村手工艺者 2385 人/次。湖南工艺美术职业学院刺绣设计与工艺专业群着力打造脱贫攻坚和乡村振兴的“助推器”，创新实施“非遗 +”模式，开发湘绣、湘瓷等培训包 6 个，完成非遗技艺培训等 16880 人/日，带动湘西北通道侗族自治县等 3 个贫困县 900 余人脱贫致富。

3.2.2　服务国家重大战略，助力区域经济发展

在服务国家重大战略中，文化艺术类专业群针对“一带一路”、乡村振兴等开展了探索实践，成效显著。

（1）服务“一带一路”倡议

广东轻工职业技术学院产品艺术设计专业群面向非洲、南美洲、中亚六国招收留学生进行全日制培养，先后与法国巴黎学院、韩国汉阳大学、新加坡南洋理工等学校合作，签订学分互认协议；举办“2020 国际数字创意设计论坛”“2021 国际数字创意设计教育论坛”；推广“产教科联合·工学商一体”研究成果，发布《数字创意产业调研报告》《中国厨卫电器现状及用研分析报告》，参与英国国家学历评估

认证工作。广州番禺职业技术学院艺术设计专业群开展国际合作办学项目2项，推出国际可借鉴的专业标准2个，研发国际认可的中国工艺类职业课程4门，承办ACA世界大赛中国总决赛，形成“标准可借鉴、课程走出去”的国际合作格局。上海工艺美术职业学院工艺美术品设计专业群承办国际（上海）非物质文化遗产保护论坛3届、中国传统艺术“一带一路”巡展1届，主办薪技艺等国际青年工艺美术展暨学术研讨会2次，举办国际高校手工艺创作营2次，新增境外合作高校3所，输出国际化课程资源3个，国际展赛获奖64项。

（2）服务乡村振兴战略。

上海工艺美术职业学院工艺美术品设计专业群与嘉定区共建美丽乡村“华亭样板”，对嘉定草编技艺进行二次开发，凸显“工艺＋农业”品牌价值，助力华亭—徐行区域草编技艺产业化发展。政校共建柳编非遗文创基地，赋能山东郯城美丽乡村。青岛职业技术学院服装与服饰设计专业群积极响应乡村振兴战略，与山东沂蒙红色文化产业有限公司（沂蒙红色影视基地）共建筑梦沂蒙红色文化产业研究院，打造沂蒙红色文化。先后举办非遗时尚蜡染走秀活动3次、蜡染扎染技艺技术讲座3次、文化体验活动3次。湖南工艺美术职业学院刺绣设计与工艺专业群为13家民族工艺品企业量身开发产品102件（套），提供咨询服务270人/次，解决关键技术难题30个，完成油麻潭村等4个湖南省美丽屋场的整体设计，研发民族工艺品项目16个，打造乡村振兴新样板。

3.3 推动形成一批支撑职业教育高质量发展的政策、制度和标准

3.3.1 形成一批高质量的制度和标准

“双高计划”建设项目开展以来，文化艺术大类专业群共计参与开发国家应用型本科层次专业教学标准3项、专科层次专业教学标准25项、“1＋X”证书制度标准11项，各类行业标准20余项，为文化艺术相关专业办学、行业发展提供了依据。比较突出的做法有：广东轻工职业技术学院牵头组织了高职专科专业“广告艺术设计”《简介》和《标准》修（制）订工作。牵头编制了《广东省数字创意产业发展调研报告（2018～2020年）》《高等职业教育蓝皮书（2020）》等研究报告，助力专业群发展。上海工艺美术职业学院开发《青花技法》《花丝技艺》等手工艺非遗国际化教学课程标准与资源，主持参与教育部《工艺美术（职业本科）》等9个专业教学标准制订，参与《生漆髹饰工艺术语》国家标准、《工艺品雕刻工》等3个国家职业标准制订。起草手工艺非遗数字化保护《采集标准》《分类体系著录标准》《编辑规范》，为手工艺非遗数字化保护提供标准参考。

3.3.2 形成一批富有成效的创新实践成果

“双高计划”建设项目开展以来，文化艺术专业大类在党建、人才培养、课程资源、师资团队、产教融合、技术技能平台等方面取得了一系列标志性成果，共计荣获国家教师教学创新团队 4 个、教师教学能力比赛国家级奖项 6 项、学生技能大赛国家级奖项 12 项；主持建设国家教学资源库 4 个，荣获国家规划教材 22 部、国家优秀教材建设奖 2 项、国家精品在线开放课程 5 门，获批职业教育示范性虚拟仿真实训基地、国家生产性实训基地等国家级基地 8 项；举办国际类赛事 3 项，获奖 19 项；荣获省级教学成果奖一等奖以上 12 项。在标志性成果的探索实践过程中，形成一批可借鉴、可复制、可推广的经验做法和模式路径，助推职业教育高质量发展。

4. 典型案例

4.1 引领改革

案例 1：创新“工学商一体化”人才培养模式，打造数字创意设计人才培养典范

【学校】广东轻工职业技术学院

围绕数字创意产业对高职艺术设计类专业人才提出的“新设计 + 新技术”新要求，针对专业产教融合不深、师资结构单一、设计落地能力不足等问题，产品艺术设计专业群践行了“工学商一体化”人才培养模式，以市场需求确定项目目标及任务，以项目能力需要确定模块课程，教学团队实施项目教学，依据商业项目的流程

图 1 “工学商一体化”产教融合人才培养模式

和规范组织授课进度，以商业转化率为主要指标进行课程考核，以大数据技术为手段分析商品的用户需求与满意度，为后续创意设计作品的迭代做支撑，将真实项目、教学过程、作品转化融为一体，取得显著成效。

一、措施

构建项目引入和教学成果转化机制。制定了《工学商一体化项目制课程项目引进和成果转化管理办法（试行）》等文件，规范项目引入方式、运行管理、成果认定与转化、考核激励等，保障模式实施。

建设“三导师、四功能”教师创新团队。引进腾讯云、阿里、科大讯飞、广东省广告集团等知名企业一线职业精英作为项目导师，与设计专业和技术专业教师组成“三导师、四功能”教学创新团队，开展人才培养、技术服务、国际合作、传统文化创新。

推行精准设计“创意优＋”教学方法。引入企业真实项目，基于大数据分析和客户需求进行精准设计教学，教学团队引导学生进行创意发散思维，形成初步设计方案，集中优选，形成阶段性设计成果，不断循环推进，形成客户认同的设计方案。

实施“标准先行、多级项目、能力递进”人才培养路径。建设国家级专业教学标准，开展“教师主导型—校企双导师主导型—校企双导师辅助型—三导师主导型—三导师辅助型—学生自主型”多级递进项目制教学，柔性设置“技设计＋新技术”跨专业课程，使学生能够完全适应复杂智能产品的设计工作，部分优秀学生在毕业3年后，能胜任产品经理岗位。

图2 “标准先行、多级项目、能力递进”的人才培养路径

创新创业贯全程，就业创业零距离。第一课堂是“创业工场”，创新创业教育贯穿人才培养全程，教学内容源于市场需求，紧贴实际。项目制课程形成的课堂创新作品转化为商品，学生获得收入，形成了创业雏形。第二课堂设立“创客空间”，

由“许鸿飞国际文化创意学院”、创新创业导师工作室、国家技能大师工作室选派项目导师组队，帮助学生孵化优质项目，开设“设计创意营”“创意工作坊”，丰富创业教育形式。第三课堂对接“国际数字创意谷”，通过技术支撑、项目承接和线上线下营销平台，实现课堂作品到流通商品的无缝衔接。

二、成效

教育教学改革成效丰硕。获广东省职业教育教学成果一等奖；项目课程覆盖率100%；完成国家级课题1项、“1+X”证书制定5项；建设国家级教学资源库1个，省级教学资源库1个；主持国家职业教育产品艺术设计专业、广告艺术设计专业教学标准；建设省级一类品牌专业2个、二类品牌专业1个。

社会服务能力持续增强。服务企业179家，完成设计项目250个，商业转化率达15%，社会培训达10.35万人/日。

人才培养质量显著提升。学生参加参加各类专业竞赛达4324人次，获全国大学生广告艺术大赛等国家级、省级设计竞赛奖476项；孵化创业项目32项；获省级创新创业类奖2项，国家创新创业类奖2项；省级大学生创新创业训练计划项目2项；获得数学学习成果证书100%。

教师创新团队建设卓有成效。培育省级名师1人，共享企业领军人才与技术骨干14人，培育“三导师”团队骨干教师3名，立项广东省产品设计集成创新科研团队；共建大师工作室8个；校企共建兼职教师资源库，达130人；创设国家名师工作室1个，省级教学创新团队1个，省“国家技术能手工作室”1个；教师获省级竞赛30项。

国际影响力进一步提升。承办“新业态·新教育——2020国际数字创意设计论坛”等各类国培省培，参与国际会议TALE2020并作主题演讲。

案例2：坚持“双融入、三融通、三递进”，提升学生“艺术+科技”应用能力

【学校】广州番禺职业技术学院

一、案例简介

艺术设计专业群既培养学生的外观设计表现技能，又培养数字设计、3D打印、激光技术、智能芯片等先进技术应用能力，使学生能够应用建模技术、精雕工艺、数字芯片等技术融入产品开发，熟悉数字技术、互联网，了解新零售、新消费等新型业态，具备满足时尚消费新生、个性、多元需求的设计服务能力。

二、工作机制

通过不断深化完善“三方融通、三品递进”的培养手段，整合专业群的优势资

源和教学特色，深化完善建立“设计作品—企业产品—市场商品”三品递进的人才培养手段，培养学生既有绿色健康设计理念，科学的创新创意产品开发能力，还有应用智能技术和完成产品工艺制作等设计服务能力。

三、措施和成效

1. 创新数字织造工艺，师生创新创业再攀高峰

《新丝之路——丝绸皮草的开创者》项目获得第七届中国国际“互联网＋”大学生创新创业大赛全国总决赛职教赛道金奖。该项目通过设计学、材料学、仿生学，以及纺织技术等跨界设计，为中国轻纺行业研发出健康、亲肤、环保、时尚的丝绸皮草新材料，为面料的绿色发展带来新的选择。

图 1　创新创业项目获得全国金奖

2. 精炼专业技能，师生携手勇夺技术能手

皮具艺术设计专业师生在 2021 年全国皮具设计师职业技能竞赛总决赛中斩获院校组一等奖、二等奖、三等奖各 1 项，关霓老师荣获“轻工行业技术能手”“全国箱包皮具行业技术能手”称号；我校被授予优秀单位“支持奖”的优异成绩。

图 2　师生在技能竞赛获多项奖项

3. 钻研专业技能，学生设计作品获国际大奖

产品艺术设计专业 2019 级毕业生在格力电器就职后，参与设计的作品在 2021

年先后获得具有“世界产品设计奥斯卡”之称的“德国 IF 设计奖（概念）1 项，美国 IDEA 入围奖（产品）1 项。

图 3　学生获得国际大奖

四、特色与示范效应

1. “科技时尚、四阶递进”是艺术设计学院在主动适应时尚产业中高端的人才新常态，大力推进创新创业教育改革中摸索构建的双创人才培养体系。

2. 以“艺术 + 科技”为理念，建立了广东省皮革智能产品 3D 打印应用工程技术研究中心和广东省艺术设计技术协同创新中心，为项目的开展提供了研究基础。

3. 以“设计作品—企业产品—市场商品”三品递进的人才持续培养为核心理念，提高了整体人才培养质量，辐射全国 100 余所高职院校。

案例 3：从新手到准专家——手工艺非遗高端青年工匠长学段培养模式的创新与实践

【学校】上海工艺美术职业学院

2021 年 4 月，刚从我校毕业不久的 2020 届陈尹然同学被授予上海星锐工艺美术大师荣誉称号，25 岁的他亦成为最年轻的上海市新锐公益美术大师。像陈尹然这样的同学，工艺美院每年平均会培养 5 ~ 10 名，他们正是工艺美术品设计专业群“3 + 2 + 2”手工艺非遗高端青年工匠长学段培养模式的受益者。如今，他们或作为青年工艺美术师或作为青年非遗技艺手艺人活跃在上海乃至全国的工艺美术行业。为中国传统工艺振兴和中华非遗技艺传承贡献自己的青春力量。

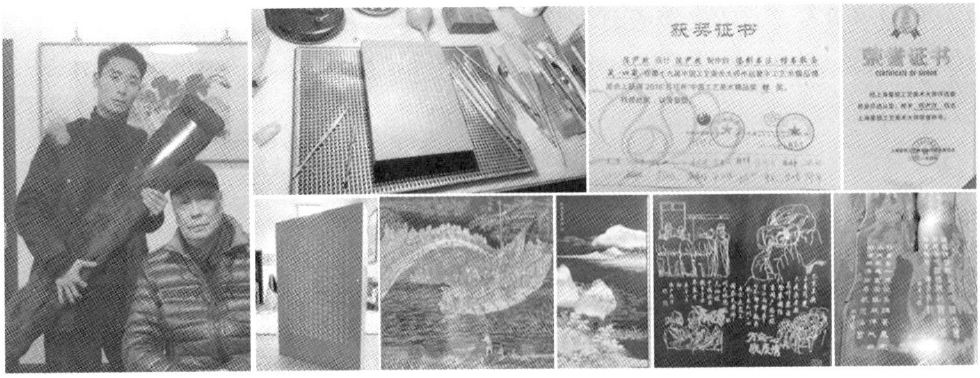

图1　尹然同学部分作品展

一、专业群培养高端青年工匠的使命

中国传统工艺振兴和中华非遗技艺传承迫切需年轻一代深度从事传统工艺，并探索手工技艺与现代科技、工艺装备的有机融合，能够精通传统手工技艺、掌握先进制造技术、具备独立设计水准、善于解决工艺技术难题，层次高、技艺特、水平尖的高端人才。作为非遗特色鲜明的工艺美术品设计专业群建设“领头羊”，如何培养能够为中国传统工艺振兴提供智力支持的层次高、技艺特、水平尖的高端青年工匠型人才，是时代赋予我们的使命和责任。

二、“3+2+2”高端青年工匠长学段培养模式的探索

专业群以10年“3+1”模式为基础，重新整合中高职贯通班、传统工艺大师班和工艺美术实验班，以培养高端工艺美术人才为目标，经过工作室试点—中高职贯通专业纳入—专业群铺开—二级学院全面实施，形成了国内首创的“3+2+2”（即3+2中高职学历教育接续2年高职后职业培育）高端青年工匠长学段培养模

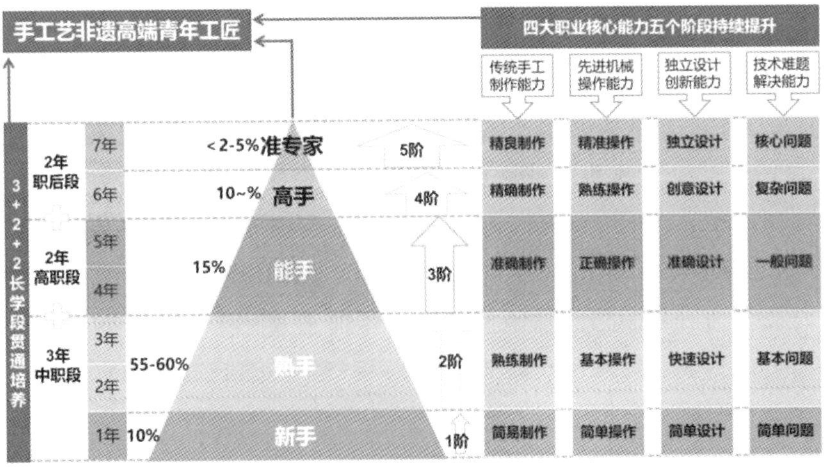

图2　三段五阶长学段培养体系

式；创新了基于德雷福斯技能习得模型理论的“三段五阶”从新手到准专家一体化培养机制；实现了校行企三方协同，大师名师工作室化产教融合教学改革突破，建成了目前职业院校中开展手工艺非遗传承创新教学与品类保护最多的院校基地。突破性解决了高端青年工匠培养面临的培养周期不足、高特尖能力不足等问题，培养了一批技艺娴熟、理念活跃的高端工艺美术技术技能人才。为高职学历教育面临的“断头路”打开了一扇门。

三、“3＋2＋2”高端青年工匠辈出，屡获嘉奖好评

基于长学段人才培养，青年工匠辈出，如全国技术能手获得者郎萌萌、第一位登上《芭莎珠宝》封面并作专题报道的的高职毕业生施霁函、非遗国潮—“与你相依”品牌创始人、我嘉文创馆主理人张佳慧。学生在非遗工艺品类相关产业高端就业占比稳步提升，2020年达到30%；学生创新创业取得重要突破，创立个人工作室、原创品牌15个，获“互联网＋”、“挑战杯”等创新创业大赛国家级金奖1项、银奖1项、省级金奖3个；学生行业影响力明显增强，获全国职业技能竞赛一等奖5项，获得全国技术能手2名、上海市新锐工艺美术大师2名，上海市新锐首饰师3名，区级、市级非遗传承人3名。

图3　部分学生作品与获奖证书

案例4：助力青岛国际时尚城市建设创新现代学徒制双元育人机制——青岛职业技术学院基于“六联”的校企双元育人模式改革

【学校】青岛职业技术学院

一、实施背景

校企合作、产教融合是现代职业教育的核心，也是办好职业教育根本途经，自2006年教育部启动国家示范性高等职业院校起，校企合作、产教融合就成为了职业教育的核心课题。习近平总书记对职业教育作出重要指示，提出“坚持产教融合、校企合作，坚持工学结合、知行合一”，这“四合”是一个连贯的教育思想，反映了职业教育的根本规律。十几年来，各高职院校在这个课题上进行着各式各类的探索与实践，可以说是“百花齐放”各具特色。2015年青岛职业技术学院艺术学院协同青岛酷特集团在基于服装与服饰设计专业申报了国家首批现代学徒试点专业、2019年又成功获得国家“双高计划”服装与服饰设计（国际时尚）专业群立项建设项目，在此基础上积极探索研究产教融合新模式，相继与东方影都、青岛无线三维（3D）打印集团、空港善瑞（北京）航空技术服务有限公司进行

校企合作，共同开办专业，最终形成了以行业企业为基础的“联动、联盟、联通、联建、联研、联赛”的产教融合校企双元育人模式。

二、主要做法

（一）探索职教核心，构建行业、企业深度融合的“六联”模型

“六联”校企双元育人模式即以行业企业为平台，建立专业发展与行业企业需求的联动模式；构建校校、校企、校政、校行等多方融合的联盟模式；搭建以专兼结合双师型师资团队为核心，建立教师、师傅双导师的师资联通模式；搭建以专业人才培养基地为载体，建立专业人才培养与企业员工培训基地的联建模式；搭建以技术服务为核心，建立与行业企业共同开展技术研发与服务的联研模式；搭建以提高技能为核心，建立学生技能大赛与员工技能比武相结合的联赛模式。“六联”模式强调行业企业和学校深度融合、全面合作，“双元”育人。

（二）以“六联”为纽带、企业需求为中心，校企共建专业双元育人，打造人才培养命运共同体

艺术学院不断深化产教融合，将校企合作向纵深发展，学院先后与无限三维科技产业集团、东方影都、海发集团等行业知名企业探索实施“六联”产教融合现代学徒制双元育人模式，校企双方共同制订人才培养方案、共建校内外实训基地、共同注入师资，签订协议，艺术学院8个专业其中5个专业在山东省教育厅备案为校企合作专业。

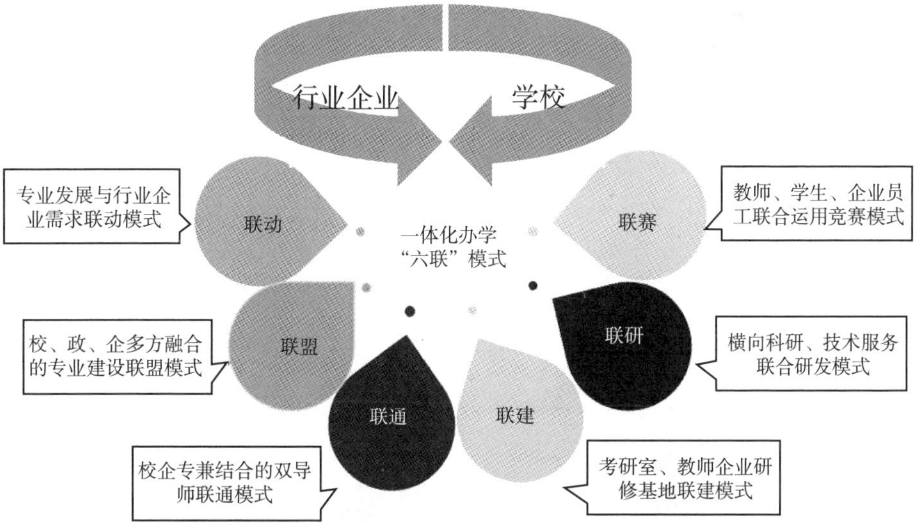

图 1 基于“六联”模式的校企双元育人模型图

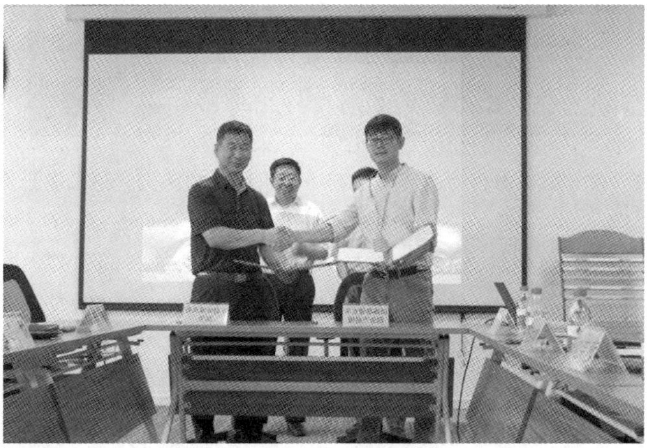

图 2 副院长薛玉平和东方影都教育中心总经理王世朴代表双方签订校企合作框架协议

校企合作专业采用“2+1”的双元模式，学生在校学习 2 年，企业学习和实习 1 年，校企双方共同育人。

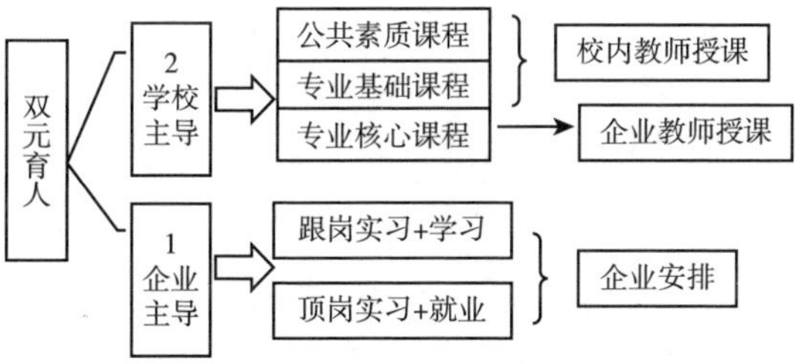

图 3 “2+1”的双元模式模型图

（三）以“六联”为纽带、产业需求为中心，校企共建产业学院，扎实推进产教融合，谱校企深度合作新篇章

在校企共建专业的基础之上，学院不断深化产教融合，与酷特智能集团共同成立“酷特时尚产业学院”，与无限三维科技产业集团的合作共建“无限三维3D打印产业学院”，与海发集团合作共建“东方影都产业学院”，将校企合作向纵深发展，由原来的专业合作向产业合作进行迈进。同时我们与多家合作企业联合成立了协同创新中心、人才培养基地、学生实训基地、教师企业研修基地、大学生创新创业实训基地。

图4　东方影都影视动画协同创新中心、影视动画人才培养基地揭牌

图5　无限三维3D打印产业学院学习

图6　“酷特时尚学院”揭牌仪式

（四）以“六联”为纽带、推动区域发展，建协会、办联盟、办大赛，勇担职业教育使命

2019年6月，青岛职业技术学院作为理事单位牵头成立了由青岛服装知名企业和行业优秀单位和专家组成的“青岛市青年时尚产业发展促进会”，在人才培养、技术创新、就业创业、社会服务、文化传承等方面与服装企业、行业展开深入合作，积极推动和青岛市时尚行业、企业形成多方共赢的命运共同体。

图7　与西海岸发展集团校企融合联合签约仪式

2021年6月，学院承办2021年全国纺织服装领域“1＋X”证书制度试点“岗课赛证”融通研讨会。会议期间成立了全国纺织服装领域“1＋X”证书制度试点专家委员会及全国纺织服装领域“岗课赛证”融通职教联盟，青岛职业技术学院当选为理事长单位。全国纺织服装领域“岗课赛证”融通职教联盟由中国纺织服装教育学会指导，以纺织服装类国家“双高计划”院校和专业群以及优质职业院校为核心，联合纺织服装企事业单位、行业协会、科研院所和政府有关职能部门共同组成，首批联盟单位57个。

图8　纺织服装领域“岗课赛证”融通职教联盟揭牌

以“六联”为纽带，校企合作承办教育主管部门相关大赛，共创佳绩。在继2015年、2016年连续承办山东省职业技能竞赛高职组“服装设计与工艺”之后，2019年、2020年又连续承办山东省职业技能大赛该赛项，2021年，校企合作负重前行，合作承办全国职业技能大赛高职组“服装设计与工艺”赛项。近年来艺术学院获得了全国职业技能大赛一等奖4项、二等奖4项、三等奖4项，连续多年获山东省职业技能大赛服装设计与工艺赛项团体一等奖、园艺大赛一等奖。我们所依托的服装与服饰设计（国际时尚）专业群在总体办学实力位于全国领先，形成专业群教育体系和行业产业统筹融合、良性互动的发展格局。

图9　成功承办2021年全国职业院校技能大赛（高职组）“服装设计与工艺”赛项

三、成果成效

以“六联”为纽带的校企合作、产教融合模式的实践与探索，在人才培养、专业建设、职业技能大赛都取得了辉煌的成果。服装与服饰设计专业曾获得了国家首批现代学徒制试点专业、山东省现代学徒制试点专业、青岛市现代学徒制试点专业、山东省首批校企一体化示范专业，2019年，以服装与服饰设计专业牵头的时尚创意艺术专业群立项为山东省高职高水平专业群，同年，服装与服饰设计（国际时尚）专业群立项为教育部“双高计划”建设专业群。

“六联”校企双元模式曾获得了山东省教学成果一等奖、纺织工业联合会教学成果一等奖；学院牵头制定了山东省服装与服饰设计专业教学指导方案，建有山东省首批技艺技能传承创新平台、山东省优秀教学团队；建有国际级精品在线课程2门、省级精品资源共享课程3门、省级课程思政示范课程1门，山东省优质社区课程5门，拥有山东省省教学名师1名。

四、经验总结

“联动、联盟、联通、联建、联研、联赛”六联的产教融合校企双元育人模式是青岛职业技术学院多年来校企合作、产教融合的实践与探索经验的总结与提炼，它既是对现代学徒制、校企共建专业、共建产教融合产业学院等多种校企合作方式的共性提炼，同时还是对承担政府智能，联合政府、行业、企业校共建协会的总结提炼；对支持产业、行业协会承办职教论坛、参与职教联盟的提炼总结；对推动职业教育发展，承办教育主管部门的职业技能竞赛的总结与提炼。

“六联”产教融合校企双元育人模式虽然在实践上取得了一定的成绩，但在理论研究和经验推广上还具有一定的差距。后期将组织教师开展理论研究，撰写研究论文、申报科研课题、教学成果奖，也为后期的经验推广打造深厚的理论基础。

五、推广应用

推广范围：面向全国各高职院校、中职院校、行业、企业进行推广。

应用场景：该模式适用于所有开展校企合作、产教融合的职业院校、行业、企业，在模式中，基本上涵盖了各类型的校企合作方式，为职业院校、行业、企业的校企合作提供实践经验和理论支撑。

友情提示：再好的经验模式，也不可能适用于所有环境，各高职院校、中职院校、行业、企业在借用该模式时，还需要根据当地区域经济、自身的优势与特色等情况进行有选择的借鉴使用并进行改造升级，最终做到一事一案、一校一策。

4.2 支撑发展

案例5：建设“国际数字创意谷”，打造数字创意产教融合技术技能创新服务示范平台

【学校】广东轻工职业技术学院

产品艺术设计专业群秉承产教融合、协同育人的理念，协同国内外资源，根据数字创意产业链结构，联合阿里、腾讯等数字创意产业链上的上、中、下游企业，以真实市场项目经营，构建体现数字创意设计服务能力的“国际数字创意谷”。以国家、地方财政资金投入为主体，预算投入资金达5000万元，并协同阿里云广州创新中心、科大讯飞、锐志教育科技等行业龙头企业多方共投入1233万元，共同建设集专业教学、社会培训和技术服务为一体的技术技能创新服务示范平台。

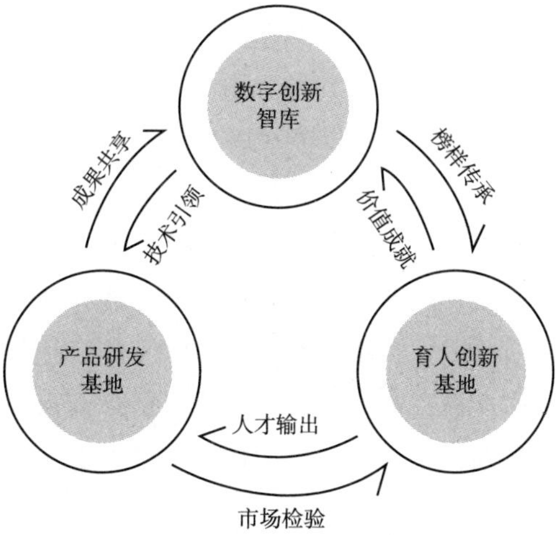

图1 国际数字创意谷功能示意图

一、主要做法

（一）对接龙头企业，共建“轻工·阿里云”育人创新基地

以大数据、人工智能等新兴技术对创意设计产业的赋能推动为纽带，与广州阿里云创新中心、广东省广告集团、腾讯云等龙头企业，共同新建“广轻大数据时尚产业学院”“湾区广告产业学院”“广轻－腾讯云数字创意设计产业学院”3个产业学院，构建“轻工·阿里云”数字创意设计育人创新基地。运用人工智能技术创新产品设计功能，运用虚拟现实技术展示和打磨产品设计原型，从而优化产品设计创新方法、重构产品设计流程、升级产品技术智能化程度。以研促教，将设计和研发过程内化为教学内容，服务创意设计产业的中小微企业，推动人才供给侧改革，满足粤港澳大湾区数字创意产业人才需求。

（二）对接行业协会，共建粤港澳智能产品研发基地

依托粤港澳数字创意职业教育产教联盟，与广东省轻工联合会、科大讯飞导等开展深度合作，共建粤港澳智能产品研发中心。开展智能产品科技攻关和设计创新服务，加大产品创新核心技术从实验室、工作室走向市场的转化比例，指导行业企业的科技攻关，扶持行业技术专才成长。搭建线上线下营销平台，推广成果，打通研发成果向产业转化的“最后一公里”。

（三）对接国际平台，打造国际数字创意智库

与国际生态设计促进中心、中国工业设计协会科技分会、法国巴黎学院等紧密合作，汇集国内外大师、行业领军人物等顶尖人才，打造国际数字创意智库中心。开展数字创意设计方面的国际论坛、技术研讨会，提供产业发展规划、工艺开发、大师培育、技术推广等咨询服务。

（四）按照“1＋3＋5＋1＋N”建设思路，重构多层次专业化社会服务体系

该平台以“新设计＋新技术”跨界融合为特色，按照“1＋3＋5＋1＋N”建设思路，打造形成数字创意产业校企合作命运共同体，建成多层次专业化社会服务体系。“1＋3＋5＋1＋N”，即：一个目标，成为国家级高水平专业化数字创意产教融合实践教学示范平台；三个原则，前瞻性规划、跨界融合性、育人与社会服务双驱；五个专业，以产品艺术设计、广告设计与制作2个优势专业为核心，融合数字技术协同中心的数字媒体应用技术、软件技术、大数据技术与应用3个专业；一个闭环，围绕“产品开发设计及生产流程→数字营销→广告传播及商品销售流程→大数据开发”数字创意产业链闭环建设平台；多个载体，平台由若干个中心组成，具有不同的定位与功能。

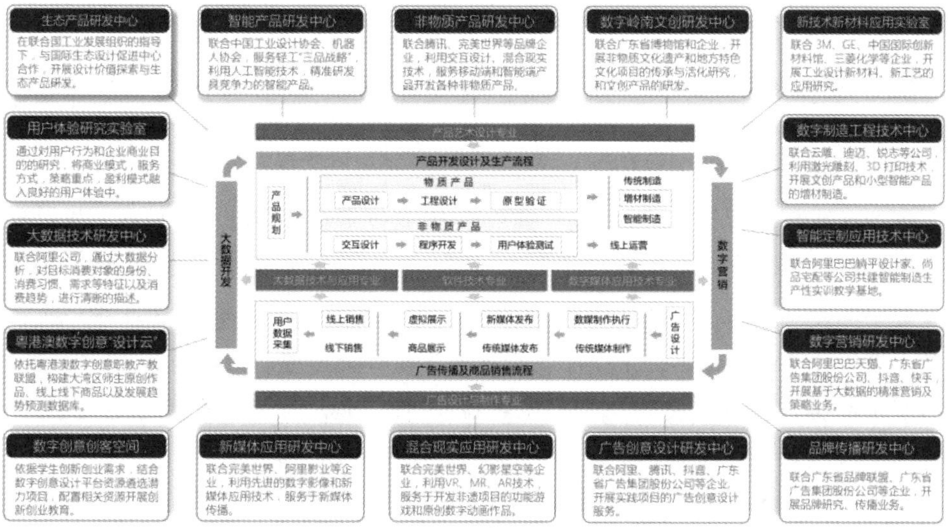

图 2　国际数字创意谷建设布局

（五）完善制度建设，建立促进平台健康发展的长效机制

一是健全平台管理体制，明确管理主体责任。出台数字创意产教融合创新平台的分级分类管理办法，修订横向项目、专利管理、成果转化等管理办法。艺术设计学院成立“国际数字创意谷”建设领导小组，设置组长、副组长，相关部门的各个主任为本项目主要成员，设置国际数字创意谷管理架构团队。二是构建产教深度融合协同体系与运行机制。构建信息技术支撑的产教深度融合协同体系，建立线上线下融合的成果转化运行机制。三是制定《工学商一体化项目制课程项目引进和成果转化管理办法（试行）》等项目保障制度。

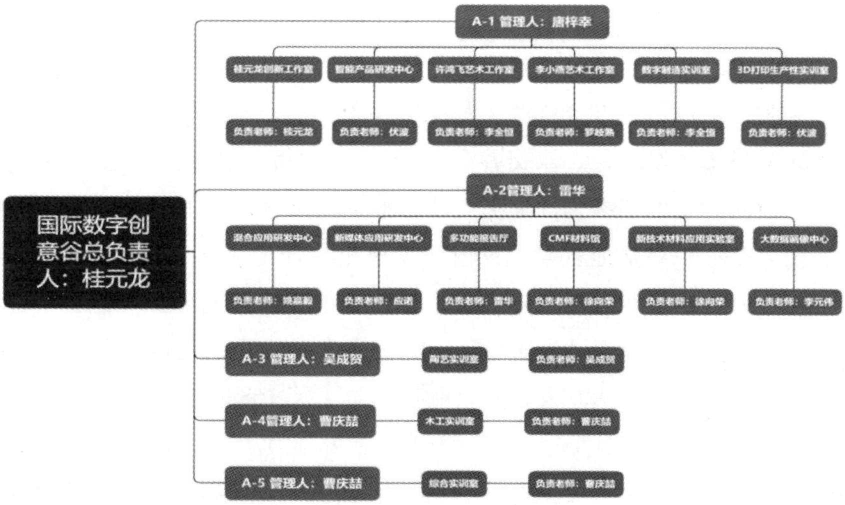

图 3　“国际数字创意谷”管理架构

二、成果成效

2021年9月24日，教育部怀进鹏部长在学校调研考察期间，对“国际数字创意谷”实施产教科联合，“工学商一体化”产教融合人才培养模式改革的教育教学工作给予高度认可。

依托粤港澳智能产品研发基地，建成CMF新技术新材料应用实验室、智能产品研发中心、数字岭南文创产品研发中心、混合现实应用研发中心、数字制造中心、“3D数字工匠”等10余个实验室和研发中心。近三年，“国际数字创意谷”面向粤港澳大湾区数字创意产业，积极开展专业教学和社会服务。开展“工学商一体化”项目制课程实践教学，展开学生实训项目41项，近三学年每学年承担学生实训3000人日，为社会培养创意设计与数字技术相融合的人才。

依托国际数字创意智库，聘请国内外大师、行业领军人物等顶尖人才8人，承办国际论坛2次。依托育人创新基地，新建了“广轻大数据时尚产业学院”“湾区广告产业学院”“广轻－腾讯云数字创意设计产业学院”3个产业学院。

“国际数字创意谷”联合广东省广告集团股份有限公司、国家级工业设计中心——东方麦田等知名企业，完成各项数字创意设计服务、传统文化传承创新和乡村振兴项目等项目，并逐年增长。2019～2021年，“国际数字创意谷”各中心共开设创新型项目课程24门；成功申请省级以上教改科研课题立项32项，获得国家艺术基金项目1项。

案例6：“三聚能”服务地方特色产业创新发展

【学校】湖南工艺美术职业学院

刺绣设计与工艺专业群创新了“三聚能”服务地方特色产业创新发展模式。从“人才、技术、文化入手”，打造支撑地方特色产业创新发展三大支点，被誉为“湘字号”专业群，已成为地方特色产业发展的引擎。

创新“双导师、双基地、双交替”“三双”人才培养模式，聚能人才支撑。专业群成立了国内首个“湘绣艺术学院“和”湘瓷艺术学院。采用“学校与企业双导师施教、校内与校外双基地教学、校内与校外相结合工学双交替学习”培养模式，开发“相对独立、相互融合”专业人才培养方案和“共享＋互渗＋互选”进阶式课程体系。近三年，专业群为“湘字号”工艺美术产业输送既能创意设计又有精湛技艺的高素质技术技能人才726人，为企业培训员工等16880人日。湖南省重点湘绣企业获各类技能大赛奖项员工中，90来自专业群毕业生；省内重点陶瓷企业高端研发和技术人员中，60位来自专业群毕业生。毕业生中涌现出“全国技术能手”“全国轻工技术能手”、湖南省“五一劳动”奖章获得者等突出典型19人/次。

图 1　湘绣艺术学院、湘瓷艺术学院成立现场

图 2　刘爱云、刘宗凡、黄永平大师指导企业员技艺

图 3　“全国技术能手”“全国轻工技术能手”等奖章

创新“平台共用、项目共研、成果共享”“三共”技术研发模式，聚能技术支撑。校企共用研发中心、大师工作室等平台，共建团队，开展核心技术研发．。通过合作性共享、交易性共享、租赁性共享等方式，实现了绝大部分成果共享共用，获发明专利 3 项、实用新型专利 25 项、外观设计专利 79 项，开发湖湘工艺美术新产品 272 件（套）。主持地方标准 4 项。近 3 年专业群主持湘绣湘瓷等省文化改革重大研究课题 3 项，为企业解决技术难题 30 项，横向科研经费到款额达 3020 万元，为湖南工艺美术产业迈上千亿台阶提供了有力支撑，“一个专业群支撑了一个地方特色产业发展”。

创新“同保护、同创新、同传播”“三同”文化技艺传承模式，聚能文化支撑。校企共同对 14 个传统工艺项目的 46 项技艺开展挖掘整理，产出《刺绣当随时代》

《湘绣技法》《湖南传统工艺蓝皮书》（2020）等一批高水平研究成果。与企业合作，推出“新湘绣”“新湘瓷”等。校企共建“非物质文化遗产作品展示馆”“传统工艺作品陈列馆”等展馆，举办“传统工艺振兴发展论坛”“中国刺绣艺术红色主题作品展”等大型传统工艺研讨会与湖湘工艺美术品国内外巡展，建设湖南传统工艺网、主题特色空间等，将湖湘优秀传统文化传播到海内外。

专业群示范引领作用突出，为地方特色产业开发大批销路好、文化价值高的工艺美术产品。专业群支撑地方特色产业发展获新华网、湖南日报等国家、省级媒体经验与成效23次。

4.3 推动形成一批支撑职业教育高质量发展的政策、制度和标准

案例7：开发国家职业技能标准 支撑职业教育高质量发展

【学校】苏州工艺美术职业技术学院

一、背景

2021年国家人社部发布《关于印发〈国家职业技能标准制定工作计划（2020～2022年）〉的补充通知》，苏州的抽纱刺绣工被列入国家职技标准开发计划，我校成为抽纱刺绣工国家职业技能标准开发承担单位。此次国家职业技能标准开发计划评选，江苏省共有7个职业入选，苏州市入选5个职业，由4家单位承担项目建设，我校是唯一入选高校。抽纱刺绣工的入选充分体现了“江南文化”的传统手工艺职业特征，也是对我校人才培养工作的充分肯定。

二、具体举措

1. 组建校企合作团队，开展项目专题调研

我校手工艺术学院联合邹英姿、姚惠芬、王丽华等多个国家级、省级刺绣行业大师联合建立行业标准开发项目组。项目组整合学校刺绣专业优质资源和刺绣大师在刺绣产业发展和刺绣技艺上的优势，形成一支具有专业性、多元性的复合型的工作团队，为抽纱刺绣工国家职业技能标准开发提供了坚强的队伍保障。工作团队对全国范围内苏绣、湘绣、粤绣等15个地方绣种开展行业市场调研，全面分析全国范围各地方刺绣行业的市场规模，发展现状、产品特征、特色技艺等，为制定符合行业规范的国家级标准提供了科学的依据。

2. 组织项目专家论证，完善职业规范标准

学校不断完善专家论证机制，在抽纱刺绣工国家职业技能标准开发过程中，我校多次组织专家论证会，从前期准备、工作过程以及各阶段工作成果等方面积极主动向专家咨询。通过专家论证，不断完善规范标准开发，在标准开发规范性、科学

性、可行性等方面得到不断加强，为项目的高质量完成提供了强有力的技术保障。

3. 参加技术技能竞赛，提升标准规范实效

依托全国行业职业技能竞赛——全国工艺美术职业技能竞赛等技术技能竞赛，项目团队在抽纱刺绣工（手绣工）等项目竞赛中，充分掌握全国抽纱刺绣行业的技艺和技术创新情况，将适应行业发展需要的新工艺、新材料、新技术有机融入标准开发中，不断更新和优化职业活动内容、职业能力及对从业人员的理论知识和技能要求，使标准开发更契合产业行业发展实际，促进技能、人才与产业行业创新发展的深度融合。

三、成效与影响

高质量完成职业标准研制工作，成为全国范围内开展抽纱刺绣工培训和人才技能鉴定评价的基本依据。通过抽纱刺绣工国家职业技能标准的开发，展现行业最新发展趋势和生产技术要求，更好地帮助企业建立“培养、使用、评价、激励”技能人才培养评价制度，提升技术技能人才专业水平，畅通传统手工艺劳动者成长成才通道，助力“苏州制造”品牌建设和“强富美高”新江苏建设。

“双高计划”建设项目贡献度研究
（2019～2021年度）

分报告

教育与体育专业大类分报告

中国教育会计学会
中国教育会计学会高等职业院校分会

1. 专业大类概况

教育与体育大类立项建设专业群共计3个，涉及3所高等职业院校，其中“高水平学校”建设单位1所，“高水平专业群”建设单位2所。表1为立项建设单位及主要专业情况。从专业群类别看，涉及学前教育和特殊教育2个不同类别专业群；从档次等级看，高水平学校A档1所，高水平专业群B档和C档各1所；从省域位置看，3所学校地域分布均衡，东、中、西部各1所。

表1　　　　教育与体育专业大类立项建设单位及专业具体情况

学校名称	档次	专业群名称	专业群包含专业
金华职业技术学院	高水平学校建设单位（A档）	学前教育	学前教育、小学教育、早期教育、美术教育
襄阳职业技术学院	高水平专业群建设单位（B档）	特殊教育	特殊教育、学前教育、语文教育、小学教育、英语教育
咸阳职业技术学院	高水平专业群建设单位（C档）	学前教育	学前教育、早期教育、音乐教育、英语教育

2. 资金投入情况

从五年总量看，教育与体育大类专业群项目预算总额为29700万元，2019～2021年项目支出总额为17505.42万元，五年总体执行率为58.94%，各专业群资金执行率均在50%～70%之间。2个学前教育专业群资金执行率大体相当，特殊教育专业群执行进度明显略胜一筹（见表2）。

表2　　　　教育与体育专业大类各专业群资金执行情况

学校名称	档次	专业群名称	总预算（万元）	2019～2021年支出（万元）	执行率
金华职业技术学院	高水平学校建设单位（A档）	学前教育	9000	5198.55	57.76%
襄阳职业技术学院	高水平专业群建设单位（B档）	特殊教育	10500	6665.31	63.48%
咸阳职业技术学院	高水平专业群建设单位（C档）	学前教育	10200	5641.56	55.31%
平均值			9900	5835.14	58.94%
总计			29700	17505.42	58.94%

从九大建设任务三年资金支出情况看，3个专业群重点聚焦实践教学基地建设任务，支出占比为47.80%，位居大类第一。国际交流与合作建设任务虽执行率不高，相比其他大类，有明显支出进度。可持续发展保障机制建设任务明显滞后，支出占比仅为1.41%，相比实践教学基地建设，支出进度差比高达97.05%，建设任务之间存在明显投入不均衡现象（见表3）。

表3　　教育与体育专业大类各建设任务支出占比情况

建设任务	2019~2021年支出（万元）	资金支出占比
人才培养模式创新	651.59	3.72%
课程教学资源建设	1788.51	10.22%
教材与教法改革	702.81	4.01%
教师教学创新团队	1204.82	6.88%
实践教学基地	8367.87	47.80%
技术技能平台	3082.35	17.61%
社会服务	550.33	3.14%
国际交流与合作	612.78	3.50%
可持续发展保障机制	246.58	1.41%
其他	297.78	1.70%
合计	17505.42	100.00%

3. 贡献度分析

教育与体育大类专业群建设单位全面贯彻党的教育方针，坚持立德树人，健全全面发展的教育思想和人才培养体系，深化产教融合，打造了教育与体育大类人才培养高地和技术服务高地，引领职业教育改革发展和人才培养，支撑国家战略和区域经济社会发展，形成一批有效支撑职业教育高质量发展的政策、制度和标准。

3.1　引领改革

“双高计划”引领职业教育改革发展和人才培养的贡献度，主要体现在价值引领、模式引领、制度引领和标准引领四个维度上。

3.1.1 价值引领

坚持党对职业教育工作的全面领导，将党建工作与学校事业发展同部署、同落实、同考评，构建以立德树人、全面发展为导向的人才培养体系和“双师”队伍协同发展的育人环境。

（1）坚持党建引领，构建“大思政”工作格局，把牢育人方向。

金华职业技术学院实施“示范课堂”“六个一批”“五个一百”“五个一批”以及通识课程思政改革、课程思政试点课和示范课、“四新”活课堂、专业群课程思政典型模式改革、立德树人与课程思政专项研究、“一院一品”文化示范品牌等十个专项行动，系统设计并实施“培育现代职业人的‘三引领、十专项’课程思政行动计划”，从源头、目标和过程上强化课程育人功能，系统推进课程思政改革，为职业教育课程育人提供了理念、方法、载体、路径层面的有益借鉴。咸阳职业技术学院通过实施思想政治领航工程、聚焦铸魂育人工程，建成党员之家、党性体检中心、党建微平台等平台载体，深化“九宫格”文化育人活动，构建全方位育人、全实践融通的文化育人体系。

（2）坚持全面发展，构建“融合”人才培养模式，提升育人绩效。

襄阳职业技术学院特殊教育专业群根植“融合教育”理念，对标国际标准，满足国家“以普通学校随班就读为主体、以特殊教育学校为骨干，全面推进融合教育”的基础教育改革人才需求，构建了“融合共享、核心分设、拓展互选”课程体系，“三双驱动、岗位双任”拓展融合教育教师培养路径，实现学生“基本能力—专业核心能力—特长创新能力”循序提升。咸阳职业技术学院学前教育专业群立足西咸，紧盯培养“身正德善、爱岗爱幼、才优艺雅、擅保擅教的幼儿园教师”的人才培养目标，探索实践德能融合、赛教融合、园校融合“三融合”人才培养模式，组建卓越幼师学院，实施专业共建、人才共育、资源共享、投入共担、发展共赢“五共”机制，形成卓越幼师人才培养方案，通过园校协同育人“三步走”迭代升级，探索形成“三段五步”课堂教学模式、“全实践融通”教学组织形式、“四一制”实践教学组织模式。

（3）坚持协同发展，构建教师多通道成长机制，提优育人环境。

金华职业技术学院实施“尖峰”引才、“攀峰”育才计划和“百工首席”“百师致远”“千师入企”“千匠助教”培养计划和教师发展学分制，探索分层分类的“双师”型教师培训，探索破“五唯”举措，落实师德师风一票否决制，修订完善分层分类专业技术职务评聘制度，增加“职业技能型”评聘类型，创新“直通车”评聘方式，实施专技岗动态聘任工作及“特聘岗”等凸显业绩贡献导向的评价方式。

3.1.2 模式引领

利用自身特色优势精准对接政府、行企需求，形成合作互补模式，通过人才培养、校企合作、“三教”改革、“1+X”证书制度等创新举措厚植专业群高质量发展，助推职业教育动力变革、效率变革、质量变革。

（1）人才培养模式创新，构创职业与产业适配新高度。

接合当地政产“地气”，不断探索人才培养创新“朝气”，赋能学生与企业、职业教育与产业发展适配新高度。部分专业群人才培养模式如表4所示。

表4　教育与体育大类部分专业群人才培养模式

类别	学校与专业群	内容
人才培养模式	金华职业技术学院学前教育专业群	探索分层分类培养，开发涵盖9种培养类型及培养特色的人才培养方案
	襄阳职业技术学院特殊教育专业群	“普特融合、育训一体”人才培养模式创新，在特教集团内推广率100%，毕业生融合教育技能证书通过率95.6%
	咸阳职业技术学院学前教育专业群	深化德能融合、赛教融合、园校融合“三融合”人才培养模式改革，组建卓越幼师学院，实施专业共建、人才共育、资源共享、投入共担、发展共赢“五共”机制，形成卓越幼师人才培养方案

（2）校企合作机制创新，构筑产教融合育人新平台。

深度挖掘专业群教育特点，与地方幼教集团、特教集团开展合作，实施“融合”教育，构筑起产教融合育人新平台。例如，金华职业技术学院学前教育专业群立足“服务民生”与“虚实一体”，“3+2+2”儿童教育综合体初具规模，股份制、实体化的幼教集团投入运营，提供托幼学位2099个，完善学前教育“学教研”共同体、小学教师发展学校联盟活动机制，儿童发展研究院获批金华市首批“社科智库”，成立“家长学院”辐射近万个家庭。襄阳职业技术学院特殊教育专业群重点面向基层基础教育事业，基于融合教育理念，以特殊教育和学前教育专业国家教学资源库升级改造与应用推广、全国特殊教育职教集团建设、特殊教育学校国家二期工程建设项目、襄阳职教集团学前教育联盟建设和融合教育试验园为抓手，重点建设特殊教育专业群，持续放大特殊教育高水平专业群示范效应。

（3）“三教”改革系统创新，构绘“三全育人”新蓝图。

在“三教”改革的闭环系统中，以课程建设为统领，统筹规划，整体创新，赋能教师、升级教材、激活教法，致使目标更明确、方向更正确、模式更准确，不断挖掘新的育人元素，赋予“三全育人”新内涵，绘就职业教育新蓝图。3 所学校针对“三教”改革开展了不同层次的创新实践，但主要集中在教法改革，教师和教材改革内容偏少（见表 5）。

表 5　“三教”改革实施情况统计

学校名称	“三教”改革	类别	具体内容
金华职业技术学院	基于“活学习”的模块化教学创新	教法改革	一是创新以深度学习为特征的“研究性”学习，将课程任务融入课程实训环节； 二是持续优化创新基于保教一线的“工作场”学习，将信息技术有效运用于学生实践教学环节，将校内知识技能的“学”和在校内外基地的“训”结合起来； 三是线上线下“混合式”学习
襄阳职业技术学院	实行“一纳入四融合”的双创教育模式	教法改革	将创新创业教育纳入人才培养全过程，推进创新创业课程与专业课程融合、创新创业平台与专业实训平台融合、创新创业师资和专业师资融合、创新创业文化与校园文化融合
咸阳职业技术学院	“课前课中课后、导学练做思”的“三段五步”课堂教学新	教法改革	“导”是指目标导向，“学”指既要学习师德素养又要学习基础知识，还要学习基本技能，“练”是指教师指导学生练习基本功夫，“做”是指学生在具体活动中融会贯通师德素养和知识技能；“思”是指在学习和实践过程中要不断思考、内省，善于自我评价，在反思中不断地提升
咸阳职业技术学院	实行“四一制”的学前教育专业实践教学改革，	教法改革	学前教育专业群学生在校学习期间，每周 4 天在校学习、1 天入园实践
咸阳职业技术学院	探索学前教育专业赛教融合教学改革新路径。	教材改革	将全国职业院校学前教育专业教育技能赛项的“三项目六模块”落实在 14 门课程中实施，以赛促教促学促改；推行大赛资源转化为教学资源，编写实习手册 3 部，开发竞赛管理平台 1 个

（4）“1＋X”证书制度创新，构设复合人才新模式。

将“1＋X”证书制度融入人才培养模式和课程体系，将专业教学标准与职业技能等级标准精准对接，实现课证融通。咸阳职业技术学院学前教育专业群会同金职伟业、新华国采等企业，制订幼儿照护、器乐艺术指导、产后恢复等“1＋X”职业技能等级标准，“幼儿照护技能等级证书”在全国 700 余家院校设置考点，11 万余名学生参加考核。“器乐艺术指导技能等级证书”在全国设置考核站点 91 个，试点院校 154 所，试点学生 26000 余人。金华职业技术学院学前教育专业以证书为桥梁，牵头成立“母婴护理”证书试点项目协作组，主动参与“幼儿照护”证书标准的研制，协同推进出台标准化培训、考试流程，贯通校企合作人才培养路径为行业企业以及职业教育教学提供咨询、指导和服务。

3.1.3 制度引领

着眼于职业教育机制的构建与完善，力求通过构建科学的制度体系实现更高层次资源整合，主要包含完善职教高考制度、国家资历框架制度、普职融通制度、产教融合（校企合作）制度等内容。金华职业技术学院在制度引领方面具有典范效应，而其他两所院校出台制度则相对较少（见表6）。

表6　制度引领的具体实施措施

学校名称	具体措施
金华职业技术学院	参与研制《关于〈中华人民共和国学前教育法草案（征求意见稿）〉的研究意见》
金华职业技术学院	开展职教本科层次学前教育专业设置论证，提交《职业教育本科试点学前教育专业设置论证报告》《职业教育本科试点学前教育专业简介》等
金华职业技术学院	起草《高职本科学前教育专业教学标准调研报告》《高等职业教育本科学前教育专业教学标准》《高等职业教育本科学前教育专业简介》《高等职业教育本科学前教育专业教学标准修（制）订说明》
金华职业技术学院	执笔起草《高等职业教育专科美术教育专业教学标准调研报告》《高等职业教育专科美术教育专业教学标准》《高等职业教育专科美术教育专业简介》《高等职业教育专科美术教育专业教学标准修（制）订说明》
咸阳职业技术学院	制定校企合作、教学、科研、绩效等多维保障制度

3.1.4 标准引领

参与国家级教育专业标准、行业标准、课程标准、职业技能等级证书标准等，起到了一定的引领作用。参与标准制定情况如表7所示。

表7　教育与体育专业大类的标准引领具体措施

标准类别	学校名称	标准内容
国家级标准	襄阳职业技术学院	参与研制国际化行为矫正师ABA课程标准
	咸阳职业技术学院	参与制定“1+X”职业技能等级标准3个
	金华职业技术学院	参与“1+X”职业技能等级标准开发2套
省级标准	咸阳职业技术学院	参与制定陕西省“文化素质+职业技能”教育与体育大类试题命制及测试标准制定3项
	咸阳职业技术学院	参与北京市“婴幼儿照护服务从业人员规范化培训建设”标准研制
	金华职业技术学院	省级及以上中高职一体化专业教学标准及课程标准

续表

标准类别	学校名称	标准内容
校级标准	襄阳职业技术学院	研制发布融合教育专业标准1个，课程标准6个
	咸阳职业技术学院	《学前教育专业群人才培养系列标准及规范》1套
	金华职业技术学院	新编线上线下混合教学课程标准40个
	金华职业技术学院	“三融入”课程思政教育实施标准与操作手册1套
输出标准	金华职业技术学院	输出通用的学前教育、小学教育专业标准2个
	襄阳职业技术学院	输出课程标准4个

3.2 支撑发展

瞄准产业需求，坚持扎根地方，多元打造产教融合平台和技术创新平台，协同培养技术创新服务团队，积极服务国家发展战略和区域经济高质量发展。

3.2.1 服务国家战略

以城市底色、学校亮色、专业特色，加快推进教育强国建设，服务国家“一带一路”倡议以及乡村振兴、科教兴国、创新驱动等重大战略。

（1）加强海外交流，打造职教联盟，助推“一带一路”建设。

咸阳职业技术学院牵头建设“一带一路”幼儿教育联盟，坚持共建共享共赢，汇聚国际幼儿教育高级人才，以跨学科的方式合作开展幼儿教育的人才培养、标准研定、科学研究和社会服务。依托联盟平台，定期举办国际幼儿教育论坛，开展双向交流访问，举办技术技能大赛，开发国际可借鉴的婴幼儿教育教学资源包，联合开发建设适应联盟成员单位的人才培养方案、课程标准、技能标准、资源库等，并逐步将标准和资源推广到沿线国家和地区。金华职业技术学院学前教育专业群融入国家“一带一路”倡议，借助“中国—东盟教育交流周”平台，输出了高质量学前教育人才培养的“金职标准”；依托海外分校卢旺达穆桑泽国际学院，开发配套教材和职业培训资源包，开展线上线下一体化培训，不断提升留学生学历水平。

（2）加强人才输送，打造西部帮扶，助推乡村经济振兴。

金华职业技术学院学前教育专业群由教育部统筹专项对口帮扶西昌民族幼高专，助力其专业建设步入正轨、人才培养站稳脚跟，持续助力全面脱贫攻坚；由省级统筹每年派驻全职骨干援助阿克苏职院、阿克苏教育学院，对口支援川北幼高专，全面深入东西协作形成了显著的社会效应。咸阳职业技术学院学前教育专业群传承“西部红烛精神”，连续两年选派优秀学生及专业教师70余人次，奔赴四川、宁夏、甘肃、青海及陕西西部等偏远地区27个县区支教帮扶，连续两年推荐输送353名学前教育专业群毕业生到新疆、甘肃、青海等西部地区就业，涌现出立足基层、出类拔萃的学生李星等一批优秀毕业生，以实际行动改善西部地区早幼教专业人才紧缺现状。

(3) 加强人才培养，打造科创团队，助推科教兴国战略。

咸阳职业技术学院建设西部幼儿教育研究中心，建成"学前儿童学习与发展核心经验"科研创新团队，开展中国学前教育研究会、陕西省教育厅等课题研究，并"筑巢引凤，内培外引"，引进加拿大工程院院士杨军教授等4名国家级人才，组建大咖技术研发团队，先后申请国家基金3项、省基金6项，获得技术攻关项目32项，获得重点攻关"卡脖子"技术转换省级奖1项和科学技术奖省级奖1项，累计项目到账经费4666.62万元，产生经济效益1.518亿元。

(4) 加强人才双创，打造融合教育，助推创新驱动发展。

襄阳职业技术学院实行"融合教育"——"一纳入四融合"的双创教育模式，将创新创业教育纳入人才培养全过程，推进创新创业课程与专业课程融合，创新创业平台与专业实训平台融合，创新创业师资和专业师资融合，创新创业文化与校园文化融合。涌现出"教育部最美基层高校毕业生"谷丹丹、教育部"闪亮的日子，青春最美的样子"大学生代表杨利华，"湖北省长江学子大学生创业人物"朱婷婷、杨博文，襄阳市"五一劳动奖章"获得者王弟等一大批就业创业典型。创办的襄阳大学科技园，被工信部认定为国家小型微型企业创业创新示范基地、科技部认定为国家级科技企业孵化器等。咸阳职业技术学院三秦儿童"阳光计划"项目获中国国际"互联网+"大学生创新创业大赛青年红色筑梦之旅赛道铜奖。

3.2.2 服务区域经济社会发展

精准对接区域幼教、特教产业，以社区、园区为单元，为需求民众搭建桥梁，形成具有地方特色的工作室、基地、平台、机构，起到良好社会效应作用（见表8）。

表8　教育与体育大类服务区域经济社会发展重要举措

学校名称	成效
金华职业技术学院	深度参与金华市开发区"龙头园"的建设，对接幼儿园实际需求，探索多元化的帮扶形式，促进区域幼儿园教育教学质量提升和教师专业发展；在普惠制幼儿园建设、职前职后儿童教育师资培养、儿童教育资源共建共享等方面发挥了良好的社会效应，为满足人民群众对"有园上""上好园"的期待作出了重大贡献
襄阳职业技术学院	联盟搭台、工作室唱戏，助力随班就读政策落地；"政府订单、定向委培、县管校聘"政校协同培养乡村小学教师
咸阳职业技术学院	积极开展"早教进社区"系列活动，在4家社区挂牌成立社区"早教之家"；牵头成立安康市早期教育实践基地；成立"启萌"网络工作室，开发建设"启萌早教、慧育未来"早教资讯平台，为2000多户家庭提供早教咨询

3.3 推动形成一批支撑职业教育高质量发展的政策、制度和标准

始终秉持“以服务求发展，积极筹措社会资源”理念，向外借力，不断增强自我造血功能，积极探索自身特色“双高”之路。在内挖潜力、向外延展的过程中，形成了一批支撑职业教育高质量发展的政策、制度和标准。

3.3.1 参与国家层面政策制定，引领作用显著

金华职业技术学院学前教育专业群参与制定了《关于〈中华人民共和国学前教育法草案（征求意见稿）〉的研究意见》（以下简称《意见》），《意见》针对《学前教育法》中涉及的“避免幼儿园教育‘小学化’”“如何更好地开展幼小衔接”“学前教育投入机制和成本合理分担机制”“保障学前教育的公益性和普惠性”等热点、难点话题给出了意见，并提出建设性建议。

3.3.2 牵头专业教学标准制定，标杆作用显著

金华职业技术学院学前教育专业群牵头开展职教本科层次学前教育专业教学标准制订工作，起草《高职本科学前教育专业教学标准调研报告》《高等职业教育本科学前教育专业教学标准》《高等职业教育本科学前教育专业简介》《高等职业教育本科学前教育专业教学标准修（制）订说明》，为开设职教本科专业提出了基本规范。同时，牵头开展职教专科层次美术教育专业教学标准制订工作，执笔起草《高等职业教育专科美术教育专业教学标准调研报告》《高等职业教育专科美术教育专业教学标准》《高等职业教育专科美术教育专业简介》《高等职业教育专科美术教育专业教学标准修（制）订说明》，明确了人才培养定位，规范了人才培养规格，科学构建课程体系，强化专业建设能力，为职教专科层次美术教育专业高质量发展提供金职经验。

3.3.3 参与其他各类标准制定，示范作用显著

咸阳职业技术学院学前教育专业群在教指委领导下，参与学前教育专业专科、本科的专业目录及简介、专业教学、实训条件建设等标准制订，并纳入国家职业教育标准体系，并会同金职伟业、新华国采等企业，制订幼儿照护、器乐艺术指导、产后恢复等“1＋X”职业技能等级标准3个，参与北京市“婴幼儿照护服务从业人员规范化培训建设”标准研制。襄阳职业技术学院研制发布融合教育课程标准、教学标准6个，参与研制国际化行为矫正师ABA课程标准。金华职业技术学院学前教育专业群开展了职教本科层次学前教育专业设置论证，提交《职业教育本科试点学前教育专业设置论证报告》《职业教育本科试点学前教育专业简介》等，为设置职

业教育本科层次提供了科学依据、填补了空白。

4. 典型案例

4.1 引领改革

案例1：高职教育类专业群技术技能平台建设先试先行：建设“3+2+2”虚实结合的儿童教育综合体

【学校】 金华职业技术学院

一、项目背景

“产教融合、校企合作怎么做?”是高职院校普遍存在的困惑。金华职业技术学院学前教育高水平专业群在建设中提出“建设儿童教育综合体，打造‘园校’融合发展的教师培养培训新平台”，对高职教育类专业群技术技能平台建设开展先行探索。

二、主要做法

（一）建成附属幼儿园、幼教集团、亲子学院3家实体

第一，附属幼儿园每年向社会提供350个优质学前教育学位，新建建构实训室等5个实训空间，完善附属幼儿园校内实训与学科研究基地功能。承担学前教育、早期教育和美术教育专业学生教学和实训任务以及专业教师培养培训、专业实践和学科研究职能，同时作为骨干教师和储备管理人员的孵化基地。第二，学校京华教育集团与社会共同出资组建幼教集团，通过自主举办、运营托管、联合投资等多形式开办托幼机构，向社会提供超2000个普惠性质的学前教育学位，并同时承担专业群专业学生教学和实训任务。第三，以附属幼儿园托幼部为主体，组建亲子学院，开展早期教育与培训，承担0~3岁幼儿保教任务、早期教育和美术教育专业教学工作和实训任务以及专业群教师专业发展等职能。同时建成幼儿保育虚拟仿真、儿童行为观察实训室和智慧教室等实训基地。

图1　与专业一体化发展的附属幼儿园外景

（二）成立儿童发展研究院和家长学院2家研究与服务机构

儿童发展研究院作为研究机构，承担标准开发、保教资源和专业课程建设及开发、儿童发展研究等职责，获批首批地方社科智库，积极为区域学前教育事业建言献策。家长学院作为社会服务机构，搭建“人生第一所学校”网络平台，为“人生第一所学校”的老师——家长提供科学育儿的指导与咨询。

图2　家长学院专题讲座——“让孩子在讲规矩中自由成长”

（三）持续学前教育学教研共同体和小学教育教师发展学校联盟2家紧密型共同体

继续夯实地方二十余家优质基地幼儿园和小学的紧密型合作伙伴关系，每年开展主题教研活动、特级教师专场活动等，服务于专业群建设，为区域幼儿园和小学发展提供平台，促进学生、专业教师、幼儿园教师和小学教师的专业成长。

图3　“3＋2＋2”之虚体——区域“学教研”共同体主题活动剪影

图4 “3+2+2”之虚体——小学教师专业发展学校联盟工作会议现场

经过三年建设，“3+2+2”虚实一体的儿童教育综合体基本建成，在推动专业群高水平建设中发挥了不可替代的作用。金华职业技术学院学前教育专业群走出了一条可鉴性强、可行性好的高职教育类专业“产教融合”特色之路。

案例2：普特融合 育训一体 合力助残

【学校】襄阳职业技术学院

一、项目背景

随着《教育部关于加强残疾儿童少年义务教育阶段随班就读工作的指导意见》和《“十四五”特殊教育发展提升行动计划》（以下简称《计划》）的发布，构建高质量特殊教育体系成为“十四五”期间的主要任务。襄阳职业技术学院师范学院主动担当，探索新时代特殊教育体系与高质量建设内涵，谱写高水平专业群赋能残疾人教育高质量发展的新篇章。

二、主要做法

（一）学习《计划》精神，把握残疾人教育高质量发展内涵

通过“主题学习+专题讲座”“集中研讨+个人自学”的形式，专业群教师系统学习了《计划》内容，认识了新时代特殊教育体系框架（即学段有效衔接、职普前后贯通、服务终身学习），在传统融合教育理论（普特融合、残健融合）基础上，进一步拓展了融合教育内涵要求（职业教育和特殊教育融合，促进残疾人康复与职业技能提升，推动残疾学生教育与就业有效衔接；医疗康复、信息技术与特殊教育融合，推进特殊教育智慧校园、智慧课堂建设，扩大优质资源覆盖面等），精准把握特殊教育体系高质量发展内涵。

（二）普特融合、育训一体，服务残疾人终身教育体系

1. 以群建院，打造融合教育人才培养高地

为落实服务残疾儿童少年随班就读工作任务，学校以特殊教育专业为龙头，

以学前教育专业、小学教育专业（含语文教育、英语教育）为支撑，组建特殊教育国家高水平专业群，培养学前、小学阶段融合教育教师与特殊教育教师。服务融合教育向前延伸需要，实施专业动态调整，增设早期教育专业。服务残疾人教育向后拓展与提升需要，成立国家开放大学残疾人教育襄阳学院，开展残疾人本科层次学历教育，形成“师范教育为主体、特殊教育为优势、融合教育为特色、继续教育为补充”的师范生培养体系，赋能残疾人终身教育体系高质量发展。

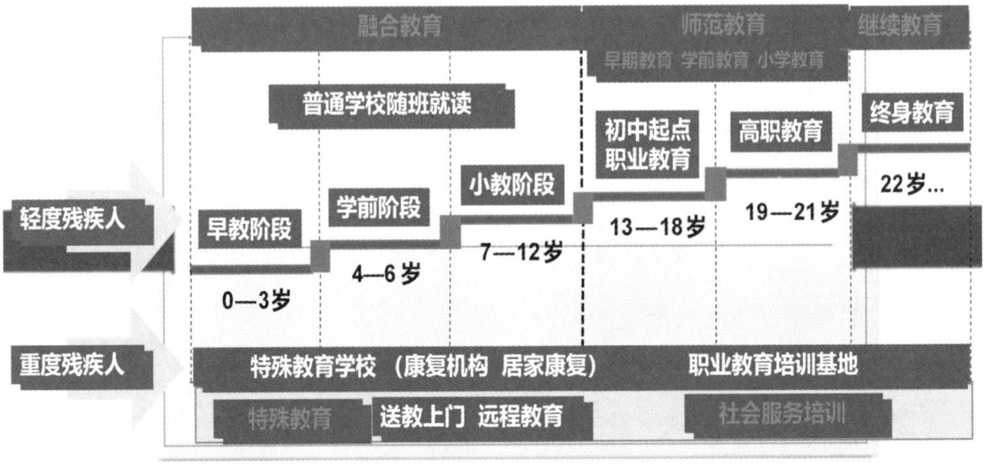

图1 专业群赋能残疾人终身教育体系

2. 校企合作，共同研发融合教育系列标准

牵头成立全国特殊教育职业教育集团、湖北省特殊教育中心、襄阳市小学教育联盟等政、行、园（校）、校合作平台，成立融合教育学院和融合教育研究院，组建政府、行业、高校和小学（含幼儿园）四方专家研发团队，开展融合教育理论与实践研究，研发学前、小学融合教育教师系列标准与教材；研制融合教育教师培养系列标准，在毕业生中开展融合教育职业能力提升培训、考核与认定工作。

3. 前后贯通，构建融合教育师资培养培训体系

系统设计融合教育教师职前培养模式与职后培训机制，构建前后贯通、普特融合的融合教育师资培养培训体系。在专业群探索形成“普特融合、育训一体”人才培养模式，通过小学教师订单定向培养，扩大融合教育教师培养规模；构建“基层共享、中层分设、拓展互选”课程体系，落实群内学生“普特课程双修、技能双练、证书双考”，实现普特“岗位双任”，在有效提升毕业生就业竞争力和融合教育教师培养规模的同时，极大支撑了普通学校随班就读工作需要。

图 2　相关平台成立仪式

三、经验成效

（一）产教融合，成为区域融合教育师资培训高地

校内，与钱璟康复有限公司共建汉江流域融合教育实训中心，系统设计、统筹安排、开放共享融合教育基本技能实训区、核心技能实训区与拓展技能实训区，建成区域、国家融合教育人才培养高地。校外，依托幼儿园、中小学教师继续教育市培、省培与国培项目，共建融合建设试验园、试验校，持续开展幼儿园、中小学在职教师融合教育技能培训，打造融合教育师资培养培训高地。连续三年，承担湖北省特殊教育学校校长培训、骨干教师培训、襄阳市中小学教师培训等任务，各类教师培训量累计 5 万余人/日，培训收益逾 1270 万元。

图3　相关培训图片

（二）开放共享，构建全社会合力助残新机制

系统构建“政府主导、行业指导、学校主体、企业参与、残疾人受益”的全社会合力助残新机制。成立国家开放大学残疾人教育襄阳学院，推动市政府出台支持残疾人学历提升与职业技能提升政策；持续开展全国爱耳日、世界自闭症日、国际残疾人日等宣传推广活动；与市、区残联合作，开展残疾人手语、电子商务等技能培训；开展残疾人进校园活动，为糖宝宝、星星的孩子（自闭症儿童）及其家庭开放校园；通过“1＋”志愿者协会，定期组织师生走进残疾人康复机构、儿童福利院与残疾人家庭，开展红色筑梦之旅活动。2021年，“启慧阳光——鄂豫陕最大智力障碍儿童教育康复公益组织”荣获全国大学生“互联网＋”比赛的全国银奖、湖北省金奖。

图4　相关助残活动、获奖等图片

四、推广应用

学校以群建院，打造融合教育人才培养和培训的高地，被誉为湖北省特校教师培养的摇篮；构建起“政府主导、行业指导、学校主体、企业参与、残疾人受益”的全社会合力助残的新机制，相关成果在全国特殊教育职教集团、湖北省特殊教育中心等平台上得到广泛应用，典型案例被《中国教育报》《湖北教育》等媒体相继报道。

案例3：园校融合 学练赛展 学前教育专业人才培养的新探索

【学校】咸阳职业技术学院

一、项目背景

针对学前教育专业人才培养特色不够鲜明、园校融合度不够高等问题，咸阳职院联合幼儿园探索创新学前教育专业人才培养体系建设。

二、主要做法

（一）凸显园校“双主体”培养

学前教育专业对接幼儿园教师关键岗位能力，实施师德与师能融合，培养学生遵守师德规范、涵养教育情怀、掌握保教基本职业能力；实施竞赛与教学融合，将学前教育专业国赛核心内容纳入培养方案，嵌入课程体系，赛教融合提升培养质量；实施幼儿园所与高职院校融合，实现“双主体”培养，建立园校融合发展共同体。学前教育专业人才培养工作的经验对群内其他专业建设带动效应明显。在学前教育专业群引领下，院内形成了“126”国、省、校三级专业群架构，学院办学综合实力进一步增强。

（二）系统构建“三维六域”课程体系

从教育信念责任、知识能力、实践与体验3个维度设置课程目标。重构儿童发展与学习、幼儿教育基础、幼儿活动与指导、幼儿园与家庭社会、职业道德与专业发展、教育实践等6个领域课程。致力于培养学前教育专业师范生的师德践行、保育和教育实践、综合育人、自主发展的教师职业关键能力。

参与国家高职和职业本科学前教育专业简介、专业教学等标准制订，参与3项国家“1+X”技能等级证书标准研发，在全国推广应用。主编培训教材1部并入选国家职业教育“十三五”规划教材，发行量80000册。建成省级早期教育专业教学资源库，用户达2990人。建设在线开放课程28门，选用院校150余家、18万人次，6门获评省级精品在线课。

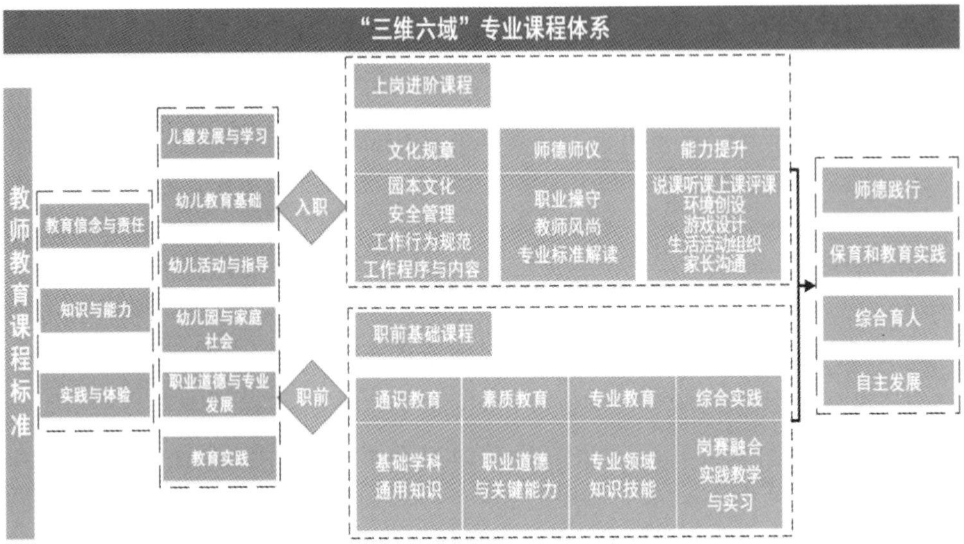

图1　高职学前教育专业"三维六域"课程体系

（三）创建"学练赛展"的实践教学模式

以"能力发展、知识积淀"为主线，创建"学练赛展"实践教学模式。学以懂理论，懂得幼儿保教的基本知识；练以强技能，增强幼儿保教的职业技能；赛以促教学，促进教学改革的提质赋能；展以育成果，培育教育教学优质成果。与幼教机构联合建立卓越幼师学院，创立"四一制"实践教学模式，学生在校3年，每周4天在校1天入园实践，助推了实践教学质量全面提升。

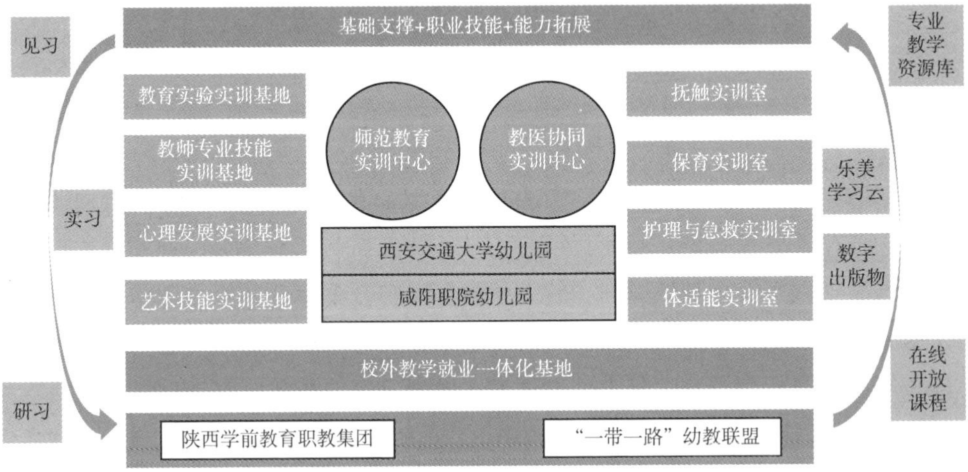

图2　高职学前教育专业实践教学体系

按照"一体两翼一保障"模式，建成由附属幼儿园、学前教育综合实训中心、校外实习实训园所等构成的学前教育专业人才培养实践基地，在省内外270家幼儿园所建立实践教学基地，开发了多类型信息化教学资源。连续 4 年承办省级技能大赛，2019 年承办国赛。为深圳职院、广东南华工商职院等 20 所院校进行大赛备赛培训，与青岛职院、济南幼专等院校进行办赛学习交流。

4.2 支撑发展

案例 4：创办优质园、培训好教师，担当“幼有优育”的社会责任，助力区域学前教育事业发展

【学校】金华职业技术学院

一、举办幼教集团，提供优质普惠学前教育资源

一方面，为地方幼儿园提供运营管理服务，持续增加普惠性学位供给。目前通过自主举办、运营托管、联合投资等多种方式已拓展举办幼儿园 7 所，累计提供普惠学位 2000 余个。另一方面，采用集团化办学形式，以金华职业技术学院自主举办的学校附属幼儿园为核心，发挥示范引领作用，“一园好”变“园园好”，做地区优质幼儿园办学“领跑者”。

图 1　金华职业技术学院附属幼儿园

二、开展教师职后培训，提升区域基础教育师资水平

一方面，学前教育专业群积极承担地方中小学与幼儿园教师职后培训任务，提升地区基础教育教师队伍质量。近三年，承担省内中小学及幼儿园教师培训项目 315 项，累计培训中小学及幼儿园教师 58676 人/日。另一方面，学前教育专业群辐射全国职业教育教师职后成长，助力国家职业教育教师队伍建设。近三年，面向全国开展职业教育教师培训项目 12 期（含国家级培训 2 期），累计培训全国职业教育教师 7514 人/日；承担中西部地区专项职业教育教师培训项目 15 期，累计培训中西部地区职业教育教师 3733 人/日。学前教育专业群服务基础教育与职业教育人才培养成效凸显。

图 2　学前教育专业群教师培训项目

三、成立绿荫支教团，提质外来务工子女托管服务

学前教育专业群师生牵头成立绿荫支教团，秉承“脱贫攻坚，教育扶贫”理念，联手地方政府、学校，做好外来务工子女暑期托管服务，助力企业稳岗就业。学前教育专业群师生服务事迹多次被学习强国、中国青年网、中国高职高专教育网等媒体报道，获省级以上奖项 15 余项。累计已有 4000 余人参与支教服务，覆盖 14 万余户家庭，25 万余位儿童，有力支持地方经济发展与城市文明建设。

图 3　绿荫支教团出征仪式

图 4　金华市教育局局长推广支教活动

文明实践丨“三驻三联”解决托管难 金职院绿荫支教团10多年公益服务暖人心

地方平台发布内容

浙江学习平台

“以前孩子放假后就‘陪’着我们上班，现在由你们帮忙照顾，我们再也不用担心孩

教育助力共同富裕，金职院绿荫支教团10多年公益服务暖人心

中国青年网金华9月1日电（通讯员董天浩）7月至8月，金华职业技术学院绿荫支教团队，秉承着十余年的支教情怀，前往丽水庆元县，金华市婺城区，永康市，浦江县等地参加支教活动，为小候鸟们带去教育帮扶。

“你们快坐，尝尝我们越南风味的咖啡”，7月的最后一个周末，家住庆元县同心社区的有氏莫家迎来了一群客人，他们是来庆元开展暑期支教的金职院绿荫支教团志愿者们，这一天有氏莫早早的忙碌起来，由于路途较远，还专门请来两位朋友一起帮忙接送志愿者，并为客人们备上一桌特色佳肴。三位女主人均来自越南，这个暑期她们的孩子不用再“培”着自己上下班，可以安心的交给

凤凰新闻

教育助力共同富裕，金职院绿荫支教团10多年公益服务暖人心

凤凰网浙江金华

#打造共同富裕示范区——金…

“你们快坐，尝尝我们越南风味的咖啡”，7月的最后一个周末，家住庆元县同心社区的有氏莫家迎来了一群客人，他们是来庆元开展暑期支教的金职院绿荫支教团志愿者们，这一天有氏莫早早的忙碌起来，由于路途较远，还专门请来两位朋友一起帮忙接送志愿者，并为客人们备上一桌特色佳肴。三位女主人均来自越南，这个暑期她们的孩子不用再“陪”着自己上下班，可以安心的交给支教志愿者，学习文化和艺术课程。

图 5　绿荫支教团服务媒体报道（部分）

金华职业技术学院学前教育专业群以提质地方学前教育事业发展质量为己任，通过幼教集团辐射、教师培训项目及绿茵支教活动，有效助推国家与地方学前教育事业良性发展。

案例5：传承西部红烛精神 振兴乡村幼教事业

【学校】咸阳职业技术学院

咸阳职院学前教育专业群坚守扎根西部办高职教育的办学信念，传承“西部红烛精神”，通过选派师生支教帮扶、输送毕业生到西部地区就业等方式，以教育振兴助力西部乡村振兴。

一、教育扶智助力乡村振兴

2020年以来，连续两年选派优秀学生及专业教师70余人/次，奔赴四川、宁夏、甘肃、青海及陕西西部等偏远地区27个县区支教帮扶，用实际行动引领学生知晓西部地区教育现状，激发学生努力学习、回报家乡的坚强斗志，培养学生投身基层、甘于奉献的优良品质，帮助西部乡村幼儿享受优质教育资源，助力乡村振兴战略。

图1 支教帮扶活动

二、园校融合提升教育质量

专业群师生结合专业知识，开展三秦儿童“阳光计划”项目，立足三秦，辐射西部，服务儿童1000余人，开展各类公益活动110余次，参与人数达5000人/次；连续两年承担国、省、市各级各类幼儿教师能力提高和学历提升服务，服务人数634人。与新疆、甘肃等西部地区12所幼儿园所签订园校融合发展合作框架协议，从园校共同体基地建设、产学研合作平台建设、园校教科研团队建设、就业基地建设等方面推动园校融合发展，助力西部地区学前教育质量提升。

三、西部就业助力学前教育发展

连续两年推荐输送353名学前教育专业群毕业生到新疆、甘肃、青海等西部地区就业，以人才和智力助力西部学前教育事业发展和乡村振兴战略，以实际行动改善西部地区早幼教专业人才紧缺现状。两年来，涌现出一批优秀毕业生，如立足基层、出类拔萃的学生李星，扎根西部、建设边疆的学生师帅等。这些毕业生以实际行动践行专业群扎根西部、服务西部的建群初衷，收获了良好的教育效果和社会效益。

案例6：“三送三进”，助力乡村教育振兴

【学校】襄阳职业技术学院

一、项目背景

实施乡村振兴战略，是党的十九大作出的重大决策部署，是决胜全面建成小康社会、建设社会主义现代化国家重大历史任务。乡村振兴关键在于人才，人才振兴关键在于教育。因此，提升乡村文化软实力和教育质量是乡村振兴的基石和关键。襄阳职业技术学院结合特殊教育专业群办学优势和乡村振兴的实践经验，探索出以“送教下乡进基层学校、送教上门进特殊儿童家庭、送非遗传统文化进社会主义新农村”为核心的“三送三进”模式。

二、主要做法

（一）广泛调研深入研讨，探索助力乡村振兴新模式

深入襄阳市南漳县、保康县、谷城县的残联、妇女会、教育局、文明办、乡村学校和社区调研，为满足乡村发展需求，发挥专业优势，体现办学特色，在实践中探索形成“三送三进”助力乡村振兴的襄阳模式。

（二）送教下乡进基层学校，提升乡村学校教育质量

每月选派15名专业师生分体育、音乐、美术、舞蹈、手语等送教课程团队，深入南漳县板桥镇竹坪中心小学、凉泉中心小学，谷城县庙滩镇黄畈中心小学等开展

送教下乡。暑期到南漳县板桥镇新集完全小学等开展“七彩假期”支教活动。每年春季和南漳、谷城、保康县教育局对接，安排实习生到乡村学校任教半年。

图 1　送教下乡进保康县马桥镇小学

（三）送教上门进特殊儿童家庭，助力乡村残疾人教育公平

根据残联等部门提供的特殊儿童名单，对听力、言语、智力、精神等不同类型特殊儿童分类设计课程，一人一策，选派专业的优秀师生，定期开展送教上门。

图 2　送特殊教育康复训练进残障儿童家庭

（四）送非遗传统文化进社会主义新农村，推进乡村文化建设

结合学校现有的南漳剪纸、襄河道坠子、木板年画、程河柳编等非遗工作室，通过与市扶贫办、学校文明办等对接，每月深入谷城县花园村、保康县尧治河村、南漳县板桥镇竹坪村等举办非遗专场晚会，传承优秀传统文化。

三、经验成效

（一）以“队伍建设”为支撑，党建引领践初心

成立［1+］青年志愿者协会，整合志愿服务力量，积极发动和引导党员教师、

入党积极分子、共青团员等加入服务队伍。全院50名党员教师，1798名学生申请加入［1+］青年志愿者协会。1012名实习生到乡村学校实习任教，有效解决了乡村学校师资不足等困难。

图3　党员教师带领学生到板桥镇新集完全小学开展送教

（二）以“开展活动”为核心，志愿服务见行动

先后深入南漳、保康、谷城3个县市区，5个乡镇，7个农村社区和社区的乡村学校，共计给5761名留守儿童送去体育、音乐、美术等山区学校紧缺课程，为4名残障儿童送康复训练上门，非遗文艺演出受益群众2万多人，基层群众、家长、学生等获得感显著增强。

图4　送教下乡进谷城县三岔路小学

（三）以“确保实效”为导向，做强保障促落实

夯实组织保障，成立“三送三进”领导小组；充实经费保障，为1214名留守儿童送去书包、笔、美术本等学习用品，每年对“三送三进”活动投入经费40多万元。

（四）以“对接比赛”为动力，树立品牌扩影响

《启慧阳光——鄂豫陕最大智力障碍儿童教育康复公益组织》项目获 2021 年第七届中国国际“互联网 +”大学生创新创业大赛省赛金奖、国赛银奖。［1 +］青年志愿者协会团支部参加 2021 年湖北省“百生讲坛”比赛，获省级“金牌活力团支部”称号。在 2021 年湖北省暑期三下乡评选中，［1 +］青年志愿者协会获省级“优秀团队”。

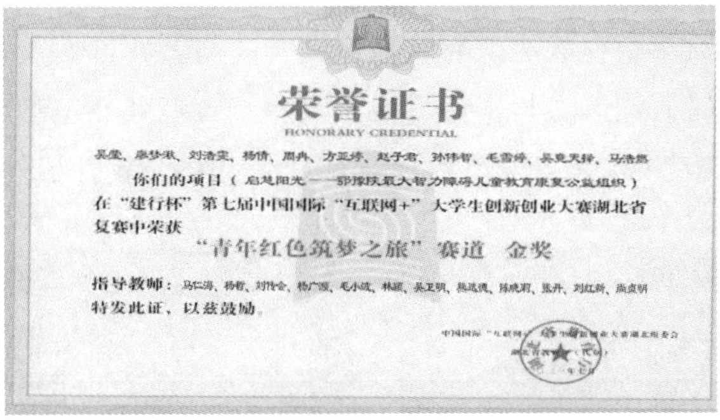

图 5　志愿服务项目参加互联 + 比赛获金奖

四、推广应用

“三送三进”志愿服务活动自开展以来，受到国家、省、市等各级各类媒体宣传报道 40 多篇，社会影响力显著增强；［1 +］青年志愿者协会团支部到湖北汽车工程学院参加湖北省百生讲坛大赛，现场以《让爱来 让碍去》为主题展示交流支教助残故事，受到省内兄弟院校一致好评，团队荣获省级“金牌活力团支部”称号。

图 6　学习强国对送教下乡活动报道

4.3 推动形成一批支撑职业教育高质量发展的政策、制度和标准

案例7：立法不缺位，《学前教育法草案（征求意见稿）》采纳金职意见

【学校】金华职业技术学院

《学前教育法草案（征求意见稿）》（以下简称《草案》）于2020年9月在教育部网站上正式公布，面向社会公开征求意见。金华职业技术学院学前教育专业群王幡博士受西北政法大学教育立法研究基地邀请，参与教育部政策法规司委托的学前教育法相关内容进行研究。参与撰写《关于〈中华人民共和国学前教育法草案（征求意见稿）〉的研究意见》（以下简称《意见》），并提交教育部政策法规司。

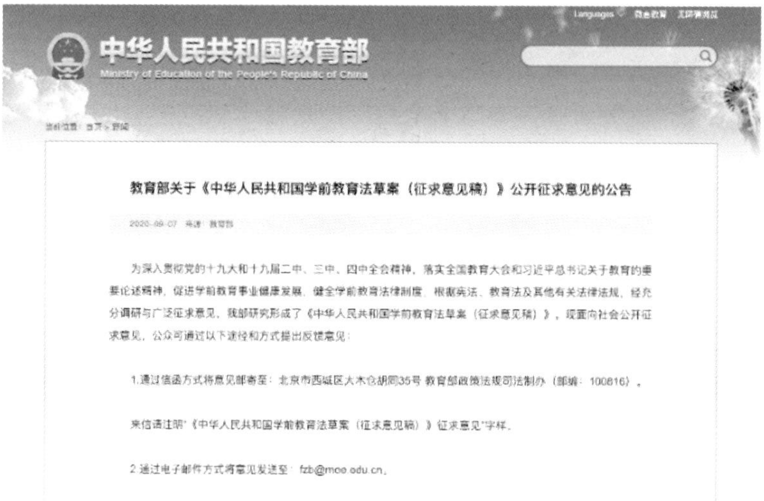

图1　学前教育法草案（征求意见稿）

图2　王幡博士参加学前教育立法论坛

一、建言完善学前教育质量标准，避免幼儿园“小学化”

《学前教育法草案（征求意见稿）》明确了我国学前教育的地位与性质，同时体现了儿童本位的立法理念。然而，《草案》在学前教育中政府财政投入占比、学前教育课程是否应当去小学化等问题上仍存有争议。针对《草案》当中部分未明确的问题，王幡老师从国家教育战略出发，结合我国目前学前教育发展现状，从多个角度提出了创新性观点。

《意见》中指出禁止幼儿园教授小学阶段课程的规定是符合幼儿发展规律的，但应对广大家长的质疑给予充分理解、重视并予以回应。幼儿园课程去小学化表面上看是幼儿园课程设置的问题，实则是幼小衔接的问题。如何在避免幼儿园“小学化”的前提下，充分保障幼儿园与小学有效衔接，让儿童能够顺利适应小学的学习生活，避免家长的担忧成为现实，关键在于教育行政部门应当制定一套具有可操作性、可衡量性的学前教育质量标准，对学前教育的质量进行监督和把控。

教育立法研究基地王幡教授、姜晓川博士受邀参加2019年教育法治国际学术研讨会

点击“蓝字”关注我们

教育立法研究基地王幡教授、姜晓川博士受邀参加2019年教育法治国际学术研讨会

教育宪法与行政法

6月28日，由东北师范大学主办，社会科学处、国际教育法治研究中心承办的“2019年教育法治国际学术研讨会”举行。教育部政策法规司行政协调处处长翟刚学，东北师范大学副校长王占仁，社会科学处处长王春雨以及来自中国人民大学、北京师范大学、复旦大学、俄罗斯国立莫斯科大学、日本冈山国立大学等国内外高校的30余名专家学者出席会议。西北政法大学教育立法研究基地特约研究员金华职业技术学院师范学院王幡教授、江西师范大学法政学院姜晓川老师受邀参加会议。

王幡教授所作专题报告的题目是《论日本学前教育经验与教训对我国学前教育立法的借鉴意义》。日本学前教育的经验与教训对我国学前教育立法具有一定的借鉴意义：应该借助学前教育法律制度建设，确保通过我国学前教育的五大领域从根本上保障儿童游戏权利，坚决杜绝压抑和摧残儿童天性的教育；通过五大领域从根本上保障学前教育的独特性，从根本上推动“去小学化”的学前教育制度建设、体系建设以及课程建设；通过五大领域保障幼儿教师的专业性，尊重教师

姜晓川博士以“大数据时代，儿童数据信息权的保护”为题进行了主题发言，介绍了英美两国关于儿童隐私数据保护的立法经验与实践做法，分析了我国的立法现状与不足，提出了我国在大数据时代，应直面儿童隐私数据保护的新问题，既要高度重视顶层设计，又要将立

能切实保障儿童数据信息权、化解教育机构可能面临的法律风险。会上，王幡教授与姜晓川博士同与会代表就此议题展开了热烈讨论和深入交流。

此次会议是按照教育部教育立法工作总体部署，在教育部政策法规司的指导下召开的。会议深入贯彻落实全国教育大会精神，落实2019年全国教育工作会议和全国教育法治工作会议要求，围绕“学前教育立法”和“学位条例修订”两大议题展开研讨。与会专家学者围绕会议

图3　2019年参加教育法治国际学术研讨会并作专题报告

二、建言加大政府财政投入，保障学前教育公益性、普惠性

党的十九大首次将“幼有所育”写入了报告中，国家对办好学前教育、实现幼有所育进行了重大决策部署。2018年，中共中央、国务院发布了《关于学前教育深

化改革规范发展的若干意见》。明确提出，要“加快推进学前教育立法，进一步明确学前教育在国民教育体系中的地位和公益普惠属性”。《意见》还指出《草案》应当增加“加大政府财政投入、兴办公立幼儿园”等条款，进一步加强政府责任。

建立学前教育投入机制和成本合理分担机制，保障学前教育以政府投入为主，保障学前教育的公益性和普惠性。当前学前教育立法已是我国学前教育事业健康发展的迫切需要。《关于〈中华人民共和国学前教育法草案（征求意见稿）〉的研究意见》紧跟国际学前教育发展趋势，凸显了前瞻性，同时结合我国学前教育的实际，从法律层面对学前教育立法工作给出了具有建设性的可行性建议。为我国学前教育立法提供了宝贵参考。提交后得到了教育部有关部门的高度关注，并被教育部政策法规司采纳。

“双高计划”建设项目贡献度研究
（2019～2021年度）

分报告

公安与司法专业大类分报告

中国教育会计学会
中国教育会计学会高等职业院校分会

1. 专业大类概况

公安与司法专业大类立项建设专业群1个，为浙江警官职业学院行事执行专业群，学校属于高水平专业群C档建设单位。专业群包含刑事执行、司法警务、司法信息安全3个专业。以下分析数据来源仅限于浙江警官职业学院刑事执行专业群。

2. 资金投入情况

从五年总量看，浙江警官职业学院刑事执行专业群项目预算总额为4700万元，2019～2021年项目支出总额为1771.31万元，五年总体执行率为37.69%。其他大类五年资金执行率基本在50%以上，相比之下，公安与司法大类执行进度明显滞后（见表1）。

表1　　公安与司法大类专业群资金执行情况

学校名称	档次	专业群名称	总预算（万元）	2019～2021年支出（万元）	执行率
浙江警官职业学院	高水平专业群建设单位（C档）	刑事执行	4700	1771.31	37.69%
平均值			4700	1771.31	37.69%
总计			4700	1771.31	37.69%

从九大建设任务三年资金支出情况看，刑事执行专业群聚力打造实践教学基地建设，支出占比为77.44%，遥遥领先其他建设任务。社会服务、国际交流与合作、可持续发展保障机制3项建设任务单项支出占比均不足1%，相比实践教学基地建设，支出进度差比均高达99%以上，建设任务之间投入差异过大（见表2和图1）。

表2　　公安与司法专业大类各建设任务支出占比情况

建设任务	2019～2021年支出（万元）	资金支出占比
人才培养模式创新	161.65	9.13%
课程教学资源建设	21.01	1.19%
教材与教法改革	43.76	2.47%
教师教学创新团队	66.81	3.77%
实践教学基地	1371.72	77.44%
技术技能平台	78.44	4.43%
社会服务	3.20	0.18%

续表

建设任务	2019~2021 年支出（万元）	资金支出占比
国际交流与合作	16.59	0.94%
可持续发展保障机制	8.13	0.46%
合计	1771.31	100.00%

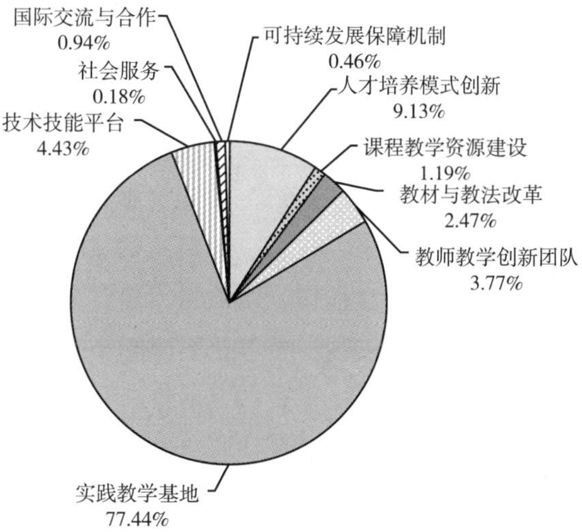

图 1　2019~2021 年公安与司法专业大类建设任务支出占比情况

3. 贡献度分析

公安与司法大类专业群建设单位全面贯彻党的教育方针，坚持立德树人，健全全面发展的教育思想和人才培养体系，深化产教融合，引领职业教育改革发展和人才培养，支撑国家战略和区域经济社会发展，形成一批有效支撑职业教育高质量发展的政策、制度和标准。

3.1　引领改革

“双高计划”引领职业教育改革发展和人才培养的贡献度，主要体现在价值引领、模式引领、制度引领和标准引领四个维度上。

3.1.1　价值引领

坚持党对职业教育工作的全面领导，将党建工作与学校事业发展同部署、同落实、同考评，构建以立德树人、全面发展为导向的人才培养体系和双师队伍协同发展的育人环境。

（1）坚持党建引领，构建警院特色思政模式，把牢育人方向。

坚持党建引领，打造“立德树人、育警铸魂”警院特色课程思政模式，《中国监狱简史》成功入选教育部课程思政示范课。创建“四梁八柱”党建工作体系，强“四力”、解“四题”，确保党建工作“五个到位”“七个有力”，创新一批标志性成果，顺利通过第二批全国党建工作样板支部验收。刑事执行教研室团队和信息安全管理实务课程教学团队获批立项成为首批省级课程思政示范基层教学组织、学校入选首批省级课程思政示范校。

（2）坚持全面发展，构建警院特色人才培养模式，提升育人绩效。

坚持“育人为本、成果导向、标准引领”的建设思路，与浙江省监狱管理局开展“抗疫援狱－现场教学－实习顶岗”三位一体模式的实习合作，为浙江省监狱系统培养了大批“政治素质高、业务技能精、实战能力强”的警务人才。构建了竞赛培育的育人体系、合作平台和运行机制，参赛获得国际个人铜牌 3 人次，获得省部级一等奖 20 人次、二等奖 51 人次、三等奖 60 人次。

（3）坚持协同发展，构建警院特色教师成长机制，提优育人环境。

坚持“以赛促教、以赛促研、以赛促建、以赛促改”的总体思路，推进高水平、结构化教师教学团队建设。2019 年以来，专业群教师参加教学比赛获得优秀成绩，1 门课程荣获国赛一等奖、6 门课程分获省赛一、二、三等奖，获奖达 27 人次，有力推进了教师教学团队建设。新华社、浙江在线等多家主流媒体广泛报道教师团队和专业建设突出成效，示范引领效应突出。

3.1.2 模式引领

利用自身特色优势精准对接政府、行企需求，形成合作互补模式，通过人才培养、政校合作、提质培优、产教融合等创新举措厚植专业群高质量发展，助推职业教育动力变革、效率变革、质量变革。

（1）人才培养模式创新，构创职业与产业适配新高度。

坚持实战实用实效导向，推进实战化人才培养模式改革。面对复杂的疫情导致监狱长期封闭执勤带来警力高度紧缺的难题，刑事执行专业主动求变，延长实习周期，创建了“援狱抗疫—现场教学—顶岗实习”三位一体实习模式，带学生投身监狱抗疫战场，将课堂搬进监狱监管现场。实习学生的优秀表现受到了监狱单位高度肯定，收到了浙江省第三监狱等多家单位赠送的锦旗。以赛促训，组织学生参加浙江省大学生“挑战杯”竞赛、浙江省网络与信息安全竞赛等省级赛项，三年累计获奖 198 人/次。学生入警率超过 90%，实现对口高质量就业。

（2）顶岗实习模式创新，构筑政校合作育人新机制。

与浙江省监狱管理局就“抗疫援狱—现场教学—实习顶岗”三位一体实习模式开展合作，为浙江省监狱系统培养了大批“政治素质高、业务技能精、实战能力强”的警务人才。三年级（毕业班）学生赴监狱系统开展为期十个月的实习，内容主要为基于疫情防控背景下的援狱抗疫模块、基于线上线下和校内校外背景下的现场教学模块、基于警教融合背景下的顶岗实习三个模块。与省属监狱合作，新建、改造基地实训实习场所，根据监狱实战需求，按年级、分批次、滚动式安排实习教学。

（3）提质培优系统创新，构建“三全育人”新格局。

刑事执行专业群三个专业全部打通上升渠道，分别纳入本科层次职业教育试点专业目录——刑事矫正与管理专业、司法警务管理专业、智慧司法技术与应用专业。牵头完成相关专科专业和本科专业的专业教学标准和专业简介编制工作。共建共享，建成国家刑事执行专业教学资源库，国家职业教育规划教材 3 本。以赛促教、以赛促研，获得国家教学能力比赛一等奖 4 人/次。与浙江省监狱管理局、十里丰监狱等签订合作协议，形成共建共育长效机制。

（4）产教融合路径创新，构架职教联盟融合新平台。

牵头组建全国安防职业教育联盟，构建“产业链—人才链—教育链”融合共生新平台（见表 3）。

表 3　浙江警官职业学院刑事执行专业群职教联盟路径模式

模式	路径	具体内容
产教融合	探索“产教对接，行校企耦合”培养机制	依托全国示范性安防职教联盟，深化产教“五个对接”，构建产教融合运行机制，与产业集群内龙头企业共建产业学院，开展职教论坛、技能竞赛、修订专业标准，搭建“行校企”合作平台
	开发“能力本位，岗课证融通”课程体系	对接安防高端产品技术支持、系统设计集成等典型工作岗位，引进“海康认证”“UCE 宇视认证工程师”等龙头企业认证体系，设置模块化课程，重构课程体系。与龙头企业联合开发安全防范系统建设与运维、综合安防系统建设与运维、智慧安防系统实施与运维等 X 证书，融入课程教学
	打造“行动导向，学练赛一体”实践体系	依托安防产教融合实践基地、“校中厂”以及 X 证书职业技能实训室，校内实训学习基础技能，校外实习磨练专业技能，参加竞赛提升综合能力，创办全国高职院校安防技能竞赛。构建融合行业认知、课内实操、证书实训、学徒跟岗、竞赛实践的“学练赛一体”实践体系
	锤炼“德技并修，敬精进笃行”工匠人才	以融合思政元素的实战项目培育学生“敬业、精益、专注、创新”的现代安防工匠型人才职业精神，有效促进现代安防工匠型人才培养

3.1.3 制度引领

着眼于职业教育机制的构建与完善，力求通过构建科学的制度体系实现更高层次资源整合（见表4）。

表4 制度引领的具体实施措施

学校名称	具体措施
浙江警官职业学院	主持编制《浙江省司法行政事业发展“十四五”规划》
浙江警官职业学院	参与制定全国司法职业教育教学指导委员会“十四五”工作规划（2021～2025年）
浙江警官职业学院	司法警务专业入警便捷机制

3.1.4 标准引领

参与国家级教育专业标准、行业标准、课程标准、职业技能等级证书标准等，起到了一定的引领作用（见表5）。

表5 标准引领的具体实施措施

学校名称	具体措施
浙江警官职业学院	牵头实施教育部职业教育专业目录修（制）订工作，完成司法类国家职业教育专业目录研制工作，首创职业本科专业目录，构建了中职－高职－本科一体化的司法类专业目录标准体系，填补了公安与司法大类职教本科空白
浙江警官职业学院	完成14项《司法职业教育专业简介》和《司法职业教育专业教学标准》修（制）订
浙江警官职业学院	制订了司法警官职业技能标准、专业教学标准、专业课程标准、专业实践教学标准、专业实践教学条件建设标准、毕业生质量评价标准各3份；专业课程标准30份

3.2 支撑发展

瞄准产业需求，坚持扎根地方，多元打造产教融合平台和技术创新平台，协同培养技术创新服务团队，积极服务国家发展战略和区域经济高质量发展。

3.2.1 服务国家战略

以城市底色、学校亮色、专业特色，加快推进教育强国建设，服务国家“一带一路”倡议以及乡村振兴、科教兴国、创新驱动等重大战略。

（1）服务“一带一路”倡议。

与韩国、俄罗斯、泰国、以色列等国家开展线上线下等多种形式的交流与合作，提升了专业群和学校在“一带一路”沿线国家的知名度。

（2）深化产教融合战略。

学院与省属监狱共建刑事执行人才培养警教融合实训基地，打造“教学、实训、培训、科研、服务”五位一体功能，组建专兼结合、能教善战的教官团队，研发实战化课程，实施实战化教学，基地于2021年12月被认定为浙江省职业院校实习实训基地。积极探索产学合作、协同育人的现代学警制人才培养模式机制，做实“产学教研”多角度深度合作，紧盯浙江省产教融合“五个一批”建设项目对接，三年来共立项建设产学合作协同育人项目5项，以项目建设促平台搭建，以平台建设促成果转化，探索出一条产教融合新路径。与浙江省监狱管理局、十里丰监狱等签订合作协议，形成共建共育长效机制。

（3）服务高质量发展战略。

以精准帮扶为切入点，为中西部司法职业教育高质量发展提供“警院力量”。与中西部省区司法行政系统共建共享，为贵州省、青海省、内蒙古自治区等省区培养司法行政预备警官，持续支援西藏、新疆、宁夏、四川等中西部司法警官职业教育发展，为西部培养政治业务素质高、实战能力强的应用型、复合型政法人才，切实发挥了“立足浙江、辐射全国”的引领带动作用。与内蒙古、青海、贵州三省区司法厅签订招录协议，招录学生503人，纳入招录便捷机制。共建乡村法治学院，为乡村振兴提供强有力的法治支持保障。

（4）支撑人才强国战略。

建立全国安防职业教育联盟，与“海康”“大华”等跨国龙头企业在学徒制培养、定向就业、共建实验实训场所、师资交流互动、开展对口培训、共建培训基地等方面进行本区域及跨区域的战略合作，共同培养高素质安防职业人才，助力区域数字安防产业发展。2019～2021年，刑事执行专业浙江籍毕业生入警率超过97%，就业质量位居全省前茅。

3.2.2 服务区域经济社会发展

依托“司法部杭州培训中心”“全国法院司法警察培训基地”等基地开展专业培训，三年累计21862人/次，收入6301.8万元。主持科技部国家重点研发计划“公共安全风险防控与应急技术装备”重点专项课题“犯情动态演化和再犯风险预警研判技术研究”，研究总经费881万元。主要针对服刑人员心理和行为变化动态性强、矫正策略难以适时调整跟进，态势演化机理认知模糊、犯情预警及再犯风险预测精准率不高等问题，利用复杂系统的动力学理论，构建犯情动态演化模型，突破服刑人员态势量化分析及犯情精准预警预测等关键技术，为监狱犯情的实时监控、矫正策略的动态调整和潜在风险的发现提供支撑，为风险关键点感知和介入防控提供决策支持。

3.3 推动形成一批支撑职业教育高质量发展的政策、制度和标准

始终秉持“以服务求发展，积极筹措社会资源”理念，向外借力，不断增强自我造血功能，积极探索自身特色“双高”之路。在内挖潜力、向外延展的过程中，形成了一批支撑职业教育高质量发展的政策、制度和标准。

3.3.1 参与国家层面政策制定，引领作用显著

主持编制《浙江省司法行政事业发展“十四五”规划》，主持开展“公共法律服务理论体系和制度规范体系”重大课题研究和“智慧监狱理论体系和制度规范体系”“智慧矫正理论体系和制度规范体系”重大课题研究。

3.3.2 牵头专业教学标准制定，标杆作用显著

一是牵头实施教育部职业教育专业目录修（制）订工作，完成司法类国家职业教育专业目录研制工作，首创职业本科专业目录，构建了“中职—高职—本科”一体化的司法类专业目录标准体系，填补了公安与司法大类职教本科空白。二是完成14项《司法职业教育专业简介》和《司法职业教育专业教学标准》修（制）订。三是制定了司法警官职业技能标准、专业教学标准、专业课程标准、专业实践教学标准、专业实践教学条件建设标准、毕业生质量评价标准各3份；专业课程标准30份。

4. 典型案例

引领改革

案例1：专监协同，德能共育，开发刑事执行专业国家教学标准

【学校】浙江警官职业学院

一、案例概述

专业教学标准是指导人才培养航标，也是开展教学的指南，是验证人才培养的

质量基准。为了制订符合行业需要、新时代要求的教学标准，刑事执行专业教学标准研制组开展了广泛的调研工作，摸清监狱行业的发展和人才结构现状、人才供需状况，厘清监狱职业岗位设置情况和相关工作任务，分析出监狱行业人才在知识、能力、素质等方面的要求，研制出了体现专监协同、警能共育的刑事执行专业国家教学标准，成为全国同类专业人才培养、教学开展的重要指南和教学质量保障体系的建设依据。

二、主要做法

开展了专业标准研制调研工作。在司法职业教育教学指导委员会的统筹指导下，组建了刑事执行专业教学标准研制调研组。开展了对行业、学校、毕业生和研究机构的调研工作。

撰写了《刑事执行专业教学标准调研报告》。通过调研，摸清监狱行业发展现状和用人供求情况；了解刑事执行专业教学全过程情况及出现的问题，听取对专业教学标准研制工作的意见建议，最后形成调研报告。

研制了《刑事执行专业教学标准》。根据调研获得的专业对应的职业、岗位群的需求以及培养学生综合素质和可持续发展能力的需求，归纳出典型工作任务，按照素质、知识、能力三个维度解构典型工作任务，结合党和国家的育人要求，形成素质、知识、能力要求等专业培养规格，按照培养规格要求，搭建课程体系，根据课程体系的教学实施，提出教学条件和师资队伍配置要求，搭建了教学标准的体例框架。根据体例框架，构建了内容。

三、成果成效

形成调研报告、专业教学标准成果。成果体现了党和国家的育人要求，反映了教改成果，落实“三全育人”和课程思政，突出新时代要求，是衡量职业教育现代化水平的重要标志，是教育与行业深度融合的成果展现。报告验证了人才培养的质量基准，为司法类警官职业院校开展教学工作提供指南。

指导专业制（修）订人才培养方案。《刑事专业教学标准》为全国司法类警官职业学院制订科学的，适应行业需求，落实专业升级的新要求，适应现代化国家建设和高质量发展对技术技能警务人才培养需求提供指导作用。

提供了质量保障体系建设的依据。遵循国际质量保障发展新理念，在标准制定中落实以学生为中心、以成果为导向、质量持续改进的理念。贯彻党和国家教育教学评价新要求，改进结果评价，强化行业和专业共同参与对理论教学和实践教学的过程评价，探索增值评价，健全综合评价。

案例2：能学辅教助训，共商共建共享，建成推广国家职业教育刑事执行专业教学资源库

【学校】浙江警官职业学院

一、案例概述

国家职业教育刑事执行专业教学资源库于2019年11月验收通过。项目由浙江警官职业学院主持，联合17家司法职业院校共同建设。项目坚持共商共建共享原则，以“能学、辅教、助训”为建设目标，构建了学分转换、技赛促教、网培助训的应用机制，开发了3万多条素材、7000多条习题，2000多个微课，35门标准化课程。建成司法干警培训中心、防暴技能训练营、刑事执行技能竞技馆、监狱业务知识考试系统、罪犯教育资源中心、法律宣传与咨询服务区、心理咨询服务区、专业教育教学改革研讨区等8个特色项目。自2020年发生疫情以来，刑事执行专业教学资源库发挥了线上教学主阵地作用，使用人数超过10万人，成为智慧教育和线上线下混合教学的典范。

二、主要做法

（一）形成了“共享+”的专业群课程体系

本资源库以刑事执行专业为主体，带动社区矫正、监狱信息技术与应用、罪犯心理测量与矫正技术专业共同建设，构建了刑事执行专业群课程体系。

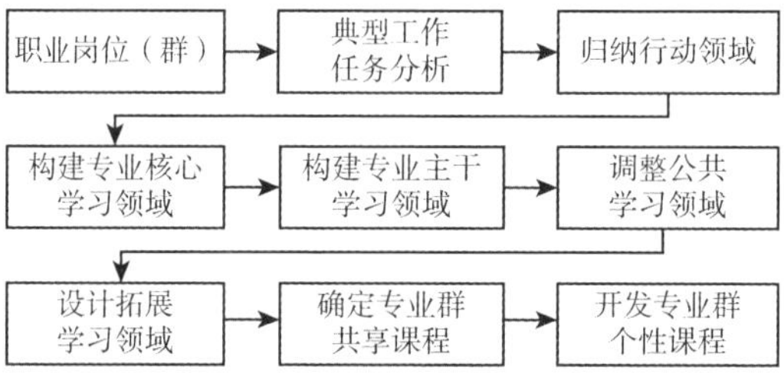

图1　刑事执行专业群课程体系开发路径示意图

（二）形成了“任务+”的课程体系开发理念

结合刑事执行工作任务化的特点，基于刑事执行工作任务导向构建课程体系，开发专业学习领域、调整公共学习领域，设计拓展学习领域。

（三）形成了“标准+”的课程体系建设逻辑

牵头制订刑事执行专业教学标准。以标准为指导建设35门标准化课程，参建院校教师参照专业教学标准，引用资源库标准化课程建设个性化课程组织实施网络教学。

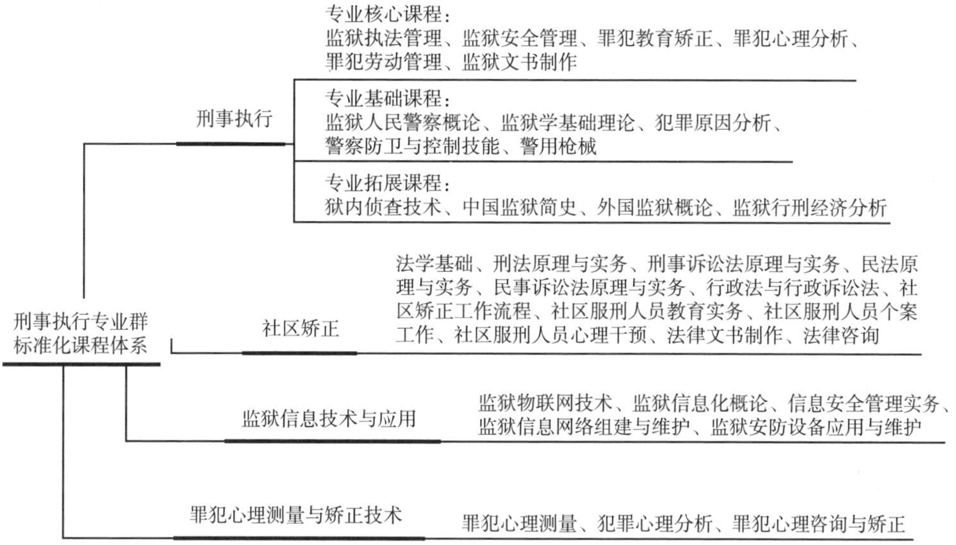

图 2　刑事执行专业教学资源库课程体系

（四）形成了“协同 +”的课程体系改革团队

在建设的 35 门课程中，22 门实施了院校共建，集聚各校优质师资，形成了课程共建共享模式，优势互补，协同推进课程教学改革。

（五）形成了“互联网 +”课程教学模式

各院校在人才培养方案中设计网络选修课程，并纳入必选学分考核要求，推动了“互联网 +”教育教学模式的形成，推动了教与学方式的改革。

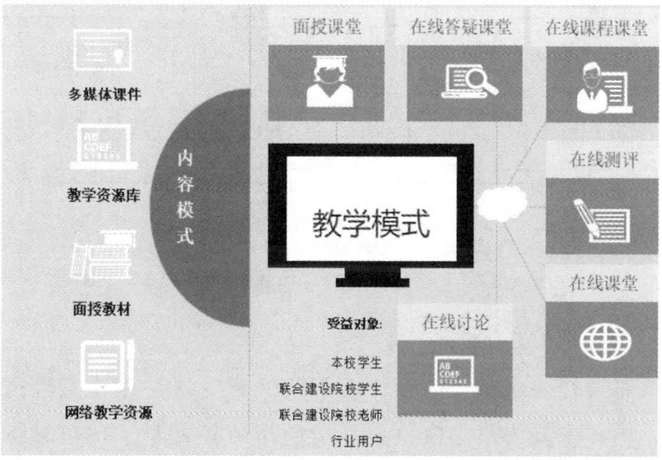

图 3　刑事执行专业教学资源库线上线下混合教学模式示意图

三、成果成效

（1）实现刑事执行专业群优质教学资源集聚与共享，提高司法职业教育专业建设水平。

（2）推动教学改革，促进教育理念、教学方法和学习方式变革，提高人才培养质量。

（3）强化教学资源库的应用服务，实现教学资源的功能拓展，提升了专业服务行业能力。

（4）构建网络＋培训体系，推广资源库服务在职培训，提升了司法干警执法业务能力。

案例3：三位一体实习模式的改革与创新

【学校】浙江警官职业学院

一、案例简介

贯彻落实《国家职业教育改革实施方案》《国家产教融合建设试点实施方案》《新形势下加强司法行政队伍建设的意见》等文件精神，学院与浙江省监狱管理局就“抗疫援狱—现场教学—实习顶岗”三位一体实习模式开展合作，近年来为浙江省监狱系统培养了大批“政治素质高、业务技能精、实战能力强”的警务人才。

二、主要做法

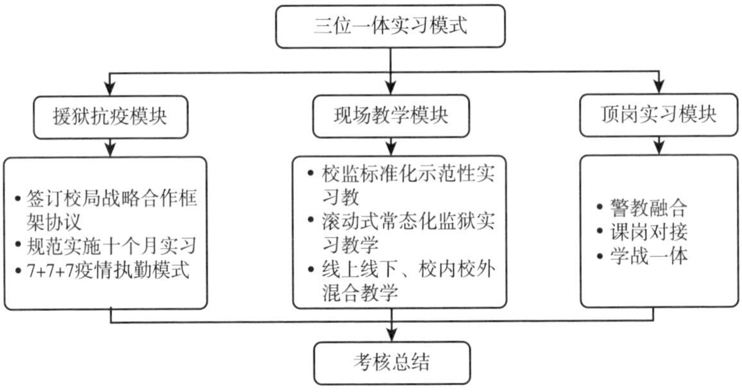

图1　实习模式

（一）创新三位一体实习模式

根据校局战略合作协议相关内容，三年级（毕业班）学生赴监狱系统开展为期十个月的实习，内容主要为三个模块：基于疫情防控背景下的援狱抗疫模块、基于线上线下和校内校外背景下的现场教学模块、基于警教融合背景下的顶岗实习模块。

（二）共建标准化示范性实习教学基地

与省属监狱合作，新建、改造基地实训实习场所，依照标准体系开发实习实训项目，完善实习管理制度，推动校内教师到基地挂职、监狱民警教官在监狱和学校开展现场教学，共同开发教材。促进实训、实习和实战有机结合。2021年共聘任56名监狱民警为现场教学教官，开展现场教学工作。

（三）开展滚动式常态化监狱实习教学

根据监狱实战需求，按年级、分批次、滚动式安排实习教学。突出实习教学在人才培养中的重要作用，体现实战、实用、实效导向，实行警教融合、课岗对接、学战一体，全面打造实战化、标准化、一体化实习实训新模式。

三、成果成效

（一）驰援监狱疫情防控

疫情爆发以来，学院积极开展疫情形势下的援狱实践教学。2020年组织294名学生支援浙江省、内蒙古自治区13家监狱单位；2021年组织389名学生支援浙江、贵州、青海和内蒙古30个监狱单位；2021年已经组织276名学生支援浙江省8家监狱单位，受到了监狱单位的热烈欢迎。

（二）锻造学生忠诚警魂

2021年春节期间，浙江省第三监狱、浙江省第五监狱44名学生撰写请战书，主动放弃休假，参加监区春节执勤，《浙江法制报》专栏专版报道。学生们的积极表现，充分发扬了警院学子“四特”精神，锻造了学生忠诚警魂。

（三）获得行业充分肯定

2020年至今共收到浙江省第三监狱、内蒙古自治区扎兰屯监狱和杭州市西郊监狱赠送的锦旗，以表彰学生在监狱工作的突出表现。2022年4月22日，“中国网”刊登新闻稿《青春扬帆，逐梦警营——浙江省临海监狱扎实推进实习民警培养工作》，就监狱积极开展实习生培养工作给予了充分肯定。

案例4：聚焦优势，科学谋划，承办高级警官培训班

【学校】浙江警官职业学院

一、案例概述

承办司法部2019年第三期三级警监警衔培训班，根据“理论讲座与专业授课并举、课堂教学与现场教学并置、主体安排与配合活动并行、严格管理与热情服务并重”的思路，精细准备，周密组织，培训安全有序展开、圆满顺利结业，取得了良好效果，积累了宝贵经验，培训学员补了钙、强了能、鼓了劲、叙了情。

二、主要做法

（一）靶向施策，形成特色流程管理

梳理三级警监培训流程，逐项逐条明确部门责任分工、明确工作标准和完成时

限，做到流程环环相扣，细节严丝合缝，每项工作落实到人，确保学员心中有数、预有准备，确保各项活动井井有条、运转有序。

图1　特色流程管理

（二）聚焦优势，打造特色课程安排

课程安排充分发挥浙江优势、融入浙江元素、体现浙江味道、彰显浙江特色。课程设置上围绕课题找师资，反复遴选，确保既有全国影响又有浙江特色。

（三）科学谋划，彰显特色服务保障

报到接待上，及时催要航班信息，详细制订接站计划，专门安排人员在机场接机，现场组织签到、发放培训资料、明确报到注意事项，给学员良好的第一印象。住宿安排上，克服各种困难，调整原定计划，确保参训人员住宿一人一间，并为每人准备一套洗漱用品。餐饮安排上，专门调整就餐场地，根据不同省份情况科学制订食谱，做到菜品一周不重样，经常听取学员意见并及时调整，确保学员坐得下、不排队、吃得好。

三、成果成效

（一）高度重视、靠前指挥是成功之要

高度重视，全员动员；周密准备，全力以赴；协同配合，全面展示；及时总结，全面提升。全院各部门密切配合，充分准备，确保了培训顺利展开。

图2　成果成效

（二）科学安排、严密组织是成功之道

教学安排高低搭配，远近衔接，内外兼顾，动静结合，内容形式丰富。从培训过程看，每一道程序、每一次活动，都有准备、有方案、有责任分工，确保培训安全有序进行。

（三）严格管理、确保安全是成功之本

始终坚持严字当头、安全至上，把严格管理贯穿始终。上课进行签到、下课进行抽查，杜绝旷课现象；晚上进行突击抽查，杜绝不假外出现象；外出现场教学每台车都明确责任人，真正把管理贯穿于培训全过程，渗透到培训各方面。

（四）热情服务、温馨关怀是成功之基

全力做好培训的教学保障、场地保障、生活保障，营造良好的培训环境和条件。始终坚持热情、耐心、细致做好服务保障工作，做到学员有求必应、即求即应，让人宾至如归、终生难忘。

“双高计划”建设项目贡献度研究
（2019～2021年度）

分报告

公共管理与服务专业大类分报告

中国教育会计学会
中国教育会计学会高等职业院校分会

1. 专业大类概况

公共管理与服务专业大类立项建设专业群共计5个，囊括老年服务与管理专业群4个、现代殡葬技术与管理专业群1个，涉及4所高等职业院校。其中，“高水平学校”建设单位2个，“高水平专业群”建设单位2个。4所学校位于东部地区1所、中部地区2所、西部地区1所。立项建设单位及主要专业情况如表1所示。

表1　公共管理与服务大类立项建设单位及专业具体情况

学校名称	档次	专业群名称	专业群包含专业	涉及院系数量
长沙民政职业技术学院	高水平学校建设单位（B档）	现代殡葬技术与管理	现代殡葬技术与管理、机电一体化技术、软件技术、环境艺术设计、社会工作	5
长沙民政职业技术学院	高水平学校建设单位（B档）	老年服务与管理	老年服务与管理、护理、康复治疗技术、临床医学、物联网应用技术	2
江苏经贸职业技术学院	高水平学校建设单位（C档）	老年服务与管理	老年服务与管理、食品营养与检测、社会工作、康复治疗技术	1
重庆城市管理职业学院	高水平专业群建设单位（A档）	老年服务与管理	护理、民政管理、老年服务与管理、社会工作、康复治疗技术	3
北京劳动保障职业学院	高水平专业群建设单位（B档）	老年服务与管理	老年服务与管理、护理、劳动与社会保障、人力资源管理	2

2. 资金投入情况

公共管理与服务大类专业群“双高计划”项目预算总额为48866万元，2019～2021年总计支出为21844.46万元，总体执行率为44.70%。除北京劳动保障职业学院老年服务与管理专业群资金执行率为73.73%外，其他专业群资金执行率总体偏低。各专业群资金预算和执行情况如表2所示。

表 2　　公共管理与服务大类各专业群资金执行情况

学校名称	档次	专业群名称	总预算（万元）	2019～2021 年支出（万元）	执行率
长沙民政职业技术学院	高水平学校建设单位（B 档）	现代殡葬技术与管理	10880	4281.68	39.35%
长沙民政职业技术学院	高水平学校建设单位（B 档）	老年服务与管理	17300	7661.81	44.29%
江苏经贸职业技术学院	高水平学校建设单位（C 档）	老年服务与管理	6015	3281.97	54.56%
重庆城市管理职业学院	高水平专业群建设单位（A 档）	老年服务与管理	10000	3174.95	31.75%
北京劳动保障职业学院	高水平专业群建设单位（B 档）	老年服务与管理	4671	3444.06	73.73%
平均值			9773.2	4368.89	
总计			48866	21844.46	44.70%

从九大建设任务来看，资金支出占比最高的是实践教学基地，占比为 61.94%；较低的是教材与教法改革、社会服务、国际交流与合作、可持续发展保障机制，占比分别为 1.84%、1.02%、2.00%、0.56%，各专业群未设置其他建设任务。各项建设任务资金支出具体情况如表 3 所示。

表 3　　公共管理与服务大类各建设任务支出占比情况

建设任务	2019～2021 年支出（万元）	资金支出占比
人才培养模式创新	1666.14	7.63%
课程教学资源建设	2754.49	12.61%
教材与教法改革	400.93	1.84%
教师教学创新团队	784.00	3.59%
实践教学基地	13530.07	61.94%
技术技能平台	1925.69	8.82%
社会服务	223.87	1.02%
国际交流与合作	436.87	2.00%
可持续发展保障机制	122.40	0.56%
其他	0.00	0.00%
合计	21844.46	100.00%

3. 贡献度分析

3.1 引领改革

公共管理与服务大类各专业群坚持党建引领，落实立德树人根本任务，健全全面发展的人才培养体系，创新育人模式，建设高水平的团队、基地和平台，以高质量的制度体系和标准体系，引领职业教育改革发展和高质量人才培养。

3.1.1 价值引领

深入贯彻全面发展的教育思想，加强专业文化建设，构建“大思政”育人格局，构建复合型人才培养体系，打造一批文化育人品牌，助力培养全面发展的复合型技术技能人才。

长沙民政职业技术学院老年服务与管理专业群通过场景熏陶、项目实施和志愿者活动，将“爱心、热心、耐心、细心、恒心”等民政匠心和“精益求精、不懈追求、开拓创新”等 IT 工匠精神相融合，为智慧民政人才筑牢德育根基。

长沙民政职业技术学院现代殡葬技术与管理专业群提出通过开展高水平师资团队建设、高品质教材建设、高适配教学方法改革，培养具备中国优秀殡葬文化引领潜质、“生命至上、逝有所安”殡葬理念引领特质、“技术高端、精益求精”殡葬技术引领硬核和具备“流程产品、管理运营”殡葬服务创新引领禀赋的现代殡葬人才。

江苏经贸职业技术学院老年服务与管理专业群制订“课程思政金课堂”大赛总体实施方案，全面形成广泛开展课程思政建设的良好氛围，教师全员参与，课程全覆盖，教师职教轮训、执教能力提升与“课程思政金课堂”建设有机结合，推进课堂教学质量提升。

重庆城市管理职业学院老年服务与管理专业群梳理专业群育人元素集 200 多个，建设案例素材资源 480 多个，出版教材《高职院校课程思政教学设计与研究》被全国 10 多所高职院校应用，建成重庆市课程思政教学名师团队 2 个，为重庆、四川等 10 多省市近 30 所高职院校 1 万多名教师示范授课。

北京劳动保障职业学院老年服务与管理专业群组织成立文化联盟 1 个，定期开展护士节、重阳节、时间银行等文化活动。承担北京市级现代职业教育体系改革任务，中高本七年贯通项目学生 405 人，实施分类、分层次培养。

3.1.2 模式引领

聚焦人才培养模式创新、产教融合、“三教”改革、“1 + X”证书制度实施等方面开展了探索与实践，以模式引领促发人才培养的质量变革。

（1）聚焦人才培养模式创新，培养高素质技术技能人才。

立足专业特色和行业前沿，以促进民生改善为指引，以实践育人为服务宗旨，创新人才培养模式。各专业群人才培养模式如表4所示。

表4　　公共管理与服务大类各专业群人才培养模式

学校与专业群	内容
长沙民政职业技术学院现代殡葬技术与管理专业群	深化行校企合作，优化“产科教协同”育人机制
江苏经贸职业技术学院老年服务与管理专业群	实行“德技并修、校企共育”的“1·(3+2)·1”的分阶段多循环动态调整的人才培养模式
重庆城市管理职业学院老年服务与管理专业群	群创新“德技双核、校行双驱”“四阶段、四平台”人才培养
北京劳动保障职业学院老年服务与管理专业群	形成“双元育人、学做一体”人才培养模式和“三阶递进、课证融通”专业群课程体系

（2）聚焦产教融合，实施科学教融汇协同育人。

聚焦产教融合，探索形成了一批模式路径，建成了一批产教融合平台和产教融合型企业。部分优秀做法和成果如表5所示。

表5　　公共管理与服务大类各专业群产教融合相关举措

学校与专业群	内容
长沙民政职业技术学院现代殡葬技术与管理专业群	牵头成立中国殡葬文化与教育研究所、亚洲殡葬教育联盟、中南殡葬技术研究中心、中国殡葬职教集团，为现代殡葬人才培养拓展了广阔成长空间
长沙民政职业技术学院老年服务与管理专业群	探索链接行业、联接企业、对接职业、跨接专业“四业联动”产教融合模式，研究成果获2021年湖南省职业教育教学成果特等奖
重庆城市管理职业学院老年服务与管理专业群	引入行业知名企业共建“智+产业学院”，建成集教学、实践、科研、双创于一体“智慧民生产教融合基地”，入选教育部职业教育示范性虚拟仿真示范基地
北京劳动保障职业学院老年服务与管理专业群	与九如城、东软共建国家级“产教融合型企业”各1个，江苏省、上海市“产教融合型企业”各1个，助推养老企业提档升级

（3）聚焦“1+X”证书制度，培养一专多能人才。

五个专业群均参与了“1+X”证书制度试点工作开展、标准制定、课程开发、技能认定等工作，部分专业群做法突出，表现优异。例如，长沙民政职业技术学院老年服务与管理专业群将技能竞赛点、“1+X”考证知识点融入学生自主管理的学生专业协会日常培训与训练中，学生从大一就可开始自主进行这方面的学习和训练，推动学生自主学习。重庆城市管理职业学院老年服务与管理专业群践行“知行合一，课证融通”课程体系，将“1+X”证书标准分解于模块化课程体系，实现课证融通。江苏经贸职业技术学院老年服务与管理专业群组织2019年度江苏省高职“1+X”证书制度试点院校老年照护教师培训，荣获2020年度教育部“1+X”老年照护职业技能等级证书优秀组织奖，2021年度教育部“1+X”食品合规管理职业技能等级证书全国考核优秀单位组织奖、优秀教学奖，学生“1+X”证书获取率89.23%。

（4）聚焦“三教”改革，全面提高教育教学质量。

围绕教师、教材、教法改革，公共管理与服务专业大类各专业群开展了实践探索，具体情况如表6所示。

表6　　公共管理与服务大类各专业群“三教”改革相关举措

学校与专业群	内容
长沙民政职业技术学院现代殡葬技术与管理专业群	引入智慧民政工作场景，重构课程教学内容，对标智慧民政人才供应链，打造O2O（线上线下）人才培养模式，聚焦民生领域难点痛点，引导学生开展技术创新研发
长沙民政职业技术学院老年服务与管理专业群	建成“一群（库）一馆一中心”，“一群（库）”即智慧健康养老服务与管理专业群（资源库），“一馆”即智慧健康养老数字博物馆，“一中心”包括“1+X”培训、行业培训、社会服务，建成颗粒化资源和素材3340条
重庆城市管理职业学院老年服务与管理专业群	实施课堂教学内容与业界对接，构建“基础操作—个性处理—综合运用—能力提升”四阶能力培养模式。实施课堂教学方法与业界对接，对接工作过程，不断升级案例，引发任务进阶。实施课堂教学场所与业界对接，让学生深刻感知爱岗敬业、吃苦耐劳的劳动精神和大爱无疆的社会责任意识。实施课堂教学评价与业界对接，构建“一中心、二对接、三结合的教学评价体系
北京劳动保障职业学院老年服务与管理专业群	依托“职教云”课堂、虚拟仿真实训平台，以学生为中心，运用五星教学法、任务驱动法、翻转课堂等教学方法，实现所有专业课程“平台+直播”授课，核心和拓展课程采用“教师、学生互评”的过程性考核评价

3.1.3　制度引领

公共管理与服务大类高水平专业群在学校内部治理、产教融合、学业深造等方面出台了相关制度。长沙民政职业技术学院现代殡葬技术与管理和老年服务与管理专业群先后开发《殡葬行业职业道德指引》《现代殡葬与管理专业群课程德育养成手册》《湖南省健康养老年度报告》《中国残疾人康复事业年度发展报告》，为行业发展和健康中国战略提供了支撑，校内层面制订《现代殡葬技术与管理专业群建设项目全过程管理办法》，保障了专业群建设可持续发展。

北京劳动保障职业学院老年服务与管理专业群探索采用长学制贯通培养 + “走班选课”的培养模式，招收北京市初中毕业生，经过 7 年连续培养，先后完成基础文化课程教育和专业课程与职业技能教育，最终获得本科学历，为“中—高—本”贯通人才培养提供了范式。

江苏经贸职业技术学院老年服务与管理专业群探索形成了“产教融合型”校企合作机制，建立健全校企双元主体育人、职教精准帮扶、技能大师工作室管理、师德师风激励与考核、绩效考核、经费管理和内部激励等 10 余项制度。

3.1.4 标准引领

公共管理与服务大类高水平专业群参与标准制定情况如表 7 所示。

表 7　公共管理与服务大类部分专业群参与标准制定情况

类别	学校与专业群	内容
专业教学相关标准	长沙民政职业技术学院现代殡葬技术与管理专业群	校企共同开发实训设备标准 3 个，开发中外合作，研发老挝国家职业标准 1 个
	长沙民政职业技术学院老年服务与管理专业群	牵头制定智慧健康养老服务与管理等国家级专业教学标准 5 个
	江苏经贸职业技术学院老年服务与管理专业群	参与教育部老年服务与管理专业建设（2019 年）、高等学校智慧健康养老服务与管理专业实训教学条件建设（2021 年）、智慧健康养老服务与管理（高职）、智慧健康养老管理（本科）专业建设（2022 年）等标准制定工作
	重庆城市管理职业学院老年服务与管理专业群	主持完成《民政管理专业》等全国专业教学和行业标准 4 个
	北京劳动保障职业学院老年服务与管理专业群	完成教育部 2021 年启动的基于新版职业教育专业目录的中高本 8 个专业简介和 2 个教学标准的修（制）订工作，引领国内同类专业发展
职业技能等级证书标准	长沙民政职业技术学院现代殡葬技术与管理专业群	参与殡仪服务、防腐整容等“1 + X”证书开发，参与人社部的《殡仪服务员》《遗体防腐整容师》《遗体火化师》《墓地管理员》职业能力等级标准研制
	重庆城市管理职业学院老年服务与管理专业群	参加人社部、民政部和江苏省人社厅国家养老护理员（2019 年版）职业技能等级标准及大纲建设。参与制定《城市管理网格员》等省部级职业标准 7 个
	北京劳动保障职业学院老年服务与管理专业群	参与开发教育部“1 + X”证书标准 2 项，开发北京市民办培训学校职业（工种）培训设置标准 9 项

续表

类别	学校与专业群	内容
行业标准	长沙民政职业技术学院现代殡葬技术与管理专业群	开发《骨灰节地生态安葬规范》部级标准，研制遗体收殓、遗体整容、丧葬礼仪、遗体守灵、遗体火化、骨灰安葬6个殡葬服务标准
	长沙民政职业技术学院老年服务与管理专业群	研制养老机构基本规范国家标准、省养老机构防疫标准等10个，与湖南省民政厅、残疾人康复协会研发湖南省养老服务质量标准、规划10余个，研发的社区切入式养老服务规范被《国家积极应对人口老龄化中长期规划》实施方案采纳；牵头制定的老龄产业发展规划等均被市发改委、市社会救助局、市规划局采用并发文
	江苏经贸职业技术学院老年服务与管理专业群	参与制定江苏省养老机构膳食指导服务标准3个
国际标准	江苏经贸职业技术学院老年服务与管理专业群	参与制定国际标准化组织（ISO）批准的ISO/IWA40Guidelines forcloudkitchenservice《云厨房服务指南》国际标准。与澳大利亚教育协会、墨丘利学院共同开发老年服务与管理专业教学标准1个、专业核心课程标准7个，并已被国（境）外相关单位采用
	重庆城市管理职业学院老年服务与管理专业群	将编制的国际化老年护理职业资格认证标准向埃及输出，被“一带一路”国家院校和企业交流协会（哈萨克斯坦）采用

3.2 支撑发展

主动对接乡村振兴等国家战略，依托产教协同联盟、产业学院、协同创新平台等，大力开展技术创新、社会培训，助力区域经济高质量发展。

3.2.1 服务国家战略

公共管理与服务专业群在服务乡村振兴、积极应对人口老龄化、“一带一路”等方面形成了一些优秀做法，成效显著。

（1）聚焦乡村振兴，推进健康扶贫工作落实。

重庆城市管理职业学院老年服务与管理专业群以村支两委现有资源，搭建“三站两室一中心”服务平台，以驻村书记为核心，实现村支两委、社工、群团三方联席制度。策划社区活动，开展20余场主题活动，激发乡村活力。开展社区教育，为留守儿童开展暑期“送教下组”60余场，“生命教育”课程20节，课业辅导。为贫困户开展“农民夜校”10余场，解读扶贫政策，了解贫困根源，转变村民落后思维，激发内生脱贫动力。深挖文化资源，打造“云隘文化墙”，育村风民风；培养文明引路人，建立“亲情聊天室”，正家风家教，提高居民对云隘村的社区归属感，提升社区意识。孵化“云隘爱心志愿者”“岑龙老年人协会”“山里红老年坝坝舞”等组织，成员200余人，提升村民居民自我管理、自我服务的能力，增强村民参与村居建设的意识；指导成立“秀山朝阳社会工作服务中心”社工机构1个。做好产业管理，拓展雪莲果、蜂蜜销售渠道，助推居民户均增收5000余元，实现从“输血”到“造血”的转变。

重庆城市管理职业学院老年服务与管理专业群搭建“四叶草”志愿服务站，链接整合校内外资源，培育专业志愿者队伍，将学生专业技能转化为志愿服务，为学校及周边社区居民开展各类兴趣发展、人文关怀、能力提升、教育引导等服务，探索“专业+志愿服务”模式，开展冬季养生系列、“耆乐无穷”手工坊、“唱响岁月”老年合唱团“1+N”独居老人精神慰藉计划、培育老年社区组织“格桑花舞蹈团”等有特色的活动设计，提供兴趣发展、人文关怀、能力提升、教育引导等服务1000余次，受益人次累计5万余人/次，吸引了全国60余家兄弟院校前来参观学习。

（2）聚焦“积极应对人口老龄化”，培养高素质技术技能人才。

北京劳动保障职业学院老年服务与管理专业群与养老机构等老年产业主体主动对接，与校内城市安全运行专业群共建智慧养老课程，实现了课程内容与人工智能、健康照护、社区工作、商业保险等岗位要求相对应，有力支撑了全链条、多层次智慧养老产业的人才市场需求，培养了支撑首都养老服务全产业链人才。近年来为首都培养老年服务人才近千人，培训行业从业者上万人，遍布乐成恭和、中智集团等龙头企业，有效推动首都养老服务人才队伍的年轻化和专业化发展。

（3）聚焦“一带一路”，输出职业教育“中国方案”。

公共管理与服务专业群通过组建国际教育联盟、研究院等，多层次、多维度开展国际交流与合作，成效显著。表8为各专业群的国际交流与合作相关举措。

表8　公共管理与服务大类各专业群服务“一带一路”倡议相关举措

学校与专业群	内容
长沙民政职业技术学院老年服务与管理专业群	召开健康养老服务人才培养国际学术会议3次，引进德国老年护理模块化教学标准，日本介护福祉士职业标准； 组建中德老年护理职业教育联盟，培养4名老师、30名学生；与马来西亚英迪国际大学合作开展教育部中马康复治疗技术中外合作办学项目，已经招收2届学生98名
江苏经贸职业技术学院老年服务与管理专业群	联合中芬政行校企成立中芬养老国际联盟，引进智慧健康养老培训课程和服务标准，向海外推广专业标准、课程标准。打造中外混编教师教学创新团队1个，与澳大利亚、芬兰等国家合作开展师资培训，4人获得国际国际养老服务证书，4人获得澳大利亚三级养老护理员证书

续表

学校与专业群	内容
重庆城市管理职业学院老年服务与管理专业群	一是加强海外学习，累计派出16名教师到英国等海外教师工作站访学和线下线上学习交流； 二是深化海外合作，成立中德养老研究院，开展高等专科学历教育，面向“一带一路”国家输出《老年护理职业资格认证标准》等职业资格认证标准。 三是推进海外培养，制订国际化老年照护学历教育人才培养方案，开发专业课程标准与双语教材12门，中外合作办学招收老年服务与管理学生52名。 四是实施海外援助，面向“一带一路”国家输出老年社工等课程标准11门，培训境外技能人才18名，组建“南非社工家园”，传播中国康养文化与经验
北京劳动保障职业学院老年服务与管理专业群	引进日本中高龄福祉行业协会《介护福祉士养成讲座》教材，组建日本专家团队为专业群师生开展线下线上混合授课。 建成北京劳动保障职业学院马来西亚分院，与马方成立联合项目组，组建养老师资、开发留学生培训项目。开展“中文+职业教育”项目，完成马来西亚21名来华留学生老年护理专业技能培训

3.2.2 服务区域经济社会发展

精准调研行业企业需求，深度融入区域产业链与创新链，校企协同开展技术创新、项目攻关、社会培训，服务区域经济结构调整和产业转型升级。

（1）发挥学校智力优势，以技术创新服务产业升级。

长沙民政职业技术学院现代殡葬技术与管理专业群与湖南湘水缘长生陵园（殡仪馆）共同开展火化尾气处理、节地生态安葬的技术攻关，取得显著成效，形成了四项实用新型专利，即《一种火化尾气水幕喷淋净化装置》《一种具有异味处理装置的火化间》《一种火化尾气生态处理系统》《一种资源利用型生态绿色公墓》。

江苏经贸职业技术学院老年服务与管理专业群承接企业委托的课题4项，开发了黑加仑、黑枸杞、葛根、罗汉果等系列产品，获授权专利27项，其中发明专利8项。

北京劳动保障职业学院老年服务与管理专业群开发了“老年健康照护技能实操评分系统”技术专利。

重庆城市管理职业学院老年服务与管理专业群围绕康养产业技术技能发展，打造重庆市智慧康复养老工程技术研究中心、国家级养老产业人才培养公共实训基地、技能大师工作室，研发智慧化康养产品5项，授权国家专利36项，孵化科技型企业3个，知识产权转移转化6项。

（2）发挥学校教学优势，以社会培训服务人才提升。

长沙民政职业技术学院老年服务与管理专业群利用“三库一平台”资源，面向困难群体开展就业培训达9185人/日，面向养老机构开展“1+X”职业技能等级培训36人/日，面向养老机构开展行业产业新技术培训440人/日，面向养老机构管理人员开展应用培训4569人/日。

江苏经贸职业技术学院老年服务与管理专业群制定江苏省康养类服务标准2个，入选江苏省家庭服务职业培训基地1个，江宁区养老护理员培训基地1个，为社会人员培训提供了保障。

重庆城市管理职业学院老年服务与管理专业群聚焦“健康中国”战略，一是深化职业技能评价与培训，开发新职业标准，开展小儿推拿等技能评价和养老护理员等技能培训；二是落实国家学历扩招计划，为乡村干部、退伍军人、农民工等提供康养领域学历教育；三是开展为老技术服务，推进康养行业技术咨询；四是做实社区服务，建立社区学院、乡村振兴学院、社工站，开展“为民、便民、安民”服务。依托重庆市高技能人才培训基地，完成社会服务40255人/次、技术技能培训34856人/次。

北京劳动保障职业学院老年服务与管理专业群与北京市教委、人社局和民政局联合挂牌“北京市养老服务人才教育培训学院”，开设养老类100期培训班，累计培训对象1.6万余人/天。

3.3　推动形成一批支撑职业教育高质量发展的政策、制度和标准

以党建为引领，坚持高标准定位和高水平建设，三年来累计获得国家级荣誉30余项，获得省级以上教学成果奖7项。在高质量核心产出的探索过程中，形成了一批支撑职业教育高质量发展的政策、制度和标准，成效显著。

3.3.1　适应职业教育发展，修订专业教学标准

公共服务与管理类专业群共计参与开发高等职业教育专业教学标准12项、实训设备标准和实训条件建设标准4项，向“一带一路”国家输出专业教学标准2项、课程标准7项。其中，江苏经贸职业技术学院参与制定了该专业对应本科专业（智慧健康养老管理）专业建设（2022年）标准制定工作，为该专业本科办学提供了指导；该校与澳大利亚教育协会、墨丘利学院共同开发老年服务与管理专业教学标准1项、专业核心课程标准7项，并已被国（境）外相关单位采用，为该专业国际化办学提供了借鉴。

3.3.2 紧贴行业需求，开发国家职业技能等级标准和行业标准

参与殡仪服务、防腐整容等“1+X”证书制度标准开发，参与人社部的《殡仪服务员》《遗体防腐整容师》《遗体火化师》《墓地管理员》《养老护理员》《城市管理网格员》等职业能力等级标准研制，开发《骨灰节地生态安葬规范》部级标准，研制遗体收殓、遗体整容、丧葬礼仪、遗体守灵、遗体火化、骨灰安葬6个殡葬服务标准，主持或参与研制了养老机构基本规范国家标准、省养老机构防疫标准、湖南省养老服务质量标准等行业标准。其中，长沙民政职业技术学院老年服务与管理专业群研发的社区切入式养老服务规范被《国家积极应对人口老龄化中长期规划》实施方案采纳。江苏经贸职业技术学院老年服务与管理专业群参与制定国际标准化组织（ISO）批准的ISO/IWA40 Guidelines for cloud kitchen service《云厨房服务指南》国际标准。重庆城市管理职业学院老年服务与管理专业群将编制的国际化老年护理职业资格认证标准向埃及输出，被“一带一路”国家院校和企业交流协会（哈萨克斯坦）采用。

4. 典型案例

4.1 引领改革

案例1：以学生创新创业能力为导向，优化“产科教协同”育人机制

【学校】长沙民政职业技术学院

一、实施背景

双高专业群建设的目的是培养适应产业转型升级及企业需要的高素质技术技能人才，打造先进制造业高地。先进殡葬制造业以生产设备的自动化和生产系统的智能化为特征，以达成人、设备和系统间的协调配合，殡葬自动化设备、智能化系统等智能制造装备日趋复杂，殡葬设备设计、装调、管控和运维智能化设备和系统迫切需要大量跨学科领域、专业性强、具备融通技术理论和熟练操作技能的复合型技术技能人才。然而专业教学、技术应用研发及企业之间尚未形成协同育人合力。

二、典型做法

（1）聚焦企业技术研发和产品升级实际问题，深化行校企合作，优化“产科教协同”育人机制。企业需求与科研应用结合，以研促用，学校出台“横向课题专项

资助计划”和“教师下企业顶岗专项计划”，支持教师服务企业产品升级和技术改造，与企业共建中南殡葬协同创新中心、殡葬大数据研究院等科技平台和创新团队。

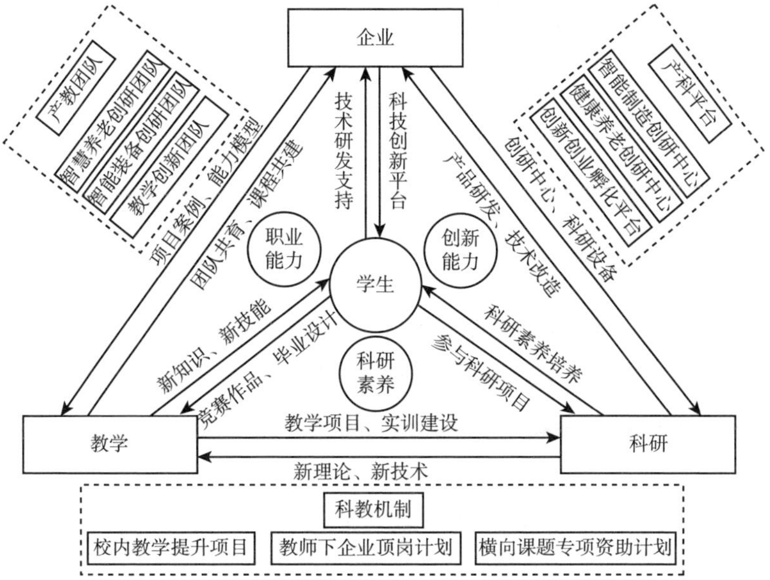

图1 “产科教协同”育人机制

（2）科研成果与教学资源互通，以研促改。科研成果凝练为专业教学项目，将殡葬机器人等课题转化为教学项目。科研成果转化为实训基地项目，依托技术应用研发建设专业实训室。科研场所转化为创新创业孵化平台，把殡葬大数据研究院、智能制造创研中心等转化为学生创新创业实践平台。教学活动与科研活动协同，以研促学。专业教学融入科研要素，将科研方法和科研思路引入教学中，提升学生的科研素养。组建科技创新社团，开展创新创业比赛、科技创新竞赛等活动，培育学生科技创新与技术应用能力。建设创客空间，与企业联合承担创新创业服务项目，强化创新创业能力。教学能力与科研能力并行，以研促教。

三、建设成效

（一）主要成效

（1）提升了人才培养质量：学生在各类职业技能竞赛中共获得国家一等奖2项、二等奖2项、三等奖1项，省一等奖4项；在各类创新创业大赛中获国家金奖1项、一等奖2项，省级金奖2项、一等奖2项，获第三届中华职业教育创新创业大赛“全国冠军”。

图 2 “互联网 +”大赛全国金奖获奖证书

（2）有力促进了专业内涵建设：团队获得 2021 年湖南省职业教育省级教学成果奖一等奖 2 项、三等奖 1 项。机电一体化技术专业被教育部认定为骨干专业。机电一体化技术专业技能抽查标准被评为省级优秀。

（3）提升了团队科研能力：团队成员立项省部级及以上科研课题 6 项，发表北大核心期刊论文 24 篇，承接企业横向科研课题 5 项，为企业创造价值 1000 余万元。

（二）创新经验

优化了“产科教协同”的育人机制。验证了“产科教协同”的基本规律：产业是载体、科研是基础、教学是核心、内化是关键，学生在体验企业实际问题过程中及时学习企业先进技术、岗位知识和技能、企业发展文化。

案例 2：校企深度合作，推动人才培养模式改革与实践

【学校】江苏经贸职业技术学院

积极贯彻落实《国家中长期教育改革和发展规划纲要（2010～2020 年）》要求，校企合作，产教融合。与上海九如城企业（集团）有限公司、大连东软教育科技集团等企业协同育人，共建产业学院 2 个，建立了混和所有制特征的公办学校和民营企业深度融合的校企联合体，实现了涉老专业混合所有制办学模式的创新，形成了双主体育人机制。在与九如城共建的九如老龄产业学院框架下，老年服务与管理专业实行“德技并修、校企共育”的“1·（3+2）·1”的分阶段多循环动态调整的人才培养模式，资源共享，践行中国特色现代学徒制。即第 1 学年和第 3 学年分别进行为期 1 年的理论学习和顶岗实习；第 2 学年实施“3+2”教学模式，在每个教学循环中，3 个月作为学生在经贸校区进行理论知识学习和项目化仿真实训，2 个月作为学徒在九如校区师傅指导下进行在岗技能训练，工学交替进行，改进了教

学环节，创新了理论学习和在岗学习的组织方式，实现了教学过程与服务过程的对接，有效提升了学生的专业实践能力，锤炼了学生的专业价值观。

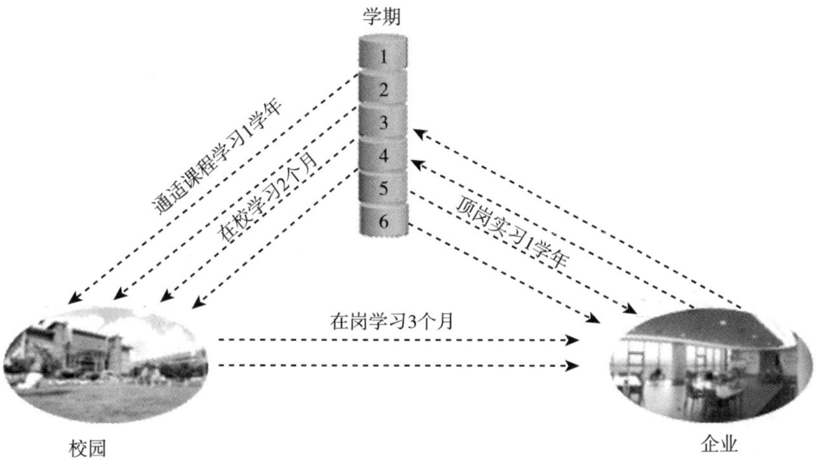

图1　分阶段多循环动态调整人才培养模式

以上成果先后获得江苏省教学成果特等奖（2017 年）、国家教学成果二等奖（2018 年）和江苏省教学成果二等奖（2021 年）；共同完成省职业教育教学改革研究课题：混合所有制视角下校企协同育人机制研究——以高职老年服务与管理专业为例 1 项，发表论文 3 篇。教材《现代物流管理》荣获国家首批优秀教材奖。学生参加国家（全国）职业技能大赛养老护理等赛项获二等奖 2 项，三等奖 1 项；省职业院校技能大赛一等奖 2 项，三等奖 5 项；长三角健康与社会照护二等奖 1 项，三等奖 2 项。专兼职教师团队荣获第二批国家级、江苏省职业教育教师教学创新团队，1 人评聘为江苏省产业教授；助推九如城荣获江苏省、上海市和国家级产教融合型企业。校企联合招生、联合培养，开展社会人员教育，形成分层分类个性化培养模式 1 套。校企共同推动课证融通的“1 + X”证书制度试点，学校成为老年照护、失智老年人照护试点单位和校内外培训单位，九如城成为江苏省失智老年人照护 X 证书的考评单位，开发江苏省“1 + X”课证融通方案 1 套，形成了以“爱心 · 公益 · 专业 · 坚守”为特色的分阶段多循环人才培养模式 1 个。

案例 3：推动“三教”改革，提高教学适应性

【学校】 江苏经贸职业技术学院

积极贯彻落实《国家职业教育改革实施方案》精神要求，推动“三教”改革，提高教学质量。以建设高素质“双师型”教师队伍为核心，制定开展以能力为导向的教学教法改革方案，推动改革工作有序进行，全面提升教师教学能力。模块化教

学根据岗位要求，教师设定教学模块、确定模块任务，检验模块效果。主要分为两阶段（产教融合和产教深度融合）和四个模块，分别为基础模块、专业模块、岗位专项、岗位综合，整个过程以教师主导、行企协同为工作机制，贯穿“1＋X”证书制度考核体系，实现校内外一体化和产教深度融合。已经在《老年照护》等课程采用以能力为导向的模块化教学的改革，打造师O2O混合教学课程，全覆盖专业群专业教学课程。建设完成了专业群模块化教学资源包2个，主持省级及国家级行业协会的教改课题3项，发表8篇以上高水平教改论文。

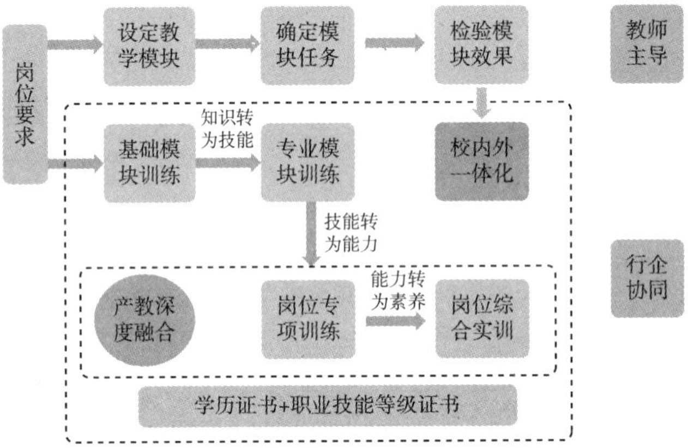

图1　模块化教学设计

为了进一步产教深度融合，校企双主体开发育训结合新形态教材，探索、制定并实施校企开发的“互联网＋”新形态系列教材建设方案，形成、推广校企双主体开发“互联网＋”新形态系列教材9部。已经双主体开发了《老年营养与膳食》《沟通与礼仪》《老年保健按摩》《老年照护》《老年心理护理》和《老年社会工作

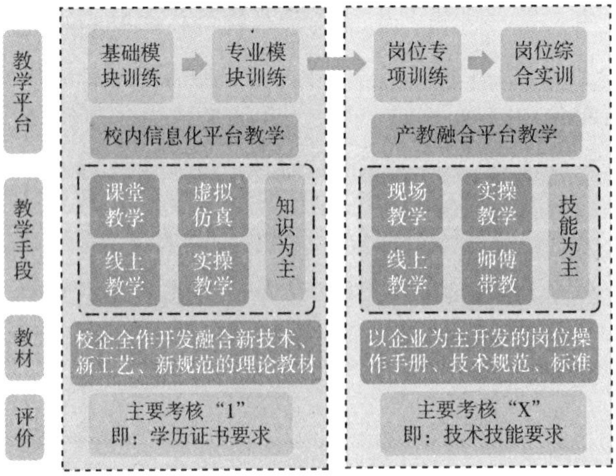

图2　“1＋X”教材教法融通

理论与实务》等育训结合的教材，并配套信息化资源。目前与江苏省民政厅、国家民政部社会福利中心合作编写《养老护理员》配套数字化资源教材3本。立项建设2021年江苏省高等学校重点教材1部，国家规划教材1部。

以《高等学校课程思政建设指导纲要》为指导，深入落实“课程思政”要求，深化教育教学改革，大力提高课堂教学水平和质量，制定“课程思政金课堂”大赛总体实施方案，全面形成广泛开展课程思政建设的良好氛围，教师职教轮训、执教能力提升与“课程思政金课堂”建设有机结合，推进课堂教学质量提升。教师全员参与，课程全覆盖，并荣获校级“课程思政金课堂”大赛一等奖2个、二等奖5个、三等奖9个共计16项奖项的好成绩。

最终通过模块化教学设计及资源建设、数字化教学资源、新形态教材建设和课程思政全覆盖等“三教”改革，探索了适应职业教育特点和康养专业人才培养需求的教师、教材和教法，学生教学质量评价满意度逐年提高

案例4：长学制贯通培养+“走班选课”培养高端技术技能人才

【学校】北京劳动保障职业学院

在实施贯通培养项目学生培养工作中，我校探索采用长学制贯通培养+“走班选课”的培养模式，对学生进行个性化、差异化教学，最大限度地照顾学生的个体差异，有效落实高端技术技能人才的培养要求。

一、实施背景

贯通培养项目是北京市教委开展的高端技术技能人才培养试验项目，目的是深入推进职业教育领域综合改革，积极贯彻落实《北京市关于加快发展现代职业教育的实施意见》精神。该试验项目为高端技术技能人才的培养探索了一条新道路。

北京劳动保障职业学院从2016年起开始实施贯通培养项目学生的培养工作，招收的学生入学成绩差别较大，学习能力参差不齐，专业方向各不相同，学生个体差异性很大。面对这种情况，学校探索采用长学制贯通培养+“走班选课”的培养模式，对学生进行个性化、差异化教学，落实高端技术技能人才的培养任务。

二、主要做法

（一）实施长学制贯通培养

基本模式：招收北京市初中毕业生，经过7年连续培养，先后完成基础文化课程教育和专业课程与职业技能教育，最终获得本科学历。

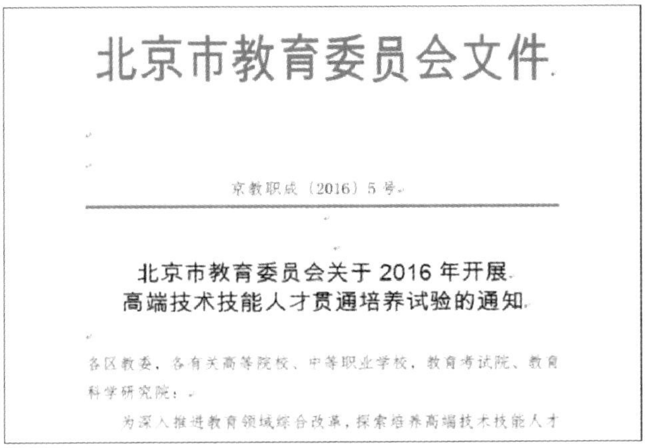
北京市教育委员会文件

京教职成〔2016〕5号

北京市教育委员会关于2016年开展
高端技术技能人才贯通培养试验的通知

各区教委，各有关高等院校、中等职业学校，教育考试院、教育科学研究院：

为深入推进教育领域综合改革，探索培养高端技术技能人才

图1　北京市教委文件

（二）结合实际，采取“走班选课”教学模式

1. 量体裁衣，打造分层分类的课程体系

分层课程：根据学生的学习基础和学习能力等因素，设置不同难度层次的课程。

分类课程：根据学生的发展方向和个人兴趣，对课程进行分类，形成不同课程模块。

具体包括基础文化课程、综合实践课程、艺术体育课程、职业认知课程等。

2. 学生各取所需，选择合适课程

学生根据自己的学习基础、学业要求和个性需要，通过教学平台选课，形成自己独一无二的课程表。为帮助学生选课，学校编写了《课程手册》，指导学生自主规划自己的学业。

图2　指导学生走班选课的《课程手册》

3. 学生“走班”、教师“坐班”

为落实分层分类课程，在教学安排上，学生选课后，需要按照自己独一无二的课程表奔赴不同的学科教室上课，而教师则在学科教室坐等选择自己课程的学生，

不再是以往“教师走班”上课、“学生坐班”听课的传统教学组织形式。在实施“走班选课”模式的同时，实行学分制考核。

图 3　选课走班课堂

三、成果成效

1. 打造了“走班选课”模式下的贯通培养课程体系；

2. 最大限度地兼顾了学生的个体差异，引领学生迎头赶上、共同进步；

3. 完善了“选课走班”背景下年级管理组织结构，落实对学生的教育和管理。

四、经验总结

1. 兼顾了学生的个体差异，对学生加以引导与鼓励，使教育教学工作更有温度，效果更好；

2. 真正落实了学生的主体地位，充分发挥教师的主导作用。

案例 5：打造人力社保专业“中国特色学徒制”品牌项目，精准发力高素质技术技能人才培养

【学校】 北京劳动保障职业学院

人力社保专业积极践行国家“十四五”规划中提出的“探索中国特色学徒制，大力培养技术技能人才”的方针政策，于 2021 年初与行业龙头企业北京外企人力资源服务有限公司（以下简称 FESCO）达成了合作协议。双方在学徒制项目、资源配置与共享、校企合作团队建设等多个领域达成合作意向。

一、构建双元育人模式，企业导师一对一指导

人力社保专业与 FESCO 确立了中国特色学徒制合作的总体目标，签订了合作协议，构建双元育人模式。

图 1　校企双方多次举行学徒制研讨会议

FESCO 选拔了人力社保专业 36 名学生完成了为期六周的学徒制实习。FESCO 为每位学生（学徒）制定了翔实的工作学习任务，配备了一对一的企业导师和独立工位，学生（学徒）在企业导师的指导下独立承担相关岗位的工作任务，并对工作结果负责。

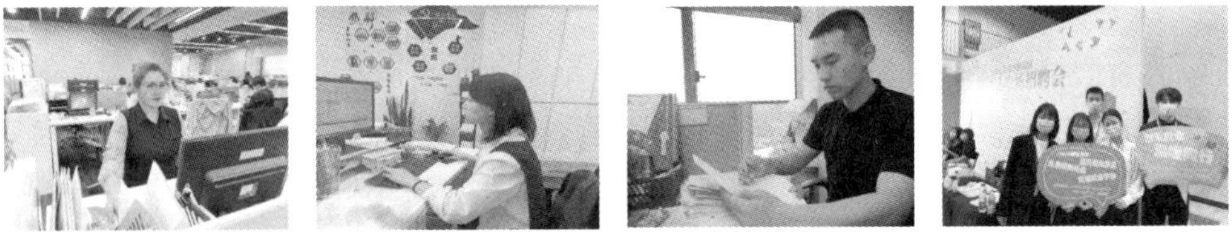

图 2　在 FESCO 实习的学生（学徒）

《现代学徒制工作手册》是学生（学徒）实习过程中的重要工作记录，学生（学徒）每周撰写实习周记总结自己的工作内容、工作成绩以及心得体会；企业导师根据学生一周的表现在《现代企业导师也会在《现代学徒制工作手册》里对学生（学徒）一周的工作表现进行评价，指出优缺点并进行鼓励。

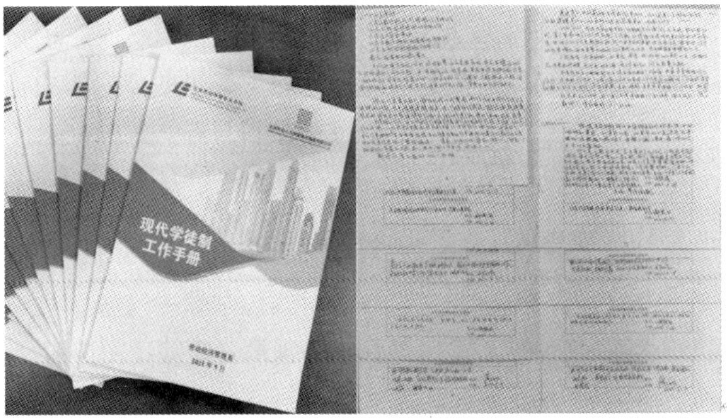

图 3　企业导师对学生（学徒）一周的表现进行评价

二、过程性与结果性评价相结合，学生技术技能全方位提升

实习结束后，FESCO 各部门领导和企业导师对学生（学徒）的工作表现给予了高度评价。企业导师在每周评价的基础上，持续从工作态度、实训表现、理论考核、专业技能四个维度对学生（学徒）整体的工作业绩和效果进行了打分并给出评语。

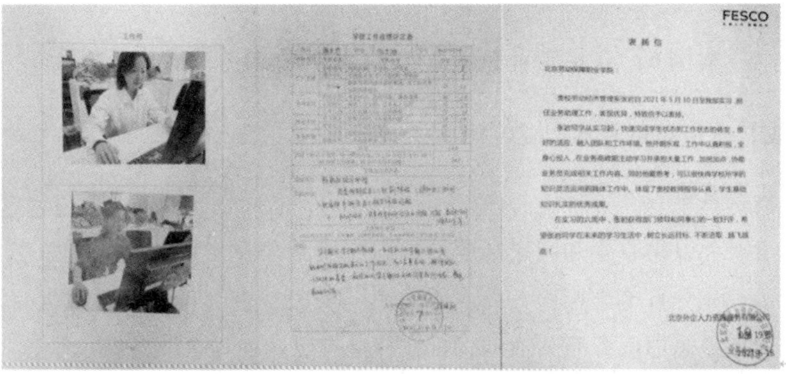

图 4　企业评定学生（学徒）工作成绩及学生获得的表扬信

三、项目助力教师成长和学生成才

项目开展过程中，人力社保专业教师多次到 FESCO 进行调研，进一步了解岗位的实际工作情况、行业的发展前沿。这些活动对专业教师丰富企业实践经历、增强实际工作能力、提高教育教学水平都具有良好的实现意义和推动作用。

图 5　专业教师在 FESCO 调研、参观和学习

本项目是扎实推进中国特色学徒制发展的重要成果，是深化产教融合、校企合作，全面提升高素质技术技能人才培养质量的成功实践，有助于实现中国特色学徒制高技能人才供给与行业发展同频共振的职教新格局。

4.2 支撑发展

案例6：立足专业特色，打通为老服务“最后一公里”

【学校】重庆城市管理职业学院

一、实施背景

党的十八大以来，党和国家高度重视志愿服务事业发展，习近平总书记多次作出重要指示，充分肯定志愿服务的重要作用。重庆城市管理职业学院老年服务与管理专业群，推进志愿服务系列活动，旨在打造有温度的为老服务特色品牌。

二、主要做法

（一）加强党的领导，助力志愿服务行稳致远

加强党对志愿服务工作的全面领导，把党建引领贯穿于志愿服务全过程。第一，组好队伍，增强向心力。以师生合编支部为核心，构建支委带党员、党员带团员、团员带群众“三带”工作模式，成立“康养志愿服务队”“银龄志愿服务队”等特色志愿服务队。第二，做好表率，提升服务力。实施党员志愿服务“1＋3＋N”工程，党员主动亮身份、树旗帜、做表率，带领师生深入养老院、走进社区、迈入老人家里，切实成为团员、群众参与志愿服务的带动者。

（二）推进制度建设，保障志愿服务长效发展

从管理、队伍建设、培训、奖励四个方面，构建“四位一体”的制度建设，助力志愿服务长效发展。搭建支部对接专业、党员教师对接基地、志愿者对接服务对象的“三级组织架构”；出台了《志愿服务记录办法》《志愿者培训实施方案》《建立健全志愿服务星级评定办法》等文件；探索志愿者分类培训管理机制、“公益银行”积分兑换机制，用制度持续赋能志愿服务，推动形成志愿服务的长效制度。

（三）结合专业特色，实现志愿服务精准助人

积极探索“陪伴＋赋能＋回馈”志愿服务模式，打造了“小拐杖——助老爱老志愿服务”“奶奶为我做顿饭——失能老人陪伴赋能志愿服务”等特色项目。通过手工作业治疗、坐式轮椅操、团体心理辅导等活动，帮助老人主动康养和回馈社会，达到陪伴“赋能”，激发“潜能”的目的。

三、成果成效

（一）老龄社会治理

专业群师生走进10余家养老院，30余个社区，服务13000余人/次，获得一致好评，收到53封表扬信，锦旗11面。荣获重庆市“志愿青春”大学生志愿服务项目大赛金奖4项。

（二）社会影响力不断扩大

专业群的志愿服务活动，先后被学习强国、新华网等媒体报道70余次。四川省、贵州省3所高职院校同行专程前来学习借鉴。

四、反思体会

其一，充分发挥党组织的组织优势和资源优势，为志愿服务注入强劲的生命力和不竭动力。

其二，注重专业特色和保持为老服务“温度”，在助推志愿服务行稳致远的过程中具有显著作用。志愿者为老人享受专业的、高质量的服务提供了保障，为师生在老服务中增长才干、施展才能、接受教育、锻炼成长提供了平台。

案例7：“云上社工，与隘偕行”——社会工作助力乡村振兴的探索与实践

【学校】重庆城市管理职业学院

一、实施背景

《乡村振兴战略规划（2018～2022年）》等相关政策出台，为推进乡村治理体系和治理能力现代化指明了方向，为社会工作发挥专业优势、融入乡村振兴提供了契机。

二、主要做法

（一）搭建服务平台，建立联络机制，畅通沟通渠道

以村支两委现有资源，搭建“三站两室一中心”服务平台，以驻村书记为核心，实现村支两委、社工、群团三方联席制度。

（二）策划社区活动，鼓励居民参与，激发乡村活力

开展20余场主题活动，儿童兴趣小组、妇女手工小组、老年娱乐小组等小组活动数十次，传承云隘村特色民俗文化。

（三）开展社区教育，扶贫扶智结合，激发内生动力

为留守儿童开展暑期“送教下组”60余场，“生命教育”课程20节，课业辅导。为贫困户开展“农民夜校”10余场，解读扶贫政策，了解贫困根源，转变村民落后思维，激发内生脱贫动力。

（四）打造双风文明，传承优秀文化，提升社区意识

深挖文化资源，打造“云隘文化墙”，育村风民风；培养文明引路人，建立“亲情聊天室”，正家风家教，提高居民对云隘村的社区归属感。

（五）孵化社区组织，促进村民自治，构建支持网络

孵化“云隘爱心志愿者”“岑龙老年人协会”“山里红老年坝坝舞”等组织，成员200余人，提升村民居民自我管理、自我服务的能力，增强村民参与村居建设的意识；指导成立“秀山朝阳社会工作服务中心”社工机构1个。

（六）做好产业管理，拓宽销售渠道，促进居民增收

拓展雪莲果、蜂蜜销售渠道，助推居民增收。种植雪莲果300余亩，山核桃500余亩，金银花3000余亩，户均增收5000余元，实现从“输血”到“造血”的转变。

三、成果成效

团队直接服务500余人，间接服务4500余人，累计服务15000小时。开展小组活动28个，服务2000余人/次；主题活动30个，服务10000余人/次；孵化4个本土组织和机构，服务3000余人/次；组织开展6个特色服务项目，服务6000余人/次；开展3次本土人才培训，服务260余人/次；链接社会资源100余万元，服务5000余人/次。团队事迹先后被媒体报道30余次，项目获全国第三届志愿服务大赛重庆赛区银奖。

四、反思体会

对云隘村11个村民小组，350户、1682人作了家庭档案表，评估需求，开展适切性的服务。

志愿队推动“高校顶岗社会工作”模式，借助高校专业力量开展社会工作知识培训，将社会工作服务理念深入基层。

建立健全以驻村书记为核心，实现村支两委、社工志愿队、群团三方联席制度。发挥专业特长，深入服务实践，充分运用专业技能，助力乡村振兴。

4.3 推动形成一批支撑职业教育高质量发展的政策、制度和标准

案例8：牵头制订国家专业教学标准引领全国同类专业发展

【学校】北京劳动保障职业学院

学校是教育部人力资源和社会保障职业教育教学指导委员会副主任单位，李琦教授常年担任人社行指委副主任委员，同时也是人力资源和社会保障领域的专家，带领本校相关专业教师及全国相关院校专业教师承担了大量教育部和人社部委托的专业建设相关任务。其中，最为突出的是连续多次承担了教育部职业教育专业目录、专业简介和教学标准的修（制）订工作，成为全国职业教育人力资源和社会保障专

业领域的一面旗帜。

一、承担专业目录修订，成功立项高职新专业

2020年教育部启动了新一轮专业目录修订工作，我校人力资源和社会保障专业多位老师起草了专题调查问卷，组织了全国17个省区市的相关院校进行调研和资料撰写。经过周密调研论证，在本校的倡议下，在人社部和教育部的大力支持下成功新增目录新专业——职业指导与服务，我校也于2021年成功申报该新专业，成为全国首批6个开设职业指导与服务专业的院校之一，为首都和全国蓬勃发展的人力资源服务产业人才培养做出了重要贡献。

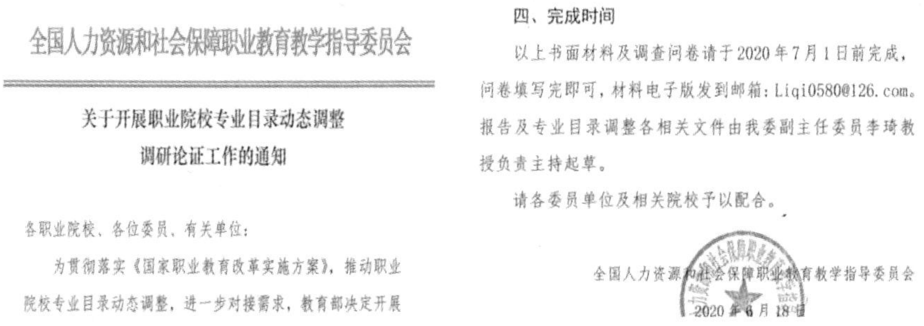
全国人力资源和社会保障职业教育教学指导委员会

关于开展职业院校专业目录动态调整
调研论证工作的通知

各职业院校、各位委员、有关单位：

为贯彻落实《国家职业教育改革实施方案》，推动职业院校专业目录动态调整，进一步对接需求，教育部决定开展

四、完成时间

以上书面材料及调查问卷请于2020年7月1日前完成，问卷填写完即可，材料电子版发到邮箱：Liqi0580@126.com。报告及专业目录调整各相关文件由我委副主任委员李琦教授负责主持起草。

请各委员单位及相关院校予以配合。

全国人力资源和社会保障职业教育教学指导委员会

2020年6月18日

图1　关于开展职业院校专业目录动态调整调研论证工作的通知

二、统筹专业简介与教学标准修（制）订，高质量完成任务

教育部于2021年启动了基于新版专业目录的专业简介和教学标准的修（制）订工作。人社行指委成立5个研制组承担了8个专业的教学标准修（制）工作。李琦教授担任3个研制组的组长和2个研制组的副组长（主持工作），多位骨干教师在本轮修订工作中承担了重要任务。共调查院校161所，企业678家，毕业生1080人，回收调查问卷近2000份，形成各类文字稿20多万字，修改稿10余轮次，经过了6轮次评审。我校多名教师在本次专业简介和教学标准修订中充分发挥了示范骨干作用，承担了重点任务，受到全国同行的认可。

图2　全国人力资源和社会保障职业教育教学指导委员会2021年成立大会

图 3　李琦同志聘书

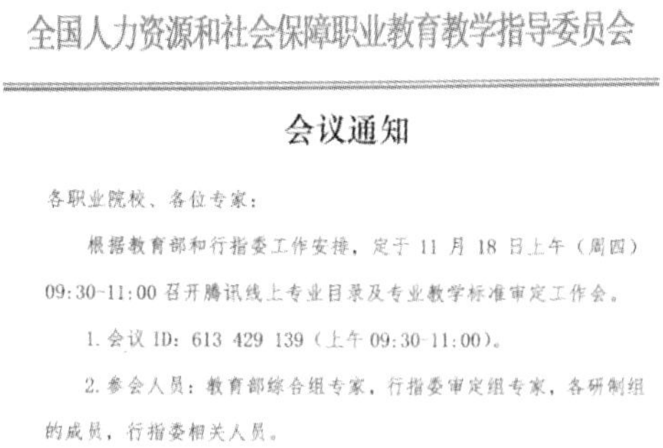

全国人力资源和社会保障职业教育教学指导委员会

会议通知

各职业院校、各位专家：

根据教育部和行指委工作安排，定于 11 月 18 日上午（周四）09:30-11:00 召开腾讯线上专业目录及专业教学标准审定工作会。

1. 会议 ID：613 429 139（上午 09:30-11:00）。

2. 参会人员：教育部综合组专家，行指委审定组专家，各研制组的成员，行指委相关人员。

图 4　行指委内审会议通知——专家组

三、以国家标准促专业建设，引领全国同类专业发展

我校人力资源管理专业、劳动与社会保障专业是老年服务专业群的组成专业，牵头主持国家级教学资源库 1 个，拥有北京市专业创新团队 2 个，北京市优秀教学团队 2 个，北京市精品课程 2 门，北京市双师素质培训基地 1 个；北京市职业院校课程思政示范课程 1 门。2020 年和 2021 年“金平果”全国高职专业排行榜，人力资源管理专业和劳动与社会保障专业连续排名同类专业第一。

国家标准的修（制）订工作大大促进了本专业群的规范化、高质量发展，我校积极与兄弟院校进行交流，通过分享建设经验，帮助各校专业提高专业建设水平，引领了全国同类专业的发展。

2021-2022年人力资源管理专业高职院校排名_高职分专业排行榜

专业排名	院校名称	水平等级	学校数
1	北京劳动保障职业学院	5★	175
2	广东科学技术职业学院	5★	175
3	河北政法职业学院	5★	175
4	湖南劳动人事职业学院	5★	175
5	浙江交通职业技术学院	5★	175
6	九江职业技术学院	5★	175
7	广州南洋理工职业学院	5★	175
8	湖南安全技术职业学院	5★	175
9	河南经贸职业学院	4★	175
10	重庆青年职业技术学院	4★	175
11	安徽商贸职业技术学院	4★	175
12	广东南方职业学院	4★	175
13	广州东华职业学院	4★	175
14	海南工商职业学院	4★	175
15	青岛职业技术学院	4★	175
16	无锡科技职业学院	4★	175
17	北京社会管理职业学院	4★	175
18	深圳职业技术学院	4★	175
19	广州华南商贸职业学院	4★	175
20	广东文理职业学院	4★	175

【中国科教评价网www.nseac.com独家数据，转载请注明出处】

2021-2022年劳动与社会保障专业高职院校排名_高职分专业排行榜

专业排名	院校名称	水平等级	学校数
1	北京劳动保障职业学院	5★	9
2	湖南劳动人事职业学院	4★	9
3	北京政法职业学院	3★	9
4	安徽警官职业学院	3★	9
5	上海城建职业学院	3★	9

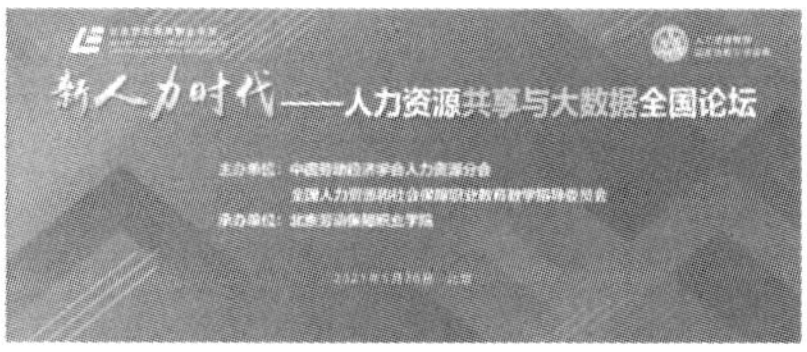

图 5　“金平果”全国高职专业排行榜

后　记

"双高计划"是落实《国家职业教育改革实施方案》的重要举措和职业教育"下好一盘大棋"的重要支柱之一，致力于把职业教育改革发展的"龙头"舞起来，引领带动职业教育培养千万计的高素质技术技能人才，成为支撑地方经济转型升级和服务国家战略的重要力量。第一轮"双高计划"中期绩效评价已经结束，各建设单位呈现了"百舸争流的前进、百花齐放的发展、百家争鸣的发声"的良好局面，形成了一系列建设成果和经验做法。"双高计划"建设单位中的中国教育会计学会高等职业院校分会（简称高职会计分会）会员单位一直在呼吁和期盼一部参考性读物面世，能为学校治理、专业发展、团队建设、校企合作、国际交流等提供参考。基于此，高职会计分会联合中教育会计学会职业教育专门委员会（简称职教专委会）集中力量编著了《基于"双高计划"（2019－2021）职业教育社会贡献度研究》一书。

本书由高职会计分会会长、深圳职业技术大学党委书记杨欣斌教授，职教专委会副主任委员、高职会计分会副秘书长、杭州职业技术学院林春树教授，职教专委会秘书长、高职会计分会副秘书长、深圳职业技术大学陈冬妮高级会计师，教育部经费监管事务中心田书源博士总纂、编著。中国教育会计学会会长武德昆教授，职教专委会主任委员、高职会计分会常务副会长兼秘书长、全国财政职业教育行业指导委员会副秘书长、深圳职业技术大学茹家团教授对本书的编著进行了指导与主审。在编著过程中，教育部财务司副司长刘景同志、职成司副司长林宇同志以及有关部门领导、学者专家给予了亲切关怀与指导，职教专委会副主任委员赵春荣教授和李荣教授，高职会计分会副会长兼常务副秘书长韩华（正）高级会计师、陕西国防工业职业技术学院李成平、重庆三峡职业学院袁园等同志参与了分报告的撰写与通稿，深圳市迪博企业风险管理技术有限公司、研究中心研究员张丽，全国高等职业院校复合型财经人才培育计划"学员（沧州医学高等专科学校计财处张忠伟，黑龙江职业学院计财处邓宝玲，北京交通运输职业学校财务处赵彦龙，陕西工业职业技术学院财务处赵宏强，黎明职业大学财务处陈钊炳，四川财经职业学院预算绩效管理研究中心高淑芳，江苏建筑职业技术学院财务处唐飞，黑龙江农业工程职业学院财务处陈国鹏，江苏经贸职业技术学院财务处梅青，陕西铁路工程职业技术学院财务处于洛，烟台职业学院财务处林晗，湖南化工职业技术学院财务处朱再英，东营职业学院财务处张健，深圳职业技术大学计财处周阳，山西建筑职业技术学院财务处柴玉辉，滨州职业学院财务处郑丽丽，常州机电职业技术学院资产处周蕾，山东商业职业技术学院财务资产处刘凯，山西工程职业学院财务部谭斌，阜阳职业技术学院财务处李丽娟，南京科技职业学院财务处陈东霞，广州铁路职业技术学院财务处王一林，江苏农牧科技职业学院计财处朱佳，深圳信息职业技术学院计财处王敏讷，陕西职业技术学院财务部燕佳，山西职业技术学院财务处李萍，石家庄邮电职业技术学院财务处许晓伟，襄阳职业技术学院计财处王思语，黑龙江护理高等专科学校财务处张诗杨，黄冈职业技术学院计财处周华斌，长沙民政职业技术学院财务处邓明辉，天津现代职业技术学院财务处于桂平，石家庄铁路职业技术学院财务处魏会贤，南京铁道职业技术学院财务处于春萍，广东水利电力职业技术学院财务部苏倩，江西应用技术职业学院财务处龙承文，浙江工业职业技术学院计财处赖丽娜，广西建设职业技术学院财务处邓彩英，内蒙古化工职业学院财务处陈力，南京工业职业技术大学计财处钱轶，江西交通职业技术学院财务审计处周小花，四川工程职业技术学院计财处张利群，陕西交通职业技术学院财务处王磊，山西建筑职业技术学院财务处李珏，宁波职业技术学院计财处邬育宏，重庆财经职业学院财务与资产管理处于弋，山东科技职业学院财务处崔萍萍，闽西职业技术学院财务处郭剑芳，河北交通职业技术学院财务处刘洋，四川财经职业学院财务处曾海帆，四川交通职业技术学院计财处刘乙橙，黑龙江建筑职业技术学院财务处彭姝，柳州职业技术学院财务处申小燕，浙江金融职业学院计财处陈聪，河北石油职业技术大学财务处王曙光，泉州幼儿师范高等专科学校财务资产管理处刘敦伟，浙江建设职业技术学院计财处陈万豪，辽宁石化职业技术学院计财处范亚丽，福建信息职业技术学院财务处郑舒敏，长沙民政职业技术学院财务处曾涛，黎明职业大学财务处吴静娴，芜湖职业技术学院财务处陶媛，重庆电力高等专科学校财务处景怡鹏，沧州医学高等专科学校计财处张超，襄阳职业技术学院计财处黄勇，南京工业职业技术大学计财处翟冠霞，山西省财政税务专科学校财务部韩伟杰，成都纺织高等专科学校计划财务与国资管理处张皎，江西外语外贸职业学院财务处王玮，重庆工程职业技术学院财务与资产管理处龚兴平，安徽商贸职业技术学院财务处浦毓文，辽宁农业职业技术学院计财处郭红秋，江苏农林职业技术学院计财处曹青竹，淄博职业学院财务处滕晓明，常州工业职业技术学院财务处崔吉，江苏海事职业技术学院财务处董瑶，山东畜牧兽医职业学院财务处刘子铭，北京工业职业技术学院财务处刘伟，江西交通职业技术学院财务审计处涂浩，南京信息职业技术学院财务处顾芷榕，永州职业技术学院计财处彭湘钰，杭州职业技术学院财务处郎朝晖，石家庄铁路职业技术学院财务处曹婷，大庆职业学院财务处冯铭铭，广州番禺职业技术学院财务处朱莉，黄河水利职业技术学院财务处陈俊丽，广东科学技术职业学院财务部詹宏锋，黑龙江农业工程职业学院财务处杨明东，秦皇岛职业技术学院财务处张向阳，黑龙江建筑职业技术学院审计处李滨，青岛酒店管理职业技术学院财务处袁萌，浙江商业职业技术学院财务处赵桦，南宁职业技术学院财务处莫凡，郑州铁路职业技术学院财务处吕海东，重庆工商职业学院计财处陈璐，长春汽车工业高等专科学校财务处张希，漳州职业技术学院财务处叶碧红，苏州工业职业技术学院财务处吴春兰，中山火炬职业技术学院财务处谢美敏，九江职业技术学院财务处李彤，浙江交通职业技术学院计财处谢丝雨，温州职业技术学院计财处吴冬敏，滨州职业学院财务处文俊玲，天津渤海职业技术学院财务处邱盛楠，柳州职业技术学院财务处袁艳平，石家庄职业技术学院财务及资产管理处刘建利，重庆工商职业学院计财处曾娟，黄河水利职业技术学院财务处陈莉，长春汽车工业高等专科学校财务与资产管理处段小宇，常州信息职业技术学院财务处陈英，黑龙江农业经济职业学院财务处闫娇娇，天津市职业大学财务处汤金虎，江西应用技术职业学院财务处江新，云南能源职业技术学院财务处史晓景，青岛酒店管理职业技术学院财务处徐佳，北京农业职业学院计财处陈遥，闽西职业技术学院财务处张玥莹，新疆农业职业技术学院计财处董艳艳，江苏经贸职业技术学院财务处陈秀晨，陕西铁路工程职业技术学院财务处郭子柔）为本书做了大量的数据统计、资料整理、材料分析、文稿草拟等基础工作，会员单位中的“双高计划”建设院校、许多理事以及中国财政经济出版社等社会各界有关人士给予了鼎力支持。在此一并表示感谢并致以崇高的敬意。

由于时间仓促，加之水平有限，书中难免有不当之处，敬请批评指正。

我们十分期盼，在今后的实践中，“双高计划”建设单位形成的成果和取得的经验能与高职会计分会共享，存在的困惑和需要解决的问题能及时与高职会计分会沟通与联系，因为“双高计划”建设单位的智慧和参与正是我们前进的动力与方向。